FLÁVIA SOUZA MÁXIMO PEREIRA

PARA ALÉM DA GREVE

DIÁLOGO
ÍTALO-BRASILEIRO
PARA A CONSTRU~~ÇÃO~~
DE UM DIREITO DE~~...~~

Copyright © 2020 by Editora Letramento
Copyright © 2020 by Flávia Souza Máximo Pereira

DIRETOR EDITORIAL | Gustavo Abreu
DIRETOR ADMINISTRATIVO | Júnior Gaudereto
DIRETOR FINANCEIRO | Cláudio Macedo
LOGÍSTICA | Vinícius Santiago
COMUNICAÇÃO E MARKETING | Giulia Staar
EDITORA | Laura Brand
ASSISTENTE EDITORIAL | Carolina Fonseca
DESIGNER EDITORIAL | Gustavo Zeferino e Luís Otávio Ferreira
CAPA | Carol Palomo
REVISÃO | Lorena Camilo
DIAGRAMAÇÃO | Renata Oliveira

CONSELHO EDITORIAL | Alessandra Mara de Freitas Silva; Alexandre Morais da Rosa; Bruno Miragem; Carlos María Cárcova; Cássio Augusto de Barros Brant; Cristian Kiefer da Silva; Cristiane Dupret; Edson Nakata Jr; Georges Abboud; Henderson Fürst; Henrique Garbellini Carnio; Henrique Júdice Magalhães; Leonardo Isaac Yarochewsky; Lucas Moraes Martins; Luiz Fernando do Vale de Almeida Guilherme; Nuno Miguel Branco de Sá Viana Rebelo; Renata de Lima Rodrigues; Rubens Casara; Salah H. Khaled Jr; Willis Santiago Guerra Filho.

Todos os direitos reservados.
Não é permitida a reprodução desta obra sem aprovação do Grupo Editorial Letramento.

Dados Internacionais de Catalogação na Publicação (CIP) de acordo com ISBD

P436p	Pereira, Flávia Souza Máximo
	Para além da greve: diálogo ítalo-brasileiro para a construção de um direito de luta / Flávia Souza Máximo Pereira. - Belo Horizonte, MG : Casa do Direito, 2020.
	536 p. ; 15,5cm x 22,5cm.
	Inclui bibliografia e anexo.
	ISBN: 978-65-86025-65-1
	1. Direito. 2. Direito trabalhista. 3. Greve. 4. Direito de luta. I. Título.
2020-2277	CDD 344.01
	CDU 34:31

Elaborado por Vagner Rodolfo da Silva - CRB-8/9410

Índice para catálogo sistemático:
1. Direito trabalhista 344.01
2. Direito trabalhista 34:31

Belo Horizonte - MG
Rua Magnólia, 1086
Bairro Caiçara
CEP 30770-020
Fone 31 3327-5771
contato@editoraletramento.com.br
editoraletramento.com.br
casadodireito.com

Casa do Direito é o selo jurídico do Grupo Editorial Letramento

Ao Marco, por ter me mostrado um amor em sua plena liberdade.

AGRADECIMENTOS

Agradeço, primeiramente, à Professora Doutora Daniela Muradas, por ter me acolhido, sem hesitar, em sua vida acadêmica e em sua vida pessoal com tanto carinho. Não tenho palavras para descrever minha admiração por sua trajetória profissional e de vida, na qual demonstra sempre uma força de resistência nos meandros tão tortuosos do Direito do Trabalho, em busca de um mundo mais humano. Obrigada pelas oportunidades, pela confiança e por me deixar fazer parte de sua utopia.

Ao Professor Doutor Giancarlo Perone, que me abriu as portas do Direito do Trabalho Italiano, com seu espírito livre e pleno de sabedoria. Obrigada pelos diálogos, pelas convivências e por compartilhar sua experiência com uma humildade que é rara no mundo acadêmico.

À Professora Doutora Maria Rosaria Barbato, mulher de coragem e de luta, que fez do Brasil sua terra natal e batalha por dias mais justos para aqueles que vivem do trabalho. Obrigada pela amizade, por ter sido a primeira a acreditar em mim e por ter me conduzido ao doutorado.

Ao Professor Doutor Márcio Túlio Viana, por ter sido capaz de demonstrar com simplicidade que o Direito do Trabalho é poesia pela alteridade. Agradeço por você ter despertado meu olhar para com o outro, assim como fez com tantos alunos nas aulas de graduação.

Ao Professor Doutor Filipe Raslan, que partiu cedo demais, mas que deixa conosco seus ensinamentos. Sua alegria e genialidade permanecem. Ao Professor Doutor Pedro Augusto Gravatá Nicoli, por compartilhar abertamente seus infinitos conhecimentos com tanto afeto e dedicação durante o doutorado, tornando-se hoje um grande amigo e parceiro acadêmico: que nossas forças dissidentes continuem ecoando no/pelo Direito do Trabalho. Ao Professor Doutor Antônio Álvares da Silva, pelos ricos debates em sala de aula e pela generosidade com a qual conduz suas aulas de Pós-Graduação.

À minha família, por ser capaz de entender os obstáculos advindos deste trabalho e, mesmo assim, me apoiar de todas as formas existentes. À minha mãe, por ser minha inspiração acadêmica e por me incentivar a ser uma mulher independente como professora universitária. Ao meu pai, pelo apoio em cada decisão, mesmo sem concordar com algumas delas. Às minhas queridas irmãs, Fabiana e Fernanda, que me toleram e me amparam. Ao Ronaldo, ao Miguel, Helena, Luna e Sol, por terem trazido mais alegria para a nossa família.

Às amigas-irmãs do Colégio Santo Antônio – Ju, Ana, Érica e Ray, por crescerem comigo e por continuar dividindo os anseios e felicidades da vida adulta. Aos amigos e amigas da vetusta casa, especialmente Fernanda França, por serem alegrias permanentes na minha vida. Às amigas da Austrália, Michele e Lorena, por terem continuado perto de mim.

Agradeço à minha família italiana – Antonella, Tonino, Lidia e Alessandro – por terem me acolhido com o coração aberto. À Tia Evelyn, a primeira a desvendar os caminhos do Direito. À Tia Edianne, sempre presente com sua imensa força e disposição. Às primas queridas, motivo de felicidade. Ao meus avós, Inael, Wanda e Ediber, por compartilharem suas vivências com tanto carinho.

Aos amigos e amigas da Pós-graduação da UFMG, Lília Finelli, Isabela Murta, Juliana Hernandez, Adriana Lamounier, Victor Hugo Boson, Isabelle Curvo, Henrique Carvalho, Geraldo Melo, Talita Gonçalves, Rômulo Valentini, Platon Neto, e tantos outros e outras, com os quais tive a oportunidade de aprender todos os dias. Às queridas Luíza Berlini, Anna Flávia De Caux e Patrícia Bittencourt, por dividirem e entenderem as ansiedades da vida acadêmica.

Aos amigos e amigas que Roma me deu – Jana, Tiffany, Sebastián e Mark –, obrigada por transformarem de todas as formas positivas minha estadia na Itália. À Margarida Barreto, por ter me abraçado com toda sua amizade e sabedoria. Aos colegas do doutorado na Tor Vergata – Chiara, Andi, Stella e Giulia –, companhias indispensáveis nessa jornada. Ao Gabrielle, pelas aulas de italiano e espírito de luta. À Laura Giannitrapani, que me auxiliou pacientemente no início deste processo. À Anna Maria Priolisi, que com o seu jeito doce e gentil, me preparou para a defesa e finalizou este livro comigo. Ao Dr. José Carlos, por ter me ajudado a ser uma pessoa melhor.

Aos professores, professoras, servidoras e servidores da Universidade Federal de Ouro Preto (UFOP), principalmente nas pessoas de

Alexandre Bahia, Flávia Coelho, Iara Antunes, Karine Carneiro, Natália Lisbôa, Tatiana Ribeiro, Betânia dos Anjos e Jacqueline de Paula, que transformaram meus sentimentos em relação à vivência universitária. Aos meus queridos alunos e alunas de graduação da UFOP, que me ensinaram a importância da docência como instrumento de dano político e transformação social. Obrigada por me fazerem permanecer na vida acadêmica, escolhendo a UFOP como minha casa.

Às colegas de pesquisa do Grupo de Pesquisa Ressaber da UFOP, bem como aos meus alunos e alunas de pós-graduação da UFOP e da UFMG, que constroem comigo um Direito do Trabalho Trangressor e Decolonial, especialmente nas pessoas de Simone Juliquerle, Rainer Bomfim, Jéssica Stefane, Marco Corraide, Frederico Costa, Jéssica Bueno, Aysla Sabino, Wanessa Rodarte, Flávio Fleury, Cristiane Silveira, João Zini, Victoria Taglialegna, Rayhanne Fernandes e Tauane Porto. Às minhas corajosas monitoras e coordenadoras da Ouvidoria Feminina da UFOP, Lorena Martoni, Jéssica Holl e Renata Barbosa, por lutarem comigo por uma universidade sem violência de gênero. Às alunas, alunos e colegas do NAJOP, especialmente Juliana Evangelista, Paulo Teixeira, Beatriz Schettini e Fabiano Guzzo, que me lembram constantemente que a advocacia pode ser um ato de resistência.

Ao Programa de Pós-Graduação em Direito da UFMG e da Università degli Studi di Roma, especialmente na pessoa do servidor Wellerson Roma, pela disponibilidade e competência. À Coordenação de Aperfeiçoamento de Pessoal de Nível Superior (CAPES), por viabilizar essa pesquisa no Brasil.

Ao Marco, a quem dedico este trabalho, por se fazer presente todos os dias, mesmo longe. Obrigada por me apresentar um amor que nos deixa livres para crescermos juntos.

*Primeiro levaram os negros
Mas não me importei com isso
Eu não era negro*

*Em seguida levaram
alguns operários
Mas não me importei com isso
Eu também não era operário
Depois prenderam os miseráveis*

*Mas não me importei com isso
Porque eu não sou miserável*

*Depois agarraram uns
desempregados
Mas como tenho meu emprego
Também não me importei*

*Agora estão me levando
Mas já é tarde.
Como eu não me importei
com ninguém
Ninguém se importa comigo.*

Bertold Brecht, *Intertexto*

SUMÁRIO

13   **APRESENTAÇÃO**

15   **PREFÁCIO**

19   **INTRODUÇÃO**

29   **DA LACUNA AXIOLÓGICA DO DIREITO DE GREVE NO CAPITALISMO CONTEMPORÂNEO: NECESSIDADE DE COMPATIBILIZAÇÃO DA NORMA COM AS NOVAS FORMAS DE LUTA COLETIVA**

29   FRAGMENTAÇÃO DO PROCESSO PRODUTIVO E DA CLASSE SOCIAL: A DESCENTRALIZAÇÃO DO SUJEITO COMO O FIM DA CLASSE E DA LUTA OPERÁRIA?

29   A CLASSE SOCIAL E A LUTA OPERÁRIA COMO CATEGORIAS DA MODERNIDADE

75   A CRISE DO CONCEITO MODERNO DE CLASSE: A DESCENTRALIZAÇÃO DO SUJEITO COMO O FIM DA CLASSE E DA LUTA OPERÁRIA?

86   A RESSIGNIFICAÇÃO DA CATEGORIA CLASSE SOCIAL: NOVOS SUJEITOS, NOVAS FORMAS DE LUTA COLETIVA

99   DA RESTRIÇÃO NORMATIVA DA LUTA COLETIVA AO DIREITO DE GREVE: REFLEXOS DO PARADIGMA RACIONAL-MODERNO NA QUALIFICAÇÃO JURÍDICA DO CONFLITO COLETIVO

131   **O CONCEITO DO DIREITO DE GREVE NA ITÁLIA E NO BRASIL**

132   O CONCEITO NORMATIVO DO DIREITO DE GREVE NA ITÁLIA E NO BRASIL

132   O TRATAMENTO CONSTITUCIONAL DO DIREITO DE GREVE NO SISTEMA ÍTALO-BRASILEIRO

161   A LEI DE GREVE NO ORDENAMENTO JURÍDICO BRASILEIRO: ASPECTOS POLÊMICOS E SEUS REFLEXOS NA DOUTRINA

162   O ELEMENTO CENTRAL: SUSPENSÃO DA PRESTAÇÃO PESSOAL DE SERVIÇOS

171   INTERESSES TUTELADOS PELO DIREITO DE GREVE

177   EFEITOS CONTRATUAIS DECORRENTES DO EXERCÍCIO DO DIREITO DE GREVE E A RESPONSABILIDADE CONEXA

191   TITULARIDADE DO DIREITO DE GREVE

202   A DISCIPLINA EXTRALEGISLATIVA DO CONCEITO DO DIREITO DE GREVE NA ITÁLIA E NO BRASIL

202   O CONCEITO DO DIREITO DE GREVE NA ITÁLIA: CONSTRUÇÃO JURISPRUDENCIAL E DOUTRINÁRIA

205   ELEMENTO CENTRAL: SUSPENSÃO DA PRESTAÇÃO PESSOAL DE SERVIÇOS

234   INTERESSES TUTELADOS PELO DIREITO DE GREVE

251   EFEITOS CONTRATUAIS DECORRENTES DO EXERCÍCIO DO DIREITO DE GREVE E A RESPONSABILIDADE CONEXA

267	TITULARIDADE DO DIREITO DE GREVE
286	O CONCEITO JURISPRUDENCIAL DO DIREITO DE GREVE NO BRASIL
287	ELEMENTO CENTRAL: SUSPENSÃO LABORAL DE SERVIÇOS
295	INTERESSES TUTELADOS PELO DIREITO DE GREVE
302	EFEITOS CONTRATUAIS DECORRENTES DO EXERCÍCIO DO DIREITO DE GREVE E A RESPONSABILIDADE CONEXA
318	TITULARIDADE DO DIREITO DE GREVE
330	A PERMANÊNCIA DE RESQUÍCIOS DA CLIVAGEM MODERNA ÍTALO-BRASILEIRA NO DIREITO DE GREVE: NECESSIDADE DE OUTRAS REDES JURÍDICAS DE PROTEÇÃO DA LUTA COLETIVA NO CAPITALISMO CONTEMPORÂNEO
350	**OUTROS MEIOS DE LUTA COLETIVA E SUAS NOVAS FACETAS NO CAPITALISMO CONTEMPORÂNEO**
350	ZONA DE TRANSIÇÃO: A OCUPAÇÃO COMO FORMA DE LUTA COLETIVA
367	POSSIBILIDADES DE PROTEÇÃO JURÍDICA NO SISTEMA ÍTALO-BRASILEIRO
378	ANTAGONISMO SOCIAL E AÇÃO COLETIVA: PERFORMANCES DE LUTAS INTERSECCIONAIS
378	HETEROGENEIDADE DE SUJEITOS COMO MECANISMO DE LUTA: MANIFESTAÇÕES DAS FORÇAS SOCIAIS DO TRABALHO
395	POSSIBILIDADES DE PROTEÇÃO JURÍDICA NO SISTEMA ÍTALO-BRASILEIRO
419	PERFORMANCES ARTÍSTICAS DAS FORÇAS SOCIAIS DO TRABALHO COMO DIMENSÃO ESTÉTICA DA LUTA POLÍTICA
428	AS REDES SINDICAIS INTERNACIONAIS PODEM SER PLATAFORMAS DE VIABILIZAÇÃO DA LUTA POLÍTICA?
459	POSSIBILIDADES DE PROTEÇÃO JURÍDICA NO SISTEMA ÍTALO-BRASILEIRO
469	**QUID IURE? PELO DIREITO AO PLURALISMO POLÍTICO DA CLASSE-QUE-VIVE-DO-TRABALHO NO SISTEMA ÍTALO-BRASILEIRO**
485	**BREVES – E SEMPRE PROVISÓRIAS – CONCLUSÕES**
494	**POSFÁCIO**
496	**REFERÊNCIAS**
532	**ANEXO A – LEI DE GREVE BRASILEIRA**

APRESENTAÇÃO

A autora Flávia Souza Máximo Pereira distinguiu-me com o convite para apresentar a sua obra. É uma honra fazê-lo, não só pela admiração e respeito que nutro pela autora, mas, sobretudo, porque sua obra tem o poder de nos sacudir pelos ombros e mudar a forma como enxergamos o mundo a nossa volta.

Na ciência jurídica tal qual na vida social, são muitos os desafios inerentes ao processo evolutivo, embora haja um descompasso entre elas. As novas formas de estruturação do poder, as novas tecnologias, as novas formas de organização social no contexto da organização do capitalismo devem também nos conduzir a um novo direito, condizente com a nova realidade, aderente e propulsor das liberdades fundamentais.

Todavia, há um desacerto na marcha. A tecnologia, a organização do poder e dos movimentos sociais são essencialmente dinâmicos, velozes e, por vezes, revolucionários; mas o direito tem evolução naturalmente morosa e gradual.

A conjunção entre tecnologia, organização do poder e organização social ocorre por fatos específicos que, em momento determinado, normalmente distante da sua origem, propulsionam tal encontro. A origem do Direito do Trabalho é um exemplo: tal ramo jurídico nasceu das transformações sociais produzidas pela Primeira Revolução Industrial,[1] inobstante tenham sido necessários mais de 150 anos para que essa nova ciência jurídica se consolidasse, absorvendo e regulando os efeitos provocados pelo uso da tecnologia que permitiu a produção em massa, bem como dos movimentos sociais que nasceram para civilizar a sua escalada.

A autora se recusa a compactuar com o atavismo tão comum à ciência jurídica. Recusa-se a assistir incólume à ascensão das forças desequilibradoras do mercado de trabalho. As externalidades deste desequilíbrio em confronto com as novas formas de expressão da resistência do trabalho, inspiraram-na a buscar no direito posto a legitimidade do fato social que retrata a resistência da classe trabalhadora à opressão do capital. E o faz com a maestria inerente aos grandes juristas. Enxergando a liberdade como uma alegoria da vida moderna, inobstante consagrada nos circuitos normativos com estatura de direito fundamental, a autora demonstra que tal liberdade é elemento cada vez menos presente nas novas formas de organização do

---

[1] O Direito do Trabalho é um produto cultural do século XIX e das transformações econômico-sociais e políticas então vivenciadas a partir da revolução industrial, cuja origem remonta a meados de do século XVIII, mas que só foi institucionalizado ou oficializado a partir da segunda década do século XX. Cf.: DELGADO, 2018, p. 98-109.

trabalho. Muito menos presente, obviamente, para os destituídos da igualdade e do poder legítimo, do que para os detentores do poder econômico. Mas faz parte, ainda assim, do dicionário e do rol dos direitos humanos.

À volta do consagrado direito à liberdade existem personagens que ainda não se libertaram e carregam às costas o jugo de uma luta latente e perene, para a qual se apresentam portando armas ultrapassadas, que não têm a capacidade de colocá-los em posição de igualdade em face do seu opositor.

As armas devem ser renovadas, é o que propõe a autora. Se liberdade é uma subjetividade poderosa que se expressa no mundo e que expressa o mundo, a metamorfose dos seus atributos deve seduzir o jurista para a transformação dos instrumentos que lhe servem de esteio e propulsão.

Sua construção utiliza elementos diversos que vão muito além do que habitualmente se associa ao movimento paredista. Daí o título do presente livro *Para além da greve*. O resultado da sua edificação não é de modo algum transparente e imediato. É necessário cavar nas paredes dos movimentos operários para descobrir aquilo que está sob a sua imagem. Foi isso que a autora fez: uma escavação jurídica para entregar legitimidade aos novos movimentos e instrumentos das lutas operárias.

É com indizível prazer que convido os leitores para a reflexão proposta pela autora. Para instigá-los à leitura, transcrevo trecho de um romance italiano, *Malombra*, de Fogazarro conforme citado por Cali que incita a pensar sobre as várias dimensões do termo liberdade:

> O senhor não entende? De fato é um pouco difícil. Existem, caríssimo senhor Silla, palavras algébricas, palavras mecânicas e palavras pneumáticas. Vou explicar-lhe o que me ensinou um amigo fuzilado pelos malditos prussianos em 1848. As palavras algébricas descem do cérebro e são sinais de equação entre o sujeito e o objeto. As palavras mecânicas são formadas pela língua como articulações necessárias da linguagem. Mas as palavras pneumáticas vêm mesmo dos pulmões, soam como instrumentos musicais, ninguém sabem o que elas querem dizer e embriagam os homens. Se ao invés de *Freiheit*, ao invés de *Libertà*, nós disséssemos uma palavra de dez sílabas, quantos heróis e quantos loucos a menos.[2]

Margarida Barreto de Almeida
Auditora Fiscal do Trabalho, Doutora em Direito em Cotutela entre Universidade Federal de Minas Gerais e Universidade de Roma, professora de Direito do Trabalho do MBA Legislação e Auditoria Trabalhista-Previdenciária da BSSP Centro Educacional

---

[2] COLI, Jorge. A alegoria da liberdade. *In:* NOVAES, Adalto (Org.). *Os sentidos da paixão*. São Paulo: Companhia das Letras, 2009. p. 431.

PREFÁCIO

Não há nada mais difícil que prefaciar uma obra. Sempre tive como tarefa árdua. Confesso que a honra do convite que é, em regra, expressão de afeto e conexão acadêmica, imediatamente se substitui pela angústia de o fazer.

São as páginas de um prelúdio normalmente desprezadas pelo leitor, que as dedilham como se vencessem a obra, sem ter de realizar qualquer esforço. Para o autor, paradoxalmente, são laudas degustadas com atenção e nelas querem colher o reconhecimento. E delas vertem mais que as razões das razões ali existentes, expressam-se apreços e as outras percepções sensoriais que a atividade acadêmica suscita. São tidos como espaço para a expressão do que, às vezes, os registros acadêmicos não permitem: os afetos, as maiores conexões que se estabelecem nesse ambiente tão inóspito, concorrencial e que, no mais das vezes, mais promove adoecimento que reconhecimento.

Normalmente nos prefácios há antecipações de certos conteúdos, destacam-se os louros e ocultam-se os agouros do fazer universitário e todas as suas contradições que precedem o fazer e cujo êxtase é a *publicação*.

A obra que agora vem a público é um notável estudo comparativo do direito fundamental da greve no Brasil e na Itália, voltado às estruturas jurídicas que buscam modelar, condicionar e até mesmo obstar o exercício da prerrogativa humana de natureza coletiva. É o trabalho resultado de longa e dedicada pesquisa desenvolvida por Flávia Souza Máximo Pereira, em seu doutorado desenvolvido na Universidade de Roma Tor Vergata, em cotutela com a Universidade Federal de Minas Gerais (UFMG).

A tese foi aprovada por uma banca extremamente rigorosa. Sua construção seguiu exigências metodológicas e de excelência do sistema de doutorado na Itália. Incorporou seus códigos e signos, seus expoentes doutrinários e as curvas de aplicação (com pesquisa de repertório jurisprudencial que por lá é tarefa penosa). Foi desenvolvida sob a orientação do Professor Giancarlo Perone e só pela estirpe do orientador já se pode deduzir a seriedade do estudo.

À medida em que a tese foi também auspiciada no Programa de Pós-Graduação da Faculdade de Direito da UFMG, e me honrou a tarefa de orientá-la, oportunidade que se somava a outras tantas cooperações que me foram propiciadas desde 2011, junto a Universidade de Roma Tor Vergata por meio do vínculo de Professora Visitante, na realização de cursos de extensão, pós-graduação e variadas atividades acadêmicas tão profícuas.

Para bem atender nossas diretrizes multidisciplinares, a pesquisa aportou fundamentos não dogmáticos, estabeleceu debates dinâmicos que defluem da tessitura de nossa sociedade, atentou para as nossas singularidades, o que é prática tida como pouco ou nada ortodoxa naquele prestigiado círculo acadêmico.

De certo modo, a construção dessa tese, que agora se resulta neste livro, se fez em meio às tensões de sistemas educacionais tão distintos e quebrou paradigmas. Na Itália, desafiou o sofisticado senso dogmático dos estudos jurídicos e, com alentados fundamentos sociológicos, aportou premissas do desenvolvimento da pesquisa e, com abordagem crítica, confrontou os cânones jurídicos e sua larga tradição autorreferente, eurocentrado, em uma cartografia geopolítica pouco sensível a considerar mesmo até outras *europas* e quanto mais as periferias latinas, nas quais as formas de organização sindical contam com inúmeros obstáculos ao seu livre desenvolvimento.

Lado outro, o estudo dogmático comparativo dinâmico, cuja profundidade raramente se conhece em nossos terrenos, propiciou reflexões que poderiam escapar à crítica e aos debates da realidade que as vezes se esquecem que o direito é lente e promove várias distopias, mas também pode servir de lupa para iniquidades renitentes em nossa sociedade.

O resultado é um trabalho primoroso de envergadura superior. Os contributos para o Direito estão para além das conclusões tradicionais e normalmente simplificadoras de comparações de sistemas jurídicos italiano e brasileiro, das demonstrações analíticas de aproximações e diferenciações dos sistemas. Os arquétipos jurídicos do direito coletivo nos sistemas ítalo-brasileiro, as dinâmicas sociais e práticas jurisprudenciais comparadas apontam hiatos dos sistemas e as possíveis clausuras jurídicas mitigadoras de múltiplas formas de ser do *ius resistentiae*.

A obra lança o olhar jurídico para práticas dissidentes, desnuda a seletividade dos critérios de legitimidade, legalidade, dos propósitos políticos contidos nas limitações judiciais de greves políticas no direito brasileiro, a imponderação nas declarações de abusividade da greve e a abusividade das imponderáveis necessidades inadiáveis da sociedade para fins de essencialidade dos serviços e restrição do direito de greve.

O objeto, com profundidade nos fundamentos e comparação de práticas sindicais e sistemas situados em latitudes tão distintas, acresce ao debate da greve subsídios distintos para a matéria e fatalmente será literatura obrigatória para os estudiosos e artífices do direito do trabalho em sua expressão coletiva.

Contudo, não poderia encerrar esses escritos sem anunciar as profundas transformações que experiência universitária na Itália suscitaram na Flávia e em mim.

São indeléveis as vivências de ser latina na Itália em período de emergência de nacionalismo extremado, da xenofobia latente, descortinando a necessidade imperiosa de reconstrução do saber, engendrando nessa categoria tida como universal, as particularidades do ser outro não europeu (sabendo que a Europa também contém europas, como estão ai a demonstrar os europeus do leste).

Valho-me das *Memórias de minhas putas tristes*, de Gabriel Garcia Marques, para parafrasear:

> Descobri que minha obsessão por cada coisa em seu lugar, cada assunto em seu tempo, cada palavra em seu estilo, não era prêmio merecido de um mente em ordem, mas, pelo contrário, todo um sistema de simulação inventado por mim para ocultar a desordem de minha natureza [...]. Virei Outro. Tratei de reler os clássicos que me mandaram ler na adolescência, e não aguentei. Mergulhei nas letras românticas que tanto repudiei quando minha mãe quis me forçar a ler e gostar, e através delas tomei consciência de que a força invencível que impulsionou o mundo não foram amores felizes e sim os contrariados.[3]

Não tenho dúvida que nossas atuais inclinações para a decolonização do saber, nossos esforços em ter reconhecida as dissidências estão contidas nessas experiências e estranhamentos.

No meu caso, cada vez mais confio na possibilidade de superação dialética, que na desconstrução e reconstrução do saber, engendrada na universalidade do saber, as singularidades periféricas, incluindo as vivencias excludentes de raça, gênero e posição periférica, incluindo os sofrimentos obliterados por ser outro em uma dinâmica que ainda escapa a alteridade refletida: de ser o outro um outro ser eu.

Por fim, não poderia deixar de expressar o meu enorme e inominável apreço, minha conexão afetiva superior com Flávia, que sempre escapou das relações hierarquizadas e rígidas da Academia. Nela sempre encontrei

---

[3] MÁRQUEZ, Gabriel García. *Memória de minhas putas tristes*. 26. ed. Rio de Janeiro: Record, 2014.

o acolhimento e o apoio em momentos não tão gloriosos do fazer universitário. Nossa relação é tão profunda que quaisquer palavras seriam ensaios vãos para traduzir sob signos e letras aquilo que pulsa, aquilo que me estimula e me renova a disposição para ver e viver a ruptura desses padrões de saber, que expressam relações de poder, que estamos sempre dispostas a desafiar. Nossos sentimentos não cabem em letreiros!

Daniela Muradas
Professora de Direito do Trabalho da Universidade
Federal de Minas Gerais (UFMG)

INTRODUÇÃO

A presente pesquisa comparada ítalo-brasileira neste livro pretende ser um debate aberto à realidade social, pois seu maior objetivo é estabelecer um constante diálogo entre a Ciência do Direito e aqueles sujeitos heterogêneos que vivem do próprio trabalho. Tais sujeitos são protagonistas de novas formas de lutas dinâmicas, exercidas em face de flexíveis instrumentos de exploração do capitalismo contemporâneo.

A partir do processo de reestruturação do capitalismo em nível global, viabilizado pelo sistema toyotista e pelo avanço das redes de tecnologia, emerge a precariedade sistêmica que gera uma nova morfologia social do trabalho, como reflexo da atividade empresarial fluida, ilimitada e difusa, que se desmancha em pequenas unidades reticulares semiautônomas ao redor do mundo. Os modelos de produção flexíveis aprofundam a lógica de o capital subsumir o trabalho humano como mercadoria, visando à maleabilidade dos processos e mercados de trabalho, das leis do trabalho e das resistências coletivas articuladas pelo trabalho.

A precarização sistêmica no capitalismo contemporâneo não atinge apenas a dimensão do trabalho como mercadoria: o novo metabolismo social laboral implica outros modos de (des)constituição do ser genérico do homem.[4] A nova precariedade, ao alterar a dinâmica da troca metabólica entre o tempo vital e o de produção, em virtude da "desmedida" da jornada de trabalho e de mecanismos manipulatórios, captura a subjetividade do trabalhador: não é apenas o "fazer" e o "saber" operário que são apreendidos pela lógica do capital, mas sua disposição intelectual-afetiva que, de forma dissimulada, é mobilizada para cooperar com a lógica da valorização. Assim, conforme o trabalho se move para fora dos muros da fábrica, torna-se cada vez mais difícil manter a ficção de qualquer medida do dia de trabalho e, portanto, separar o tempo de produção do de reprodução, de modo que aqueles que vivem da venda da força laboral produzem em toda sua generalidade, em toda parte, o tempo todo.[5]

Em consequência, a classe trabalhadora no capitalismo contemporâneo não é mais constituída somente pelo operário-massa, empregado, sindicalizado no âmbito industrial de uma empresa taylorista-fordista verticalizada, concentrada em um único espaço de produção no território nacional. As estratégias de flexibilização e precarização, pro-

---

[4] ALVES, 2010, p. 3.
[5] NEGRI; HARDT, 2014, p. 427.

piciadas pela pulverização e horizontalização do processo produtivo, permeiam e difundem o trabalho em domicílio; efetuam a inserção alienada de "independência" mediante o trabalho falsamente autônomo; promovem as cadeias transnacionais de terceirização, o trabalho informal e outros mecanismos que visam generalizar as relações de trabalho vulneráveis,[6] que continuam inseridas na lei fundamental de autovalorização do valor em razão da mais-valia.

Ao mesmo tempo, ao se transbordar para lugares além do espaço produtivo fabril, a lógica da autovalorização do valor veiculada pelo *locus* do trabalho humano extravasou transversais subalternidades que exigiram a reconfiguração dos eixos de luta coletiva, de seus interesses a serem defendidos e de suas formas de ação. Os *atores* desses conflitos não podem ser mais distinguidos somente pelo critério econômico, em um conceito homogêneo de classe social, cunhado por clivagens da modernidade, que são reflexos do modelo de conhecimento também unívoco e economicista e do padrão histórico de poder baseado em estruturas industriais e nacionais.

Tais processos de constituição ontológica desdobram-se por meio de variáveis movimentos coletivos de luta, mediante novos tecidos articulados por diversas subjetividades de todos aqueles cujo trabalho é explorado pelo capital. Neste lugar de construção ontológica, a *classe-que-vive-do-trabalho*[7] aparece como poder constituinte. Assim, os heterogêneos protagonistas do mundo social do trabalho, que tentam

---

6 Os trabalhadores vulneráveis, de acordo com a Organização Internacional do Trabalho, são aqueles para quem é muito menos provável "[...] terem acordos formais de trabalho, serem cobertos pela proteção social como pensões e cuidados à saúde ou terem ganhos regulares. Eles terminam presos em círculos viciosos de ocupações de baixa produtividade, remuneração pobre e capacidade limitada de investir na saúde e educação de suas famílias, o que, por sua vez, obsta o desenvolvimento geral e perspectivas de crescimento — não apenas para eles mesmos, mas para as gerações seguintes." Cf.: NICOLI, 2015, p. 2.

7 Em oposição à modernidade, na contemporaneidade a classe trabalhadora não se restringe somente aos trabalhadores produtivos e nem apenas aos trabalhadores manuais diretos, mas incorpora a totalidade do trabalho coletivo que vende sua força de trabalho como mercadoria em troca de salário para valorizar o capital, o que inclui os terceirizados, os informais, os falsos autônomos, os desempregados, os denominados improdutivos, entre tantos outros que produzem mais-valia, formando a classe-que-vive-do-trabalho, nos termos do sociólogo Ricardo Antunes.

sobreviver sobrecarregados por subalternidades interseccionais,[8] que vão além das estratificações econômicas – como gênero, raça, origem e outras categorias que atuam na produção e reprodução das desigualdades sociais – expressam seu conteúdo crítico em *novas formas de luta coletiva*, que visam ser mais profícuas do que a greve diante das redes transnacionais de exploração do capitalismo contemporâneo.

A greve, em seu formato tradicional, foi uma forma de resistência coletiva desenhada para o modelo taylorista-fordista, que, por concentrar todo o processo produtivo de forma hierárquica, usurpava do empregado qualquer iniciativa no ambiente laboral e, justamente por isso, era particularmente vulnerável à interrupção do trabalho. Além disso, na estrutura verticalizada, localizada em um ambiente nacional de pleno emprego, a greve poderia ser exercida pelo empregado em face de um visível empregador, o que já não acontece no sistema toyotista, com grupos econômicos em rede, o que torna extremamente difícil identificar *para quem* se produz.

Consequentemente, a greve foi incorporada como *direito* no sistema ítalo-brasileiro como reflexo desse contexto da modernidade, pois a atividade empresarial estava profundamente enraizada no mercado de emprego pleno, industrial e sindical, corroborado por barreiras proporcionadas pelos Estados-nação e pelas incipientes redes de comunicação.

Ao contrário das relações jurídicas empresariais e comerciais, que se transformaram rapidamente para promover o desmantelamento de direitos trabalhistas, o *direito de greve* ficou em segundo plano em termos de adaptação jurídica: não acompanhou o paradigma emergente "flexível" e, portanto, não se tornou instrumento jurídico capaz de proteger novas formas de luta desencadeadas por múltiplos sujeitos marginalizados, no espaço produtivo e fora dele, ligados pelos fios de exploração do capitalismo contemporâneo. Assim, *o conflito coletivo dos trabalhadores foi confinado a um restrito direito de greve*, traduzido na abstenção coletiva concertada operária, com interesses limitados à dualidade econômica do empregado em face do empregador industrial.

---

8 A interseccionalidade, conceito fruto dos estudos e movimentos feministas, refuta o enclausuramento dos grandes eixos de diferenciação social, como as categorias de religião, sexo, gênero, classe, raça, etnicidade, idade e orientação sexual. O enfoque interseccional vai além do simples reconhecimento das particularidades das opressões que se operam a partir dessas categorias e postula sua interação na produção e na reprodução das desigualdades sociais. Cf.: BILGE, 2009, p. 70.

Os resquícios das clivagens da modernidade no direito de greve geram obstáculos para que esse direito assuma sua plenitude como plataforma de proteção da luta coletiva no sistema ítalo-brasileiro, o que impede que ele se transforme em resposta jurídica eficaz[9] às novas cartografias do capitalismo tardio.[10]

Em razão dessa lacuna jurídica axiológica,[11] impõe-se como necessária a tentativa de construção do *direito de luta da classe-que-vi-*

---

9 Abordamos aqui o termo eficácia no seu sentido social e não no sentido técnico. Conforme Tércio Sampaio Ferraz Júnior, uma norma se diz socialmente eficaz quando encontra na realidade condições adequadas para produzir seus efeitos. Essa adequação entre a prescrição e a realidade de fato tem relevância semântica (relação signo/objeto, norma/ realidade normada). Cf.: FERRAZ JÚNIOR, 1994, p. 197.

A eficácia técnica tem a ver com a aplicabilidade das normas no sentido de aptidão mais ou menos extensa para produzir efeitos. Como essa aptidão admite graus, pode-se dizer que a norma é mais ou menos eficaz. Para aferir o grau de eficácia, no sentido técnico, é preciso verificar quais as funções da eficácia no plano da realização normativa. Cf.: FERRAZ JÚNIOR, 1994, p. 198.

10 Capitalismo tardio é uma expressão para se referir ao capitalismo e suas transformações posteriores a 1945. O termo foi consolidado por Ernest Mandel em sua obra *O capitalismo tardio* de 1972. Conforme Mandel, o conceito de capitalismo tardio, como uma nova fase do imperialismo ou da época do capitalismo monopolista, é caracterizado por uma crise estrutural do modo de produção capitalista moderno. No entanto, não se refere ao declínio das suas forças produtivas, mas um acréscimo no parasitismo e na exploração subjacentes a seu crescimento: as vastas potencialidades da revolução tecnológica foram transformadas em forças de destruição, que também podem se traduzir no desenvolvimento armamentista permanente, na fome nos países periféricos e na ruptura do equilíbrio ecológico. Cf.: MANDEL, 1972, p. 131.

11 A lacuna axiológica refere-se à ausência de norma justa, isto é, pode existir um preceito normativo, ao contrário da lacuna normativa, mas, se este for aplicado, sua solução será insatisfatória ou injusta. Giorgio Pino, rementendo-se à teoria de interpretação jurídica de Riccardo Guastini, explica: "Uma lacuna normativa acontece quando o legislador disciplina uma série de situações específicas, mas omite disciplinar uma ou mais que uma, de suas possíveis combinações [...]. Uma lacuna axiológica consiste, ao invés, na falta de uma norma justa, satisfatória (e na contextual presença de uma norma indevidamente equalizadora) ou, na ausência de uma norma equalizadora (e na contextual presença de uma norma indevidamente diferenciadora)."

No original: "Una lacuna normativa si ha quando il legislatore disciplini una serie di fattispecie, ma ometta di disciplinare una o piú d'una delle loro possibili combinazioni [...]. Una lacuna assiologica consiste invece nella mancanza di una norma giusta, soddisfacente (e nella contestuale presenza di una norma insoddisfacente, subottimale), o nella mancanza di una norma differenziatrice (e nella contestuale presenza di una norma indebitamente eguagliatrice), oppure nella mancanza di una

ve-do-trabalho, e não mera *liberdade*, nos termos da classificação de Piero Calamandrei,[12] que concretize proteção jurídica efetiva[13] e eficaz dessas plurais formas de ação direta coletiva que estão efervescentes na Itália, no Brasil e no resto do mundo.

---

norma eguagliatrice (e nella contestuale presenza di una norma indebitamente differenziatrice)." Cf.: PINO, 2013, p. 11. (tradução nossa)

Giorgio Pino explica que não há linha clara de demarcação entre lacuna normativa e lacuna axiológica: muitas vezes a mesma situação pode ser descrita, de maneira igualmente plausível, como um caso de lacuna normativa e/ou como um caso de lacuna axiológica. O autor, referindo-se à teoria de Riccardo Guastini, afirma que todas as lacunas, ou grande parte delas, são axiológicas. Cf.: PINO, 2013, p. 11.

No caso do Brasil, a lacuna em relação ao direito de greve no setor privado é exclusivamente axiológica, pois, como veremos, existe uma lei que o regulamenta. No caso da Itália, a lacuna é axiológica e normativa, porque questionam-se pontos do tratamento jurisprudencial e doutrinário dado ao direito de greve em razão da ausência de lei regulamentadora.

12 Conforme Calamandrei: "Poderiam ser pensados três sistemas que corresponderiam a três diferentes atitudes que o Estado teria ao avaliar o valor especial da greve. Pode-se pensar num Estado que afirma que a greve representa um ato socialmente nocivo e perigoso, portanto a proíbe e sanciona; pode-se imaginar um Estado que afirme que a greve é um fato socialmente indiferente e, portanto, a permite; terceiro: um Estado que afirma que a greve é um fato, em alguns casos, socialmente útil e então a protege. Encontramos, então, esses três possíveis posições às quais, correspondem três diferentes concepções da greve, que poderíamos resumir: concepção autoritária, greve-delito; concepção livre; greve-liberdade, concepção social, greve-direito."

No original: "Tre sistemi si potrebbero pensare che corrisponderebbero a tre diversi atteggiamenti che lo Stato avrebbe nel valutare il valore sociale dello sciopero. Si può pensare ad uno Stato il quale dica che lo sciopero è un fatto socialmente dannoso e pericoloso, quindi lo proibisce e lo punisce; si può immaginare uno Stato che dica che lo sciopero è un fatto socialmente indifferente e quindi lo permette; terzo, uno Stato che dica che lo sciopero è un fatto in certi casi socialmente utile e quindi lo protegge. Si hanno allora questi tre tipi possibili di atteggiamento dello Stato: lo sciopero vietato, lo sciopero permesso, lo sciopero protetto a cui corrispondono tre diverse concezioni dello sciopero che si potrebbero riassumere: concezione autoritaria, sciopero-delitto; concezione libera, sciopero-libertà; concezione sociale, sciopero-diritto." Cf.: CALAMANDREI, 1952, p. 10. (tradução nossa)

13 Segundo Tércio Sampaio Ferraz Júnior, a efetividade pode ser entendida em conceitos diferenciados. A efetividade do ponto de vista linguístico, sintático ou denominada como eficácia técnica seria a aptidão para produzir efeitos jurídicos por parte da norma. Cf.: FERRAZ JÚNIOR, 2011, p. 2. A efetividade do ponto de vista semântico é aquela norma que é cumprida e aplicada aos casos concretos. Cf.: FERRAZ JÚNIOR, 2011, p. 2.

A conversão das forças sociais do trabalho em amplo *direito de luta* é necessária para o estabelecimento do equilíbrio entre a ação econômica transnacional ilimitada e fluida no capitalismo tardio e a ação coletiva dos trabalhadores, que constitui o núcleo motor do Direito do Trabalho e o instrumento de canalização de contravozes fundamentais para a verdadeira democracia plural. Afinal, em oposição aos sistemas totalitários e autoritários, foi – e ainda é – a força da luta dos trabalhadores dos países democráticos, como a Itália e o Brasil, que converteu a energia dos conflitos coletivos em fonte material de direitos trabalhistas, sociais e humanos. Portanto, para que a efetiva transformação exista, não é suficiente que tais formas de luta fiquem apenas circunscritas ao fenômeno social, desprovidas de juridicidade: é também necessário que elas sejam reconhecidas em termos jurídicos, para que se possa converter essa demonstração em legítima alavanca – imune às repressões policiais, criminais, civis e trabalhistas – capaz de modificar o equilíbrio de forças e reproduções de desigualdades.

No entanto, é preciso entender *se há espaço no conceito ítalo-brasileiro do direito de greve* para superar tal lacuna axiológica, ou seja, se há abertura para a disputa do sentido da norma no interior do próprio direito de greve. Também se faz necessário investigar os motivos da existência e da permanência dessa lacuna, seja na doutrina, na jurisprudência ou na legislação, que podem vir a impedir a ressignificação do direito de greve.

Portanto, a presente pesquisa teórica visa compreender se *no locus jurídico do direito de greve é possível transpor para o Direito os conflitos*

Do ângulo pragmático, há uma combinação dos sentidos anteriores: efetiva é a norma cuja adequação do relato e do cometimento garante a possibilidade de se produzir uma heterologia equilibrada entre editor e endereçado. SAMPAIO, 2011, p. 3.

Explica o autor: "Note-se que a efetividade no sentido pragmático não se confunde com o sentido meramente semântico ou sintático. O sentido sintático prescinde do nível cometimento e vê a efetividade como mera relação entre o relato de uma norma e as condições que ela mesma estabelece (que podem estar em outra norma) para a produção dos efeitos. Prescinde também da relação para com os comportamentos de fato ocorridos e não vê nenhuma influência entre a obediência efetiva da norma e a possibilidade de produção dos efeitos. O sentido semântico liga diretamente efetividade e obediência de fato, não prevendo, por conseguinte, os casos de desobediência de normas eficazes (no sentido técnico). Podemos dizer, em consequência, que, no nível semântico da análise, uma norma será tanto mais efetiva quanto mais as ações ou omissões exigidas ocorram. O sentido jurídico da efetividade, contudo, atende mais ao plano pragmático, podendo dar-se uma norma tecnicamente eficaz que não seja de fato obedecida e aplicada." Cf.: FERRAZ JÚNIOR, 2011, p. 3.

do mundo social do trabalho, sem que haja o bloqueio das configurações possíveis de luta coletiva em seu interior, ou se é preciso buscar *outros lugares jurídicos* no sistema ítalo-brasileiro para a efetiva proteção da autotutela dos trabalhadores.

O tipo de investigação da pesquisa será predominantemente jurídico-comparativo, pois visa-se verificar as diferenças e similitudes entre os sistemas jurídicos italiano e brasileiro, introduzindo nesse aspecto o raciocínio analógico na comparação de quadros de referências normativos. Ressalte-se que essa pesquisa comparada não visa somente explicitar o conteúdo da norma, pois pretende-se examinar seus precedentes jurídicos e metajurídicos e as inter-relações econômicas, sociais, políticas e culturais que orientaram seu processo de formação e aplicação. Pretende-se realizar uma investigação dos sistemas comparados que não seja limitada à normatividade, mas que seja alargada em seu contexto social e político.

Para tanto, parte-se da concepção do sistema jurídico brasileiro como ordenamento híbrido, que tradicionalmente envolveu a dúplice influência normativa representada pelo sistema Romano, caracterizado por sua matriz privatista, e pelo sistema Germânico, marcado por matrizes identitárias e de pertencimento, influenciadas por sistemas abertos aos valores imperantes na comunidade.[14] Embora o sistema Romano-Germânico constitua o *tronco comum* de ideias fundamentais, essa família jurídica compreende diversas doutrinas, que correspondem a diferentes formas de concretização de categorias do Direito. Esse binômio normativo transformou o Direito de Trabalho brasileiro em uma confluência de sistemas distintos, que se reflete em abordagens conceituais híbridas em relação a certas categorias, como, por exemplo, no próprio conceito de contrato de trabalho do artigo 442[15] Consolidação das Leis do Trabalho (CLT), que revela uma composição entre vertentes contratualistas e acontratualistas.

Na contemporaneidade, verifica-se que as influências germânicas baseadas nas relações jurídicas de pertencimento pessoal à comunidade de trabalho são fundamentais para um movimento de atualização das nor-

---

14 Estamos fazendo referência às teorias germânicas (como a de Otto von Gierke, em fins do século XIX) que privilegiavam a vontade dos sujeitos de direito na definição dos vínculos jurídicos que os unem, constituindo o conceito de estatuto, que se opõe às matrizes privatistas do Direito Romano. Cf.: SUPIOT, 2011, p. 13.

15 Art. 442 – Contrato individual de trabalho é o acordo tácito ou expresso, correspondente à relação de emprego. Cf.: BRASIL, 1943.

mas coletivas trabalhistas no Brasil, no sentido de recuperar seus elementos sociais.[16] Este movimento é perceptível, por exemplo, na tentativa de ruptura da presunção legal de vínculo social mediante o critério ontológico de categoria profissional, que agrega os trabalhadores conforme a atividade empresarial do empregador, para uma perspectiva de *identidade de classes*, manifestada em fenômenos sociais de luta coletiva horizontais.

Portanto, as normas de Direito Coletivo do Trabalho serão estudadas neste livro não apenas em sua força jurídico-formal, mas destacando sua concreta função de atuação na dinâmica social como campo adequado para a pesquisa comparada. Entende-se que a comparação dos respectivos sistemas normativos deve incluir a análise dos sistemas econômicos, políticos e sociais que fazem parte de seu cenário.

Nesse sentido, a vertente metodológica predominante adotada é a jurídico-sociológica, no sentido elaborado por Miracy Gustin e Maria Tereza Fonseca Dias,[17] pois a investigação propõe compreender a relação entre os fenômenos sociológicos – as várias formas de manifestação dos meios de luta coletiva dos trabalhadores – e o fenômeno jurídico, buscando-se a construção de um direito de luta que incorpore as exigências das relações sociais, uma vez que a presente investigação não se preocupa apenas com a eficiência das relações normativas, mas com sua eficácia e efetividade. O setor de conhecimento será de caráter interdisciplinar, pois há articulação entre a Ciência do Direito e outros ramos de estudos conexos, como a Sociologia e a Filosofia.

A pesquisa teórica utilizará como dados primários a jurisprudência e a legislação italianas e brasileiras relacionadas aos limites jurídicos do direito de greve no setor privado. Os dados secundários serão extraídos da literatura ítalo-brasileira sobre o tema, compreendendo doutrina, artigos científicos e legislações interpretadas. Sobre a estratégia metodológica, será utilizado como procedimento de cunho qualitativo a análise de conteúdo. Sobre o grau de generalização dos resultados, a pesquisa será realizada por amostragem intencional, uma vez que seu universo de abrangência se constituirá essencialmente pela legislação,

---

16 A influência do fato social nas relações jurídicas brasileiras contemporâneas também se manifesta em incorporações de preceitos do Direito Anglo Saxão como, por exemplo, a teoria normativa do precedente judicial manifestada no Novo Código de Processo Civil (Lei 13.105/2015) e nas edições de súmulas vinculantes, na própria natureza híbrida do sistema de controle de constitucionalidade brasileiro e no instituto da repercussão geral exigido nos recursos extraordinários.

17 GUSTIN; DIAS, 2013, p. 22.

pela doutrina e pela jurisprudência que remetem ao sistema jurídico contemporâneo de ambos os países, sem a pretensão de investigação do tipo histórico-jurídica. Será utilizado o raciocínio indutivo, pois a partir das observações dos fenômenos sociológicos das lutas coletivas dos trabalhadores visa-se à construção de um direito de luta, produzindo-se informação nova. Intenciona-se que os resultados obtidos sejam generalizáveis para o sistema juslaboral ítalo-brasileiro.

Por meio da supracitada metodologia de pesquisa, após essa introdução, pretende-se, capítulo "Da lacuna axiológica do direito de greve no capitalismo contemporâneo: necessidade de compatibilização da norma com as novas formas de luta coletiva" investigar os motivos da existência da lacuna axiológica do direito de greve no capitalismo contemporâneo e expor a necessidade de compatibilização das normas ítalo-brasileiras com as novas formas de luta coletiva, por meio do estudo das transformações da categoria de classe social e da luta operária.

No capítulo "O conceito do direito de greve na Itália e no Brasil" será feita a análise do conceito do direito de greve ítalo-brasileiro, mediante a ótica das fontes jurídicas que o regulamentam. A finalidade da investigação é apurar se é possível superar a lacuna axiológica entre as novas formas de luta da classe-que-vive-do-trabalho e a proteção jurídica – efetiva e eficaz – no interior do próprio direito de greve, que permita fluxos de (re)configuração da ação coletiva.

No capítulo "Outros meios de luta coletiva e suas novas facetas no capitalismo contemporâneo" pretende-se pesquisar sobre outras formas de luta coletiva diversas da greve, que surgiram ou se transformaram em resposta às mudanças desencadeadas pelo capitalismo contemporâneo, apurando suas similitudes e divergências. Serão também avaliados outros lugares possíveis no universo do Direito para que se alcance a proteção jurídica mais ampla da luta coletiva dos trabalhadores.

Por fim, no capítulo "*Quid Iure*? Pelo direito ao pluralismo político da classe-que-vive-do-trabalho no sistema ítalo-brasileiro", visa-se delimitar, no âmbito do sistema jurídico ítalo-brasileiro, a demanda comum da luta daqueles que vivem do trabalho, que alimenta as novas formas de ação coletiva e que pode transbordar em lugares jurídicos diversos.

A presente pesquisa expõe a Ciência do Direito enquanto Ciência Social e, portanto, como conhecimento científico norteado pelo princípio de que a dinâmica normativa deve ser sempre questionada, em todos os momentos, em seus diferentes desenhos, seja por demandas concretas das lutas coletivas ou pelo abstrato debate acadêmico, pelo questionamento judicial ou pelo diálogo de construções legislativas. Subtrair tais disputas dinâmicas pelos sentidos da norma que devem ocorrer dentro da Ciência do Direito significa conservar, naturalizar e legitimar determinada distribuição de poder entre grupos e certa forma de mediar a relação entre Estado e sociedade. O desfecho do processo que delimita o que é legitimamente jurídico não pode ser conhecido ou definido de antemão, sob pena de o Direito perder sua complexidade e potencialidade de transformação social.

DA LACUNA AXIOLÓGICA DO DIREITO DE GREVE NO CAPITALISMO CONTEMPORÂNEO: NECESSIDADE DE COMPATIBILIZAÇÃO DA NORMA COM AS NOVAS FORMAS DE LUTA COLETIVA

FRAGMENTAÇÃO DO PROCESSO PRODUTIVO E DA CLASSE SOCIAL: A DESCENTRALIZAÇÃO DO SUJEITO COMO O FIM DA CLASSE E DA LUTA OPERÁRIA?

A CLASSE SOCIAL E A LUTA OPERÁRIA COMO CATEGORIAS DA MODERNIDADE

Pretende-se, nesta seção, apresentar a pesquisa mediante o método jurídico-sociológico diacrônico, pois busca-se analisar a construção sociológica da categoria "classe social" e da luta operária como reflexos de elementos-chave de dominação em campos de existência humana, que definiram *um padrão de poder histórico na modernidade*.

A referida análise metodológica diacrônica pretende demonstrar que a realidade social enfrenta uma articulação de elementos historicamente heterogêneos, cujas relações são descontínuas, inconsistentes e conflitivas. Tais elementos se movem dentro da tendência geral, mas nunca de maneira estática e unidimensional, pois cada um deles pode ter autonomia relativa e pode ser conflitivo em relação aos outros.[18] Isso não significa que o padrão histórico de poder da modernidade não possua um eixo comum; todavia, essa estrutura não pode ser fechada, pois os processos de transformação histórica não consistem e não podem consistir em construção unilinear e sucessiva. É preciso entender que o fenômeno jurídico-sociológico está inserido em redes socioculturais históricas e dinâmicas às vezes contraditórias e, por isso, mais complexas.

Tendo em vista tais breves considerações sobre o método de pesquisa adotado, podemos afirmar que a *modernidade* foi caracterizada por um padrão de poder mundial que dominou e disputou o controle das diversas formas de existência social. As relações de poder que se constituem na disputa pelo controle de tais âmbitos de existência social não nascem uma das outras, mas não podem existir, salvo de maneira pre-

---

[18] QUIJANO, 2014, p. 300.

cária, isoladas. Tais relações de poder formam um complexo estrutural cujo caráter é sempre histórico e específico. Portanto, trata-se sempre de determinado padrão histórico de poder.[19]

Sob essa perspectiva, o fenômeno do poder na modernidade é caracterizado como tipo de relação social constituída pela copresença permanente de três elementos – dominação, exploração e conflito – que afetam âmbitos de existência social, entre os quais podemos citar o *trabalho*, com seus recursos e produtos; o espaço de *autoridade coletiva*; e os modos de *produção de conhecimento*, capazes de moldar subjetividades.

O padrão de poder moderno impõe, como modo de controle do trabalho, o *capitalismo no formato taylorista-fordista* e, consequentemente, a ideia de *classe* surge como categoria universal de estratificação e de dominação social; o *Estado-nação* nasce como forma central de controle da autoridade coletiva; e, por fim, o *paradigma racional-científico*, com raízes eurocentristas, como forma hegemônica de produção de conhecimento.

A categoria classe social emerge nesse contexto articulado de campos da existência humana dominados pelo padrão de poder *capitalista taylorista-fordista, nacional e de conhecimento científico baseado na racionalidade das ciências naturais e exatas*, em que conhecer significava dividir e categorizar, de modo que o que não era quantificável não era cientificamente relevante.

O método científico moderno, que se constituiu a partir da revolução científica[20] do século XVI e se desenvolveu nos séculos seguintes, foi hermético, fragmentando o conhecimento em categorias estanques e não-comunicáveis, que nunca correspondiam à totalidade da realidade. O rigor científico era aferido pelo rigor das medições, de modo que as qualidades intrínsecas do objeto eram desqualificadas e em seu lugar passavam a imperar as quantidades que eventualmente se pudesse traduzir, ou seja: o modelo científico consistia na separação e na redução da complexidade, para depois poder determinar relações sistemáticas entre o que se separou.[21]

---

19 QUIJANO, 2002, p. 1.

20 A revolução científica se refere aproximadamente ao período compreendido entre os anos de 1550 e 1700, no qual transformações nos modos de produção da ciência, da cultura e da religião ocorreram na Europa. Acredita-se que um dos seus marcos iniciais foi o modelo heliocêntrico de Nicolau Copérnico (1473-1543). Também são referências as leis de Kepler sobre as órbitas dos planetas, as leis de Galileu sobre a queda dos corpos, a grande síntese da ordem cósmica de Newton e a consciência filosófica empirista de Francis Bacon e, sobretudo, aquela racionalista de René Descartes. O termo "revolução científica" foi criado pelo historiador francês Alexandre Koyré em 1939. Cf.: BARBOSA, 2011, p. 3.

21 SANTOS, 1988, p. 50.

Nos séculos XVI e XVII, o totalitarismo epistêmico ainda não era propriamente científico, mas teológico. Com o Iluminismo[22] no século XVIII, houve a transição para o paradigma da razão científica e da filosofia secular. Contudo, por trás do conceito moderno da razão científica, permaneciam os totalitarismos epistêmicos que a teologia havia instaurado, mediante a distinção permanente entre universais e particulares.[23] Como ressalta Walter Mignolo, os filósofos seculares do século XVIII celebraram o abandono da teologia e o avanço para o mundo racional da ciência no qual a *verdade* substituiria a *crença*, mas ainda dentro do mesmo paradigma, uma vez que os princípios lógicos, absolutos e abstratos epistêmicos da modernidade foram consolidados mediante a cumplicidade entre razão teológica e razão científica.[24]

Ainda que com alguns prenúncios no século XVIII, é somente no século XIX que esse modelo de racionalidade se estende às ciências sociais. A nova racionalidade científica era um modelo totalitário, porque negava o caráter de ciência a todas as formas de conhecimento que não se pautavam por seus princípios epistemológicos e por suas regras metodológicas.[25] Tal problema também emerge da forma como a revolução científica foi concebida: como um triunfo da modernidade na perspectiva da própria modernidade; uma autocelebração que negava às outras ciências e ao resto da humanidade[26] a capacidade de pensar e produzir conhecimento fora dos padrões criados e concebidos como supremacia epistêmica.[27]

Assim, a partir do século XIX, emerge o *modelo de racionalidade científica baseado nas ciências naturais e exatas*, que se distingue das outras

---

22 O Iluminismo refere-se ao movimento elitista europeu do século XVIII que sintetizava diversas tradições filosóficas, sociais, políticas, caracterizadas pelo empenho de estender a crítica e o guia da razão em todos os campos da experiência humana. A autonomia iluminista se refere à razão baseada em evidências empíricas e matemáticas, independente das verdades religiosas e das verdades inatas. Cf.: ZATTI, 2007, p. 22.

23 BEUCHOT, 2010, p. 32.

24 MIGNOLO, 2006, p. 675.

25 SANTOS, 1988, p. 50.

26 Pertinente a observação de Walter Mignolo que ressalta que o conceito de modernidade oculta também a colonialidade do saber e do ser, uma vez que a concepção de ciência descartava formas de conhecimento "não ocidentais" e do Sul. Conforme Mignolo, a revolução científica, apesar de suas imensas contribuições, pode ser considerada uma "revolução caseira", pois há maior continuidade paradigmática do que ruptura, na medida em que há uma mudança dentro da mesma tradição cristã e ocidental, que continua rejeitando outras formas não-europeias de conhecimento. Cf.: MIGNOLO, 2006, p. 672.

27 MIGNOLO, 2006, p. 667.

formas de conhecimento "não-científico", taxadas como irracionais: as denominadas humanidades, entre as quais se incluíram os estudos históricos, filológicos, jurídicos, literários, filosóficos, teológicos, entre outros.[28] Nas palavras de Boaventura de Sousa Santos:

> O determinismo mecanicista é o horizonte certo de uma forma de conhecimento que se pretende utilitário e funcional, reconhecido menos pela capacidade de compreender profundamente o real do que pela capacidade de o dominar e transformar. No plano social, é esse também o horizonte cognitivo mais adequado aos interesses da burguesia ascendente que via na sociedade em que começava a dominar o estado final da evolução da humanidade (o estado positivo de Comte; a sociedade industrial de Spencer; a solidariedade orgânica de Durkheim). [...] Tal como foi possível descobrir as leis da natureza, seria igualmente possível descobrir as leis da sociedade.[29]

Sob a ótica do modelo científico mecanicista, cujo compromisso epistemológico está bem simbolizado no nome de "física social", com que inicialmente se designaram os estudos científicos da sociedade, parte-se do pressuposto de que as ciências naturais e exatas são a aplicação de um modelo de conhecimento universalmente válido, ou melhor, o único válido.[30] Portanto, no paradigma científico da modernidade, por maiores que sejam as diferenças entre os fenômenos naturais e os fenômenos sociais, os últimos deveriam se submeter à lógica de análise metodológica dos primeiros, reduzindo os fatos sociais a coisas, nas palavras de Émile Durkheim. Conforme o autor, a autonomia da sociologia como ciência dependia de método científico que se apoiasse em um conjunto de regras precisas, que a instituíssem como domínio de saber independente e consagrado:

> Acreditamos, ao contrário, que chegou, para a sociologia, o momento de renunciar aos sucessos mundanos, por assim dizer, e de assumir o caráter esotérico que convém a toda ciência. Ela ganhará assim em dignidade e em autoridade o que perderá talvez em popularidade. Pois, enquanto permanecer misturada às lutas dos partidos, enquanto se contentar em elaborar, com mais lógica do que o vulgo, as ideias comuns e, por conseguinte, enquanto não supuser nenhuma competência especial, ela não estará habilitada a falar suficientemente alto para fazer calar as paixões e os preconceitos.[31]

Em direção semelhante, mas em menor medida, Max Weber[32] tenta ressaltar a autonomia lógica e teórica das ciências sociais à luz da meto-

---

28 SANTOS, 1988, p. 46.

29 SANTOS, 1988, p. 50.

30 SANTOS, 1988, p. 52.

31 DURKHEIM, 2001, p. 109.

32 No entanto, é importante ressaltar que Weber alerta em sua obra quanto ao perigo de se reificar abstrações conceituais, indicando que os tipos ideais devem

dologia das ciências exatas e naturais, mediante a construção de *conceitos típicos* precisos, como *regras gerais* do acontecer, em contraste com a História, que, conforme o autor, aspira à análise e à imputação causal das ações, estruturas e personalidades *individuais* culturalmente importantes. Para Weber, as ciências sociais, como todas as ciências generalizadoras, devem possuir como condição de suas abstrações conceitos *vazios* de conteúdo face à realidade concreta do histórico, oferecendo como contrapartida a *univocidade* intensificada desses conceitos.[33] Segundo o autor:

> Para que com estas palavras se expresse algo de unívoco, a sociologia deve, por sua vez, projetar tipos – puros – (ideais) dessas estruturas que mostram em si a unidade consequente de uma adequação de sentido o mais completa possível, mas justamente por isso, emergem talvez tão pouco na realidade, nesta forma pura absolutamente ideal, como uma reação física que é calculada sob o pressuposto de um espaço absolutamente vazio. Ora, a casuística sociológica só é possível a partir do tipo puro (ideal).[34]

Devemos salientar que, quando o objeto e o sujeito do conhecimento são simultaneamente a sociedade – como ocorre no Direito –, o objeto não pode ser matematicamente decomposto e não se submete docilmente à experimentação controlada.[35] Em razão dessa dificuldade de redução do comportamento humano em bases objetivas, as ciências sociais foram sempre consideradas atrasadas ou, nos termos de Thomas Kuhn, "pré-paradigmáticas", diferentemente das paradigmáticas ciências naturais e exatas, que, segundo o autor, constituem o empreendimento humano mais bem-sucedido, com resultados práticos precisos e evidentes.[36]

Dessa forma, nos termos deste paradigma de conhecimento científico-racional moderno, o mundo social foi simplificado e compartimentado, baseado no processo de percepção e de classificação utilizado em objetos físicos, ou seja, a assimilação entre elementos semelhantes e o contraste entre elementos diferentes. A categorização moderna segmentou o meio social

---

ser concebidos como recursos heurísticos, isto é, como meio e não como fim do conhecimento histórico-cultural. Cf.: WEBER, 2006, p. 50.

Segundo Sell, trata-se de um dos vários recursos conceituais que Weber utilizou para elaborar sua teoria e, ainda que não sejam exclusivos, eles representam um fio condutor determinante para nos ajudar a entender o seu *modus operandi*, ou seja, o modo como Weber efetivamente compreende a dinâmica da racionalização no curso da ação, da história e da vida social. Cf.: SELL, 2012, p. 160.

33 WEBER, 2005, p. 38.

34 WEBER, 2005, p. 39.

35 KASHIURA JÚNIOR, 2009, p. 65.

36 KUHN, 2006, p. 77.

em *classes herméticas*, cujos membros foram considerados equivalentes em razão de características, ações e intenções comuns, *unívocas* e *estáticas*.

A própria ideia de *classe* foi introduzida primeiramente em estudos da natureza antes de ser apreendida pelas ciências sociais. O naturalista sueco Carlos Lineu,[37] considerado fundador da taxonomia moderna, foi o primeiro a desenvolver um sistema de classificação das plantas no século XVIII. Historiadores franceses, no final do século XVIII, e saint-simonianos[38] que estudavam a população europeia no início do século XIX começaram a dividir a sociedade em *classes* mediante a mesma abordagem naturalista. A classificação social foi realizada por meio da assimilação de características constantes, especialmente em relação às posições de cada pessoa na estrutura social, no tocante à riqueza e à pobreza, ao controle e à obediência. A determinação da principal fonte dessas diferenças sociais foi uma descoberta saint-simoniana: *o controle do trabalho, seus produtos e a propriedade dos recursos utilizados*.[39]

Desse modo, a *classe* deixou de ser botânica e se transferiu para o mundo social. Entretanto, aparentemente o deslocamento inicial foi basicamente semântico.[40] A categoria *classe social* na modernidade foi elaborada a partir de *critérios fixos com pretensões universalistas*, assim como a metodologia das ciências naturais e exatas. As possíveis variações dentro do mesmo movimento/sujeito são consideradas partes secundárias, sem efeito sobre o todo, e concebidas como particularidades de uma regra lógica geral à qual todos pertencem. Há distorção epistemológica, que considera a simplória *homogeneidade* como base das *classes sociais*, mediante a qual se sustenta a consistência e a continuidade de suas relações como em um organismo ou em uma máquina.[41] Conforme Aníbal Quijano, o adjetivo "social" não foi capaz de desvencilhar o conceito de classe do mecanicismo moderno:

> El nuevo adjetivo no podía ser capaz, por sí solo, ni de cortar el cordón umbilical que ataba al recién nacido concepto al vientre naturalista, ni

---

37 Carl von Linné – Carlos Lineu em português – foi um botânico, zoólogo e médico sueco, criador da nomenclatura binomial e da classificação científica. Cf.: BUCKERIDGE, 2008, p. 2.

38 "Saint-simonianos" é o termo utilizado para designar os discípulos de Claude-Henri De Rouvroy, o Conde de Saint-Simon, teórico social francês e um dos fundadores da sociologia e do denominado socialismo utópico. Os pilares básicos da teoria das classes sociais estão na obra *Exposition de la Doctrine*, publicada em 1828 pela denominada esquerda saint-simoniana. Cf.: LUMIER, 2007, p. 5.

39 QUIJANO, 2014, p. 308.

40 QUIJANO, 2014, p. 309.

41 QUIJANO, 2014, p. 298.

de proporcionarle para su desarrollo una atmósfera epistémica alternativa. En el pensamiento eurocéntrico, heredero de la Ilustración continental, la sociedad era un organismo, un orden dado y cerrado, y las clases sociales fueron pensadas como categorías ya dadas en la "sociedad", como ocurría con las plantas en la "naturaleza".[42]

Com a explosão e expansão da Revolução Industrial[43], estabeleceu-se uma nítida vinculação entre a ideia de *classe* na modernidade e a ideia naturalista de sociedade como estrutura sistêmica e orgânica, imposta e regida por *forças econômicas do capitalismo industrial*, segundo a qual cada pessoa é *portadora* de determinações estruturais de *classe,* ligadas somente à *propriedade* e ao *controle do trabalho,* e devem consequentemente agir e pensar de *forma unidimensional* segundo tais posições. Nas palavras de Aris Accornero:

> A dupla capital-trabalho possui grandes conteúdos analíticos e simbólicos e apresenta notáveis valores sociológicos, pois confere à sociedade uma representação fixada à economia e à produção, como nunca teve no passado. É como se o advento da indústria trouxesse com si mesma uma drástica simplificação da estrutura social. Capital e trabalho instituem novas classes: aquela capitalista e aquela trabalhadora. Não menos fundamental é a dupla Marxista lucro-salário, que expressa a remuneração do capital e do trabalho e que, até agora, representa a essência dos conflitos de interesse. Mas, verdadeiramente, constitutiva, é a primeira dupla, emblema de perfis sociais contrastantes: os capitalistas e os trabalhadores, apresentados, hoje, sob a forma um pouco asséptica de empreendedor e trabalhador.[44]

---

[42] No original: "O novo adjetivo não poderia ser capaz, por si só, de cortar o cordão umbilical que ligava o conceito recém-nascido ao útero naturalista, nem de fornecer uma atmosfera epistêmica alternativa para seu desenvolvimento. No pensamento eurocêntrico, herdeiro do Iluminismo continental, a sociedade era um organismo, uma ordem dada e fechada, e as classes sociais eram pensadas como categorias já dadas na 'sociedade', como era o caso das plantas na 'natureza.'"Cf.: QUIJANO, 2014, p. 309. (tradução nossa)

[43] Termo elaborado para se referir às transformações em várias culturas ocidentais entre os anos de 1770 e 1830, iniciadas na Inglaterra e na Escócia, em razão das mudanças nos meios de produção e no modo de trabalhar. Foi um evento decisivo sob todas as perspectivas – tecnológico e organizativo, econômico, social, político e cultural. O surgimento da indústria estabelece um pacto entre capital e trabalho, fundando uma relação de produção capitalista, que instaura a relação social dominante do nosso tempo – o trabalho assalariado – que substituiu gradativamente outras modalidades de trabalho existentes: a servidão e a forma artesanal. Cf.: ACCORNERO, 2013, p. 18.

[44] No original: "La coppia capitale-lavoro ha grossi contenuti analitici e simbolici e presenta notevoli valenze sociologiche poiché dà della società una rappresentazione ancorata all'economia e alla produzione, quale in passato non si era mai avuta. È come se l'avvento dell'industria avesse portato con sé una drastica semplificazione della

A relação de produção capitalista proporcionou a *simplificação* e a *naturalização* de múltiplas experiências e identidades contraditórias pela sociologia, corroborando com a *classificação social* baseada na conjugação do trabalho masculino, branco, industrial, "livre",[45] subordinado, que não detém a propriedade dos meios de produção: constrói-se a *classe operária*, que vende sua força de trabalho a tempo.

Entretanto, a Revolução Industrial e a expansão do capitalismo em sua estrutura produtiva clássica são fenômenos muito mais complexos, resultados da articulação de *outras formas de trabalho para além do operário*, como o trabalho doméstico, trabalho de cuidado, da pequena produção mercantil, da servidão e da escravidão que ainda perduravam nas colônias. Apesar disso, percebe-se que houve uma tendência em aplanar tais heterogeneidades das remissões históricas, o que não permitiu a apreensão das multiplicidades temporais acumuladas em uma história de longa duração.[46]

Exemplo dessa tendência de redução de complexidade de identidades em *um conceito econômico de classe* é aquele presente na teoria de estratificação social de Max Weber, que entende que a ideia de classe é criada por interesses inequivocamente econômicos, vinculados à existência de um mercado. A "propriedade" e a "falta de propriedade" na teoria weberiana seriam as categorias fundamentais de todas as situações de classe, que significam, em última instância, a "situação no mercado".[47] Para o autor, os fatores que determinam diretamente a

---

struttura sociale. Capitale e lavoro fondano inoltre classi nuovi: quella capitalistica e quella operaia. Non meno fondativa è la coppia Marxiana profitto-salario, che esprime la remunerazione del capitale e del lavoro, e che tuttora rappresenta l'essenza dei conflitti d'interesse. Ma davvero fondativa è la prima coppia, emblema di profili sociali contrapposti: i capitalisti e gli operai, presentati oggi sotto le spoglie un po' asettiche di imprenditore e lavoratore."Cf.: ACCORNERO, 2013, p. 19. (tradução nossa)

45 Everaldo Gaspar Lopes de Andrade questiona com precisão o paradoxo entre trabalho livre e subordinado consolidado na Revolução Industrial, propiciado pelo contrato de trabalho: "O Direito do Trabalho e seus fundamentos desencadearam realmente uma revolução no campo do Direito Privado ou foi ele próprio indispensável para legitimar os modelos de Estado e de sociedade que surgiram após a queda do Absolutismo monárquico – em que os poderes de encontravam nas mãos do clero e da nobreza -, e permitir a ascensão da burguesia nascente ao poder e dar origem ao Estado Liberal – centrado no individualismo contratualista, centrado na supremacia do trabalho vendido, comprado, separado da vida e no racionalismo instrumental a serviço da produção capitalista?" Cf.: ANDRADE, 2014, p. 21.

46 BRAUDEL, 1958, p. 727.

47 WEBER, 1999, p. 177.

situação de classe dos trabalhadores e empresários são: o mercado de trabalho, o mercado de bens e a empresa capitalista.[48]

Apesar de Weber tentar realizar uma análise mais diversificada de classes[49] ao criticar Karl Marx e tentar envolver outros campos de existência social além da economia, ao desenvolver seus conceitos de *status e partido*[50], em geral, encontramos em sua obra um tratamento de *classes* como uma concepção essencialmente econômica.

Segundo Weber, Marx tratou a classe como um fenômeno puramente econômico e concebeu a *luta de classes* como o resultado inevitável de choques de *interesses unicamente materiais*.[51] Conforme o argumento do autor, as divisões de interesse econômico que criam classes não correspondem necessariamente a sentimentos de identidade comunal, que constituem *status* diferenciais. Assim, *status*, que depende de avaliação subjetiva, é uma dimensão da estratificação separada da classe, de avaliação objetiva, e tanto uma quanto a outra podem variar independentemente. Além disso, para Weber, as *classes*, os grupos de *status* e os *partidos* são fenômenos de distribuição do poder, e o autor critica a perspectiva de Marx que trata o poder como fator diretamente dependente do interesse de classe.[52]

---

48 WEBER 1999, p. 178.

49 No capitalismo, Weber distingue quatro grupos de classes sociais principais: a classe operária manual; a pequena burguesia; trabalhadores não-proprietários (técnicos, servidores civis), possivelmente com diferenças sociais consideráveis que dependem do custo de seu treinamento; e os "[...] privilegiados através da propriedade e da educação." Desses agrupamentos de classes sociais, os mais significativos são a classe trabalhadora, a classe média não-proprietária e a classe alta proprietária. Cf.: GIDDENS, 1973, p. 54.

50 Conforme Weber, *status* (ou estamentos), em contraste com as classes, são, em regra, "comunidades, ainda que freqüentemente de natureza amorfa. Em oposição à 'situação de classe', determinada por fatores puramente econômicos, a 'situação estamental' é aquele componente típico do destino vital humano que está condicionado por uma específica avaliação social, positiva ou negativa, da honra, vinculada a determinada qualidade comum a muitas pessoas". Cf.: WEBER, 1999, p. 180. Assim, para o autor: "[...] as 'classes' diferenciam-se segundo as relações com a produção e aquisição de bens; os 'estamentos', segundo os princípios de seu consumo de bens, que se manifestam em 'condições da vida' específicas. Enquanto as 'classes' têm seu verdadeiro lar na 'ordem econômica', os 'estamentos' têm na 'ordem social', isto é, na esfera de distribuição da 'honra', exercendo a partir dali influência uns sobre os outros e ambos sobre a ordem jurídica, além de também serem influenciados por esta, os 'partidos' têm seu lar na esfera do 'poder': sua ação dirige-se ao exercício de 'poder' social." Cf.: WEBER, 1999, p. 181.

51 GIDDENS, 1973, p. 45.

52 GIDDENS, 1973, p. 46.

Entretanto, essa crítica de Weber ao economicismo de Marx é de difícil aceitação, na medida em que o próprio Weber também compartilhava tal concepção de classes sociais,[53] o que torna as linhas reais de similaridade e diferença entre sua análise e a análise de classes de Marx muito tênues. No tocante à definição de classe e de sua luta, Anthony Giddens ressalta que, apesar do risco de excesso de simplificação, pode-se afirmar que, enquanto no modelo de desenvolvimento capitalista de Marx parte-se da análise econômica para aquela política, o modelo de Weber deriva do processo oposto de raciocínio, usando o "político" como "quadro de referência" para compreender o "econômico".[54]

Pode-se dizer que a maior parte da sociologia de Max Weber constitui um ataque à generalização marxista de que as *lutas de classes* formam um processo dinâmico no desenvolvimento da sociedade, uma vez que, para Weber, Marx enxergava o político como algo secundário, exagerando o papel das relações econômicas na infraestrutura da organização social.[55]

De certo modo, podemos afirmar que a visão economicista e dicotômica de classe em Marx existe – apesar de não ser a única, como veremos a seguir – e é reflexo de uma metodologia científica moderna que tem a tendência de homogeneizar categorias sociais, que pode ocultar subalternidades sobrepostas ou invisibilizar opressões que existem fora do espaço de produção industrial europeu.

---

[53] Bourdieu explica que a oposição entre a teoria marxista, na forma objetivista que assume algumas vezes, e a teoria weberiana, que distingue entre a classe social e o grupo de status, definido por propriedades simbólicas como aquelas que formam o estilo de vida, constitui outra forma, também fictícia, da alternativa entre o objetivismo e o subjetivismo: o estilo de vida só cumpre sua função de distinção para aqueles sujeitos tendentes a reconhecê-lo e a teoria weberiana do grupo de status está muito próxima de todas as teorias subjetivistas das classes, que introduzem o estilo de vida e as representações subjetivas na constituição das divisões sociais. Cf.: BOURDIEU, 2013, p. 107.

No entanto, ressalta Bourdieu, o mérito de Max Weber reside no fato de que, longe de apresentá-las como mutuamente excludentes, como a maior parte de seus comentadores, ele reúne as duas concepções opostas, colocando assim o problema do duplo enraizamento das divisões sociais na objetividade das diferenças materiais e na subjetividade das representações (BOURDIEU, 2013, p. 107). Contudo, para Bourdieu, Weber propõe para essa questão, obscurecendo-a ao mesmo tempo, uma solução ingenuamente realista ao distinguir dois "tipos" de grupo onde há apenas dois modos de existência de todo grupo. Os "grupos de status" fundados num "estilo de vida" e numa "estilização da vida" não são, como acreditava Weber, uma espécie de grupo diferente das classes, mas classes denegadas ou, se quisermos, sublimadas, e, assim, legitimadas. Cf.: BOURDIEU, 2013, p. 107.

[54] GIDDENS, 1973, p. 46.

[55] GIDDENS, 1973, p. 57.

Embora Marx não tenha escrito de maneira sistemática sobre o conceito de classes, é presente em algum de seus textos – como em *O capital*, por exemplo – a *leitura econômica de classe social*, reduzida a um conjunto de humanos que são segmentados por critério objetivo, ou seja, por manterem relações similares com os meios de produção: proprietários e não proprietários.

Segundo esse modelo, as classes são concebidas como se baseadas em relações dicotômicas exclusivas de mútua dependência e conflito; dependência que significa mais do que a dependência material absoluta pressuposta pela divisão do trabalho entre as classes. Na concepção de Marx, as classes, no sistema binário, estão colocadas em situação de reciprocidade, de modo que nenhuma classe pode livrar-se dessa relação sem perder sua identidade como classe distinta.[56] Enquanto cada classe necessita da outra – dada a existência contínua da sociedade em forma não-modificada –, seus interesses são, ao mesmo tempo, mutuamente excludentes, e formam a base para a eclosão potencial de lutas abertas.[57] Assim, conforme Anthony Giddens, o conflito de classes em Marx refere-se, *em primeiro lugar*, à oposição de interesses econômicos pressupostos pela relação de exploração de base dicotômica.[58]

Entretanto, em outra perspectiva, Marx procura acentuar o fato de que a classe só se torna um agente social quando assume caráter diretamente político, quando é foco para formação de ação e interesses comuns, traduzidos na dinâmica das lutas. Somente sob tais circunstâncias uma classe "em si" torna-se uma classe "para si".[59] Nesse aspecto, Marx insere um elemento ontológico[60] em sua classificação, na medida em que classe, em sua acepção plena, só vem a

---

[56] GIDDENS, 1973, p. 32.

[57] GIDDENS, 1973, p. 33.

[58] GIDDENS, 1973, p. 33.

[59] GIDDENS, 1973, p. 33.

[60] Tal concepção política de classe pode ser observada na obra *O dezoito brumário de Luís Bonaparte*. Para Hobsbawm, as duas concepções de classe presentes em Marx não são conflitivas. Cf.: HOBSBAWM, 2007, p. 34. Segundo Etienne Balibar: "O fato é que o 'marxismo' é a unidade desses dois pontos de vista (ou, como espero esclarecer mais tarde, a unidade de uma definição e de uma personificação econômica, e de uma definição política de classe, dentro de um único drama histórico). Para ser esquemático, a unidade dos diferentes pontos de vista do Capital e do Manifesto Comunista é garantida, ao que parece, por uma série de relações de expressão e representação, ligando a questão do trabalho à do poder, e pela lógica do desenvolvimento dessas contradições."

existir no momento histórico em que as classes começam a adquirir consciência de si próprias como tais, ou seja, consciência de classe.[61] Nas palavras de György Lukács:

> Ao se relacionar a consciência com a totalidade da sociedade, torna-se possível reconhecer os pensamentos e os sentimentos que os homens *teriam tido* numa determinada situação de sua vida, se *tivessem sido capazes de compreender perfeitamente* essa situação e os interesses dela decorrentes, tanto em relação à ação imediata, tanto em relação à estrutura de toda a sociedade conforme esses interesses.[62]

Para Lukács, é na ideia de consciência de classe que se encontra a esfera transcendental e original de Marx. Ambos ressaltam que ela é produto da era industrial moderna, uma vez que o significado histórico de luta de classes será dado pela disputa entre burguesia e proletariado. Segundo os argumentos de Lukács, economicamente falando, todas as sociedades pré-capitalistas possuíram coesão *menor* como entidades únicas se as compararmos com a economia capitalista: os diversos setores de uma sociedade pré-capitalista são muito mais independentes entre si e suas dependências econômicas recíprocas muito menores.[63] Assim, quanto menor for o papel da troca de mercadorias em uma economia, mais setores da sociedade serão economicamente autossuficientes; e, portanto, mais distantes, indiretos e "irreais" serão os laços entre o que as pessoas realmente vivenciam como economia, política ou sociedade, e o que na realidade constitui a estrutura política e econômica mais ampla dentro da qual elas atuam.[64]

Portanto, apenas no capitalismo *a classe é uma realidade histórica imediata e, em certo sentido, vivenciada diretamente*, enquanto nas épocas pré-capitalistas ela pode ser meramente um conceito analítico que dá sentido a um complexo de fatos que de outro modo seriam inexplicáveis.[65] Assim,

---

No original: The fact remains that 'Marxism' is the unity of these two points of view (or, as I hope to make clearer later, the unity of a definition and an economic personification, and a political definition of class, within a single historical drama). To be schematic, the unity of the different points of view of Capital and the Communist Manifesto is guaranteed, it would seem, by a series of relations of expression and representation, linking the question of labour to that of power, and by the logic of the development of these contradictions." Cf.: BALIBAR; WALLERSTEIN, 1991, p. 161. (tradução nossa)

61 HOBSBAWM, 2007, p. 34.

62 LUKÁCS, 2003, p. 141

63 LUKÁCS, 2003, p. 194.

64 LUKÁCS, 2003, p. 195.

65 HOBSBAWM, 2007, p. 37

mediante a leitura ontológica com elementos fornecidos por Lukács, as relações de produção industriais capitalistas e a consciência de classe fundam as classes sociais no pensamento marxista. Giddens,[66] contudo, ressalta que o axioma do modelo de classes de Marx é que a dominação econômica está amarrada à dominação política, de modo que o *controle dos meios de produção produz o controle político*.

Entretanto, mesmo se aceitarmos que o conceito de classe social em Marx ultrapassa a epistemologia economicista moderna, quando trabalhamos seu teor político/ontológico mediante a ideia de consciência de classe, ele não deixa de ser *terreno uniforme e essencializado da modernidade*. Isso porque a consciência de classe, que somente pode ser alcançada pelo proletariado, presume um sujeito coletivo que é universal, embora essencialmente *industrial, branco, patriarcal* e *europeu*, suprimindo e equiparando individualidades. Faltam à teoria marxista instâncias de mediação entre a subjetividade individual e a subjetividade coletiva, que acabam por ocultar subalternidades que se encontram fora do espaço produtivo, além de ignorar a *interseccionalidade*[67] entre elas.

Apesar de Axel Honneth, em uma leitura dos textos históricos e políticos marxistas, alegar que é possível a visão mais sofisticada do desenvolvimento capitalista como "[...] estrutura complexa de conflitos entre diferentes atores com vários instrumentos de poder sobre a permanência do efeito de eventos [...]",[68] acreditamos que há um redutivismo em Marx, traduzido em sua tendência a englobar e reconduzir a um único sujeito – economicamente ou corporativamente identificado – toda a multiplicidade de fatores e agentes históricos, a começar pela invisibilidade das mulheres, do trabalho produtivo feminino, do trabalho doméstico e de cuidado.

Existe a ideia de subjetividade histórica separada da mulher, já que o conceito de movimento operário em Marx não consegue estabelecer

---

66 GIDDENS, 1973, p. 32.

67 Conforme Kimberlé W. Crenshaw (1994, p. 54), a interseccionalidade é uma proposta para "[...] levar em conta as múltiplas fontes da identidade", embora não tenha a pretensão de "propor uma nova teoria globalizante da identidade [...]". Helena Hirata, citando Lowy, afirma que, pelo viés interseccional, "[...] as definições vigentes de neutralidade, objetividade, racionalidade e universalidade da ciência, na verdade, frequentemente incorporam a visão do mundo das pessoas criaram essa ciência: homens – os machos – ocidentais, membros das classes dominantes." Cf.: LOWY, 2009, p. 40. Já Hirata acrescenta em seu estudos "brancos". Cf.: HIRATA, 2014, p. 62.

68 HONNETH *apud* NICOLI, 2015, p. 86.

uma ligação *equilibrada*[69] entre a luta das mulheres para se libertarem da opressão de gênero e a luta de classes. Nas palavras de Carla Lonzi:

> A mulher é oprimida enquanto mulher em todos os níveis sociais: não em nível de classe, mas naquele de sexo. Essa lacuna no marxismo não é casual, nem poderia ser recuperável ampliando o conceito de classe [...]. O Marxismo entregando o futuro revolucionário à classe operária ignorou a mulher seja como oprimida, seja como portadora do futuro; expressou uma teoria revolucionária de matriz patriarcal.[70]

Mesmo se considerarmos a versão sofisticada do marxismo "ortodoxo",[71] representada pelo feminismo operário de Maria Rosa Dalla Costa, que insere o trabalho doméstico na circulação e reprodução global do capital, com a consequente exigência de um salário doméstico,[72] sua resposta é ainda elaborada em termos redutivistas, porque considera a opressão das mulheres como manifestação direta da lógica do domínio do capitalismo.

---

[69] Segundo Heidi Hartmann: "A relação entre o marxismo e o feminismo tem sido, em todas as formas que assumiu até agora, desigual. Embora o método marxista e a análise feminista sejam necessários para uma compreensão das sociedades capitalistas e da posição das mulheres dentro delas, na verdade o feminismo tem sido consistentemente subordinado [...]. As categorias do marxismo são cegas ao gênero."
No original: "The relation between Marxism and feminism has, in all the forms it has so far taken, been an unequal one. While both Marxist method and feminist analysis are necessary to an understanding of capitalist societies, and of the position of women within them, in fact feminism has consistently been subordinated [...]. The categories of Marxism are sex-blind." HARTMANN, 1981, p. 1. (tradução nossa)

[70] No original: "La donna è oppressa in quanto donna, a tutti i livelli sociali: non al livello di classe, ma al livello di sesso. Questa lacuna nel marxismo non è casuale, né sarebbe colmabile ampliando il concetto di classe [...]. Affidando il futuro rivoluzionario alla classe operaia il marxismo ha ignorato la donna e come oppressa e come portatrice di futuro; ha espresso una teoria rivoluzionaria dalla matrice patriarcale." Cf.: LONZI, 1970, p. 18. (tradução nossa)

[71] Marxismo ortodoxo, segundo Lukács: "Suponhamos, pois, mesmo sem admitir, que a investigação contemporânea tenha provado a inexatidão prática de cada afirmação de Marx. Um marxista 'ortodoxo' sério poderia reconhecer incondicionalmente todos esses novos resultados, rejeitar todas as teses particulares de Marx, sem, no entanto, ser obrigado, por um único instante, a renunciar à sua ortodoxia marxista. O marxismo ortodoxo não significa, portanto, um reconhecimento sem crítica dos resultados da investigação de Marx, não significa uma 'fé' numa ou noutra tese, nem a exegese de um livro 'sagrado'. Em matéria de marxismo, a ortodoxia se refere antes e exclusivamente ao método." Cf.: LUKÁCS, 2003, p. 64.

[72] COSTA, 1989, p. 208.

O marxismo ortodoxo tenta alargar a posição marxista clássica, que pretendia unificar no conceito de divisão sexual do trabalho a exploração de classe e a exploração sexual, mas insere a mulher em um único sujeito de ação histórica: a classe, enfraquecendo o caráter político autônomo do sujeito feminino.[73] Francesca Izzo analisa criticamente essa síntese:

> Como se vê, a dimensão histórico social da opressão do sexo resulta essencial na luta face ao naturalismo biológico, mas a resposta que chega dos marxistas desvaloriza a potência política do sujeito feminino na "questão feminina", tornando as relações de poder fundamentadas no sexo uma articulação periférica da categoria de trabalho, em suma, reconduz este "continente" desconhecido de volta aos padrões mais usuais e reconfortantes de relações de classe.[74]

Existe no marxismo a compreensão mecânica das práticas sociais de homens e mulheres, que pode mascarar ou naturalizar certas opressões sociais, uma vez que ignora que a divisão social do trabalho envolve, no mínimo, uma quádrupla dimensão: de classe, de gênero, de raça e de origem (norte/sul).

Nessa última perspectiva, podemos afirmar que o conceito de classe marxista, apesar de buscar um processo de emancipação universal, também é eurocêntrico, baseando-se exclusivamente na experiência de alguns países europeus, ou seja, dissimulando vastas diversidades e complexidades presentes em países periféricos, nos quais nem sequer existia indústria capitalista ou classe empregada-operária, pois ainda era hegemônico o uso da mão de obra negra escrava, articulada com a servidão dos indígenas, a serviço do capitalismo industrial europeu. Em alguns aspectos, podemos afirmar que a falta de reconhecimento de outras realidades e outros sujeitos do hemisfério Sul também levou à inferiorização de culturas não-europeias em comparações binárias, fruto do conhecimento científico racional moderno. Segundo Sérgio Costa:

> Assim, sob a lente da sociologia, as especificidades das sociedades "não ocidentais" passam a figurar como ausência e incompletude, em face do padrão moderno, depreendido exclusivamente das "sociedades ocidentais". Bons exemplos da incorporação pela sociologia moderna do binarismo *West/Rest* seriam, para Hall, categorias como patrimonialismo, em Weber, e modo de

---

[73] IZZO, 2015, p. 146.

[74] No original: "Come si vede, la dimensione storico sociale dell'oppressione di sesso risulta essenziale nella lotta al naturalismo biologistico, ma la risposta che arriva dalle marxiste depotenzia la politicità del soggetto femminile nella 'questione femminile', facendo dei rapporti di potere fondati sul sesso un'articolazione della pervasiva categoria lavoro, insomma riporta questo 'continente' sconosciuto nei più consueti e rassicuranti schemi dei rapporti di classe." IZZO, 2015, p. 146. (tradução nossa)

produção asiático, em Marx, que, de formas distintas, fraseam o movimento interno de sociedades definidas como não ocidentais na gramática implicitamente comparativa que toma as sociedades européias como padrão.[75]

Assim, como destaca Boaventura de Sousa Santos, a subjetividade coletiva da classe operária em Marx tende a reduzir à equivalência e à indiferença as especificidades e as diferenças que fundam a personalidade, a autonomia e a liberdade dos sujeitos individuais em múltiplos aspectos:

> Para criticar radicalmente a democracia liberal, Marx contrapõe ao sujeito monumental, que é o Estado Liberal, um outro sujeito monumental, a classe operária. A classe operária é uma subjetividade coletiva, capaz de auto-consciência (a classe-para-si), que subsume em si as subjetividades individuais dos produtores diretos. Tal como em Hegel a burocracia é a classe universal e auto-consciência do Estado moderno, a classe operária é em Marx a classe universal e auto-consciência da emancipação socialista. Acontece, porém, que, do ponto de vista das relações entre as particularidades únicas das subjetividades individuais e a abstração e universalidade das categorias da sociedade política, a eficácia subjetiva da classe operária é, ao nível da emancipação, semelhante à da cidadania liberal, ao nível de regulação.[76][77]

Para Marx, o desenvolvimento das forças produtivas conduziria à proletarização mundial da população e à homogeneização total do trabalho, da vida e, portanto, da consciência de todos os trabalhadores. O conceito de classe visava contrapor a homogeneização emancipadora da subjetividade coletiva dos trabalhadores à homogeneização reguladora do capitalismo, e, para tanto, foi forjada uma identidade coletiva universal homogênea, baseada exclusivamente no controle do trabalho, de seus recursos e produtos, com raízes patriarcais, brancas e eurocêntricas.

---

[75] COSTA, 2006, p. 119

[76] SANTOS, 1991, p. 143.

[77] O paradigma social da modernidade, segundo Boaventura de Sousa Santos, consiste na tentativa de síntese da relação complexa entre subjetividade, cidadania e emancipação, para superar os déficits de emancipação causados pelo excesso regulação, em busca de uma nova teoria da democracia e uma nova teoria da emancipação. O equilíbrio depende da relação harmoniosa entre o pilar da regulação, constituído pelo Princípio do Estado (pautado em Thomas Hobbes), pelo Princípio do Mercado (desenvolvido por John Locke) e Princípio da Comunidade (enunciado por Jean Jacques Rousseau) e o Pilar da emancipação, constituído pela Racionalidade moral-prática do Direito moderno, Racionalidade cognitiva-experimental da ciência e da técnica modernas e a Racionalidade estético-expressiva da literatura e das artes modernas. Para o autor, o equilíbrio entre tais pilares na modernidade nunca ocorreu, uma vez que houve a sobreposição do pilar da regulação perante a emancipação de forma contraditória e não-linear, na medida em que a trajetória da modernidade se confundiu com a trajetória do capitalismo.

Dessa forma, podemos afirmar que o conceito de classe social elaborado na modernidade indica, em geral, a autorrepresentação consciente dos homens operários e brancos, fundada em *interesses comuns monolíticos, de caráter predominantemente econômico,* construídos em face de uma oposição de interesses em relação à classe capitalista europeia. Tal espectro reducionista de identidade coletiva na modernidade é reforçado pela *estrutura clássica produtiva capitalista em seu formato taylorista-fordista*, na qual a separação entre capital e trabalho é mais nítida, *completando o padrão histórico de poder da modernidade*.

O modelo elaborado por Frederick Taylor deslocava a cientificidade herdada dos naturalistas para a produção, de modo que houvesse o controle racional e mecanicista das etapas da empresa, que deveria ser uma unidade orgânica. Aplicando-se a metodologia científica racional-moderna, o padrão de produção, assim como o modelo de conhecimento da modernidade, estruturou-se na fragmentação e decomposição do trabalho.

Taylor, em sua obra *Princípios da Administração Científica*, inseriu a separação entre gerência, concepção, controle e execução do trabalho, o que criou uma divisão laboral em termos de relações hierárquicas, alienando e desefetivando o trabalhador dentro do processo produtivo. O estranhamento é próprio dessa divisão capitalista do trabalho, que impede o homem de acessar seus meios de vida e sua própria natureza, na medida em que há o estranhamento do trabalhador com o objeto produzido – que não lhe pertence –, com o processo produtivo – ele não possui o *know-how* de todas as etapas produção –, o estranhamento consigo mesmo e com a própria sociedade. O estranhamento não se mostra somente no resultado, mas também e principalmente no ato da produção: "[...] como poderia o trabalhador defrontar-se alheio ao produto de sua atividade se no ato mesmo da produção ele não se estranhasse a si mesmo?"[78]

Assim, com o princípio da divisão do trabalho entre a gerência e os operários, Taylor consolidou a premissa de que os objetivos do capital são e devem permanecer estranhos ao operário, sendo necessário levá-lo a trabalhar até o limite de suas forças, tendo em vista um único resultado – a acumulação do capital –, do qual o operário não tem, nem deve ter, nenhuma parte.[79] Conforme Taylor:

> Estabeleço como princípio geral (e me proponho a dar exemplo tendente a provar o fato mais adiante, nesta obra), que, em quase todas as artes mecânicas, a ciência que estuda a ação dos trabalhadores é tão vasta e com-

---

[78] MARX, 2008, p. 82.

[79] GORZ, 2001, p. 82.

plicada que o operário, ainda mais competente, é incapaz de compreender essa ciência, sem a orientação e auxílio de colaboradores e chefes, quer por falta de instrução, quer por capacidade mental insuficiente. A fim de que o trabalho possa ser feito de acordo com leis científicas, é necessário melhor divisão de responsabilidades entre a direção e o trabalhador do que a atualmente observada em qualquer dos tipos comuns de administração.[80]

Em uma fábrica vertical, com etapas de produção parcelarizadas, perpetuava-se a perda de destreza do labor do operário, em um processo de *desantropomorfização do trabalho*, que convertia o trabalhador em apêndice da máquina, o que permitiu que o capital obtivesse maior intensidade na extração do sobretrabalho.[81] Ricardo Antunes explica:

> À mais-valia extraída extensivamente, pelo prolongamento da jornada de trabalho e do acréscimo de sua dimensão absoluta, intensificava-se de modo prevalecente sua extração intensiva, dada pela dimensão *relativa* da mais-valia. A *subsunção real do trabalho ao capital,* própria da fase da maquinaria, estava consolidada.[82]

No tocante ao fordismo, sua data inicial simbólica foi o ano de 1914, quando Henry Ford introduziu seu dia de oito horas, com o pagamento mensal de cinco dólares como recompensa para os trabalhadores da linha automática de montagem de carros que ele estabelecera no ano anterior em Dearborn, Michigan.[83] A linha rígida de produção articulava os diferentes trabalhos, tecendo vínculos entre as ações individuais em face das quais a esteira fazia interligações, dando o ritmo e o tempo necessários para a realização das tarefas. Esse processo produtivo caracterizou-se pela mescla de produção em série fordista com o cronômetro taylorista, consolidando a separação entre elaboração e execução.[84]

De acordo com David Harvey, o que havia de especial em Ford – e que, em última análise, distingue o fordismo do taylorismo – era sua visão, seu reconhecimento explícito de que a produção em massa significava consumo em massa, novo sistema de reprodução da força de trabalho, nova política de controle e gerência do trabalho, nova estética e nova psicologia, ou seja, novo tipo de sociedade democrática, racionalizada, modernista e populista.[85]

---

[80] TAYLOR, 1995, p. 34.

[81] ANTUNES, 2007, p. 37.

[82] ANTUNES 2007, p. 37.

[83] HARVEY, 2008, p. 121.

[84] ANTUNES, 2007, p. 37.

[85] HARVEY, 2008, p. 122.

O italiano Antonio Gramsci também compartilhava do mesmo raciocínio, explicitado em sua obra *O americanismo e o fordismo* e em *Cadernos do Cárcere*. Para Gramsci, o fordismo equivalia ao "[...] maior esforço coletivo até para criar, com velocidade sem precedentes, e com uma consciência de propósito sem igual na história, um novo tipo de trabalhador e um novo tipo de homem [...]", em que os novos métodos de trabalho "[...] são inseparáveis de um modo específico de viver e de pensar e sentir a vida."[86] Questões de sexualidade, família, formas de coerção moral, consumismo e de ação do Estado estavam vinculadas, conforme o autor, ao esforço de forjar um tipo exclusivo de trabalhador adequado ao novo modo de trabalho e de processo produtivo.[87] Segundo Gramsci:

> As tentativas realizadas da Ford de intervir, com um corpo de inspetores, na vida privada de seus empregados e controlar como gastavam os próprios salários e como viviam, é um início dessas tendências ainda "privadas" ou latentes, que podem se tornar, em um certo momento, a ideologia do Estado, inserindo-se no puritanismo tradicional, apresentando-se, isto é, como um renascimento da moral dos pioneiros, do «verdadeiro» americanismo, etc. O fato mais notável do fenômeno americano em relação a essas manifestações é o distanciamento que se formou, e irá ficar sempre mais acentuado, entre a moralidade-hábito dos trabalhadores e aquela de outras camadas da população.[88]

Assim, o modelo fordista estabeleceu *conexão íntima e explícita de natureza econômica entre produção e reprodução social*. A conexão econômica consistia na partilha dos ganhos da produtividade, dos salários indiretos e no Estado de Bem-Estar Social, que deveriam garantir a reprodução social – a alimentação, o vestuário, a habitação, a educação, a saúde, a segurança social, os transportes. Conforme Gramsci,[89] uma vez construídas essas condições preliminares, foi relativamente fácil racionalizar a produção e o trabalho, combinando habilmente a força – destruição do sindicalismo

---

[86] GRAMSCI, 2015, n. p.

[87] HARVEY, 2008, p. 122.

[88] No original: "I tentativi fatti dal Ford di intervenire, con un corpo di ispettori, nella vita privata dei suoi dipendenti e controllare come spendevano il loro salario e come vivevano, è un indizio di queste tendenze ancora «private» o latenti, che possono diventare, a un certo punto, ideologia statale, innestandosi nel puritanesimo tradizionale, presentandosi cioè come un rinascimento della morale dei pionieri, del «vero» americanismo, ecc. Il fatto più notevole del fenomeno americano in rapporto a queste manifestazioni è il distacco che si è formato e si andrà sempre più accentuando, tra la moralità-costume dei lavoratori e quella di altri strati della popolazione." Cf.: GRAMSCI, 2015, n. p. (tradução nossa)

[89] GRAMSCI, 1976, p. 295

operário com base territorial – com a persuasão – altos salários, benefícios sociais diversos, propaganda ideológica e política – e conseguindo deslocar, sobre o eixo da produção, toda a vida: "[...] a hegemonia nasce da fábrica e não tem necessidade, para se exercer, senão de uma quantidade mínima de intermediários profissionais da política e da ideologia."[90]

Desse modo, junto com o fordismo, surgiu, particularmente durante o pós-guerra, um sistema de compromisso e de regulação que, limitado à parcela dos países centrais, ofereceu a ilusão de que o sistema de metabolismo social do capital pudesse ser efetivo e duradouro, fundado em um compromisso entre capital e trabalho mediado pelo Estado.[91] Tal compromisso foi resultado, por um lado, da própria lógica do desenvolvimento anterior do capitalismo, fruto de vários elementos imediatamente posteriores à crise de 1930 e da gestação da política keynesiana,[92] e, por outro, do equilíbrio relativo na relação de força entre burguesia e proletariado, que se instaurou ao fim de decênios de lutas.[93]

Contudo, conforme Bihr,[94] esse compromisso foi ilusório, uma vez que, se por um lado sancionava uma fase da relação de forças entre capital e trabalho, por outro não foi consequência de discussões em torno de pauta claramente estabelecida. Essas discussões ocorreram posteriormente, para ocupar essa lacuna e administrar seus efeitos.[95] Além disso, era um compromisso fundado na intermediação institucional dos sindicatos e dos partidos políticos, que se colocavam como representantes oficiais dos trabalhadores e do patronato, em que o Estado era aparentemente um elemento "neutro", mas que de fato zelava pelos interesses gerais do capital, cuidando de sua implementação e aceitação pelas entidades representantes dos produtores e dos trabalhadores.[96] Logo, a concessão dos direitos sociais realizada pelo Welfare State, proporciona-

---

[90] GRAMSCI, 1976, p. 295.

[91] ANTUNES, 2007, p. 38.

[92] A escola Keynesiana ou Keynesianismo é a teoria econômica consolidada pelo economista inglês John Maynard Keynes em seu livro *Teoria geral do emprego, do juro e da moeda*, fundamentada na afirmação do Estado como agente indispensável de controle da economia, com objetivo de conduzir a um sistema de pleno emprego. Cf.: HELLER, 1999, p. 1.

[93] BIHR, 1991, p. 39.

[94] BIHR, 1991, p. 40.

[95] BIHR, 1991, p. 40.

[96] ANTUNES, 2007, p. 38.

da pelo modelo fordista de produção, só foi feita por meio da cooptação política das reivindicações do movimento operário pelo Estado capitalista, aprofundando o processo de regulação do Estado em detrimento da emancipação dos trabalhadores, em um pacto "social-democrático".

Portanto, esse "compromisso", na verdade, procurava delimitar o campo da luta de classes, no qual eram concedidos elementos constitutivos do *Welfare State* em troca do abandono, pelos trabalhadores, de seu projeto histórico-societal.[97] Nas palavras de Ricardo Antunes, foi "[...] uma forma de sociabilidade fundada no 'compromisso' que implementava ganhos sociais e seguridade social para os trabalhadores dos países centrais, desde que a temática do socialismo fosse relegada a um futuro a perder de vista."[98] Assim, a conexão econômica entre produção e reprodução social gerada pelo fordismo não proporcionou real autonomia e liberdade ao operariado: os ganhos em cidadania social – estatizante e atomizante – significaram a perda da subjetividade operária, criando dependência em relação ao Estado burocrático e às rotinas de consumo.

Entretanto, o ciclo de expansão do Estado de Bem-Estar Social deu sinais de crise. Além das várias manifestações de esgotamento de sua fase de regulamentação keynesiana, houve a ocorrência de outro elemento decisivo para a crise do sistema de produção da época: o ressurgimento das ações ofensivas no mundo do trabalho e o transbordamento da luta de classes.[99] Isso porque a estrutura clássica produtiva da empresa capitalista, em seu formato taylorista-fordista, também foi essencial para a construção do conceito hegemônico de sujeito trabalhador sob a ótica racional-moderna, que interessava e sustentava esse sistema de produção – o empregado industrial, masculino e branco: o operário-massa. Paradoxalmente, se operário-massa foi a base social para a expansão do "compromisso" social democrático, ele também foi seu principal elemento de transbordamento e confrontação, da qual foram forte expressão os movimentos de controle social da produção ocorridos no final dos anos 1960.[100] Nas palavras de Bihr:

> O processo de massificação mostrou-se, portanto, contraditório em ambos os lados. Concentrando o proletariado no mesmo espaço social, isso também tendia a atomizá-lo; homogeneizando suas condições de existência, que fizeram nascer, ao mesmo tempo, condições de um processo de personalização, reduzindo parcela da autonomia individual, aumentando,

---

[97] BIHR, 1991, p. 41.
[98] ANTUNES, 2007, p. 38.
[99] ANTUNES, 2007, p. 40.
[100] ANTUNES, 2007, p. 40.

inversamente, o desejo de uma autonomia para desenvolver suas próprias condições; exigindo-se a acentuação de sua mobilidade geográfica, profissional, social e psicológica, o que, no entanto, enriquece o estatuto, etc. *Esse* acúmulo de contradições só poderia ser explosivo a longo prazo.[101]

A concepção de classe na modernidade foi planificada diante desses limites rígidos e unilaterais, subsidiada pela estrutura de fábrica concentrada e hierarquizada, que permitia que os trabalhadores produzissem no mesmo tempo-espaço, se reconhecendo uns nos outros, ou seja, viabilizando o desenvolvimento do sentimento de alteridade e homogeneidade, que foi substrato para a construção da consciência coletiva, em oposição ao capitalista. Tendo perdido a identidade cultural da era artesanal e manufatureira dos ofícios, esse operário havia se ressocializado de modo uniforme, quer pela parcelização da indústria taylorista-fordista, quer pela perda da destreza anterior ou ainda pela desqualificação repetitiva de suas atividades e ausência de modos socialização fora do espaço da fábrica.[102]

Conforme conclui Márcio Túlio Viana sobre as contradições do processo produtivo capitalista: a mesma fábrica que reunia os trabalhadores, também os unia na luta.[103] Nas palavras de Antonio Negri:

> A violência era descoberta enquanto violência da relação da produção capitalista; e a resistência, era também, descoberta na cadeia de trabalho, no lugar onde cada ato de produção era um ato forçado pela máquina, por todo o conjunto dos elementos de comando que constituíram a própria posição do operário dentro da fábrica. O método, então, era o seguinte: descobrir a verdade da síntese capitalista através da emergência da resistência operária; era a luta que iniciava, em cada momento, para explicar a estrutura objetiva do capital, enquanto era a luta, eram todos os momentos de impaciência, de rebelião, que revelavam de tempos em tempos como era organizado o poder do capital na fábrica.[104]

---

[101] No original: "Le processus de massification se montrait donc contradictoire de part en part. Concentrant le prolétariat dans l'espace social, il tendait par ailleurs à l'atomiser; homogénéisant ses conditions d'existence, il faisait naître en même temps les conditions d'un processus de personnalisation, réduisant la part d'autonomie individuelle, il excitait inversement le désir d'une telle autonomie en en développant les conditions; exigeant l'accentuation de sa mobilité géographique, professionnelle, sociale et psychologique, il en rigidifiant pourtant le statut, etc. *Pareille* accumulation de contradictions ne pouvait qu'être explosive à terme." Cf.: BIHR, 1991, p. 63. (tradução nossa)

[102] ANTUNES, 2007, p. 41.

[103] VIANA, 2000, p. 157.

[104] No original: "La violenza veniva scoperta come violenza del rapporto di produzione capitalistico; e la resistenza veniva anch'essa scoperta, sulla catena di lavorazione, laddove ogni atto di produzione era un atto forzato della macchina, da tutto l'insieme degli elementi di comando che costituivano la posizione stessa dell'operaio all'interno

A imediata imersão na relação com a fábrica como *locus* social, que vem revelada mediante a exploração do capitalista, detentor dos meios de produção no sistema taylorista-fordista, permitiu a construção de um quadro orgânico de perspectiva estratégica de luta e de identificação de um adversário central. Desse ponto de vista, o *fabbrichismo*[105] foi de enorme importância, mas limitou as lutas coletivas da modernidade ao espaço de produção industrial, aos interesses econômico-profissionais e elegeu a greve como principal estratégia, concebida como *fenômeno de luta de cunho empregatício, fabril e patriarcal*. A articulação grevista era ainda baseada nas reivindicações imediatas contratuais e na desestabilização do poder do empregador.

O poder exclusivista dos sindicatos fortalecia sua capacidade de resistir à perda de habilidades, ao autoritarismo, à hierarquia e à perda de controle no local de trabalho. No entanto, os sindicatos também se viram cada vez mais atacados e incapazes de responder pelas "minorias" excluídas, pelas mulheres, pelos negros, pelos indígenas e pelos trabalhadores explorados do Sul, uma vez que tais organizações serviam aos interesses estreitos de seus membros e abandonavam horizontes revolucionários. Os sindicatos não conseguiram canalizar a voz de todas as demandas e se reduziram a grupos de interesse fragmentados que, muitas vezes, buscavam servir a si mesmos, e não a objetivos gerais.[106]

Assim, no final dos anos 1950 até meados dos anos 1970, as lutas coletivas operárias, concentrando-se nas greves, emergiram com força, questionando particularmente o controle social da produção e dos meios materiais do processo produtivo.[107] Com ações que não pouparam nenhuma das formações capitalistas desenvolvidas e que destacavam os limites históricos do "compromisso" fordista, elas ganharam a forma de verdadeira revolta do operário-massa contra os métodos tayloristas-fordistas de produção, epicentros das principais contradições do processo de massificação.[108]

---

della fabbrica. Il metodo era quindi questo: scoprire la verità della sintesi capitalistica attraverso l'emergenza della resistenza operaia; era la lotta che cominciava in ogni momento a spiegare la struttura oggettiva del capitale in quanto era la lotta, erano tutti i momenti di insofferenza, di ribellione, che rivelavano di volta in volta come fosse organizzato il potere del capitale in fabbrica." Cf.: NEGRI, 1979, p. 52. (tradução nossa)

105 *Fabbrichismo* é um termo italiano utilizado para criticar a supervalorização da relação entre fábrica-sociedade, no sentido de se tornar um instrumento limitado de militância do movimento operário restrito ao espaço produtivo industrial.

106 HARVEY, 2008, p. 134.

107 ANTUNES, 2007, p. 41.

108 BIHR, 1991, p. 64.

Isso não quer dizer que tais lutas do operariado-massa não tenham sido fundamentais; pelo contrário: conseguiram destacar os pontos centrais do conflito de classes do sistema capitalista. Entretanto, faltou amadurecimento do discurso para além da perspectiva da fábrica, que deveria ter sido estendido e articulado com a sociedade, de modo dialético, sem esquecer o caráter fundamental do antagonismo capitalista.

Desse modo, as greves no sistema taylorista-fordista, refletindo o conceito unívoco de classe social da modernidade, também foram predominantemente econômicas, seguindo de forma racionalizada e mecânica, nos termos da metodologia moderna, o *ritmo do processo produtivo*. A abstenção laboral era a forma de resistência compatível com o sistema taylorista-fordista, no qual o tempo do trabalho coincide com o processo de produção. No entanto, tais greves encontraram limites que não puderam transcender, pela dificuldade em desmontar a estrutura organizacional social-democrática consolidada durante décadas, que tinha deixado marcas no interior do próprio proletariado. A luta dos trabalhadores, se teve o mérito de ocorrer no espaço-tempo produtivo fabril, denunciando a organização taylorista-fordista do trabalho, bem como dimensões da divisão social hierarquizada, que subordina o trabalho ao capital, não conseguiu se converter em *projeto societal* hegemônico contrário ao capital.[109]

Como afirma Alain Bihr, a contestação do poder do capital sobre o trabalho não se estendeu ao poder fora do trabalho, não conseguindo articular-se com os chamados movimentos sociais então emergentes, como os movimentos ecológicos, rurais, feministas, de gênero e sexualidade, entre tantos outros.[110] Do mesmo modo, a conflitualidade proletária não conseguiu consolidar formas de organização alternativas, capazes de se contrapor aos sindicatos e aos partidos tradicionais. As práticas auto-organizativas acabaram por se limitar ao plano microcósmico da empresa ou dos locais de trabalho e não conseguiram criar mecanismos capazes de lhes dar longevidade.[111] Podemos observar tais tendências e limitações do movimento operário na Itália e no Brasil.

As greves italianas entre os anos de 1958 a 1973 se enquadram de forma predominante nesse modelo tradicional econômico-profissional. Com o processo de urbanização e a concentração da força de trabalho

---

[109] ANTUNES, 2007, p. 44.
[110] BIHR, 1991, p. 70.
[111] ANTUNES, 2007, p. 44.

nas grandes fábricas nos fins dos anos 1950, houve a facilitação da mobilização e da organização sindical. Sobretudo nos anos 1959 e 1962, a conflituosidade aumentou, assim como a frequência das greves, ainda radicadas no tecido da fábrica e de base restrita. A geografia italiana do conflito no pós-guerra é em geral concentrada na indústria, principalmente no setor de metalurgia, que é responsável por mais de 50% de dias perdidos em razão de greves em toda a economia daquela época.[112]

Depois dos duros anos de fascismo seguidos pelo centrismo italiano, verifica-se nesse período a abertura ao mundo do trabalho organizado, o que configuraria um contexto mais favorável para a expansão do conflito, mas a persistente fragilidade das organizações sindicais italianas não conseguiu transcender as reivindicações econômico-profissionais. Assim, a greve, como principal instrumento de luta italiana na modernidade, foi uma atividade econômica racional, resultado da integração de três atores: operários, organizações sindicais e empregadores, com objetivos focados na perspectiva salarial. Há substancial dependência da atividade de greve italiana – ao contrário de outros países europeus – em relação aos ciclos econômicos.[113]

Isso porque, além da fraqueza sindical italiana, no início dos anos 1960, o centrismo italiano proporcionou equilíbrio político de caráter reformista de centro-esquerda, fundado na aliança entre o Partido Comunista Italiano e a Democracia Cristã. Não obstante tensões internas, os sindicatos italianos aceitaram a proposta de troca política que lhes foi oferecida e adaptaram – também por cálculo estratégico e não somente por fragilidade objetiva – a dinâmica de negociação ao primeiro sinal de baixas econômicas nos anos 1963 e 1964.[114]

Entretanto, a falência da hipótese reformista ocorrida nos anos de 1965 a 1967 provocou rupturas no equilíbrio político que o sindicato procurava construir, como consequência dos escassos resultados obtidos nesse terreno. A pressão da base dos trabalhadores aumentou, ameaçando diretamente a relação de representação da organização sindical, que ainda era muito fraca para gerenciar uma situação complexa, e que também começava a ser questionada pelos empregadores na gestão dos trabalhadores dentro da empresa.[115]

---

[112] BORDOGNA; PROVASI, 1998, p. 342.
[113] BORDOGNA; PROVASI, 1998, p. 352.
[114] BORDOGNA; PROVASI, 1998, p. 358.
[115] BORDOGNA; PROVASI, 1998, p. 358.

Exemplo das tensões internas que se agravaram foram as greves organizadas pelo *Potere operaio Veneto*[116] contra os próprios sindicatos e contra o Partido Comunista italiano, como a greve realizada no setor petroquímico de Marghera e a do setor de calçados na Riviera de Brenta, ambas em 1967.[117]

A pulsão entre a própria base dos trabalhadores e o sistema econômico-político induziu a liderança sindical italiana à estratégia de movimento que se completou definitivamente em 1969, com a decisão de apoiar as pressões reivindicativas amadurecidas principalmente no ano anterior. Assim, em 1969, conforme dados[118] expostos na tabela a seguir, explodiram as greves durante o denominado *autunno caldo* na Itália, com interventos importantes nas fábricas da Pirelli, Alfa Romeo e Fiat:

Tabela 1 – Indicadores de conflitos na Itália entre 1952 e 1996

Indicatori di base della conflittualità. Valori medi e coefficienti di trend per alcuni sottoperiodi. Solo scioperi originati dal rapporto di lavoro (scioperi economici)

	Numero confliti	Trend (%)	Lav. Partec. (000)	Trend (%)	Volume (000)	Trend (%)
1952-58	1.810		1.982		4.755	
1959-67	3.086		2.581		11.345	
1968-73	4.243		5.087		19.307	
1974-79	3.185		7.803		15.460	
1980-84	1.890	-15,1	5.330		8.683	
1985-89	1.401	-7,8	1.871		2.650	
1990-94	936		920		1.747	
1995-96	725		1.067		1.242	

Fonte: Sommario di Statistiche Storiche do Istituto nazionale di statistica italiano (ISTAT) apud BORDOGNA; PROVASI, 1998, p. 337.

116 *Potere operaio veneto* faz parte do *operaismo*, um movimento político marxista heterodoxo e anti-autoritário surgido na Itália, a partir do final dos anos 1950, desenvolvida pelos periódicos *Quaderni Rossi e Classe Operaia (1963-1966)*, que se distingue por uma análise teórico-política do operário-massa para a construção de uma consciência de classe, mediante o estabelecimento de uma organização autônoma dos sindicatos e do Partido Comunista Italiano. Cf.: NEGRI, 1979, p. 5.

117 NEGRI, 1979, p. 90.

118 Dados extraídos do Sommario di Statistiche Storiche do Istituto nazionale di statistica italiano (ISTAT), presentes na pesquisa de Bordogna e Provasi (1998, p. 337). O indicador "Trend" demonstra a variação negativa, ou seja, a diminuição dos conflitos em relação ao período precedente na tabela. O indicador "Volume" traduz o número de horas de trabalho comprometidas com a realização das greves. Cf.: BORDOGNA, PROVASI, 1998, p. 335.

Angelo Salento descreve tais eventos na Itália da seguinte forma:

> Os anos setenta, na Fiat, foram marcados por um conflito acalorado, foram os anos da hegemonia operária: não somente um período no qual o número de horas de greve foi incalculável, mas um período no qual dominava um conjunto de valores na fábrica, de regras, de comportamentos coletivos, antitéticos em relação à ordem social pretendida e obtida, nas duas décadas precedentes, pelo "establisment Vallettiano". Dessa ordem social, que não é exagero definir despótica e alienante, da fábrica "com racionalidade predeterminada", surge uma reação sem precedentes que determinou uma virada radical nas relações sociais.[119]

No entanto, conforme Bordogna e Provasi, o modelo italiano de conflito dos anos 1968 a 1973 é bem mais restrito do que o de alguns países, que já assumiam greves de caráter político, articuladas com movimentos sociais. No caso italiano, não houve fratura – típica de outros países europeus – entre o conflito oficial controlado e o conflito espontâneo, que ainda estava em crescimento, mas era marginalizado e, em certa medida, suprimido.[120] Na Itália, havia um conflito oficial rudimentar e difundido, que às vezes assumia as características de *conflito social real*.[121] [122] Segundo Negri, o potencial político-intelectual foi separado das lutas italianas,[123] talvez pelos próprios sindicatos e pelo Partido Comunista Italiano, mediante alianças pragmáticas.

Já no caso do Brasil, houve um desenvolvimento específico das lutas coletivas dos trabalhadores, em razão do denominado *fordismo periférico*. No entanto, tais lutas também foram essencialmente restritas a greves com interesses econômico-profissionais, realizadas por empregados concentrados no espaço industrial.

---

[119] No original: "Gli anni settanta, alla Fiat, furono segnati da una conflittualità accesissima, furono gli anni dell'egemonia operaia: non soltanto un periodo nel quale il numero delle ore di sciopero fu incalcolabile, ma una stagione in cui dominò nella fabbrica un insieme di valori, di regole, di comportamenti collettivi antitetici rispetto all'ordine sociale preteso e ottenuto, nei due decenni precedenti, dall'establishment vallettiano. Da quell'ordine sociale che non è esagerato definire dispotico e straniante, dalla fabbrica 'a razionalità predeterminata', scaturi una reazione senza precedenti che segnò una svolta radicale nelle relazione social." Cf.: SALENTO, 2003, p. 29. (tradução nossa)

[120] BORDOGNA; PROVASI, 1998, p. 358.

[121] ACCORNERO, 1981, p. 80.

[122] A partir de 1965, foram coordenadas diversas atividades de ocupação de universidades italianas pelo movimento estudantil, reforçando os laços com o movimento operário, que levaram à organização de novas entidades de esquerda, como a *Lotta Continua*. Entretanto, em 1969, com o declínio das ocupações universitárias, os ativistas estudantis e os operários tomaram caminhos diversos. Cf.: ALBERICI, 2006, p. 88.

[123] NEGRI, 1979, p. 90.

Alain Lipietz propõe a noção de fordismo periférico, que é baseado na reunião da acumulação intensiva com o crescimento dos mercados de bens finais. É um modelo de produção que permanece como periférico, na medida em que os empregados qualificados e as empresas responsáveis pela produção são majoritariamente externos ao país. Além disso, os mercados internos correspondem à combinação específica de consumo local das classes médias, baseado na compra de bens duráveis por parte dos trabalhadores e de exportação a baixo preço para os capitalismos centrais.[124]

De fato, entre 1930 e 1960 o desenvolvimento do fordismo periférico brasileiro foi exuberante, concentrado especialmente na região metropolitana de São Paulo, onde a população operária expandiu-se vigorosamente, alimentando-se de um afluente precariado migrante atraído por direitos trabalhistas inexistentes no campo.[125] Durante a vigência do taylorismo primitivo no país, entre os anos 1920 e 1940, os operários aquartelados na indústria têxtil e nas empresas gráficas ou nas metalúrgicas tradicionais formavam a base predominante do sindicalismo nacional.[126] Destaca-se neste contexto a Greve Geral de 1917, deflagrada inicialmente no setor têxtil de São Paulo, de ideário anarco-sindicalista, consequência da influência dos imigrantes europeus na indústria brasileira. Posteriormente, o rápido crescimento da indústria automobilística e do setor metalúrgico paulista dominou a base sindical no fordismo periférico brasileiro.

As reivindicações grevistas dos anos 1950 destacaram-se por suas pautas *defensivas* focadas em aumentos salariais, pelo congelamento de preços dos meios de subsistência, por medidas essencialmente econômico-profissionais, contra a carestia e o desemprego. Nesse sentido, a "Greve dos 300 mil" de 26 de março de 1953, passando pela "Greve Geral" de 2 de setembro de 1954 e a "Greve dos 400 mil" realizada entre os dias 15 e 24 de outubro de 1957.[127] No caso dos movimentos de segundo ciclo das greves gerais, de 1961 a 1964 é possível perceber a superação de reivindicações defensivas, mas ainda essencialmente focadas em interesses econômico-profissionais, como reajuste salarial, férias em dobro e revisão quadrimestral de salários, como foi o caso da "Greve dos 700 mil" ocorrida entre 29 de outubro e 3 de novembro de 1963.[128]

---

124 LIPIETZ, 1989, p. 317.

125 BRAGA, 2012, p. 83.

126 BRAGA, 2012, p. 83.

127 BRAGA, 2012, p. 80.

128 BRAGA, 2012, p. 81.

Entretanto, com o golpe militar em 1964, os empresários sentiram-se livres para aprofundar o despotismo fabril mediante o aumento do ritmo produtivo, das perseguições aos sindicalistas e do controle sobre os trabalhadores. O Decreto-Lei nº 4.330/64, apelidado de Lei Antigreve, apesar de não ter proibido a greve profissional, inviabilizou a materialização das manifestações grevistas, mediante exigências formais que condicionaram o exercício do direito a requisitos exagerados, como forma secreta de aprovação nas assembleias sindicais, quórum de aprovação determinado por lei, bem como pela proibição de greves políticas, de solidariedade ou de "motivação social não trabalhista".[129]

Os agrupamentos dos trabalhadores ressurgiram nas oposições sindicais, mediante os comitês de fábricas, que passaram a disputar com o aparato burocrático corporativista[130] sindical e com os "pelegos sin-

---

[129] NASCIMENTO, 1990, p. 13.

[130] O corporativismo sindical brasileiro decorreu de uma influência direta da *Carta del Lavoro* Italiana. Ele foi consolidado no Brasil no Estado Novo mediante a Constituição de 1937, e, especialmente, pelo Decreto-lei no 1.402, de 5/7/1939, que regulamentou a sindicalização brasileira inspirada na organização corporativa italiana. Por definição constitucional, o sindicato brasileiro exerceu funções delegadas do Poder Público, e, nas palavras de Oliveira Vianna, em sua obra Problemas de Direito Sindical: "Toda vida das associações profissionais passará a gravitar em torno do Ministério do Trabalho: nele nascerão; com ele crescerão; ao lado dele se desenvolverão; nele se extinguirão." Cf.: VIANNA, 1943, p. 95. O art. 138 da Constituição Brasileira de 1937 é a transcrição quase servil da *Carta del Lavoro*. Compare-se: "A associação profissional ou sindical é livre. Somente, porém, o sindicato regularmente reconhecido pelo Estado tem o direito de representação legal dos que participarem da categoria de produção para que foi constituído, e de defender-lhes o direito perante o Estado e as outras associações profissionais, estipular contratos coletivos de trabalho obrigatórios para todos os seus associados, impor-lhes contribuições e exercer em relação a eles funções delegadas do poder público". Cf.: BRASIL, 1937.

Nos termos da *Carta del Lavoro*: " III – A organização sindical ou profissional é livre mas apenas o sindicato legalmente reconhecido ou sujeito ao controle do Estado tem o direito de representar legalmente toda a categoria de empregadores ou trabalhadores para os quais foi constituído: proteger os interesses legais perante o Estado e outras associações profissionais; estipular acordos coletivos de trabalho obrigatórios para todos os integrantes da categoria; impor-lhes suas contribuições e *exercer, com respeito a elas,* funções delegadas de interesse público."

No original: "III -L'organizzazione sindacale o professionale è libera ma solo il sindacato legalmente riconosciuto o sottoposto al controllo dello Stato ha il diritto da rappresentare legalmente tutta la categoria di datori di lavoro o di lavoratori, per cui è costituito; di tutelarne, di fronte allo Stato e alle altre associazioni professionali, gli interessi; di stipulare contrate collettivi di lavoro obbligatori per tutti gli

dicais"[131] a influência sobre o operariado. Surgia o *novo sindicalismo* no ABC[132] paulista, liderado pelo sindicato dos metalúrgicos de São Bernardo e por Luiz Inácio Lula da Silva, compostos por grupos operários insatisfeitos com a rotatividade e a intensidade do trabalho decorrentes do fordismo periférico e que queriam lutar contra a burocracia sindical herdeira do colapso do populismo, em busca de sua própria identidade, sendo palco também para o nascimento do Partido dos Trabalhadores (PT) e da Central Única dos Trabalhadores (CUT), em enfrentamento à aliança empresarial-estatal/militar.

Assim, em meados de 1970, iniciou-se no Brasil um intenso ciclo de greves, que trouxe a questão classista de volta ao centro das discussões. A pauta reivindicatória era variada, abordava demandas que iam do reajuste salarial e da liberalização do controle sobre os sindicatos à negociação coletiva livre, com a exigência do restabelecimento do direito de greve, que foi garantido constitucionalmente em 1967 somente para o setor privado, sendo proibida a greve nos serviços públicos e nas atividades essenciais.

Ocorreram "operações tartarugas"[133] em meados de 1970; protestos liderados pelos setores profissionais entre 1973-1974; 118 greves em 1978, incluindo a dos trabalhadores da Fiat em Minas Gerais e, em 1º de maio de 1980, com apoio da sociedade, é realizada a mais longa greve geral dos metalúrgicos – 41 dias –, comandada pelo sindicalista Luiz Inácio Lula da Silva, envolvendo Mercedes-Benz, Ford, Volkswagen e Chrysler, com encarceramento de vários líderes sindicais com base na Lei de Segurança Nacional da época (Lei 6.620/78), que definia crimes contra a subversão da lei e da ordem no Brasil.[134]

---

appartenenti alla categoria, di imporre loro contributi e di esercitare, rispetto ad essi, funzioni delegate di interesse pubblico." Cf.: ITÁLIA, 1927. (tradução nossa)

131 Pelego sindical refere-se àquele burocrata sindical acomodado à estrutura oficial cujas práticas raras vezes transcendem os estreitos limites do assistencialismo social. Cf.: BRAGA, 2012, p. 158.

132 ABC Paulista, Região do Grande ABC, ABC ou ainda ABCD é uma região tradicionalmente industrial metalúrgica e automobilística do estado de São Paulo. A sigla vem das quatro cidades, que originalmente formavam a região, sendo: Santo André (A), São Bernardo do Campo (B), São Caetano do Sul (C) e Diadema (D).

133 Como veremos no próximo capítulo desta tese, as operações tartarugas são consideradas greves atípicas em que os trabalhadores efetuam seus trabalhos com tanta meticulosidade e precisão que impedem a marcha regular da produção. Cf.: RUPRECHT, 1995, p. 137.

134 BRAGA, 2012, p. 169.

Como pode-se observar pelos dados demonstrados no Gráfico 1, os ciclos grevistas se prolongaram e se intensificaram nos anos 1980: em 1987, as greves passaram a somar 2.188. Comparando com 1978, houve um aumento no número anual de grevistas, que subiu sessenta vezes, e o número de jornadas não trabalhadas passou de 1,8 para 132 milhões.[135] As mutações estratégicas levaram as greves também a assumirem formas mais variadas, com a ocupação de fábricas em oposição às greves gerais por categoria. O gráfico a seguir demonstra os números por setores:

Gráfico 1 – Número de greves por setores no Brasil, entre 1978 e 2007

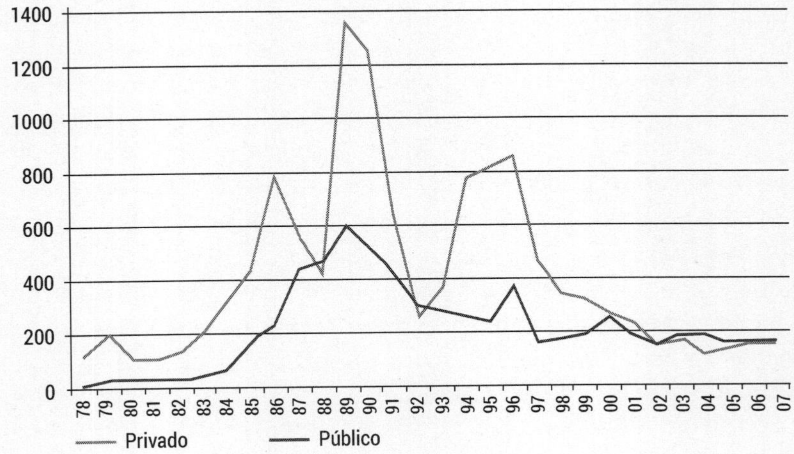

Fonte: Sistema de Acompanhamento de Greves do Departamento Intersindical de Estatística e Estudo Socioeconômico (SAG-DIEESE) *apud* NORONHA, 2009, p. 130.

Mesmo reconhecendo o protagonismo operário dos metalúrgicos de São Bernardo no processo de redemocratização do Brasil, com intensas greves que abordavam eventualmente pautas que iam além de meros interesses econômico-profissionais – apesar de prevalecerem reivindicações salariais imediatas – pode-se dizer que *o novo sindicalismo brasileiro* na verdade não representava todo o Brasil e não era um movimento dos trabalhadores em geral. O grupo operário era restrito geograficamente a uma região do estado de São Paulo e suas lutas eram constituídas por grupo seleto de empregados do setor metalúrgico-automobilístico, hegemonicamente patriarcal e industrial. A explosão da "consciência de classe no Brasil" na verdade foi restrita ao ABC paulista

---

135 NORONHA, 1991, p. 95.

e, para alguns autores,[136] produziu uma espécie de *aristocracia operária*, que busca negociar de forma isolada ainda hoje no país.

Nesse sentido, tendo em vista as experiências italiana e brasileira como exemplos, a principal forma de luta coletiva na modernidade – a greve – também foi desenvolvida de modo unívoco, ou seja, como mecanismo articulado por classes concebidas de forma hermética, em que aqueles desprovidos dos meios de produção, na verdade, eram essencialmente *operários industriais, empregados e homens brancos que sofriam opressão no espaço fabril*.

Ressalte-se ainda o enfoque na simbolização do *espaço* na modernidade para a definição fechada de classe e luta dos trabalhadores, não somente em seu aspecto econômico-empregatício-industrial-patriarcal-racial no contexto taylorista-fordista, mas também em termos de dominação pública e coletiva, representada pelo território nacional, ou seja, *o Estado-nação, compondo, de forma conclusiva, o padrão histórico de poder moderno que controla os campos de existência humana*.

O Estado-nação é espécie de sociedade individualizada entre as demais. Por isso, entre seus membros pode ser sentida uma identidade que pretende ser homogênea. Porém, toda sociedade é uma estrutura de poder e este último articula formas de existência social dispersas e diversas em uma totalidade única, em uma sociedade, que visa governabilidade. Em outros termos, o Estado-nação moderno possibilitou o controle do trabalho, dos recursos produtivos e das instituições políticas pelo capitalismo taylorista-fordista, viabilizando a assimetria e dominação de uma classe social perante outra, bem como limitou o campo conceitual e de luta da classe trabalhadora.

O ponto de partida para essa compreensão da modernidade consiste na concepção do território nacional sob sua dimensão político-econômica, na qual se disputam dialeticamente os usos do espaço. Nesses termos, a disposição do espaço social no Estado-nação traduz as relações conflitantes entre o capital e o trabalho, o que condiciona tal espaço não somente no sentido material, mas também perante as relações de poder projetadas territorialmente derivadas das relações de produção. Desse modo, o Estado-nação representa um componente dialeticamente definido dentro de uma economia-política, que, em última instância, explica a sobrevivência do capitalismo taylorista-fordista na modernidade.[137]

---

[136] ALMEIDA, 1975.

[137] SOUZA, 2009, p. 1.

O espaço nacional na modernidade foi transformado em força produtiva, subordinado à lógica da mercadoria, sendo que ele mesmo consistia em uma mercadoria: foi construído território homogeneizado, hierarquizado e alienado, que também serviu de fonte de alienação. Sob o registro das relações capitalistas, a produção social do espaço nacional moderno buscou o estabelecimento de um falacioso Estado "neutro".[138] Assim, a organização do espaço centralizado e concentrado do Estado-nação serviu simultaneamente ao poder político e à produção material capitalista, otimizando os benefícios. As classes sociais ali se investiram, travestiram e lutaram na hierarquia dicotômica dos espaços ocupados.[139] Para Henri Lefebvre, o espaço da modernidade tem características precisas, a homogeneidade-fragmentação-hierarquização:

> O espaço tende ao homogêneo, por diversas razões: fabricação dos elementos e materiais; exigências análogas dos intervenientes; métodos de gestão e de controle, de vigilância e de comunicação [...]. E que oculta, sob sua homogeneidade, as relações "reais" e os conflitos. Aliás, parece que essa lei ou esse esquema do espaço com sua lógica (homogeneidade-fragmentação-hierarquização) teve um alcance maior e atingiu uma espécie de generalidade, com efeitos análogos, no saber e na cultura, no funcionamento da sociedade inteira.[140]

O autor afirma que a *luta de classes* deve ser lida no espaço, na medida em que ele é objeto de poder que configura e ordena a vida em sociedade. Além disso, "[...] o modo de produção capitalista organiza [e] produz – ao mesmo tempo que certas relações sociais – seu espaço (e seu tempo)."[141] Apesar de a concepção de espaço do autor francês ir muito além[142] daquela geralmente concebida na modernidade, podemos afirmar que, no conceito moderno, o *espaço nacional foi produzido por – e para – a disputa dialética das relações de produção, representada pela luta de classes industriais locais.*

Nessa linha, é possível asseverar que Marx e Engels nem sempre orientaram suas intervenções práticas na perspectiva da luta global entre classes, mas também na perspectiva geopolítica de confronto entre

---

138 CARDOSO, 2012, p. 5.

139 LEFEBVRE, 2013, p. 129.

140 LEFEBVRE 2013, p. 127.

141 LEFEBVRE, 2013, p. 127.

142 Lefebvre estabelece uma complexa elaboração teórica e filosófica acerca da mercantilização do espaço. Fernandes ressalta que a obra de Henri Lefebvre em seu conjunto nos fornece elementos socioeconômicos, políticos, ideológicos e culturais essenciais para o entendimento acerca da urbanização. No entanto, ela não se articula com a dimensão jurídico-institucional do problema. Cf.: FERNANDES, 2007, p. 208.

grandes blocos nacionais europeus. Conforme João Bernardo, a teoria de Marx e Engels, que hipoteticamente concebeu uma luta universal entre proletários e capitalistas, significou, muitas vezes, um choque entre nações consideradas revolucionárias, principalmente a Alemanha lutando pela unificação e a Polônia pela independência, e, por outro lado, nações consideradas contrarrevolucionárias, que incluíam a totalidade dos eslavos, com exceção dos polacos.[143] [144]

João Bernardo afirma que Engels e Marx, em vários pontos, *transpuseram a luta de classes para o plano nacional*, considerando que algumas nações seriam revolucionárias e outras contrarrevolucionárias, mas fizeram-no de modo seletivo, porque enquanto se esforçavam para promover a emancipação de certas nações, recusavam a outras o direito de existência.[145] Segundo o autor, o critério empregado para tal separação foi duplo:

> Em primeiro lugar, para definir uma nação como «revolucionária» ou «contra-revolucionária» bastava conhecer sua posição relativamente aos eslavos [...]. Em segundo lugar, Marx e Engels só apoiavam a luta pela independência de nações consideradas viáveis em termos políticos e econômicos. A ausência de tradição estatal constituía para eles um critério geral, por isso negavam o direito de autodeterminação a povos como os escoceses, os galeses, os bretões, os bascos, os suíços de língua alemã ou os belgas francófonos. Não era a questão da opressão nacional e cultural que preocupava aqui Marx e Engels, mas unicamente o estabelecimento de Estados fortes; e a oscilação entre o plano das classes e o das nações foi possível porque em ambos os casos se tratava de reforçar o Estado. A nação, despida das suas roupagens líricas, não era mais

---

[143] Segundo João Bernardo, Marx e Engels quiseram orientar a Associação Internacional dos Trabalhadores, a Primeira Internacional, para a defesa da independência da Polônia e para o ataque ao eslavismo: "Numa série de artigos publicada em 1866, Engels afirmou, com a total concordância do seu amigo, que relativamente às grandes nações europeias que não estavam ainda unificadas ou não gozavam de autonomia política, como sucedia com a Polônia, a Associação Internacional dos Trabalhadores deveria mobilizar os operários dos vários países numa guerra contra a Rússia, a principal opressora dos polacos. Ora, se esta estratégia tivesse obtido resultados práticos, os antagonismos sociais no interior de cada nação dariam lugar à unidade entre as classes contra o inimigo exterior, e uma Associação Internacional onde se proclamava que a emancipação do proletariado só poderia dever-se ao próprio proletariado estaria destinada a criar ou fortalecer Estados opostos ao império russo [...]. Para Marx e para Engels o destino da revolução proletária dependia de uma guerra nacional prévia contra a Rússia, e foi nesta perspectiva geopolítica que eles encararam a guerra franco-prussiana de 1870 e 1871". Cf.: BERNARDO, 2009, p. 4.

[144] BERNARDO, 2009, p. 2.

[145] BERNARDO, 2009, p. 4.

do que a área de poder do Estado. Do mesmo modo, o Estado era a peça fundamental na concepção autoritária e centralizadora de socialismo defendida pelos dois amigos. Se essa perspectiva estiver exata, o estatismo contribui para explicar tanto o nacionalismo como o socialismo de Marx e de Engels.[146]

Desse modo, de acordo com João Bernardo, para mostrar com dialética rigorosa os mecanismos das clivagens de classe, Marx e Engels propuseram, muitas vezes, estratégias para o proletariado inspiradas em fobias e simpatias nacionais.[147]

A própria identidade das classes sociais (e sua luta) na modernidade foi estruturada nesse limite espacial geopolítico, mesclada com elementos nacionalistas, que possibilitaram a ideia *universal* de classe social naquele território físico delimitado pelo Estado-nação europeu, dado que os nacionalismos no mundo moderno são a expressão ambígua do desejo por assimilação no universal e simultaneamente adesão ao particular. Pode-se afirmar que a identidade de classe, várias vezes, foi mimetizada por elementos culturais-nacionais[148], da Europa. Conforme discorre Etienne Balibar:

> Por outro lado, devemos admitir que a ideologia socialista de classe e luta de classes, que se desenvolveu em constante confronto com o nacionalismo, acabou copiando-o, por uma espécie de mimetismo histórico. Por sua vez, tornou-se um "redutor de complexidade", simplesmente por substituir o critério de classe (mesmo o critério de origem de classe) pelo do Estado, com todos as suas pressuposições étnicas, na síntese de múltiplas práticas sociais (enquanto se aguarda sua fusão na perspectiva de um "estado de classe").[149]

---

[146] BERNARDO 2009, p. 5.

[147] BERNARDO, 2009, p. 3.

[148] Ressaltamos que algumas revisitações aos textos de Karl Marx e György Lukács realizadas por alguns autores contemporâneos, como Axel Honneth, conseguem ultrapassar essa mimetização entre identidade de classe e nacionalismo. A teoria do reconhecimento de Honneth, construída mediante uma releitura do conceito de reificação, baseia-se antes em experiências de sociabilidade do que em demandas identitárias ou em diferenças culturais. Conforme Honneth, o reconhecimento não se refere à obtenção de legitimação institucional para a identidade de diferentes grupos, mas sim a um processo bem sucedido de formação da personalidade individual, algo que ocorre mediante o reconhecimento de suas expectativas ou a destruição desta integridade por meio de práticas sociais de desrespeito, ou seja: o pleno desenvolvimento da personalidade individual mediante o reconhecimento é um processo intersubjetivo e não uma escolha política. Cf.: HONNETH, 2001, p. 54.

[149] No original: "Conversely, we must admit that the socialist ideology of class and class struggle, which did develop in constant confrontation with nationalism, has ended up copying it, by a kind of historical mimicry. It in turn became a 'complexity reducer', simply by substituting the criterion of class (even the criterion of class

Assim, a identidade fixa e homogênea construída e representada pela classe social dos trabalhadores na modernidade também foram corroboradas e limitadas por um processo de territorialização nacional eurocêntrico, capaz de subsidiar o sentimento universal de "comunidade simbólica" e de conjunto de significados coletivos e de pertencimento. Trata-se de "um universalismo através do particularismo e de um particularismo através do universalismo.[150]

Portanto, o conceito de classe social e, consequentemente, de luta operária foram, em grande parte, categorias herméticas estruturadas na modernidade, resultado da articulação do padrão de poder mundial que dominou o controle das diversas formas de existência social: *o capitalismo taylorista-fordista perante o trabalho, o modelo de Estado-nação como forma de autoridade coletiva e o paradigma científico-racional como modo reducionista de produção de conhecimento.*

Entretanto, a história espacial do capitalismo, que muitas vezes se confunde com a da modernidade, é dinâmica e sempre busca expandir fronteiras e localizações para aumentar acumulação de riqueza. Após longo período de acumulação de capitais, que ocorreu durante o apogeu do fordismo e da fase keynesiana, o capitalismo no formato moderno taylorista-fordista, como já ressaltamos, começou a dar sinais de quadro crítico. Como resposta, o capital promoveu a reconfiguração dos processos de territorialização, tanto do Estado quanto da empresa, que impactaram nas cartografias das classes e das lutas dos trabalhadores.

Desse modo, os Estados-nacionais passaram a ser representados cada vez menos como fronteiras defensivas de proteção de territórios política e culturalmente delimitados e começaram a atuar progressivamente como plataformas ofensivas para a economia mundial. Verificou-se o movimento de transferência de arranjos institucionais e redes econômicas para escalas supranacionais: enquanto o capital financeiro passava a circular em escalas mais amplas, pressões eram exercidas para expandir as fronteiras territoriais do mercado.[151]

Consequentemente, houve a internacionalização dos mercados e a transnacionalização da produção mediante a fragmentação geográfica e social do processo do trabalho, criando a figura da "fábrica difu-

---

origin) for that of the state, with all its ethnic presuppositions, in the synthesis of multiple social practices (pending their merger within the prospect of a 'class state')." Cf.: BALIBAR; WALLERSTEIN, 1991, p. 182. (tradução nossa)

[150] WALLERSTEIN, 1984, p. 167.

[151] ACSELRAD, 2015, p. 8.

sa". No contexto mundial, a desindustrialização dos países centrais e industrialização dos países periféricos culminaram na heterogeneização da relação salarial e na concorrência entre mercados de trabalho locais, regionais e nacionais em competição pelas melhores oportunidades de investimento. Tal fenômeno ocorreu de forma inversa na União Europeia, aprofundando a desindustrialização de países com setores industriais já fragilizados, como é o caso de Portugal, Espanha e Grécia, e provocando a intensificação da industrialização em países que possuíam forte tradição industrial, como Alemanha e França. Em ambos os casos, a fragmentação do processo produtivo do trabalho ocorreu mediante a atuação das multinacionais, que, de forma pulverizada, provocaram a naturalização dos imperativos econômicos.[152]

Várias são as razões que podem explicar a crise/reestruturação do capitalismo nos anos 1970, entre elas: o esgotamento do padrão de acumulação taylorista-fordista de produção em massa, dado pela incapacidade de responder à retração do consumo; a hipertrofia e internacionalização da esfera financeira, que ganhava autonomia em face dos capitais produtivos; a maior concentração de capitais graças às fusões entre empresas monopolistas e oligopolistas; a crise do *Welfare State* e de seus mecanismos de funcionamento, o que gerou a crise fiscal do Estado capitalista e a necessidade de retração dos gastos públicos e sua transferência para o capital privado; o incremento acentuado das privatizações; a tendência generalizada às desregulamentações e à flexibilização do processo produtivo, dos mercados e da força de trabalho, entre tantos outros elementos contingentes que exprimiam essa crise estrutural.[153]

A queda da taxa de lucro, dada pelo aumento do preço da força de trabalho, conquistado pela intensificação das lutas sociais após 1960, que objetivavam o controle social da produção, foi uma das grandes causas que impulsionaram a reestruturação capitalista. Conforme João Bernardo, apesar de a luta operária não ter sido capaz de se contrapor hegemonicamente à sociabilidade do capital, ela perturbou seriamente o funcionamento do capitalismo, constituindo-se em um dos elementos para a eclosão da crise dos anos 1970.[154] Nas palavras de Holloway:

> A crise capitalista nunca é outra coisa senão isso: o colapso de um padrão relativamente estável de dominação de classe. Aparece como uma crise econômica, expressa na queda da taxa de lucro, mas *seu núcleo é o fracasso*

---

152 SANTOS, 1991, p. 155.

153 ANTUNES, 2007, p. 30.

154 BERNARDO, 1996, p. 19.

de um padrão estabelecido de dominação. Do ponto de vista do capital, a crise só pode ser resolvida com o estabelecimento de novos padrões de dominação. Isso não significa que o capital tenha novos padrões prontos para serem impostos à classe trabalhadora. Para o capital, a crise só pode ser resolvida pela luta, pela restauração da autoridade e por uma busca nada tranquila de novos padrões de dominação.[155]

Para Ricardo Antunes, o enorme salto tecnológico que se iniciava já consistia na primeira resposta do capital à confrontação aberta do mundo do trabalho, que aflorava nas lutas coletivas dotadas de maior radicalidade ainda no interior do espaço fabril.[156]

Segundo afirma João Bernardo,[157] os trabalhadores tinham se mostrado capazes de controlar diretamente não só o movimento reivindicatório, mas o próprio funcionamento das empresas: eles revelaram que não possuíam apenas força bruta, pois também eram detentores de inteligência, iniciativa e capacidade organizacional. Conforme o autor, os capitalistas compreenderam que, em vez de somente explorar a força muscular dos trabalhadores, privando-os de qualquer iniciativa e mantendo-os enclausurados nas compartimentações do taylorismo-fordismo, podiam multiplicar seu lucro explorando seus dotes organizativos, sua capacidade de cooperação e todas as virtualidades da inteligência. Por isso, desenvolveram a tecnologia eletrônica, os computadores e remodelaram os sistemas de administração de empresa, implantando o *toyotismo*, a qualidade total e outras técnicas flexíveis de gestão.[158]

Entre as experiências de reestruturação do capital que se diferenciavam do binômio taylorismo-fordismo, pode-se dizer que o modelo japonês toyotista encontrou maior repercussão mundial quando comparado a outros, como por exemplo o caso da experiência denominada Terceira Itália, fenômeno que envolveu o centro e o nordeste italiano e que se fundamentava no complexo produtivo dos seus distritos indus-

---

[155] No original: "Capitalist crisis is never anything other than that: the breakdown of a relatively stable pattern of class domination. It appears as an economic crisis, expressed in a fall in the rate of profit, but *its core is the failure of an established pattern of domination*. From the point of view of capital, the crisis can be resolved only through the establishment of new patterns of domination. This does not mean that capital has new patterns ready-made to impose on the working class. For capital, the crisis can be resolved only through struggle, through the restoration of authority and through a far-from-smooth search for new patterns of domination." HOLLOWAY, 1987, p. 3. (tradução nossa)

[156] ANTUNES, 2007, p. 44.

[157] BERNARDO, 1996, p. 19.

[158] BERNARDO, 1996, p. 19-20.

triais, *clusters*[159] e sistemas locais de produção, determinando agrupamentos de pequenas e médias empresas.[160]

O toyotismo, modelo produtivo japonês criado sob os auspícios de Taiichi Ohno, buscava a recomposição da linha produtiva, com seus vários protocolos organizacionais, como a autoativação, que insere um mecanismo de parada automática nas máquinas no caso de funcionamento defeituoso; a gestão de qualidade total e círculos de controle, que simplificam, intensificam e camuflam a hierarquia empresarial; e o sistema *just-in-time* ou *kanban*, que quebra o binômio produção-consumo em massa do fordismo, realizado pelo princípio do estoque mínimo, representando o cerne e elemento distintivo do modelo de administração japonesa.[161]

Aplicar o *just-in-time* significava abrir mão de estoques, dispensar excesso de pessoal e prescindir do excesso de equipamentos, em uma espécie de perseguição voraz à economia intrafirma, construindo uma empresa enxuta, que caracteriza a lógica da *produção destrutiva*[162] no capitalismo contemporâneo. Como observa Taiichi Ohno:

> Na Toyota, o conceito de economia é indissociável da busca de "redução dos efetivos" e da "redução de custos". A redução dos efetivos é, com efeito, considerada como meio de realizar a redução dos custos que é claramente uma condição essencial da sobrevivência e do crescimento de um negócio.[163]

Para essa nova racionalidade de produção, o toyotismo exige um novo perfil de operário: surge então a linearização da produção e a concepção de organização do trabalho em postos polivalentes.[164] Ocorre a

---

[159] *Clusters* são aglomerações industriais localizadas em regiões específicas, que possuem forte poder de inovação, seja tecnológico ou mesmo organizacional; são concentrações geográficas de companhias e instituições inter-relacionadas em um setor específico, que englobam uma gama de empresas e outras entidades importantes para a competição. Muitas vezes, os *clusters* se estendem para baixo na cadeia produtiva até os consumidores, e lateralmente até manufaturas de produtos complementares e na direção de empresas com semelhantes habilidades, tecnologias ou mesmo insumos. Podem incluir órgãos governamentais e outras instituições, que promovem treinamento, educação, informação, pesquisa e suporte técnico. Cf.: ILHA; CORONEL; ALVES, 2004, p. 5.

[160] GAROFOLI, 1993, p. 61.

[161] WOOD, 1993, p. 73.

[162] Expressão de István Mészáros, utilizada em sua obra *Produção destrutiva e Estado capitalista*, publicada em 1996, que se refere ao poder do capitalismo tardio em produzir *destruição* – do tempo livre, da educação, da cultura, da natureza, do ser humano.

[163] OHNO, 1997, p. 34.

[164] ALVES, 1999, p. 111.

desespecialização operária com a substituição dos operários parcelares por operários polivalentes.[165]

Com o objetivo de aumentar a produtividade, desenvolver a qualidade e aumentar os lucros, passam a ser evocados dos trabalhadores no toyotismo outros valores que caracterizam o novo espírito do capitalismo, como autonomia, espontaneidade, mobilidade, colaboração, capacidade rizomática, polivalência, comunicabilidade, abertura para os outros e para as novidades, disponibilidade, criatividade, intuição visionária, sensibilidade para as diferenças, capacidade de dar atenção à vivência alheia, aceitação de múltiplas experiências, atração pelo informal e busca de contatos interpessoais.[166]

A organização toyotista do trabalho capitalista possui maior densidade manipulatória do que a fordista-taylorista: há uma *captura da subjetividade* do trabalhador. Conforme Giovanni Alves, não é apenas o "fazer" e o "saber" operário que são capturados pela lógica do capital, mas sua disposição *intelectual-afetiva* é mobilizada para cooperar com a lógica da valorização. O operário é encorajado a pensar proativamente, a encontrar soluções antes que os problemas aconteçam. Cria-se, desse modo, um ambiente de desafio contínuo, de mobilização constante da mente e do corpo do empregado, em que o capital não dispensa, como fez o fordismo, o espírito operário.[167] Conforme o autor:

> O processo de "captura" da subjetividade do trabalho vivo é um processo intrinsecamente contraditório, constituído por um jogo de simulações, articulando mecanismos de coerção e de consentimento, que se interage com uma teia de manipulação que perpassa não apenas o local de trabalho, mas as instâncias da reprodução social. Além disso, o processo de "captura" como inovação sócio-metabólica do capital tende a dilacerar/estressar não apenas a dimensão física da corporalidade viva da força de trabalho, mas sua dimensão psíquica e espiritual, dilaceramento que se manifesta através de sintomas de doenças psicossomáticas que atingem o trabalhador.[168]

Portanto, o toyotismo efetuou a reestruturação produtiva para aprofundar *e ir além da conexão econômica entre produção e reprodução social do taylorismo-fordismo*: a generalização das formas de polivalência do trabalhador tornou mais difícil a distinção entre *tempo de trabalho* e *tempo vital*, tendo este último se tornado um segundo turno produtivo. Os códigos de conduta elaborados pelas empresas multinacionais toyotistas

---

[165] CORIAT, 1994, p. 53.
[166] BOLTANSKI; CHIAPELLO, 2009, p. 130.
[167] ALVES, 2007, p. 188.
[168] ALVES 2007, p. 188.

para serem seguidos dentro e fora do tempo de trabalho, potencializados por um sistema no qual é imposto o tipo de relações pessoais que devem ser privilegiadas; as formas de comportamento recomendáveis ou condenáveis; os lugares que devem ser frequentados; o que devemos comer ou comprar, estruturaram o biocontrole do *capitalismo cognitivo-cultural*.[169]

O capitalismo cognitivo-cultural, inventado justamente como uma saída para a crise provocada pelos movimentos sociais emergentes dos anos 1970, incorporou os modos de existência por eles inventados e apropriou-se das forças subjetivas, em especial da potência de criação, inserindo-a de fato no poder.[170] Tratava-se também de uma operação micropolítica, que consistia em fazer dessa potência o principal combustível de sua insaciável hipermáquina de produção e de acumulação de capital, a ponto de podermos falar da transformação cognitiva da classe trabalhadora, no que Suely Rolnik denominou de *cognitariado*. Para a autora, é essa a força que, com uma velocidade exponencial, vem transformando o planeta em um gigantesco mercado e seus habitantes em zumbis hiperativos-incluídos ou trapos-humanos-excluídos – dois polos entre os quais se perfilam os destinos que lhes são acenados, frutos interdependentes de uma mesma lógica.[171] Nas palavras da autora:

> Atualmente, passado quase três décadas, já nos é possível perceber essa lógica do capitalismo cognitivo operando na subjetividade. No entanto, no final dos anos 1970, quando teve início sua implantação, a experimentação que vinha se fazendo coletivamente nas décadas anteriores, a fim de emancipar-se do padrão de subjetividade fordista e disciplinar, dificilmente podia ser distinguida de sua incorporação pelo novo regime. A consequência dessa dificuldade é que muitos dos protagonistas dos movimentos das décadas anteriores caíram na armadilha. Deslumbrados com o entronamento de sua força de criação e de sua atitude transgressiva e experimental – até então estigmatizadas e confinadas na marginalidade –, e fascinados com o prestígio de sua imagem na mídia e com os polpudos salários recém-conquistados, entregaram-se voluntariamente à sua cafetinagem. Muitos deles tornaram-se os próprios criadores e concretizadores do mundo fabricado para e pelo capitalismo nesta sua nova roupagem.[172]

No âmbito da micropolítica, na obra *Mil platôs*, Gilles Deleuze e Félix Guattari discorrem sobre a apropriação do corpo e suas subjetividades

---

[169] As noções de "capitalismo cognitivo" ou "cultural" foram propostas pelo grupo de pensadores ligados a Antonio Negri e à revista Multitude, a partir dos anos 1990, e é herdeira da ideia que permeia toda a obra de Gilles Deleuze e Félix Guattari acerca do estatuto da cultura e da subjetividade no regime capitalista contemporâneo. Cf.: ROLNIK, 2006, p. 12.

[170] ROLNIK, 2006, p. 5.

[171] ROLNIK, 2006, p. 6.

[172] ROLNIK 2006, p. 6.

pelo capitalismo cognitivo-cultural, criando um *organismo adestrado*, que se opõe ao conceito de *Corpo sem Órgãos*, termo utilizado pelos autores para desfazer-se da organização produtiva que foi introjetada em nosso corpo pelo capitalismo, para que ele possa se tornar fonte de produção de realidades diferentes das que o sistema capitalista lhe impôs:

> O *organismo* não é o corpo, o *Corpo sem Órgãos*, mas um estrato sobre o *Corpo sem Órgãos*, quer dizer, um fenômeno de acumulação, de coagulação, de sedimentação que lhe impõe formas, funções, ligações, organizações dominantes e hierarquizadas, transcendências organizadas para extrair um trabalho útil. [...]. Nós não paramos de ser estratificados.[173]

Conforme afirmam Guattari e Deleuze, é a máquina social que produz a máquina tecnológica.[174] Se antes o poder capitalista era mantido sobre uma sociedade disciplinar e normatizada em termos foucaultianos, o novo sistema exerce o biopoder sobre a sociedade de controle. Nesse sentido, a vida passa a ser controlada de maneira integral, a partir da captura pelo capitalismo do próprio desejo do que dela se quer e se espera, e, assim, o conceito de biopoder concretiza-se em biopolítica. No capitalismo da modernidade, o cerne era a fabricação do objeto; hoje, antes de fabricar o objeto é preciso fabricar o desejo.[175]

Além disso, o capitalismo contemporâneo, em sua vertente cognitiva, também cria com sofisticação a identificação do trabalhador com a empresa e seus valores, e não entre os próprios trabalhadores, mediante a distorção de valores como colaboração e lealdade, que camuflam o privatismo, a dessocialização e o autismo, *fazendo com que a submissão real e a submissão formal ao capital se confundam,* metamorfoseadas por um idealismo objetístico e consumista. Assim, o capitalismo contemporâneo não se limita ao reinado do mercado: essa cumplicidade ideológica promovida em sua perspectiva cognitiva-cultural, mediante a conspiração das identidades do individualismo narcisista, é utilizada para destruir os laços de solidariedade entre os trabalhadores. Assim, a manipulação desses ideais comunitários permite maior legitimação do capitalismo e de suas novas/velhas formas de exploração.

Tal elemento cognitivo-cultural utilizado para a fragmentação da solidariedade do movimento operário foi articulado com estratégias de flexibilização e precarização da relação de emprego, de forma a isolar politicamente e geograficamente os trabalhadores, por intermédio da ge-

---

[173] DELEUZE; GUATTARI, 1996, p. 20.
[174] GUATTARI; DELEUZE 1996, p. 17.
[175] LAZZARATO, 2006, p. 2.

neralização do trabalho em domicílio, propiciada pela desconcentração e horizontalização do processo produtivo, pela expansão de pequenas e médias unidades produtivas; bem como do trabalho falsamente autônomo – a exemplo da uberização – da parassubordinação,[176] da terceirização. Todas essas formas de precarização do trabalho no capitalismo tardio *sujeitam a reprodução social aos ritmos de produção:* "há trabalho enquanto há encomendas."[177] Nas palavras de Maria Augusta Tavares:

> Com isso, torna-se evidente que pela deslocalização do trabalho nega-se a categoria tempo de trabalho e, por conseguinte, a subordinação do trabalho ao capital. Contudo, essa deslocalização, que os neoliberais traduzem como "independência", apenas cria a ilusão de que o trabalhador adquiriu autonomia, simplesmente porque não sai de casa e não sofre uma vigilância direta, como ocorre na empresa. Na verdade, o suposto trabalho independente é executado segundo uma obrigação por resultados, portanto, sob rigoroso controle e sob maior exploração. Trata-se tão-somente de uma falsa autonomia, marcada pelo desassalariamento e pela precariedade, mas onde o tempo de trabalho socialmente necessário continua determinante.[178]

A coexistência de várias relações salariais e a segmentação (e precarização) do trabalho enfraqueceram politicamente a classe operária, rompendo sua solidariedade e, consequentemente, comprometendo a forte resistência sindical. Isso porque a precarização do trabalho desencadeada pelo capitalismo contemporâneo, além de se refletir nocivamente na vida profissional e social, também fomenta a ordem ideológica dominante, distanciando-se cada vez mais do horizonte revolucionário, na medida em que todos são "empreendedores", o que oculta a verdadeira divisão entre capital e trabalho. Maurizio Lazzarato explica essa nova gestão de conhecimento-afetivo do capitalismo cognitivo-cultural:

> O novo tipo de gerência é representado pela gestão do capital humano. Cada trabalhador tem que ser o empreendedor dele mesmo. Uma ideologia que diz

---

[176] Trabalho a projeto é a denominação utilizada atualmente na Itália para os trabalhadores parassubordinados, que, conforme definição italiana, se trata da colaboração coordenada cuja atividade predominantemente pessoal é desenvolvida sem subordinação e vinculada um projeto específico. Na prática, essa figura na zona cinzenta entre autonomia e subordinação, esvaziou o conceito de subordinação na Itália e fez com que vários trabalhadores com subordinação estrutural-reticular fossem classificados como parassubordinados e não como empregados, o que implica mitigação de direitos trabalhistas. Desde junho de 2015, com a edição do Decreto Legislativo 81/2015, tornou-se impossível estipular contratos a projeto nos termos dos artigos 61 a 69 do Decreto Legislativo 276/2003.

[177] SANTOS, 1991, p. 158.

[178] TAVARES, 2002, p. 55.

que cada trabalhador tem que ser responsável por ele mesmo. Se está desempregado o problema é dele. Ele tem que transformar os investimentos sociais em gastos para o capital humano. Todas as relações sociais são vistas como sendo funcionais ao aumento do capital humano do indivíduo. A escola, o serviço, a aposentadoria, a saúde, não são mais serviços sociais mas investimentos dos indivíduos e, nessa lógica, têm de ser privatizados. A forma de controle passa pelo fato de o indivíduo tornar-se explorador dele mesmo.[179]

Consequentemente, as estratégias de organização e luta sindical refletiram a debilidade estrutural do mundo do trabalho, que retira sentido à unidade e solidariedade entre os trabalhadores e promove sua integração individual à empresa, criando uma concorrência intraclasse, um poderoso instrumento de neutralização política do movimento operário. Conforme Márcio Túlio Viana:

> Nesse ambiente quase corporativo, alimentado pela cooptação ou pelo desemprego – vale dizer, pelo amor ou pelo terror – há pouco lugar para conflitos coletivos e o desenvolvimento de contrapoderes. O espírito coletivo desliza do sindicato para o trabalho em grupo, a equipe; em troca da identidade de classe, a empresa propõe ao operário que ele se identifique com ela própria. Como já notou alguém, não se trata mais, ou não se trata tanto de enfrentamentos diretos, frente a frente, como num campo de batalha; o novo modelo corrói por dentro o sindicato, minando sua capacidade de representar a classe trabalhadora, e a própria autopercepção dos trabalhadores enquanto classe.[180]

Por isso, existem trabalhadores que não se enxergam como tais, ou seja, se consideram microempreendedores, autônomos, sócios, colaboradores, cooperados, em razão da sofisticação com que o capitalismo tardio se utiliza, ardilosamente, de certos valores que envolvem a sensação de autogoverno ou independência, para esconder seus verdadeiros traços de exploração. Tais trabalhadores não se veem como parte dos sindicatos profissionais ou não querem estar aliados em qualquer nível à luta operária. A dificuldade na organização e (re)construção da solidariedade entre os trabalhadores pode ser retratada pela queda das taxas de sindicalização em quase todos os países.[181]

---

[179] LAZZARATO, 2006, p. 3.

[180] VIANA, 2009, p. 116.

[181] No Japão, a taxa de sindicalização caiu de 56% em 1950 para 28% em 1990 e continua a diminuir (16,7% entre 1985 e 1995). Nos Estados Unidos, a densidade sindical atingiu um pico de 35,5% em 1945 e, em 2007, registrava apenas 14%. Alguns outros exemplos de taxa de declínio da densidade sindical na década 1985-1995 podem ser observados na Argentina: 42,6%; México: 28,2%; Venezuela: 42,6%; Austrália: 29,6%; Nova Zelândia: 55,1%; Áustria: 19,2%; República Checa:

Consequentemente, a característica predominante dessa nova etapa do sindicalismo na Itália, no Brasil e no mundo é a passagem do plano da estratégia sindical da confrontação à cooperação: houve a absorção política do operariado pelo sistema capitalista de forma multidimensional – em nível produtivo, social e ideológico – indo além do reinado da mercadoria do capitalismo organizado no Estado de Bem-Estar Social – em um processo lento de desradicalização e pulverização das reivindicações trabalhistas. A velha condenação esquerdista do império da mercadoria e da imagem tornou-se uma forma de concordância melancólica ou irônica com seu incontornável domínio.[182] Nas palavras de Guy Debord:

> A produção de espetáculos tomou conta de toda a vida social; o poder espetacular manifesta-se agora de forma integrada, já que desapareceram os movimentos de oposição, que se assimilaram à sociedade capitalista e não defendem mais sua superação.[183]

O triunfo da vertente reformista e não conflitiva do sindicato, corroborado pelo isolamento político do trabalho articulado pelo capitalismo tardio, causou a despolitização das formas de luta coletiva dos trabalhadores, que se reduziram à greve – que também teve seu conteúdo esvaziado: os trabalhadores já não estão reunidos em uma mesma fábrica, sob a mesma jornada de trabalho, ou seja, não há correspondência das condições de trabalho que permita a coesão identitária dos trabalhadores por um objetivo comum.

O formato tradicional da greve já não faz sentido sociologicamente, pois não é eficaz perante a variabilidade e fluidez dos modos de exploração desencadeados por multinacionais de forma estrutural no capitalismo tardio.

44,3%; França: 37,2%; Alemanha: 17,6%; Grécia: 33,8%; Hungria: 25,3%; Polônia: 42,5%; Reino Unido: 27,7%. Cf.: GLOBAL LABOUR INSTITUTE, 2007, p. 4.

Na Itália, a taxa de sindicalização geral em 1985 era em torno de 60%. A erosão de filiados atingiu a todas as centrais, embora com intensidades diferentes. As maiores perdas foram sofridas pela *Confederazione Italiana dei Sindacati Lavoratori* (CISL). Somente entre 1993 e 1994, essa central perdeu 99.539 associados; a *Confederazione Italiana del Lavoro* (CGIL) perdeu 83.974 associados; e a *Unione Italiana del Lavoro* (UIL), 14.970. No total, com os aposentados excluídos, entre 1980 e 1994 as três centrais perderam 22,3% de seus filiados, ou seja, 1,6 milhão em números redondos. Em 1994, considerando somente os trabalhadores assalariados, aposentados e desempregados excluídos, a taxa de sindicalização italiana havia baixado para 38%. Cf.: CODARA, 1997, p. 15. No Brasil, entre 2005 e 2011, a taxa de sindicalização era em torno de 17%. Cf.: FUNDAÇÃO PERSEU ABRAMO, 2013, p. 3.

182 RANCIÈRE, 2007, p. 89.

183 DEBORD, 2003, p. 45.

A empresa verticalizada taylorista-fordista da modernidade, que concentrava todo o processo produtivo, era vulnerável à interrupção do trabalho, pois tratava-se de uma instituição hierárquica, que usurpava do empregado qualquer iniciativa no ambiente laboral. Portanto, naquele contexto, a abstenção coletiva concertada promovida pelo sindicato em âmbito nacional era uma forma eficaz da ação coletiva trabalhista, pois a atividade empresarial estava profundamente enraizada em um mercado de emprego pleno, industrial e sindical, corroborado por barreiras proporcionadas pelos Estados-nação e pelas incipientes redes de comunicação.

No entanto, com o toyotismo e suas consequências no mundo social do trabalho geradas pela instauração capitalismo cognitivo-cultural, houveram mudanças drásticas tanto nos modos de produção, quanto nos modos de conhecimento, de distribuição de territórios e articulação de identidades dos sujeitos do trabalho. Assim, as ações de luta coletiva do movimento operário, que já foram protagonistas na conquista de direitos sociais, agora são decisivas para trivializar as relações de produção. Segundo Boaventura:

> A articulação entre o isolamento político do operariado e a difusão social da força de trabalho assalariada é responsável pela situação paradoxal de a força de trabalho assalariada ser cada vez mais crucial para explicar a sociedade contemporânea e o operariado ser cada vez menos importante e menos capaz de organizar a transformação não capitalista desta.[184]

Os meios de resistência dos trabalhadores foram descoletivizados e esmagados, sem que as relações de produção fossem desnaturalizadas, refletindo o paradoxo da perda de protagonismo político do movimento operário, apesar da hegemonia do produtivismo impulsionada pela ideologia do mercado e pela compulsão do consumo, caracterizadoras do capitalismo contemporâneo.

Conforme Negri e Hardt,[185] com o capitalismo tardio, houve uma descentralização e desterritorialização que incorporam gradualmente o mundo inteiro dentro de suas fronteiras em expansão: fenômeno que abrange os Estados-nação, a empresa capitalista, os dogmas da ciência moderna, nossas vidas e nossos desejos. A estética estável do modernismo taylorista-fordista cedeu lugar a todo esse fermento, à instabilidade e às qualidades líquidas de uma estética que celebra a diferença, a efemeridade, o espetáculo e a mercadificação de formas culturais.[186]

---

184 SANTOS, 1991, p. 181.
185 NEGRI; HARDT, 2014, p. 192.
186 HARVEY, 2008, p. 146.

Assim, como afirma Alessandro Pizzorno, os participantes na ação coletiva não podem ser mais motivados apenas por uma orientação econômica, calculando custos e benefícios da ação. Surgem novos sujeitos, novas formas de luta coletiva, que também estão buscando solidariedade e identidade, e que procuram outros bens e valores, que não são mensuráveis e não podem ser calculados.[187]

Desse modo, o rearranjo territorial da empresa no capitalismo tardio e das formas de atuação do Estado alterou o padrão de poder desenhado pela modernidade, abalando, consequentemente, categorias "sólidas" de localizações de identidades pessoais. Houve o deslocamento dos sujeitos tanto de seu lugar no mundo social quanto de si mesmos, provocando uma crise de identidade que desestabilizou o *conceito de classe social e da luta operária produzidos na modernidade*, conforme será abordado a seguir.

A CRISE DO CONCEITO MODERNO DE CLASSE: A DESCENTRALIZAÇÃO DO SUJEITO COMO O FIM DA CLASSE E DA LUTA OPERÁRIA?

De acordo com Alberto Melucci, o desenvolvimento capitalista não pode mais ser assegurado pelo simples controle da força de trabalho e pela transformação dos recursos naturais para o mercado: ele requer uma intervenção crescente nas relações sociais, nos sistemas simbólicos, na identidade individual e nas necessidades. Com razão, o autor afirma que as sociedades complexas não têm mais a base simplesmente econômica: elas produzem pela integração crescente das estruturas econômicas, políticas e culturais. Os bens materiais são produzidos e consumidos com a mediação dos gigantescos sistemas informacionais e simbólicos.[188]

Os conflitos sociais começaram a transbordar do sistema econômico-industrial, invadindo as áreas culturais, afetando a identidade pessoal, o tempo e o espaço na vida cotidiana, a motivação e os padrões culturais da ação individual e coletiva. Surgem, após a crise do capitalismo industrial nos anos 1970, os denominados *novos movimentos sociais*.[189]

Como assinala Tarrow, o campo dos novos movimentos sociais é um dos mais indefiníveis que existem.[190] Os movimentos são difíceis de definir conceitualmente e há várias abordagens que são de complexa

---

[187] PIZZORNO, 1983, p. 40.

[188] MELUCCI, 1989, p. 6.

[189] Veremos mais detalhadamente a dinâmica dos novos movimentos sociais no Brasil e na Itália no capítulo "Outros meios de luta coletiva e suas novas facetas no capitalismo contemporâneo".

[190] TARROW, 1983, p. 35.

comparação. Vários autores tentam isolar alguns aspectos empíricos dos fenômenos coletivos, mas como cada um deles acentua elementos diferentes, dificilmente se pode comparar definições.[191]

Para Della Porta e Diani,[192] quando abordamos os novos movimentos sociais, estamos nos referindo à presença de redes de interações prevalentemente informais entre uma pluralidade de indivíduos ou grupos. Essas redes se fundam em valores compartilhados e na solidariedade, mobilizando-se por temáticas conflituais mediante o uso frequente de várias formas de protesto.[193] Pertinente também o conceito elaborado por Maria da Glória Gohn:

> Um movimento social é sempre uma expressão de uma ação coletiva e decorre de uma luta sociopolítica, econômica ou cultural. Usualmente eles têm os seguintes elementos constituintes: demandas que configuram sua identidade; adversários e aliados; bases, lideranças e acessórias – que se organizam em articuladores e articulações e formam redes de mobilizações-; práticas comunicativas diversas que vão da oralidade direta aos modernos recursos tecnológicos; projetos ou visões de mundo que dão suporte a suas demandas; e culturas próprias nas formas como sustentam e encaminham suas reivindicações.[194]

Segundo Gohn, o leque das abordagens teóricas dos movimentos sociais é amplo e diversificado, pois não há uma, mas várias teorias[195] e em cada paradigma interpretativo podemos encontrar também outras várias teorias.[196] Conforme a autora, de forma geral, observam-se cinco eixos analíticos.

Primeiramente, existem teorias dos novos movimentos sociais construídas a partir de *eixos culturais*, relativas ao processo de construção de identidades, em que diferentes tipos de pertencimentos são fundamentais a um dado território, grupo étnico, religião, gênero, faixa etária, comunidade ou grupo de interesses. Ao desenvolver a abordagem culturalista, esse eixo valorizou a questão da identidade dos movimentos sociais e criticou abordagens estruturais ortodoxas que se detinham excessivamente na análise de classes sociais como categorias econômicas. Entre seus autores, destacam-se os italianos Alberto Melucci e Alessandro Pizzorno e o francês Alain Touraine.[197]

---

[191] MELUCCI, 1989, p. 2.
[192] PORTA; DIANI, 1997, p. 53.
[193] PORTA; DIANI, 1997, p. 53.
[194] GOHN 2014a, p. 14.
[195] GOHN 2011, p. 3.
[196] GOHN, 2011, p. 3.
[197] GOHN, 2011, p. 4.

Em um segundo eixo, conforme Gohn, residem as teorias focadas na *Justiça Social*, que destacam as questões do reconhecimento – das diferenças, das desigualdades – e as de redistribuição. As teorias críticas, herdeiras da Escola de Frankfurt,[198] dão sustentação a essas abordagens e podemos citar entre os principais autores desse eixo Axel Honneth e Nancy Fraser.[199]

No terceiro eixo, a autora destaca teorias que ressaltam a *capacidade de resistência dos movimentos sociais;* as elaborações sobre o tema da autonomia; as novas formas de lutas em busca da construção de um novo mundo; novas relações sociais não focadas/orientadas pelo mercado; a luta contra o neoliberalismo. Nessa abordagem critica-se veementemente a captura das lutas emancipatórias pelas políticas públicas que buscam apenas a integração social e a construção de consensos, utilizando-se de processos participativos, mas deixando-os inconclusos, com resultados apropriados por um só lado: aquele que detém o controle sobre as ações desenvolvidas.[200] Na América Latina, o Conselho Latino Americano de Ciências Sociais (CLACSO) e seus pesquisadores constituem bom exemplo de produção teórica nesse eixo, ao fazer o acompanhamento dos movimentos e políticas sociais e criticar a integração conservadora em inúmeros países latino-americanos.

Em uma quarta corrente, enquadram-se as *teorias pós-coloniais/descoloniais/decoloniais*, entre as quais se situam os grupos de estudos culturais, subalternos e o coletivo modernidade/colonialidade. Trata-se de um movimento epistemológico fundamental para a renovação crítica das ciências sociais, principalmente na América Latina no século XXI, oferecendo releituras históricas e problematizando velhas e novas questões para o continente. Tais teorias defendem a opção decolonial[201] – epistêmica, teórica e política – para compreender e atuar no

---

[198] Escola de Frankfurt é o nome dado ao grupo de pensadores alemães do Instituto de Pesquisas Sociais de Frankfurt, fundado na década de 1920. Sua produção ficou conhecida como teoria crítica, pois condena o caráter cientificista das ciências humanas, tendo em vista que sua produção está centrada, principalmente, na cultura como elemento de transformação da sociedade. Entre os integrantes destacaram-se Theodor Adorno, Max Horkheimer, Walter Benjamin, Herbert Marcuse e Jurgen Habermas. Cf.: MELO, 2010, p. 5.

[199] GOHN, 2011, p. 4.

[200] GOHN, 2011, p. 5.

[201] Opção decolonial é uma proposta de renovação analítica das ciências sociais latino-americanas do século XXI, para que haja a decolonização do saber. Tal proposta deriva do conceito de colonialidade do poder, desenvolvido originalmente por Aníbal Quijano, em 1989, que afirma que as relações de colonialidade nas esferas

mundo, marcado pela permanência da colonialidade global nos diferentes níveis da vida pessoal e coletiva, mesmo após o fim do colonialismo.[202] Integram tal corrente Aníbal Quijano, Enrique Dussel, Walter Mignolo, Gayatri Spivak, María Lugones, Franz Fanon, entre outros.

Por fim, a autora refere-se às teorias que canalizam todas as atenções para os *processos de institucionalização das ações coletivas*, preocupando-se com os vínculos e redes de sociabilidade das pessoas, assim como o desempenho dessas em instituições, organizações, espaços segregados e associações. O paradigma teórico que embasa toda a elaboração e desenvolvimento desse entendimento baseia-se nas teorias da privação social, desenvolvidas inicialmente, entre outros, pelos interacionistas simbólicos no início do século XX. Esse eixo foi fortemente influenciado por Sidney Tarrow e Charles Tilly.[203]

Assim, verifica-se que, com as transformações societárias decorrentes da globalização, foram alterados os padrões das relações sociais, que, subsidiadas pelo avanço da tecnologia, levaram à transição paradigmática. Surgiram novas ondas de movimentos sociais ambientais, antinucleares, pela paz, estudantis, decoloniais, feministas, dando origem ao que Claus Offe denominou de novo paradigma de ação social.[204]

Na Itália, a partir dos anos 1980, o movimento feminista, junto com o urbano, experimentou fórmulas organizativas alternativas ao modelo típico da esquerda tradicional, representada pela Nuova Sinistra, nascida na década de 1960, criticando sua verticalidade e centralidade. Os movimentos sociais italianos começaram a se estruturar em pequenos grupos descentralizados e informais, dando ênfase ao comunitarismo. Os grupos reivindicavam coletivamente a apropriação de sua identidade, de seu próprio tempo, do próprio espaço e das próprias relações sociais. Conforme Augusta Alberici, as novas formas de ações coletivas na Itália não eram mais orientadas para a conquista de poder econômico, mas almejavam o controlar autonomia e independência na própria vida.[205] Portanto, os movimentos sociais dos anos 1980 na Itália moveram-se do duplo binário da utopia universalista e da perseguição pragmática de objetivos singulares, introdu-

---

econômica e política na América Latina não findaram com a destruição do colonialismo. Cf.: BALLESTRIN, 2013, p. 100.

[202] BALLESTRIN, 2013, p. 90.

[203] GOHN, 2011, p. 6.

[204] OFFE, 1987, p. 346.

[205] ALBERICI, 2006, p. 89.

zindo o direito dos cidadãos de intervir nas decisões públicas que influenciavam sua vida, sem a mediação de partidos políticos e sindicatos.[206]

No Brasil, no final da década de 1980, também ocorreu notável florescimento dos novos movimentos sociais, com diversas problemáticas e outros cenários sociopolíticos. Provavelmente, devido à colonialidade da sociedade brasileira, combinaram-se nela movimentos semelhantes aos que são típicos dos países centrais – ecológico, feminista – com movimentos próprios para a reivindicação da democracia e necessidades básicas, como comunidades eclesiais de base e os movimentos dos sem-terra.[207] [208] Mulheres, crianças, índios, negros e pobres em geral começaram a se articular com clérigos, intelectuais e políticos de esquerda, gerando ações coletivas que foram interpretadas como a nova força da periferia, realizando uma revolução no cotidiano.[209] Foram desenvolvidos temas da marginalidade, de crítica à razão dualista e ao eurocentrismo e das novas configurações da periferia urbana.[210]

Portanto, no final desse período, o panorama mundial se encontrava bastante alterado pelas dinâmicas dos novos movimentos sociais, que deram outros eixos centralizadores às lutas coletivas. Os conflitos coletivos se transformaram diante de sistemas complexos e novas contradições apareceram, o que afetou a lógica central econômica-industrial herdada da modernidade. Nas palavras de Melucci:

> Os conflitos dos anos 80 revelam estas novas contradições e implicam uma intensa redefinição da situação dos movimentos sociais e de suas formas de ação. Os atores nesses conflitos não são mais distintos somente pela classe social, como grupos estáveis definidos por uma condição social e uma cultura específicas – como a classe trabalhadora o era durante a industrialização capitalista.[211]

Assim, pode-se dizer que, com a explosão dos novos movimentos sociais e com a difusão dos processos de territorialização dos Estados e

---

[206] DIANI, 1989, p. 21.

[207] Movimento dos Trabalhadores Rurais Sem Terra é um movimento político-social brasileiro, fundado em 1984, com o apoio da Comissão Pastoral da Terra. O movimento, que teve origem na oposição ao modelo de reforma agrária imposto pelo regime militar, busca lutar pela terra, pela reforma agrária e por mudanças sociais no país, utilizando-se de ocupações efetivas. Cf.: MOVIMENTO DOS TRABALHADORES RURAIS SEM TERRA, 2016, p. 3.

[208] SANTOS, 1991, p. 173.

[209] KRISCHKE; SCHERER-WARREN, 1987, p. 20.

[210] GOHN, 2015, p. 32.

[211] MELUCCI, 1989, p. 7.

das empresas flexíveis, o sujeito trabalhador, que tinha previamente uma identidade unificada e estável na modernidade, também foi dinamizado. Isso tudo levou à rediscussão dos postulados explicativos da realidade impostos pela modernidade e a várias críticas acerca da produção científica do último século, fundada na crença da razão absoluta.

Consequentemente, instaurou-se a crise do paradigma racional-científico de conhecimento, uma vez que foi constatado que *categorias sociais* não são exatas e monolíticas, rejeitando-se a precisão matemática das ciências exatas e naturais que subjugavam e regiam as ciências humanas na modernidade. O conhecimento científico – seja nas humanidades, seja em outras ciências – é provisório e limitado. Nas palavras de Boaventura de Sousa Santos:

> A hipótese do determinismo mecanicista é inviabilizada uma vez que a totalidade do real não se reduz à soma das partes em que a dividimos para observar e medir. A distinção sujeito/objeto é muito mais complexa do que à primeira vista pode parecer. A distinção perde os seus contornos dicotômicos assume a forma de um *continuum*.[212]

Conforme o referido sociólogo português, o modelo de conhecimento não pode ser dualista, ou seja, não pode se reduzir a um conhecimento que se funda em distinções tão familiares e rasas que já foram consideradas insubstituíveis na modernidade, tais como natureza/cultura, natural/artificial, vivo/inanimado, mente/matéria, observador/observado, subjetivo/objetivo, coletivo/individual, animal/pessoa. Esse relativo colapso das distinções binárias repercute-se nas disciplinas científicas que sobre elas se fundaram.[213]

A categorização social não corresponde sempre à definição precisa dos critérios de classificação. Os grupos de fragilidade social têm limites imprecisos e sobrepostos, de modo que a sociedade não é um todo unificado e bem delimitado: ela está constantemente sendo deslocada, atravessada por diferentes divisões sociais que produzem uma variedade de diferentes "posições de sujeito", ou seja, identidades para os indivíduos.[214]

O trabalhador não é somente operário. O sujeito no universo do trabalho não é composto por uma única identidade homogênea, mas por várias, algumas vezes contraditórias. Consequentemente, as identidades coletivas, que compunham as paisagens sociais e econômicas externas e asseguravam nossa conformidade subjetiva, estão sendo alteradas, como

---

[212] SANTOS, 1988, p. 50.
[213] SANTOS, 1988, p. 61.
[214] HALL, 1992, p. 17.

resultado de mudanças estruturais e institucionais. O próprio processo de identificação, mediante o qual nos projetamos em nossas subjetividades, tornou-se mais provisório, variável e problemático.[215] Nesse sentido, Stuart Hall comenta o processo de deslocamento do sujeito em si mesmo provocado pelo colapso dos pilares da dominação da modernidade:

> Esse processo produz o sujeito pós-moderno, conceptualizado como não tendo uma identidade fixa, essencial ou permanente. A identidade torna-se uma "celebração móvel": formada e transformada continuamente em relação às formas pelas quais somos representados ou interpelados nos sistemas culturais que nos rodeiam. E definida historicamente, e não biologicamente [...]. Dentro de nós há identidades contraditórias, empurrando em diferentes direções, de tal modo que nossas identificações estão sendo continuamente deslocadas. A identidade plenamente unificada, completa, segura e coerente é uma fantasia. Ao invés disso, à medida em que os sistemas de significação e representação cultural se multiplicam, somos confrontados por uma multiplicidade desconcertante e cambiante de identidades possíveis.[216]

Ainda conforme Stuart Hall,[217] *a classe social* como identidade particular não é capaz de articular as diferentes identidades com uma "identidade mestra" única, abrangente, na qual se pudesse, de forma segura, basear uma política. Isso porque as pessoas não identificam mais seus interesses sociais *exclusivamente em termos de classe*, uma vez que existem lutas que envolvem outras categorias como raça e gênero, bem como outras problemáticas que extrapolam o espaço de produção.[218] Assim, segundo o autor, a classe não pode servir como dispositivo discursivo ou categoria mobilizadora mediante a qual todos os variados interesses e identidades das pessoas possam ser reconciliadas e representadas.[219]

Discorrendo sobre o declínio da influência das estruturas de classe sobre os sujeitos na *modernização reflexiva*, Scott Lash afirma que a fase reflexiva da modernidade remete à possibilidade de autodestruição criativa de toda uma era: aquela da sociedade industrial. Conforme o autor, o "sujeito" dessa destruição criativa não é a revolução, não é a crise, mas a vitória da modernização ocidental, que envolve a desincorporação e a reincorporação das formas sociais industriais por *outra modernidade*. Assim, em virtude do inerente dinamismo dessa *modernização reflexiva*, a sociedade estaria acabando com as suas formações de

---

[215] HALL, 1992, p. 8.
[216] HALL, 1992, p. 13.
[217] HALL, 1992, p. 21.
[218] HALL, 1992, p. 21.
[219] HALL, 1992, p. 21.

classe, camadas sociais, papéis de sexos, família nuclear, agricultura, setores empresariais e também com os pré-requisitos e as formas contínuas do progresso técnico-econômico.

De acordo com o autor, na *modernização reflexiva*, o sujeito está cada vez mais livre dos laços totalitários e é capaz de construir suas próprias narrativas biográficas em um programa forte de individualização genuína, abrindo possibilidades de subjetividades autônomas em relação aos seus ambientes naturais, sociais e psíquicos. Conforme Lash, é essa individualização da *modernização reflexiva* que libertou os sujeitos de estruturas coletivas e abstratas, tais como nação, crença incondicional na ciência e classe social.[220]

Complementando essa corrente que acredita na perda do protagonismo da classe social e de sua luta como forma de identidade coletiva e de criação de subjetividades, alguns autores, entre os quais podemos citar André Gorz, Domenico De Masi e Claus Offe, afirmam que as transformações da "pós-modernidade"[221] geraram a perda da centralidade do trabalho como categoria sociológica fundamental.

O francês André Gorz defende o argumento de que o proletariado estaria em vias de desaparecimento. De um modo geral, parte do pressuposto de que a crise do capitalismo nos países centrais teria ocasionado a *substituição* crescente e contínua da tradicional classe operária por uma nova "classe", que ele denomina de não-classe-de-não-trabalhadores, excluídos do mercado formal de trabalho. A não-classe-de-não-trabalhadores, diferentemente da classe operária tradicional, não mais teria o emprego como garantia, mas como atividade provisória, acidental e contingente.[222]

Gorz pressupõe que o processo de "adeus ao proletariado", ao qual faz referência, está relacionado com o avanço da técnica e das forças produtivas, que ele denomina de revolução microeletrônica. Em razão da forte automação no trabalho atual, há uma diminuição da quanti-

---

[220] LASH, 1997, p. 136.

[221] A partir de 1975, surgiram várias teorias que procuraram desqualificar aquelas que ainda estavam centradas no discurso da modernidade e da sociedade industrial, envolvendo expressões como pós-modernismo ou pós-modernidade. Vários autores como Daniel Bell, David Harvey, Zygmunt Bauman, Jean-François Lyotard, Guy Debord, Alain Touraine discutem tais termos e as contradições desse período de transição. Temos dúvidas em relação à pertinência do uso do termo pós-modernidade. Acreditamos, a partir de elementos de identificação entre capitalismo e modernidade, que não houve um rompimento real entre a ideologia moderna e a ideologia pós-moderna em termos de exploração social e autovalorização do valor com as transformações do sistema produtivo capitalista.

[222] GORZ, 1982, p. 89.

dade do trabalho exercido pelo homem, que não pode mais ser visto como a atividade principal da sociedade: a não-classe-de-não-trabalhadores desvincula-se do processo produtivo e não tem lugar definido nessa nova ordem. Desse modo, Gorz justifica a máxima do "adeus ao proletariado", na medida em que não existe mais a necessidade do trabalho das pessoas na economia e, assim, este não se justifica como fundamento do processo de integração social.[223]

Também influenciado pelas novas mudanças tecnológicas, com suas consequências para a produção social e para os modos de vida cotidianos, Domenico De Masi desenvolve uma reflexão sobre o fim do trabalho – e consequentemente da classe operária – como dado centralizador da sociologia e da existência humana. Segundo o sociólogo italiano, na sociedade contemporânea, "[...] a guerra feroz do conflito de classes foi substituída por uma gelatina feita de micro-conflitos."[224] O autor afirma que somente com a diminuição do trabalho e a ampliação do tempo livre os seres humanos poderão ser felizes, pois é no momento do ócio que o indivíduo pode obter qualidade de vida, mediante o estreitamento das relações de amizade, amor, aventura, repouso e espaço de dedicação à estética, erotismo, viagens, cultura, meditação, práticas desportivas, ou seja, atividades cotidianas que merecem sentido.[225] Por isso, seria preciso desenvolver um novo olhar para descobrir a dimensão de ludicidade e de criação, que nos é ampliada no tempo livre e mesmo na atividade profissional coletiva, o que o sociólogo resume na expressão *ócio criativo*, no qual estudo, trabalho e jogo coincidem.[226]

Em direção semelhante, Claus Offe afirma que, em razão da fragmentação, da diferenciação do trabalho e da produção da cultura do não-trabalho, oriunda do aumento da população de excluídos do emprego industrial formal, a consciência social não pode mais ser reconstruída *como consciência de classe* e, portanto, a sociologia deve buscar outras categorias para construir seu objeto, explorando aquelas que estejam além da esfera do trabalho. Segundo Offe, tais categorias surgem para refundar o pensamento social e não se reduzem mais à perspectiva das contradições e dos conflitos tradicionais na sociologia, mas, ao contrário, tendem a se erigir sobre o espaço da economia de serviços. Assentada sobre base mais comunicacional do que instrumental, essa nova racionalidade do sistema fará despontar

---

[223] GORZ, 1982, p. 90.
[224] DE MASI, 2000, p. 322.
[225] DE MASI, 2000, p. 390.
[226] DE MASI, 2000, p. 18.

para a sociologia novas categorias que tenderão a se apoiar sobre o espaço vital, o modo de vida e o cotidiano dos que compõem a nova sociedade.[227]

Também no mesmo sentido, Alain Touraine afirma que os novos modos de resistência em uma sociedade "pós-industrial" denunciam as formas de opressão para além do espaço produtivo, e que não necessariamente estão envolvidos em um conflito de classes de teor econômico, que implica a discussão da propriedade dos meios de produção:

> A noção de *movimentos sociais deve tomar a noção de classe social*, porque atualmente não se trata mais de lutar pela direção dos meios de produção, e sim pelas finalidades das produções culturais, que são a educação, os cuidados médicos, a informação de massa, bem como as defesas dos direitos do homem, o direito à vida dos que estão ameaçados pela fome e pelo extermínio, à livre expressão, à livre escolha, de um estilo e de uma história de vidas pessoais.[228]

Boaventura de Sousa Santos[229] enfatiza que os novos movimentos sociais desocultam outras formas de opressão que extravasam as relações de produção e nem sequer são típicas delas – como guerra, poluição, machismo –, para que possa ser estabelecido paradigma social menos focado no materialismo e mais interessado na cultura e na qualidade de vida. Dessa forma, para o autor, a categoria dos novos movimentos sociais substituiria a categoria classe social, uma vez que os excessos de regulação desencadeados pela modernidade não só atingem o modo como se trabalha e produz, mas também os modos de vida, que não afetam especificamente uma classe social e sim grupos sociais ou mesmo a sociedade como um todo.[230] Conforme Boaventura, a luta contra essas formas de opressão é uma luta maximalista, sem fim e sem sujeito social específico titular e, por isso, pouco inclinada à negociação coletiva e ao pragmatismo.[231]

Peter Waterman[232] critica o apego exclusivo à ideologia do classismo/obreirismo, porque se baseia em velhos contornos e instituições, como o capitalismo taylorista-fordista, e nos espaços nacionais. Waterman[233] entende que a maioria dos trabalhadores ainda se sente mais à vontade com os discursos do imperialismo ou do nacional protecionismo. O autor afirma que grande parte deles continua agarrada à ideia de que

---

227 OFFE, 1989, p. 7.
228 TOURAINE, 1994, p. 257. (grifo nosso)
229 SANTOS, 1991, p. 164.
230 SANTOS, 1991, p. 164.
231 BOAVENTURA, 1991, p. 164.
232 WATERMAN, 2002, p. 40.
233 WATERMAN, 2002, p. 40.

as estruturas sindicais são as únicas instituições capazes de lutar contra a globalização, pois ainda concebem a luta em termos de relações entre sindicatos nacionais, locais, ligados à indústria, ou baseados na realidade da empresa; e que entendem o diálogo internacional apenas como uma "troca de experiências", e o plano nacional como terreno privilegiado ou exclusivo da resistência e da reafirmação.[234]

Ulrich Beck, ao descrever sua teoria de individualização – que se difere do individualismo, pois não é processo pessoal de escolha consciente e sim fenômeno macrossociológico imposto aos indivíduos, que visa fragmentar os laços de coletividade entre eles – transforma a luta de classes em luta sem classes definidas.[235] Segundo Beck, a individualização desarticula a cultura de classe da posição de classe, o que faz com que surja um capitalismo sem classes, ou melhor, sem uma classe-para-si, ou seja, um processo no qual a perda do significado da categoria classe coincide com a transformação e radicalização da categoria desigualdade social, que não deriva somente das relações de produção e do território nacional e sim de riscos globais.[236] Nas palavras do autor:

> O argumento é o seguinte: o fim da sociedade de classes nacionais não é o fim da desigualdade social, mais precisamente o oposto, o nascimento de novas formas "cosmopolitas" de desigualdade social, mais radicais, para as quais (até agora) não há respostas institucionalizadas (sindicatos, estado de bem-estar social).[237]

Entretanto, será que estamos sempre tratando de uma variedade imensa de problemas fragmentados? A invisibilidade de articulação entre lutas específicas em outros espaços para além da produção e a luta de classes não seria proposital? Não há uma via intermediária entre os teóricos que defendem o fim da classe enquanto categoria fundamental sociológica baseados nas teorias de risco global/perda da centralidade do trabalho e aqueles que ainda se mantêm atrelados à identidade estática de classe construída na modernidade?

É preciso refletir criticamente sobre esse processo de descentramento do sujeito influenciado por elementos do pós-estruturalismo, que pode

---

[234] WATERMAN, 2002, p. 40.

[235] BECK, 2007, p. 692.

[236] BECK, 2007, p. 692.

[237] No original: "The argument is this: the end of national class society is not the end of social inequality, but precisely the opposite, the birth of more radical, new 'cosmopolitan' forms of social inequality, to which (so far) there are no institutionalized answers (trade unions, welfare state)." Cf.: BECK, 2007, p. 692. (tradução nossa)

despolitizar a classe trabalhadora e reduzir a luta política à perspectiva atrasada e pessimista de multidões segmentadas.

A RESSIGNIFICAÇÃO DA CATEGORIA CLASSE SOCIAL: NOVOS SUJEITOS, NOVAS FORMAS DE LUTA COLETIVA

É impossível negar que na contemporaneidade as formas de opressão e violência não se restringem somente ao espaço de produção. A fim de evitar o esfacelamento da sociedade diante dos diversos modos de marginalização, e para descobrir outros acessos ao desenvolvimento que não se reduzam ao trabalho, é necessário "reencantar" outros valores, outras dimensões da socialização e do vínculo social.[238] O "pós-modernismo" teve o mérito de destacar a possibilidade de politização e socialização em outros espaços para além da fábrica.

Além disso, no contexto do capitalismo contemporâneo, viabilizado por multinacionais que ultrapassam as fronteiras e controlam os Estados, é incoerente utilizar as mesmas ferramentas da modernidade para desalojar o capitalismo radicalmente transformado e que, por isso mesmo, exige ferramentas também radicalmente transformadas para que sejam denunciadas formas de opressão transversais.

Assim, é fundamental discutir o futuro do trabalho, da ressignificação da classe social e da luta operária, o que não se confunde com simplesmente decretar o fim da classe e do trabalho enquanto protoforma do ser social. É muito fácil se deixar seduzir pelo discurso da minimização da sociedade mercantil, por uma divisão do trabalho com jornadas menores, possibilitando o desenvolvimento de novas atividades que permitam a maior realização das aspirações legítimas do ser humano. Contudo, a realidade é mais matizada. O discurso que consiste em inventar uma nova sociedade, dando as costas para o trabalho, buscando exclusivamente em outros lugares as bases de um vínculo social, é extremamente perigoso.[239] Refletindo criticamente acerca dessa identidade de classe negada, é possível encontrar vários argumentos e interesses que justificam esse posicionamento, como o reforço da individualização imposta pelo capitalismo, ocultando a verdadeira divisão entre capital e trabalho.

Desse modo, anunciar o fim do proletariado e da luta operária é omitir o que acontece pelo trabalho, ou seja, a criação de uma consciência política, das bases de uma contestação da racionalidade econômica hegemônica: será que é possível outro lugar diverso do trabalho que

---

[238] LINHART, 2007, p. 53.
[239] LINHART, 2007, p. 62.

desenvolva uma capacidade tão forte de transgressão coletiva da norma dominante?[240] Nós acreditamos que não, mas também compreendemos que, apesar das transformações radicais em um contexto de capitalismo tardio não serem possíveis *sem o operariado*, também não serão possíveis *somente com ele* e suas formas tradicionais de luta.[241]

Embora nossa sociedade possua subalternidades que não estão limitadas ao espaço fabril, ou seja, existem formas de violências e desigualdades relacionadas ao tempo vital do ser humano, entendemos que tais marginalizações, apesar de aparentemente isoladas, na verdade, estão vinculadas pelos fios (in)visíveis[242] da exploração capitalista.

O capital possui a necessidade permanente de reestruturação. Sempre que a crise do capital – "contradição em processo" – atinge limites que coloquem em risco o processo de sua autovalorização, faz-se necessário reconstruir o bloco histórico presidido por ele e, em especial, reconstruir as classes trabalhadoras de maneira a articulá-las com a totalidade do processo capitalista. A transformação da forma pela qual o capital e o Estado interagem não altera, contudo, a natureza do modo de produção capitalista, ou seja, sua lei fundamental de autovalorização do valor em razão da mais-valia.

Esse deslocamento do foco da luta coletiva do âmbito do trabalho para *outras margens sociais* faz com que o trabalho deixe de ser apenas uma questão econômica fundamental para ser uma questão social, mas sem que a racionalidade do capital em nada se altere.[243] Deslocam-se os trabalhadores da fábrica, aumentam-se a variabilidade das formas de exploração, mas a lógica da acumulação permanece.

Ignorar que estas outras formas de opressão social – poluição, machismo, racismo – estão relacionadas com a lógica de exploração e precarização do capital é corroborar ideologias que traduzem o oportunismo da razão liberal e que não visam proteger uma vida mais focada no bem-estar social (como aparentemente buscam fazer). O antagonismo estrutural entre capital e trabalho é dissimulado em discursos que visam ao fim do trabalho e da classe social como categoria de luta e resistência. Nas palavras de Étienne Balibar:

---

240 LINHART, 2007, p. 62.

241 DIAS; BOSI, 2005, p. 45.

242 Expressão elaborada por Maria Augusta Tavares em seu texto *Trabalho informal: os fios (in)visíveis da produção capitalista*, de 2002.

243 TAVARES, 2002, p. 50.

> Nenhuma organização de classe (particularmente nenhum partido de massa), mesmo quando desenvolveu uma ideologia operária, jamais foi puramente sobre a classe trabalhadora [...]. Da mesma forma, nenhum movimento social significativo, mesmo quando assumiu um caráter proletário definido, foi fundado em demandas e objetivos puramente anticapitalistas, mas sempre em uma combinação de objetivos anticapitalistas e objetivos democráticos, ou nacionais, ou antimilitaristas, ou culturais (no sentido mais amplo do termo) [...]. Nesse sentido, o que a história mostra é que as relações sociais não se estabelecem entre classes hermeticamente fechadas, mas se formam entre classes.[244]

Assim, é necessário desvelar os fios (in)visíveis da produção capitalista, que são ocultados em uma concepção social setorialista, para que sejam relacionados os modos de exercício precário da prestação laboral e *outras formas de opressão social*. A busca deste objetivo implica extravasar certos contornos do capital, uma vez que algumas imprecisões têm contribuído para o surgimento de concepções teóricas que, além de não traduzirem o real, dão lugar a formulações ilusórias de que as problemáticas ligadas ao tempo vital não estão direta ou indiretamente relacionadas ao sistema capitalista.

É preciso ressaltar que o conceito de subsunção ao capitalismo pode ser móvel no sentido de se irradiar da fábrica para os espaços reprodutivos, com a expansão da criação de valor e reprodução genérica da força de trabalho, se sobrepondo aos modos de alimentar, dormir, viver. Esse antigo fenômeno, ofuscado pela análise econômica das classes, que segmentou os tempos e espaços de produção daqueles de reprodução genérica, não recebeu a devida atenção na modernidade, principalmente no tocante à construção de subjetividades e ações coletivas. De La Garza Toledo comenta o necessário alargamento do conceito de sujeito trabalhador, em razão da mudança do próprio trabalho no capitalismo tardio, que transformou os objetivos das ações coletivas:

> As identidades e as ações coletivas podem ter uma relação intensa ou fraca com a vida no trabalho. Além disso, os mundos do consumo, do entretenimento, da família, podem reconhecer sobreposições com as atividades produtivas. Quer dizer, a um conceito de trabalho expandido deve seguir outro de sujeitos laborais ampliados. Os sujeitos trabalhadores ampliados não são

---

244 No original: "No class organization (particularly no mass party), even when it developed a workerist ideology, was ever purely working class [...]. Similarly, no significant social movement, even when it took on a definite proletarian character, was ever founded on purely anti-capitalist demands and objectives, but always on a combination of anti-capitalist objectives and democratic, or national, or anti-militaristic objectives, or cultural ones (in the widest sense of the term) [...]. In this sense, what history shows is that social relations are not established between hermetically closed classes, but that they are formed across classes." Cf.: BALIBAR; WALLERSTEIN, 1991, p. 171. (tradução nossa)

aqueles cuja ação coletiva depende, fundamentalmente, de experiência, organização, demandas de trabalho, especificamente entorno à relação capital-trabalho: essa é a concepção estreita de trabalho e de sujeito laboral.[245]

As interfaces entre trabalho e não-trabalho e a nova importância de trabalhos não industriais levam, sem dúvida, a um conceito ampliado de sujeito trabalhador: implicam o objeto de trabalho, que pode ser material ou imaterial; uma atividade laboral que não somente utiliza o físico e o intelectual, mas também as faces objetivas e subjetivas de cada atividade. A especificidade de cada atividade não vem das características do objeto produzido, nem das ações desempenhadas, mas da articulação desse processo de produzir com determinadas relações sociais, relações de poder, interesses e determinada cultura: são relações de dominação e exploração.[246]

O excesso de trabalho que invade o modo como se descansa e vive, que extirpa outras formas de interação existencial; a insegurança econômica e previdenciária, que gera a falta de acesso a direitos básicos, como educação e saúde; o trabalho "autônomo" ou deslocalizado que se autoproclama independente, mas que obriga o trabalhador à submissão econômica totalizante de resultados; a poluição desencadeada por multinacionais que visam reduzir os custos da produção; a discriminação laboral e social em face do gênero e da raça como modos de privilegiar a manutenção de classe homogênea no poder; são todos modos de marginalização social do tempo vital que estão intimamente relacionados à precarização pulverizada das relações de trabalho.

Dessa forma, entendemos que não estamos diante do fim da categoria classe social como forma de luta política. Pelo contrário, acreditamos que o conceito de classe social está se transformando para adaptar seus mecanismos de luta diante de um capitalismo que *também alterou suas formas de exploração para além da fábrica*. A *insegurança*, a *vulnerabilidade* e a *marginalização social* daqueles que vivem da venda da força de trabalho continuam permanentes, independentemente de como, onde e por quem esse trabalho é exercido. Conforme Carlos Montaño e Maria Lúcia Duriguetto:

---

[245] No original: "Las identidades y acciones colectivas pueden tener relación intensa o débil con la vida del trabajo. Además, los mundos del consumo, del esparcimiento, de la familia, pueden reconocer superposiciones con las actividades productivas. Es decir, a un concepto de trabajo ampliado debe seguir otro de sujetos laborales ampliados. Los sujetos laborales ampliados no son aquellos cuya acción colectiva depende fundamentalmente de la experiencia, organización, demandas laborales, específicamente en torno de la relación capital-trabajo: esa es la concepción estrecha de trabajo y de sujeto laboral." Cf.: TOLEDO, 2005, p. 15. (tradução nossa)

[246] TOLEDO, 2005, p. 13.

Nesta perspectiva, Estado, sociedade civil e mercado (produtivo e comercial) são esferas da mesma realidade social e histórica, portanto, todos espaços de luta e demandas sociais, todas passíveis de conflitos e disputas. As ações sociais, e os movimentos sociais podem se organizar em torno de demandas pontuais, e podem se desenvolver em espaços localizados, mas isso não retira o fato, nessa perspectiva, de terem vinculação com a forma dada no sistema capitalista de produção e distribuição de riqueza (fundado na relação de exploração entre as classes antagônicas, capital e trabalho) e seu acionar ter impactos (positivos ou negativos, transformadores ou mantenedores) das relações e estruturas nas esferas estatal, mercantil e da sociedade civil.[247]

A heterogeneidade decorrente da ressignificação da classe social envolve não só o diálogo com outros movimentos sociais, mas também a articulação com outras formas de prestação laboral marcadas pela precarização generalizada, causada por um capitalismo que atua de forma transnacional. Nesse sentido, alguns autores afirmam que há uma nova classe em formação: o *precariado*, nos termos de Guy Standing, ou a *classe-que-vive-do-trabalho*, conforme o sociólogo Ricardo Antunes.

Para Standing, o precariado representa nova estrutura de classes em nível global, que ultrapassa as estruturas estatais da modernidade e que se caracteriza por insegurança e incertezas crônicas.[248] O precariado[249] tem relações de produção bem definidas e o trabalho desempenhado por seus

---

[247] DURIGUETTO, 2011, p. 324.

[248] STANDING, 2014, p. 9.

[249] Para Standing, existem três tipos de grupos no precariado: O primeiro tipo é constituído por aqueles que acabam por se ver afastados das velhas comunidades e famílias da classe trabalhadora; na sua maioria sem instrução, são propensos a associar o seu sentimento de privação e frustração a um *passado* perdido, seja ele real ou imaginado. Por isso tendem a dar ouvidos às vozes populistas e reacionárias da extrema-direita, culpando o segundo e até mesmo o terceiro tipo de precariado pelos problemas com que se defrontam. São os *atávicos*. O segundo tipo é constituído pelos migrantes e pelas minorias, que, por não terem presente nem um sítio a que chamem de seu, vivem imbuídos de um forte sentimento de privação relativa. Tal grupo recebe a designação de *nostálgicos*. Politicamente tendem a ser relativamente passivos ou desprendidos, com exceção de um ou outro dia de raiva, em que alguma coisa que se lhes apresenta como uma ameaça direta acaba por fazer incendiar a fúria coletiva. O terceiro tipo é formado pelos instruídos, que, por força do trabalho inconstante e da falta de oportunidade para impor uma narrativa às suas vidas, experimentam um sentimento de privação relativa e de frustração quanto ao respectivo *status*, uma vez que lhes falta um sentido de futuro. São os *boêmios*. No entanto, porque se trata da parte potencialmente transformadora do precariado, que o mesmo é dizer da nova vanguarda, abre-se a possibilidade de serem apelidados de *progressistas*. Cf.: STANDING, 2014, p. 14.

integrantes têm natureza frágil e instável, associado à informalidade, ao falso trabalho autônomo, à terceirização, dependendo quase exclusivamente de salários nominais, sujeito a flutuações e não dispondo nunca de rendimento seguro. Além disso, também são bem definidas as relações do precariado com o Estado, no sentido de que seus integrantes possuem menos direitos do que todos os demais. Por fim, segundo Guy Standing, outro traço distintivo do precariado é sua consciência de classe, traduzida no forte sentimento de privação relativa e de frustração quanto ao seu estatuto. Conforme o autor, essa circunstância carrega consigo conotações negativas, ao mesmo tempo em que contém elemento de transformação radical, que coloca o precariado na posição intermediária entre o capital e o trabalho.[250]

Entretanto, acreditamos que não seja coerente afirmar que o precariado está em posição intermediária: o precariado, na verdade, não é exterior ao antagonismo estrutural que caracteriza o modo de produção capitalista, uma vez que ele pertence à classe social do proletariado, mas é marcado por precarização jurídica, salarial e existencial mais profunda. Conforme salienta Giovanni Alves, o abandono da crítica ao capitalismo como modo de produção e do capital como sistema de controle estranhado do metabolismo social contribuiu para a visão distorcida de Guy Standing e de muitos intelectuais europeus que não conseguem compreender o precariado como camada social da classe do proletariado. Ao não perceberem isso, tendem a desprezar o valor ontológico da unidade política do proletariado na luta contra o sistema do capital.[251] Desse modo, Standing não critica o capitalismo como sistema, mas apenas seus excessos neoliberais.[252]

Além disso, o fato de o precariado ter forte sentimento de privação relativa e frustração não significa que este possua consciência de classe, pois é por si só incapaz de constituir uma alternativa política radical à sociedade capitalista, porque não é uma classe-para-si, na medida em que experimenta sentimento fragmentado de privação de oportunidades, ainda no plano essencialmente individual. Acreditamos, inclusive, que ele não é sequer uma classe-em-si, pois Standing justifica a não inserção do precariado como camada social do proletariado pelo fato de o capital global atual pretender habituar o precariado a trabalho e vida de instabilidade, enquanto o capital industrial nacional, no passado, se propunha a habituar o núcleo do proletariado a situações estáveis. Segundo Standing, essa diferença fundamental é o motivo para

---

[250] STANDING, 2014, p. 13.

[251] ALVES, 2013, p. 2.

[252] MONEDERO, 2013, p. 5.

crer que juntar o proletariado e o precariado em uma única categoria seria cortar a reflexão analítica e a imaginação política.[253]

No entanto, tal diferença é reducionista e insuficiente para destacar o precariado do proletariado. Primeiramente, porque fica claro que, no passado, a referida estabilidade obtida mediante a concessão de direitos sociais pelo capitalismo industrial foi feita por meio da cooptação política das reivindicações do movimento operário pelo Estado capitalista, aprofundando o processo de regulação do Estado em detrimento da emancipação dos trabalhadores, em um pacto social-democrático, já descrito neste capítulo.

Além disso, no contexto atual, a instabilidade é generalizada (apesar de ter profundidades diversas): o velho proletariado, os assalariados e "empresários independentes" também possuem sua força de trabalho mercadorizada, pois sofrem igualmente com as vulnerabilidades[254] do mercado capitalista transnacional. Isso porque a precarização das relações de trabalho ocorre de forma massificada, desencadeando a insegurança social decorrente da exploração estrutural do capitalismo fluido e totalizante. Cacciamali também ressalta a vulnerabilidade como elemento caracterizador das relações de trabalho contemporâneas:

> Tais fenômenos, apresentam, entretanto, uma característica comum: sua vulnerabilidade, ou seja, a insegurança da relação de trabalho e na percepção da renda; a ausência muitas vezes de qualquer regulamentação laboral e de proteção social, especialmente contra demissões e acidentes de trabalho; o uso flexível do trabalho (horas e múltiplas funções); e freqüentemente menores salários, principalmente para os menos qualificados.[255]

Assim, a instabilidade social é gerada por processo de precarização que atua em vários aspectos das relações de trabalho, seja na esfera produtiva ou na esfera vital. A instabilidade social pode atuar sobre o *tempo*, representado pela jornada "flexível" proveniente uberização, pelo trabalho intermitente, pelo banco de horas e pelo trabalho à distância sem controle da jornada; na *remuneração*, como no caso do trabalhador eventual ou no trabalho remunerado por produção, por metas ou pela generalização dos baixos salários; na *forma de prestação do trabalho*, na medida em que o trabalhador deve ser capaz de fazer tudo, em busca por uma

---

[253] STANDING, 2014, p. 13.

[254] Importante ressaltar que vulnerabilidade e insegurança social não se confundem necessariamente com pobreza, mas representam uma precarização totalizante e a subutilização do trabalho – exemplo disso é o fenômeno da "pejotização", que atinge trabalhadores que podem receber altos salários e, contudo, são fragilizados em outros direitos trabalhistas, no tocante à estabilidade e ao controle de jornada.

[255] CACCIAMALI 2000, p. 164.

polivalência inatingível; na *forma de controle da prestação do trabalho*, representada pela ocultação do poder diretivo, que é transferido em parte para o empregado, seja mediante o controle de algoritmos ou como no caso das ilhas de produção que concorrem entre si dentro da mesma empresa; na *fragilidade da organização das relações coletivas*, que pode se exprimir na falta de representação e representatividade, como no caso dos trabalhadores "informais", ou na dificuldade do enquadramento sindical profissional, em razão dos grupos econômicos e da terceirização; no *enfraquecimento da luta coletiva dos trabalhadores,* que temem entrar em greve diante de um cenário de precarização massificada e, muitas vezes, não se engajam em formas de resistência coletiva, por não se enxergarem como classe que vive da venda da força de trabalho.

Portanto, a precarização no trabalho não se restringe ao setor tradicionalmente denominado "informal"; não atinge apenas a categoria empregado; pois é um processo que transita fora e dentro do Direito, abarcando inúmeras relações de trabalho como eventual, avulso, temporário, eleitoral, estágio, do encarcerado, os trabalhos graciosos, as falsas cooperativas, em domicílio, o do menor aprendiz, autônomos, terceirizados e parassubordinados. O denominador comum dessas formas laborais é a precarização pulverizada do trabalho, que sempre está subordinado às regras do capital, que busca sua autovalorização, mediante a exploração sistêmica no campo de produção e também naquele de existência social.

Paradoxalmente, essa precarização estrutural das relações de trabalho, proveniente da multidimensionalidade da exploração capitalista, também representa o elo para a reconstrução da consciência de classe e da luta coletiva. Nas palavras de Ricardo Antunes e Giovanni Alves:

> A classe trabalhadora (ou o proletariado) hoje não se restringe somente aos trabalhadores produtivos e nem apenas aos trabalhadores manuais diretos, mas incorpora a totalidade do trabalho coletivo que vende sua força de trabalho como mercadoria em troca de salário para valorizar o capital. É a composição do conjunto de trabalhadores produtivos que produzem mais-valia e que participam do processo de valorização do capital, mas dela são parte evidente todos aqueles/as que vivem da venda de sua força de trabalho, incluindo os chamados improdutivos, os terceirizados e os desempregados. Assim, em minha opinião, a classe trabalhadora incorpora também o conjunto dos trabalhadores improdutivos, aqueles cujas formas de trabalho são utilizadas como serviços, seja para uso público, como os serviços públicos tradicionais, seja para uso capitalista.[256]

Além disso, para a ressignificação da categoria classe social, devemos superar a análise herdada do paradigma racional-moderno que a concebe

---

[256] ANTUNES; ALVES, 2004, p. 343.

como algo homogêneo e, portanto, incolor como em branco, e assexuado como no masculino: o trabalho vem em cores, sexos e gêneros e é formulado mediante expressões de poder.[257] Trabalho racializado, sexualizado e de gênero contribui para a acumulação de capital e estrutura a desigualdade que emana dele, gerando outras subalternidades sobrepostas.[258]

É preciso analisar as categorias sociais com interseccionalidade, ou seja, mediante ótica transdisciplinar que visa apreender a complexidade das identidades e das desigualdades sociais por intermédio de enfoque integrado, que permite a articulação da luta política coletiva. A interseccionalidade, conceito fruto de estudos e movimentos feministas, refuta o enclausuramento dos grandes eixos de diferenciação social, como as categorias de religião, gênero, classe, raça, etnia, idade e orientação sexual.[259] O enfoque interseccional vai além do simples reconhecimento das particularidades das opressões que se operam a partir dessas categorias e *postula sua interação na produção e na reprodução das desigualdades sociais.*[260]

Nancy Fraser, ao discorrer sobre a interseccionalidade no movimento feminista, também enfatiza as "diferenças de intersecções múltiplas" entre e dentro das mulheres.[261] Segundo a autora, um dos principais fatores que contribuíram para essa última tendência foi o reconhecimento de que o campo social está intersectado por várias camadas de subordinação – tais como raça, etnia, classe, orientação sexual, idade, religião – que não podem ser reduzidas a uma única opressão. Essas camadas de subordinação ou eixos da diferença encontram-se mutuamente imbricados, nos quais cada categoria produz efeitos articulatórios sobre outras, em contextos históricos e geográficos específicos, viabilizando, assim, posições a serem ocupadas pelos sujeitos enquanto estabelecem agendas teóricas e políticas.[262] Portanto, partindo-se da noção de interseccionalidade, expandem-se significativamente os conceitos de gênero, classe e raça, passando-se a formulá-los como parte do conjunto heterogêneo de relações móveis, variáveis e transformadoras do campo social. Butler comenta essa perspectiva da diferença:

> Se alguém "é" mulher, isso não é tudo que tal sujeito é; o termo não é exaustivo, não porque uma "pessoa" pré-gendrada transcende uma para-

---

[257] EISENSTEIN, 2015, p. 2.

[258] EISENSTEIN, 2015, p. 1.

[259] BILGE, 2009, p. 70.

[260] BILGE, 2009, p. 70.

[261] FRASER, 1996, p. 200.

[262] COSTA, 2002, p. 80.

fernália específica de seu gênero, mas porque o gênero não é sempre constituído de forma coerente e consistente nos diferentes contextos históricos, e porque o gênero é intersectado por modalidades raciais, étnicas, sexuais, regionais e de classe das identidades discursivamente constituídas. Como resultado, torna-se impossível separar o "gênero" das intersecções políticas e culturais através das quais ele é invariavelmente produzido e mantido.[263]

Ao invés de situarmos uma categoria paralelamente às outras ao projetar cartografias do indivíduo, é necessário considerar uma intersecção muito movimentada, na qual vários vetores de diferença estão em constante sobreposição, deslocando uns aos outros, abrindo espaços intermediários ou interstícios nos quais o sujeito se posiciona, não importando quão provisoriamente.[264]

Superando-se a noção unívoca de classe social patriarcal, industrial, nacional-eurocêntrica, branca e heterossexual, é possível a construção de pontos nodais e tais fixações permitem o estabelecimento de formas de identificação em torno da categoria trabalho. A ideia de antagonismo estrutural deve se libertar da metáfora de classes e categorias compartimentadas. Há um conflito entre capital e trabalho, mas a desigualdade social gerada pelo capital não é simplesmente monolítica e excessiva; ela é particularmente excessiva conforme cor, sexo, nacionalidade, identidade de gênero e orientação sexual.

Contudo, como ressalta Cláudia Lima Costa, em termos dos discursos da diferença, faz-se necessário enfatizar que esses interstícios não devem continuar sendo percebidos apenas como espaços ontológicos, abstrações desconstrucionistas ou sinais da diferença pura, pois eles também são produto, material e efeitos simbólicos de desequilíbrios históricos.[265]

Portanto, reconhecer a variabilidade semântica da categoria classe social não faz necessariamente com que mergulhemos no vazio pós-estruturalista, abandonando as posições críticas e a luta política em face do capital. Afirmar que categorias homogêneas são ficções ou efeitos da linguagem (como os desconstrucionistas adoram fazer) não deveria levar ninguém a repudiar reivindicações identitárias, já que isso desabilita qualquer ação coletiva política.[266] Ao contrário, essa afirmação permite uma luta política mais transformadora, uma vez que tal reconhecimento nos posiciona nas regiões de formações histórico-discur-

---

[263] BUTLER, 2003, p. 20.
[264] COSTA, 2002, p. 81.
[265] COSTA, 2002, p. 81.
[266] COSTA, 2002, p. 72.

sivas, em que a história e a luta de uma categoria devem ser compreendidas à luz da história de várias outras.[267]

Também não se trata de *essencializar* a luta de classes, como dizem os "pós-modernistas".[268] Pelo contrário, acreditamos que a "crise" da categoria classe social venha exatamente dessa forma racional-moderna de representação herdada das ciências naturais e exatas que limita suas possibilidades, suas polissemias. Ao admitir a provisionalidade estratégica do signo – ao invés de seu essencialismo – tal identidade de classe pode se tornar um lugar de constante revisão, assumindo um "[...] conjunto futuro de significados que aquelas de nós que fazem uso dele no momento presente talvez nem possamos prever."[269] As posições não são fixas e, por estarem inseridas em relações dinâmicas, estão em perpétua evolução e renegociação.[270] Tais posições, intersectadas por outras categorias sociais, podem ser usadas como o lugar a partir do qual os sujeitos se engajam com a construção, e não com a simples descoberta dos significados. É nesse sentido que o conceito de posicionalidade estratégica evita a traiçoeira rede do essencialismo,[271] o que certamente não apaga o antagonismo estrutural entre capital e trabalho: são novas regras para o mesmo jogo.

Nancy Fraser, no início da construção de sua teoria sobre reconhecimento e redistribuição, enfatizou a perspectiva econômica na construção de conflitos emancipatórios, defendendo a importância da esfera da produção na construção de uma sociedade mais justa. Segundo Fraser, reconhecimento e redistribuição são duas dimensões da Justiça, cuja integração não pode se dar pela redução de uma à outra. Tendo em vista que o objetivo é remover impedimentos à formação de relações simétricas, é possível pensar o imbricamento de ambas as lutas, ou seja, deve-se também teorizar a respeito dos meios pelos quais a privação econômica e o desrespeito cultural se entrelaçam e se sustentam simultaneamente.[272] Dessa forma, as demandas por "reconhecimento da diferença" que dão combustível às lutas de grupos mobilizados sob as bandeiras da nacionalidade, etnicidade, raça, gênero e sexualidade não substituem o interesse de classe como o meio de mobilização política.[273]

---

267 COSTA, 2002, p. 73.

268 ŽIŽEK, 2014, p. 182.

269 LAURETIS, 1997, p. 19.

270 KERGOAT, 2010, p. 98.

271 COSTA, 2002, p. 77.

272 FRASER, 2006, p. 233.

273 FRASER, 2006, p. 232.

Na verdade, podemos criticar nesse sentido os "pós-modernistas", por paradoxalmente terem retornado ao paradigma mecanicista-moderno e de fragmentações excessivas ao isolar conceitos de categorias sociais em espaços incomunicáveis. Negar que existem ligações decorrentes da exploração capitalista entre a categoria classe e os novos movimentos sociais é ser conivente com os interesses de grupos que criam e aprofundam subalternidades e marginalizações. A heterogeneidade das pessoas que lutam não desfaz a conexão entre as respectivas subjetividades.

Compartilhando dessa posição, Jean Lojkine ressalta a necessidade da formação de uma contra-hegemonia por parte das *lutas de classes subalternas*. Para ele, a luta de classes não se restringe ao espaço produtivo, pois perpassa toda a sociedade e o aparelho estatal. O autor afirma que o processo de urbanização, a distribuição espacial da população, o acesso aos equipamentos e serviços de consumo coletivo não podem ser pensados fora da exploração estrutural do trabalho, de modo que o urbano é um dos lugares decisivos da luta de classes.[274] Segundo Lojkine, as análises, tanto do Estado e das políticas sociais, quanto dos movimentos sociais e da questão urbana, devem ser abordadas na ultrapassagem de duas perspectivas unilaterais: a estruturalista, na medida em que ela não pode elaborar uma teoria da mudança; e a perspectiva subjetivista ou acionalista,[275] que menospreza o poder da estrutura e do Estado. Nas palavras de Montaño e Duriguetto: "[...] nem uma teoria que imobilize o sujeito, considerado escravo das estruturas, nem uma teoria que, menosprezando as estruturas sociais, hiperdimensione o poder dos sujeitos."[276]

Desse modo, a ressignificação da *classe* enquanto categoria social fundamental envolve o diálogo interseccional com as novas formas de prestação laboral, bem como com os novos movimentos sociais. Entretanto, admitir esse diálogo para sua ressignificação em nenhum momento significa seu fim, o fim da luta operária ou o fim do antagonismo estrutural entre capital e trabalho.

---

274 LOJKINE, 1990, p. 27.

275 O grupo acionalista é liderado pelo sociólogo francês Alain Touraine e foi fundado por pensadores europeus não marxistas, influenciados pelos acontecimentos de maio de 68 na França. Cf.: MONTAÑO, DURIGUETTO, 2011, p. 313.

Os acionalistas relativizam os constrangimentos estruturais e a relação capital/trabalho ao asseverarem que os conflitos não assumem mais uma perspectiva econômica, mas uma ótica fundamentalmente cultural, localizada e singular. Cf.: MONTAÑO, DURIGUETTO, 2011, p. 313.

276 MONTAÑO; DURIGUETTO, 2011, p. 325.

O conteúdo ideológico e político das ações do operariado, articulado com os novos movimentos sociais e os novos formatos de prestação laboral, deve necessariamente questionar o sistema econômico vigente que gera subalternidades sociais, bem como a hegemonia política da classe capitalista dominante. A estratégia ofensiva de lutas pelos direitos, pelas ideias de justiça e equidade só adquire sentido emancipatório se estiver em sintonia com a luta por um projeto alternativo à ordem econômica e social capitalista.[277] Nas palavras de Jessé Souza:

> O que, na verdade, é comum, tanto ao liberalismo economicista dominante quanto ao marxismo enrijecido dominado, é o fato de que ambos são cegos em relação à verdadeira "novidade" do mundo novo no qual vivemos sem compreendê-lo adequadamente. Como sempre, a cegueira social tem a ver, na realidade, com a cegueira em relação à percepção das classes sociais que compõem e estruturam a realidade. Gostaria de defender aqui uma tese simples e clara: sempre que não se percebem a construção e a dinâmica das classes sociais na realidade temos, em todos os casos, distorção da realidade vivida e violência simbólica, que encobre dominação e opressão injusta. A razão para que isso aconteça também é simples. Como é o pertencimento às classes sociais que predetermina todo o acesso privilegiado a todos os bens e recursos escassos que são o fulcro da vida de todos nós 24 horas por dia, encobrir a existência das classes é encobrir também o núcleo mesmo que permite a reprodução e legitimação de todo tipo de privilégio injusto.[278]

A reconstrução de uma perspectiva contra-hegemônica por parte das classes oprimidas depende da capacidade de radicalização da crítica dialética da modernidade capitalista. Entretanto, tal perspectiva encontra respaldo no Direito? A luta coletiva é protegida juridicamente? As classes sociais possuem o direito ou *a mera liberdade* para lutar? A ciência jurídica encontra dificuldades crescentes para compreender e regulamentar a complexidade de relações sociais resultantes das mutações do capitalismo, que impactaram nas cartografias das classes sociais e, consequentemente, nas formas de luta coletiva. É preciso analisar a regulamentação jurídica do conflito coletivo na atualidade, para que não haja uma restrição excessiva das formas de luta sob uma ótica jurídica-moderna que mutila a historicidade do Direito, simplificando de modo arbitrário as transformações sociais.

---

277 MONTAÑO; DURIGUETTO, 2011, p. 351.
278 SOUZA, 2012, p. 21.

DA RESTRIÇÃO NORMATIVA DA LUTA COLETIVA AO DIREITO DE GREVE: REFLEXOS DO PARADIGMA RACIONAL-MODERNO NA QUALIFICAÇÃO JURÍDICA DO CONFLITO COLETIVO

O padrão de poder que dominou os campos de existência humana na modernidade – o *capitalismo no formato taylorista-fordista*, como modo de controle do trabalho, o *Estado-nação* como forma central de controle da autoridade coletiva e o *paradigma racional-científico*, como forma hegemônica de produção de conhecimento – também foi *reproduzido no Direito e pelo Direito*.

Como foi demonstrado na seção anterior, o Direito, assim como todas as humanidades, foi colonizado pelo paradigma de conhecimento das ciências exatas e naturais na modernidade, o que assentou seu método na redução da complexidade e em forjada neutralidade, legitimando um conhecer determinista e monista eurocêntrico.

O Direito passou a ser o Direito do Estado Nacional, o equivalente à lei, única fonte jurídica – o que alguns chamaram de totalitarismo da lei ou absolutismo legislativo, utilizando-se de uma técnica que lhe conferia esquema lógico e fechado – e sua aplicação passou a ser fruto de um processo simplificado, silogístico, uma dedução quase matemática.[279] As regras da hermenêutica jurídica, mais especificamente o elenco das fontes de Direito, da interpretação, da integração e dos conflitos de normas encerravam-se na lei e intentavam estabelecer a impermeabilidade do Direito aos valores e às experiências pessoais do intérprete.[280] Portanto, a interpretação deveria "[...] submeter-se completamente à razão expressa na própria lei."[281]

---

[279] REIS, 2015, p. 18.
[280] REIS, 2015, p. 18.
[281] BOBBIO, 1995, p. 135.

O legalismo[282] rumou ao positivismo jurídico,[283] mediante o qual se consolidaram ideologias dedicadas a *restringir o progresso societal ao desenvolvimento capitalista* e a impedir que a racionalidade fosse infectada por alguma irracionalidade não capitalista – como, por exemplo, a ética ou quaisquer ideais emancipatórios.[284] Dessa forma, as irracionalidades do capitalismo poderiam conviver com a racionalidade moderna, desde que fossem respaldadas na *racionalidade jurídica ou científica*. O Direito moderno, assim, elaborou um autoconhecimento especializado e profissionalizado, definindo-se como científico, o que originou o *cientificismo* jurídico, que, unido ao *estatismo* jurídico, passa a compreender a ideologia do positivismo no Direito.[285] Nas palavras de Wolkmer:

> O Direito moderno não só se revela como produção de uma dada formação social e econômica, como, principalmente, edifica-se na dinâmica da junção histórica entre a legalidade estatal e a centralização burocrática. O Estado Moderno atribui aos seus órgãos, legalmente constituídos, a decisão de legislar (Poder Legislativo) e de julgar (Poder Judiciário) através de

---

[282] Ao definir legalismo, Antonio Manuel Hespanha afirma que "A lei — nomeadamente, esta lei compendiada e sistematizada em códigos — adquiria, assim, o monopólio da manifestação do direito". Cf.: HESPANHA, 2005, p. 245.

Conforme o autor, a Revolução Francesa tinha sido feita também contra a tirania dos juízes que, apoiados no caráter casuísta e flexível do Direito tradicional, tornavam o Direito com resultados imprevisíveis e incontroláveis pelo cidadão, o que suscitou um movimento de crítica à incerteza do Direito doutrinal e jurisprudencial, no intuito de exigir leis claras e reformas judiciárias que amarrassem os juízes ao cumprimento estrito da lei: "os juízes não são mais do que a longa mão da lei, a boca que pronuncia as palavras do legislador" HESPANHA, 2005, p. 246.

[283] A corrente teórica do positivismo no campo jurídico distingue-se dos outros positivismos na sociologia e na filosofia, que indiretamente influenciaram a sua constituição. Cf.: SILVA; BITENCOURT, 2015, p. 20. Explica-se primeiramente o positivismo no âmbito jurídico a partir da dicotomia entre Direito natural e Direito positivo, mediante a qual o positivismo jurídico reconheceu como Direito aquele que é estabelecido pelo Estado. Cf.: SILVA; BITENCOURT, 2015, p. 20. A partir desse processo de codificação/positivação do Direito, foi possível desenvolver estudos da norma jurídica, nos quais se situam as concepções mais primitivas do positivismo jurídico, conhecidas como positivismo legalista, influenciadas pela Escola da Exegese, com uma interpretação mecânica da lei; passando pelas concepções da Escola Histórica do Direito até um positivismo mais analítico, no qual o Direito foi descrito mediante seus conceitos fundamentais, surgindo nesse momento obras renomadas de autores como Hans Kelsen e Herbert Hart. Cf.: SILVA; BITENCOURT, 2015, p. 21.

[284] SANTOS, 2000, p. 141.

[285] SANTOS, 2000, p. 164.

leis gerais e abstratas, sistematizadas formalmente num corpo denominado Direito Positivo. A validade dessas normas se dá não pela eficácia e aceitação espontâneas da comunidade de indivíduos, mas por terem sido produzidas em conformidade com os mecanismos processuais oficiais, revestidos de coação punitiva, provenientes do poder público [...]. Nesse processo de legitimação, a ordem jurídica, além de seu caráter de generalização e abstração, adquire representação formal mediante a legalidade escrita. A lei projeta-se como um limite de um espaço privilegiado, onde materializa o controle, a defesa dos interesses e os acordos entre os segmentos sociais hegemônicos.[286]

Conforme assevera Gianfranco Poggi, distintamente das formas pré-modernas e pré-capitalistas dominadas pela legitimidade tradicional e legitimidade carismática, o Estado Moderno consagrou a *legitimidade jurídico-racional do positivismo*, baseada na despersonalização do poder, na racionalização dos procedimentos normativos e na convicção da "obediência moralmente motivada", associada à conduta concebida como correta.[287]

O positivismo jurídico, que prosperou a partir das grandes codificações e se impôs como principal doutrina jurídica da modernidade, reduziu o Direito às estruturas legais em vigor. A formalização da Dogmática Jurídica, resultante de dados lógicos e padrões de controle hierarquizados estatais, imunizados de proposições e juízos axiológicos, transformou o Direito e a ordem Estatal em sinônimos. Mesmo que a dogmática legal não se confunda com o positivismo jurídico, há de se perceber como esse é o lugar privilegiado de sua reprodução, uma vez que a positividade conota a episteme característica da concepção dogmática, que, coadunando-se com a noção positiva de ciência, busca assegurar certo grau de controle de seus enunciados, ao mesmo tempo em que busca assegurar as condições de legitimidade do monopólio da produção de normas Estado.[288]

O estatismo jurídico ocidental alcança o ápice de seu formalismo dogmático na Escola de Viena, com a obra *Teoria pura do Direito* de Hans Kelsen. A identidade entre Estado e Direito permitiu considerar o "Estado essencialmente como a ordem jurídica politicamente centralizada."[289] Como constata Bodenheimer ao comentar a obra de Kelsen:

> A "teoria pura do Direito" é uma tentativa de banir da ciência do direito todos os elementos não-jurídicos. Direito e Estado devem ser entendidos

---

286 WOLKMER, 2001, p. 48.

287 POGGI, 1981, p. 114.

288 COELHO, 1986, p. 271.

289 KELSEN, 1979, p. 171.

como realidades puramente jurídicas e, outras disciplinas como a psicologia, sociologia e a ética devem ser banidas da ciência jurídica.[290]

Identificando Estado e Direito como realidades exclusivamente jurídicas, Kelsen pretendia realizar uma "purificação": afastar a Ciência do Direito de qualquer valoração ético-política e se fechar para as influências sociológicas que não separavam o Direito dos fatos sociais. O autor expõe a "pureza" de seu método da seguinte maneira:

> Quando designa a si própria como "pura" teoria do Direito, isto significa que ela se propõe a garantir um conhecimento apenas dirigido ao Direito e excluir deste conhecimento tudo quanto não pertença ao seu objeto, tudo quanto não se possa, rigorosamente, determinar como Direito. Isto quer dizer que ela pretende libertar a ciência jurídica de todos os elementos que lhe são estranhos. Esse é seu princípio metodológico fundamental.[291]

Em direção semelhante, Norberto Bobbio afirmava que o positivismo jurídico surge com o escopo de tornar o estudo do Direito *verdadeira ciência*, tal como as ciências físico-matemáticas e naturais, cuja principal característica consiste na *avaloratividade*. Assim, devem-se distinguir os juízos de fato dos juízos de valor, excluindo estes últimos da esfera de apreciação do conhecimento científico.[292] Recaséns Siches, referindo-se à pureza do Direito afirma:

> A depuração da ciência jurídica deve-se realizar em duas direções: de um lado, contra a tendência ético-política, que estuda as normas jurídicas atendendo às finalidades concretas a que servem; por outro lado, contra a tendência sociológica que envolve fatos com normas, explicações causais com preceitos.[293]

Portanto, o Direito, para se tornar ciência – assim como todas as outras da modernidade –, não deveria dizer nada sem matematizar, porque sua função era apenas contabilizar e formalizar, purificando-se da "influência maligna" dos valores que pervertem as mentes científicas.[294]

No entanto, devemos ressaltar que essa concepção positivista jurídico-normativa de *caráter abstrato, cientificista, estatista* e *hermética* tinha a função de harmonizar os diversos interesses conflitantes no bojo

---

290 KELSEN, 1966, p. 120.

291 KELSEN, 1979, p. 1.

292 BOBBIO, 1995. p. 136.

293 No original: "La depuración de la ciencia jurídica tiene que realizarse en dos direcciones: por una parte, frente a la tendencia ético-política, que estudia las normas jurídicas atendiendo a las finalidades concretas que sirven; por otra parte, frente a la tendencia sociológica, que involucra hechos con normas, explicaciones causales con preceptos." Cf.: SICHES, 1963, p. 141. (tradução nossa)

294 LOPERA; CUERO, 1997, p. 100.

da *produção social burguesa-capitalista,* bem como direcionar e manter as diversas funções do aparelho estatal a serviço de setores hegemônicos do bloco de poder.[295] Conforme adverte Della Torre Rangel, esse Direito Positivo moderno, corroborado pelo Estado Nacional Liberal:

> [...] pretendendo ser um Direito igual e supondo a igualdade dos homens sem ter em conta os condicionamentos sociais concretos, produz uma lei abstrata, geral e impessoal. Ao estabelecer uma norma igual e um igual tratamento para uns e outros, o Direito Positivo Capitalista, em nome da igualdade abstrata de todos os homens, consagra na realidade as desigualdades concretas.[296]

Esse caráter ideológico, passível de ser detectado na doutrina positivista, não é de forma alguma reconhecido, mas ocultado pelo dogmatismo jurídico oficializado.[297] Conforme ressalta Tumanov, o monismo jurídico, como expressão do formalismo dogmático positivista, é fruto da vontade da sociedade burguesa já formada ou, pelo menos, da sociedade em que a burguesia conseguiu reforçar suficientemente as suas posições econômicas e políticas.[298]

Desse modo, a redução jurídica ao legal abstrato não foi só uma exigência política, mas também econômica, uma vez que o capitalismo, com a Revolução Industrial, e depois com o modelo taylorista-fordista, aumentou a velocidade da produção, exigindo respostas prontas, que o Direito costumeiro não tinha a capacidade de oferecer.[299] Conforme afirma Tércio Sampaio Ferraz Júnior, o Direito reduzido ao legal fazia crescer a disponibilidade temporal sobre o Direito, cuja *validade foi sendo percebida como algo maleável e, ao fim, manipulável*, podendo ser tecnicamente limitada e controlada no tempo, adaptada as necessidades futuras de revisão e flexibilização conforme interesses específicos.[300]

Como destaca Alysson Leandro Mascaro, toda sociedade capitalista se estrutura por meio de ferramentas econômicas, políticas e *jurídicas* específicas. O trabalhador não é explorado pela força bruta. Ele é levado ao trabalho por meio de um vínculo jurídico, de tal modo que seu trabalho é assalariado, mediado pelas categorias do Direito. Pachukanis expõe o funcionamento das bases capitalistas viabilizadas por um Direito abstrato-burguês, postulado pelo positivismo:

---

295 WOLKMER, 2001, p. 54.
296 RANGEL, 1986, p. 27.
297 WOLKMER, 2001, p. 54.
298 TUMANOV, 1985, p. 137.
299 FERRAZ JÚNIOR, 1994, p. 75.
300 FERRAZ JÚNIOR 1994, p. 76.

É somente na economia mercantil que nasce a forma jurídica abstrata, em outros termos, que a capacidade geral de ser titular de direitos se separa das pretensões jurídicas concretas. Somente a contínua mutação dos direitos que acontece no mercado estabelece a ideia de um portador imutável destes direitos. No mercado, aquele que obriga alguém, obriga simultaneamente a si próprio. A todo instante ele passa da situação da parte demandante à situação da parte obrigada. Deste modo se cria a possibilidade de abstrair das diversidades concretas entre os sujeitos jurídicos e de os reunir sob um único conceito genérico.[301]

A sociedade capitalista, ao se desenvolver segundo a circulação dos produtos com base no valor de troca, *cria uma dinâmica de exploração lastreada no próprio Direito*.[302] De acordo com Mascaro, a autonomia da vontade, a liberdade para comprar e vender (e se vender, no caso do trabalho), a igualdade formal entre os contratantes, tudo isso se dá pela ferramenta do sujeito abstrato de direito.[303] Esse átomo, universalizado pela sociedade capitalista, é o elemento mínimo de funcionamento de toda a estrutura de reprodução social do capital, tal qual a mercadoria o é para o nível econômico: há íntima relação entre a forma jurídica positivista e a forma mercantil, uma vez que na circulação mercantil há necessariamente um momento jurídico de reprodução.

Portanto, o Direito não é uma ciência neutra e independente – como o positivismo pretende mascarar – mas uma ciência que está intimamente ligada a diversos contextos (cultura, tradições literárias, convicções religiosas, estruturas sociais e econômicas), com os quais (e nos quais) ele funciona. Deve-se partir da premissa de que o Direito existe em determinado momento e é um produto humano do ambiente histórico que vive, ou seja, não é o resultado exato de um cálculo ou soma, mas um produto tão complexo quanto a própria existência humana.[304] O Direito é resultado de uma produção arbitrária, local, histórica, de grupos sociais.[305] E, se o Direito é produção humana, *cabe prestar atenção em quem cria o Direito, como ele é elaborado e de onde ele provém*.[306] Pachukanis esclarece sobre as relações de dominação entre classes perpetuadas pelo Direito na modernidade:

> O direito serve, nas sociedades burguesas, não apenas para manter a troca; simultânea e (na verdade) predominantemente, o direito sustenta e consolida a distribuição desigual da propriedade e o monopólio dos capitalistas sobre os

---

301 PACHUKANIS, 1977, p. 76.

302 MASCARO, 2009, p. 49.

303 MASCARO, 2009, p. 49.

304 SIQUEIRA, 2011, p. 23.

305 SIQUEIRA, 2011, p. 23.

306 SIQUEIRA, 2011, p. 23.

meios de produção. A propriedade burguesa não está restrita às relações entre proprietários de mercadorias que se vinculam pela troca e por relações contratuais como uma forma de troca. A propriedade burguesa também inclui, de modo disfarçado, as mesmas relações de dominação e subordinação que apareceram em primeiro plano no direito feudal como subordinação pessoal.[307]

O autor destaca que o Direito, como forma, não existe somente no cérebro e na teoria dos juristas especializados; tem história real, paralela, que não se desenvolve como sistema conceitual, mas como sistema particular que os homens realizam não por escolha consciente, mas sob a pressão das relações de produção.[308] Assim, a ideologia jurídica tem existência material, pois está inserida na esfera objetiva de circulação; é componente essencial do processo do capital e permite ao domínio da valorização do valor a exploração da força de trabalho.[309]

Em uma sociedade capitalista, os vínculos entre as unidades econômicas, que são privadas e isoladas, são mantidos mediante contratos. A unidade mais simples da cadeia de relações jurídicas no mundo moderno repousa nas relações de Direito Civil e representa antagonismos de interesses privados: o Direito que se origina do capitalismo moderno é patrimonialista e individualista, voltado para interesses e vontades privadas. O sujeito protegido nessas relações jurídicas é essencialmente o proprietário dos meios de produção e o trabalhador assalariado aparece no mercado como "livre vendedor" de sua força de trabalho. Essa é a razão pela qual a relação de exploração capitalista se manifesta sob a forma jurídica.[310]

Desse modo, o Direito Positivista da sociedade capitalista moderna está baseado na relação que estabelecem entre si os proprietários de mercadorias, de maneira que o jurídico é essencialmente privado e todos os ramos do Direito – constitucional, penal, trabalhista – foram baseados na lógica das relações mercantis e, portanto, privadas ou, pelo menos, contaminados por ela.[311]

Nesse sentido, importante ressaltar que a *luta de classes no capitalismo não se desenvolve a partir de bases neutras e indiferentes:*[312] são tantas classes quantos conceitos de Direito.[313] O Direito positivista moderno *ocultou*

---

[307] PACHUKANIS 1970, p. 235.

[308] PACHUKANIS 1977, p. 34.

[309] NAVES, 2009, p. 100.

[310] PACHUKANIS, 1977, p. 133.

[311] ALAPANIAN, 2009, p. 40.

[312] MASCARO, 2009, p. 48.

[313] STUTCHKA, 2001, p. 75.

ou esvaziou o conflito coletivo trabalhista, na medida em que reproduziu determinada forma de exploração, estruturando e diluindo a contradição de classes mediante instrumentos legais que mantêm a salvo a própria lógica da reprodução.[314] Os trabalhadores em luta, quando reivindicam melhores salários, melhores condições de vida, mais direitos, demandam algo contra os capitalistas que lhes empregam e que produzem o Direito.

Portanto, o Direito postulado pelo positivismo assumiu papel essencial na manutenção do paradigma de conhecimento moderno, subsidiando a *despolitização científica da vida social mediante a despolitização jurídica do conflito e das revoltas sociais.* Por esse motivo, essa relação de cooperação e circulação entre cientificismo, estatismo, capitalismo e o Direito é uma das características fundamentais da modernidade, que transformou este último em *utopia automática de regulação social.*[315] Tal processo de cientificização do Direito objetivou maximizar sua operacionalidade, na qualidade de *instrumento de controle social.*[316] Em uma época de hegemonia positivista, a regulação social passou a ser científica para poder otimizar o esquecimento da ética social e política, que era a responsável por ainda manter acesas as chamas das energias emancipatórias do universo jurídico, manifestadas em diversas formas de luta coletiva.[317]

Consequentemente, o que se observa nas fontes jurídicas contemporâneas regulamentadoras dos conflitos coletivos trabalhistas, como reflexo desse paradigma jurídico positivista moderno, é a *função predominante de restrição e esvaziamento dos conflitos,* herdada do Direito focado exclusivamente na Dogmática Jurídica abstrata e no controle social, o que contradiz o conceito de ciência jurídica atual.

Sabe-se que a ciência do Direito é contemporaneamente concebida como a síntese de saberes jurídicos fundamentais:[318] recusa-se seu caráter exclusivamente formal, para compreendê-la em uma perspectiva de jusfilosofia de valores.[319]

---

314 MASCARO, 2009, p. 50.

315 SANTOS, 2000, p. 144.

316 SANTOS, 2000, p. 144.

317 SANTOS, 2000, p. 144.

318 Ressalte-se que, a rigor, não cabe simplesmente atribuir à Sociologia do Direito o fato, à Dogmática Jurídica a norma, e à Filosofia do Direito o valor (incluindo aqui o valor justiça). Isso porque a Sociologia do Direito, por exemplo, não é capaz de estudar o jurídico como fato social sem, ao mesmo tempo, visualizá-lo como norma social (o que todo fato social é) e como valor (o que toda norma social implica). Cf.: SOUTO, 2002, p. 13.

319 REIS, 2010, p. 64.

Nesse sentido, Carla Faralli ressalta que o debate jurídico contemporâneo colocou em crise os pilares do positivismo, determinando a abertura da Ciência do Direito para os valores éticos-políticos e para o mundo dos fatos.[320] Conforme Faralli, a Ciência do Direito necessita ser concebida pela ótica da incidência e efetividade de princípios e preceitos interdisciplinares.[321]

Contudo, no plano concreto, a interdisciplinaridade entre os saberes básicos do Direito tem ocorrido de modo penoso, em virtude de atitude arraigada no formalismo, herdada do positivismo jurídico da modernidade. O tratamento jurídico do conflito é exemplo dessa postura dogmática limitada, pois apresenta-se envolto em um paradoxo funcional: apesar de a existência do conflito coletivo ser uma demonstração do caráter pluralista, democrático e livre da sociedade, a maior parte das legislações nacionais ainda não possui *um direito à luta coletiva, reduzindo o conflito coletivo a um limitado direito de greve*,[322] pois a conflitualidade ainda é compreendida como anomalia jurídica.

Segundo António Menezes Cordeiro, os conflitos coletivos, a despeito das declarações que preconizam sua aceitação como princípio, na verdade, não são bem vistos nem pelo Estado nem pelos seus governantes, porque questionam sempre a autoridade estatal, o que reduz a margem de atuação dos governantes e das empresas, consistindo em importantes – e indesejáveis – contrapesos de poder.[323]

Fica claro que ainda existe na cultura jurídica contemporânea uma profunda veneração pelo controle social, operacionalizado pelo positivismo, restringindo o espaço de proteção jurídica do conflito coletivo.[324] Conforme ressalta Ojeda Avilés, "[...] a cultura jurídica tem uma irreprimível veneração pela ordem social [...], um amor pela composição de interesses, que parecem deixar pouca margem para o conflito [...]",[325] o que faz com que maior parte das legislações nacionais, bem como dos operadores jurídicos, limitem a proteção da luta coletiva, *deslegitimando algumas de suas modalidades e manifestações*. Como ob-

---

320 REIS, 2002, p. 3.

321 FARALLI 2002, p. 3.

322 Discorreremos com profundidade sobre o conteúdo do direito de greve na Itália e no Brasil no próximo capítulo deste livro.

323 CORDEIRO 1994, p. 353.

324 AVILÉS, 1990, p. 375.

325 AVILÉS, 1990, p. 375.

serva Rolf Birk, os conflitos coletivos do trabalho assumem formas e dimensões variáveis e tal multiplicidade de expressão não depende unicamente da diversidade das condições sociais, mas é também um produto da legislação.[326]

Assim, a concepção de ciência jurídica contemporânea – ou seja, que ressalte a importância das dimensões filosóficas e sociais, ofuscadas pela dogmática na modernidade – reconhece o papel crucial do conflito e sua função central em uma sociedade pluralista: a especificidade da democracia consiste na legitimação do conflito e na recusa de eliminá-lo pela incorporação de uma ordem autoritária e formalista, a partir do reconhecimento de que ele é o resultado inevitável do pluralismo constitutivo da ordem democrática.[327] Conforme ressalta Ojeda Avilés, na falta de conflito, a democracia deixaria de ser pluralista, pois não se pode levar a sério a existência de uma pluralidade de valores legítimos sem reconhecer a possibilidade de conflitos, de modo que todo consenso existe como resultado temporário.[328]

De acordo com Rancière, o conflito promove resistências ao que é imposto como "consensual", por meio da subjetivação política, cujo processo se inicia com a compreensão de que é possível ressignificar as definições do que normalmente é aceito como "comum" em uma comunidade.[329] Contrariamente à ideia liberal positivista – *que prevê que a boa democracia deve aparar as arestas dos conflitos e privilegiar, preferencialmente, o consenso e a decisão técnica ou racional* – o autor

---

[326] BIRK, 1991, p. 406.
[327] URIARTE, 2000, p. 12.
[328] AVILÉS, 1990, p. 381.
[329] RANCIÈRE, 2005, p. 12.

apresenta a democracia como a própria ideia do dissenso e a política[330] conflitual como a possibilidade da ampliação da democracia.[331]

Na seara trabalhista, Otto Kahn-Freund, fundador do pluralismo conflitivo, já asseverava que no sistema de *relações de trabalho de uma sociedade pluralista* "[...] o conflito é o pai de todas as coisas."[332] Reconhece-se o protagonismo genético e funcional dos conflitos coletivos do trabalho na sociedade plural contemporânea, que unem de forma interseccional outros sujeitos e opressões, para além da perspectiva moderna de classe e do conceito ontológico de categoria profissional.

A própria principiologia do Direito Coletivo do Trabalho se expressa na chamada triangularidade, ou seja, é baseada em três pilares fundamentais: autonomia sindical, autonomia coletiva e *autotutela*,[333] sendo que este último também deve ser resguardado pela ordem jurídica – como já ocorre majoritariamente com os outros dois pilares – visto que a luta coletiva é instrumento equilibrador ou compensatório das desigualdades inerentes às relações centradas no trabalho.[334]

De acordo com Rusciano, autonomia sindical, autonomia coletiva e autotutela coletiva constituem juntos as raízes do Direito Coletivo do Trabalho e se colocam em um ideal processo circular, no qual um

---

[330] Jacques Rancière propõe nomearmos o que geralmente consideramos política – conjunto de processos pelos quais se operam a agregação e o consentimento das coletividades, a organização dos poderes, a distribuição dos lugares e funções e os sistemas de legitimação dessa distribuição – de polícia. Dessa forma, polícia, para o autor, é uma ordem dos corpos que define as divisões entre os modos de fazer, os modos de ser e os modos do dizer: são práticas de organização de poderes, lugares e funções e de legitimação de tal sistema, que dependem tanto da espontaneidade das relações sociais quanto da rigidez das funções do Estado. A polícia é uma ordem do visível e do dizível que faz com que essa atividade seja visível e outra não o seja, que essa palavra seja entendida como discurso e a outra como ruído. Cf.: RANCIÈRE, 1996, p. 42.

Para política, o autor reserva uma atividade antagônica: é a atividade que rompe com a configuração sensível na qual se define a parcela dos "sem parcela"; é uma série de atos que reconfiguram o espaço onde as partes, as parcelas e as ausências de parcelas se definem. A atividade política é a que desloca um corpo do lugar que lhe era designado ou muda a destinação de um lugar; ela faz ver o que não cabia ser visto, faz ouvir como discurso o que era só ouvido como barulho. Cf.: RANCIÈRE, 1996, p. 42.

[331] MENDONÇA; VIEIRA JÚNIOR, 2014, p. 107.

[332] KAHN-FREUND, 1965, p. 83.

[333] Giugni define autotutela como atividade conflitual direta que exerce pressão sobre a contraparte a ponto de induzi-la ou não a fazer algo. Cf.: GIUGNI, 2008, p. 223.

[334] URIARTE, 2000, p. 10.

é instrumento do outro. Portanto, conforme o autor, o conflito é traço insuprível de qualquer sistema trabalhista verdadeiramente democrático, porque ele é "o sal da democracia".[335] Na mesma linha, António Menezes Cordeiro entende que as lutas coletivas constituem tema nuclear do Direito Coletivo do Trabalho e que já deixaram de ser um fato social isolado, pois, na concepção contemporânea de Direito, elas fazem parte do jurídico.[336]

Desse modo, o conflito no Direito Coletivo do Trabalho não é uma anomalia: o pluralismo conflitivo é o princípio, o objetivo, a razão de ser desse ramo, que clama por proteção jurídica da autotutela coletiva, conforme explica Uriarte:

> Por conseguinte, para situar-se e maneira conceitualmente correta é preciso não se deixar ofuscar por esse primeiro "clarão" perturbador que nos faz sentir inseguros, incomodados, instáveis diante de uma situação conflitiva. Pois na parcela atípica de nosso ordenamento jurídico, o conflito é um dos tipos; é normal; é o princípio ou a regra. E a tal ponto que sua principal manifestação e instrumento foi elevado à *categoria de direito fundamental*, reconhecido nas constituições e declarações internacionais.[337]

A maioria dos países democráticos, como é o caso da Itália e do Brasil,[338] optou-se principiologicamente por esse modelo pluralista conflitual nas relações de trabalho, no qual a livre competição entre as forças sociais permite o uso da ação direta. Segundo Giancarlo Perone, essa escolha não é, em si mesma, contrastante com o interesse geral, não obstante aos custos envolvidos na competição.[339] Custos que são estimados como menores, seja quanto ao impacto econômico, seja quanto ao ordenado desenvolvimento do complexo das relações sociais, comparativamente àqueles que se pode suportar, em termos de liberdade, democracia e justiça social. Entretanto, esse modelo das democracias contemporâneas, apesar de se autodenominar como pluralista conflitual, em sua grande maioria, somente permitiu a qualificação como *direito* de um único meio de luta coletiva dos trabalhadores: a greve.

---

335 RUSCIANO, 2015, p. 4.

336 CORDEIRO, 1994, p. 353.

337 URIARTE, 2000, p. 11. (grifo nosso)

338 O pluralismo político é um dos fundamentos da República Federativa do Brasil, positivado em seu art. 1º, IV, que será abordado com maior profundidade no capítulo "*Quid Iure?* Pelo direito ao pluralismo político da classe-que-vive-do-trabalho no sistema ítalo-brasileiro".

339 PERONE; BOSON, 2015, p. 184.

Estamos nos referindo aqui à tríplice classificação doutrinária estabelecida pelo jurista italiano Piero Calamandrei, que se relaciona com a evolução dos modelos estatais: *greve-delito, greve-liberdade* e *greve-direito*.

A *greve-delito*, na qual prevalece a ilicitude da greve no plano estatal, bem como no das relações privadas, implica crime e inadimplemento contratual, ensejando as respectivas sanções penais, trabalhistas e civis. A dupla ilicitude da greve – plano penal e contratual – se relaciona com a concepção autoritária do Estado, ou seja, com regimes corporativos aparelhados por órgãos destinados a solucionar por via impositiva o conflito coletivo de trabalho.

A *greve-liberdade*, em que há a simples abolição da ilicitude no plano penal, restaura a liberdade de greve, o que exclui a repressão estatal, mas mantém o ilícito contratual. Essa classificação se relaciona com a concepção liberal do Estado, que se desinteressa pela greve, tida como fato socialmente indiferente, e, portanto, sujeito à punição apenas quando enseja violência ou atos de perturbação da ordem pública, mas à qual, como episódio de luta de classes, o Estado assiste como mero espectador.

Por fim, a *greve-direito*, na qual é eliminado também o ilícito contratual, o que estabelece o *direito de greve*, que se relaciona com a *concepção social-democrática do Estado*, em que a greve é considerada socialmente útil e, por isso, é protegida pelo ordenamento jurídico.[340] Nas palavras de Calamandrei:

> Poderia se pensar em três sistemas que corresponderiam a três diferentes comportamentos que o Estado adquire na análise do valor social da greve. Pode-se pensar num Estado que afirma que a greve representa um fato socialmente nocivo e perigoso, por isso a proíbe e aplica sanções; poder-se-ia imaginar um Estado que afirma que a greve é um fato socialmente indiferente e, então, a permite; terceiro: um Estado que afirma que a greve é um fato em alguns casos, socialmente útil, e, então, a protege . Encontramos estas três possíveis posições do Estado: a greve proibida, a greve permitida, a greve protegida. que correspondem a três diferentes concepções de greve, que poderíamos resumir: concepção autoritária, greve-delito; concepção livre, greve-liberdade, concepção social, greve-direito.[341]

---

340 PERONE; BOSON, 2015, p. 182.

341 No original: "Tre sistemi si potrebbero pensare che corrisponderebbero a tre diversi atteggiamenti che lo Stato avrebbe nel valutare il valore sociale dello sciopero. Si può pensare ad uno Stato il quale dica che lo sciopero è un fatto socialmente dannoso e pericoloso, quindi lo proibisce e lo punisce; si può immaginare uno Stato che dica che lo sciopero è un fatto socialmente indifferente e quindi lo permette; terzo, uno Stato che dica che lo sciopero è un fatto in certi casi socialmente utile e

Em suma, caso a greve seja considerada como fato *socialmente danoso,* ou *indiferente,* ou *útil,* será *proibida, permitida ou protegida juridicamente,* expressões que se relacionam com as diversas concepções de Estado. Como fenômeno histórico, o Direito depende das circunstâncias políticas, econômicas e sociais que caracterizam a sociedade em determinado momento e a qualificação da greve responde às mesmas circunstâncias. Sobre tal questão, Cabanellas e Russomano explicam que:

> A greve aparece inicialmente como um fato com projeções na esfera do Direito e, em certos casos, sua estrutura jurídica deve-se a concepções obtidas como consequência de determinada época, sendo impossível fixar a mesma regulamentação jurídica em tempos diferentes.[342]

Itália e Brasil acompanharam historicamente essa evolução da qualificação jurídica da greve, que se relaciona com os modelos estatais, mesmo que de forma não-linear.

No Brasil, o primeiro diploma legal que se referia à greve foi o antigo Código Penal, de 11 de outubro de 1890 (Decreto nº 847), que tipificava o paredismo e seus atos como ilícitos criminais.[343] O Código Penal de 1890, elaborado às pressas logo após o advento da República em 1889, tinha como objetivo explícito o controle social. O caráter autoritário do código se explica pela própria natureza da proclamação da República Brasileira: um levante político-militar, que instaurou a forma republicana federativa presidencialista do governo no Brasil, tendo o marechal Deodoro da Fonseca como presidente. Muitos analistas do Código Penal defenderam à época posições ainda mais restritivas aos direitos dos cidadãos, apregoando a necessidade de se adotar a orientação da Escola Positiva, a partir de apropriações da obra de homens como Cesare Lombroso e Alexandre Lacassagne.[344]

Contudo, a fase de criminalização da greve foi breve. Logo depois, pelo Decreto nº 1.162, de 12 de dezembro de 1890, a conduta grevista deixou de ser ilícito penal, ou seja, foi considerada uma liberdade muito restrita, pois ainda havia previsão de punição penal para os atos de

---

quindi lo protegge. Si hanno allora questi tre tipi possibili di atteggiamento dello Stato: lo sciopero vietato, lo sciopero permesso, lo sciopero protetto a cui corrispondono tre diverse concezioni dello sciopero che si potrebbero riassumere: concezione autoritaria, sciopero-delitto; concezione libera, sciopero-libertà; concezione sociale, sciopero-diritto." CALAMANDREI, 1952, p. 10. (tradução nossa)

[342] CABANELLAS; RUSSOMANO 1979, p. 35.

[343] DELGADO, 2009, p. 1319.

[344] SILVEIRA, 2010, p. 112.

ameaça, constrangimento ou violência verificados em seu exercício.[345] Na mesma linha a Lei de Segurança Nacional nº 38 de 1935, que estabelecia algumas penalidades em razão do exercício da greve.

Em 1937, a Constituição Federal Brasileira estabeleceu que a greve era um delito. A referida constituição, de inspiração fascista, criada pelo governo provisório, que se estabeleceu por intermédio de golpe de Estado, era fruto do autoritarismo do Presidente Getúlio Vargas, que implantara a ditadura do Estado Novo. Segundo a concepção constitucional corporativista, inspirada na Carta del Lavoro Italiana, a greve era delito, pois consistia em "[...] recurso antissocial, nocivo ao trabalho e ao capital e incompatível com os superiores interesses da produção nacional."[346] Em seguida, outros diplomas infraconstitucionais repetiram a mesma orientação autoritária de proibição e penalização dos movimentos paredistas, como é o caso da Lei de Segurança Nacional (Decreto-Lei nº 431 de 1938), do Código Penal de 1940 e finalmente, da própria Consolidação das Leis do Trabalho,[347] de 1943, em seu art. 723 e seguintes.[348]

Com o processo de redemocratização do país, em 1945 e 1946, em consequência dos impactos da Segunda Guerra Mundial, editou-se o Decreto-Lei nº 9.070, de 15 de março de 1946, que reconhecia a greve como direito somente nas atividades acessórias,[349] ainda de forma bastante restritiva, condicionando seu exercício à prévia interposição de dissídio coletivo na Justiça do Trabalho.[350] Posteriormente, a Constituição de 1946 confirmou o direito fundamental de greve em seu art. 158.

Em meados de 1964, o Decreto-Lei nº 9.070 foi revogado pelo regime militar instaurado no país por golpe de Estado. A lei de greve do regime militar (Lei nº 4.330/64) restringia severamente o instituto, sendo apelidada de Lei Antigreve. Apesar de não proibir a greve profissional, inviabilizou a materialização das manifestações grevistas, por meio de exigências formais que condicionaram o exercício do direito a requisitos exagerados, como, por exemplo, forma secreta de apro-

---

345 DELGADO, 2009, p. 1319.

346 NASCIMENTO, 1990, p. 12.

347 A Consolidação das Leis do Trabalho é ainda o diploma que regulamenta as relações individuais e coletivas de trabalho no Brasil. Contudo, o artigo 723 e seguintes, que previam penalidades para a greve, e já eram incompatíveis com a Constituição Federal de 1988, foram formalmente revogados pela lei no 9.842, de 7 de outubro de 1999.

348 DELGADO, 2009, p. 1320.

349 DELGADO, 2009, p. 1320.

350 NASCIMENTO, 1990, p. 13.

vação nas assembleias sindicais e quórum de aprovação determinado legalmente.[351] A lei também proibia movimentos que não tivessem fins estritamente trabalhistas e vedava a estratégia de ocupação dos estabelecimentos, transformando o direito de greve em mero simulacro.[352]

Em seguida, a Constituição de 1967, em seu art. 62, proibiu a greve nos serviços públicos e nas atividades essenciais e, posteriormente, em 1968, o Ato institucional nº 5, considerado o ápice do autoritarismo da ditadura militar, inviabilizou qualquer tentativa de paralisação trabalhista na sociedade brasileira.[353] Anos depois, ainda nos quadros do autoritarismo militar, novas proibições foram sendo incluídas na ordem jurídica, como a Lei nº 6.128/78, que proibia a greve dos empregados de sociedade de economia mista e a Lei de Segurança Nacional, nº 6.620/78, com várias apenações relativas à prática grevista.[354]

Somente com a redemocratização do país e a promulgação da ainda vigente Constituição Federal de 1988, a greve foi elevada a direito fundamental, em seu art. 9º, que dispõe:

> Art. 9º É assegurado o direito de greve, competindo aos trabalhadores decidir sobre a oportunidade de exercê-lo e sobre os interesses que devam por meio dele defender.
> §1º: A lei definirá os serviços ou atividades essenciais e disporá sobre o atendimento das necessidades inadiáveis da comunidade.
> §2º: Os abusos cometidos sujeitam os responsáveis às penas da lei.[355]

Posteriormente, em 1989, a Lei nº 7.783 regulamentou o exercício do direito de greve para os empregados no setor privado, definindo as atividades essenciais, conforme previsto pelo art. 9º, parágrafo 1º da Constituição de 1988. Atualmente, essa lei é aplicada analogicamente ao setor público, que também possui o direito de greve previsto no art. 37, VII[356]

---

351 NASCIMENTO, 1990, p. 13.

352 DELGADO, 2009, p. 1321.

353 DELGADO, 2009, p. 1321.

354 DELGADO, 2009, p. 1321.

355 BRASIL, 1988.

356 Art. 37. A administração pública direta e indireta de qualquer dos Poderes da União, dos Estados, do Distrito Federal e dos Municípios obedecerá aos princípios de legalidade, impessoalidade, moralidade, publicidade e eficiência e, também, ao seguinte: [...]VII – o direito de greve será exercido nos termos e nos limites definidos em lei específica. Cf.: BRASIL, 1988.

da Constituição brasileira de 1988, em razão de decisão do Supremo Tribunal Federal.[357]

Na Itália, nas origens mais remotas do Direito Sindical, existia a liberdade de greve mediante sua despenalização prevista nos artigos 165 e 167 do código penal de 1889 – Código Zanardelli –, de influências liberais, reflexo do governo da época, no qual a luta econômica desinteressava ao Estado até que não se tornasse um problema de ordem pública. Contudo, a greve ainda era um inadimplemento contratual, que, conforme os juristas e magistrados daquele tempo, tornava legítima a dispensa dos grevistas.[358]

Em 1930, foi consolidada a qualificação da greve como delito com a ascensão do governo fascista, no qual o Estado totalitarista proibia e punia o fenômeno coletivo como uma turbação da vida social, do trabalho coletivo e do interesse geral.[359] Os artigos 502 e seguintes do novo Código Penal – Código Rocco,[360] que ainda está em vigor na Itália, com modificações – determinavam como crime à economia pública a greve realizada no setor privado, e a greve nos serviços públicos e nos serviços essenciais

---

[357] Apesar de a Constituição Federal de 1988 autorizar a regulamentação do direito fundamental de greve relativo aos servidores públicos em seu art. 37, VII, mediante lei específica, esta norma nunca foi editada, impossibilitando delimitar a extensão do direito fundamental do trabalhador grevista em face do direito fundamental do usuário do serviço público. Mesmo com a redação da Emenda Constitucional 19, não mais exigindo a edição de Lei Complementar para regulamentar o exercício do direito de greve nos serviços públicos, o Supremo Tribunal Federal manteve o posicionamento de que a norma do art. 37, VII da Constituição é de eficácia limitada, ou seja, que uma norma infraconstitucional constitui requisito (e obstáculo) para operatividade do direito de greve dos trabalhadores nos serviços públicos. Consequentemente, foram impetrados no Supremo Tribunal Federal inúmeros Mandados de Injunção para tratar do tema. Inicialmente, a posição adotada pelo Supremo Tribunal era a não concretista, ou seja, a decisão da ação mandamental somente decretava a mora do poder legislador, reconhecendo formalmente a sua omissão. Porém, quando foram julgados os Mandados de Injunção nº 670, MI nº 708 e MI nº 712, o Supremo Tribunal, utilizando-se da posição concretista geral, determinou que, enquanto não fosse editada lei regulamentando o direito de greve do servidor público civil, deveriam ser utilizados os dispositivos presentes na lei trabalhista no 7.783/89 naquilo que lhe fosse compatível. Embora o Brasil tenha ratificado em 2010 a Convenção no 151 da OIT sobre o direito de sindicalização e relações de trabalho na administração pública, nada foi modificado em relação ao direito de greve no setor público.

[358] BALLESTRERO, 2012, p. 371.

[359] CALAMANDREI, 1952, p. 10.

[360] Alfredo Rocco era o Ministro da Justiça do Governo de Mussolini e foi o redator principal do Código Penal.

como delito contra a Administração Pública.[361] O artigo 502 previa o crime de greve de fins contratuais, que não consistia somente na abstenção coletiva do trabalho, mas também na realização de prestações laborais não contínuas e não regulares. No artigo 503[362] estava previsto o crime de greve de fins não contratuais, ou seja, definia o crime das greves de fins políticos. O art. 505[363] previa punições para a greve de solidariedade.

Com a queda do regime fascista e a redemocratização da Itália após a Segunda Guerra Mundial, houve a promulgação, em 1948,[364] da vigente Constituição da República, que transformou radicalmente os princípios informadores do Direito Sindical. Com a Constituição Republicana e um governo democrático, ao contrário do ordenamento corporativista, foi reconhecido o espaço para a sociedade intermediária, com partidos e sindicatos independentes do Estado, o que resultou no art. 39,[365] que

---

[361] BALLESTRERO, 2012, p. 371.

[362] A jurisprudência e parte da doutrina italiana resistiram por muito tempo alegando que o art. 503 do Código Penal poderia conviver com o direito constitucional de greve previsto pelo art. 40. Somente em 1974, a Corte Constitucional – sentença no 290/1974 – anulou parcialmente esta disposição, mas deixou ainda uma punição residual para a greve com fins meramente políticos. Cf.: BALLESTRERO, 2012, p. 373. Tal sentença será analisada no capítulo "O conceito do direito de greve na Itália e no Brasil".

[363] A Corte Constitucional – sentença no 123/1962 – entendeu que o artigo 505 do Código Penal não contrasta totalmente com a Constituição, reconhecendo a legitimidade da greve de solidariedade somente em apoio a reivindicações de caráter econômico, na qual são verificadas a afinidade de exigências que motivam ambos os movimentos. Cf.: BALLESTRERO, 2012, p. 373. A referida sentença será analisada no próximo capítulo deste livro.

[364] Devemos ressaltar que, com a queda do ordenamento corporativo em 1944 e antes da vigência da Constituição Italiana em 1948, nenhum juiz italiano aplicou a lei penal que considerava a greve como crime, pois tratava-se de uma antecipação da solução constitucional, que refletia o difuso sentimento segundo o qual a greve deveria ser um direito, pois era um elemento caracterizante do novo sistema democrático republicano. Cf.: PERSIANI, 2005, p. 175.

[365] "Art. 39 A organização sindical é livre. Não pode ser imposto aos sindicatos outra obrigação além do seu registro em repartições locais ou centrais, de acordo com as regras estabelecidas por Lei. É condição para o registro que os estatutos dos sindicatos estabeleçam um regime interno de base democrática. Os sindicatos registrados têm personalidade jurídica. Podem, representados conjuntamente na proporção dos seus associados, estipular convenções coletivas de trabalho com efeito obrigatório para todos os pertencentes às categorias a que se refere à convenção."

No original: "Art. 39: L'organizzazione sindacale è libera. Ai sindacati non può essere imposto altro obbligo se non la loro registrazione presso uffici locali o centrali, secondo le

prevê a liberdade sindical, e no art. 40, que reconhece o direito fundamental de greve: o conflito não foi mais considerado como algo contra o ordenamento jurídico, mas um meio para garantir a igualdade material, que é um dos princípios fundamentais da Constituição italiana.[366] [367]

O reconhecimento pela Constituição de 1948 do direito de greve também refletiu na legislação infraconstitucional italiana, ilustrada pela tutela estabelecida nos artigos 15, 16 e 28 dos Estatuto dos Trabalhadores – Lei nº 300/1970 –, que proíbe a discriminação em face dos trabalhadores em razão da participação em greves, bem como coíbe condutas antissindicais dos empregadores nesse sentido.[368]

O artigo 40 da Constituição italiana dispõe que "o direito de greve é exercido no âmbito das leis que o regulam",[369] em redação que reproduz o preâmbulo da Constituição Francesa de 1946 e que foi fruto de compromisso alcançado na Assembleia Constituinte, entre a posição de esquerda comunista e socialista – favoráveis à formulação que assegurasse o direito de greve sem limites e condições – e aquela dos católicos – defensores do reconhecimento do direito de greve, desde que circunscrito ao âmbito do conflito econômico, limitando-se legalmente as modalidades de seu exercício. Contudo, com exceção da disciplina legal da greve nos serviços públicos emanada da Lei nº 146/1990, nenhuma norma que regulamentasse o exercício do direito de greve na Itália foi elaborada, sendo que o trabalho interpretativo da Corte Constitucional supriu essa lacuna.

No entanto, mesmo após a garantia do direito fundamental de greve na Constituição italiana, Carnelutti afirmou, em 1949, em seu conhecido artigo *Sciopero e giustizia* na *Rivista di Diritto Processuale,* que a greve não era um direito, era uma luta, um fenômeno de guerra interna civil entre duas coletividades organizadas. Assim, se o Estado impedia os cidadãos de fazerem justiça pelas próprias mãos, também

---

norme stabilite dalla legge. È condizione per la registrazione che gli statuti dei sindacati sancisca un ordinamento interno a base democratica. I sindacati registrati hanno personalità giuridica. Possono, rappresentati unitariamente in proporzione dei loro iscritti, stipulare contratti collettivi di lavoro con efficacia obbligatoria per tutti gli appartenenti alle categorie alle quali il contratto si riferisce." Cf.: ITÁLIA, 1948. (tradução nossa)

366 SANTORO-PASSARELLI, 2007, p. 15.

367 BALLESTRERO, 2012, p. 375.

368 GIUGNI, 2008, p. 227.

369 No original: "il diritto di sciopero si esercita nell'ambito delle leggi che lo regolano". ITÁLIA, 1948. (tradução nossa)

deveria impedir o reconhecimento do direito de greve, que, como outras formas de luta, constituiria autodefesa violenta.[370]

No mesmo sentido, no Brasil, Segadas Vianna, em sua célebre obra *Greve: direito ou violência?*, afirmava que a greve não poderia ser protegida pelo Direito, pois era arma de opressão contra a sociedade, instrumento de conturbação social, razão pela qual deveria ser considerada mera liberdade. Para o autor, o Direito deveria visar à unidade, ordem e disciplina:

> Não há, assim, à luz do Direito, como falar realmente em "direito de greve", figura jurídica criada pela incapacidade do Estado de solucionar os conflitos entre os patrões e empregados. Para nós, o que existe é legalmente é a liberdade da greve, ainda decorrente daquela incapacidade e que, como liberdade, tem de ser limitada pela fronteira de direitos e liberdade dos outros.[371]

Entretanto, Santoro-Passarelli – em resposta às considerações de Carnelutti – ressaltou que, se se parte da ideia de que os trabalhadores estão em paridade com os empregadores e que essa igualdade já é oferecida com a participação dos sindicatos, reconhecer o *direito* de greve parece uma loucura. Entretanto, conforme o autor, a questão assume aspecto muito diferente quando constatamos que há um abismo intransponível entre a posição do trabalhador e dos empregadores e empresas; insuperável, porque os sindicatos podem até reduzir essa desigualdade, mas não conseguem oferecer ao trabalhador substrato para uma vida digna. E para viver com dignidade deve ser possível lutar.[372] Isso justifica a proteção jurídica da luta coletiva, transformando a greve em direito, o que desqualifica, consequentemente, a tutela jurídica do locaute.

De acordo com Calamandrei, para entender a qualificação jurídica da greve como direito – *e o mesmo vale, na nossa opinião, para as outras formas de luta coletiva* –, é necessário enxergar o estado de sujeição social, econômica e jurídica em que se encontram os trabalhadores.[373] Acreditamos que Carnelutti, assim como outros juristas que no passado não defendiam a proteção jurídica da greve como direito, ainda eram influenciados pela doutrina civilista e patrimonialista, de reflexos modernistas e positivistas, acreditando que as partes, no contrato de trabalho – assim como no Direito Civil –, encontravam-se em patamar de "igualdade jurídica". Calamandrei denuncia a desigualdade nas relações de trabalho, ocultada pela ótica igualitária abstrata e homogê-

---

[370] CARNELUTTI, 1949, p. 7.
[371] CARNELUTTI 1959, p. 38.
[372] SANTORO-PASSARELLI, 1949, p. 86.
[373] CALAMANDREI 1952, p. 15.

nea, que também é reproduzida nos interesses do Estado e na produção legislativa, o que justifica o *direito de greve*:

> É verdade que o empregador pode dispensar por justa causa ou também, sem justa causa. Porém, o mesmo pode-se dizer, para o empregado, o qual, se quiser, pode rescindir o contrato. Com esta diferença, entretanto, que se o diretor executivo da Fiat rescinde o contrato de trabalho de um operário, o deixa na miséria, mas se o rescinde o operário, o diretor executivo permanece no seu lugar. Pode-se dizer, depois, que se o Estado fosse, somente a expressão dos trabalhadores, se os órgãos legislativos fossem a expressão, somente, dos interesses dos trabalhador, a greve seria uma contradição.[374]

Evaristo de Moraes Filho, que também defendia o *direito* de greve, afirma que não é possível recolher-se à atitude restrita de mero tecnicismo jurídico, de simples lógica jurídica, estranho aos motivos e às condições que deram o primeiro impulso histórico ao Direito do Trabalho, trazendo concepções que atribuem caráter conservador ao ramo e outras que limitam sua função de solidariedade: a desigualdade econômica dos sujeitos é inerente à definição de Direito do Trabalho, que não se restringe às relações jurídicas entre os sujeitos do contrato, mas se espraia para múltiplos aspectos provenientes daquela relação.[375] Segundo o autor, "[...] em nenhum outro direito se encontra tão dramática e intensa essa sede de justiça distributiva como no direito do trabalho."[376]

Entre as demandas por segurança jurídica e por justiça, se constrói o Direito do Trabalho, com a plasticidade e historicidade que lhe são próprias e inspirado por demandas de redistribuição,[377] de modo que "[...] a importância do direito do trabalho não é a mesma para todos."[378] Nas palavras de Evaristo de Moraes Filho:

> Enquanto existir a sociedade capitalista sob sua forma atual, claramente dividida em classes econômicas, formando uma verdadeira hierarquia na

---

[374] No original: "E' vero che il datore di lavoro può licenziare per giusta causa o anche senza giusta causa. Però lo stesso si può dire anche per il lavoratore il quale, se vuole, può risolvere il contratto. Con questa differenza, però, che se il consigliere delegato della Fiat risolve il contratto di lavoro di un operaio lo mette sul lastrico, ma se lo risolve l'operaio, il consigliere delegato rimane al suo posto. Si può dire poi che se lo Stato fosse soltanto l'espressione dei lavoratori, se gli organi legislativi fossero l'espressione soltanto degli interessi del lavoratore, lo sciopero sarebbe un controsenso." CALAMANDREI 1952, p. 13. (tradução nossa)

[375] MORAES FILHO, 1956, p. 50.

[376] MORAES FILHO 1956, p. 13.

[377] SILVA, 2015, p. 14.

[378] MORAES FILHO, 1956, p. 35.

pirâmide da estratificação social, é de todo impossível esvaziar o direito do trabalho deste conteúdo tutelar e ostensivamente protetor.[379]

Na mesma linha, Otto Kahn-Freund destaca que o objeto principal do Direito do Trabalho tem sido – e sempre será – a força de compensação para neutralizar a desigualdade do poder de negociação que é inerente à relação de emprego,[380] razão pela qual o Direito do Trabalho desenhou um princípio específico e distinto, o da proteção, a partir do qual surgem normas diferentes, específicas e que possuem os caracteres de irrenunciabilidade, inderrogabilidade, indisponibilidade e de ordem pública.[381]

Além disso, devemos ressaltar que, apesar de as relações de trabalho modernas se basearem na concepção de liberdade, representada por um contrato, diferentemente das relações servis e escravocratas, contraditoriamente, esse moderno liberalismo também forjou outra ideologia de exploração, ou seja: universalizou o modelo contratual de sociabilidade e produziu nova regulamentação normativa estatal-coercitiva centrada no paradoxo do trabalho "livre" e subordinado.[382] Nas palavras de Everaldo Gaspar Lopes de Andrade:

> A filosofia liberal precisava legitimar essa nova forma de sociabilidade – capitalismo/proletariado. Para se opor as resistências, frutos da nova e mais severa escravidão, elaborou uma outra teoria centrada numa distinta arquitetura jurídica que, para amenizar os efeitos da exploração do trabalho humano, passou a dizer: se as partes, no contrato de trabalho, são assimétricas, desiguais, é preciso assegurar "uma igualdade jurídica" para superar a desigualdade econômica e colocá-las noutro patamar, o da "igualdade de condições".[383]

Na realidade, é impossível eliminar a assimetria e a desigualdade entre esses dois sujeitos – empregador e empregado – quando de um lado encontra-se aquele que admite, assalaria, disciplina e dirige a prestação pessoal de serviços e, do outro, aquele que fica jurídica, econômica e psicologicamente subordinado ao empregador e ao capital, uma vez que em virtude dessa desigualdade não há verdadeira liberdade de contratar e sim coação jurídica, econômica e psicológica subjacente.[384] Nesse sentido, conclui Pélissier:

> Mas esta liberdade é "irrisória" se a pessoa que procura trabalhar não dispõe dos meios materiais que lhe permitam exercer este direito, de escolher

---

[379] MORAES FILHO, 1956, p. 36.
[380] KAHN-FREUND, 1965, p. 18.
[381] ANDRADE, 2014, p. 129.
[382] ANDRADE, 2014, p. 128.
[383] ANDRADE 2014, p. 130.
[384] ANDRADE, 2014, p. 21.

o seu trabalho e o seu contratante. Em um sistema liberal, entretanto, a liberdade do candidato a um emprego conflita contra a liberdade do empregador potencial. Sendo um e outro juridicamente de igual valor, a parte contratante economicamente mais poderosa, impõe sua vontade sobre a outra, cuja liberdade é puramente teórica.[385]

Conforme assevera Pedro Augusto Gravatá Nicoli, mesmo que se assuma uma posição intermediária, em que se reconheça a mudança estrutural na concepção originária de liberdade na modernidade (sobretudo em sua dimensão econômica), como atributo formal e universal, dentro das linhas do liberalismo clássico e das revoluções burguesas, para uma tentativa de expansão da liberdade real do trabalhador que, em condição de vulnerabilidade social, não poderia exercê-la substancialmente de maneira individual, as fragilidades permanecem.[386] O autor comenta a impossibilidade de o modelo contratualista laboral suprimir as desigualdades entre os sujeitos pactuantes, levando ao déficit de liberdade por parte do sujeito trabalhador:

> Não parece haver dúvida que, ainda que sob a égide do Direito do Trabalho em suas formulações mais essenciais, o contrato de trabalho não se colocou na experiência como o *locus* da liberdade e da emancipação. O esquema do trabalho livre e contratualizado, parcialmente protegido na assimetria do poder, sob a justificativa da racionalização da produção, pilar da modernidade, sustenta uma sublimação silenciosa do processo amplo de supressão de liberdade.[387]

Portanto, reconhecer a *greve como direito*, bem como um direito à luta coletiva, é tentar reduzir no *plano coletivo* uma desigualdade – jurídica, econômica, social e psicológica – que nunca será reduzida no *plano individual*, mesmo com a proteção jurídica efetuada pelo Direito do Trabalho, que tenta amenizar a assimetria dos sujeitos pactuantes do contrato.

O moderno conceito ético sobre o trabalho humano livre/subordinado, em cooperação com a prática legislativa que o legitimou, deve ser problematizado. Para que haja efetivamente a redução da desigualdade entre os sujeitos que se encontram no conflito capital e trabalho, é fundamental desvelar a face social da liberdade entendida até agora

---

[385] No original: "Mais cette liberté est « dérisoire » si celui qui cherche à travailler n'a pas les moyens matériels lui permettant d'exercer ce droit, de choisir son travail et son cocontractant. Or, dans un système libéral, la liberté du candidat à l'emploi se heurte à la liberté de l'employeur potentiel. L'une et l'autre étant juridiquement d'égale valeur, le contractant le plus puissant économiquement impose sa volonté à l'autre dont la liberté est purement théorique." Cf.: PÉLISSIER 1990, p. 19. (tradução nossa)

[386] NICOLI 2015, p. 51.

[387] NICOLI, 2015, p. 52.

somente sob seu sentido econômico.[388] António Menezes Cordeiro discorre sobre a importância da qualificação de *um direito ao conflito*:

> A eficácia translaboral dos conflitos outorga-lhes condição que, nas sociedades modernas, extrapola os lindes de meros litígios laborais. Em termos sociológicos, eles questionam a centralização estatal, implicando estruturações descentralizadas, como centros difusos de poder, e, sob o ponto de vista psicológico, constituem válvulas de descompressão. Mormente ante o fenômeno da subordinação, sempre presente em matéria trabalhista, sendo assim, fator de equilíbrio social e paz social.[389]

É nesse sentido que se impõe a necessidade da proteção jurídica da luta coletiva, incluindo a greve, na qualidade de direito. Conforme destaca Simi, o exercício de um direito de luta, como é o caso da greve, é mecanismo que tende a estabelecer o efetivo direito de igualdade.[390] Bruno Montanari comenta o alcance único da luta coletiva em busca de maior equilíbrio nas relações de trabalho, que nunca será obtido somente por intermédio de pacíficas relações contratuais e legais:

> A experiência da sociedade industrial, desde o seu início, tem mostrado como a proteção real do mundo do trabalho só pode ocorrer por meio da solidariedade interpessoal e das formas de associação sindical que, no plano econômico, tendem a reequilibrar essa estrutural diferença de poder de barganha e capacidade contratual existente entre trabalhador e empresários; no plano de uma ética de trabalho, a associação dos trabalhadores expressa a reação contra a degradação do homem como sujeito do trabalho. *A mesma experiência tem mostrado, e continua a mostrar, como – para haver um equilíbrio – somente a autotutela direta é capaz de alcançar aqueles resultados que não seriam produzidos por meio de relações contratuais pacíficas.*[391]

Calamandrei também analisa a insuficiência *da mera liberdade de greve* sob a perspectiva da relação individual de trabalho: no plano contratual,

---

388 SUPIOT, 1993, p. 717.

389 CORDEIRO, 1994, p. 354.

390 SIMI, 1956, p. 64.

391 No original: "L'esperienza della società industriale, fin dal suo sorgere, ha mostrato come la reale tutela del mondo del lavoro non possa avvenire che attraverso la solidarietà interpersonale e attraverso le forme di associazionismo sindacale che, sul piano economico, tende a riequilibrare quella strutturale differenza di forza e capacità contrattuale esistente tra lavoratori e imprenditori; sul piano di sì un'etica del lavoro, l'associazionismo dei lavoratori esprime la reazione contro la degradazione dell'uomo come soggetto del lavoro. *La stessa esperienza ha mostrato, e continua a mostrare, come – a conti fatti – solo l'azione di autotutela diretta sia in grado di raggiungere quei risultati che non si produrrebbero attraverso pacifiche relazioni contrattuali.*" Cf.: MONTANARI 1989, p. 239. (tradução e grifo nosso)

o empregado tem como principal direito a percepção de salário e possui como principal obrigação o exercício da atividade laboral nos moldes determinados pelo contrato e, se não o faz, é considerado inadimplente.[392] Se considerarmos a greve, bem como a luta coletiva, como mera liberdade, o trabalhador que não presta serviço ou que o presta de modo diverso do contratado durante uma ação coletiva, perde necessariamente o salário e a contagem de tempo de serviço, bem como está suscetível a sanções disciplinares, que podem culminar em uma dispensa sem – ou com uma forjada – justa causa. Assim, mesmo que não seja crime, a luta coletiva ainda é inadimplemento contratual. Logo, a ação coletiva considerada como mera liberdade é um contrassenso, pois o trabalhador fica refém do próprio contrato de trabalho, em um limbo jurídico, pois é exposto a uma série de penalidades contratuais que obstaculizam e reprimem sua luta.

Por outro lado, quando o trabalhador possui o *direito* de lutar coletivamente, ele não é inadimplente: sua luta coletiva é legítima e sua abstenção da prestação laboral, ou seu desempenho de modo diverso daquele estabelecido no contrato, é ato juridicamente justificado. Da qualificação da luta coletiva como *direito* decorrem uma série de consequências jurídicas. Calamandrei discorre sobre elas, ao ressaltar que a *qualificação jurídica da greve como direito* não impede somente a criminalização das suas formas de exercício, mas também suprime a possibilidade de sanções disciplinares, incluindo-se dispensas em razão de participação em manifestações coletivas. Além disso, para o autor, o exercício de um *direito constitucional* de luta coletiva – como no caso da greve – ensejaria a interrupção contratual,[393] ou seja, deve gerar pagamento de salário e contagem de tempo de serviço para fins previdenciários e trabalhistas. O jurista italiano explica a interrupção contratual propiciada pelo reconhecimento da greve como direito pelo ordenamento jurídico:

---

392 CALAMANDREI 1952, p. 17.

393 Utilizamos aqui a terminologia adotada pela doutrina majoritária brasileira, que, ao contrário da italiana, diferencia interrupção da suspensão contratual. A suspensão contratual corresponde à sustação ampla e bilateral dos efeitos do contrato de trabalho: não se presta serviço, não se paga salário, não se computa tempo de serviço. Interrupção é a sustação provisória que atinge apenas a cláusula da prestação obreira dos serviços, ou seja, computa-se o tempo de serviço e paga-se o salário. Cf.: DELGADO, 2009, p. 975.

A doutrina minoritária brasileira acredita que, tecnicamente, só exista suspensão contratual e que esta possa ser *total* ou *parcial*: "Dá-se, *totalmente* quando as duas obrigações fundamentais, a de prestar o serviço e a de pagar o salário, se tornam reciprocamente inexigíveis. Há *suspensão parcial* quando o empregado não trabalha e, não obstante, faz jus ao salário." Cf.: GOMES, GOTTSCHALK, 1990, p. 454.

É verdade que hoje, como a greve é um direito, quando o trabalhador faz greve, o empregador tem o direito de não pagar o salário? Por que, se o trabalhador que participa da greve não está inadimplente? Existem várias suspensões reconhecidas por acordos coletivos, faltas justificadas, pelas quais também se aplica o direito ao salário: férias, períodos pós-parto, doenças etc. Portanto, do ponto de vista estritamente jurídico, pode-se argumentar, com as Leis e com a Constituição em vigor, que o trabalhador tem direito a ser remunerado. E não sou só eu a dizer, Guicciardi afirmou em matéria publicada, que o trabalhador que faz greve, tem direito ao pagamento nos dias da greve, porque o princípio do inadimplemento contratual não pode ser aplicado.[394] [395]

Calamandrei, como doutrina minoritária, considerava como consequência do direito de greve a interrupção contratual, pois, para ele, a greve ultrapassaria o âmbito das relações privadas, na medida em que é direito público constitucional, uma norma que opera na relação entre Estado e cidadão, de modo que não deve ser emanado nenhum provimento legislativo, administrativo ou jurisdicional contrastante com sua atuação.[396]

Ermida Uriarte afirma que o efeito tradicionalmente atribuído à greve, de suspender o contrato de trabalho, levou primeiramente a defini-la como suspensão do trabalho e, portanto, a excluir da proteção jurídica as formas de exercício que não envolviam essa suspensão.[397] Conforme o autor, o efeito do reconhecimento da greve como direito não é a suspensão do contrato de trabalho, mas a suspensão de *algumas das obrigações ou prestações do contrato*, permitindo que no conceito jurídico de greve sejam abarcadas outras modalidades de luta coletiva e que haja a retribuição do trabalhador grevista.[398] Maria Vittoria Ballestrero afirma que o exercício do direito de greve suspende

---

[394] No original: "E' proprio vero che oggi, essendo lo sciopero un diritto, quando il lavoratore sciopera il datore di lavoro ha diritto a non pagare il salario? Perché, se il lavoratore che sciopera non è inadempiente? Ci sono una quantità di sospensioni riconosciute dai contratti collettivi, assenze giustificate, durante le quali il diritto al salario corre ugualmente: le ferie, periodi per puerperio, malattie, ecc. Quindi, dal punto di vista strettamente giuridico si potrebbe sostenere, con leggi e con la Costituzione in vigore, che il lavoratore ha diritto a farsi pagare. E questo non lo dico soltanto io, lo ha detto in un articolo pubblicato il Guicciardi che l'impiegato che sciopera ha diritto ad avere la paga durante i giorni dello sciopero, perché non si può applicare il principio dell'inadempienza."Cf.: CALAMANDREI, 1952, p. 19. (tradução nossa)

[395] Piero Calamandrei se refere ao jurista Enrico Guicciardi e ao seu artigo *Sciopero dei dipendenti pubblici e diritto allo stipendio*, publicado em 1950.

[396] CALAMANDREI, 1952, p. 20.

[397] URIARTE, 2000, p. 47.

[398] URIARTE, 2000, p. 47.

o contrato de trabalho, mas essa suspensão, todavia, não é total, pois continuam vigorando as obrigações que não estão estritamente ligadas à ação coletiva, inclusive os direitos sindicais, como o de realização de assembleia.[399] Ressalta a autora que a perda de retribuição pelo trabalhador será correspondente à duração da manifestação coletiva.[400]

No entanto, independentemente se considerarmos que o exercício do direito greve leve à *suspensão e não à interrupção contratual*[401] na maioria dos casos – como postula a doutrina majoritária italiana e brasileira[402] –, *ainda persiste a exclusão da responsabilidade penal e contratual*[403], prevalecendo o direito *constitucional* de autotutela do trabalhador grevista em face do direito *contratual* do empregador em obter a prestação laboral pactuada,[404] uma vez que a não penalização do trabalhador decorre da qualificação da greve como *direito* – e não mera liberdade –, de modo que é irrelevante nesse ponto se esse direito irá interromper ou suspender o contrato; discussão que é pertinente apenas no tocante à retribuição e a contagem de tempo de serviço. Nesse sentido, o raciocínio que sobrepõe o direito *contratual* do empregador ao direito *constitucional* de greve deturpa o critério de hierarquia de fontes, violando um dos cânones do ordenamento jurídico – a consistência –, com a possibilidade de instaurar dano na harmonia do sistema.[405]

Contudo, como destaca Bruno Veneziani, embora a greve seja direito constitucional, na maioria dos sistemas democráticos a experiência histórica nos mostra que sempre *houve a prevalência do primado do poder público sobre os poderes dos grupos sociais*,[406] gerando, consequentemente, a restrição da proteção jurídica da luta coletiva. Nesse sentido,

---

399 Nesse sentido, decisão da Corte de Cassação Italiana no 23683, em 23 de novembro de 2010.

400 BALLESTRERO, 2012, p. 391.

401 Os efeitos contratuais decorrentes do exercício do direito de greve, na Itália e no Brasil, serão estudados com profundidade no próximo capítulo deste livro.

402 Entre os autores que pensam nesse sentido: Giancarlo Perone, Gino Giugni, Luisa Galantino, Antonio Vallebona, Maurício Godinho Delgado, entre outros.

403 Veremos no próximo capítulo deste livro que as penalidades para os trabalhadores grevistas somente podem ocorrer no tocante aos excessos periféricos ocorridos na greve, ou seja, tratam-se de abusos do direito *na* greve e não especificamente o abuso de direito *de* greve.

404 GIUGNI, 2008, p. 228.

405 REIS, 2010, p. 153.

406 VENEZIANI 1992, p. 101.

nesses países – assim como ocorre na Itália e o Brasil – somente a greve é instrumento de luta privilegiado, pois é *o único meio de ação direta dos trabalhadores que é qualificado como direito*, e, por isso, não viola obrigações individuais laborais derivadas do contrato de trabalho, representando justificativa coletiva daquilo que, em outros casos, seria considerado violação individual.[407] Além disso, há a tendência do uso excessivo da dogmática jurídica em técnicas definitórias do conceito do direito de greve; instrumento utilizado para reduzir o âmbito da greve "normal" e desqualificar ou excluir as "anormais" ou "anômalas".[408]

Sabemos que ao determinar o conteúdo do direito de greve devemos nos lembrar que esse é um direito constitucional na Itália e no Brasil, ou seja, *nem o legislador ordinário, nem a jurisprudência poderiam reduzi-lo ou esvaziá-lo*, porque sua limitação excessiva seria uma modificação inconstitucional. Isso porque a norma jurídica é o resultado do trabalho de concretização: ela não é apenas dado orientador apriorístico no quadro da teoria da aplicação do direito, mas adquire sua estrutura em meio ao processamento analítico de experiências concretas no quadro da teoria da geração do direito.[409]

Contudo, a definição da greve tem sido um dos meios de sua limitação, em razão, em parte, da rígida restrição legal ou jurisprudencial e, por outro lado, devido ao preconceito diante do conflito coletivo, que, muitas vezes, utiliza-se da técnica definitória com o objetivo de excluir do jurídico certas modalidades de luta coletiva.[410]

Na verdade, o que verificamos atualmente na Itália e no Brasil é a crescente aversão ao conflito coletivo. No contexto brasileiro, a criação da Lei nº 13.260/16,[411] que criminaliza manifestações coletivas, como resposta

---

[407] PERONE; BOSON, 2015, p. 188.

[408] NATOLI, 1971, p. 231.

[409] MÜLLER, 2007, p. 150.

[410] URIARTE, 2000, p. 40.

[411] O Congresso Nacional aprovou, em fevereiro de 2016, o Projeto de Lei n. 2016/2015, criando a Lei 13.260/16, de iniciativa do Poder Executivo, que pretende regulamentar o crime de terrorismo, previsto no inciso XLIII do art. 5º da Constituição Federal Brasileira, que dispõe: "A lei considerará crimes inafiançáveis e insuscetíveis de graça ou anistia a prática da tortura, o tráfico ilícito de entorpecentes e drogas afins, o terrorismo e os definidos como crimes hediondos, por eles respondendo os mandantes, os executores e os que, podendo evitá-los se omitirem" (BRASIL, 1988). A tramitação do projeto teve celeridade incomum, devido à pressão internacional de grupos de interesse na iminência das Olimpíadas de 2016. A propo-

às manifestações de junho de 2013[412] contra a realização da Copa do Mundo no país, bem como a truculenta repressão aos protestos e greves, com a chancela do Poder Judiciário, como é o caso da violenta coibição da greve realizada pelos professores do ensino estadual do estado do Paraná em 2015,[413] revelam a ascensão de uma onda autoritária e militarista incompatível com os princípios de uma República democrática e pluralista. Na Itália, também cresce a tentativa de silenciamento perante os movimentos de luta coletiva, como é o caso da repressão violenta da greve geral ocorrida Milão, Turim e Bolonha em 12 de dezembro de 2014.[414] Quando essa série de proibições específicas cresce exagerada-

---

sição tinha o apoio oficial do G20 e extraoficial do Comitê Olímpico Internacional. A lei pretende uma verdadeira criminalização dos protestos e manifestações coletivas no país ao prever como especial fim de agir o "terror social ou generalizado" e elencar um enorme rol de condutas alternativas, às quais, embora variem em gravidade, é indistintamente atribuída a pena de 12 a 30 anos de reclusão. A ambiguidade e vagueza do texto legal e a severidade das penas cominadas, tem o potencial de agravar de modo dramático o quadro de restrição a direitos fundamentais e de censura à expressão ideológica e política no Brasil. Cf.: ARTICLE 19, 2015, p. 2.

412 As manifestações de junho de 2013 serão tratadas com maior profundidade no capítulo "Outros meios de luta coletiva e suas novas facetas no capitalismo contemporâneo"deste livro.

413 No Centro Cívico de Curitiba, no dia 29 de abril de 2015, uma força de 1.600 policiais armados com bombas de gás, balas de borracha, armaduras, helicópteros e cachorros da raça *pitbulls* atacou, de forma violenta, os professores grevistas da rede estadual, que buscavam realizar ato político de resistência à votação de uma lei que promovia a precarização de seus direitos previdenciários. A truculenta força policial foi acobertada pela existência de uma liminar na ação de interdito proibitório movida pela Assembleia Legislativa do Estado do Paraná, que determinava a proibição do acesso dos grevistas ao prédio da Assembleia, buscando reprimir a greve e desencorajar a mobilização coletiva e a luta dos trabalhadores. Cf.: MAIOR, 2015, p. 5.

414 Descrição da repressão violenta da greve geral pelo jornal italiano *Il Fatto Quotiadino*: "Greve geral, confrontos em Milão, Torino e Bolonha. Dezenas de feridos. Dia da greve geral nacional promovida pela Cgil e Uil: Mais de um milhão e meio de pessoas, entre trabalhadores, aposentados, estudantes e trabalhadores temporários ocuparam 54 praças em toda Itália, para pedir ao Governo para mudar as políticas econômicas e trabalhistas (Empregos, Lei de estabilidade e disposições sobre a Administração Pública). [...] A greve afetou todos os setores, da saúde aos órgãos públicos, da escola aos transportes, incluindo os ferroviários [...]. Confrontos em Torino entre um grupo de manifestantes formado por estudantes e centros sociais e a polícia. As tensões começaram após o lançamento de tomates e ovos contra a sede da Região do Piemonte, no Corso Regina Margherita: os manifestantes passaram a pressionar o cordão policial implantado próximo ao prédio que, desta forma, respondeu iniciando o contra-ataque e usando cassetetes."

mente, estamos diante da tentativa de proibição geral do conflito coletivo e do esvaziamento do conteúdo do direito de greve na prática, restringindo sua legalidade apenas ao contexto de princípios abstratos.[415]

Assim, é importante considerar que o art. 40 da Constituição da República Italiana e o art. 9º da Constituição Federal Brasileira têm imenso significado, pois consagram a luta de classes como direito, que não mais se restringe à luta do operário em face do empregador, limitada a interesses econômico-contratuais, como foi concebida na modernidade. Até mesmo porque, grande parte[416] dos trabalhadores contemporâneos não são empregados, ou seja, não possuem nem um contrato de trabalho a tempo indeterminado para que este seja suspenso ou interrompido com o reconhecimento do direito de greve.

Como foi ressaltado na seção anterior, em que abordamos as transformações do conceito de classe social e luta operária, hoje o sujeito trabalhador não sofre opressão apenas no espaço de produção por um visível empregador individual. Atualmente, o sujeito trabalhador é explorado por imensos grupos econômicos transnacionais, que lucram em face de redes de trabalhadores informais, terceirizados, uberizados e *pejotizados*[417], o que cria pontos nodais de autovalorização do va-

---

No original: "Sciopero generale, scontri a Milano, Torino e Bologna: Decine di feriti. Giorno dello sciopero generale nazionale promosso da Cgil e Uil: Oltre un milione e mezzo di persone tra lavoratori, pensionati, studenti e precari è sceso in 54 piazze in tutta Italia per chiedere al governo di cambiare le politiche economiche e del lavoro (Jobs act, legge di stabilità e provvedimento sulla Pubblica amministrazione). [...] Lo sciopero ha riguardato tutti i settori, dalla sanità agli uffici pubblici, dalla scuola ai trasporti, compreso quello ferroviario [...]. Tafferugli a Torino tra un gruppo di manifestanti, composto da studenti e centri sociali, e la polizia. Le tensioni sono iniziate dopo il lancio di pomodori e uova contro la sede della Regione Piemonte in corso Regina Margherita: i manifestanti hanno poi iniziato a premere contro il cordone di polizia schierato nei pressi dell'edificio che, così, ha risposto facendo partire diverse cariche, usando i manganelli." IL FATTO QUOTIDIANO, 2014, p. 2. (tradução nossa)

415 PERONE; BOSON, 2015, p. 188.

416 Conforme o Relatório Mundial da Organização Internacional do Trabalho de 2014, somente 18% dos trabalhadores nos países menos desenvolvidos são empregados; 31,7% nos países de renda média e 42,6% dos países em desenvolvimento. Cf.: ORGANIZAÇÃO INTERNACIONAL DO TRABALHO, 2014, p. 40.

417 Trabalhadores "pejotizados" são aqueles que são obrigados pelas empresas a criarem uma pessoa jurídica para efetuar prestação laboral, mesmo que todos requisitos para o reconhecimento de vínculo de emprego estejam presentes. Desse modo, trata-se de uma fraude com o intuito de burlar o adimplemento de direitos trabalhistas relacionados à relação de emprego, em que os trabalhadores são coagidos a criar uma pessoa jurídica.

lor entre espaço de produção e reprodução social, com o auxílio do Estado, que obedece a tal controle e que permite um Direito maleável.

Desse modo, conforme Babace, os avanços tecnológicos e as novas formas de produção, somados à redução dos efetivos sindicais e às transformações no modo de trabalhar, impõem a renovação das modalidades de exercício de greve, incluindo outras formas de luta coletiva, para que esse direito possa continuar cumprindo a função equilibradora que lhe compete; caso contrário, essas mudanças podem esvaziar o conteúdo da autotutela.[418] As novas ou renovadas formas atípicas de greve e outras manifestações de luta coletiva são adaptações da autotutela às mudanças do processo produtivo sobre o qual pretende operar: *flexibilização*[419] *dos meios de conflito em face da flexibilização da produção e do trabalho*.[420]

Cabe precisamente à "pós-modernidade" a proposta de flexibilização da legislação do trabalho, que consiste em eliminação, diminuição ou afrouxamento da clássica proteção trabalhista, com a finalidade de aumentar o lucro e a competitividade da empresa.[421] Não entraremos em detalhes sobre as diferenças entre desregulamentação ou flexibilização,[422] porque o que nos interessa é destacar que a legislação – e, muitas vezes, a jurisprudência – é muito restrita e limitativa em matéria de conflito coletivo do trabalho, de greve, de liberdade sindical e de negociação coletiva,[423] ao mesmo tempo em que tenta afrouxar, desregulamentar, flexibilizar os ditos "rígidos" limites protetivos trabalhistas no plano individual e coletivo. Segundo Alain Supiot, desregulamentar não é parar de regulamentar, mas simplesmente escolher regulamentar de um modo diverso.[424] Sobre o mesmo tema, conclui Antônio Álvares da Silva:

---

418 BABACE, 1999, p. 26.

419 No sentido de afrouxar limites e técnicas definitórias excessivas típicas de um modelo puro e positivista moderno, que visa manter a ordem e o controle social em detrimento da proteção jurídica de modalidades de luta coletiva.

420 GRAU, 1998, p. 68.

421 URIARTE, 2000, p. 29.

422 Para Campana, a "Flexibilização, poderia ser definida como a possibilidade, inserida na própria lei existente, de excetuar alguns direitos trabalhistas, tornando-os maleáveis, o que já ocorre. E, nessa orientação flexibilizadora, pode-se tentar conceituar o que seja a desregulamentação, como uma segunda etapa do projeto neoliberal, pois a legislação trabalhista não sofre mais maleabilidade e sim é descartada, em nome de formas autocompositivas de solução de conflitos." Cf.: CAMPANA, 2000, p. 136.

423 URIARTE, 2000, p. 20.

424 SUPIOT, 2011 p. 188.

A flexibilização se dá no interesse do empregador. Eliminação, diminuição, afrouxamento e adaptação estão em função da empresa, para permitir-lhe aumentar "la inversión, el empleo o la competitividad". Não se falou que a flexibilidade está em função do bem-estar, da segurança, de melhores salários e de garantia de emprego, ou seja, da flexibilização que favorece o empregado.[425]

Nesse sentido, conforme assevera Uriarte,[426] se se admite a flexibilidade da descentralização e desarticulação da organização do trabalho, como rejeitar a flexibilização e libertação dos limites da autotutela? Por que a greve deveria escapar dessa "pós-modernidade" líquida, desse clamor de liberdade de amarras legais arcaicas, que atua no desmantelamento de proteções laborais? Por que quem constrói, promove ou festeja o fim do trabalho rigidamente subordinado, da categoria classe social, não quer também libertar os entraves limitativos do direito de greve? É preciso entender se o conceito do direito de greve na Itália e no Brasil é capaz de superar tais lacunas axiológicas para responder aos novos anseios dos trabalhadores contemporâneos ou se é necessário estruturar novas formas jurídicas de proteção à luta coletiva.

Para responder a essas questões, passaremos à análise desse conceito no Brasil e na Itália.

---

[425] SILVA, 2002, p. 55.
[426] URIARTE, 2000, p. 37.

O CONCEITO DO DIREITO DE GREVE NA ITÁLIA E NO BRASIL

Nesta seção pretende-se realizar uma pesquisa jurídico-dogmática sincrônica, mediante a ótica privilegiada de fontes ítalo-brasileiras de regulamentação jurídica contemporânea do direito de greve no setor privado.

A pesquisa teórico-dogmática não será somente voltada para o interior de ambos ordenamentos jurídicos nacionais, pois propõe-se a análise da regulamentação jurídica ítalo-brasileira contemporânea do direito de greve em um ambiente social mais amplo, preocupando-se com a facticidade do Direito e com as relações contraditórias que ele mesmo estabelece com os campos socioeconômico, cultural e político. Serão trabalhadas as noções de eficácia e efetividade das relações Direito/sociedade, estudando-se a realização concreta dos objetivos almejados por tais fontes jurídicas,[427] em uma perspectiva dialogal e pluralista.

Propõe-se a metodologia jurídico-dogmática não autossuficiente, pois as relações coletivas de trabalho, mais do que qualquer outro sistema de relações sociais, dependem não somente da regulamentação ditada por fontes de produção normativa, mas se modificam – com imediatidade e intensidade peculiares – em razão das variações verificadas no que constitui seus pressupostos econômicos, sociais e políticos de desenvolvimento.[428]

A investigação será do tipo jurídico-comparativo horizontal, em que os objetos comparados são contemporâneos, porém pertencentes a ordenamentos jurídicos distintos.[429] A importância do estudo jurídico-comparativo trabalhista é conexa à internacionalização econômica e à correspondente caracterização transnacional da atividade profissional. Além disso, a comparação jurídica permite conhecer melhor o próprio Direito nacional, uma vez que do confronto surgem, mais claramente, os contornos das normas pátrias. Essa essencial função da pesquisa comparada é acentuada

---

[427] Esta é a razão pela qual não serão apenas analisadas fontes formais heterônomas, mas também – seja direta ou indiretamente – a jurisprudência, a doutrina, usos e costumes, convenção coletiva e acordos coletivos, além de outros centros jurígenos da sociedade. Especificamente no tocante à convenção coletiva e os acordos coletivos, em razão do tema de estudo deste trabalho – o direito de greve no setor privado – não será feita uma análise particularizada, pois tal direito não foi objeto de autorregulamentação sindical no Brasil e, na Itália, houve uma experiência malsucedida de autorregulamentação, na década de 1980, mas apenas no setor público.

[428] GIUGNI, 1979, p. 27.

[429] GUSTIN; DIAS, 2013, p. 21.

pelo confronto provocado pelos fenômenos de globalização, que estão colocando em crise os sistemas justrabalhistas nacionais.[430]

O CONCEITO NORMATIVO DO DIREITO DE GREVE NA ITÁLIA E NO BRASIL

O TRATAMENTO CONSTITUCIONAL DO DIREITO DE GREVE NO SISTEMA ÍTALO-BRASILEIRO

Como já foi demonstrado no capítulo anterior, Brasil e Itália positivaram em suas Constituições o direito de greve – artigo 9º e artigo 40, respectivamente – optando, teoricamente, pelo modelo pluralista conflitual, em compatibilidade com os sistemas republicanos democráticos de ambos os países.

A Itália, por ser membro da Comunidade Europeia, também tem o reconhecimento do direito greve no art. 28[431] da Carta dos Direitos Fundamentais da União Europeia, proclamada em Nice em dezembro de 2000. A Carta era destinada a formar a segunda parte da Constituição Europeia, que tinha como objetivo a alteração da estrutura comunitária para simplificar o processo de tomada de decisão e para conceder à Comunidade maior homogeneidade e poder.[432]

No entanto, essa Constituição não foi promulgada, tendo em vista contrastes inconciliáveis entre os Estados e o fracasso dos referendos populares, que representavam uma das condições impostas por alguns dos Estados para sua ratificação.[433] Contudo, isso não impediu que muitas das suas disposições – inclusive aquelas provenientes da Carta de Nice supracitada – fossem incorporadas em modificações de outros tratados comunitários, aprovadas mediante o Tratado de Lisboa de dezembro 2007, que entrou em vigor em 2009.[434]

---

[430] PERONE; BOSON, 2015, p. 17.

[431] Art. 28: Direito de negociação e de ação coletiva: Os trabalhadores e as entidades patronais, ou as respectivas organizações, têm, de acordo com o direito da União e as legislações e práticas nacionais, o direito de negociar e de celebrar convenções coletivas aos níveis apropriados, bem como de recorrer, em caso de conflito de interesses, a ações coletivas para a defesa dos seus interesses, incluindo a greve. Cf.: CARTA DOS DIREITOS FUNDAMENTAIS DA UNIÃO EUROPEIA, 2010, p. 18.

[432] PERONE, 2008, p. 203.

[433] PERONE, 2008, p. 204.

[434] PERONE; BOSON, 2015, p. 181.

A Carta de Nice, ao reconhecer aos trabalhadores e às suas organizações o direito de negociação e conclusão de acordos coletivos em nível apropriado, também reconheceu, em caso de conflito, seu direito de ação coletiva, incluindo a greve, para defender seus interesses.[435] Ballestrero comenta o importante significado do art. 28 da Carta de Direitos Fundamentais da União Europeia no tocante ao reconhecimento do direito de greve, que até então tinha sido ignorado pelos instrumentos normativos comunitários:

> Esta disposição fecha a "afasia" do direito comunitário, que, até agora, tinha ignorado totalmente a greve, excluindo expressamente a competência comunitária na matéria (art. 153. 5 TFUE): ultrapassando assim a configuração mais redutora contida nas fontes internacionais, e, em particular, na Carta Social Europeia de 1961, o direito de greve passou a figurar entre os direitos fundamentais garantidos pela União Europeia.[436] [437]

O direito de greve na Itália também é reconhecido como *decorrência da liberdade sindical* protegida pelo art. 11[438] da Convenção Europeia de Direitos Humanos (CEDH), em vigor desde 1953. A Corte Europeia

---

435 PERONE; BOSON, 2015, p. 181.

436 No original: "Questa disposizione chiude la "afasia" del diritto comunitario, che fino ad ora aveva ignorato completamente lo sciopero, espressamente escludendo la competenza comunitaria in materia (art. 153. 5 TFUE): superando così la più riduttiva configurazione contenuta nelle fonti internazionali, e in particolare nella Carta Sociale Europea del 1961, il diritto di sciopero è ora incluso fra i diritti fondamentali garantiti dall'Unione." Cf.: BALLESTRERO, 2012, p. 374. (tradução nossa)

437 Sobre o TFUE, explica Villani que: O Tratado sobre o Funcionamento da União Europeia (TFUE) é, ao lado do Tratado da União Europeia (TUE), um dos Tratados fundamentais da União Europeia. Juntos, eles formam as bases fundamentais do direito primário no sistema político da comunidade europeia."
No original: "Il Trattato sul funzionamento dell'Unione Europea (TFUE), è, accanto al Trattato sull'Unione Europea (TUE), uno dei trattati fondamentali dell'Unione europea. Assieme costituiscono le basi fondamentali del diritto primario nel sistema politico della comunità europea." VILLANI, 2013, p. 27. (tradução nossa)

438 Art. 11: Liberdade de reunião e de associação: 1. Qualquer pessoa tem direito à liberdade de reunião pacífica e à liberdade de associação, *incluindo o direito de, com outrem, fundar e filiar-se em sindicatos para a defesa dos seus interesses*. 2. O exercício desse direito só pode ser objeto de restrições que, sendo previstas na lei, constituírem disposições necessárias, numa sociedade democrática, para a segurança nacional, a segurança pública, a defesa da ordem e a prevenção do crime, a proteção da saúde ou da moral, ou a proteção dos direitos e das liberdades de terceiros. O presente artigo não proíbe que sejam impostas restrições legítimas ao exercício destes direitos aos membros das forças armadas, da polícia ou da administração do Estado. Cf.: CONVENÇÃO EUROPEIA DOS DIREITOS DO HOMEM, 2010, p. 12. (grifo nosso)

de Direitos Humanos o reconheceu como corolário imprescindível[439] do direito de organização sindical, interpretado à luz da evolução do Direito Internacional, principalmente[440] no tocante à Convenção nº 87 da Organização Internacional do Trabalho (OIT), que trata da liberdade sindical e proteção ao direito de sindicalização, ratificada pela Itália, que consolidou tal liberdade também no art. 39 de sua Constituição, bem como nos artigos 14 a 18 do Estatuto dos Trabalhadores.

Cabe aqui ressaltar que, em matéria normativa, ou seja, de convenções e recomendações, a OIT não trata *expressamente* do direito de greve. Na verdade, a palavra "greve" só aparece, acidentalmente, na Convenção nº 105, de 1957, sobre a Abolição do Trabalho Forçado, que proíbe toda forma de trabalho forçado ou obrigatório como punição por participação em greves (inciso "d" do artigo 19) e nos parágrafos 4º, 6º e 7º da Recomendação nº 92, de 1951, sobre Conciliação e Arbitragem Voluntárias.[441] Em várias ocasiões, a Conferência Internacional do Trabalho da OIT[442] examinou o direito de greve no contexto dos trabalhos preparatórios de instrumentos sobre temas afins, contudo, esses debates não deram origem a normas internacionais que tratassem especificamente do direito de greve.[443]

---

[439] Corte Europeia de Direitos Humanos, Seção III, recurso no 68959/2001 – Eneryi-Yapi, Yol Sen – 21 de abril de 2009: A Corte reconheceu o direito de greve, inclusive para servidores públicos, e afirmou que a ingerência do Estado na ação sindical somente é admissível se prevista por lei e se se trata de uma medida necessária em uma sociedade democrática. Cf.: MAGNANI, 2015, p. 79.

[440] Além da Convenção no 87 da OIT, a Convenção no 98 da OIT, sobre o direito de sindicalização e de negociação coletiva, também ratificada pela Itália, dispõe em seu art. 1º que "os trabalhadores deverão gozar de proteção adequada contra quaisquer atos atentatórios à liberdade sindical em matéria de emprego". Cf.: ORGANIZAÇÃO INTERNACIONAL DO TRABALHO, 1951. A liberdade sindical como direito fundamental também é prevista como decorrência da liberdade de reunião e associação na Declaração da Filadélfia de 1944, na Declaração Universal dos Direitos Humanos de 1948 e estabelecida de forma explícita pelo Pacto dos Direitos Civis e Políticos de 1966, bem como pelo Pacto dos Direitos Econômicos, Sociais e Culturais de 1966 (este último também menciona explicitamente o direito de greve – art. 8º, "d").

[441] HODGES-AEBERHARD; DIOS, 1993, p. 4.

[442] Conferência Internacional do Trabalho, também conhecida como Assembleia Geral, é o órgão deliberativo da OIT, manifestando-se em um fórum internacional, que ocorre anualmente, para discutir temas diversos do trabalho; adotar e revisar normas internacionais do trabalho; aprovar as políticas gerais e o programa de trabalho e orçamento da OIT, financiado por seus Estados-Membros. Cf.: ORGANIZAÇÃO INTERNACIONAL DO TRABALHO, 2012.

[443] HODGES-AEBERHARD; DIOS, 1993, p. 4.

Duas resoluções resultantes de conferências internacionais do trabalho insistem no reconhecimento do direito de greve pelos Estados membros, as adotadas em 1967 e 1970. A primeira discorre sobre a abolição da legislação antissindical nos Estados membros, insistindo na elaboração de legislação que assegure o exercício efetivo e sem restrição dos direitos sindicais por parte dos trabalhadores, inclusive do direito de greve.[444] A segunda, sobre os direitos sindicais e sua relação com as liberdades civis, convidou o Conselho de Administração da OIT[445] a recomendar ao Diretor-Geral uma série de iniciativas "[...] que considerassem novas medidas com vista ao pleno e universal respeito dos direitos sindicais em seu sentido mais amplo [...]",[446] com atenção especial, entre outros, ao direito de greve.

No entanto, tais resoluções não foram efetivas, porquanto não houve a positivação de uma norma da OIT, seja convenção ou recomendação, que reconhecesse e determinasse o conteúdo e os limites do direito de greve. Inclusive, nos últimos anos, observa-se a tentativa de implantação de um retrocesso jurídico do direito de greve no âmbito da OIT. Antes da realização da Conferência Internacional do Trabalho de 2012, os porta-vozes do Grupo de Empregadores e do Grupo de Trabalhadores se reuniram para finalizar uma lista de 25 casos retirados do relatório anual da Comissão de Peritos, para que fossem discutidos pela Comissão da Conferência para a Aplicação das Convenções e Recomendações.[447] Nessa reunião, o Grupo de Empregadores recusou a integração de qualquer caso que contivesse observações relativas ao direito de greve, alegando que, dada a ausência de qualquer referência explícita ao referido direito no texto da Convenção nº 87, a interpretação do instrumento deveria excluir menções ao direito paredista.[448] A visão trazida pelos empregadores se baseou na interpretação conservadora da Convenção nº 87, que restringe a liberdade de sindical à liberdade individual de cada um de aderir a uma organização.[449] Essa posição se manteve nas Conferências Internacionais do Trabalho dos anos seguintes.

---

444 MOMEZZO, 2007, p. 242.

445 O Conselho de Administração é o órgão executivo da OIT. Reúne-se três vezes por ano e toma decisões sobre a política da OIT, determina a Ordem do Dia da Conferência Internacional do Trabalho, adota o Programa e Orçamento antes de sua apresentação à Conferência e elege o Diretor Geral. Cf.: ORGANIZAÇÃO INTERNACIONAL DO TRABALHO, 2012.

446 MOMEZZO, 2007, p. 242.

447 DIAS, 2014, p. 1.

448 DIAS, 2014, p. 1.

449 DIAS, 2014, p. 1.

O papel da regulamentação jurídica do direito de greve coube à jurisprudência[450] do Comitê de Liberdade Sindical.[451] Por meio de inúmeras decisões, o Comitê passou a considerar o *direito de greve* como um dos aspectos imprescindíveis do direito de organização, decorrente da liberdade sindical, *para formular programas de ação dos trabalhadores*, nos termos do art. 3º[452] da Convenção nº 87, no sentido de ser ele o principal meio para promover e defender os interesses dos trabalhadores, constituindo-se em direito humano.[453]

Sayonara Grillo ressalta essa relação entre a *liberdade sindical* e *as lutas coletivas*,[454] destacando que, assim como todos os direitos humanos, ela tem suas raízes no longo processo de lutas, disputas e conflitos, em que foi se afirmando o direito de resistência em face da opressão, o qual pressupõe um direito ainda mais substancial e originário, o direito do indivíduo de não ser oprimido, ou seja, de gozar de algumas liberdades fundamentais.[455]

A liberdade sindical cresceu em ambiente de conflito, de constituição das identidades coletivas dos trabalhadores e de afirmação de um sujeito histórico contra a burguesia no século XIX.[456] Portanto, seu reconhecimento significa a admissão da existência de um conflito de

---

450 O foco deste trabalho não será a perspectiva da OIT sobre o direito de greve e sim um estudo ítalo-brasileiro sobre os contornos desse direito.

451 Em 1951, o Conselho de Administração da OIT instituiu, de forma permanente, o Comitê de Liberdade Sindical, com a finalidade de examinar queixas e reclamações sobre violações à liberdade sindical, envolvendo países que ratificaram ou não as Convenções no 87 e 98. O Comitê é composto por um presidente independente e nove membros escolhidos pelo próprio Conselho de Administração: três representantes de cada um dos governos, três representantes dos empregadores e três dos trabalhadores, reforçando a sólida estrutura tripartite específica dos órgãos da OIT. O Comitê reúne-se três vezes ao ano, sempre em sessões fechadas. Cf.: GRAVEL, DUPLESSIS, GERNIGON, 2001, p. 11.

452 Art. 3º: As organizações de trabalhadores e de empregadores terão o direito de elaborar seus estatutos e regulamentos administrativos, de eleger livremente seus representantes, de organizar a gestão e a atividade dos mesmos e de formular seu programa de ação. Cf.: ORGANIZAÇÃO INTERNACIONAL DO TRABALHO, 1948.

453 O direito de greve como decorrência da liberdade sindical da Convenção no 87 da OIT foi primeiramente reconhecido no caso analisado pelo Comitê de Liberdade Sindical no 1954, parágrafo 405, presente no Relatório no 311. Cf.: ORGANIZAÇÃO INTERNACIONAL DO TRABALHO, 2006, p. 141.

454 SILVA, 2008, p. 94.

455 SILVA, 2008, p. 84.

456 ROMAGNOLI, 2000, p. 654.

classes sociais, de seus antagonismos e de sua capacidade de organização e expressão.[457] Segundo Hueck e Nipperdey, há uma historicidade peculiar relativa à liberdade sindical, que se afirma não somente perante o Estado, mas também diante do conflito de classes sociais.[458]

Assim, a liberdade sindical é uma liberdade complexa, composta por um conjunto de direitos concretos.[459] Segundo Francesco Santoro-Passarelli, tal liberdade se manifesta em vários aspectos. Primeiramente, no tocante à constituição das organizações sindicais, de uma pluralidade delas, para uma mesma categoria profissional, que deve depender unicamente da iniciativa dos trabalhadores, consolidando o modelo pluralista sindical. A liberdade sindical também se exterioriza pela possibilidade de os indivíduos, pertencentes à categoria, escolherem entre os vários sindicatos existentes, bem como pela possibilidade de não se inscreverem em nenhum sindicato, se assim o quiserem, efetivando a livre sindicalização. Por fim, a liberdade sindical manifesta-se na autonomia sindical, que consiste na não ingerência estatal na organização interna ou na atividade externa do sindicato.[460] Já para Ferruccio Pergolesi, a liberdade sindical importa liberdade de constituição, adesão sucessiva e elaboração do estatuto interno das organizações dos trabalhadores, sem nenhuma ingerência estatal, bem como de fazer parte de várias organizações por território.[461]

Para Arnaldo Süssekind, a liberdade sindical deve ser concebida em três dimensões: autonomia sindical, dimensão coletiva e individual. A autonomia sindical consiste na capacidade dos trabalhadores de auto-organização estatutária; a liberdade sindical na dimensão coletiva é o direito de fundação das organizações; e, no aspecto individual, destaca-se o binômio positivo-negativo, no qual a liberdade sindical individual positiva se traduziria na possibilidade de filiação à entidade sindical de escolha do interessado, enquanto a negativa na não obrigatoriedade de participação no sindicato.[462] Para Messias Pereira Donato,[463] bem como para Georgenor de Sousa Franco Filho,[464] a liberdade sindical deve ser abordada por dois ângulos: individual

---

457 DE LA CUEVA, 1995, p. 258.

458 HUECK; NIPPERDEY 1963, p. 302.

459 URIARTE, 2012, p. 106.

460 SANTORO-PASSARELLI, 1973, p. 14.

461 PERGOLESI 1962, p. 54.

462 SÜSSEKIND, 2004, p. 364.

463 DONATO, 1985, p. 456.

464 FRANCO FILHO, 1992, p. 21.

e coletivo. A liberdade sindical individual pode ser positiva ou negativa, no mesmo sentido apontado por Süssekind. Já a coletiva é dividida em autonomia interna, que traduz a possibilidade de constituir, estruturar ou dissolver organizações sem intervenção estatal, e em autonomia externa, que consiste na autonomia de ação, em que se agrupam os vários tipos de autotutela, com destaque para a negociação coletiva e para o direito de greve.

Ressalta precisamente Sayonara Grillo que a oposição entre liberdade sindical individual positiva e negativa é redutora, pois a efetivação da liberdade sindical significa a promoção do sustento dessa liberdade, uma vez que toda liberdade encerra potência, ao mesmo tempo que no plano dos direitos coletivos assegura a esfera de proteção contra as ingerências estatais e empresariais.[465] Segundo a autora, é necessário superar a dicotomia liberal moderna hegemônica que separa a liberdade sindical em positiva e negativa.[466] Ghezzi e Romagnoli se manifestam no mesmo sentido, tentando ultrapassar a visão estática e negativa derivada da compreensão de liberdade meramente liberal, que encerraria apenas obrigações de não-fazer. Nas palavras dos juristas italianos:

> O princípio constitucional da liberdade sindical passou muito invernos frios, abrigado, insuficientemente, pela concepção meramente estática e negativa da estratégia típica das liberdades, herdada da doutrina liberal. [...] Por outro lado a distinção/contraposição usualmente feita entre liberdade sindical positiva e liberdade sindical negativa é falsa, assumindo que ambas estão cobertas pela garantia constitucional. Uma vez que liberdade e poder são categorias indissociáveis, a liberdade sindical levada em consideração pelo constituinte só pode ser aquela de organizar-se sindicalmente: a chamada liberdade sindical negativa, que seria exercida pela abstenção de fazer escolhas relacionadas às formas organizacionais de autoproteção sindical é, de fato, uma liberdade por definição sem poder e, de qualquer forma, já coincide com a liberdade individual de cuidar da própria vida, de regular-se individualmente.[467]

---

[465] SILVA, 2008, p. 94.

[466] SILVA, 2008, p. 94.

[467] No original: "Il principio costituzionale della libertà sindacale ha trascorso molti e freddi inverni al riparo, insufficiente, della concezione meramente statica e negativa tipica della strategia delle libertà ereditata dalla dottrina liberale. [...] Falsa, invece, è la distinzione/contrapposizione che di solito si fa tra libertà sindacale positiva e libertà sindacale negativa, assumendo che siano entrambe coperte dalla garanzia costituzionale. Poiché libertà e potere sono categorie indissociabili, la libertà sindacale presa in considerazione dal costituenti non può essere che quella di organizzarsi sindacalmente: la c.d. libertà sindacale negativa che si eserciterebbe astenendosi dal compiere scelte attinenti alle forme organizzative dell'autotutela sindacale à, infatti, una libertà per definizione senza potere e comunque coincide con la libertà individuale di farsi i fatti suoi, di far da sé." GHEZZI; ROMAGNOLI, 1997, p. 43. (tradução nossa)

Tendo em vista o supracitado conceito de liberdade sindical, pode-se afirmar que no modelo de organização sindical italiano vigora a *liberdade sindical plena*. O pluralismo organizativo italiano é constituído pelo *critério voluntarista* de agregação, ou seja, há a *coexistência, conforme a escolha dos trabalhadores*, de *sindicatos* de *categoria* formados por ramo de indústria[468] ou setores da economia, com *sindicatos de ofício ou profissionais*, que reúnem trabalhadores em razão de suas profissões particulares no interior de uma categoria, como acontece com pilotos, jornalistas, médicos, professores.[469] Conforme ressalta Giancarlo Perone, a categoria profissional, por força do art. 39, parágrafo 1º, da Constituição italiana, não pode ser tida como entidade preexistente ao sindicato, reconhecível por suas intrínsecas características mercadológicas, ou por determinação legal. No que diz respeito ao sindicato livre, segundo Gino Giugni, a categoria profissional não é um *prius, mas um posterius*.[470]

A estrutura sindical italiana está dividida em confederações, que consistem em fusões de organizações de categorias preexistentes, que espelham as divisões ideológicas e políticas do país – marxismo, doutrina social cristã, reformismo laico. A mais antiga de tais confederações, e ainda a mais forte, é a Confederazione Generale Italiana del Lavoro (CGIL), da qual, após um breve período de unidade sucessivo à queda do sistema sindical corporativo, dissidiram – sob o impulso das divisões provocadas pela Guerra Fria, mas também em razão de divergências quanto aos objetivos da política nacional – as correntes secessionistas católica e laica social-democrática, que deram vida à Confederazione Italiana Sindacati Lavoratori (CISL) e à Unione Italiana del Lavoro (UIL), respectivamente. Além dessas, existe a Unione Generale del Lavoro (UGL), com ligações com a direita política, e outras confederações ditas autônomas.[471]

Aderem às confederações, como entes *verticais* de sua estrutura, as federações de categoria, por sua vez comumente articuladas em sindicatos de primeiro grau, de base territorial metropolitana ou microrregional, bem como regional e nacional. No plano local, e especificamente no metropolitano, os entes de categoria operantes em um determinado território convergem em organismos *horizontais, de*

---

[468] Segundo este modelo, os sindicatos se organizam segundo o tipo de atividade produtiva exercida pela empresa em que trabalham. Cf.: GIUGNI, 2008, p. 39.

[469] GIUGNI, 2008, p. 40.

[470] GIUGNI, 2008, p. 49.

[471] PERONE; BOSON, 2015, p. 65.

coordenação intercategorial, denominados *camere del lavoro* ou *unioni provinciali del lavoro*.[472]

Portanto, a estrutura sindical italiana se articula em duas linhas organizativas: uma *horizontal*, segundo critério territorial metropolitano ou microrregional de *caráter intercategorial* e uma *vertical, conforme o critério da categoria*, ou seja, de acordo com a atividade produtiva desenvolvida pela empresa na qual os trabalhadores estão inscritos.[473] A segunda linha organizativa é aquela prevalente na experiência histórica sindical italiana, refletindo maior força e relevância na luta coletiva.[474]

A unidade de base de qualquer *organização de categoria*, como pode ser observado abaixo mediante o diagrama explicativo elaborado por Giugni, é constituída pelos inscritos e por seus representantes no local de trabalho.[475] Na falta desta, os trabalhadores podem aderir à estrutura de categoria territorial.

---

[472] A tradução dos termos são, respectivamente: "câmeras do trabalho regionais" e "sindicatos territoriais do trabalho". Cf.: PERONE; BOSON, 2015, p. 65.

[473] GIUGNI, 2008, p. 42.

[474] GIUGNI, 2008, p. 43.

[475] A redação original do art. 19 do Estatuto dos Trabalhadores era: Art. 19 – "Art. 19: Constituição dos representantes sindicais de empresas: Os representantes sindicais de empresas podem ser constituídos por inciativa dos trabalhadores de cada unidade produtiva, no seio de: a) associações pertencentes às confederações mais representativas a nível nacional; b) de associações sindicais signatárias de acordos coletivos de trabalho aplicados na unidade produtiva. No âmbito de empresas com várias unidades produtivas, os representantes sindicais podem constituir órgãos de coordenação".

O artigo original é: "Costituzione delle rappresentanze sindacali aziendali: Rappresentanze sindacali aziendali possono essere costituite ad iniziativa dei lavoratori in ogni unità produttiva, nell'ambito: a) delle associazioni aderenti alle confederazione maggiormente rappresentative sul piano nazionale; b) delle associazioni sindacali che siano firmatarie di contratti collettivi di lavoro applicati nell'unità produttiva. Nell'ambito di aziende con più unità produttive le rappresentanze sindacali possono istituire organi di coordinamento." Cf.: ITÁLIA, 1970. (tradução nossa)

Com o art. 19 do Estatuto dos Trabalhadores criaram-se as Rappresentanze Sindacali Aziendali (RSA), que são formas de representação sindical dos trabalhadores no local de trabalho, que não se confundem com as Rappresentanze Sindacali Unitarie (RSU), que compreendem um sistema de eleição passiva e ativa referente a todos os trabalhadores, independente de filiação sindical. Cf.: PROSPERETTI, 2011, p. 82. O Protocolo de 13 de julho de 1993 positivou a figura da RSU e, posteriormente, houve a sua regulamentação por um acordo estipulado entre a CGIL, CISL e UIL e a Confindustria e Intersind em 20 de dezembro de 1993, que vincula somente empresas aderentes a estas associações empresariais. Cf.: GIUGNI, 2008, p. 83. Este acordo prevê que as organizações

A figura a seguir demonstra a estrutura sindical italiana que acabamos de descrever.

Figura 1 – Estrutura de organização sindical dos trabalhadores na Itália

Fonte: GIUGNI, 2008, p. 43. (tradução nossa)

Explica Giancarlo Perone que, no tocante à organização sindical dos *empregadores*, várias confederações agregam as empresas *conforme seu setor de origem*: indústria, agricultura, comércio, crédito e artesanato. As empresas de menor dimensão, considerando seus interesses peculiares, não necessariamente coincidentes com os das empresas maiores, deram-se estruturas próprias. No interior das confederações de setor, e particularmente daquela de maior importância, que reúne as empresas do setor industrial – a Confindustria – surgiram federações que representam

---

sindicais signatárias – e aquelas que aderiram sucessivamente – adquirem o direito, nas unidades produtivas que possuam mais de 15 trabalhadores, de promover a formação da RSU e a participar das respectivas eleições. Prosperetti explica a importância do reconhecimento das RSU "A transição dos conselhos de fábrica para as R.S.U. marca uma mudança importante, que é a passagem de um modelo de relações laborais centrado nas relações de força de fato, para uma representatividade baseada em procedimentos de reconhecimento dos sindicatos legitimados pelas negociações coletivas."

No original, está escrito: "Il passaggio dai Consigli di fabbrica alle r.s.u. segna un importante cambiamento e cioè il passaggio da un modello di relazioni industriali incentrato sui rapporti di forza di fatto, ad una rappresentatività basata su procedure di riconoscimento dei sindacati legittimati alle trattative." Cf.: PROSPERETTI , 2011, p. 84.

ramos determinados de empresa, entre as quais deve ser mencionada, por sua relevância, a Feder Meccanica. Operam, além disso, estruturas *intercategoriais* no plano subregional, isto é, metropolitano, existindo também articulações regionais, em certos casos de notável influência, como, por exemplo, a Assolombarda, na importante área industrial da Lombardia.[476]

Portanto, na Itália, optou-se pelo modelo pluralista conflitual que privilegia a livre competição entre os grupos privados, com a ideia de que o equilíbrio – mesmo instável – entre tais grupos é preferível ao equilíbrio que não seja fruto do livre confronto entre as partes,[477] isto é, de uma regulamentação heterônoma estatal.

Destaca Giancarlo Perone que a *característica peculiar do sistema sindical italiano, bem como do direito de greve, é sua anomia legal*.[478] Isso porque a Constituição italiana, no art. 39 – que discorre sobre a organização sindical e convenção coletiva de eficácia *erga omnes* – e no art. 40, sobre o direito de greve – "*Il diritto di sciopero si esercita nell'ambito delle leggi che lo regolano*" –,[479] deu ao legislador ordinário disciplina do registro[480] dos sindicatos e da regulamentação do direito de greve, que nunca ocorreu no setor privado.

---

[476] PERONE; BOSON, 2015, p. 65.

[477] VALLEBONA, 2008, p. 23.

[478] Há exceção no setor público, em relação ao qual o texto único n. 165 de 2001, modificado pelo Decreto Legislativo n. 150 de 2009, no quadro da privatização do emprego público, dita normas específicas concernentes à organização e à ação sindical. Também no setor privado, quanto à organização dos trabalhadores dentro da empresa, para a qual o Estatuto dos Trabalhadores introduziu uma regulamentação detalhada, inerente, porém, à atividade e não à ação de luta sindical. Cf.: PERONE; BOSON, 2015, p. 66.

[479] ITÁLIA, 1948.

[480] Mediante o registro, sob determinadas condições, os sindicatos adquiririam personalidade jurídica e, representados unitariamente na proporção de seus associados, poderiam estipular contratos coletivos com eficácia obrigatória para todos os pertencentes à categoria a qual se refira. Cf.: PERONE; BOSON, 2015, p. 66. A falta de uma lei ordinária para disciplinar o art. 39 da Constituição Italiana fez com que os intérpretes buscassem no direito comum regras aplicáveis. Estas regras são as contidas no art. 36 a 38 do Código Civil Italiano, que equipara os sindicatos às associações não reconhecidas juridicamente. Cf.: BALLESTRERO, 2012, p. 116. Existem, porém, outros obstáculos que impediram a completa atuação do art. 39 da Constituição: a objetiva dificuldade técnica de instituir uma espécie de Cartório de Registro dos Sindicatos, com base no qual se pudesse medir a relação entre os inscritos e os integrantes da categoria; o que também é um obstáculo político, pois há relutância dos sindicatos minoritários com relação a um sistema que pretenda contabilizar os inscritos nos respectivos sindicatos, que culminaria em um modelo de representatividade diverso do escolhido

Ressaltamos que o direito de greve foi regulamentado nos serviços públicos essenciais na Itália, pela Lei nº 146 de 1990. Entretanto, a greve nos serviços públicos essenciais não será o foco deste trabalho, que pretende se ater à greve e às formas de luta coletiva no setor privado. Mesmo assim, vale destacar que na referida lei também não existe um conceito de direito de greve, demonstrando que a abstenção do legislador ordinário italiano em dispor sobre o conteúdo desse direito fundamental não foi acidental.

De acordo com Giancarlo Perone,[481] a hesitação do legislador italiano em intervir pode ser explicada pela recordação do ordenamento corporativo do governo fascista de Benito Mussolini, que aboliu qualquer tipo de representação eletiva, incluindo a liberdade de associação política-sindical, que foi abarcada pelo Estado de forma totalitária, em nome da falaciosa colaboração direcionada à eliminação dos conflitos sociais. No sistema corporativista, as unidades constitutivas eram representadas por categorias compulsórias, singulares, não competitivas, hierarquizadas, reconhecidas ou criadas pelo Estado, às quais se concedia o monopólio de representação dentro de suas respectivas categorias, em troca da observância de certos controles na seleção de seus líderes e na articulação de suas demandas.[482] Perone resume em uma frase o direito sindical italiano pós-corporativista e a consequente ausência de atuação do legislador ordinário: "[...] o direito sindical italiano ressurgiu das cinzas deixadas do corporativismo, sob o impulso da jurisprudência e da doutrina, com base no direito civil dos contratos."[483]

A falta da intervenção legislativa também pode ser derivada de escolhas fundamentais, influenciadas por orientações dos sindicatos em torno da relação equilibrada entre lei, autonomia sindical e autotutela. A regulamentação legal do conteúdo e dos limites de exercício do fenômeno da greve é paradoxal, pois ao mesmo tempo em que se reconhece a existência do direito ao movimento paredista, estabelecendo patamar mínimo de proteção, pode também ser legitimada a excessiva utilização de técnicas limitativas que tornem seu exercício ineficaz. E é nesse ponto de interseção entre os planos jurídico-sociológico e o plano jurídico-dogmático da greve que se encontra profundo problema

---

pelo constituinte – um modelo majoritário e não proporcional- para a representação das categorias, às quais o art. 39, parágrafo 4º, da Constituição confia a conclusão dos contratos coletivos com eficácia *erga omnes*. PERONE; BOSON, 2015, p. 66.

481 PERONE; BOSON, 2015, p. 65.

482 SCHMITTER, 1974, p. 73.

483 PERONE, 2004, p. 39.

hermenêutico, porque a descrição legal restritiva pode fragmentar excessivamente o direito em si, deturpando sua função e sentido político.

Por essa razão, Perone ressalta que é impossível ignorar a dificuldade em enquadrar o fenômeno da greve – que se manifesta em sua inata fluidez e em suas próprias margens de indeterminação – em *esquemas racionais e precisos da lei*, que tendem a ser rígidos e inadequados para sua modificação. De acordo com o autor, é compreensível, portanto, a relutância do legislador em dar continuidade à regulamentação da disciplina, apesar de isso consistir em dever constitucional.[484]

Em razão de tal dificuldade, a problemática da greve italiana ficou caracterizada pela ausência de um conceito legal e da regulamentação de limites claros para seu exercício, que foram desenvolvidos pela atuação da doutrina, jurisprudência e por meio de elementos concretos decorrentes da experiência sindical.[485] Conforme Perone, o preço da certeza de um intervenção legislativa não parecia tolerável pelas organizações sindicais – que influenciaram as forças políticas –, uma vez que temiam que o referido intervento causasse uma perda irremediável da liberdade sindical e, consequentemente, da amplitude do direito de greve. Todo projeto de lei – com a mencionada exceção da regulamentação da greve nos serviços públicos essenciais – foi combatido, com sucesso, pelos sindicatos, por serem concebidos como fonte de inaceitáveis sacrifícios para o bem jurídico fundamental da liberdade sindical e seu decorrente direito de greve.[486]

A ausência de leis regulamentadoras do direito de greve na Itália comprova a grande dificuldade da transposição para o Direito de fenômenos de massas, que não está em escolher entre a linha conservadora ou progressista, mas em saber não renunciar à compreensão crítica dos fenômenos sociais em razão de categorias compartimentadas, muitas vezes herdadas da dogmática jurídica civilista, que se baseia em fins patrimoniais e privatísticos. Tal problema é evidente em relação à greve, pois nenhum tipo legal pertencente ao patrimônio clássico civilista parece talhado na medida de um instituto tão peculiar.[487] García descreve esse paradoxo do reconhecimento do direito de greve, que pode levar à legitimação de sua ineficácia, pelo conceito legal restritivo:

---

[484] PERONE; BOSON, 2015, p. 196.

[485] PERONE; BOSON, 2015, p. 196.

[486] PERONE; BOSON, 2015, p. 181.

[487] AVILÉS, 1990, p. 375.

O Direito não pode entender nem desejar a greve. Sempre a teme, e sua consagração é um pretexto para conjurá-la, para atraí-la e enganá-la, para apoderar-se dela e desativá-la. Foi por isso, para torná-la sua e poder comprá-la, que fez a greve entrar no reino dos direitos. Sua consagração, cheia de ardis, a realizou seu pior inimigo. Como tantas outras consagrações...[488]

Na mesma linha, Gaeta afirma que, em geral, os conceitos legais que definem critérios *a priori* para o direito de greve, supõem, literal e substancialmente, o preconceito negativo em face do conflito coletivo, motivo pelo qual tendem a ser excessivamente restritivos.[489] Para o autor, para sair do preconceito e entrar em um conceito de acordo com a funcionalidade e normalidade do conflito, é preciso livrar as greves de exageradas cadeias definitórias.[490]

Isso porque conflito coletivo é fértil e dinâmico, razão pela qual suas formas de exercício são sempre renováveis e cambiantes, gerando novas modalidades diante das transformações do processo produtivo capitalista e suas conexas opressões sociais. Segundo Uriarte, qualquer elaboração de um conceito legal de greve será sempre tentativa provisória, pois estará constantemente desatualizada, correndo o risco de se tornar restritiva, dando razões à sentença "definir é excluir".[491] Portanto, o autor afirma que eventual definição legal do conceito de greve – se houver – deve ser ampla, para abranger também essa evolução natural, no sentido de uma constante diversificação das modalidades utilizadas.[492]

Mantero Alvarez propõe que o conceito jurídico do direito de greve prescinde de definição legal apriorística limitativa, inevitavelmente ideológica, de modo que coincida com a ideia de que pertence aos trabalhadores a competência para definir o âmbito do direito de greve, bem como os interesses a serem protegidos.[493]

Essa é exatamente a redação do art. 9º da Constituição Federal brasileira, que no capítulo de direitos sociais define o direito de greve:

> Art. 9º É assegurado o direito de greve, competindo aos trabalhadores decidir sobre a oportunidade de exercê-lo e sobre os interesses que devam por meio dele defender.

---

[488] GARCÍA, 1997, p. 14.
[489] GAETA, 1990, p. 405.
[490] GAETA, 1990, p. 433.
[491] URIARTE, 2000, p. 42.
[492] URIARTE, 2000, p. 43.
[493] ALVAREZ, 1992, p. 55.

§1º: A lei definirá os serviços ou atividades essenciais e disporá sobre o atendimento das necessidades inadiáveis da comunidade.

§2º: Os abusos cometidos sujeitam os responsáveis às penas da lei.[494]

Antes de adentrarmos o conteúdo do direito de greve estabelecido no art. 9º da Constituição de 1988, cabe ressaltar que ele também encontra respaldo jurídico em âmbito internacional no Pacto dos Direitos Econômicos, Sociais e Culturais de 1966, na Declaração Sociolaboral do Mercado Comum do Sul (MERCOSUL)[495] de 1988 e no Protocolo de San Salvador de 1996. O direito de greve no Brasil, assim como na Itália, é reconhecido como decorrência da liberdade sindical, protegida pelos instrumentos internacionais supracitados; bem como pela Declaração da Filadélfia de 1944, pela Declaração Universal dos Direitos Humanos de 1948; pelo Pacto dos Direitos Civis e Políticos de 1966 e pela Convenção Americana de Direitos Humanos de 1969 (Pacto de San Jose da Costa Rica), pela Convenção nº 98 da OIT, sobre o direito de sindicalização e de negociação coletiva – ratificada pelo Brasil – e, por fim, pela Convenção nº 87 da OIT, ainda não ratificada.

Deve-se ressaltar que a ausência de ratificação pelo Brasil não significa que o país não esteja vinculado à Convenção nº 87, pois, em 1998, a OIT, na Declaração sobre os princípios e direitos fundamentais no trabalho e seu seguimento, impôs que:

> Todos os Membros, ainda que não tenham ratificado as Convenções, têm um compromisso derivado do simples fato de pertencer à Organização de respeitar, promover e tornar realidade, de boa-fé e de conformidade com a Constituição, os princípios relativos aos direitos fundamentais.[496]

Mediante tal declaração, a OIT individualizou quatro princípios correlatos a quatro direitos fundamentais, entre os quais estão a liberdade sindical e o reconhecimento efetivo do direito de negociação coletiva.[497]

---

[494] BRASIL, 1988.

[495] Argentina, Brasil, Paraguai e Uruguai assinaram, em 26 de março de 1991, o Tratado de Assunção, com vistas a criar o Mercado Comum do Sul (MERCOSUL). A configuração atual encontra seu marco institucional no Protocolo de Ouro Preto, assinado em dezembro de 1994. São atuais Estados Associados do MERCOSUL a Bolívia (em processo de adesão ao MERCOSUL), o Chile (desde 1996), o Peru (desde 2003), a Colômbia e o Equador (desde 2004). Guiana e Suriname tornaram-se Estados Associados em 2013. Com isso, todos os países da América do Sul fazem parte do MERCOSUL, seja como Estados-Parte, seja como Associados. Cf.: MERCOSUL, 2016.

[496] ORGANIZAÇÃO INTERNACIONAL DO TRABALHO, 1998.

[497] Os outros princípios individualizados na Declaração são a eliminação de todas as formas de trabalho forçado ou obrigatório; a efetiva abolição do trabalho

Então, a Convenção nº 87 da OIT entrou diretamente no ordenamento dos Estados-membros da Organização, independentemente de ratificação. Conforme destaca Daniela Muradas Reis, a referida Declaração, ao afirmar a cogência dessas normas internacionais para os membros da OIT, marca a relativização da concepção voluntarista da ordem jurídica internacional, orientando as práticas normativas, interpretativas e de aplicação do Direito do Trabalho nacional segundo as exigências ético-jurídicas do valor trabalho e da dignidade humana, independentemente de adesão específica ao conjunto normativo de sua realização.[498] Portanto, a Convenção nº 87 integra materialmente o ordenamento jurídico brasileiro, pelo simples fato de o Brasil ser membro da Organização Internacional do Trabalho.

Ademais, o ingresso material da Convenção nº 87 da OIT no plano normativo interno brasileiro também pode ser explicado pela ratificação dos tratados internacionais de direitos humanos supracitados, que elencam a liberdade sindical como um desses direitos, nos termos da teoria do bloco de constitucionalidade. De acordo com essa teoria, a Constituição não está limitada ao seu texto, sendo formada também por princípios postulados pelos tratados internacionais de direitos humanos cujo país seja signatário.

A hierarquia constitucional dos tratados internacionais de direitos humanos foi discutida no Brasil no Recurso Extraordinário nº 488.343, em razão da alteração efetuada pela Emenda Constitucional nº 45 de 2004, que adicionou o parágrafo 3º ao art. 5º[499] do texto constitucional, exigindo quórum qualificado de três quintos dos votos dos respectivos membros de cada Casa do Congresso Nacional, em dois turnos, para que tais tratados fossem considerados equivalentes a Emendas Constitucionais. O Ministro do Supremo Tribunal Federal (STF) Celso de Mello ressaltou a teoria do bloco de constitucionalidade, em voto vencido, no referido Recurso Extraordinário:

---

infantil; e a eliminação da discriminação em matéria de emprego e ocupação. Cf.: ORGANIZAÇÃO INTERNACIONAL DO TRABALHO, 1998.

498 REIS, 2010, p. 99.

499 Art. 5º Todos são iguais perante a lei, sem distinção de qualquer natureza, garantindo-se aos brasileiros e aos estrangeiros residentes no País a inviolabilidade do direito à vida, à liberdade, à igualdade, à segurança e à propriedade, nos termos seguintes: [...]§ 1º As normas definidoras dos direitos e garantias fundamentais têm aplicação imediata. § 2º Os direitos e garantias expressos nesta Constituição não excluem outros decorrentes do regime e dos princípios por ela adotados, ou dos tratados internacionais em que a República Federativa do Brasil seja parte. § 3º Os tratados e convenções internacionais sobre direitos humanos que forem aprovados, em cada Casa do Congresso Nacional, em dois turnos, por três quintos dos votos dos respectivos membros, serão equivalentes às emendas constitucionais. Cf.: BRASIL, 1988.

Os tratados internacionais de direitos humanos assumem, na ordem positiva interna brasileira, qualificação constitucional, acentuando, ainda, que as convenções internacionais em matéria de direitos humanos, celebradas pelo Brasil antes do advento da EC nº 45/2004, como ocorre com o Pacto de São José da Costa Rica, *revestem-se de caráter materialmente constitucional, compondo, sob tal perspectiva, a noção conceitual de bloco de constitucionalidade.* [500]

Flávia Piovesan também classifica os tratados internacionais de direitos humanos que não passaram pelo procedimento formal previsto pelo parágrafo 3º do art. 5º, após a Emenda Constitucional 45, como materialmente constitucionais. Para a autora, os tratados que observam o quórum qualificado do art. 5º, § 3º da Constituição são categorizados como materialmente e formalmente constitucionais.[501] Piovesan entende que é possível que o tratado materialmente constitucional seja transformado em formalmente constitucional a partir da submissão ao quórum qualificado.[502]

Contudo, o Supremo Tribunal Federal decidiu de forma distinta, em 2008, no julgamento do Recurso Extraordinário nº 488.343, adotando a tese da *supralegalidade* dos tratados de direitos humanos que não passaram pela aprovação do quórum qualificado, o que consiste em remetê-los à posição infraconstitucional, mas supralegal, ou seja, hierarquicamente superior à legislação ordinária. Daniela Muradas Reis critica essa tese, destacando a importância da teoria da constitucionalidade material dos tratados de direitos humanos:

> É de ressaltar, no entanto, que a interpretação sistemática dos parágrafos do art. 5º da Constituição vigente não permitiria a criação de uma nova categoria hierárquica para acolher estes diplomas, havendo que lhes reconhecer o status constitucional. Insista-se em afirmar que acolhida a teoria da constitucionalidade material não se estaria afastando a possibilidade do controle de constitucionalidade destes diplomas, em conformidade com o texto constitucional, à medida que os tratados internacionais de proteção à pessoa humana somente poderiam ser adotados para o exclusivo fim de ampliar o catálogo de direitos expressos na Constituição, não se permitindo neste quadro qualquer retrocesso ou abolição de garantias já existentes.[503]

A autora ainda salienta que, a par de disposições teóricas polares, no tocante à evolução e aplicabilidade dos direitos humanos, as ordens jurídicas nacional e internacional atuariam em verdadeira concorrência, interpenetrando-se e complementando-se para a melhor proteção da pessoa humana,

---

[500] SUPREMO TRIBUNAL FEDERAL, 2009. (grifo nosso)

[501] PIOVESAN, 2010, p. 79.

[502] PIOVESAN, 2010, p. 79.

[503] REIS, 2008, p. 152.

conforme o princípio *pro homine*, de tal modo que as duas ordens compõem sistemas coordenados e complementares.[504] Desse modo, ressalta Daniela Muradas Reis que, relativamente às Convenções Internacionais de Trabalho, diante da reserva implícita ao retrocesso jurídico-social, não se pode inicialmente conceber qualquer tipo de conflito entre o documento normativo internacional e as normas derivadas das fontes nacionais, pois as normas internacionais somente são entronizadas na ordem nacional quando não traduzem redução nos padrões jurídicos contemplados no plano nacional, cumulando-se, assim, as vantagens jurídicas consagradas nos dois planos.[505]

No mesmo sentido, Fabrício Polido e Maristela Basso comentam a incorporação material no ordenamento brasileiro dos tratados de direitos humanos internacionais em que o Brasil é signatário, inclusive no tocante à liberdade sindical:

> Contudo, a pergunta que permanece é com base em qual fundamentação as cortes internas brasileiras deixariam de observar uma fonte internacional que consagra direitos humanos ainda que "não aprovada" pelo Congresso Nacional? Levado o argumento ao extremo, poderiam simplesmente não servir aos brasileiros os direitos humanos reconhecidos internacionalmente? Por essas razões, entendemos que a vontade implícita do legislador com a Emenda Constitucional nº 45/04 é mais ampla do que aquela que restou explícita no texto. Isto é, examinados conjuntamente os §§ 2º e 3º do art. 5º da Constituição, *não é difícil concluir que todos os tratados e convenções que consagram direitos humanos fazem parte da ordem jurídica brasileira*: (i) os não aprovados pelo Congresso Nacional por força do § 2º (que não existia nas constituições anteriores e por isso tem razão de hoje ali estar); (ii) e aqueles aprovados pelo Congresso por força do § 3º [...]. Assim, ainda que se sustente, do ponto de vista formal, que o Brasil não tenha ratificado a Convenção nº 87 da OIT, existem outras fontes normativas a serem observadas quanto à plena efetividade do princípio da liberdade sindical e da proteção do direito de sindicalização no ordenamento jurídico brasileiro.[506]

Portanto, seja pela ratificação de tratados internacionais de direitos humanos que prezam pela proteção da liberdade sindical, seja pelo ingresso em organizações internacionais em que essa é prevista como direito, a liberdade sindical estabelecida na Convenção nº 87 da OIT integra o ordenamento jurídico brasileiro.

Nessa linha, a Constituição brasileira garantiu como *regra* a liberdade sindical em seu art. 8º *caput* e inciso I, que dispõem:

---

504 REIS, 2013, p. 402.

505 REIS, 2008, p. 153.

506 POLIDO, BASSO, 2012, p. 200-202. (grifo nosso)

Art. 8º É livre a associação profissional ou sindical, observado o seguinte: I – a lei não poderá exigir autorização do Estado para a fundação de sindicato, ressalvado o registro no órgão competente, vedadas ao Poder Público a interferência e a intervenção na organização sindical. [507] [508]

No entanto, o ordenamento jurídico brasileiro comprometeu a amplitude desse princípio ao manter traços corporativistas,[509] inspirados no modelo fascista italiano, explicitados pela unicidade sindical (art. 8º, II da Constituição de 1988),[510] que se traduz na proibição de criação de mais de um sindicato de cada categoria na mesma base territorial, que não deve ser inferior à área de um município; pelo sistema de financiamento compulsório e genérico de toda a estrutura, mantido até o advento da Lei 13.467/17, representado pela contribuição sindical (art. 8º, IV da Constituição de 1988)[511] e pelo conceito ontológico de categoria, que se opõe ao critério voluntarista presente na Itália, imposto pelo art. 511 da CLT.[512] Este último estabelece a determinação automática de ca-

---

[507] BRASIL, 1988.

[508] Os sindicatos no Brasil são pessoas jurídicas de direito privado, nos termos do art. 44 do Código Civil. O Ministério do Trabalho e Emprego, nos termos da súmula 677 do Supremo Tribunal Federal, enquanto não regulamentado o art. 8º, inc. I da CR/88, é o órgão competente para o depósito dos estatutos sindicais, apenas com meros fins cadastrais, vedada qualquer intervenção administrativa na organização de tais entidades. Cf.: DELGADO, 2009, p. 1225.

[509] Oliveira Vianna, idealizador do modelo de unicidade sindical brasileiro, inspirado na legislação italiana do período fascista – *Carta del Lavoro* e Código Rocco – justificava a sua necessidade baseando-se na incompetência da classe trabalhadora em se auto-organizar de forma independente e autônoma: "o Brasil não tem povo [...] No Brasil, povo significa uma multidão de homens, como porcada significa uma multidão de porcos". Cf.: VIANNA, 1943, p. 91.

[510] Art. 8º [...] II – é vedada a criação de mais de uma organização sindical, em qualquer grau, representativa de categoria profissional ou econômica, na mesma base territorial, que será definida pelos trabalhadores ou empregadores interessados, não podendo ser inferior à área de um Município. Cf.: BRASIL, 1988.

[511] Art. 8º [...] IV – a assembleia geral fixará a contribuição que, em se tratando de categoria profissional, será descontada em folha, para custeio do sistema confederativo da representação sindical respectiva, independentemente da contribuição prevista em lei. Cf.: BRASIL, 1988.

[512] Art. 511 da CLT: É lícita a associação para fins de estudo, defesa e coordenação dos seus interesses econômicos ou profissionais de todos os que, como empregadores, empregados, agentes ou trabalhadores autônomos ou profissionais liberais exerçam, respectivamente, a mesma atividade ou profissão ou atividades ou profissões similares ou conexas. § 1º A solidariedade de interesses econômicos dos que

tegoria dos trabalhadores e dos empregadores conforme atividade primária desenvolvida pelas empresas, bem como o conceito de categoria diferenciada, que se organiza por força de estatuto especial profissional, como é o caso dos professores, músicos, médicos e jornalistas.

O critério ontológico de categoria profissional presume legalmente o vínculo de solidariedade dos trabalhadores, considerando que a situação de trabalho na mesma atividade econômica implica reconhecimento de condições de vida em comum. No entanto, na prática, esse modelo anacrônico fragmenta a atividade sindical, distanciando-se do conceito de *identidade de classes* e do sentimento de pertencimento à comunidade de trabalho. Tal interpretação ampliativa seria mais consentânea com o próprio Direito Coletivo, uma vez que a história e conceito de associações sindicais se remetem ao apelo da união, da unidade, da agregação – e não seu inverso.[513]

Ilustramos essa fragmentação com um exemplo: se o empregado de indústria metalúrgica labora como porteiro na planta empresarial (e não em efetivas atividades metalúrgicas), é, ainda assim, representado, legalmente, pelo sindicato de metalúrgicos, uma vez que seu ofício de porteiro não o enquadra como categoria diferenciada. Por outro lado, no setor de saúde, existem sindicatos de categoria diferenciadas para médicos, enfermeiro[514]s e fisioterapeutas, enquanto os outros trabalhadores do ambiente hospitalar estão reunidos em sindicato diverso.

Assim, a estrutura sindical brasileira é determinada autoritariamente pelo Estado e consiste no modelo hierárquico-confederativo, que fragmenta a atividade sindical. Esse modelo se compõe do sindicato único no seu piso, organizado em categorias profissionais, profissionais diferenciadas e econômicas, de acordo com o critério de agregação ontológico determinado pela CLT, de base territorial mínima municipal, o que impede a representação dos trabalhadores na empresa. Em nível intermediário, temos a federação, que resulta a junção de pelo menos cinco sindicatos da mesma categoria

---

empreendem atividades idênticas, similares ou conexas, constitui o vínculo social básico que se denomina categoria econômica. § 2º A similitude de condições de vida oriunda da profissão ou trabalho em comum, em situação de emprego na mesma atividade econômica ou em atividades econômicas similares ou conexas, compõe a expressão social elementar compreendida como categoria profissional. § 3º Categoria profissional diferenciada é a que se forma dos empregados que exerçam profissões ou funções diferenciadas por força de estatuto profissional especial ou em consequência de condições de vida singulares. Cf.: BRASIL, 1943.

513 DELGADO, 2009, p. 1234.

514 DELGADO, 2009, p. 1234.

(art. 534, da CLT). Por fim, na cúpula do sistema, temos a confederação, formada por no mínimo três federações da mesma categoria, com sede em Brasília (art. 535, da CLT). Essa estrutura sindical vertical compromete a operatividade das organizações sindicais em nível superior, bem como das representações sindicais na empresa e das centrais sindicais.

As centrais sindicais, que reúnem sindicatos de trabalhadores de várias atividades econômicas em nível nacional, foram reconhecidas pela Lei nº 11.648 de 2008,[515] mas não fazem parte da estrutura hierárquica-confederativa, representando até mesmo seu contraponto. Com o reconhecimento da representatividade nos termos do art. 2º da Lei nº 11.648/08, as centrais sindicais passam a possuir duas prerrogativas: coordenar a representação dos trabalhadores por meio das organizações sindicais filiadas e participar de negociações em fóruns, colegiados de órgãos públicos e demais espaços de diálogo social, nos quais se discutam questões afetas aos interesses gerais dos trabalhadores.

No entanto, a própria lei e a jurisprudência não têm reconhecido poderes formais de negociação coletiva inerentes às entidades sindicais.[516] Tal negligência convalida a negociação coletiva baseada em limites geográficos tradicionais do sistema,[517] já que as centrais sindicais unificam pela cúpula a atuação das entidades sindicais, amenizando o modelo corporativista. Alguns autores questionam a impossibilidade de nego-

---

[515] Sobre o conceito e critérios de formação das centrais sindicais: Art. 1o: A central sindical, entidade de representação geral dos trabalhadores, constituída em âmbito nacional, terá as seguintes atribuições e prerrogativas: I – coordenar a representação dos trabalhadores por meio das organizações sindicais a ela filiadas; e II – participar de negociações em fóruns, colegiados de órgãos públicos e demais espaços de diálogo social que possuam composição tripartite, nos quais estejam em discussão assuntos de interesse geral dos trabalhadores. Parágrafo único. Considera-se central sindical, para os efeitos do disposto nesta Lei, a entidade associativa de direito privado composta por organizações sindicais de trabalhadores. Art. 2o Para o exercício das atribuições e prerrogativas a que se refere o inciso II do caput do art. 1o desta Lei, a central sindical deverá cumprir os seguintes requisitos: I – filiação de, no mínimo, 100 (cem) sindicatos distribuídos nas 5 (cinco) regiões do País; II – filiação em pelo menos 3 (três) regiões do País de, no mínimo, 20 (vinte) sindicatos em cada uma; III – filiação de sindicatos em, no mínimo, 5 (cinco) setores de atividade econômica; e IV – filiação de sindicatos que representem, no mínimo, 7% (sete por cento) do total de empregados sindicalizados em âmbito nacional. Parágrafo único. O índice previsto no inciso IV do caput deste artigo será de 5% (cinco por cento) do total de empregados sindicalizados em âmbito nacional no período de 24 (vinte e quatro) meses a contar da publicação desta Lei. Cf.: BRASIL, 2008.

[516] DELGADO, 2009, p. 1227.

[517] REIS *et al*, 2014, p. 11.

ciação coletiva formal[518] pelas centrais, considerando que tais entidades foram reconhecidas juridicamente por uma lei de mesma hierarquia da CLT e, portanto, possuem personalidade jurídica, associativa, civil e sindical. Nesse sentido, as centrais estariam aptas a declarar greve, superando a fragmentação categorial imposta pela CLT por meio de um pluralismo híbrido de cúpula. Na prática, as centrais sindicais já têm negociado diretamente, tanto com os empregadores, quanto com o Estado, de modo que, conforme afirma Rodolfo Pamplona Filho, "[...] a realidade social já demonstra que, de fato, as centrais sindicais são muito mais representativas – tendo, inclusive, maior poder de barganha – que qualquer entidade sindical prevista no nosso velho sistema corporativo."[519]

O reconhecimento do poder de negociação das centrais sindicais era também corroborado pelo fato de que estas faziam parte do financiamento compulsório – e corporativista – previsto pela Constituição e pelo art. 589 da CLT.[520] Sobre esse aspecto do nosso ordenamento, Daniela Muradas Reis havia proposto a releitura do sistema de financiamento sindical, entendendo que a contribuição sindical obrigatória já estaria suprimida, dada sua incompatibilidade com a autonomia sindical, uma das vertentes da liberdade sindical, prevista pela própria Constituição Federal e por tratados internacionais, que estão materialmente incorporados no ordenamento brasileiro.[521]

Antônio Álvares da Silva comenta esse paradoxo entre o espírito democrático da Constituição de 1988 – que tem como um de seus fundamentos o pluralismo político –, positivando a liberdade sindical como princípio geral no *caput* do artigo 8°, e estabelecendo o *imposto sindical* e a *unicidade sindical*. Tais elementos, de acordo com o autor, impedem o pleno desenvolvimento do sindicalismo brasileiro, sendo que a unicidade sindical obsta a concorrência e a disputa entre os grupos profissionais, favorecendo a inércia e o "peleguismo" dos sindicatos, que se garantem como entidades formais; e

---

518 Entre eles Flávio Allegretti de Campos Cooper (2009, p. 3).

519 PAMPLONA FILHO, 1998, p. 83.

520 Art. 589. Da importância da arrecadação da contribuição sindical serão feitos os seguintes créditos pela Caixa Econômica Federal, na forma das instruções que forem expedidas pelo Ministro do Trabalho: I – para os empregadores: a) 5% (cinco por cento) para a confederação correspondente; b) 15% (quinze por cento) para a federação; c) 60% (sessenta por cento) para o sindicato respectivo; d) 20% (vinte por cento) para a 'Conta Especial Emprego e Salário'. II – para os trabalhadores: a) 5% (cinco por cento) para a confederação correspondente: b) 10% (dez por cento) para a central sindical; c) 15% (quinze por cento) para a federação; d) 60% (sessenta por cento) para o sindicato respectivo; e) 10% (dez por cento) para a 'Conta Especial Emprego e Salário'. Cf.: BRASIL, 1943.

521 REIS, 2011, p. 21.

a contribuição compulsória propicia aos sindicatos a sustentação financeira que provém de um favor do Estado e não dos serviços que deveriam ser prestados ou de taxas de associação, o que, em última análise, seria fonte da irracional proliferação de sindicatos inexpressivos.[522] Nas palavras do autor:

> Torna-se difícil compreender como se possa acolher o pluralismo político como fundamento da própria república federativa e depois negar, pouco à frente, seu correlato natural – o pluralismo sindical (art. 1º, V e art. 8º, II). Porém, contraditoriamente a restrição existe e tem base na própria Constituição [...]. Nosso constituinte esqueceu-se que os sindicatos não são hoje apenas representantes das classes trabalhadora e empresarial. Muito mais do que isso, são eles, nos dias atuais, insubstituíveis componentes da ordem democrática que só podem exercer sua função num regime de liberdade. Jamais haverá pluralismo político se não houver pluralismo sindical.[523]

No mesmo sentido, Túlio Massoni e Francesca Columbu denunciam o falacioso discurso que defende, ainda hoje no Brasil, a manutenção da unicidade sindical sob a pretensão de supostamente proteger a classe trabalhadora da pulverização de entidades sindicais inexpressivas. Conforme os autores, tal discurso "protetor" no campo sindical nega voz aos próprios trabalhadores diretamente interessados e incentiva a perpetuação de um modelo sindical de assujeitamento da classe trabalhadora, que engendra o sindicalismo de "[...] cofres cheios e assembleias vazias."[524] Além disso, no Brasil, o modelo sindical já é extremamente pulverizado e não-representativo, perfazendo um número de quase 20 mil entidades sindicais com vínculos fortes com o Estado e vínculos precários com os trabalhadores representados.[525]

A obrigatoriedade da contribuição sindical foi abruptamente extinta com a Reforma Trabalhista (art. 578 da Lei ordinária n. 13.467/17), sem nenhum diálogo social, verificação de impacto orçamentário em relação à destinação de recursos ao Fundo de Amparo ao Trabalhador ou medidas de transição para os sindicatos, com o nítido intuito de enfraquecer as entidades sindicais no momento em que a negociação coletiva poderia prevalecer *in pejus* sobre a lei (art. 611-A da Lei 13.467/17). Apesar de anteriormente o STF ter consolidado jurisprudência (a exemplo do MS 28465, RE 180745, RE 198092) que reconhecia a contribuição sindical obrigatória como tributo, o que consequentemente demanda modi-

---

[522] SILVA, 1998, p. 73.

[523] SILVA, 1990, p. 46.

[524] MASSONI; COLUMBU, 2014, p. 164.

[525] MASSONI; COLUMBU, 2014, p. 164.

ficação por lei complementar (art. 149 c/c art. 146, III da CF/88), o tribunal superior declarou constitucional a extinção da compulsoriedade da contribuição por lei ordinária na ADI 5794 em 29 de junho de 2018.

Importante ressaltar que a extinção repentina da obrigatoriedade da contribuição sindical, sem diálogo social, medidas de transição ou modificação dos outros obstáculos normativos à liberdade sindical – unicidade sindical, base mínima territorial municipal e concepção ontológica de categoria profissional – representa uma falsa defesa da autonomia coletiva, que serve para legitimar a negociação coletiva *in pejus* estabelecida pela 13.467/17.

Apesar da permanência de tais obstáculos normativos, não é possível qualificar o atual modelo sindical brasileiro como corporativista em seu sentido puro e tradicional, de vertente publicística. Mais adequado seria caracterizá-lo como "semicorporativista", pois elimina alguns dos traços mais autoritários do sistema político-estatal anterior, vedando a interferência direta na organização sindical e *assegurando na Constituição o amplo direito de greve*.[526]

No tocante ao conteúdo do direito de greve estabelecido no art. 9º, a única limitação relevante que a Constituição brasileira impôs está em seu parágrafo 1º, de natureza qualitativa circunstancial, que se traduz na exigência de uma lei que deve definir os serviços ou atividades essenciais,[527] de modo

---

[526] MASSONI; COLUMBU, 2014, p. 164.

[527] Conforme rol exemplificativo do art. 10 da Lei nº 7.783/89 são considerados serviços ou atividades essenciais: I – tratamento e abastecimento de água; produção e distribuição de energia elétrica, gás e combustíveis; II – assistência médica e hospitalar; III – distribuição e comercialização de medicamentos e alimentos; IV – funerários; V – transporte coletivo; VI – captação e tratamento de esgoto e lixo; VII – telecomunicações; VIII – guarda, uso e controle de substâncias radioativas, equipamentos e materiais nucleares; IX – processamento de dados ligados a serviços essenciais; X – controle de tráfego aéreo; XI compensação bancária, XII – atividades médico-periciais relacionadas com o regime geral de previdência social e a assistência social; XIII – atividades médico-periciais relacionadas com a caracterização do impedimento físico, mental, intelectual ou sensorial da pessoa com deficiência, por meio da integração de equipes multiprofissionais e interdisciplinares, para fins de reconhecimento de direitos previstos em lei, em especial na Lei nº 13.146, de 6 de julho de 2015 (Estatuto da Pessoa com Deficiência); e XIV – outras prestações médico-periciais da carreira de Perito Médico Federal indispensáveis ao atendimento das necessidades inadiáveis da comunidade. Art. 11. Nos serviços ou atividades essenciais, os sindicatos, os empregadores e os trabalhadores ficam obrigados, de comum acordo, a garantir, durante a greve, a prestação dos serviços indispensáveis ao atendimento das necessidades inadiáveis da comunidade. Parágrafo único. São necessidades inadiáveis, da comunidade aquelas que, não atendidas, coloquem em perigo iminente a sobrevivência, a saúde ou a segu-

que não haja a proibição da greve nesses segmentos, mas apenas a exigência de certas condições em razão dos serviços inadiáveis da comunidade.

O parágrafo segundo do art. 9º da Constituição brasileira ("abusos cometidos sujeitam os responsáveis às penas da lei") é redundante e desnecessário pois decorre, necessariamente, da lógica jurídica do exercício de qualquer direito.[528] Logo, a Constituição somente *tratou dos abusos* cometidos por responsáveis, ou seja, em nenhum momento mencionou que o *direito de greve seria abusivo*, porque "[...] seria admitir, por antinomia, que um direito pudesse deixar de ser direito, se contaminado pelo exercício excessivo das próprias razões."[529]

Portanto, ao contrário do que alegam alguns autores,[530] a Constituição de 1988 estabeleceu um *conteúdo* do direito de greve, não apenas reconhecendo sua existência. A *ratio* do artigo constitucional foi estabelecer *conceito amplo* do direito de greve, abarcando todos os tipos de modalidades de exercício e de objetivos que determinados pelos trabalhadores, uma vez que não há previsão constitucional para *a regulamentação legal do exercício desse direito no setor privado,* como é o caso da Constituição italiana. Não se trata de norma constitucional de eficácia contida ou limitada,[531] razão pela qual eventual *lei infraconstitucional não pode restringi-lo, somente protegê-lo e viabilizar sua efetivação.*

---

rança da população. Art. 12. No caso de inobservância do disposto no artigo anterior, o Poder Público assegurará a prestação dos serviços indispensáveis. Cf.: BRASIL, 1989. A delimitação segue a mesma linha do Comitê de Liberdade Sindical da Organização Internacional do Trabalho, que definiu serviço público essencial como aquele que, quando interrompido ou restringido, pode colocar em risco a vida ou a segurança da população. Cf.: ORGANIZAÇÃO INTERNACIONAL DO TRABALHO, 1993, p. 13.

[528] DELGADO, 2009, p. 1304.

[529] TRINDADE, 1998, p. 482.

[530] Podemos citar de forma ilustrativa o autor Sérgio Pinto Martins, que inclusive afirma equivocadamente que a greve não é um direito fundamental no Brasil, uma vez que todos os direitos fundamentais estariam arrolados no art. 5º da Constituição Federal e que neste rol não se encontra o direito de greve. Cf.: MARTINS, 2001, p. 42. Discordamos do autor, pois este realiza uma redutiva identificação positivista entre os direitos individuais arrolados no art. 5º e o conceito de direitos fundamentais, desconsiderando que os direitos sociais também são integrantes deste conceito.

[531] Segundo José Afonso da Silva "[...] temos que partir, aqui, daquela premissa já tantas vezes enunciada: não há norma constitucional alguma destituída de eficácia. Todas elas irradiam efeitos jurídicos, importando sempre uma inovação da ordem jurídica preexistente à entrada em vigor da constituição a que aderem e a nova ordenação instaurada [...] Se todas têm eficácia, sua distinção, sob esse aspecto, deve res-

Desse modo, o conceito de direito de greve na Constituição do Brasil legitima a proteção de *todas as modalidades de exercício de greve* consideradas "atípicas"[532] – greves de soluço, de zelo, com ocupação dos locais de trabalho, demonstrativas, rotativas, greves trombose, parciais, extraordinárias, *cibergreves* – tutelando todos os interesses que os trabalhadores queiram defender com a greve, econômicos ou políticos, inclusive a greve de solidariedade[533] –, bem como atribui a titularidade desse direito a todos os trabalhadores e não ao sindicato, legitimando as greves selvagens.[534] José Afonso da Silva adverte para os contornos precisos desse artigo constitucional:

> A lei não pode restringir o direito mesmo, nem quanto à oportunidade de exercê-lo nem sobre os interesses que, por meio dele, devam ser defendidos. Tais decisões competem aos trabalhadores e só a eles (art. 9º). Diz-se que a melhor regulamentação do direito de greve é aquela que não existe. Lei que venha a existir não deverá ir no sentido de sua limitação, mas de sua proteção e garantia. Quer dizer, os trabalhadores podem decretar greves reivindicativas, objetivando melhoria das condições de trabalho, ou greves de solidariedade, em apoio a outras categorias ou grupos reprimi-

---

saltar essa característica básica e ater-se à circunstância de que se diferenciam tão-só quanto ao grau de seus efeitos jurídicos". Nesse sentido, o autor classifica as normas constitucionais em normas de eficácia limitada, contida e plena. Normas constitucionais de eficácia plena são as que não necessitam de legislação integradora, pois produzem todos os seus efeitos de plano. Normas constitucionais de eficácia contida são aquelas possuem eficácia plena e aplicabilidade imediata até o advento de norma infraconstitucional que venha a conter a extensão do mandamento constitucional. Normas constitucionais de eficácia limitada são as que necessitam de legislação integradora, pois não produzem seus efeitos de imediato; possuem aplicabilidade mediata. Estas últimas se dividem em normas constitucionais de princípio institutivo, que traçam esquemas gerais de organização político-administrativa de entidades, e normas constitucionais de princípio programático, que traduzem programas a serem implementados pelo Estado, para realização de fim social. Cf.: SILVA, 1998, p, 81-82.

532 Greves atípicas são aquelas que não se identificam completamente com o conceito tradicional de greve elaborado na modernidade, traduzido na abstenção coletiva concertada operária, com interesses restritos à dualidade econômica do empregado em face do empregador industrial. Veremos o significado de cada uma delas posteriormente neste capítulo.

533 Conforme Arion Sayão Romita greves de solidariedade são aquelas deflagradas para apoiar outra greve ou para apoiar qualquer interesse de trabalhadores de outra empresa ou outro grupo da mesma empresa, de modo que *outro* não é sinônimo de terceiro, uma vez que ao agir no interesse de outrem, os trabalhadores, na verdade, defendem seus próprios interesses. Cf.: ROMITA, 1991, p. 256.

534 Greve selvagem é aquela deflagrada sem a presença do sindicato, ou aquela que não é assumida pelo mesmo. Cf.: ANDRADE, 1991, p. 213.

dos, ou greves políticas, com o fim de conseguir as transformações econômicos-sociais que a sociedade requeira, ou greve de protestos.[535]

No mesmo sentido, Arion Sayão Romita aduz que a norma do art. 9º é de eficácia plena, independente da intermediação do legislador infraconstitucional para entrar em vigor, de modo que sua aplicação deve ser imediata, direta e integral.[536] Eros Grau, ex-ministro do Supremo Tribunal Federal, afirma que a greve é a arma mais eficaz que os trabalhadores dispõem para a obtenção de melhorias em suas condições de vida e, como direito constitucional, sua autoaplicabilidade é imediata e inquestionável.[537] Nas palavras do autor:

> A Constituição não prevê *regulamentação* do direito de greve: aos trabalhadores compete decidir sobre a oportunidade de exercê-lo e sobre os interesses que devam por meio dela defender. Por isso que não pode a lei restringi-lo, senão protegê-lo, sendo constitucionalmente admissíveis todos os tipos de greve: greves reivindicatórias, greves de solidariedade, greves políticas, greves de protesto.[538]

Conforme Sayonara Grillo, o entendimento que exige automaticamente a regulamentação de direito sociais, como é o caso do direito de greve na Constituição brasileira, deriva da tradição liberal moderna que impõe caráter negativo em torno dos direitos clássicos de liberdade, contra as expectativas positivas geradas pelos direitos sociais.[539] A autora, referindo-se à teoria de direitos fundamentais[540] postulada por Luigi

---

[535] SILVA, 1997, p. 294.

[536] ROMITA, 1991, p. 262.

[537] GRAU, 2003, p. 202.

[538] GRAU, 2003, p. 202.

[539] SILVA, 2005, p. 254.

[540] Para Ferrajoli, "Os direitos fundamentais são todos aqueles direitos subjetivos que correspondem universalmente a 'todos' os seres humanos enquanto dotados do status de pessoas, de cidadãos ou pessoas capazes de agir, entendendo por "direito subjetivo" qualquer expectativa positiva (de ações) ou negativa (de não sofrer lesões) atribuído a um sujeito por norma jurídica; e por 'status' a condição do sujeito, também, prevista em norma jurídica positiva, como pressuposto da sua idoneidade para ser titular de situações jurídicas e/ou o autor dos atos que delas decorrem."

No original: "Son derechos fundamentales todos aquellos derechos subjetivos que corresponden universalmente a 'todos' los seres humanos en cuanto dotados del status de personas, de ciudadanos o personas con capacidad de obrar, entendiendo por "derecho subjetivo" cualquier expectativa positiva (de prestaciones) o negativa (de no sufrir lesiones) adscrita a un sujeto por una norma jurídica; y por 'status' la condición de un sujeto, prevista asimismo por una norma jurídica positiva, como

Ferrajoli, afirma que existe apenas uma diferença de grau entre direitos de liberdade e direitos sociais, já que todos os direitos fundamentais incluem ambas as modalidades de obrigações.[541] Nas palavras da autora:

> Afastar a clássica distinção estrutural que separa os direitos civis e políticos dos sociais – o que pressupõe relativizar a dicotomia das ações positivas/negativas necessárias ao seu estabelecimento – é importante para assegurar que todos os direitos fundamentais, principalmente os direitos sociais, sejam justiciáveis e sancionáveis.[542]

No entanto, as dificuldades teóricas surgidas com a dicotomia de obrigações positivas/negativas ainda se explicitam fortemente no âmbito dos direitos de liberdade sindical, de greve e de sindicalização, levando certos autores a identificar exclusivamente a liberdade sindical como atividade de abstenção estatal e a greve como direito social de dimensão positiva que exige necessariamente uma regulamentação.

Assim, apesar da autossuficiência do artigo 9º da Constituição brasileira, que define o conteúdo do direito de greve, foi editada a lei ordinária nº 7.783 de 1989, que regulamenta a greve dos empregados no setor privado, definindo as atividades essenciais. Tal lei é aplicada analogicamente aos servidores públicos,[543] conforme decisão do Supremo Tribunal Federal, em razão da anomia legislativa concernente ao art. 37, VII, da Constituição de 1988, que garante o direito de greve para tais trabalhadores, mas exige expressamente a edição de lei regulamentadora do direito, que nunca foi editada. Posteriormente, embora a Convenção nº 151 da OIT sobre o direito de sindicalização e relações de trabalho na administração pública tenha sido ratificada, assumindo status de supralegalidade no ordenamento brasileiro, nada foi alterado no cenário de negociação coletiva e ação direta dos trabalhadores no setor público no Brasil. Assim dispõe o artigo art. 37, VII, da Constituição de 1988:

> Art. 37. A administração pública direta e indireta de qualquer dos Poderes da União, dos Estados, do Distrito Federal e dos Municípios obedecerá aos princípios de legalidade, impessoalidade, moralidade, publicidade e eficiência e, também, ao seguinte: [...] VII – o direito de greve será exercido *nos termos e nos limites definidos em lei específica*.[544]

---

presupuesto de su idoneidad para ser titular de situaciones jurídicas y/o autor de los actos que son ejercicio de éstas." Cf.: FERRAJOLI, 2009, p. 19. (tradução nossa)

541 FERRAJOLI, 2005, p. 254.

542 SILVA, 2005, p. 255.

543 Como já ressaltamos, a greve no setor público não será o foco deste livro.

544 BRASIL, 1988. (grifo nosso)

Podemos observar mediante um princípio de hermenêutica basilar que, quando a Constituição brasileira teve a intenção de exigir uma lei regulamentadora do direito de greve, ela o fez, nos termos do art. 37, VII, para os servidores públicos. A redação desse artigo somente reforça a tese de que o art. 9º, que define o conceito de direito de greve no setor privado, é autoaplicável e imediato, de modo que a edição da Lei nº 7.783/89 é restrição legal inconstitucional. Nesse sentido, Márcio Túlio Viana observa que é interessante notar que a Constituição Portuguesa, que nos inspirou, tem regra expressa impedindo a limitação do direito via legislação ordinária, de modo que, essa regra, na nossa Constituição, deve ser considerada implícita.[545] Na mesma linha, o Pacto Internacional sobre Direitos Econômicos, Sociais e Culturais de 1966 proíbe em seu art. 8º, "d", parágrafo 3º que os Estados adotem medidas legislativas que restrinjam (ou apliquem a lei de maneira a restringir) o direito de greve e outras garantias previstas pela Convenção nº 87 da OIT, assim como o art. 8º, "d", parágrafo 2º do Protocolo de San Salvador de 1996 impõe que o exercício do direito de greve só pode estar sujeito às limitações da lei que sejam próprias de uma sociedade democrática e necessárias para salvaguardar a ordem pública e proteger direitos ou liberdades dos demais.

Verificamos então um paradoxo entre os sistemas nacionais estudados: o art. 40 da Constituição italiana exige a intervenção do legislador ordinário para a regulamentação do direito de greve e tal lei ordinária nunca foi elaborada, exceto para a disciplina da greve nos serviços públicos essenciais, traduzida na Lei nº 146/1990. Em oposição, temos a Constituição brasileira, que estabeleceu conceito amplo de direito de greve em seu art. 9º, autoaplicável, sem exigência de lei regulamentadora e, mesmo assim, foi editada a lei ordinária nº 7.783/89, que restringe seu exercício no setor privado. Contraditoriamente, a lei específica para a regulamentação do direito de greve dos servidores públicos, exigida expressamente pelo art. 37, VII, da Constituição de 1988, nunca foi editada, gerando perigosa aplicação analógica da Lei nº 7.783/89 pela jurisprudência[546] e lacunosa atuação da Convenção nº 151 da OIT.

---

545 VIANA, 2000, p. 135.

546 A escolha de deixar à atuação judiciária a individuação do direito de greve do trabalhador nos serviços públicos mediante analogia é perigosa: criou-se uma excessiva discricionariedade do magistrado, pautada em cultura anticonflito, principalmente no tocante aos serviços públicos essenciais. Algumas decisões são superficiais, declarando a ilegalidade do exercício do direito constitucional de greve do trabalhador *a priori*, nas quais os direitos fundamentais dos usuários correlatos a esses serviços e a plausibilidade das reivindicações dos trabalhadores grevistas não são se-

Cabe agora analisar o conceito do direito de greve delimitado pela lei ordinária nº 7.783/89, bem como os limites impostos para seu exercício no plano infraconstitucional.

A LEI DE GREVE NO ORDENAMENTO JURÍDICO BRASILEIRO: ASPECTOS POLÊMICOS E SEUS REFLEXOS NA DOUTRINA

A Lei nº 7.783/89 foi elaborada segundo os critérios da simplificação e da descriminalização da greve.[547] Sob o prisma de comparação com a lei de greve da ditadura militar, a Lei nº 7.783/89 foi uma vitória para os trabalhadores, principalmente porque não estabeleceu nenhum novo crime envolvendo as paralisações e aboliu aqueles que existiam. Contudo, como ressalta Sayonara Grillo, se comparada com as discussões realizadas na Assembleia Constituinte, que culminaram na redação do art. 9º da Constituição, que expressamente recusaram propostas empresariais para subordinar a greve à lei e adstringi-la a um recurso intrínseco aos temas laborais, a Lei nº 7.783/89 permanece com inúmeras inconstitucionalidades.[548]

Destaca Márcio Túlio Viana que a lei ordinária reduziu drasticamente o campo da norma constitucional, optando por leitura restritiva do direito de greve, importada das economias desenvolvidas, que culminou no esvaziamento político do direito.[549] O autor afirma, no entanto, que o fato de haver uma lei de greve não significa que tenhamos que nos conformar com a literalidade de seu texto. Pelo contrário: devemos lê-lo criticamente, sem perder de vista a matriz constitucional.[550] Isso nos levará não só à interpretação extensiva, necessária para a afirmação desse direito, como

---

quer analisadas. Nesse sentido: "AGRAVO DE INSTRUMENTO – AÇÃO CIVIL PÚBLICA -SERVIDOR MUNICIPAL – GREVE – DIREITO NÃO ABSOLUTO – SERVIÇOS ESSENCIAIS: CONTINUIDADE – NECESSIDADES DA COMUNIDADE1. No confronto do direito de greve do servidor público municipal com o direito da coletividade à continuidade da prestação eficiente do serviço público, prevalece este último, de forma a garantir as condições mínimas de existência do próprio Estado. 2. A greve dos servidores públicos que compromete a efetividade de serviços públicos tidos como essenciais *não se reveste da necessária legalidade* (TJMG, Processo no 1.0183.11.009411-1/001, 7ª Câmara Cível, Des. Oliveira Firmo, data de julgamento 24.01.2012 – grifo meu). Em nossa opinião, convicções pessoais dos juízes, que inevitavelmente influenciam de forma indireta suas decisões, poderiam, de alguma forma, quando não justificadas coerentemente, traduzir atos antissindicais. Cf.: BARBATO, PEREIRA, 2015, p. 224.

547 NASCIMENTO, 1990, p. 22.

548 SILVA, 2008, p. 237.

549 VIANA, 1996, p. 302.

550 VIANA, 1996, p. 302.

também, em alguns pontos, a concluir por sua invalidade, na medida em que a *definição clássica do direito greve* não mais se ajusta à realidade,[551] que é marcada por novas formas de exploração de um sistema capitalista que subsome o homem ao espaço produtivo, bem como o oprime no tempo vital. Nesse sentido, Viana ressalta as palavras de Konrad Hesse:[552] "[...] a norma constitucional não tem existência autônoma em face da realidade. A sua essência reside na sua vigência, ou seja, a situação por ela regulada pretende ser concretizada na realidade."[553]

Diante do espírito reducionista que incorpora a lei ordinária 7.783/89, responsável pela regulamentação do direito de greve no setor privado no Brasil, nos cabe analisar a seguir seus principais aspectos polêmicos e as respectivas posições da doutrina brasileira.

O ELEMENTO CENTRAL: SUSPENSÃO DA PRESTAÇÃO PESSOAL DE SERVIÇOS

A Lei nº 7.783/89 contém o seguinte conceito do direito de greve em seu artigo 2º: "Para os fins dessa lei, considera-se legítimo exercício do direito de greve a suspensão coletiva, temporária e pacífica, total ou parcial, de prestação pessoal de serviços a empregador."[554]

O elemento central do conceito legal de greve é *a suspensão da prestação pessoal de serviços*. A primeira questão a discutir seria se a lei brasileira considera lícitas algumas modalidades de *greves atípicas*, ou seja, sob esse aspecto destacado, aquelas que *não envolvem necessariamente a total cessação da prestação laboral*. Embora a redação da Lei nº 7.783/89 mencione expressamente a possibilidade de realização de greves com *suspensão parcial e temporária do trabalho*, em muitas ocasiões as greves que não se revestem da total e orgânica abstenção da prestação laboral confundem doutrina e jurisprudência.

Entre tais greves atípicas[555] podemos citar primeiramente aquelas *em que não há nenhuma cessação da prestação do trabalho*. Entre essas, as gre-

---

[551] VIANA, 1996, p. 296.

[552] A afirmação defende a normatividade do Direito Constitucional, no sentido de que a Constituição jurídica, cuja eficácia depende das condições históricas de sua realização, deve converter-se em força ativa, impondo tarefas ao Estado, que devem ser cumpridas com a participação de todos. Cf.: HESSE, 1991, p. 22.

[553] HESSE, 1991, p. 14.

[554] BRASIL, 1989.

[555] Parafraseando o jurista uruguaio Ermida Uriarte, recordamos que toda classificação de formas de lutas coletivas do trabalho é incompleta e provisória, em razão

ves de zelo, operações tartarugas, trabalho regimental ou *sciopero pignolo* (*ostruzionismo*), em que os trabalhadores efetuam seus trabalhos com tanta meticulosidade e precisão que impedem a marcha regular da produção.[556] As greves de rendimento, *greve perlèes* ou de *rallentamento*, em que também não há cessação de trabalho, mas somente a diminuição da atividade que resulta na queda na produtividade.[557] Em sentido oposto, as greves ativas, de hipertrabalho, que consistem em acelerar exageradamente o ritmo da prestação laboral.[558] A greve virtual ou cibergreve, na qual os trabalhadores de setores de informática continuam prestando serviços, mas se utilizam da tecnologia, como por exemplo avatares,[559] no intuito de bloquear o sistema informático de gestão da empresa. A denominação de *sciopero virtuale,* greve virtual em português, conforme definição da doutrina italiana, também pode se referir aos movimentos, realizados predominantemente no âmbito serviço público, em que a prestação laboral continua na forma e no ritmo ordinário, mas a retribuição pelo trabalho é destinada a organizações humanitárias ou para financiar campanhas publicitárias para divulgação das razões pelas quais os trabalhadores entraram em greve.[560] Por fim, existem as greves à japonesa, em que a prestação laboral continua, mas os trabalhadores fazem o uso de lenços, braceletes ou distintivos, como forma de exteriorizar a situação, especialmente em relação à opinião pública.[561]

---

de sua permanente renovabilidade e transformação. Cf.: URIARTE, 2012, p. 86.

Foi realizada uma enumeração geral e não exaustiva das greves atípicas. As greves que envolvem ocupação do local de trabalho serão analisadas no próximo capítulo deste livro.

556 RUPRECHT, 1995, p. 137.

557 SINAY, 1966, p. 42.

558 URIARTE, 2000, p. 20.

559 O Second Life é um mundo digital imaginário em 3D, criado por seus "residentes" e que já conta com mais de 9 milhões de participantes no mundo inteiro. Os seus usuários utilizam-se de personagens imaginários chamados de avatares, que interagem entre si na rede de computadores indo muito além das experiências de conversa on-line ou troca de mensagens tradicionais – uma "segunda vida". Uma cibergreve, mediante avatares, foi realizada pela comissão de empresa (Rappresentanza Sindacale Unitaria) dos trabalhadores da IBM no mundo alternativo do Second Life, entre 25 a 30 de Setembro de 2007, na Itália. A greve foi apoiada pela Union Network International (UNI), a federação sindical dos trabalhadores de serviços e finanças.

560 BIAGI, 1997, p. 2.

561 URIARTE, 2000, p. 32.

A lei de greve menciona que a suspensão coletiva da prestação pessoal de serviços deve ser *temporária* e pacífica. O termo *temporária* diz respeito à duração da abstenção laboral, que em nenhum momento é quantificada na Lei nº 7.783/89. No tocante à *duração da cessação do trabalho*, podemos citar algumas greves atípicas que se utilizam do tempo como estratégia de luta: as greves relâmpago, simbólicas, de miniparalisação, que são de curtíssima duração – como, por exemplo, um minuto – que servem como forma de advertência. Elas são o ponto de contato entre as formas de greve sem cessação do trabalho e as demais modalidades de exercício do direito de greve com a cessação do trabalho.[562] As greves atípicas podem ter paralisações mais ou menos breves, que se alternam com períodos de trabalho, como é o caso da greve intermitente, *courtes e repetès*, greve soluço ou *singhiozzo*[563] ou a greve por turnos de serviço, considerada uma forma de greve breve (ou seja, que dura menos que um dia), realizada especialmente no setor dos transportes, com referência ao início ou o fim do turno de trabalho.[564] As greves rotativas, *tournantes* ou *scacchiera*, em que a cessação laboral é feita durante prazos curtos em diversas seções de uma empresa ou de empresas diversas,[565] que, em vez de afetar todos de uma vez, é praticada por grupos, de forma sucessiva. De certo modo, é uma réplica do trabalho parcelado, característico da sociedade contemporânea, atacando a lógica desse sistema com a mesma racionalidade de organização.[566] Podemos incluir também nesse grupo as greves extraordinárias, em que a suspensão laboral se remete apenas às horas extras de trabalho estabelecidas por negociação coletiva, para protestar contra jornadas de trabalho extremamente longas, bem como para reivindicar pagamento maior das horas extras.[567]

O conceito legal de greve também menciona *a suspensão parcial da prestação laboral*. Esse termo se refere não somente à duração do movimento paredista, ao qual remete o termo "temporária", mas também à prestação laboral em si, ou seja, o exercício de apenas parte das tarefas laborais pactuadas no contrato de trabalho ou de um setor/atividade da empresa. Entre elas, existe a greve trombose, nevrálgica ou *bouchon*, concentrada

---

[562] URIARTE, 2000, p. 21.
[563] URIARTE, 2000, p. 21.
[564] CAMPANELLA, 2007, p. 703.
[565] RUPRECHT, 1995, p. 137.
[566] SINAY, 1966, p. 35.
[567] SINAY, 1966, p. 43.

em determinado setor estratégico da empresa, cuja inatividade paralisa os outros.[568] A greve parcial pode recair também apenas sobre uma das atividades pessoais dos trabalhadores, na denominada *sciopero delle mansioni*, "greve de tarefas" na Itália, como a greve dos docentes italianos das escolas de base, que cumpriram a tarefa pedagógica total, inclusive aplicando provas, mas se abstiveram de corrigi-las,[569] ou a greve dos advogados públicos federais em 2015 no Brasil, que continuavam a exercer as tarefas jurídicas, mas se recusavam a realizar as tarefas administrativas.[570]

Tais modalidades de greves atípicas são consideradas lícitas conforme a definição infraconstitucional da Lei nº 7.783/89? A doutrina brasileira é divergente.

Parte dos autores brasileiros acredita que a lei ordinária exige a suspensão total do trabalho na definição do direito de greve, o que exclui do conceito legal todo protesto que não se traduzir dessa forma.

É o entendimento de Orlando Gomes e Elson Gottschalk, que consideram que a greve consiste em declaração sindical que condiciona o exercício individual de um direito coletivo à *suspensão* temporária do trabalho.[571] No mesmo sentido, Süssekind define o direito de greve como a *paralisação* coletiva e temporária efetuada por empregados.[572] Ari Possidonio Beltran a considera como *paralisação* temporária do trabalho, concertada por uma coletividade de trabalhadores, tendo por escopo a defesa de interesses profissionais.[573]

Para Amauri Mascaro Nascimento, se não há suspensão do trabalho, não há greve, de modo que o ato de protesto será qualificado como ilícito contratual, uma vez que, não se achando suspenso o trabalho, ele deve

---

568 VIANA, 2000, p. 131.

569 Para maiores detalhes desta greve, acessar o site oficial da *Unione Sindacale di Base*: UNIONE SINDACALE DI BASE. Sciopero breve di mansione: da domani Sciopero delle prove. Disponível em: http://scuola.usb.it/index.php?id=20&tx_ttnews%5Btt_news%5D=82848&cHash=6b015e33b2&MP=63-1027. Acesso em: 26 ago. 2020.

570 Para maiores informações sobre esta greve, acessar as notícias da União dos Advogados Públicos Federais do Brasil. Cf.: JUSBRASIL. Estado de mobilização: UNAFE amplia protesto e recomenda a recusa de tarefas administrativas aos membros da AGU. Disponível em: https://unafe.jusbrasil.com.br/noticias/222547312/estado-de-mobilizacao-unafe-amplia-protesto-e-recomenda-a-recusa-de-tarefas-administrativas-aos-membros-da-agu. Acesso em: 25 ago. 2020.

571 GOMES; GOTTSCHALK 1990, p. 759.

572 SÜSSEKIND, 2004, p. 145.

573 BELTRAN, 2001, p. 210.

ser prestado regularmente, sem o que estará rompida a sinalagmaticidade contratual.[574] No entanto, o autor ressalta que se somente uma seção da empresa parar ou somente horistas o fizerem, sem contar com a adesão dos mensalistas, nem por isso a greve será ilegal. Isso porque a Lei nº 7.783/89 não exige a totalidade do grupo para que a suspensão do trabalho caracterize greve,[575] conforme seu art. 4º,[576] que estabelece que caberá ao estatuto da entidade sindical prever as formalidades de convocação e o quórum para a deliberação, tanto da deflagração quanto da cessação da greve – ou seja: para ser deflagrada, a greve não precisa ser unânime. Tal conclusão também pode ser aferida nos termos do §3º do art. 6º da lei, que prevê a possibilidade de realização de piquetes pacíficos, isto é, métodos de persuasão de colegas que não aderiram à greve, que não sejam violentos.[577]

Octávio Bueno Magano entende que o conceito extraído da lei ordinária brasileira é extremamente restritivo.[578] Na mesma linha Raimundo Simão de Melo destaca que a "[...] lei ordinária brasileira define a greve como um direito de suspensão coletiva do trabalho contra um empregador, definição essa que restringe tal direito, contrariando o quanto disposto na Constituição Federal."[579] Ronald Amorim e Souza também entende que o direito de greve abrange movimentos em que os trabalhadores não cessam suas atividades.[580]

Maurício Godinho Delgado acredita que somente a interpretação extremamente rigorosa do direito de greve poderia excluir de seu conceito modalidades que não propiciam a sustação plena das atividades laborativas, como é o caso das greves de zelo ou greves de rendimento, que, em

---

574 NASCIMENTO, 1990, p. 43.

575 NASCIMENTO, 1990, p. 46.

576 Art. 4º Caberá à entidade sindical correspondente convocar, na forma do seu estatuto, assembleia geral que definirá as reivindicações da categoria e deliberará sobre a paralisação coletiva da prestação de serviços. § 1º O estatuto da entidade sindical deverá prever as formalidades de convocação e o quórum para a deliberação, tanto da deflagração quanto da cessação da greve. § 2º Na falta de entidade sindical, a assembleia geral dos trabalhadores interessados deliberará para os fins previstos no "caput", constituindo comissão de negociação. BRASIL, 1989.

577 A possibilidade de ocupação passiva da empresa mediante os piquetes, bem como o impedimento do ingresso de outros trabalhadores não grevistas no local de trabalho será discutida no próximo capítulo deste livro.

578 MAGANO, 1990, p. 194.

579 MAGANO, 2006, p. 44.

580 AMORIM; SOUZA 2007, p. 53.

última instância, buscam a redução da produção. Conforme Delgado, a lei ordinária exige para a configuração do direito de greve a paralisação total ou *meramente parcial* das atividades contratuais dos obreiros, de modo que as condutas grupais que envolvam a redução concertada de labor atenderiam à noção jurídica de movimento paredista.[581]

Para Márcio Túlio Viana, as greves atípicas, à primeira vista, não estariam enquadradas no conceito legal de direito de greve, pois se referem à suspensão coletiva da prestação de serviços. Contudo, conforme o autor, essa suspensão pode ser parcial, sendo que a execução defeituosa do trabalho pode muito bem ser encaixada na definição legal.[582] Assim, para Viana, o direito de greve é "[...] toda e qualquer ruptura com o cotidiano da prestação de serviços."[583] Tal conceito encontra respaldo na doutrina internacional[584] e é compartilhado nacionalmente por Tarso Genro, que considera o direito de greve baseado no trinômio: "[...] ruptura da normalidade da produção, prejuízo para o capitalista; e proposta de restabelecimento da normalidade rompida."[585]

Desse modo, segundo Márcio Túlio Viana, teríamos duas soluções perante o conceito de direito de greve da Lei nº 7.783/89:

> [...] considerá-la inconstitucional, na medida em que parece reduzir o campo do art. 9º da Constituição Federal; ou interpretar com mais largueza a expressão suspensão [...] parcial da prestação de serviços, de forma a incluir nela aquelas hipóteses atípicas.[586]

Também apontando o conceito restritivo e inconstitucional da lei de greve, Cláudio Couto de Menezes afirma que o direito de greve é, em realidade, a conquista dos trabalhadores que mais incomoda o Estado e os setores conservadores da sociedade que buscam, em todo lugar, enquadrar, restringir, regulamentar, quando não impedir seu pleno exercício, excluindo suas modalidades.[587]

---

[581] DELGADO, 2009, p. 1301.

[582] VIANA, 1996, p. 302.

[583] VIANA, 2009, p. 115.

[584] O autor francês Hèlène Sinay considera que "[...] greve é a ruptura com o cotidiano de uma forma coletiva e concertada [...]" e que não existe uma diferença de natureza e sim de grau entre abstenção e diminuição ou aumento do ritmo de trabalho. Cf.: SINAY, 1966, p. 173.

[585] GENRO, 1988, p. 43.

[586] VIANA, 2009, p. 115.

[587] MENEZES, 2013, p. 45.

Segundo Jorge Luiz Souto Maior, a Lei nº 7.783/89 praticamente faz letra morta o texto constitucional, prevendo regras específicas para o exercício do direito de greve fora da perspectiva exclusiva dos interesses dos trabalhadores, como havia dito a Constituição, e limitando a greve, de forma bastante grave. De acordo com o autor, o que ocorreu foi um esvaziamento do conteúdo jurídico da Constituição, no sentido protetivo da classe trabalhadora. Souto Maior defende um conceito mais amplo do direito de greve e afirma que, se a greve é um direito constitucional, inserto na órbita dos direitos fundamentais, todas as pessoas, na qualidade de cidadãs, devem respeitar esse direito que, uma vez exercido, irá implicar, necessariamente, sacrifício de outros direitos. Se esses outros direitos não pudessem ser sacrificados pelo advento da greve, a greve não existiria enquanto direito, pois não há greve que não gere sacrifícios.[588]

Nos parece que talvez resida nesse ponto – o sacrifício de direitos representado pelo dano ao patrimônio do empregador – o motivo real pelo qual, para parte da doutrina, as modalidades de greves atípicas não foram reconhecidas pela Lei nº 7.789/89. Tais modalidades atípicas de exercício de greve têm como critério a redução do sacrifício do trabalhador, *porque a perda de salário se reduz ao mínimo*, à medida em que este exerce seu direito de luta coletiva, e, ao mesmo tempo, *efetua a prestação da atividade laboral*, e, por isso, os trabalhadores se sentem autorizados a reivindicar sua retribuição. Ou seja, em tese, não haveria a suspensão total do contrato de trabalho, sendo legítimo o pagamento total ou proporcional da retribuição pelo empregador.

Portanto, a nosso ver, o centro da discussão reside no fato de que as greves atípicas podem causar um dano maior ao patrimônio da empresa em comparação ao formato tradicional de greve, o que definitivamente não retira a legitimidade dessas formas de luta. O dano é inerente à toda forma de greve, inclusive no seu formato tradicional, pois a greve é o direito de causar prejuízo.[589]

Talvez seja importante verificar a proporcionalidade qualitativa desse dano e não sua mera existência.[590] A própria lei de greve estabelece limites para o dano ao patrimônio do empregador em seu art. 9º, que não pode ser irreparável:

---

[588] MAIOR, 2012, p. 5.

[589] RIBEIRO, 1998, p. 502.

[590] Discutiremos com profundidade a teoria italiana da proporcionalidade do dano ao abordarmos a posição doutrina e jurisprudência italiana no tocante a legitimidade das greves atípicas.

Art. 9º: Durante a greve, o sindicato ou a comissão de negociação, mediante acordo com a entidade patronal ou diretamente com o empregador, *manterá em atividade equipes de empregados com o propósito de assegurar os serviços cuja paralisação resultem em prejuízo irreparável, pela deterioração irreversível de bens, máquinas e equipamentos, bem como a manutenção daqueles essenciais à retomada das atividades da empresa quando da cessação do movimento.*
Parágrafo único. Não havendo acordo, é assegurado ao empregador, enquanto perdurar a greve, o direito de contratar diretamente os serviços necessários a que se refere este artigo.[591]

Desse modo, a greve, assim como todos os direitos fundamentais, não é um direito absoluto, no entanto, o direito ao patrimônio e a liberdade econômica – que nem sequer é direito – também não são valores que sempre possam se sobrepor à greve de forma indiscriminada, inviabilizando por completo sua efetivação,[592] excluindo de forma homogênea a licitude de suas modalidades de exercício. Nas palavras de Souto Maior:

> Não que direitos não possam ter limites, mas no caso da greve os limites impostos podem gerar a consequência paradoxal de impedir-lhe o efetivo exercício. O direito de greve, assim, pode ser negado pelo próprio Direito [...]. Na ordem jurídica atual, conferiu-se aos trabalhadores, no choque de interesses com o empregador, o direito de buscarem melhores condições de trabalho, recriando, a partir da solução dada, a própria ordem jurídica. Um ato que ao olhar do direito civil tradicional seria considerado uma ilegalidade, pois conspira contra o direito posto, na esfera trabalhista, inserido no contexto do Direito Social, ganha ares de exercício regular do direito. Assim, quando o ordenamento jurídico trabalhista confere aos trabalhadores a possibilidade de se rebelarem contra o direito contratualmente posto, para reconstrução dos limites obrigacionais, não se está, propriamente, estabelecendo uma contradição dentro do sistema, que exporia o Direito do Trabalho à condição de um anti-direito, muito ao contrário, o que se permite é uma possibilidade concreta de se tornarem reais as "promessas" contidas nas fórmulas genéricas do Estado Social.[593]

Além disso, devemos ressaltar que a variabilidade das formas de produção e contratação contemporâneas implica múltiplas formas de opressão do trabalhador, que necessita renovar seus meios de luta em resposta, para que eles sejam eficazes e para que seja possível estabelecer o equilíbrio almejado pela autotutela, qual seja, a justiça social. Nesse sentido, Delgado afirma que a interpretação restrita do tipo legal da Lei nº 7.783/89 não atende à riqueza da dinâmica social, deixando

---

[591] BRASIL, 1989. (grifo nosso)

[592] MAIOR, 2012, p. 6.

[593] MAIOR, 2010, p. 4.

de aplicar a proteção do Direito a fatos sociais que não guardam diferenciação efetivamente substantiva em comparação a outros.[594]

Na mesma linha, afirma Luiz de Pinho Pedreira da Silva que o conceito de greve como suspensão laboral está em crise, pois não corresponde mais à realidade.[595] Uma realidade, salientamos, em que houve a flexibilização da empresa, com a automação e a descentralização produtiva, mediante processos como a terceirização e a *pejotização*; com as expansões dos modos de opressão que vão além do espaço produtivo, invadindo o espaço vital, viabilizados pelo teletrabalho, pelo trabalho doméstico e familiar, o falso trabalho autônomo, o trabalho informal, de modo que no capitalismo tardio as formas de conflito se orientam cada vez mais para as greves denominadas atípicas, e, nessa matéria, o típico se torna atípico e vice-versa.

Assim, nos parece que há uma íntima conexão entre as novas tecnologias, a descentralização produtiva e as formas atípicas de greve, no tocante à sua eficácia. Poucos grevistas estrategicamente instalados podem alterar a produção, maximizando a eficácia política de tal movimento, sem recorrer à total abstenção laboral, minimizando o custo para os trabalhadores, especialmente em matéria salarial; bem como para terceiros-consumidores que, muitas vezes influenciados pela grande mídia, se esquecem que também são trabalhadores, e reagem imediatamente contra a greve típica, que os priva imediatamente de seu objeto de consumo. Portanto, a *interrupção total* do trabalho como única modalidade de exercício do direito de greve retira sua eficácia e gera resistências, o que tem levado à criação de novas modalidades de conflito coletivo, adaptando-as ao novo cenário de produção e de visibilidade pública.

Desse modo, talvez o que deva ser realizado não é uma simplificação homogênea, como faz parte da doutrina ao interpretar a Lei nº 7.783/89, que apenas exclui do direito de greve certas modalidades de exercício, reduzindo seu conceito à suspensão do trabalho, confundindo-o com seu efeito – que, muitas vezes, equivocadamente, também é considerado único –, que é a suspensão do contrato de trabalho. Essa é uma tese extrema, patrimonialista e cômoda, pois não permite avaliar no caso concreto a questão complexa da eventual reivindicação de retribuição dos trabalhadores durante as greves atípicas que *não envolvem a total cessação laboral*. Tal raciocínio redutivo pressupõe *a priori* que tais modalidades atípicas de greve causarão dano desproporcional ao patrimônio do empregador, na medida em que a *prestação laboral é efetuada,*

---

594 DELGADO, 2009, p. 1300.

595 SILVA, 1993, p. 98.

mas de forma diversa dos moldes pactuados no contrato, possibilitando o trabalhador a requerer eventual retribuição pelo trabalho prestado.

INTERESSES TUTELADOS PELO DIREITO DE GREVE

Outro elemento a ser destacado no conceito de direito de greve estabelecido pelo art. 2º da Lei nº 7.783/89 são os *interesses que podem ser tutelados* pelos trabalhadores. Trata-se de discutir se a lei admite como legítimas as greves políticas e de solidariedade. O art. 9º da Constituição, reproduzido pelo art. 1º[596] da referida lei, assevera que cabe aos trabalhadores decidir sobre os interesses que devam defender por meio do direito de greve. Portanto, há permissão para a realização de greves políticas e de solidariedade, na medida em que não existe nenhuma restrição constitucional nesse sentido. Contudo, o art. 2º da Lei nº 7.783/89 estabelece que greve é a suspensão coletiva *de prestação pessoal de serviços a empregador.*

Assim, é necessário apurar, em uma leitura sistemática com a Constituição, se a legislação infraconstitucional inclui no direito as greves somente com *interesses econômico-profissionais e econômico-políticos*, ou seja, aquelas que possuem relação direta ou indireta com o contrato de trabalho, visando ao estabelecimento de melhores condições de labor; ou se protege juridicamente outras finalidades, quais sejam, conforme classificação de Arion Sayão Romita: greves com finalidades meramente políticas, que reivindicam fins puramente políticos, de protestos, que podem ser revolucionários, e as greves de solidariedade, que são deflagradas para apoiar outra greve ou qualquer interesse de trabalhadores de outra empresa ou grupo.[597]

Segundo Romita, a greve de solidariedade tem finalidade própria, ou seja, não serve apenas para defender interesses alheios, pois trata o movimento paredista em perspectiva de *identidade de classes* e de pertencimento e não em viés restritivo categorial:

> Uma definição estrita de greve de solidariedade não pode ser aceita, pois atenta contra a própria realidade histórica. Não se justifica uma definição como esta: greve deflagrada por trabalhadores que não têm uma reivindicação própria, com a finalidade de dar apoio moral a grevistas de outro ramo ou de outra empresa. Nesses termos, a greve de solidariedade teria por finalidade,

---

596 Art. 1º É assegurado o direito de greve, competindo aos trabalhadores decidir sobre a oportunidade de exercê-lo e sobre os interesses que devam por meio dele defender. Parágrafo único. O direito de greve será exercido na forma estabelecida nesta Lei. Cf.: BRASIL, 1989.

597 ROMITA, 1991, p. 257.

apenas, a defesa de interesses alheios. Embora haja greves com essa característica, não se pode negar que tal noção desnatura o fenômeno coletivo da greve. O próprio vocábulo solidariedade prova que, na maioria das greves deste tipo, acha-se presente o sentimento, muito profundo na generalidade dos trabalhadores, dos estreitos vínculos que os unem, ante a homogeneidade, pelo menos relativa, de suas condições de trabalho e de vida. [...] A analogia e, muitas vezes, a identidade de condições de trabalho e de vida suscita nos trabalhadores a consciência bastante nítida de que as soluções que afetam certos grupos podem repercutir na sua própria sorte. Tal ou qual medida praticada em relação a um grupo pode constituir um precedente ou ameaça para outro grupo. Nessas condições, *outro* não é sinônimo de *terceiro*.[598]

No mesmo sentido, para Márcio Túlio Viana, a greve de solidariedade é a que mostra, com mais força, a identidade e os interesses que unem a classe trabalhadora, pois os trabalhadores defendem questões que são de outros, embora possam estar (e em geral estão) conectadas com os seus próprios interesses.[599]

A doutrina brasileira (ainda minoritária) vem aceitando progressivamente – e, acrescentamos, coerentemente – a licitude das greves de solidariedade e políticas, tendo em vista a amplitude da redação do art. 9º da Constituição brasileira, *que dá aos trabalhadores a escolha dos interesses a serem defendidos*.

A corrente doutrinária que aduz a *ilicitude* das greves políticas e de solidariedade resume sua posição em alguns argumentos. Primeiramente, é alegado que o empregador não pode suportar os prejuízos de um conflito para o qual ele não tem condições de gerar solução, uma vez que as pretensões dessas greves estão fora de seu alcance de negociação. De acordo com essa corrente, a ilicitude das greves políticas e de solidariedade estaria corroborada pelo *caput* do art. 3º[600] da Lei nº 7.783/89, que condiciona o direito de greve à prévia tentativa de negociação coletiva, de modo que é impossível negociar sobre reivindicações de natureza política com o empregador, bem como negociar com o empregador sobre greves que dizem respeito a outra empresa. Nesse sentido, se manifestam Segadas Vianna,[601]

---

[598] ROMITA, 1991, p. 256.

[599] VIANA, 2000, p. 128.

[600] Art. 3º Frustrada a negociação ou verificada a impossibilidade de recursos via arbitral, é facultada a cessação coletiva do trabalho. Parágrafo único. A entidade patronal correspondente ou os empregadores diretamente interessados serão notificados, com antecedência mínima de 48 (quarenta e oito) horas, da paralisação. Cf.: BRASIL, 1989.

[601] VIANNA, 1984, p. 1110.

Ari Possidonio Beltran[602] e Gomes e Gottschalk,[603] que alegam que o direito de greve visa apenas à satisfação de interesses profissionais.

Entretanto, como ressalta precisamente Amauri Mascaro Nascimento, a questão não é de fácil composição, uma vez que há um conflito entre a liberdade atribuída pela Constituição Federal sobre o tipo de interesse a ser defendido mediante a greve e o condicionamento da lei ordinária ao trabalho prestado ao empregador. Nas palavras do autor: "[...] não seria indefensável aqui a tese de exorbitância da lei ordinária diante da norma constitucional."[604]

Assim, conforme Roberto Santos,[605] a interpretação possível da Constituição é que são lícitas as greves políticas e de solidariedade. Márcio Túlio Viana adere a essa posição, admitindo a licitude das greves meramente políticas ou revolucionárias, pois a greve é um direito fundamental que reclama interpretação ampliativa e não *mera liberdade*.[606] Na mesma linha, para José Martins Catharino,[607] sua finalidade é "[...] a melhoria ou obtenção de novas vantagens [...]", sem restrições de quais interesses serão defendidos, bem como para Messias Pereira Donato, que define que o fim da greve é "[...] a satisfação dos direitos e interesses comuns aos trabalhadores."[608]

Maurício Godinho Delgado afirma que a Constituição de 1988,[609] em contraposição a todas as anteriores do país, conferiu efetivamente a amplitude do direito de greve, não restringindo interesses a serem defendidos, competindo somente aos trabalhadores tal decisão. A posição de Delgado é subsidiada pelo art. 4º da própria Lei nº 7.783/89, que estabelece que é na assembleia geral que se definirá a natureza das reivindicações da categoria e se deliberará sobre a paralisação coletiva da prestação de serviços.

Arion Sayão Romita alega que é inconstitucional o preceito da lei ordinária que considera ilegal a greve de solidariedade ou a greve política. A greve lícita não é somente aquela restrita a reivindicações econômico-profissionais ou econômico-políticas, uma vez que, se o fim perseguido pela greve

---

602 BELTRAN, 2001, p. 210.
603 GOMES; GOTTSCHALK, 1990, p. 759.
604 NASCIMENTO, 1990, p. 47.
605 SANTOS, 1993, p. 121.
606 VIANA, 1996, p. 305.
607 CATHARINO, 1982, p. 77.
608 DONATO, 1982, p. 95.
609 DELGADO, 2009, p. 1299.

for lícito, ela será lícita.[610] Assim, se a greve cumprir os requisitos formais e materiais exigidos pela Lei nº 7.783/89, quais sejam: quórum estabelecido pelos sindicatos para a convocação da assembleia e deflagração do movimento (art. 4º); não causar prejuízo irreparável para o empregador (art. 9º), respeitando direitos e garantias fundamentais de outros (art. 6º, parágrafo 1º); efetuar as prestações mínimas de serviços públicos e inadiáveis para a comunidade (art. 10, 11, 12, 13); notificar previamente os empregadores com antecedência mínima de 48 horas[611] da paralisação, nos termos do art. 3º, parágrafo único da lei, não há que se falar em ilegalidade.

No entanto, sobre este último aspecto, devemos salientar a inconstitucionalidade da exigência de pré-aviso pela Lei nº 7.783/89, que impede a realização das greves atípicas denominadas *greves surpresas*, capazes de deturpar a previsibilidade do controle do tempo de produção herdado do modelo taylorista-fordista da modernidade. A Constituição brasileira estabelece em seu art. 9º que cabe aos trabalhadores decidir sobre a *oportunidade* do movimento. O conceito aberto constitucional detém conteúdo propositalmente indeterminado, para propiciar a adaptação entre o sistema jurídico baseado em normas de conteúdo rígido e a realidade cambiante que requer respostas direcionadas à subsunção de cada fato. A intermediação restritiva da Lei nº 7.783/89 com a exigência do pré-aviso mutila a indeterminação do conceito constitucional, usurpando a prerrogativa da oportunidade da deflagração do direito de greve dos trabalhadores.

Nesse sentido, ressalta-se ainda que as *especificações atribuídas pela lei não podem ser postas em plano de maior relevância que o próprio exercício do direito de greve*. Em outras palavras, as delimitações legais, para atender necessidades inadiáveis e coibir abusos, não podem ir ao ponto de inibir o exercício do direito de greve.[612]

Sobre os argumentos supracitados de que greves políticas e de solidariedade são ilícitas diante da impossibilidade de negociação coletiva por parte do empregador, em razão do critério do art. 3º, *caput* da Lei de Greve, que submete a deflagração do movimento à prévia negociação coletiva, nos parece que tais exigências legais são inócuas em relação a esses tipos específicos de greve. Conforme assinala Arion

---

610 ROMITA, 1991, p. 268.

611 Conforme art. 13 da Lei nº 7.783/89, na greve, em serviços ou atividades essenciais, ficam as entidades sindicais ou os trabalhadores, conforme o caso, obrigados a comunicar a decisão aos empregadores e aos usuários com antecedência mínima de 72 (setenta e duas) horas da paralisação.

612 MAIOR, 2014a, p. 3.

Sayão Romita,[613] a licitude da greve não implica necessariamente a negociação, nem sequer a presença de outra parte.

Nas greves políticas no setor privado, nas quais as reivindicações são em face do Estado, este não garante meios institucionais para a negociação coletiva direta com os trabalhadores, de modo que não é destes o ônus de assegurá-la.[614] Ademais, a greve pode ser deflagrada como sinal de alarme social, sem que haja possibilidade ou necessidade de negociação coletiva.

Portanto, o direito de greve não deve ser reduzido ao âmbito do impasse das negociações coletivas. O movimento paredista é uma estratégia de diálogo social, nos termos da Convenção nº 144 da OIT, de *status* supralegal no ordenamento brasileiro. Nesse viés, o direito de greve é mecanismo de pressão que impulsiona diálogo social mais amplo, permitindo-se ouvir partes interessadas nos processos democráticos de construção da norma no mundo do trabalho.

Além disso, devemos ressaltar que na realidade há um *cocktail de greves*,[615] ou seja, todos os tipos de objetivos na greve atuam de forma combinada, sendo que a separação entre greve econômica-profissional, econômico-política e puramente política é meramente didática, principalmente em países em que há crescente intervenção do Estado no domínio econômico e social – como é o caso do Brasil –, nos quais este toma decisões que afetam diretamente o interesse das classes trabalhadoras, sem que estejam relacionadas diretamente com o empregador na execução do contrato de trabalho. Márcio Túlio Viana também entende que a tendência é considerar as greves mistas, dirigidas ao mesmo tempo ao empregador e aos poderes públicos, até porque, conforme o autor, a empresa não passa de um interlocutor imediato dos conflitos trabalhistas: o principal interlocutor é o Estado, na medida em que participa como verdadeiro estrategista da política salarial e das condições gerais de trabalho.[616]

Quanto às greves de solidariedade, a alegação de sua ilicitude em razão da natureza externa dos interesses defendidos pelos trabalhadores, que pertenceriam a outros grupos, e, portanto, estariam fora da esfera de disponibilidade do empregador direto, Romita explica sua legitimidade:

> A licitude da greve não depende da existência de um interesse direto dos trabalhadores que a promovem. A greve é meio de luta e, portanto, o direito de greve é um direito instrumental. A greve é um meio para um fim:

---

613 ROMITA, 1991, p. 271.

614 BABOIN, 2013, p. 74.

615 Expressão elaborada por Helène Sinay (1966, p. 44).

616 VIANA, 1996, p. 304.

a superação das desigualdades materiais ou a remoção dos obstáculos que impedem a igualdade substancial (não meramente formal) dos indivíduos e dos grupos a que pertencem. O interesse dos trabalhadores não precisa ser, portanto, diretamente ligado à reivindicação que motivou a greve.[617]

Romita destaca que a limitação da greve às finalidades econômicas-contratuais está estritamente relacionada à concepção da natureza jurídica potestativa desse direito. Assim, a greve não pode ser considerada *apenas* como direito potestativo, porque tal entendimento restringe o alcance do instituto ao âmbito do contrato de trabalho e lhe assinala, logicamente, uma pretensão que só se legitima nesse contexto.[618]

Delgado também refuta o reducionismo civilista da natureza potestativa do direito de greve. O autor acredita que a concepção – supracitada por Romita – da greve como direito instrumental e viabilizador da igualdade material é válida e inegável, porém não esgota o instituto.[619] Para o autor e para a doutrina brasileira majoritária[620] – à qual nos filiamos – a natureza jurídica da greve é de *direito fundamental de caráter coletivo*, resultante da autotutela coletiva inerente às sociedades democráticas, de modo que é exatamente nessa qualidade e com essa dimensão que a Constituição de 1988 reconhece tal direito.[621]

Nesse sentido, Souto Maior destaca, com razão, a importância do reconhecimento da *dimensão política* do direito fundamental de greve como forma de participação dos trabalhadores na democracia, que não se restringe à concepção vazia que se baseia exclusivamente em mecanismos de participação indireta:

> Em uma democracia deve-se abarcar a possibilidade concreta de que os membros da sociedade, nos seus diversos segmentos, possam se organizar para serem ouvidos. A greve, sendo modo de expressão dos trabalhadores, é um mecanismo necessário para que a democracia atinja às relações de trabalho.[622]

Márcio Túlio Viana também destaca o papel jurídico-político da greve na qualidade de fonte material de produção de direitos humanos, ultrapassando a visão estática de cidadania:

---

[617] ROMITA, 1991, p. 271.

[618] ROMITA, 1991, p. 249.

[619] DELGADO, 2009, p. 1316.

[620] Entre os autores que atribuem à greve a natureza jurídica de direito fundamental Georgenor Sousa Franco Filho, Ingo Wolfgang Sarlet, Washington Luís da Trindade, Carlos Henrique Bezerra Leite, entre tantos outros.

[621] DELGADO 2009, p. 1315.

[622] MAIOR, 2010, p. 1.

Ao mesmo tempo, ela (a greve) irradia os seus efeitos para outras categorias e mesmo para além das relações de trabalho. É curioso notar que, no mesmo momento em que a fábrica deixa de produzir mercadorias, a greve – que é também seu contrário – passa a produzir direitos. E direitos não só trabalhistas, em sentido estrito, mas humanos, em sentido amplo.[623]

Desse modo, nos parece que, diante da sistemática da Constituição brasileira, que elenca o pluralismo político como um de seus fundamentos (art. 1º, V), e da amplitude do art. 9º, que destina aos trabalhadores a determinação da oportunidade de exercício do direito de greve, bem como a escolha dos interesses que devam ser defendidos, fica claro que a interpretação da lei infraconstitucional de greve deve ser aquela que garanta a licitude das greves políticas e de solidariedade, tendo em vista o paradigma de democracia e cidadania adotado pelo sistema constitucional pátrio. O conceito dinâmico de cidadania assegura conjunto indissociável de direitos que possibilita a qualquer pessoa participar ativamente da vida política de seu país; participação que não se resume a mecanismos meramente eleitorais. A invisibilidade da dimensão política do direito de greve reproduz desigualdades, ao excluir os trabalhadores da tomada de decisões políticas, perpetuando marginalizações de certos segmentos sociais.

A ampla garantia da greve como direito fundamental coletivo, de caráter político, estabelecido no art. 9º da Constituição, nos faz questionar a interpretação de outro dispositivo da Lei nº 7.783/89, que trata dos efeitos contratuais decorrentes do exercício do direito de greve: o artigo 7º, conforme exporemos a seguir.

EFEITOS CONTRATUAIS DECORRENTES DO EXERCÍCIO DO DIREITO DE GREVE E A RESPONSABILIDADE CONEXA

A literalidade do art. 7º da Lei nº 7.783/89 determina que o exercício do direito de greve enseja a *suspensão do contrato de trabalho*:

> Art. 7º: Observadas as condições previstas nesta Lei, *a participação em greve suspende o contrato de trabalho,* devendo as relações obrigacionais, durante o período, ser regidas pelo acordo, convenção, laudo arbitral ou decisão da Justiça do Trabalho. Parágrafo único. É vedada a rescisão de contrato de trabalho durante a greve, bem como a contratação de trabalhadores substitutos, exceto na ocorrência das hipóteses previstas nos arts. 9º e 14.[624]

---

[623] VIANA, 2009, p. 107.

[624] BRASIL, 1989. (grifo nosso)

Como já vimos no segundo capítulo desse livro, o *direito* de greve *imuniza* o trabalhador contra o poder disciplinar.[625] Contudo, a nosso ver e conforme a doutrina brasileira majoritária, o efeito jurídico contratual do exercício do *direito* de greve – que leva à não responsabilização trabalhista, civil ou criminal pela ausência da prestação da atividade laboral nos moldes pactuados – *não é sempre o mesmo em todos os casos*.

Em sentido contrário, Eduardo Gabriel Saad afirma que a lei de greve impõe como *efeito único* a suspensão contratual, de modo que "[...] não assegura aos grevistas o salário dos dias parados e atende ao que há de melhor na doutrina internacional."[626]

No entanto, Amauri Mascaro Nascimento destaca que a linguagem utilizada na Lei nº 7.783/89 não é relacionada com a dualidade entre suspensão e interrupção do contrato de trabalho, porque se assim fosse, a greve, como suspensão, seria caracterizada sempre como afastamento não remunerado, não computado no tempo de serviço, o que não é plausível. Conforme o autor, não tem havido muito rigor técnico no emprego da expressão *suspensão do contrato de trabalho*, quando melhor seria falar *em suspensão do trabalho e não do contrato de trabalho*.[627] Ressalta Amauri Mascaro Nascimento que a revogada Lei nº 4.330/64, em seu art. 20, parágrafo único, estabelecia:

> Art. 20: A greve suspende o contrato de trabalho, assegurando aos grevistas o pagamento dos salários durante o período de sua duração e o cômputo do tempo de paralisação como de trabalho efetivo, se deferidas, pelo empregador ou pela Justiça do Trabalho, as reivindicações formuladas pelos empregados, total ou parcialmente.[628]

Segundo o autor, conforme esse artigo da revogada lei de greve, tudo dependia do atendimento ou não das reivindicações, porque, se essas fossem acolhidas, em parte ou no todo, pelo empregador ou mediante decisão judicial, o empregador estaria automaticamente obrigado a pagar os salários dos dias de paralisação. Caso contrário, não havia a obrigação de pagar os salários ou de contar o tempo de serviço.[629] De acordo com Amauri Mascaro Nascimento, a lei atual, de modo diverso, retirou a condicionalidade do pagamento dos salários e da contagem do tempo de serviço do

---

625 VIANA, 2000, p. 131.
626 SAAD, 1989, p. 192.
627 MASCARO, 1990, p. 86.
628 BRASIL, 1964.
629 NASCIMENTO, 1990, p. 88.

esquema legal, pois a matéria passou a ser regulamentada pela autonomia negocial, conforme expressa disposição do art. 7º. Os salários serão devidos se assim for ajustado pelas partes, atendidas ou não as reivindicações dos grevistas. Não havendo acordo, prevalecerá o que for decidido pela Justiça do Trabalho ou pelo árbitro, se as partes escolherem essa via.[630]

Para Maurício Godinho Delgado e para a doutrina dominante no Brasil, *a regra* é que a greve leva à suspensão do contrato de trabalho,[631] ou seja, os dias parados, em princípio, não serão pagos, não se computando para fins contratuais do mesmo período. Ressalta o autor que, em contrapartida, o empregador não pode dispensar o trabalhador em período de afastamento nem alegar justa causa pela adesão à greve, após o retorno do obreiro, nos termos da súmula 316 do Supremo Tribunal Federal.[632]

Entretanto, assevera Delgado, caso se trate de greve *em função do não cumprimento de cláusulas contratuais relevantes e de regras legais pela empresa*, como o não pagamento ou atraso reiterado de salários, más condições ambientais com risco à higidez dos trabalhadores, pode-se falar na aplicação da regra genérica da *exceção do contrato não cumprido*. Nesse caso, seria cabível enquadrar como interrupção contratual o período de duração do movimento paredista, exigindo-se o pagamento dos salários e a computação do tempo de serviço.[633] Essa posição também é compartilhada por Márcio Túlio Viana em diversas obras,[634] em especial de acordo com as seguintes afirmações:

> Não cabem salários – exceto se há ajuste em contrário, ou (a nosso ver) quando o próprio empregador as provoca, ao descumprir normas. Ensina Ruprecht que os pagamentos devidos pelo Estado devem continuar. Seria o caso do salário-maternidade, pois, embora o empregador faça os pagamentos, pode depois deduzi-los de seus débitos previdenciários. Conta-se o tempo de serviço? Uns, como Abellán, acham que sim; outros, como Ruprecht, entendem que é preciso distinguir as greves lícitas das ilícitas. Ora: a suspensão do contrato não gera contagem de tempo; já a interrupção, sim. Assim, quando os salários são devidos, o tempo se contaria. Entre nós, na prática, tem-se computado o tempo. Pergunta-se, ainda: pode a empresa exigir a reposição das horas não trabalhadas? Se não pagou os salários, é negativa a resposta.[635]

---

630 NASCIMENTO, 1990, p. 88.

631 DELGADO, 2009, p. 1299.

632 Súmula 316 STF: A simples adesão à greve não constitui falta grave.

633 DELGADO, 2009, p. 1299.

634 VIANA, 1996, p. 306.

635 VIANA, 2000, p. 26.

Conforme Lélia Guimarães de Carvalho Ribeiro, não há regra geral, pois podem ocorrer hipóteses tanto de suspensão como de interrupção, a depender de cada caso, mas, em qualquer hipótese, o emprego é garantido aos grevistas, ainda que contra a vontade do empregador. Para a autora, os direitos dos grevistas são reconhecidos, bem como os salários, na hipótese de greve não abusiva.[636]

Para Everaldo Gaspar Lopes de Andrade, inexiste no Direito do Trabalho a duplicidade de nomenclatura – suspensão e interrupção – do contrato de trabalho. Há apenas suspensão, com as seguintes consequências: paralisação total, parcial ou superveniência total dos efeitos do contrato de trabalho. Portanto, afirma o autor que "[...] se a lei de greve quisesse tipificar o primeiro efeito, teria que informar objetivamente. Não é o caso. A greve será legítima ou ilegítima. Se ilegítima, descontam-se os dias parados; legítima, não."[637]

Também criticando a distinção doutrinária entre suspensão e interrupção contratual, Souto Maior assevera que *legalmente* não há diferença entre interrupção e suspensão do contrato de trabalho, embora a doutrina brasileira tenha criado essa diferenciação em razão da expressão trazida como título do Capítulo IV da CLT, "Da Suspensão e da Interrupção". Conforme o autor, o fato é que, embora o nome do capítulo seja esse, a própria CLT não definiu as figuras em questão, de modo que a doutrina nacional tratou de separar as hipóteses com divergências, pois para alguns a suspensão seria caracterizada pela ausência total de efeitos jurídicos, enquanto para outros a produção de alguns efeitos não a descaracterizaria. Para estes últimos, o elemento diferenciador seria apenas o recebimento, ou não, do salário, com a consequente contagem do tempo de serviço.[638]

De acordo com o autor, a discussão doutrinária acerca do melhor critério para separar interrupção e suspensão tem pouca ou nenhuma importância, pois os efeitos jurídicos atribuídos a cada situação devem ser determinados na lei. Nesse sentido, quando a Lei nº 7.783/89 traz a expressão *suspensão*, não se pode atribuir a ela os efeitos jurídicos postos por uma classificação de caráter doutrinário, que nem sequer se apresenta de forma unânime.[639] Souto Maior, utilizando-se da classificação de Orlando Gomes e Elson Gottschalk, acredita que tecnicamente só exista suspensão contratual, que pode ser *total* ou *parcial*, pois:

---

636 RIBEIRO, 1998, p. 509.

637 ANDRADE, 1991, p. 224.

638 MAIOR, 2010, p. 3.

639 MAIOR, 2010, p. 4.

Dá-se, *totalmente* quando as duas obrigações fundamentais, a de prestar o serviço e a de pagar o salário, se tornam reciprocamente inexigíveis. Há *suspensão parcial* quando o empregado não trabalha e, não obstante, faz jus ao salário.[640]

Nesses termos, do ponto de vista terminológico, com base na doutrina de Orlando Gomes e Elson Gottschalk, a suspensão da relação de emprego, sendo parcial, pode implicar a obrigação de pagamento do salário. Nas palavras de Souto Maior:

> No tema pertinente à suspensão da relação de emprego, o que importa é, portanto, verificar quais os efeitos obrigacionais são fixados por lei. Não cabe à doutrina dizê-lo. E, de fato, no caso da greve cumpre reparar que a lei nada estabeleceu sobre os efeitos obrigacionais. Apenas restou dito que "a greve suspende o contrato de trabalho". Ora, se o legislador não fixou diferença entre suspensão e interrupção e, ademais, considerando o pressuposto da experiência jurídica estrangeira, trouxe essa forma de nominação fora de um parâmetro técnico, não se pode dizer que quando, em lei especial, referiu-se apenas à suspensão tenha acatado a classificação feita pela doutrina, que, ademais, como dito, não é unânime quanto aos critérios de separação entre hipóteses de suspensão e interrupção. Do ponto de vista doutrinário, é mais correto dizer que a lei de greve corrigiu uma incoerência nominativa trazida na CLT, nada mais que isso. Aliás, não pode mesmo ser outra a conclusão, considerando o que diz, na seqüência, a referida Lei n. 7.783/89: "... devendo as *relações obrigacionais,* durante o período, *ser regidas* pelo acordo, convenção, laudo arbitral ou decisão da Justiça do Trabalho." Ora, o que diz a lei é que os efeitos obrigacionais não estão fixados pela lei. Assim, não pode o empregador, unilateralmente, dizer que está desobrigado de pagar salários durante a greve, pois não terá base legal nenhuma a embasá-lo.[641]

O autor tenta demonstrar que o direito do recebimento de salário é um efeito obrigacional inegável, na medida em que, por lei, o não recebimento de salário somente decorre de falta injustificada ao serviço, ao que, por óbvio, não se equipara à ausência de trabalho em virtude do exercício do direito de greve. Segundo ele, é nítido que o exercício de um direito fundamental de greve não pode significar o sacrifício de outro direito fundamental, o do recebimento de salário.[642] A interpretação extensiva dos termos da lei, implicando a negativa ao direito de recebimento de salários, é imprópria mesmo sob o prisma das técnicas de interpretação do direito comum e ainda mais grave tratando-se de direito social.[643]

---

640 GOMES; GOTTSCHALK, 1990, p. 454.

641 MAIOR, 2010, p. 5.

642 MAIOR, 2010, p. 5.

643 MAIOR, 2010, p. 5.

Para Souto Maior, é evidente que a preocupação do legislador, ao dizer que a greve "suspende o contrato de trabalho", foi a de dar ênfase à preservação da relação de emprego, evitando que o empregador considerasse os dias parados como faltas ao trabalho e propugnasse pela cessação dos vínculos jurídicos.[644] É o que consta, ademais, com todas as letras no parágrafo único do artigo 7º, da lei em questão: "É vedada a rescisão de contrato de trabalho durante a greve, bem como a contratação de trabalhadores substitutos, exceto na ocorrência das hipóteses previstas nos artigos 9º e 14."[645] A lei ordinária estabelece em seu art. 14:

> Art. 14: *Constitui abuso do direito de greve* a inobservância das normas contidas na presente Lei, bem como a manutenção da paralisação após a celebração de acordo, convenção ou decisão da Justiça do Trabalho. Parágrafo único. Na vigência de acordo, convenção ou sentença normativa não constitui abuso do exercício do direito de greve a paralisação que: I – tenha por objetivo exigir o cumprimento de cláusula ou condição; II – seja motivada pela superveniência de fatos novo ou acontecimento imprevisto que modifique substancialmente a relação de trabalho.[646]

Sobre o "abuso do direito de greve" previsto neste artigo, Sayonara Grillo faz uma crítica pertinente, afirmando que a Lei nº 7.783/89 subverteu esse conceito, provocando o esvaziamento político da garantia constitucional, que *previu conduta abusiva e não o conceito de greve abusiva*.[647] Para Roberto Santos,[648] tal dispositivo é inconstitucional, uma vez que a Constituição, ao se referir a abusos, tratou dos *excessos periféricos* e não no sentido que está atribuindo a lei ordinária. Para Orlando Teixeira da Costa tratam-se de abusos do direito *na* greve e não especificamente o abuso de direito *de* greve.[649]

---

[644] MAIOR, 2010, p. 7.

[645] Art. 9º Durante a greve, o sindicato ou a comissão de negociação, mediante acordo com a entidade patronal ou diretamente com o empregador, manterá em atividade equipes de empregados com o propósito de assegurar os serviços cuja paralisação resultem em prejuízo irreparável, pela deterioração irreversível de bens, máquinas e equipamentos, bem como a manutenção daqueles essenciais à retomada das atividades da empresa quando da cessação do movimento. Parágrafo único. Não havendo acordo, é assegurado ao empregador, enquanto perdurar a greve, o direito de contratar diretamente os serviços necessários a que se refere este artigo. Cf.: BRASIL, 1989.

[646] BRASIL, 1989. (grifo nosso)

[647] SILVA, 2008, p. 343.

[648] SANTOS, 1993, p. 528.

[649] COSTA, 1991, p. 95.

Diante desse raciocínio exposto, nos parece mais coerente afirmar que a interrupção (ou suspensão parcial) *é a regra geral* no tocante ao efeito contratual durante o movimento paredista, pois negar aos trabalhadores o direito ao salário – ou só admiti-lo em casos excepcionais, como faz a doutrina majoritária – quando estiverem em greve, equivale, na prática, a negar-lhes o direito de exercer o direito de greve.[650]

Entretanto, acreditamos que, quando existem prejuízos irreparáveis para o empregador (determinados pela própria Lei nº 7.783/89, em seu art. 9º), causados *por excessos periféricos*, como, por exemplo, destruição violenta e permanente do maquinário, concordamos com Orlando Teixeira da Costa, que há abusos do direito *na* greve – não especificamente o abuso de direito *de* greve – que ensejam a discussão da legitimidade da retribuição, bem como da responsabilidade contratual dos trabalhadores no caso concreto, conforme preceitua o art. 15[651] da Lei nº 7.783/89.

Somente nesses casos de *excessos colaterais evidentes* que se torna pertinente a discussão *da responsabilidade trabalhista* do grevista. Isso porque a greve é um *direito constitucional* – e não mera liberdade – que impede qualquer atuação do poder disciplinar durante sua legítima atuação, de modo que é irrelevante se esse direito irá interromper ou suspender o contrato; tal discussão somente é pertinente no tocante à retribuição e à contagem de tempo de serviço. Nesse sentido, também dispõe a supracitada Súmula 316 do Supremo Tribunal Federal, que impõe que a simples adesão à greve não constitui falta grave, transformando a dispensa em razão de seu exercício em discriminatória.

Sobretudo nesse ponto se manifesta a superação dos princípios inerentes ao Estado Liberal: da *liberdade de greve*, conceito que implica somente a exclusão da responsabilidade penal, passa-se ao conceito de *direito de greve*, e, portanto, da exclusão da responsabilidade trabalhista,[652] pois tal conduta não se configura inadimplemento contratual, prevalecendo o direito coletivo dos trabalhadores em detrimento do interesse individual do empregador. Contudo, excepcionalmente, a participação ativa do

---

650 MAIOR, 2010, p. 2.

651 Art. 15. A responsabilidade pelos atos praticados, ilícitos ou crimes cometidos, no curso da greve, será apurada, conforme o caso, segundo a legislação trabalhista, civil ou penal. Parágrafo único. Deverá o Ministério Público, de ofício, requisitar a abertura do competente inquérito e oferecer denúncia quando houver indício da prática de delito. Cf.: BRASIL, 1989.

652 Nesse sentido, Raimundo Simão de Melo (2006, p. 84), Souto Maior (2010, p. 7), Giugni (2008, p. 228), Santoro-Passarelli (1974, p. 36), Mengoni (1964, p. 227), entre outros.

trabalhador em atos legalmente vedados ocorridos na greve, como a utilização de violência contra o empregador ou algum tipo de ato desmedido e violento que cause danos irreparáveis e permanentes à empresa, é possível a configuração da responsabilidade trabalhista do obreiro.[653]

No tocante à *responsabilidade civil*, que consiste naquela decorrente da prática de ato ilícito gerador de danos materiais e morais, também prevista pelo art. 15 da Lei de greve, acreditamos que quem deva responder pela reparação desses prejuízos decorrentes de excessos periféricos na greve seja, em regra, o sindicato.[654] Nesta linha, Eduardo Gabriel Saad afirma que "[...] se reconhecida a ilegalidade da greve e provados os consequentes prejuízos da empresa, deverá o sindicato profissional, responsável pela cessação coletiva do trabalho, pagar a respectiva indenização."[655]

O Direito positivo brasileiro não trata especificamente da responsabilidade civil das entidades sindicais e, como ressalta Orlando Gomes, há também lacuna na doutrina pátria nesse ponto. O autor sustenta que a natureza dessa responsabilidade é estritamente extracontratual, nos termos do art. 186 do Código Civil,[656] assim como Arnaldo Süssekind.[657]

Apesar de Washington Luiz Trindade afirmar que o constituinte adotou a doutrina da *disregard legal entity* no parágrafo 2º do art. 9º,[658] pois desconsiderou a entidade operadora do direito de greve e firmou a responsabilidade das pessoas físicas que cometem ilícitos,[659] acreditamos que o trabalhador já pode ser penalizado na esfera trabalhista quando ocorrem excessos na greve, não tendo lugar, dessa forma, a cobrança de reparação civil do dano, em regra.[660]

---

[653] Em sentido contrário, Ronald Amorim e Souza considera que qualquer dano patronal pode ensejar a responsabilidade trabalhista do empregado, nos termos do art. 462, parágrafo 1º da CLT, que permite o desconto em salário por dano doloso. Cf.: SOUZA, 2007, p. 112.

[654] No mesmo sentido, Hèlène Sinay (1966, p. 311).

[655] SAAD, 1989, p. 196.

[656] GOMES, 1990, p. 98.

[657] SÜSSEKIND, 2004, p. 97.

[658] Art. 9º É assegurado o direito de greve, competindo aos trabalhadores decidir sobre a oportunidade de exercê-lo e sobre os interesses que devam por meio dele defender. § 2º Os abusos cometidos sujeitam os responsáveis às penas da lei. Cf: BRASIL, 1988.

[659] TRINDADE, 1998, p. 482.

[660] A regra da responsabilidade do sindicato não se trata de uma aplicação errônea da teoria do domínio do fato, para justificar a perseguição de líderes sindicais no Brasil.

Nesse sentido, se manifestam Ronald Amorim e Souza e Marta Momezzo, que atribui a responsabilidade civil ao sindicato, em razão da presunção de hipossuficiência do trabalhador, que não pode ser responsabilizado concomitantemente nas esferas trabalhista e civil.[661] Raimundo Simão de Melo também adere a essa posição, alegando que os sindicatos sobrevivem com contribuições sindicais dos trabalhadores, e essas contribuições devem, portanto, ser destinadas ao pagamento de tais indenizações.[662]

Devemos destacar, no entanto, que a reparação civil não é, nesse caso, uma reparação disciplinar, mas apenas para ressarcir perdas decorrentes, de modo que deve ser estabelecida judicialmente de forma equilibrada, sem que iniba a sobrevivência da entidade sindical, que não tem finalidade lucrativa.[663]

Ademais, a reparação civil vale para ambas as partes, entidade sindical profissional e patronal. Exemplo disso é a exigência do art. 11 da Lei de greve[664] de manutenção nos serviços essenciais das prestações mínimas, que podem colocar em perigo iminente a sobrevivência, a saúde ou a segurança da população, que devem ser garantidos em comum acordo pelos sindicatos, empregadores e trabalhadores. Nas palavras de Souto Maior:

> Resta claro, portanto, que deflagrada a greve, que é um direito dos trabalhadores, cumpre a estes e ao empregador, de comum acordo, definirem como serão realizadas as atividades inadiáveis. As responsabilidades pelo efeito da greve não podem ser atribuídas unicamente aos trabalhadores, até porque esses estão no exercício de um direito. Aos empregadores também são atribuídas respon-

---

Conforme teoria do domínio do fato, entende-se que uma pessoa que tenha autoridade direta e imediata sobre um agente ou grupo que pratica ilicitude, em situação ou contexto de que tenha conhecimento ou necessariamente devesse tê-lo, possa ser responsabilizada pela infração do mesmo modo que os autores imediatos. Claus Roxin, um dos precursores dessa teoria, critica banalização de sua aplicação na seara extracriminal, de modo que a teoria só poderia ser utilizada num momento de exceção para organizações criminosas que atuem à margem da ordem jurídica. Cf: ROXIN, 2014, p. 2.

661 MOMEZZO, 2007, p. 80.

662 MELO, 2006, p. 94.

663 SOUZA, 2007, p. 115.

664 Art. 11. Nos serviços ou atividades essenciais, os sindicatos, os empregadores e os trabalhadores ficam obrigados, de comum acordo, a garantir, durante a greve, a prestação dos serviços indispensáveis ao atendimento das necessidades inadiáveis da comunidade. Parágrafo único. São necessidades inadiáveis, da comunidade aquelas que, não atendidas, coloquem em perigo iminente a sobrevivência, a saúde ou a segurança da população. Cf.: BRASIL, 1989.

sabilidades e a primeira delas é a de abrir negociação com os trabalhadores, inclusive para definir como será dada continuidade às atividades produtivas.[665]

Excepcionalmente, no entanto, poderá haver a responsabilização civil de um trabalhador individualmente considerado que não coadunou com o elemento volitivo coletivo concertado, atuando como um estranho ao movimento para dele se apropriar e sabotá-lo, com atos de vandalismo especificamente direcionados a colega de profissão, ao empregador ou contra terceiro.[666] Nesse caso, deve-se ressaltar que não é pelo fato de a greve ser um movimento essencialmente coletivo que torna legítima a cobrança da reparação civil dirigida a todos os trabalhadores que participaram dela ou do próprio sindicato, em que pese posições contrárias.[667] Inclusive, justamente pelo fato de o elemento coletivo concertado constituir a essência do direito de greve, um ato isolado, estranho a essa pactuação volitiva coletiva, pode ensejar a responsabilidade civil de um trabalhador individualmente considerado, de forma excepcional.

Salienta Ronald Amorim e Souza que é crucial o meticuloso estabelecimento entre o nexo causal da conduta do autor e o dano causado para que a cobrança se efetive somente contra quem se apure responsável.[668] Segundo o autor, quando se trata de perda patrimonial, a reparação será feita na proporção do valor do bem atingido pela ação do trabalhador, sem prejuízo da sanção penal, quando o ato se revestir de aspecto criminoso, a exemplo lesões corporais leves ou graves (art. 149 do Código Penal).

Lembre-se, no entanto, que os *excessos na greve de cunho trabalhista e civil não caracterizam automaticamente um ilícito penal*. A determinação do agente penalmente responsável dependerá de quais excessos foram realizados, para que se possa eventualmente enquadrar a conduta delituosa em um tipo específico criminal. Na doutrina penal e juslaborista brasileira não existem dúvidas de que após a promulgação da Constituição de 1988 e da Lei 7.783/89, o tipo penal do art. 201[669] do

---

[665] MAIOR, 2014, p. 3.

[666] Nesse sentido: ROJOT *apud* BLANPAIN, 1994, p. 62.

[667] Arnaldo Süssekind alega que nestes casos poder-se-ia suscitar a responsabilidade solidária entre sindicato e o trabalhador individualmente considerado pelo dano causado. Cf.: SÜSSEKIND, 2004, p. 98.

[668] SOUZA, 2007, p. 113.

[669] Paralisação de trabalho de interesse coletivo: Art. 201 – Participar de suspensão ou abandono coletivo de trabalho, provocando a interrupção de obra pública ou serviço de interesse coletivo: Pena – detenção, de seis meses a dois anos, e multa. Cf.: BRASIL, 1940.

Código Penal, que previa o crime de paralisação de trabalho de interesse coletivo, foi revogado. Segundo Guilherme Guimarães Feliciano, "[...] talvez seja esse o melhor exemplo do entulho autoritário que ainda subjaz no Título IV da Parte Especial do Código Penal Brasileiro e é mister apontar veementemente sua revogação."[670]

Desse modo, justamente por estarmos sob o paradigma de um Estado Democrático de Direito e pelo fato de a greve ser um direito constitucional inerente à sociedade plural (e não um crime ou mera liberdade) que devemos condenar a *criminalização do movimento paredista* manipulado por certos segmentos sociais e grupos de mídia, que são coniventes com violências reais e simbólicas no tratamento do conflito coletivo trabalhista, representadas pela repressão truculenta da Polícia Militar, bem como pela deslegitimação ideológica de movimentos grevistas, qualificando-os como grupos de vândalos e arruaceiros.

Por fim, ainda sobre o tópico da responsabilidade, Ronald Amorim e Souza ressalta a possibilidade de existência da *responsabilidade contratual* do sindicato em virtude de limites autônomos estabelecidos para não se deflagrar uma greve, representados pela denominada "trégua ou cláusula de paz". Tal cláusula negociada nas convenções coletivas de trabalho é explicitada no art. 14 da Lei nº 7.783/89, que determina que constitui abuso do direito de greve a paralisação ocorrida após a celebração de acordo ou convenção, com exceção da paralisação que tenha como objetivo exigir o cumprimento de cláusula ou que seja motivada pela superveniência de fatos novos ou acontecimento imprevisto que modifiquem substancialmente a relação de trabalho.

Conforme Ronald Amorim e Souza, a partir do momento que uma negociação coletiva culmina no estabelecimento de normas e condições de trabalho consubstanciadas em uma convenção coletiva, tem-se como ajustado um legítimo pacto, um contrato em essência e forma. A contar desse momento, segundo o autor, presume-se que as partes ensarilham armas e se subordinam ao conteúdo normalizado: "[...] é, sem dúvida, o *pacta sunt servanda* que escraviza as partes ao objeto da contratação."[671] O jurista afirma, no entanto, que quando alguma cláusula deixar de ser respeitada pela entidade patronal – *exceptio non adimpleti contractus* – ou em razão da teoria da imprevisão – se algo superveniente, capaz de ensejar substancial modificação nas relações trabalhistas ocorrer –, será possível o recurso à greve: "[...] é a *cláusu-*

---

[670] FELICIANO, 2009, p. 356.

[671] SOUZA, 2002, p. 3.

la rebus sic stantibus inserida, por previsão da lei de greve, no contexto implícito do instrumento normativo, convencional ou imperativo judicial, pelo prazo que, negociada ou legalmente, esteja estabelecido."[672]

Segundo o autor, é previsto pelo princípio da boa-fé que todo contrato seja ajustado para ser obrigatoriamente observado pelos celebrantes que, na pendência de sua execução, se comprometem a manter nível ausente de disputas, de confrontos, *de modo que é implícita ou automática a paz,* independentemente de ser inserida cláusula que expressamente o consigne.[673] Entretanto, o jurista destaca que a extensão de seu conteúdo ou alcance é coisa distinta, pois há quem afirme que o dever ou cláusula de paz, ainda que implícita, tem extensão que alcançaria o que não foi objeto da negociação. Para Ronald Amorim e Souza, tal interpretação é inconcebível, uma vez que seria a renúncia absoluta ao pleito de qualquer direito diante do outro contraente sem que houvesse tal ânimo ou propósito, de modo que o alcance a ser considerado é tão somente o que foi objeto de negociação e resultou pactuado.[674]

Por outro lado, salienta precisamente Sayonara que, como nosso sistema de negociação coletiva é estático, a declaração de impossibilidade de greve não abusiva na vigência de acordo coletivo, ou após a decisão da Justiça do Trabalho, é uma forte limitação política ao direito em si.[675] Isso porque, mesmo durante os períodos democráticos, o Direito do Trabalho brasileiro manteve-se sob bases autoritárias e corporativistas. Embora a autonomia sindical e a valorização da negociação coletiva, consagradas na Constituição Federal de 1988, tenham marcado avanços, ainda não foram erradicados institutos e normas típicas do autoritarismo, o que contribui para a manutenção de um sistema sindical inadequado, impedindo o fluxo próprio da afirmação ética da negociação coletiva.[676] Nesse sentido, no contexto brasileiro, é impossível afirmar que há uma verdadeira autonomia coletiva que efetiva a igualdade material entre os sujeitos coletivos pactuantes, pois não existe plena liberdade sindical nem autêntica *representatividade* de interesses entre os trabalhadores e sindicatos, o que leva, na maioria das vezes, à mera *representação* sindical inerte e formal.

---

672 SOUZA, 2002, p. 3. (grifo nosso)
673 SOUZA, 2002, p. 4.
674 SOUZA, 2002, p. 4.
675 SILVA, 2008, p. 238.
676 REIS, 2004, p. 191.

Ademais, no contexto de progressiva fragilidade das entidades sindicais, promovido por um receituário neoliberal desde os anos 1990, a negociação coletiva serve como legitimadora da redução de direitos, de modo que tem se consolidado a imposição de se "[...] sentar à mesa com os empresários e o governo, enfrentando as discussões postas e, muitas vezes, cedendo sobre a reestruturação do capital e a flexibilização das relações trabalhistas, para se manter o emprego [...]",[677] na medida em que não há vedação em face da dispensa sem justa causa no sistema pátrio.[678] Nas palavras de Márcio Túlio Viana:

> Realmente, o sindicato pode equilibrar as forças – pelo menos em termos relativos – num contexto de pleno emprego, com produção centralizada, empresas verticalizadas, trabalhadores homogêneos e relações estáveis de emprego. [...] Hoje, as peças já não se encaixam como antes. [...] A crescente mobilidade da empresa viabiliza ameaças do tipo: "ou vocês cedem, ou nos mudamos daqui". [...] Na verdade, falar em "livre negociação" num contexto de desemprego, terceirizações e fraudes é quase como falar em "livre contrato de trabalho". A igualdade de regras traz a desigualdade de resultados; a liberdade formal leva à opressão real. Embora em dose menor, o que se passa no plano individual se reproduz na esfera coletiva.[679]

A apologia da "livre" negociação revela a tendência da migração da produção normativa do público para o privado, de modo que a verdadeira negociação é substituída pela imposição da vontade das grandes corporações,

---

[677] HAZAN, 2004, p. 245.

[678] A convenção 158 da OIT, que dispõe sobre o término da relação de trabalho por iniciativa do empregador, foi ratificada no Brasil pelo decreto legislativo no 68 de 1992. A Convenção estabelece em seu art. 4º a vedação da dispensa sem justa causa pelo empregador, exigindo para tal conduta uma causa justificada relacionada com o comportamento do empregado ou baseada nas necessidades de funcionamento da empresa, estabelecimento ou serviço, fundadas em motivo técnico, econômico, estrutural ou análogo (art. 14). A referida Convenção regulamentava o art. 7º, I da Constituição de 88, que preza pela proteção da relação de emprego contra despedida arbitrária ou sem justa causa, nos termos de lei complementar, que nunca foi editada. Contudo, a Convenção foi denunciada mediante decreto presidencial no 2100 de 1996, de constitucionalidade questionável, uma vez que a competência relacionada a apreciação de tratados internacionais é exclusiva do Congresso Nacional, nos termos do art. 49, I da Constituição. Além disso, a própria Convenção 158 OIT, em seu art. 17, I, estabelece que a denúncia somente será permitida após dez anos da sua entrada em vigor no país signatário, o que não ocorreu no Brasil. Aguarda-se o julgamento da Ação Direita de Inconstitucionalidade no 1625/97, que visa declarar inconstitucional o decreto presidencial no 2100 de 1996, que denunciou a Convenção 158 da OIT no Brasil.

[679] VIANA, 2001, p. 158.

que ameaçam os trabalhadores a aceitar condições de precarização, sob pena de dispensá-los e fecharem as portas das empresas: a greve é sufocada por cláusulas de paz, cedendo lugar a um fenômeno empresarial que se assemelha *ao locaute*, e que é tão ou mais eficaz do que a própria greve.[680]

Desse modo, o estabelecimento de cláusulas de paz, expressas e principalmente implícitas, nos parece violação ao direito de greve, bem como ao direito à livre negociação coletiva estabelecido na Convenção 98 da OIT, na medida em que o sistema sindical brasileiro ainda possui mecanismos que não garantem a efetiva liberdade aos atores coletivos, sendo impossível, portanto, estabelecer uma igualdade material no tocante à autonomia coletiva. Limitar o recurso ao direito de greve, como faz o art. 14 da Lei nº 7.783/89, em um contexto pátrio de reestruturação produtiva, acompanhado pela flexibilização das normas trabalhistas, sem que haja real vedação da dispensa sem justa causa, permite o aprofundamento de posições desiguais na negociação coletiva, transformando os sindicatos profissionais em reféns em um processo de renúncia progressiva de direitos.

A própria cláusula de paz em si, explícita, e principalmente implícita, pode ser entendida como renúncia ao direito de greve,[681] uma vez que a conveniência e oportunidade de seu exercício fica condicionada a termos estabelecidos em uma negociação coletiva desequilibrada, violando-se o art. 9º da Constituição Federal. A possibilidade de realização da greve é justamente uma medida de exteriorização do conflito para assegurar o surgimento de um contrapoder em uma negociação coletiva assimétrica, tendo em vista o sistema sindical corporativista brasileiro.

Apesar de alguns autores, como é o caso de Ronald de Amorim e Souza,[682] alegarem que sob qualquer dos aspectos que seja examinada a cláusula de paz, a natureza obrigacional é a que sobressai, entendemos que um direito fundamental não pode ser suprimido em razão de vínculo contratual, pois isso significaria a aplicação da lógica civilista de teleologia patrimonialista na seara de autonomia coletiva do trabalho. O contrato coletivo, no Direito do Trabalho, deve ser continuamente discutível,

---

[680] VIANA, 2001, p. 157.

[681] Nesse sentido, o art. 1.3 da Lei portuguesa n. 65 de 1977, que dispõe que o direito de greve é irrenunciável, e com base nesse preceito, tem-se entendido inaceitável a consagração convencional do dever de paz social, bem como a jurisprudência do Tribunal Constitucional Espanhol, que afirma que as cláusulas de paz representam grave violação aos direitos fundamentais, mesmo se houver renúncia expressa pela categoria profissional da utilização da greve pactuada em convênio coletivo. Cf.: SILVA, 2008, p. 471.

[682] SOUZA, 2002, p. 5.

de modo a permitir a constante e legítima possibilidade de autotutela coletiva, o que relativiza as características típicas do acordo contratual civilista: o contrato coletivo trabalhista é uma trégua provisória, apenas a codificação normativa de uma relação de forças que foi determinada precedentemente mediante a luta coletiva, que não deve vincular definitivamente o trabalhador. E essa conflitualidade permanente do contrato legitima a todo momento a possibilidade de greve e de outras formas da autotutela coletiva, em razão do conflito latente entre capital e trabalho.

Além disso, conforme Maurício Godinho Delgado,[683] nos termos do princípio da adequação setorial negociada, excepcionalmente as regras autônomas juscoletivas podem prevalecer sobre o padrão geral heterônomo, mesmo que sejam restritivas dos direitos dos trabalhadores, *desde que não transacionem setorialmente parcelas justrabalhistas de indisponibilidade absoluta*. Entende-se que estão protegidos contra a *negociação in pejus* os direitos que correspondam a um patamar civilizatório mínimo do trabalhador, como o pagamento do salário mínimo, o repouso semanal remunerado, as normas de saúde e segurança do trabalho, dispositivos antidiscriminatórios, bem como a liberdade sindical e o direito de greve, que são normas constitucionais. Condicionar a deflagração do movimento paredista mediante cláusulas de paz implica a violação do referido princípio, pois a greve é direito fundamental, decorrente da liberdade sindical, que não pode ser engessado e limitado por dispositivos contratuais.

Por fim, deve-se questionar: pode o sindicato renunciar a um direito de seu representado, mediante a cláusula de paz? Ou melhor, pode o sindicato renunciar, por meio do dever de trégua sindical, a um direito de greve que, em teoria, não lhe pertence? Para responder essa indagação, impõe-se a análise da titularidade do direito de greve na Lei nº 7.783/89.

TITULARIDADE DO DIREITO DE GREVE

O primeiro aspecto a ser abordado é se a atribuição do direito de greve é devida somente aos empregados ou aos trabalhadores em geral. Apesar de o art. 9º da Constituição mencionar que é garantido o direito de greve aos *trabalhadores,* o art. 2º da Lei nº 7.783/89 menciona que a greve consiste em suspensão pessoal de serviços a *empregador.*

A doutrina brasileira também é divergente nesse ponto. A posição dominante – e desatualizada, ousamos dizer – restringe o direito de greve aos empregados, ou seja, àqueles que possuem uma relação de trabalho

---

[683] DELGADO, 2009, p. 1229.

subordinada, pessoal, não-eventual e onerosa, representado pelo contrato individual de trabalho. Tal posição também é justificada pela limitação das finalidades do direito de greve, isto é: tais autores circunscrevem os objetivos do movimento paredista a interesses econômico-profissionais, decorrentes diretamente do contrato de trabalho. Aderem a essa posição Orlando Gomes e Elson Gottschalk,[684] Ari Possidonio Beltran,[685] Lélia Guimarães Carvalho Ribeiro[686] e Segadas Vianna.[687]

A posição minoritária,[688] que vem crescendo recentemente, à qual nos filiamos, entende que prevalece a amplitude da norma constitucional, legitimando o direito de greve aos *trabalhadores como regra geral*[689] – *e não somente para empregados*. Desse modo, o direito de greve é assegurado aos avulsos, autônomos e eventuais, adaptando-se as disposições legais que regulamentam o exercício desse direito a cada situação. Nas palavras de Maurício Godinho Delgado:

> É óbvio que não se pode falar apenas em greve de empregados contra os respectivos empregadores, mas também trabalhadores contra os respectivos tomadores de serviços. É que, desde o século passado a categoria avulsa (formada, basicamente, por não empregados) já era organizada o bastante para organizar significativos movimentos paredistas contra seus tomadores de serviços. E, hoje, mais ainda, com a terceirização generalizada, os movimentos grevistas não teriam mesmo como limitar-se à equação dual dos artigos 2º e 3º da CLT (empregados *versus* empregadores).[690]

Isso porque, como já foi destacado no segundo capítulo desta tese, existe, com o capitalismo tardio e suas novas formas de produção e contratação, um fenômeno mundial de progressiva precarização do trabalho subordinado, representado pela terceirização, parassubordinação, pelo trabalho a tempo parcial e a prazo determinado, demonstran-

---

684 GOMES; GOTTSCHALK, 1990, p. 195.

685 BELTRAN, 2001, p. 247.

686 RIBEIRO, 1998, p. 506.

687 VIANNA, 1984, p. 1110.

688 Entre os autores que aderem esta posição: Amauri Mascaro Nascimento, Maurício Godinho Delgado, Jorge Luiz Souto Maior, Cesarino Júnior, Varela Ribeiro.

689 Exceto para os militares, nos termos do art. 142, IV da Constituição: "IV – ao militar são proibidas a sindicalização e a greve. Esta é uma exclusão permitida na Convenção no 87, em relação às Forças Armadas e à Polícia, nos termos do art. 9º." Entretanto, devemos ressaltar que exclusões permitidas não equivalem à proibição do reconhecimento do direito de sindicalização de tais trabalhadores, como ocorre no Brasil. Cf.: BRASIL, 1988.

690 DELGADO, 2009, p. 1318.

do que *a captação jurídica do trabalho não é equivalente à proteção social do trabalhador*. O relatório sobre o mundo do trabalho da OIT em 2008 comprova essa afirmativa, evidenciando que contratos atípicos, como aqueles representados por vínculos de natureza civil, por exemplo, sofrem com maiores vulnerabilidades, entre as quais a remuneração muito mais baixa do que aquela concedida nas relações de emprego, o que pode provocar sérias restrições de direitos fundamentais.[691]

No entanto, registram-se nos países capitalistas, inclusive no Brasil e na Itália, mudanças desregulatórias das relações trabalhistas, gerando constante precarização do mercado de trabalho e diferentes formas de manifestação da insegurança no emprego.[692] Nas palavras de Pochmann:

> A especialização flexível, com o uso de novas tecnologias, tende a tornar o nível de emprego cada vez mais sintonizado com o ritmo de produção. Isto é, a variação da produção diz respeito à expansão ou diminuição do emprego secundário, ainda com a presença de um núcleo reduzido de empregos estáveis. As novas ocupações (muitas de naturezas atípicas, por tempo parcial e por trabalho em casa) têm resultado na intensificação no uso dessa mão de obra e na precarização do mercado de trabalho. O aumento da participação dos empregos informais no total da ocupação nos países capitalistas revela – guardada a devida proporção – o retorno de antigas formas de uso da força de trabalho, pois o subocupado e o desempregado tendem a se distanciar do sistema de proteção social e de garantia renda.[693]

O distanciamento da proteção social proporcionada pelas formas precárias de prestação laboral contemporâneas nos faz concluir que emprego é ainda o "[...] mais generalizante e consistente instrumento assecuratório de efetiva cidadania, no plano socioeconômico, e de efetiva dignidade, no plano individual."[694] Logo, maior a necessidade da garantia do direito de greve, instrumento que busca igualdade material e justiça social, para aqueles que não possuem a proteção da relação empregatícia, uma vez que a posição contratual e econômica desses trabalhadores é inferior à dos empregados, ressaltando que a maioria deles também está subordinada estruturalmente[695] a grandes empresas

---

[691] ORGANIZAÇÃO INTERNACIONAL DO TRABALHO, 2008, p. 115.

[692] POCHMANN, 2003, p. 24.

[693] POCHMANN, 2003, p. 24.

[694] DELGADO, 2005, p. 61.

[695] Conforme Delgado, subordinação estrutural é aquela que se manifesta pela inserção do trabalhador na dinâmica do tomador de seus serviços, independentemente de receber (ou não) suas ordens diretas, mas acolhendo, estruturalmente, sua dinâmica de organização e funcionamento. Cf.: DELGADO, 2009, p. 282.

e grupos econômicos pulverizados, ou seja: tais trabalhadores não possuem real liberdade de determinação de seus modos de prestação laboral e, ao mesmo tempo, possuem mínima ou nenhuma proteção social.

Ainda sobre o elemento *titularidade* do direito de greve, surge a discussão na doutrina brasileira se o sujeito titular é o trabalhador individualmente considerado, o sindicato ou grupos de trabalhadores.

O artigo 9º da Constituição atribui a titularidade do direito de greve *aos trabalhadores*, sem mencionar a figura da organização sindical. Contudo, seu artigo 8º, III[696] e VI,[697] estabelece a obrigatoriedade do sindicato na defesa dos interesses coletivos e individuais da categoria e na negociação coletiva. O art. 4º da Lei de greve também atribuiu ao sindicato a competência para convocação da assembleia geral, que definirá as reivindicações da categoria e deliberará sobre a paralisação. Referida lei só autoriza a deflagração e a deliberação sobre o movimento paredista sem a presença do sindicato na falta dessa entidade, determinado que seja constituída pelos trabalhadores interessados uma comissão de negociação.

Complementam Marcus Menezes Barberino Mendes e José Eduardo de Resende Chaves Júnior com o conceito de subordinação estrutural-reticular " Se a prestação desse trabalho ingressa na empresa através de um contrato de prestação de trabalho autônomo, mas adere às atividades da empresa ou de uma das unidades da rede empresarial, a disposição do trabalho subsiste pelo tomador ou tomadores, já que a impessoalidade da disposição do trabalho não afasta a circunstância de ter sido contratado para desenvolver atividade e não resultado [...] A abordagem estrutural e reticular acerca do conceito de subordinação permite novas soluções também nesse campo do Direito do Trabalho, relativizando, sem desprezar, a ideia de atividade preponderante do empregador, já que os grandes conglomerados industriais, comerciais, financeiros, mistos ou de qualquer outro serviço possuem múltiplas atividades econômicas e todas elas têm o mesmo e único objetivo: auferir rendas dessas atividades." Cf.: MENDES; CHAVES JÚNIOR, 2007, p. 214.

Lorena Vasconcelos Porto completa o conceito de subordinação estrutural com o conceito de subordinação integrativa: "A subordinação, em sua dimensão integrativa, faz-se presente quando a prestação de trabalho integra as atividades exercidas pelo empregador e o trabalhador não possui uma organização empresarial própria, não assume riscos de ganhos ou de perdas e não é proprietário dos frutos do seu trabalho, que pertencem, originariamente, à organização produtiva alheia para a qual presta a sua atividade." Cf.: PORTO, 2009, p. 253.

696 Art. 8º É livre a associação profissional ou sindical, observado o seguinte: [...] III – ao sindicato cabe a defesa dos direitos e interesses coletivos ou individuais da categoria, inclusive em questões judiciais ou administrativas. BRASIL, 1988.

697 "[...] VI – é obrigatória a participação dos sindicatos nas negociações coletivas de trabalho." Cf.: BRASIL, 1988.

Para Magano, a titularidade do direito de greve é atribuída às entidades sindicais, com exclusão dos grupos inorganizados, banindo-se as denominadas greves selvagens. Para o autor, de acordo com a nossa legislação, a greve se concebe a um só tempo como direito das entidades sindicais e dos trabalhadores considerados individualmente; nunca como direito dos grupos inorganizados.[698]

Devemos ressaltar o perigo dessa posição doutrinária no Brasil, tendo em vista que vigora no nosso sistema sindical a unicidade e a imposição de categoria por lei. Nesses termos, a sindicalização do direito de greve é uma usurpação da liberdade dos trabalhadores, na medida em que estes não podem escolher qual sindicato lhes representa, ou seja: não há livre representação e, consequentemente, não há representatividade de interesses. A congregação de interesses imposta pela atividade legislativa ou administrativa do Estado afasta os trabalhadores, consciente ou inconscientemente, da área da liberdade sindical e nega, na ordem profissional, o direito à divergência, próprio de toda solução livre e democrática.[699] Exemplo disso são as crescentes mobilizações de trabalhadores brasileiros fora da estrutura sindical estatal, como no caso da greve dos garis no carnaval do Rio de Janeiro em 2014, bem como da paralisação do Complexo Petroquímico do Rio de Janeiro em fevereiro do mesmo ano, concomitante com as paralisações dos rodoviários cariocas, goianos e paulistanos: todas foram organizadas por grupos dissidentes, que rejeitavam o acordo coletivo fechado entre as entidades patronais e seus representantes sindicais.

Washington Luis da Trindade aduz que o direito de greve, pela sua natureza de direito social, é um direito que pertence à classe operária interessada e, portanto, não é individual, nem mesmo individual plúrimo, porque seu modo de exercício sugere a titularidade de um grupo, comunidade, classe, associação ou ente sindical que congrega trabalhadores por similitude de questões de vida e de trabalho criadoras de um vínculo social básico.[700]

Para Amauri Mascaro Nascimento, a greve é um direito individual do trabalhador, de exercício coletivo declarado pelo *sindicato*, pois, conforme o autor, essa é a conclusão que permite conciliar a concepção orgânica da declaração sindical prevista na lei de greve e a liberdade individual de participação no exercício, corolário do princípio da liberdade do trabalho.[701]

---

[698] MAGANO, 1990, p. 169.

[699] MASSONI; COLUMBU, 2014, p. 125.

[700] TRINDADE, 1998, p. 478.

[701] NASCIMENTO, 1990, p. 37.

Para Orlando Gomes,[702] e para a doutrina majoritária brasileira, o direito de greve é um direito de *exercício coletivo*, não necessariamente sindical, mas de *titularidade dos trabalhadores singularmente considerados*, em razão da liberdade individual de trabalho, que não permite a coação daqueles que não querem participar do movimento paredista.

Márcio Túlio Viana prefere a concepção – à qual nos filiamos[703] – de que a greve é um direito coletivo que cada indivíduo pode e deve exercer, integrando-se ao grupo, isto é, um *direito coletivo de exercício coletivo*. Conforme o autor, "[...] nesse caso, como vimos, a quantidade altera a qualidade; o fato de só poder ser exercido em grupo, e especialmente o fato de servir para o grupo fazem com que a greve não afete apenas o indivíduo isolado."[704]

O autor adota essa posição motivado pela existência da figura do fura-greve, admitido pelo artigo 6º,[705] I, da Lei nº 7.783/89, que permite o piquete pacífico, ou seja, meios de persuasão de trabalhadores que não aderiram à greve. Conforme Márcio Túlio Viana, ao exercer seu suposto direito, o fura-greve dificulta ou inviabiliza o direito real da maioria. O autor ressalta que a recusa em aderir ao movimento só seria legítima se os trabalhadores conseguissem comprovar a falta de representatividade do sindicato. Tal observação nos parece muito pertinente, tendo em vista a unicidade sindical e a categoria ontológica do nosso sistema, que nem sequer permitem a livre representação sindical, muito menos a real representatividade. Viana discorre sobre a figura do fura-greve:

> O que faz não é apenas trabalhar, mas – com perdão do trocadilho infame – atrapalhar o movimento. Ele realmente fura a greve, como se abrisse um buraco num cano de água. E seu gesto também tem algo de simbólico: mostra que a identidade operária não é coesa, que há resistências internas. Tal como o grevista, o fura-greve fala: põe em cheque o movimento, denuncia a própria greve. Mas, ao resistir à resistência, revela dupla submissão. Ele luta contra os que lutam por um novo e maior direito; esvazia o sindicato, dificulta a convenção coletiva e fere o ideal de pluralismo jurídico e político. Em termos constitucionais, o conflito entre o grevista e o fura-greve se

---

[702] GOMES, 1951, p. 126.

[703] Desse modo, se o titular do direito de greve não é o sindicato, inconcebível é o estabelecimento da cláusula de paz por esta entidade, pois esta implica renúncia do direito de greve que não lhe pertence.

[704] VIANA, 2009, p. 113.

[705] Art. 6º São assegurados aos grevistas, entre outros direitos: I – o emprego de meios pacíficos tendentes a persuadir ou aliciar os trabalhadores a aderirem à greve. Cf.: BRASIL, 1989.

expressa na oposição entre as normas que garantem a liberdade individual e as que valorizam a autonomia coletiva. Um modo, talvez, de compatibilizá-las seria o de deixar ao fura-greve a possibilidade de demonstrar, caso a caso, a falta de representatividade de seu sindicato. Só nesse caso seu "direito" perderia as aspas, tornando-se de fato um direito.[706]

Souto Maior acredita que o direito de greve, como instituto jurídico de *natureza necessariamente coletiva – direito coletivo de exercício coletivo* – não deveria admitir a existência dos fura-greves, uma vez que estes representam a frustração fraudulenta de seu legítimo exercício. Segundo o autor, pode ocorrer a manutenção das atividades do empregador, com incentivos pessoais a esse pequeno número de obreiros, que, individualmente, resolvem trabalhar em vez de respeitar a deliberação coletiva dos grevistas, o que constitui uma ilegalidade: "[...] para a lei, a tentativa do empregador de manter-se funcionando normalmente, sem negociar com os trabalhadores em greve, valendo-se das posições individualizadas dos ditos fura-greves, representa ato ilícito, que afronta o direito de greve."[707] Neste contexto, afirma Souto Maior que a atuação dos trabalhadores grevistas de impedir, pacificamente, que os fura-greves adentrem o local de trabalho, ou seja, a realização do conhecido piquete, constitui parte essencial do exercício do direito de greve.[708]

No entanto, devemos lembrar, ainda sobre a titularidade e exercício do direito de greve, que existem alguns autores que alegam a existência de uma greve que pode ser de *natureza individual*, a denominada greve ambiental. Raimundo Simão de Melo define o conceito dessa greve:

> Greve ambiental é a paralisação coletiva ou *individual*, temporária, parcial ou total da prestação de trabalho a um tomador de serviços, qualquer que seja a relação de trabalho, com finalidade de preservar e defender o meio ambiente do trabalho de quaisquer agressões que possam prejudicar a segurança, a saúde e a integridade física e psíquica do trabalhador.[709]

O fundamento jurídico aduzido para a admissão desse tipo de greve seria o art. 13 da Convenção nº 155 da Organização Internacional do Trabalho, que trata da segurança e saúde dos trabalhadores, ratificada pelo Brasil, que dispõe:

---

[706] VIANA, 2009, p. 114.
[707] MAIOR, 2014a, p. 2.
[708] MAIOR, 2014a, p. 2.
[709] MELO, 2004, p. 33. (grifo nosso)

Em conformidade com a prática e as condições nacionais deverá ser protegido, de consequências injustificadas, todo trabalhador que julgar necessário interromper uma situação de trabalho por considerar, por motivos razoáveis, que ela envolve um perigo iminente e grave para sua vida ou sua saúde.[710]

Assim, para Melo,[711] enquanto a greve em sentido lato tem o aspecto de titularidade individual e exercício unicamente coletivo, a greve ambiental pode ser exercida *individualmente*, por estar atrelada a um bem maior – a defesa do direito à vida e, consequentemente, à saúde e ao meio ambiente hígido de trabalho, nos termos do art. 200, VIII[712] e do art. 225[713] da Constituição Federal e do art. 161, parágrafo 6º[714] da Consolidação das Leis do Trabalho, da Norma Regulamentar 22 da Portaria nº 3.214/74, que trata da segurança e da saúde ocupacional dos trabalhadores na mineração,[715] bem como nos princípios da prevenção e da precaução.[716]

Segundo o autor, devem ser considerados dois tipos de situação relativos à validade da greve ambiental. A primeira, *de riscos comuns*, é aquela em que os trabalhadores reivindicam melhores condições de trabalho,

---

[710] ORGANIZAÇÃO INTERNACIONAL DO TRABALHO, 1983.

[711] MELO, 2004, p. 33.

[712] "Art. 200. Ao sistema único de saúde compete, além de outras atribuições, nos termos da lei: [...] VIII – colaborar na proteção do meio ambiente, nele compreendido o do trabalho." Cf.: BRASIL, 1988.

[713] "Art. 225. Todos têm direito ao meio ambiente ecologicamente equilibrado, bem de uso comum do povo e essencial à sadia qualidade de vida, impondo-se ao Poder Público e à coletividade o dever de defendê-lo e preservá-lo para as presentes e futuras gerações." Cf.: BRASIL, 1988.

[714] "Art. 161 – O Delegado Regional do Trabalho, à vista do laudo técnico do serviço competente que demonstre grave e iminente risco para o trabalhador, poderá interditar estabelecimento, setor de serviço, máquina ou equipamento, ou embargar obra, indicando na decisão, tomada com a brevidade que a ocorrência exigir, as providências que deverão ser adotadas para prevenção de infortúnios de trabalho [...]. § 6º – Durante a paralisação dos serviços, em decorrência da interdição ou embargo, os empregados receberão os salários como se estivessem em efetivo exercício." Cf.: BRASIL, 1943

[715] "Art. 22.5.1 – São direitos dos trabalhadores: a) interromper suas tarefas sempre que constatar evidências que representem riscos graves e iminentes para sua segurança e saúde ou de terceiros, comunicando imediatamente o fato a seu superior hierárquico que diligenciará as medidas cabíveis e b) ser informados sobre os riscos existentes no local de trabalho que possam afetar sua segurança e saúde." Cf.: BRASIL, 1974.

[716] O princípio da prevenção atua quando os riscos são conhecidos e, pelo fato de serem previsíveis, podem ser evitados. O princípio da precaução incide nas hipóteses de insegurança e incerteza dos riscos ambientais. Cf.: CARVALHO, 2013, p. 311.

como a instalação da Comissão de Prevenção de Acidentes de Trabalho (CIPA); a eliminação ou diminuição de agentes físicos, químicos ou biológicos causadores de doenças do trabalho pela longa exposição; a diminuição da jornada laboral em determinadas condições causadoras de doenças profissionais; e a implementação de intervalos intra e interjornadas; entre outros. A segunda situação, *de riscos incomuns*, graves e iminentes, é aquela em que o risco para a saúde, integridade física e vida do trabalhador é imediato, ou seja: consiste em risco incontroverso causador de acidentes, sem a possibilidade de ser evitado, a não ser que haja sua imediata eliminação.[717] No primeiro caso, *de risco comum*, deve haver o cumprimento dos requisitos da Lei nº 7.783/89, o que não deve ser considerado quando se tratar da segunda hipótese – *de riscos graves e iminentes* –, na medida em que, diante da gravidade da situação, a defesa da vida não deve estar condicionada ao cumprimento de pressupostos formais.[718]

Georgenor de Sousa Franco Filho, caracterizando o instituto da greve ambiental, acredita que sempre existem requisitos formais para a deflagração individual ou coletiva:

> Os seguintes pontos precisam ser observados com rigor: 1. Não precisa haver intervenção do sindicato de trabalhadores; 2. Pode ser praticada individual ou coletivamente; 3. Deve ser destinada apenas a cuidar de temas ligados a condições ambientais de trabalho, sem qualquer outro tipo de reivindicação; 4. Trata-se de hipótese de interrupção do trabalho, com direito ao salário do período de paralisação, não se tratando de suspensão do contrato, que se aplica apenas às greves tradicionais; 5. É indispensável que haja pré-aviso ao empregador da condição danosa, motivo da paralisação que vai ser iniciada; 6. Retorno às atividades tão logo seja superada a situação de perigo para o trabalhador ou para terceiros.[719]

Assim, conforme o autor, para a greve ambiental ser admitida, é necessário que o trabalhador cumpra a obrigação de informação ao empregador, prevista pelo art. 19, "f", da Convenção nº 155 da OIT, que dispõe:

> O trabalhador informará imediatamente seu superior hierárquico direto sobre qualquer situação de trabalho que, a seu ver e por motivos razoáveis, envolva um perigo iminente e grave para sua vida ou sua saúde; enquanto o empregador não tiver tomado medidas corretivas, se forem necessárias, não poderá exigir dos trabalhadores sua volta a uma situação de trabalho onde exista, em caráter contínuo, um perigo grave ou iminente para sua vida ou sua saúde.[720]

---

[717] MELO, 2004, p. 34.

[718] MELO, 2004, p. 34.

[719] FRANCO FILHO, 2011, p. 12.

[720] ORGANIZAÇÃO INTERNACIONAL DO TRABALHO, 1983.

Em posição contrária à existência da greve ambiental individual, Sebastião Geraldo de Oliveira aduz que o art. 13 da Convenção 155 da OIT não traz autorização para a deflagração *individual* do direito de greve, mas sim proteção contra a dispensa arbitrária ao trabalhador que se recusar a se submeter individualmente a um trabalho que pode causar perigo iminente e grave para sua vida ou saúde. Segundo o autor, o dispositivo convencional internacional deve ser analisado em face de descumprimento individual *strictu sensu* ou plúrimo das obrigações referentes à saúde e segurança dos trabalhadores, nos termos da alínea "c" do art. 483 da CLT[721]: hipótese de rescisão do contrato de trabalho por culpa do empregador quando ocorrer perigo manifesto de mal considerável.[722]

Entretanto, ressalta Sebastião Geraldo de Oliveira, em oposição a Georgenor de Sousa Franco Filho, que no caso da deflagração *coletiva* no movimento, ou na eventual consideração da existência de sua modalidade individual, não constitui requisito para a deflagração a *exclusividade temática* da reivindicação ambiental. Isso porque as reivindicações de condições que viabilizem a saúde ou segurança podem estar conexas com vantagens econômicas e, além disso, conforme o autor, a cumulação desses pedidos com outros típicos de greve comum pode ser analisada de forma independente. Nas palavras do jurista:

> Ainda que se aproveite para requerer outros pontos desconexos da causa ambiental, o apontado fato impeditivo para o cumprimento da obrigação de laborar pode – ou não – subsistir de forma independente dos outros motivos, devendo ser analisado em separado, mas não precisando ser discutido de forma isolada.[723]

Apesar de considerarmos interessante a posição dos autores que tendem a expandir os domínios de proteção do direito de greve, atribuindo uma vertente de deflagração individual em razão da relevância do bem jurídico tutelado, acreditamos que tal modalidade de greve ambiental possa se enquadrar melhor juridicamente no direito de resistência,[724] uma vez que há a recusa *individualizada em cumprir ordem*

---

[721] "Art. 483 – O empregado poderá considerar rescindido o contrato e pleitear a devida indenização quando [...] c) correr perigo manifesto de mal considerável." Cf.: BRASIL, 1943.

[722] OLIVEIRA, 2002, p. 49.

[723] OLIVEIRA, 2002, p. 51.

[724] Direito de resistência é o direito do empregado de se opor ao cumprimento de ordens manifestamente ilegais ou que, por sua abusividade, lhe atinja a dignidade ou prejudicam as condições de emprego já em vigor. Cuida-se da faculdade do empregado de não dar cumprimento às ordens que o firam intimamente ou àquelas maculadas por sua origem ou finalidade contrárias à ordem jurídica. Cf.: DELGADO, 2009, p. 634.

ilícita do empregador, que consiste em obrigar o exercício da atividade laboral em condições degradantes, mesmo tendo ciência delas.

Assim, a recusa individual do empregado em face do poder empregatício abusivo que o obriga prestar serviços com riscos sua saúde *é um direito*, o que impede a aplicação do poder disciplinar do empregador. Márcio Túlio Viana comenta a natureza fundamental do direito de resistência:

> O empregador que excede os limites do poder diretivo, ofende, em regra, o direito fundamental contido no art. 5º, II, da Constituição.[725] Desse modo, ao resistir a essa ofensa, o empregado exercita outro direito fundamental [...]. Podemos concluir que, seja qual direito que socorra, o *ius resistentiae* é uma garantia fundamental do trabalhador. E garantia das mais importantes: basta notar que seu oposto é a submissão, sinônimo de dignidade perdida.[726]

Contudo, essa conduta não se enquadra legalmente no direito de greve, que, por definição, consiste em um *direito coletivo de exercício necessariamente coletivo e concertado*, não de caráter individual. Concluímos nosso raciocínio com as palavras de Maurício Godinho Delgado:

> Sustações individualizadas de atividades laborativas, ainda que formalmente comunicadas ao empregador, como protesto em face de condições ambientais desfavoráveis na empresa, mesmo repercutindo entre os trabalhadores e o respectivo empregador, não constituem, tecnicamente, movimento paredista. Este é, por definição, conduta de natureza grupal, coletiva.[727]

Por fim, após a análise da Lei nº 7.783/89, podemos afirmar que, mesmo considerando que essa não deveria ter sido editada, em razão da eficácia plena da norma constitucional que estabeleceu o direito de greve, e, diante de todas as observações sobre os elementos principais do conceito legal desse direito, verificamos que a leitura desse dispositivo infraconstitucional só pode – e deve – ser realizada à luz da amplitude do conteúdo estabelecido no art. 9º da Constituição de 1988, de modo a buscar a efetividade, eficácia e afirmação desse direito fundamental.

Destacamos ainda que há um núcleo axiológico constitucional, composto pela dignidade humana, que impõe como fins públicos a justiça social e a redução de desigualdades. Desse modo, a interpretação e a aplicação de lei ordinária não pode ser realizada de forma mecânica,

---

[725] "Art. 5º Todos são iguais perante a lei, sem distinção de qualquer natureza, garantindo-se aos brasileiros e aos estrangeiros residentes no País a inviolabilidade do direito à vida, à liberdade, à igualdade, à segurança e à propriedade, nos termos seguintes: [...] II – ninguém será obrigado a fazer ou deixar de fazer alguma coisa senão em virtude de lei." Cf.: BRASIL, 1988.

[726] VIANA, 1996, p. 79.

[727] DELGADO, 2009, p. 1295.

economicista e isolada, tendo em vista a aplicação do princípio da vedação do retrocesso jurídico-social, que pressupõe que os princípios constitucionais sejam efetivados por normas infraconstitucionais, visando à ampliação progressiva dos direitos fundamentais:

> O discurso acerca dos princípios, da supremacia dos direitos fundamentais e do reencontro com a ética – ao qual, no Brasil, se deve agregar o da transformação social e o da emancipação – deve ter repercussão sobre o ofício dos juízes, advogados e promotores, sobre a atuação do Poder Público em geral e sobre a vida das pessoas. Trata-se de transpor a fronteira de reflexão filosófica, ingressar na dogmática jurídica e na prática jurisprudencial e, indo mais além, produzir efeitos positivos sobre a realidade.[728]

Nesse sentido, com o objetivo de aproximar o plano jurídico-dogmático do plano jurídico-sociológico, passaremos agora à análise do conceito do direito de greve formulado pela jurisprudência brasileira, bem como pela jurisprudência e doutrina italianas, para complementarmos os feixes e limites desse direito tão complexo.

A DISCIPLINA EXTRALEGISLATIVA DO CONCEITO DO DIREITO DE GREVE NA ITÁLIA E NO BRASIL

O CONCEITO DO DIREITO DE GREVE NA ITÁLIA: CONSTRUÇÃO JURISPRUDENCIAL E DOUTRINÁRIA

Em razão da ausência de regulamentação do art. 40 da Constituição italiana, que estabelece o direito de greve, a delimitação de seu conteúdo foi realizada mediante a atuação da jurisprudência, auxiliada pela doutrina. A inércia do poder legislativo italiano permitiu, na verdade, uma situação favorável para o papel criativo da jurisprudência e da doutrina, que foi desenvolvido em condições específicas de liberdade de vínculos restritivos de uma legislação infraconstitucional, como ocorreu no Brasil.

O art. 40 da Constituição da Itália determinou que o direito de greve deveria ser exercido nos limites das leis que o regulamentam. A Corte Constitucional Italiana interpretou a expressão "leis que regulamentam" como referente não apenas às leis futuras, mas também em relação àquelas normas preexistentes à Constituição. Desse modo, a Corte examinou individualmente a compatibilidade de cada norma em relação à norma maior. O complexo das sentenças emitidas, com os precedentes da justiça ordinária administrativa e com as opiniões da doutrina, representou insubstituível contribuição para a reconstrução da disciplina jurídica da greve na Itália.[729]

---

[728] BARROSO, 2009, p. 352.
[729] PERONE; BOSON, 2014, p. 196.

Com a positivação constitucional do *direito* de greve, seu efeito de descriminalização nos planos vertical – entre Estado e cidadãos – e horizontal – nas relações contratuais privadas entre cidadãos – deveria ter sido imediato e, consequentemente, as normas de Direito Penal que puniam a greve deveriam ter sido imediatamente revogadas. Entretanto, a Corte Constitucional rejeitou, na sentença nº 26 de 1960, a tese de revogação imediata do complexo normativo de normas penais de origem corporativa concernentes aos meios de luta sindical. Segundo Perone, tal rejeição ocorreu provavelmente devido à preocupação de não agravar a situação de vazio legislativo que vigorava logo após a queda do respectivo sistema.[730]

Nesse sentido, na sentença nº 29 de 1960, a Corte somente revogou completamente o artigo 502[731] do Código Penal, que previa o crime de greve de fins contratuais e do locaute. Apesar de não ser mais crime, o locaute, assim como no Brasil, é vedado no plano contratual. Já o artigo 503,[732] no qual estava previsto o crime de greve de fins não contratuais, ou

---

[730] PERONE; BOSON, 2014, p. 196.

[731] "Art. 502. Art. 502. Bloqueio e greve para fins contratuais (1) O empregador que, com o único propósito de impor modificações aos acordos estabelecidos com os seus empregados ou para se opor às modificações a estes acordos, ou para obter ou impedir uma aplicação diferente dos acordos ou usos existentes, suspender a totalidade ou parte das atividades das suas fábricas, é punido com multa não inferior a dois milhões de liras. Trabalhadores empregados em fábricas, empresas ou escritórios que, em número de três ou mais, abandonem coletivamente o seu trabalho, ou o desempenhem de forma que perturbe a continuidade ou a regularidade, com o único objetivo de impor diversos acordos patronais além dos estabelecidos, ou para se opor às modificações de tais contratos ou, em qualquer caso, para obter ou impedir uma aplicação diferente de contratos ou usos existentes, são punidos com a multa de até duzentos mil liras."

No original: "Serrata e sciopero per fini contrattuali. (1) Il datore di lavoro, che, col solo scopo di imporre ai suoi dipendenti modificazioni ai patti stabiliti, o di opporsi a modificazioni di tali patti, ovvero di ottenere o impedire una diversa applicazione dei patti o usi esistenti, sospende in tutto o in parte il lavoro nei suoi stabilimenti, aziende o uffici, è punito con la multa non inferiore a lire due milioni. I lavoratori addetti a stabilimenti, aziende o uffici, che, in numero di tre o più abbandonano collettivamente il lavoro, ovvero lo prestano in modo da turbare la continuità o la regolarità, col solo scopo di imporre ai datori di lavoro patti diversi da quelli stabiliti, ovvero di opporsi a modificazioni di tali patti o, comunque, di ottenere o impedire una diversa applicazione dei patti o usi esistenti, sono puniti con la multa fino a lire duecentomila." Cf.: ITÁLIA, 1930. (tradução nossa)

[732] "Art. 503 Bloqueio e greve para fins não contratuais. (1) O empregador ou os trabalhadores que, respectivamente cometerem, para fins políticos, qualquer dos fatos previstos no artigo anterior são punidos com pena de prisão de até um ano e com multa não inferior a 1.032 euros, se for empregador, ou com pena de prisão de até seis meses e multa de até 103 euros, no caso dos trabalhadores."

seja, era definido o crime de greves com fins políticos, e o art. 505,[733] que previa punições para a greve de solidariedade, foram deixados incólumes por muito tempo, desencadeando uma discussão jurisprudencial e doutrinária sobre os limites do direito de greve. Giugni criticou a não revogação imediata dos artigos penais supracitados, que contrastavam com a legitimidade do direito constitucional de greve:

> Apesar da possibilidade óbvia de estender o raciocínio seguido a este respeito para todas as outras normas penais sobre a greve, a Corte Constitucional optou por não declará-las integralmente inconstitucionais, mas por manipulá-las, por meio de declarações de inconstitucionalidade parcial, de forma a alterar profundamente seu significado.[734]

No entanto, a Corte Constitucional, que não hesitou em rejeitar a tese de que o direito garantido pelo art. 40 da Constituição não poderia ser exercido até que fossem emanadas novas leis para discipliná-lo, também rejeitou a tese conforme a qual, até aquele momento, tal direito seria ilimitado.[735] O juiz constitucional afirmou, mesmo com a ausência de leis regulamentadoras, sua competência em identificar diretamente limites ao direito de greve.[736]

No original: "Art. 503. Serrata e sciopero per fini non contrattuali. (1) Il datore di lavoro o i lavoratori, che per fine politico commettono, rispettivamente, alcuno dei fatti preveduti dall'articolo precedente, sono puniti con la reclusione fino a un anno e con la multa non inferiore a euro 1.032, se si tratta d'un datore di lavoro, ovvero con la reclusione fino a sei mesi e con la multa fino a euro 103 se si tratta di lavoratori." Cf.: ITÁLIA, 1930. (tradução nossa)

[733] "Art. 505 Locaute ou greve de solidariedade ou protesto. O empregador ou os trabalhadores que, para além dos casos indicados nos dois artigos anteriores, cometer um dos fatos previstos no artigo 502 em solidariedade com outros empregadores ou com outros trabalhadores ou apenas em protesto, estão sujeitos às penalidades ali estabelecidas."

No original: "Art. 505. Serrata o sciopero a scopo di solidarietà o di protesta. Il datore di lavoro o i lavoratori, che, fuori dei casi indicati nei due articoli precedenti, commette uno dei fatti preveduti dall'articolo 502 soltanto per solidarietà con altri datori di lavoro o con altri lavoratori ovvero soltanto per protesta, soggiacciono alle pene ivi stabilite." Cf.: ITÁLIA, 1930. (tradução nossa)

[734] No original: "Nonostante l'ovvia possibilità di estendere il ragionamento seguito a questo proposito a tutte le altre norme penali sullo sciopero, la corte costituzionale scelse di non dichiararle integralmente incostituzionali, ma di manipornarle, attraverso dichiarazioni di incostituzionalità parziale, in maniera tale da cambiarne profondamente il significato."Cf.: GIUGNI, 2008, p. 239. (tradução nossa)

[735] Sentença no 31/1969 da Corte Constitucional.

[736] PERONE; BOSON, 2014, p. 196.

Diante desse impasse, a doutrina propôs, não sem controvérsias, que tais limites[737] fossem divididos em *internos*, que seriam aqueles derivados do próprio conceito de greve, concernentes aos seus objetivos, suas modalidades de exercício e sua titularidade, com a consequência de não se pode incluir na garantia constitucional do art. 40 os meios de luta coletiva que não se enquadrassem em tal conceito; e *externos*, inerentes aos eventuais conflitos e à coordenação de interesses garantidos pelo art. 40 e outros interesses que a Constituição tutelasse com proeminente ou igual relevância. Discutiremos, a seguir, tais limites, mediante a análise dos principais elementos do direito de greve.

ELEMENTO CENTRAL: SUSPENSÃO DA PRESTAÇÃO PESSOAL DE SERVIÇOS

Em uma primeira fase, que durou até 1980, a jurisprudência, especialmente da Corte de Cassação, que foi acompanhada pela Corte Constitucional e por uma parte da doutrina italiana, elaborou conceito de greve que não correspondia com a amplitude do direito garantido pela Constituição, definindo-a como abstenção concertada do trabalho para tutela de interesses profissionais coletivos.[738]

A identificação da greve como uma abstenção do trabalho provocou debate doutrinário acerca das características daquela abstenção, relacionado aos *limites internos* daquele direito. As primeiras sentenças da Corte Constitucional, a exemplo da sentença nº 123 de 1962, exigiam – assim como a jurisprudência ordinária – a abstenção total, o que levava à exclusão de todas as formas de greve atípicas da proteção do art. 40 da Constituição italiana, tais como *sciopero pignolo, singhiozzo, scacchiera, sciopero delle mansioni, forme di rallentamento*,[739] que já foram conceituadas na seção "O elemento central: suspensão da prestação pessoal de serviços" deste capítulo. Segue abaixo o trecho da referida sentença da Corte Constitucional:

> O princípio, implícito nesta última sentença, deve ser confirmado. Mas juntos devem ser buscados os limites (coessenciais, como para qualquer outro tipo de direito) dentro dos quais seu exercício pode ser considerado permitido. No prosseguimento desta pesquisa, torna-se necessário o cumprimento do legislador ao imperativo que lhe é imposto pelo art. 40, uma vez que a Corte goza de um poder mais restrito do que o órgão legislativo, podendo fazer valer apenas

---

[737] Classificação conforme Giugni (2008, p. 238).

[738] SANTORO-PASSARELLI, 1973, p. 38.

[739] A tradução das palavras são, respectivamente, *greves de zelo, greve soluço, greve rotativa, greve de tarefas e formas de desaceleração da produção*.

aquelas, entre as limitações possíveis, que se inferem de forma necessária ou do próprio conceito de greve (que deriva da tradição aceita pelo constituinte *e que assume a forma de abstenção total do trabalho de vários trabalhadores subordinados em defesa dos seus interesses econômicos*), ou pela necessidade de conciliar as necessidades de autotutela da categoria com as outras de interesses gerais, que encontram proteção direta em princípios consagrados na própria Constituição.[740]

A restrição do direito de greve à total abstenção laboral, com a completa perda de retribuição pelo trabalhador, exposta na referida sentença, foi apoiada por parte prevalente da doutrina italiana.

Riva Sanseverino alegava que o conceito jurídico de greve importava em total e orgânica abstenção coletiva laboral, sem possibilidades de prestações intermediárias.[741] Barile afirmava que as formas anômalas de greve divergiam do conceito tradicional que envolve abstenção total do trabalho, de modo que seria impossível abarcar nesse conceito essas formas de agitação, uma vez que implicariam sua deturpação.[742] Torrente considerava todas as greves atípicas ilícitas, pois nesses casos o obreiro trabalhava parcial e inadequadamente, criando situação de provocação e intimidação.[743]

Cottino asseverava que greves atípicas não seriam por si só ilícitas, porque não é sempre que estas provocam um dano maior ao empregador. Contudo, segundo o autor, tendo em vista o princípio do dano mínimo, as formas anômalas de greve deveriam ser consideradas ilícitas quando provocassem a desorganização de toda a empresa, gerando dano injusto, na medida em que os trabalhadores grevistas também reivindicavam a retribuição parcial em razão da existência de alguma prestação laboral.[744]

---

[740] No original: "Il principio, implicito in quest'ultima pronuncia, deve essere confermato. Ma insieme devono essere ricercati i limiti (coessenziali ad esso, come a qualsiasi altra specie di diritto) entro cui il suo esercizio può ritenersi consentito. Nel procedere a tale ricerca, resa necessaria dal mancato adempimento della parte del legislatore dell'imperativo a lui imposto dall'art. 40, la Corte gode di un potere più ristretto di quello proprio dell'organo legislativo, essendole consentito di far valere solo quelle, fra le possibili limitazioni, che si desumano in modo necessario o dal concetto stesso dello sciopero (qual'è derivato dalla tradizione accolta dal costituente, *e che si concreta nell'astensione totale dal lavoro da parte di più lavoratori subordinati, al fine della difesa dei loro interessi economici*), oppure dalla necessità di contemperare le esigenze dell'autotutela di categoria con le altre discendenti da interessi generali i quali trovano diretta protezione in principi consacrati nella stessa Costituzione." CORTE COSTITUZIONALE, 1962. (tradução e grifo nosso)

[741] SANSEVERINO, 1964, p. 447.

[742] BARILE, 1966, p. 217.

[743] TORRENTE, 1966, p. 126.

[744] COTTINO, 1955, p. 381.

Luigi Mengoni acreditava que não se poderia determinar *a priori* que as formas anômalas de greve seriam sempre ilícitas, pois tais modalidades não provocavam automaticamente a desagregação do processo produtivo da empresa. No entanto, tais formas atípicas não poderiam ser abarcadas no conceito do direito de greve se causassem dano inadmissível ao processo produtivo da empresa, o que violaria o dever de colaboração entre as partes implícito no contrato de trabalho.[745]

A relação entre o dano maior ao empregador e o exercício das greves atípicas, aludida nos argumentos de Mengoni e Cottino, serviu de base para a elaboração da doutrina do dano injusto ou da correspondência de sacrifícios, consolidada pela jurisprudência, em que se pretendia avaliar as prestações laborais dos grevistas sob a ótica do princípio da boa-fé contratual, da lealdade e da colaboração do Direito Civil.[746]

Segundo Giugni, essa teoria estabelecia o conteúdo do direito de greve necessariamente como abstenção total do trabalho, traduzida na contemporânea ausência de prestação laboral de todos os trabalhadores da empresa, bem como pela continuidade orgânica da ausência deste trabalho.[747] O elemento da totalidade, segundo tal teoria, gera dano proporcional e delimitado ao empregador e aos trabalhadores grevistas, que perderiam a correspondente retribuição; em oposição às greves anômalas, em que a proporcionalidade do dano é rompida, à medida que se torna maior e injusto para o empregador, pois este não obtém dos trabalhadores a prestação laboral nos moldes pactuados no contrato de trabalho e é responsável pelo pagamento de alguma retribuição aos trabalhadores. Além disso, conforme a teoria, formas parceladas de prestação laboral causariam maior desagregação produtiva, mais danosa ao empregador. Portanto, em razão dos deveres de boa-fé, lealdade e de colaboração civilistas que o trabalhador possui em face do empregador, as greves atípicas deveriam ser consideradas sempre ilícitas.

A exclusão premeditada da licitude das greves atípicas mediante a doutrina do dano injusto encontrava respaldo na sentença nº 584/1952 da Corte de Cassação, que afirmava que durante as formas anômalas de luta não se verificava a suspensão do contrato de trabalho, o que só ocorria com a abs-

---

[745] MENGONI, 1949, p. 257.

[746] Parte minoritária da doutrina ainda utilizou o argumento de que o exercício das formas anômalas de greve implicaria abuso de direito. Segundo esta teoria, com as formas atípicas de greve, os trabalhadores usariam o direito de greve para um fim diferente para o qual o mesmo foi concedido, configurando-se um abuso de direito, nos termos do art. 833 do Código Civil Italiano.

[747] GIUGNI, 2008, p. 244.

tenção total da prestação laboral, permanecendo, portanto, as obrigações de colaboração e de diligência do empregado em face do empregador, conforme os artigos 2.094 e 2.104 do Código Civil Italiano, respectivamente.

De forma análoga, a sentença n° 512/1967 da mesma Corte sustentava que as formas atípicas de greve violavam o dever de lealdade contratual estabelecido no artigo art. 1.175 do Código Civil Italiano. Essa decisão também concluiu que o dano ao empregador decorrente do exercício das greves atípicas é sempre mais grave do que aquele causado pela abstenção total do trabalho, em razão da ausência da suspensão do contrato e da reivindicação de eventual retribuição, bem como por causar maior desorganização produtiva da empresa: "[...] diferente e mais grave do que o necessariamente inerente dano econômico por total suspensão temporária da atividade laboral dos seus empregados, prejuízo compensado pelo não pagamento das remunerações aos grevistas."[748] Nesse sentido, também dispôs a Corte Constitucional na sentença n° 124/1962:

> Se, por um lado é verdade que é inerente à essência da greve, visto que visa exercer uma coerção sobre o empregador, o dano que dela pode decorrer, também é verdade, por outro lado, que este *não pode ser diferente ou maior do que daquele necessariamente inerente à pura e simples suspensão do trabalho.* Daí decorre que o exercício de uma greve fica condicionado ao cumprimento da obrigação dos trabalhadores de abandonar o trabalho somente depois de adotadas as precauções que se façam necessárias para evitar o perigo ou a destruição das infraestruturas (sendo inadmissível e contrário ao interesse ao qual visa autotutela de categoria que a greve tenha como efeito comprometer a futura retomada do trabalho), ou a produção de danos contra pessoas ou bens do mesmo empregador, ou, ainda mais fortemente, de terceiros.[749]

---

[748] No original: ""[...] diverso e più grave di quello necessariamente inerente ai mancati utili dovuti alla momentanea sospensione dell'attività lavorativa dei suoi dipendenti, perdita compensata o limitata dal mancato pagamento della retribuzione agli scioperanti." Cf.: CORTE DI CASSAZIONE *apud* GIUGNI, 2008, p. 245. (tradução nossa)

[749] No original: "Se, da una parte, è vero che inerisce all'essenza dello sciopero, in quanto rivolto ad esercitare una coazione sul datore di lavoro, il fatto del pregiudizio da esso derivabile a carico di questi, è anche vero, dall'altra, che *tale pregiudizio non può risultare diverso o maggiore di quello necessariamente inerente alla pura e semplice sospensione dell'attività lavorativa.* Da ciò discende che l'indizione dello sciopero rimane condizionato all'adempimento dell'obbligo dei lavoratori di abbandonare il lavoro solo dopo avere adottato tutte quelle cautele le quali si palesino necessarie ad evitare il pericolo o della distruzione degli impianti (essendo inammissibile, e contrario allo stesso interesse cui tende l'autotutela di categoria, che lo sciopero abbia per effetto di compromettere la futura ripresa del lavoro), oppure della produzione di danni alle persone o ai beni dello stesso datore, o, a più forte ragione, dei terzi."- CORTE COSTITUZIONALE, 1962. (tradução e grifo nosso)

Contudo, a exclusão da licitude das greves atípicas em razão de eventual dano injusto foi profundamente criticada por parte da doutrina. Giugni afirmava que não foi esclarecido o motivo pelo qual o dano gerado por uma forma anômala de greve seria diverso e mais grave daquele decorrente de greve em formato tradicional.[750] Conforme Garofalo, o ponto de distinção entre a dupla conceitual "greve atípica – dano injusto" e "greve típica – dano normal" é meramente quantitativo e absolutamente indeterminado, deixando sua avaliação à arbitrariedade do intérprete.[751]

Para Giugni, essa teoria não forneceu instrumentos idôneos para avaliar a normalidade da greve ou de seu dano decorrente. O autor assevera que a tentativa de reenviar tais critérios ao Direito Civil mediante princípios como o da boa-fé e lealdade é completamente inadequada, pois estes são requisitos que operam na seara civilista de execução dos contratos e de maneira alguma podem ser estendidos à greve, que consiste em direito constitucional.[752]

No mesmo sentido, Montuschi afirmava que a inserção da greve entre os direitos constitucionais estava produzindo uma paradoxal limitação de seu conceito, em razão do temor concernente ao déficit regulamentativo legal.[753] O autor criticou a excessiva restrição do direito de greve decorrente da doutrina privatística do dano injusto, uma vez que a greve importaria necessariamente em dano e os meios que a tornam mais eficaz não podem ser limitados:

> Na realidade, a concretização da greve, como manifestação do conflito coletivo, constitui um comportamento que não cabe ser avaliado à luz das regras que regem a concretização da relação de emprego, e, portanto, a realização da função econômica do contrato. A greve pressupõe a vontade de causar danos e quem usa este meio não pode ser punido por tentar fazer com que a ação – que é a ação de luta- seja a mais eficaz possível.[754]

---

750 GIUGNI, 2008, p. 245.

751 GAROFALO, 1989, p. 170.

752 GIUGNI, 2008, p. 245.

753 MONTUSCHI, 1968, p. 49.

754 No original: "In realtà, l'attuazione dello sciopero, in quanto manifestazione del conflitto collettivo, costituisce un comportamento non idoneo ad essere valutato alla luce delle regole che presiedono all'attuazione del rapporto e, quindi, alla realizzazione della funzione economica del contratto. Lo sciopero presuppone una volontà di infliggere un danno e non su può rimproverare chi adopera tale mezzo se tenta di rendere l'azione – che è la azione di lotta – la più efficace possibile." Cf.: MONTUSCHI, 1968, p. 49. (tradução nossa)

A excessiva técnica definitória dos limites internos adotada pela doutrina dominante e pela jurisprudência esvaziava o direito constitucional de greve sob critérios do direito privado, que possui sistemática de igualdade entre as partes, que, obviamente, não pode ser transportada para a seara trabalhista. Segundo Ghezzi e Romagnoli, se fingia dizer aquilo que o direito de greve[755] era, mas, na verdade, se determinava o que a greve deveria ser. Para os autores, trocava-se o plano da descrição da greve como fenômeno da realidade econômico-social por aquele jurídico, com a exorbitante e prévia individualização dos requisitos que a greve deveria possuir para ser legítima, violando a dinamicidade do conflito coletivo.[756] Nas palavras de Ghezzi:

> Os tipos e as táticas de negociação e conflito dão origem, portanto, a uma morfologia de comportamentos humanos cujas características são historicamente determináveis e descritíveis apenas ex post, e que, no entanto, escapam das malhas de qualquer definição pré-estabelecida... A história do movimento sindical mostra che foram atribuídas à abstenção coletiva do trabalho todas as formas possíveis e múltiplas que, de tempos em tempos, foram julgadas como as mais eficazes, como as únicas adequadas para alcançar o resultado desejado [...].[757]

Conforme afirma Ghezzi, o recurso às formas atípicas de greve é necessário em determinadas estruturas produtivas e no contexto de certas conjunturas de relações intersindicais. O autor criticava o caráter ideológico de algumas decisões jurisprudenciais que determinam de forma homogênea e apriorística a ilicitude das greves atípicas, sendo necessário verificar no caso concreto a proporcionalidade da reação operária.[758] Além disso, devemos ressaltar que, se for necessária a avaliação da proporcionalidade do dano – o que nos parece inadequado, pois a greve é um direito constitucional e não deve se submeter a limites civilistas contratuais – seria mais coerente avaliar, no caso concreto, sua extensão diante da *natureza* dos bens jurídicos tutelados

---

[755] GHEZZI, 1968, p. 44.

[756] GHEZZI; ROMAGNOLI 1997, p. 212.

[757] No original: "I tipi e le tattiche do contrattazione e di conflitto danno quindi luogo ad una morfologia di comportamenti umani i cui lineamenti sono storicamente accertabili e descrivibili soltanto ex post, e che sfuggono, comunque, alle maglie d'una qualsiasi definizione precostituita ... La storia del movimento sindacale dimostra assegnate all'astensione collettiva dal lavoro tutte le possibile e molteplice forme che, di volta in volta, sono state giudicate come le più efficaci, o come le sole idonee a conseguire il risultato voluto [...]." Cf.: GHEZZI, 1968, p. 44. (tradução nossa)

[758] GHEZZI, 1968, p. 44.

constitucionalmente atingidos e não por meio da apuração do dano econômico sofrido pelo empregador, automaticamente presumido como injusto no tocante às greves atípicas.

Natoli também criticou a doutrina do dano injusto, pois existem outros modos identificáveis de coordenação entre as greves atípicas e o prosseguimento do processo produtivo, sem reduzir o direito de greve a uma "inócua manifestação esportiva".[759] Giuseppe Pera asseverava que a doutrina do dano injusto se baseava em uma única regra formalista e absoluta, que tenta determinar de forma reducionista e premeditada a ilicitude de todas as formas de greves atípicas.[760] Conforme o autor, o princípio da boa-fé foi sempre ignorado pela jurisprudência constitucional em outros campos de experiência jurídica e é discutível que ele seja aplicado no tocante ao direito de greve, somente para legitimar maior dano aos trabalhadores, não resolvendo nenhum milímetro do problema.[761] O autor alega que o "Direito do Trabalho deve romper com o cordão umbilical que ainda o liga ao Direito Privado."[762]

A jurisprudência italiana, representada pela Corte Constitucional e pela Corte de Cassação, começou a mudar sua posição em relação à doutrina do dano injusto no final dos anos 1960, acolhendo as críticas da doutrina minoritária, refutando os limites intrínsecos ao direito de greve, que determinavam de forma prévia e homogênea a ilicitude de todas as suas formas atípicas.

Com a introdução do Estatuto dos Trabalhadores nos anos 1970, iniciou-se uma mudança de perspectiva, manifestada primeiramente na sentença nº 2.433/1974 da Corte de Cassação, que, mesmo reafirmando a orientação precedente baseada em princípios civilistas, reconhece que a greve soluço (*singhiozzo*) já fazia parte da prática sindical, refutando implicitamente a ilicitude por si só da referida greve atípica. Verifica-se nessa sentença uma tímida mudança de pensamento, que inicia a apurar a licitude da greve não mediante a avaliação da legitimidade da abstenção e sim pela avaliação das suas consequências.[763]

---

[759] NATOLI, 1988, p. 65.
[760] PERA, 1966, p. 109.
[761] PERA, 1966, p. 115.
[762] PERA, 1966, p. 128.
[763] ALLEVA, 1976, p. 388.

Na sentença nº 1/1974 da Corte Constitucional, na análise do conceito de greve abarcado pelo Estatuto dos Trabalhadores nos artigos 15[764] e 28[765], foi mencionada a tese de que não há nenhuma legisla-

---

[764] "Art. 15. Atos discriminatórios. Considera-se nulo qualquer acordo ou ato que vise : a) subordinar o emprego de um trabalhador à condição que este participe ou deixe de fazer parte de uma associação sindical; b) dispensar o trabalhador, ou discriminá-lo na atribuição de habilitações ou funções, nas transferências, nas medidas disciplinares, ou prejudicá-lo de qualquer outra forma, pela sua filiação ou atividade sindical ou pela sua participação em greve. As disposições a que se refere o número anterior aplicam-se, também, a pactos ou atos com o objetivo de discriminação política, religiosa, racial, língua, de sexo, deficiência, de idade ou com base na orientação sexual ou convicções pessoais."
No original: "Art. 15. Atti discriminatori. È nullo qualsiasi patto od atto diretto a: a) subordinare l'occupazione di un lavoratore alla condizione che aderisca o non aderisca ad una associazione sindacale ovvero cessi di farne parte; b) licenziare un lavoratore, discriminarlo nella assegnazione di qualifiche o mansioni, nei trasferimenti, nei provvedimenti disciplinari, o recargli altrimenti pregiudizio a causa della sua affiliazione o attività sindacale ovvero della sua partecipazione ad uno sciopero. Le disposizioni di cui al comma precedente si applicano altresì ai patti o atti diretti a fini di discriminazione politica, religiosa, razziale, di lingua o di sesso, di handicap, di età o basata sull'orientamento sessuale o sulle convinzioni personali." Cf.: ITÁLIA, 1970. (tradução nossa)

[765] "Art. 28 Repressão de condutas antissindicais. Se o empregador adotar condutas destinadas a impedir ou limitar o exercício da liberdade e da atividade sindical, bem como o direito à greve, através de recurso aos órgãos jurídicos locais das associações sindicais nacionais que tenham interesse, o magistrado (1) do local onde é praticado o comportamento denunciado, nos dois dias seguintes, convocadas as partes e obtidas informações sumárias, caso considere que existe a violação referida neste parágrafo, ordenará ao empregador, por decisão motivada e imediatamente exequível, a cessação do ilegítimo comportamento e a extinção dos seus efeitos. A eficácia executória da decisão não pode ser revogada até que sentença pela qual o juiz do trabalho defina o entendimento sobre o parágrafo sucessivo. Em face da decisão cabe recurso, no prazo de 15 dias, a contar da comunicação às partes, o qual o juiz do trabalho decidirá com sentença de natireza executiva imediata. É observado o disposto nos artigos 413.º e seguintes do Código de Processo Civil. O empregador que não cumprir a decisão referida no primeiro parágrafo ou a sentença executiva é punido nos termos do artigo 650 do Código Penal. A autoridade judiciária ordena a publicação da sentença penal na forma prevista no artigo 36 do Código Penal."
No original: "Art. 28. Repressione della condotta antisindacale. Qualora il datore di lavoro ponga in essere comportamenti diretti ad impedire o limitare l'esercizio della libertà e della attività sindacale nonché del diritto di sciopero, su ricorso degli organismi locali delle associazioni sindacali nazionali che vi abbiano interesse, il pretore (1) del luogo ove è posto in essere il comportamento denunciato, nei due giorni successivi, convocate

ção infraconstitucional que estabeleça limites e modalidades lícitas de greve, de modo que a jurisprudência não poderia reduzir um direito constitucional a uma única forma de manifestação, já que este não é sequer legalmente regulamentado.[766]

Na sentença 2.179/1979, a Corte de Cassação, mesmo confirmando a posição civilista consolidada, afirma incidentalmente que o centro da questão não é mais a legitimidade das prestações laborais parciais das greves atípicas, ao analisar a greve rotativa (*scacchiera*): "[...] a greve, embora legítima e legalmente utilizada em um setor ou de forma rotativa na produção, vai além dos métodos e tempos de sua execução normal e cria um fato excepcional, inesperado e imprevisível."[767] Posteriormente, a sentença 4.212/1979, tratando de uma[768] greve de soluço (*singhiozzo*), declara de forma mais explícita:

> Não pode haver dúvida da plena legalidade e legitimidade do exercício do direito de greve, ainda que na forma "a soluço" [...] porque este direito garantido constitucionalmente (art. 40 Const.) inclui todas as formas que podem ser implementadas enquanto dirigidas à suspensão e interrupção da produção da empresa.[769]

---

le parti ed assunte sommarie informazioni, qualora ritenga sussistente la violazione di cui al presente comma, ordina al datore di lavoro, con decreto motivato ed immediatamente esecutivo, la cessazione del comportamento illegittimo e la rimozione degli effetti. L'efficacia esecutiva del decreto non può essere revocata fino alla sentenza con cui il pretore in funzione di giudice del lavoro definisce il giudizio instaurato a norma del comma successivo. Contro il decreto che decide sul ricorso è ammessa, entro 15 giorni dalla comunicazione del decreto alle parti, opposizione davanti al pretore in funzione di giudice del lavoro che decide con sentenza immediatamente esecutiva. Si osservano le disposizioni degli articoli 413 e seguenti del codice di procedura civile. Il datore di lavoro che non ottempera al decreto, di cui al primo comma, o alla sentenza pronunciata nel giudizio di opposizione è punito ai sensi dell'articolo 650 del codice penale. L'autorità giudiziaria ordina la pubblicazione della sentenza penale di condanna nei modi stabiliti dall'articolo 36 del codice penale." Cf.: ITÁLIA, 1970. (tradução nossa)

766 MAZZONI, 1988, p. 1311.

767 No original: "[...] lo sciopero, sia pure legittimo e lecitamente usato in un settore o 'scacchiera' della produzione, travalica i limiti, i modi ed i tempi della sua normale esecuzione e crea un fatto eccezionale, sopravvenuto e imprevedibile. (tradução nossa)

768 CORTE DI CASSAZIONE apud CANGEMI, 2011, p. 29.

769 No original: "Non può dubitarsi della piena liceità e legittimità dell'esercizio del diritto di sciopero, anche nella forma "a singhiozzo"[...] perché tale diritto costituzionalmente garantito (art. 40 Cost.) comprende tutte le forme che possono essere realizzate, in quanto tendenti alla sospensione ed interruzione della produzione aziendale." CORTE DI CASSAZIONE apud CANGEMI, 2011, p. 29. (tradução nossa)

O encerramento da doutrina do dano injusto e dos limites internos ao direito de greve veio somente com a sentença nº 711/1980 da Corte de Cassação. A Corte entendeu que o ordenamento italiano não possuía uma definição de direito de greve, devendo, portanto, se limitar a assumir o conceito no significado que é próprio do contexto social analisado.[770] Assim, o tribunal estabeleceu que o termo *greve*, no contexto social italiano, refere-se à abstenção coletiva do trabalho, concedida a uma pluralidade de trabalhadores, para o alcance de um interesse comum. Nos termos da sentença nº 711/1980:

> Pois bem – prossegue esta sentença –, a palavra greve em nosso contexto social, o qual não poderia deixar de considerar o legislador constituinte e ordinário, *costuma ser entendida como nada mais que uma abstenção coletiva do trabalho, articulada por uma pluralidade de trabalhadores, para alcançar um propósito comum*. Qualquer determinação relativa à extensão da abstenção permanece alheia a esta noção essencial (seja contínua ou intermitente; se necessariamente estendida a todo o núcleo da empresa ou limitada a alguns setores do mesmo); ou a seus efeitos (mais ou menos prejudiciais para a empresa).[771]

Após a sentença nº 711/1980, qualquer limitação relativa à amplitude da abstenção laboral tornava-se estranha ao conceito de greve, não havendo inicialmente conexão imediata entre sua forma de exercício e sua ilicitude. A aferição da proporcionalidade do dano do empregador para a determinação da ilicitude da greve também foi superada, pois a escolha de meios de luta que reduziriam ao mínimo o sacrifício dos grevistas não pode por si só transformar a greve em ilegítima.[772]

Portanto, conforme ressalta Prosperetti, a Corte de Cassação resgatou o conceito sociológico de greve derivado das relações industriais,[773] abarcando inicialmente no conceito jurídico formas atípicas que não envolvem neces-

---

[770] BALLESTRERO, 2012, p. 383.

[771] No original: "Orbene – prosegue questa sentenza –, con la parola sciopero nel nostro contesto sociale, quale non poteva non essere presente anche al legislatore costituente e ordinario, *suolo intendersi nulla più che una astensione collettiva dal lavoro, disposta da una pluralità di lavoratori, per il raggiungimento di un fine comune*. A tale essenziale nozione rimane estranea qualsiasi delimitazione attinente all'ampiezza dell'astensione (se continuativa o intermittente; se necessariamente stesa a tutto il nucleo aziendale, ovvero se limitabile a determinati settori di esso); o ai suoi effetti (più o meno dannosi per l'azienda)." CORTE DI CASSAZIONE *apud* VALLEBONA, 2008, p. 204. (tradução e grifo nosso)

[772] BALLESTRERO, 2012, p. 383.

[773] PROSPERETTI, 2011, p. 40.

sariamente a total abstenção laboral, tais como a greve surpresa;[774]; por turnos de serviço de trabalho;[775] articuladas,[776] que correspondem à greve soluço (*singhiozzo*) e rotativa (*scacchiera*); greves relâmpago ou simbólicas;[777]

---

[774] Nesse sentido, sentença 124/1962 da Corte Constitucional: "que apenas o legislador, e não a Corte, tem a competência necessária para prescrever a adoção de certas modalidades como o momento deliberativo da abstenção do trabalho ou a obrigação de avisar o empregador" e sentenças posteriores da Corte de Cassação no 2.840 de 1984 e no 6.831 de 1987. Cf.: CORTE COSTITUZIONALE, 1962. (tradução nossa)

A citação, no original, está escrito: "[...] che solo il legislatore, e non già la Corte, possieda la competenza necessaria a prescrivere l'adozione' di determinate modalità quali il momento deliberativo dell'astensione dal lavoro o l'obbligo di preavviso al datore."

[775] Nesse sentido, sentença posterior da Corte de Cassação no 1.147 de 1991: "Nem sequer se deduziu que a greve em questão, foi (mesmo potencialmente) lesiva aos direitos pessoais constitucionalmente protegidos (como a vida e a segurança pessoal) e não parece à Corte que a alegada alteração sistemática do horário das viagens possa, por si só, acarretar – no Setor de Serviço Público de Transportes – prejuízo (mesmo potencial) para a produtividade da empresa que gere esse serviço".

No original: "Non è stato neanche dedotto che lo sciopero, di cui si discute, fosse (anche potenzialmente) lesivo di diritti della persona tutelati costituzionalmente (quali la vita e l'incolumità personale) e non pare alla Corte che l'asserita alterazione sistematica dell'orario delle corse possa, di per sé, comportare – nel settore del servizio pubblico di trasporto – danno (anche potenziale) per la "produttività" dell'azienda, che gestisca quel servizio." Cf.: CORTE DI CASSAZIONE, 1991. (tradução nossa)

[776] A doutrina italiana unifica sob o mesmo termo "greve articulada" as greves soluço e as greves rotativas. Ambas foram consideradas lícitas somente após a sentença no 711/80 da Corte de Cassação, uma vez que outro precedente da Corte – sentença no 584/1952 – definia as greves articuladas como meios de luta desleais e perniciosos.

[777] A licitude de tais greves foi reafirmada inclusive nos serviços públicos essenciais pela Comissão de Garantia, órgão administrativo e independente instaurado pela Lei no 146/1990, responsável pela valoração da legitimidade e da greve proclamada nesta seara. Sobre as greves simbólicas, a Comissão se manifestou na deliberação no 618/2005: "[...] não pode ser considerada como *dies a quo* para avaliar o cumprimento da obrigação de pré-aviso e o cumprimento do intervalo entre uma greve e a próxima"

No original: "[...] non è suscettibile di essere considerata come dies a quo per valutare l'osservanza dell'obbligo del preavviso e del rispetto dell'intervallo fra un'agitazione e quella successiva". Cf.: COMMISSIONE DI GARANZIA, 2005. (tradução nossa)

Posteriormente, na deliberação no 271/2007, a greve simbólica foi considerada uma forma anômala lícita de greve, de modo que não provoca nenhum dano aos usuários do serviço. Cf.: COMMISSIONE DI GARANZIA, 2007.

extraordinárias;[778] virtuais;[779] de não-colaboração (*non collaborazione*)[780] – expressão geral utilizada na Itália para greves que envolvam algum tipo parcial de abstenção laboral, seja em termos quantitativos ou qualitativos,[781] tais como greves parciais, greves trombose e greves de rendimento.

Ghezzi e Romagnoli resumem a paradigmática sentença da Corte de Cassação ao dizer que a mensagem é clara: a decisão afirma a necessidade de evitar confusão entre os critérios que definem o conceito jurídico de greve e os elementos que podem determinar sua legitimidade, que estão relacionados a direitos tutelados constitucionalmente e devem ser apurados no caso concreto.[782] Nas palavras dos autores:

> A resposta que se deve dar não é, em suma, aquela que em se ilude em resolver o dilema "greve sim" ou "greve não", mas sim aquela que busca satisfazer a necessidade de respeito ao conjunto mais amplo de interesses constitucionalmente protegidos. Portanto, "greve como".[783]

Nesse sentido, na segunda parte da sentença nº 711/1980, a Corte de Cassação reconstrói a problemática dos limites ao direito de greve sob outra perspectiva, acolhendo a teoria dos *limites externos*, que relaciona a restrição do direito de greve à tutela de outros direitos constitucionais, que devem ser cotejados no caso concreto.[784]

A referida sentença afrontou a tese do dano injusto e questionou sua base jurídica representada pelas cláusulas gerais de boa-fé e de lealdade do

---

[778] No mesmo sentido, a sentença no 6.622 de 1987 da Corte de Cassação reconhece a legitimidade da greve extraordinária, alegando que sua ilicitude somente poderia derivar do dano à produtividade, que explicaremos a seguir.

[779] Existem dois projetos de lei que pretendem regulamentar a greve virtual, na modalidade que não se confunde com a cibergreve: o projeto de lei 1.473 de 2009, que foi criticado pela definição vaga de greve virtual: "manifestação de protesto com o fim do desenvolvimento da prestação laboral" e o projeto de lei 1.170, que estabelece que a greve virtual não é obrigatória, mas é um meio alternativo à greve tradicional, sem abstenção laboral, com a previsão de instauração de um fundo de solidariedade.

[780] A problemática de tais greves é acerca da retribuição devida, que será analisada ainda neste capítulo.

[781] ANASTASI, 1988, p. 465.

[782] GHEZZI; ROMAGNOLI, 1997, p. 203.

[783] No original: "La risposta che bisogna dare non è, insomma, quella che invano si illude di sciogliere il dilemma 'sciopero si' o 'sciopero no', ma è quella che cerca di soddisfare l'esigenza di rispetto all'assetto più vasto di interessi costituzionalmente protetti. Quindi, 'sciopero come'."GHEZZI; ROMAGNOLI 1997, p. 203. (tradução nossa)

[784] BALLESTRERO, 2012, p. 385.

Código Civil, alegando que tais princípios não podem ser invocados para avaliar a legitimidade da greve, porque a consequência direta de seu exercício é a suspensão contratual.[785] Conforme a teoria elaborada por Ghera,[786] a única responsabilidade que poderia ser apurada no exercício do direito de greve seria aquela extracontratual, nos termos do art. 2.043 do Código Civil. Giugni explica a teoria, afirmando que o exercício de qualquer tipo de greve levaria à suspensão contratual, não se podendo fazer referência ao vínculo contratual entre as partes, de modo que é necessário considerar o grevista como terceiro que pode produzir eventual dano a outros direitos constitucionais, gerando a responsabilidade extracontratual.[787]

A Corte de Cassação utilizou como precedente a sentença nº 124/1962 da Corte Constitucional para embasar a teoria dos limites externos do direito de greve, que destaca como condições de sua legitimidade o perigo ou a destruição permanente do maquinário empresarial ou a direitos tutelados constitucionalmente, que podem estar na mesma hierarquia ou em nível superior ao direito paredista – como o direito à vida e a incolumidade das pessoas –, o que deve ser apurado no caso concreto.

No entanto, entre tais limites externos que o direito de greve não poderia violar, sob pena de ensejar a responsabilidade extracontratual, a sentença nº 711/80 elencou a liberdade de iniciativa econômica, protegida pelo art. 41[788] da Constituição, que deveria ser entendida não como a liberdade de obter lucro, senão a única greve permitida seria aquela que não gerasse dano ao empregador. Assim, foi estabelecido o conceito de liberdade de iniciativa econômica em sentido dinâmico, como atividade empresarial que encontra sua garantia também no art. 4, parágrafo 1º[789] da Constituição, sob duas perspectivas diversas: a liberdade de iniciativa

---

[785] A doutrina italiana não diferencia interrupção e suspensão contratual. Veremos ainda neste capítulo os efeitos do contrato de trabalho durante o exercício do direito de greve determinados pela doutrina e jurisprudência na Itália.

[786] GHERA, 1974, p. 372.

[787] GIUGNI, 2008, p. 247.

[788] "Art. 41: A iniciativa econômica privada é livre. Não pode ser desenvolvida em conflito com a utilidade social ou de forma que possa prejudicar a segurança, a liberdade, a dignidade humana."

No original: "Art. 41: L'iniziativa economica privata è libera. Non può svolgersi in contrasto con l'utilità sociale o in modo da recare danno alla sicurezza, alla libertà, alla dignità umana." Cf.: ITÁLIA, 1948. (tradução nossa)

[789] "Art. 4º: A República reconhece o direito ao trabalho de todos os cidadãos e promove condições que tornam esse direito efetivo. Todo cidadão tem o dever de

econômica como forma de trabalho que também merece ser protegida e a justificativa de que é mediante a atividade empresarial que se pode promover o direito ao trabalho a todos os cidadãos.[790]

Tendo em vista tais princípios, conforme a mesma sentença da Corte de Cassação, a greve deve ser exercida sem causar dano à produtividade, que se difere de dano à produção. Estabelece a sentença nº 711/1980:

> O direito de greve deve ser exercido de forma a não prejudicar irreparavelmente, em uma determinada e efetiva situação econômica geral ou particular [não a produção, mas] a produtividade – diríamos melhor: a capacidade de produção – da empresa, portanto a possibilidade para o empresário de [continuar] realizando sua iniciativa econômica.[791]

Segundo a Corte de Cassação, somente o dano à produção seria admitido como legítimo no exercício do direito de greve, que consiste na possibilidade de gerar uma lesão na atividade produtiva de forma não permanente, ou seja, que não é capaz de impedir o empregador de continuar a desenvolver sua atividade econômica, protegida pelo art. 41 da Constituição italiana. Com a supracitada sentença, a Corte entendeu que a legitimidade da greve não dependeria da avaliação meramente quantitativa do dano ao empregador e sim qualitativa, no tocante aos valores constitucionais a serem atingidos, que independe da modalidade de exercício da greve.

Segundo Perone, a jurisprudência atual italiana, seguindo a orientação da sentença nº 711/80 da Corte de Cassação, decidiu que a greve pode ser livremente concertada e implementada de qualquer forma, desde que o comportamento substancial realizado pelos grevistas não integre hipóteses penalmente sancionadas, manifestadas em condutas causadoras de danos a instrumentos de trabalho e instalações; ocupa-

---

realizar, de acordo com suas possibilidades e sua escolha, uma atividade ou função que contribua para o progresso material ou espiritual da sociedade."

"Art. 4º: La Repubblica riconosce a tutti i cittadini il diritto al lavoro e promuove le condizioni che rendano effettivo questo diritto. Ogni cittadino ha il dovere di svolgere, secondo le proprie possibilità e la propria scelta, un'attività o una funzione che concorra al progresso materiale o spirituale della società." Cf.: ITÁLIA, 1948. (tradução nossa)

790 GIUGNI, 2008, p. 247.

791 No original: "Il diritto di sciopero deve essere esercitato con modalità tali da non pregiudicare, in una determinata ed effettiva situazione economica generale o particolare, irreparabilmente [non la produzione, ma] la produttività – diremmo meglio: la capacità produttiva – dell'azienda, cioè la possibilità per l'imprenditore di [continuare a] svolgere la sua iniziativa economica." Cf.: CORTE DI CASSAZIONE *apud* GIUGNI, 2008, p. 247. (tradução nossa)

ções de empresas;[792] piquetes violentos; bloqueio de entrada e saída de mercadorias da empresa com ulterior hipótese de violência privada e bloqueio de estrada.[793]

Nessas hipóteses, a greve – segundo a opinião prevalente da doutrina e da jurisprudência italiana – não atende ao limite da importância dos danos à produtividade, causando danos às pessoas e às instalações: ou seja, para ser legítima, deve respeitar o limite exterior constituído por bens, como a vida, a saúde e a preservação das instalações para continuar a produzir, que se revestem, na previsão constitucional, de valor pelo menos igual ao direito de recorrer à ação sindical direta.[794]

Apesar de a orientação jurisprudencial dominante após os anos 1980 aplicar a teoria dos limites externos explicitada na sentença nº 711/1980, parte da doutrina italiana criticou vários pontos adotados pela Corte de Cassação.

Conforme Giugni, essa teoria jurisprudencial teve o mérito de adotar um critério de diferenciação qualitativo – e não mais quantitativo – no tocante ao dano causado, para a distinção entre greve legítima e ilegítima, mas não resolveu inteiramente o problema, pois é extremamente difícil distinguir no caso concreto o dano à produção do dano à produtividade.[795]

Para Di Majo, mais uma vez a jurisprudência italiana pretende efetuar uma "normalização" da greve, restringindo-a para servir à concepção vaga de liberdade econômica, com a mesma metodologia de reenvio a cláusula gerais, como foi feito na teoria do dano injusto.[796] Segundo o autor, não há norma precisa como parâmetro de controle, deixando à discricionariedade do magistrado a completa avaliação no caso concreto do que seja dano à produtividade. Nas palavras do autor:

> Basta perguntar-se, para se ter uma ideia da complexidade do problema, com os mesmos critérios em presença dos quais avaliar a ultrapassagem (do limiar) do lícito. É a salvaguarda da atitude produtiva da empresa, a salvaguarda da sua capacidade competitiva? E essa capacidade terá que ser considerada no que diz respeito à obtenção de lucros ou também em relação a outros parâmetros? Será possível distinguir entre empresas (talvez subsidiadas) com maior ou menor resistência? E *quid iuris* para pequenas empresas? Também não se pode excluir, no entanto, que o mesmo pre-

---

[792] Veremos a greve com ocupação da empresa e outras formas de luta coletiva no próximo capítulo deste livro.

[793] PERONE; BOSON, 2015, p. 231.

[794] PERONE; BOSON, 2015, p. 231.

[795] GIUGNI, 2008, p. 248.

[796] DI MAJO, 1980, p. 318.

juízo à produção [...] comprometa a competitividade da empresa e, por conseguinte, a sua capacidade de prosseguir a sua atividade no mercado.[797]

Conforme Lucifredi, a distinção entre dano à produtividade e dano à produção é ilógica e arbitrária, na medida em que os dois momentos são consequentes e inseparáveis, de modo que tal contribuição não é interessante para solucionar o problema do equilíbrio entre o direito de greve e outros direitos constitucionais, uma vez que se pode utilizar a ideia de dano à produtividade para justificar qualquer perda de lucro no caso concreto.[798] No mesmo sentido, Lambertucci:

> Enfatizar as repercussões danosas que uma greve pode causar à empresa é arriscado, pois sempre se encontra um nexo causal indireto, de modo que, raciocinando absurdamente, se passaria a admitir a ilegalidade de uma greve intermitente, porque compromete a capacidade competitiva da empresa.[799]

Na verdade, a teoria de limites externos estabelecida pela Corte de Cassação na sentença nº 711/1980, que encontra respaldo no dano à produtividade, também pode ter sua essência empobrecida em decisões no caso concreto.

Podemos dar exemplo dessa distorção ao expor o tratamento jurisprudencial concedido à greve de tarefas (*sciopero delle mansioni*), tipo da denominada "não colaboração", que deveria ser considerada inserida formalmente no precedente de 1980,[800] uma vez que a partir dessa

---

[797] No original: "Basta interrogarsi, per aver un'idea della complessità del problema, sugli stessi criteri in presenza dei quali valutare il superamento (della soglia) del lecito. È la salvaguardia dell'attitudine produttiva dell'impresa, la salvaguardia della capacità concorrenziale di essa? E tale capacità dovrà essere considerata con riguardo al conseguimento di profitti o anche riguardo ad altri parametri? Sarà consentito distinguere tra imprese (magari sovvenzionate) dotate di maggiore o minor forza di resistenza? E quid iuris per le piccole imprese? Né può escludersi peraltro che lo stesso danno alla produzione [...] pregiudichi la tenuta concorrenziale dell'impresa e quindi la sua capacità a proseguire l'attività imprenditiva nel mercato."Cf.: DI MAJO, 1980, p. 319. (tradução nossa)

[798] LUCIFREDI, 1982, p. 33.

[799] No original: "Porre l'accento sui riflessi dannosi che uno sciopero può provocare all'azienda è rischioso, in quanto un nesso di causalità indiretta può sempre trovarsi, ragionando per assurdo si arriverebbe ad ammettere l'illiceità di uno sciopero a singhiozzo perché compromette la sua capacità competitiva." Cf.: LAMBERTUCCI, 1980, p. 700. (tradução nossa)

[800] No mesmo sentido, a sentença da Corte de Cassação no 2.840/1984: "[...] qualsiasi forma di sciopero ancorché diversa dalla completa o integrale paralisi dell'attività lavorativa è legittima, salvi i limiti esterni. Conseguentemente l'agitazione collettiva può essere esercitata anche mediante il non espletamento di una

sentença foram superados os limites internos do direito de greve. No entanto, existem decisões posteriores, como é o caso da sentença da Corte de Cassação nº 2.214 de 28/3/1986, que continuam remetendo indiretamente a tais limites, responsabilizando em âmbito civil e disciplinar os trabalhadores que se recusem a realizar apenas algumas tarefas pactuadas no contrato de trabalho, baseando-se no argumento civilista de que tais formas de luta configurariam inadimplemento contratual e maior dano ao empregador e, portanto, não entrariam no âmbito de proteção do art. 40 da Constituição. Nos termos da referida sentença: "[...] se as tarefas recusadas eram devidas, a recusa é ilegítima; o contrário se aplica se as tarefas foram solicitadas ilegalmente pelo empresário."[801]

A Corte tornou a enfrentar a questão da greve de tarefas (*sciopero delle mansioni*) na sentença nº 11.147 de 1999, afirmando que é irrelevante a forma pela qual a greve venha a ser efetivada, atribuindo-lhe legitimidade, que deve ter como limite o dano à produtividade, consistente na destruição total ou parcial das instalações da empresa.[802] Em 2003, no entanto, a Corte de Cassação retornou à tese de ilegitimidade da greve de tarefas, afirmando que:

> A recusa de execução de uma parte das funções legitimamente exigidas ao trabalhador, exercidas sem perda de remuneração, não constitui um exercício legítimo do direito de greve e pode constituir uma responsabilidade contratual e disciplinar do empregado.[803]

Entretanto, a polêmica da aplicação exclusiva da tese dos limites externos, corroborada pelo dano à produtividade, em relação à greve de tarefas, continua na jurisprudência. Em uma sentença do Tribunal de Massa Carrara em 2008,[804] foi analisado o caso de uma greve que envolvia alguns trabalhadores de um supermercado que se recusavam apenas a promover a organização de mercadorias nas prateleiras. O Tribunal utilizou o pre-

---

parte delle prestazioni lavorative pur nella contemporanea esecuzione di altre." Cf.: CORTE DI CASSAZIONE, 1984 *apud* CANGEMI, 2011, p. 70.

801 No original: "se le mansioni rifiutate erano dovute, il rifiuto è illegittimo; il contrario vale se le mansioni erano illegittimamente richieste dall'imprenditore." Cf.: CORTE DI CASSAZIONE *apud* GIUGNI, 2008, p. 273. (tradução nossa)

802 GIUGNI, 2008, p. 273.

803 No original: "Il rifiuto di esecuzione di una parte delle mansioni, legittimamente richiedibili al lavoratore, attuato senza perdita della retribuzione, non costituisce esercizio legittimo del diritto di sciopero e può configurare una responsabilità contrattuale e disciplinare del dipendente." Cf.: CORTE DI CASSAZIONE *apud* CANGEMI, 2011, p. 72. (tradução nossa)

804 Trib. Massa Carrara, 14 fevereiro de 2008.

cedente da sentença nº 2.840/1984[805] da Corte de Cassação para ressaltar a legitimidade desse tipo de greve em geral, apesar de ter decidido, nesse caso específico, que a greve não se enquadrava no tipo de greve de tarefas, pois os próprios grevistas admitiram que as tarefas de organização de mercadorias nas prateleiras não faziam parte de suas atividades laborativas.[806]

Outro ponto a ser destacado na aplicação da teoria dos limites externos, ligada ao dano à produtividade, é o significado atribuído à *liberdade de iniciativa econômica* pela Corte de Cassação, que encontra suposta proteção constitucional nos artigos 4º e 41 da Constituição, o que remete à teoria institucionalista. Conforme essa concepção de liberdade iniciativa econômica, a empresa consiste em instituição que busca o Bem-Estar Social, na qual os trabalhadores seriam beneficiados e colaboradores, ocultando ser ela atividade lucrativa e que há sempre um conflito entre capital e trabalho; tratando-se mais de condição justificadora para a limitação excessiva do direito de greve do que condição explicativa do que é liberdade de iniciativa econômica, que nem sequer é um *direito* em si, e sim, *mera liberdade*.

Isso é refletido em algumas decisões recentes dos tribunais italianos que interpretam de forma extensiva o conceito de liberdade de iniciativa econômica, confundindo dano à produção com dano à produtividade, inutilizando no caso concreto o direito de greve. Nesse sentido, ressaltamos a interpretação errônea do que é dano à produtividade fornecida pelo Tribunal de Melfi, em 15 de julho de 2011, que estabeleceu que não consistia em conduta antissindical do empregador a dispensa de três ativistas sindicais que, durante uma greve, obstruíram a linha de produção, enquanto outros grevistas, obrigados pelo empregador, se afastaram da linha. Segundo o tribunal, a conduta dos ativistas sindicais gerou grave dano à produtividade da empresa e, portanto, não é protegida pelo direito de greve, permitindo-se a dispensa por justa causa efetuada pelo empregador.[807]

---

805 No mesmo sentido, a sentença da Corte de Cassação no 2.840/1984: "[...] qualquer forma de greve, mesmo que diferente da paralisação total ou integral da atividade laboral, é legítima, salvos os limites externos. Consequentemente, a mobilização coletiva também pode ser exercida através da não realização de parte da execução do trabalho ao mesmo tempo em que se realiza outras."

No original: "[...] qualsiasi forma di sciopero ancorché diversa dalla completa o integrale paralisi dell'attività lavorativa è legittima, salvi i limiti esterni. Conseguentemente l'agitazione collettiva può essere esercitata anche mediante il non espletamento di una parte delle prestazioni lavorative pur nella contemporanea esecuzione di altre." Cf.: CORTE DI CASSAZIONE, 1984 *apud* CANGEMI, 2011, p. 70. (tradução nossa)

806 CANGEMI, 2011, p. 75.

807 BALLESTRERO, 2012, p. 387.

Outro aspecto polêmico sobre a violação da liberdade de iniciativa econômica, manifestada pelo dano à produtividade, diz respeito àquelas instalações empresariais de ciclo contínuo, que existem na siderurgia e na indústria química, que não podem parar, em razão de sua degradação permanente e da perda de material. A solução encontrada pela jurisprudência e doutrina italiana foram as denominadas *comandate*,[808] que são acordos coletivos – formais ou informais – entre sindicatos de trabalhadores e empresas, pelos quais certa quantidade de trabalhadores continua a prestar parcial ou totalmente a atividade laboral, para evitar que a greve cause danos permanentes às instalações, prejudicando a produtividade empresarial.[809] As *comandate* são previstas expressamente pela Lei nº 185/1964, de instalações nucleares, e pelo art. 20 da Lei nº 146/1990, que trata da greve nos serviços públicos essenciais.[810] Na falta do referido acordo coletivo, cautelas análogas deveriam ser tomadas unilateralmente pelos trabalhadores, para evitar a responsabilidade extracontratual decorrente de danos à produtividade.[811] O empregador também teria o ônus de cumprir medidas de sua competência para garantir tais prestações indispensáveis para a segurança das instalações e das pessoas.[812] Entretanto, no caso concreto, várias *comandate* são estabelecidas unilateralmente pelo empregador, exterminando o direito de greve, confundindo o dano à produção com o dano à produtividade. Na jurisprudência[813] italiana há decisões que reconhecem o caráter antissindical das *comandate* abusivas, de modo que essas seriam permitidas apenas quando há real risco de comprometimento permanente das instalações.[814]

Por fim, devemos criticar o balanceamento que tem sido efetuado pela Corte de Justiça Europeia, da qual a Itália faz parte, entre o direito de greve e a liberdade de iniciativa econômica, consubstanciadas em duas sentenças emblemáticas referentes ao Caso Laval[815] e ao

---

[808] Em português, a tradução seria "ordenações".

[809] GIUGNI, 2008, p. 248.

[810] BALLESTRERO, 2012, p. 387.

[811] GIUGNI, 2008, p. 248.

[812] BALLESTRERO, 2012, p. 387.

[813] Sentença no 24.581, de 26 de novembro de 2007, da Corte de Cassação discute a polêmica das *comandate* estabelecidas unilateralmente pelo empregador.

[814] BALLESTRERO, 2012, p. 387.

[815] Sentença da Corte de Justiça Europeia no C-341/05 de 18/12/07.

Caso Viking.[816] A despeito da polêmica[817] da suposta incompetência da União Europeia em matéria de Direito Sindical, nos termos do art. 153, parágrafo 5º[818] do Tratado sobre o Funcionamento da União Europeia

---

[816] Sentença da Corte de Justiça Europeia no C-438/05 de 11/12/07.

[817] Ver nota de rodapé no 205.

[818] "Art. 153 TFUE: 1. A fim de realizar os objetivos enunciados no artigo 151., a União apoiará e completará a ação dos Estados-Membros nos seguintes domínios: a) Melhoria, principalmente, do ambiente de trabalho, a fim de proteger a saúde e a segurança dos trabalhadores; b) Condições de trabalho; c) Segurança social e proteção social dos trabalhadores; d) Proteção dos trabalhadores em caso de rescisão do contrato de trabalho; e) Informação e consulta dos trabalhadores; f) Representação e defesa coletiva dos interesses dos trabalhadores e das entidades patronais, incluindo a cogestão, sem prejuízo do disposto no n.o 5; g) Condições de emprego dos nacionais de países terceiros que residam legalmente no território da União; h) Integração das pessoas excluídas do mercado de trabalho, sem prejuízo do disposto no artigo 166; i) Igualdade entre homens e mulheres quanto às oportunidades no mercado de trabalho e ao tratamento no trabalho; j) Luta contra a exclusão social; k) Modernização dos sistemas de proteção social, sem prejuízo do disposto na alínea c). 2. Para o efeito, o Parlamento Europeu e o Conselho podem: a) Tomar medidas destinadas a fomentar a cooperação entre os Estados-Membros, através de iniciativas que tenham por objetivo melhorar os conhecimentos, desenvolver o intercâmbio de informações e de boas práticas, promover abordagens inovadoras e avaliar a experiência adquirida, com exclusão de qualquer harmonização das disposições legislativas e regulamentares dos Estados-Membros; b) Adotar, nos domínios referidos nas alíneas a) a i) do nº 1, por meio de diretivas, prescrições mínimas progressivamente aplicáveis, tendo em conta as condições e as regulamentações técnicas existentes em cada um dos Estados-Membros. Essas diretivas devem evitar impor disciplinas administrativas, financeiras e jurídicas contrárias à criação e ao desenvolvimento de pequenas e médias empresas. O Parlamento Europeu e o Conselho deliberam de acordo com o processo legislativo ordinário, após consulta ao Comité Económico e Social e ao Comité das Regiões. Nos domínios referidos nas alíneas c), d), f) e g) do nº 1, o Conselho delibera de acordo com um processo legislativo especial, por unanimidade, após consulta ao Parlamento Europeu e aos referidos Comités. O Conselho, deliberando por unanimidade, sob proposta da Comissão e após consulta ao Parlamento Europeu, pode decidir tornar aplicável às alíneas d), f) e g) do nº 1 o processo legislativo ordinário. 3. Qualquer Estado-Membro pode confiar aos parceiros sociais, a pedido conjunto destes, a execução das diretivas adotadas em aplicação do nº 2 ou, se for caso disso, a execução de uma decisão do Conselho adotada nos termos do artigo 155. Nesse caso, assegurará que, o mais tardar na data em que determinada diretiva ou decisão deva ser transposta ou executada, os parceiros sociais tenham introduzido, por acordo, as disposições necessárias, devendo o Estado-Membro em questão tomar as medidas indispensáveis para poder garantir, a todo o tempo, os resultados impostos por essa diretiva ou decisão. 4. As disposições adotadas ao abrigo

(TFUE, antigo Tratado da Comunidade Europeia – TCE), a Corte de Justiça tem adotado posição de padronização desses direitos coletivos, mediante a técnica de balanceamento com a liberdade de iniciativa econômica, nos termos das normas de Direito Comunitário.[819]

Em um breve resumo, o Caso Laval consistiu no conflito entre o direito de greve (e de ação coletiva, previsto pelo art. 28 da Carta de Direitos Fundamentais da União Europeia) e a liberdade de prestação de serviços em âmbito transnacional, garantida pelo art. 56[820] do TFUE, em razão da interrupção do trabalho e bloqueio do acesso aos canteiros de construção civil na cidade de Vaxholm, que tinha um contrato com a empresa Laval, da Letônia. A ação coletiva promovida pelo sindicato sueco da construção civil e, posteriormente, apoiada por sindicatos de outros setores, foi em solidariedade aos trabalhadores da Letônia, que tinham sido transferidos da empresa Laval para prestarem serviço na Suécia, mas sem as mesmas garantias estabelecidas em negociação coletiva para os trabalhadores suecos. A interrupção de serviços mediante greves, boicotes[821] e bloqueio do acesso aos canteiros de obras foi realizada pelos

---

do presente artigo: – não prejudicam a faculdade de os Estados-Membros definirem os princípios fundamentais dos seus sistemas de segurança social nem devem afetar substancialmente o equilíbrio financeiro desses sistemas, – não obstam a que os Estados-Membros mantenham ou introduzam medidas de proteção mais estritas compatíveis com os Tratados. 5. *O disposto no presente artigo não é aplicável às remunerações, ao direito sindical, ao direito de greve e ao direito de lock-out*". Cf.: TRATADO SOBRE O FUNCIONAMENTO DA UNIÃO EUROPEIA, 2012. (grifo nosso).

819 MAGNANI, 2015, p. 72.

820 Art. 56: No âmbito das disposições seguintes, as restrições à livre prestação de serviços na União serão proibidas em relação aos nacionais dos Estados-Membros estabelecidos num Estado-Membro que não seja o do destinatário da prestação. O Parlamento Europeu e o Conselho, deliberando de acordo com o processo legislativo ordinário, podem determinar que as disposições do presente capítulo são extensivas aos prestadores de serviços nacionais de um Estado terceiro e estabelecidos na União. Cf.: TRATADO SOBRE O FUNCIONAMENTO DA UNIÃO EUROPEIA, 2012.

821 A palavra boicote tem origem no século XIX e está relacionada com James Boycott, um capitão que gerenciava uma vasta propriedade rural na Irlanda. Seus métodos de trabalho eram tão cruéis que os trabalhadores se insurgiram, mobilizando a comunidade, para que ninguém estabelecesse qualquer tratativa, serviço ou transação de ordem comercial com o referido administrador (BELTRAN, 2001, p. 172). O boicote, portanto, consiste no bloqueio contratual do empresário por seu antagonista coletivo, com finalidade reivindicativa (AVILÉS, 1990, p. 407). Conforme Ojeda Avilés (1990, p. 407), o boicote pode assumir múltiplas formas, já que o objetivo é dificultar a transação mercantil da empresa. Assim, tal ação coletiva pode se manifestar na conduta de trabalhado-

sindicatos suecos como forma de pressão à empresa Laval, para que essa fosse compelida a estender as vantagens estabelecidas coletivamente aos trabalhadores suecos para os trabalhadores da Letônia, nos termos da Diretiva 96/71 da União Europeia,[822] que garante aos trabalhadores deslocados transnacionalmente as condições mínimas essenciais de trabalho (salário mínimo, limite de jornada, dispositivos sobre saúde e segurança), que devem ser fornecidas pelo Estado receptor.[823]

A realização da ação coletiva induziu à renúncia da execução do contrato da empresa Laval estipulado em Vaxholm e, consequentemente, os obreiros da Letônia ficaram sem oportunidade de trabalho e se viram obrigados a retornar ao seu país. No entanto, na Suécia, outras organizações sindicais boicotaram todos os canteiros de obras da Laval, o que impediu que a empresa continuasse a desenvolver suas atividades em território sueco.[824]

A empresa, então, ajuizou ação em face dos sindicatos suecos da construção civil e do setor elétrico – que se recusaram a fornecer serviços à empresa da Letônia durante a ação coletiva –, para que fosse declarada a ilegitimidade do movimento coletivo e para obter o ressarcimento dos danos hipoteticamente causados por ambos os sindicatos. O juiz sueco, baseado no artigo 267[825] do TFUE (antigo art. 234 do TCE),

---

res que se demitam ou não solicitem emprego naquela empresa; na persuasão de outros trabalhadores em não fornecer serviços para a empresa boicotada ou na conduta de consumidores que se recusam a adquirir produtos da empresa (AVILÉS, 1990, p. 407). Esta modalidade de ação coletiva será melhor analisada no próximo capítulo desta tese.

[822] A Diretiva 96/71 da União Europeia é relativa ao deslocamento de trabalhadores no âmbito de uma prestação de serviços. Tal dispositivo é aplicável às empresas que, no âmbito de uma prestação transnacional de serviços, desloquem um trabalhador para o território de um Estado-Membro da União Europeia, desde que haja uma relação de trabalho entre a empresa destacadora e o trabalhador durante o período de deslocamento. Entende-se por trabalhador destacado qualquer trabalhador que, por um período limitado, trabalhe no território de um Estado-Membro diferente do Estado onde habitualmente exerce a sua atividade. A Diretiva 96/71 foi alterada pela Diretiva 2014/67, que tem como objetivo melhorar a execução e a aplicação na prática da diretiva Diretiva 96/71, com o intuito de garantir uma melhor proteção dos trabalhadores destacados e um quadro jurídico mais transparente e previsível para os prestadores de serviços. Cf.: MAGNANI, 2015, p. 67.

[823] BALLESTRERO, 2012, p. 389.

[824] MAGNANI, 2015, p. 77.

[825] Art. 267 (ex-artigo 234 TCE): O Tribunal de Justiça da União Europeia é competente para decidir, a título prejudicial: a) Sobre a interpretação dos Tratados; b) Sobre a validade e a interpretação dos atos adotados pelas instituições, órgãos ou organismos

remeteu o processo à Corte de Justiça Europeia, para que essa se pronunciasse sobre a interpretação dos artigos 18[826] e 56 do TFUE (antigos artigos 12 e 49 do TCE) – que tratam da vedação da discriminação por nacionalidade e da livre prestação de serviços, respectivamente – bem como em relação à Diretiva Comunitária 96/71.[827]

A Corte, em sua decisão,[828] entendeu que a Diretiva Comunitária 96/71 estabelece que as condições mínimas de trabalho aplicáveis aos trabalhadores deslocados devem ser determinadas por convenções coletivas, ou decisões arbitrais, de eficácia geral (*erga omnes*) no Estado receptor. Na Suécia, as convenções coletivas não possuem eficácia *erga omnes*, exceto no tocante ao salário mínimo. Desse modo, a Suécia não possuía os requisitos previstos pelo art. 3º, parágrafo 8º[829] da Diretiva

---

da União. Sempre que uma questão desta natureza seja suscitada perante qualquer órgão jurisdicional de um dos Estados-Membros, esse órgão pode, se considerar que uma decisão sobre essa questão é necessária ao julgamento da causa, pedir ao Tribunal que sobre ela se pronuncie. Sempre que uma questão desta natureza seja suscitada em processo pendente perante um órgão jurisdicional nacional cujas decisões não sejam suscetíveis de recurso judicial previsto no direito interno, esse órgão é obrigado a submeter a questão ao Tribunal. Se uma questão desta natureza for suscitada em processo pendente perante um órgão jurisdicional nacional relativamente a uma pessoa que se encontre detida, o Tribunal pronunciar-se-á com a maior brevidade possível. Cf.: TRATADO SOBRE O FUNCIONAMENTO DA UNIÃO EUROPEIA, 2012.

826 Art. 18 (ex-artigo 12 do TCE). No âmbito de aplicação dos Tratados, e sem prejuízo das suas disposições especiais, é proibida toda e qualquer discriminação em razão da nacionalidade. O Parlamento Europeu e o Conselho, deliberando de acordo com o processo legislativo ordinário, podem adotar normas destinadas a proibir essa discriminação. Cf.: TRATADO SOBRE O FUNCIONAMENTO DA UNIÃO EUROPEIA, 2012.

827 MAGNANI, 2015, p. 77.

828 Posteriormente, a Corte teve entendimento semelhante no Caso Ruffert, em 3 de abril de 2008, sentença C-346/06, Dirk Ruffert c. Land Niedersachsen.

829 Art. 3º, parágrafo 8º: "Entende-se por «convenções colectivas ou decisões arbitrais declaradas de aplicação geral», aquelas que devem ser cumpridas por todas as empresas pertencentes ao sector ou à profissão em causa e abrangidas pelo seu âmbito de aplicação territorial. Na ausência de um sistema de declaração de aplicação geral de convenções colectivas ou de decisões arbitrais na acepção do primeiro parágrafo, os Estados-membros podem, se assim o entenderem, tomar por base: — as convenções colectivas ou decisões arbitrais que produzam um efeito geral sobre todas as empresas semelhantes pertencentes ao sector ou à profissão em causa e que sejam abrangidas pelo seu âmbito de aplicação territorial e/ou; — as convenções colectivas celebradas pelas organizações de parceiros sociais mais representativas no plano nacional e aplicadas em todo o território nacional, desde que a sua aplicação

Comunitária 96/71 para a extensão das vantagens estabelecidas em negociação coletiva. Portanto, a ação coletiva realizada não poderia ser justificada pela obtenção de garantias além do mínimo salarial, em razão da ausência de precisos dispositivos nacionais suecos aos quais a empresa destacante deveria aderir.[830]

Após a sentença da Corte de Justiça Europeia, o juiz sueco estabeleceu a responsabilidade dos sindicatos da construção civil e do setor elétrico, condenando-os ao pagamento de ressarcimento significativo, assumindo posição confirmativa em relação às consequências jurídicas de eficácia horizontal previstas pelo art. 56 do TFUE.[831] [832]

No Caso Viking, a Corte de Justiça Europeia deveria determinar o balanceamento entre o direito de greve (e de ação coletiva) e o de estabelecimento, reconhecido pelo art. 49[833] do TFUE (antigo art. 43 do TCE), e decidir em qual medida os sindicatos poderiam continuar a tutelar os direitos dos trabalhadores em situação transnacional.[834]

às empresas referidas no n° 1 do artigo 1° garanta, quanto às matérias enumeradas no n° 1 do presente artigo, a igualdade de tratamento entre essas empresas e as outras empresas referidas no presente parágrafo que se encontrem em situação idêntica. Verifica-se a existência de igualdade de tratamento na acepção do presente artigo, quando as empresas nacionais que estejam em situação idêntica: – se encontrem sujeitas, no local de actividade ou no sector em causa, às mesmas obrigações que as empresas abrangidas pelos destacamentos, respeitantes às matérias enumeradas no n° 1 idênticas e que – essas mesmas obrigações nelas produzam os mesmos efeitos. Cf.: TRATADO SOBRE O FUNCIONAMENTO DA UNIÃO EUROPEIA, 2012.

830 MAGNANI, 2015, p. 77.

831 Depois do caso Laval, a Suécia adotou a denominada Lex Laval (Lei no 228/2010), com a qual foi modificada a normativa nacional sobre a matéria de trabalhadores deslocados, ratificando o entendimento da sentença da Corte de Justiça Europeia.

832 MAGNANI, 2015, p. 77.

833 Art. 49 (ex art. 43 del TCE): No âmbito das disposições seguintes, são proibidas as restrições à liberdade de estabelecimento dos nacionais de um Estado-Membro no território de outro Estado-Membro. Esta proibição abrangerá igualmente as restrições à constituição de agências, sucursais ou filiais pelos nacionais de um Estado-Membro estabelecidos no território de outro Estado-Membro. A liberdade de estabelecimento compreende tanto o acesso às atividades não assalariadas e o seu exercício, como a constituição e a gestão de empresas e designadamente de sociedades, na aceção do segundo parágrafo do artigo 54, nas condições definidas na legislação do país de estabelecimento para os seus próprios nacionais, sem prejuízo do disposto no capítulo relativo aos capitais. Cf.: TRATADO SOBRE O FUNCIONAMENTO DA UNIÃO EUROPEIA, 2012.

834 ROTA, 2013, p. 140.

O caso surge em outubro de 2003 diante de um litígio entre a sociedade finlandesa Viking e o sindicato nacional da categoria de transporte marítimo, apoiado pela federação internacional de sindicatos de transporte, que possui sede em Londres. Entre as atividades atribuídas à empresa Viking, encontrava-se a administração do trecho de ligação entre a Finlândia e a Estônia, que era feita mediante uma embarcação denominada "Rosella", de bandeira Finlandesa. O conflito coletivo nasceu após a decisão da empresa Viking de se estabelecer na Estônia, registrando a embarcação naquele território. A mudança da empresa deve-se ao fato de que o desenvolvimento da atividade na Estônia gerava uma redução de custos, pois além da troca da bandeira, a Viking pretendia estabelecer filial no país, transferindo a propriedade da embarcação, para poder aplicar aos trabalhadores as normas coletivas de retribuição estabelecidas naquele território, mais precárias do que aquelas existentes na Finlândia, em uma clara política de "bandeira de conveniência".[835]

As reações dos sujeitos sindicais consistiram em greves e boicotes, que envolveram o sindicato nacional e a federação internacional, para que fosse impedida a prática de *dumping social* pela empresa e para manter os níveis de proteção reconhecidos pelas leis trabalhistas Finlandesas, pelo menos no tocante à aplicação das normas coletivas originárias, em caso de mudança de bandeira. Após vários conflitos, as condições impostas pelos sindicatos foram aceitas pela empresa Viking.[836]

No entanto, em 2004, a Estônia ingressou na União Europeia e a empresa Viking, que ainda tinha prejuízos com a embarcação "Rosella", ajuizou ação na High Court of Justice (England and Wales), Queen's Bench Division,[837] para que fosse declarada a ilegitimidade da atuação dos sindicatos, tendo em vista a liberdade de estabelecimento prevista pelo art. 49 do TFUE.[838] Em 16 de junho de 2005, o juiz inglês acolheu o pedido da empresa Viking, entendendo que as ações coletivas realizadas pelos sindicatos violavam a liberdade de estabelecimento econômico, bem como restringiam a liberdade de circulação de trabalhadores e a livre prestação de serviços. A federação internacional dos sindicatos de transporte e o sindicato da categoria de transporte marítimo finlandês recorreram à Corte de Apelação Inglesa, que en-

---

[835] ROTA, 2013, p. 140.

[836] ROTA, 2013, p. 140.

[837] A ação foi ajuizada na Inglaterra, pois a Federação Internacional de Sindicatos de Transporte, que apoiou a ação coletiva, possui sede em Londres.

[838] MAGNANI, 2015, p. 80.

tendeu que a solução do caso exigia interpretação do Direito Comunitário, remetendo o processo à Corte de Justiça Europeia.[839]

Na sentença, a Corte de Justiça reconheceu sua competência, nos termos do art. 153, §5º, do TFUE, pois entendeu que mesmo que os Estados membros tenham competência nacional para dirimir conflitos coletivos sindicais, tais Estados são obrigados a respeitar o Direito Europeu.[840] Segundo a Corte, a liberdade de estabelecimento econômi-

---

[839] MAGNANI, 2015, p. 80.

[840] Esta posição adotada pela Corte de Justiça é considerada polêmica. Nas palavras de Brancati: "De fato, face à exclusão das competências regulamentares da União, pareceria bastante linear a conclusão de que a autonomia sindical e o direito de greve são matérias de competência reservada aos Estados, de forma a não permitir sequer à Corte de Justiça estabelecer como essa competência deve ser exercida pelos Estados. O entendimento da Corte de Justiça de Justiça é polêmico se considerarmos que, ao invadir uma esfera de competência reservada aos Estados, se vê tratando de direitos constitucionais que lhe dizem respeito, e ao fazê-lo, não parece estar particularmente preocupada com a posição sistemática de que esses direitos ocupam nos respectivos sistemas constitucionais. Por outro lado, através desta operação de invasão ou "intrusão", o a Corte de Justiça deve inevitavelmente reconhecer os direitos sindicais envolvidos, e reconhecê-los como direitos fundamentais. À primeira vista, isto pode representar uma melhoria do ponto de vista do nível de respeito pelos direitos fundamentais por parte do sistema jurídico europeu. Com efeito, reflete-se a imagem de um sistema que, nascido com a missão exclusiva de promover o mercado e as liberdades econômicas, se "amadurece" ao zelar também pelos direitos fundamentais, particularmente os sociais. No entanto, em um olhar mais aprofundado e abrangente (que não aborda apenas o direito da UE, mas o complexo de interações entre ele e os sistemas constitucionais nacionais), o que parece ser uma melhoria pode vir a ser algo diferente: de fato, reconhecer os direitos sociais representa, para a Corte, o pré-requisito para equilibrá-los com as liberdades econômicas de acordo com seus critérios e sensibilidade, enquanto a total estranheza da União e de sua Corte a tais direitos sociais teria tornado impossível manipulá-los (e torná-los mais "dóceis")."
No original: "Infatti, data l'esclusione delle competenze regolatorie dell'Unione, sembrerebbe piuttosto lineare la conclusione per cui l'autonomia sindacale e il diritto di sciopero costituiscono oggetto di una competenza riservata agli Stati, tale da non consentire neanche alla Corte di Giustizia di stabilire come debba essere esercitata questa competenza da parte degli Stati. Tanto più ardita risulta l'operazione della Corte di Giustizia, se si considera che, invadendo una sfera di competenza riservata agli Stati, essa si ritrova a maneggiare diritti costituzionali che afferiscono a quella competenza, e nel farlo non pare preoccuparsi particolarmente della posizione sistematica che quei diritti occupano nei rispettivi ordinamenti costituzionali. D'altro canto, tramite questa operazione di invasione o"sconfinamento", la Corte di Giustizia inevitabilmente deve riconoscere i diritti sindacali coinvolti, e li riconosce come diritti fondamentali. Ciò potrebbe rappresentare, a prima vista, un miglioramento dal punto di vista del livello

co pode ser restringida por ações coletivas que possuem objetivos legítimos de interesse geral, como a tutela dos trabalhadores, desde que, em tais ações, não sejam utilizados mecanismos para além do que se entende necessário e proporcional. No entanto, a avaliação da legitimidade dos objetivos e dos meios utilizados para alcançá-los devem ser determinadas pelo juiz nacional.[841] No caso específico Viking, a decisão da Corte, em razão da falta de normativa nacional[842] clara a ser aplicada, resumiu-se a uma série de indicações que manifestavam nitidamente a orientação para declarar a ilegitimidade das ações coletivas.[843]

Portanto, em ambos os casos, para a Corte de Justiça, a ação coletiva pode constituir restrição à liberdade econômica, que só é admissível quando a ação coletiva possua objetivo legítimo, compatível com o TFUE, e seja justificada por razões imperativas de interesse geral, realizada de forma proporcional. A técnica de balanceamento entre liberdade econômica adotada pela Corte de Justiça Europeia é similar àquela adotada pelo ordenamento italiano, que tenta restringir as ações coletivas em face da liberdade econômica, limitando o direito de greve ao dano à produtividade.

A Corte de Justiça Europeia encontra os mesmos obstáculos práticos da jurisprudência italiana ao tentar estabelecer o equilíbrio entre o direito de greve e a liberdade econômica, culminando – como foi verificado no caso Laval e no caso Viking – na interpretação extensiva dessa última, de modo a neutralizar o direito de greve na Europa. Tais sentenças foram critica-

---

di rispetto dei diritti fondamentali da parte dell'ordinamento europeo. Infatti, viene riflessa l'immagine di un ordinamento che, nato con il compito esclusivo di promuovere il mercato e le libertà economiche, diventa "maturo" tenendo conto e preoccupandosi anche dei diritti fondamentali, in particolare dei diritti sociali. Tuttavia, ad uno sguardo più approfondito e complessivo (che non si rivolga soltanto al diritto UE, ma al complesso delle interazioni tra questo e gli ordinamenti costituzionali nazionali), ciò che sembra un miglioramento potrebbe rivelarsi qualcosa di diverso: infatti, riconoscere i diritti sociali rappresenta, per la Corte, il presupposto per poterli bilanciare con le libertà economiche secondo i suoi criteri e la sua sensibilità, mentre la completa estraneità dell'Unione e della sua Corte a tali diritti avrebbe comportato l'impossibilità di maneggiarli (e di renderli più "docili"). Cf.: BRANCATI, 2015, p. 6. (tradução nossa)

841 MAGNANI, 2015, p. 81.

842 Deve-se ressaltar que, no caso do Direito Finlandês, a greve, apesar de ser um direito fundamental, não pode ser exercida de forma contrária aos bons costumes e possui limitações positivadas no Direito nacional. Cf.: ROTA, 2013, p. 140.

843 Em março de 2008, a partes envolvidas no Caso Viking estabeleceram transação, mas seus termos não foram divulgados. Cf.: MAGNANI, 2015, p. 81; INGRAVALLO, 2008 p. 645.

das pela doutrina italiana, na medida em que, em ambos os casos, houve inversão da lógica no balanceamento entre liberdade econômica e direito de greve: deve-se dar prioridade aos direitos sociais diante de liberdades individuais e o que ocorre nas decisões da Corte é a expansão excessiva da liberdade econômica em relação aos meios de lutas coletiva, em perigoso retorno a critérios civilistas de proporcionalidade e razoabilidade, que foram utilizados na Itália até os anos 1970. Giubboni ressalta como o emprego de parâmetros civilistas pode levar ao aprofundamento da desigualdade social entre os sujeitos na seara laboral em âmbito transnacional:

> Afinal, [...] é de forma mais generalizada a aplicação à ação sindical ou à convenção coletiva do mesmo teste de adequação e proporcionalidade, originalmente concebido e tradicionalmente modulado com referência a medidas estatais, para potencialmente dar origem a resultados perversos, agravando a posição fraca dos parceiros sociais no conflito coletivo transnacional.[844]

Por isso, é necessário questionar sob qual perspectiva de conhecimento o juiz nacional – como requer a Corte de Justiça Europeia – vai extrair critérios para avaliar a proporcionalidade e razoabilidade de uma ação sindical em face da liberdade econômica, pois, para a doutrina italiana, é provável que o magistrado não fará uma leitura desse balanceamento com orientação voltada para a expansão de direitos sociais.[845] Conforme Brancati, o conceito de proporcionalidade é elástico e enseja ampla discricionariedade do magistrado, criando fortes disparidades no tocante à proteção da luta coletiva nos Estados membros da União Europeia, de modo que a Corte não foi suficientemente clara para definir os requisitos de legalidade de uma ação coletiva transnacional. Dessa forma, a Corte de Justiça Europeia gerou situação de judicialização do conflito e de incerteza jurídica para os sindicatos.[846]

Em sentido contrário, a Corte Europeia de Direitos Humanos, em algumas sentenças recentes, como no caso Demir e Baykara[847] e no caso

---

[844] No original: "Del resto, [...] è più in generale l'applicazione all'azione sindacale o al contratto collettivo del medesimo test di adeguatezza e proporzionalità, originariamente pensato e tradicionalmente modulato con riferimento alle misure statali, a dar potenzialmente luogo a risultati perversi, aggravando la posizione di debolezza delle parti sociali nel conflitto collettivo transnazionale."Cf.: GIUBBONI, 2012, p. 64-65. (tradução nossa)

[845] BRANCATI, 2015, p. 5.

[846] BRANCATI, 2015, p. 5.

[847] Corte EDH, 12 de novembro de 2008, recurso no 34503/97. No caso, a Corte Europeia considerou a violação do art. 11 da CEDH pela Turquia mediante recurso do sindicato dos funcionários públicos. Conforme a Corte, a Turquia havia adotado

Enerji-Yapi Yol sem,[848] invocou o art. 11 da CEDH, que trata da liberdade de reunião e associação, e utilizou o princípio da proporcionalidade, não para relativizar o direito de greve e de ação coletiva, e sim para garantir seu efeito plenamente útil.[849] Para Perulli, nas sentenças da Corte de Justiça, há imprudente e duro ataque à autonomia coletiva e à autotutela coletiva, em retorno ao entendimento retrógrado de que as greves e outros meios de luta coletiva eram concebidos como entraves ao desenvolvimento econômico e não veículos de emancipação que podem ser utilizados pelo cidadão europeu.[850] A imprescindibilidade dos direitos da empresa foi colocada no centro da discussão, deturpando a hierarquia de valores constitucionais, em detrimento da justiça social almejada pelo exercício do direito de greve e de luta coletiva.

O reconhecimento da competência da Corte de Justiça Europeia para julgar ações que envolvem direitos sindicais deveria representar um avanço, pois implica também o reconhecimento destes como direitos fundamentais sociais. Entretanto, em análise mais profunda, percebe-se que o resultado foi o oposto: a possibilidade de balanceamento entre direitos sindicais e liberdade econômica levou à legitimação do desequilíbrio e à "docilização" das formas de luta coletiva, em entendimento impregnado de "corporativismo conservador", nas palavras de Caruso.[851] Conforme Orlandini:

> Uma vez que as regras do mercado interno tenham sido consideradas aplicáveis à ação sindical, não fica claro como é possível configurar uma relação entre esta última e as liberdades econômicas que não impliquem um certo grau de redimensionamento no que diz respeito à forma como é reconhecida e regulada a ação sindical nas legislações nacionais [...]. Ao aceitar o juízo de equilíbrio entre direito de greve e liberdades econômicas, não há mar-

---

comportamentos que dificultavam o direito de negociação coletiva, tratando-os de forma diferenciada dos trabalhadores do setor privado. De acordo com a Corte, o art. 11 garante o direito de negociação coletiva, bem como eventuais ações diretas dos trabalhadores para garanti-lo. Cf.: MAGNANI, 2015, p. 92.

848 Corte EDH, 21 de abril de 2009, recurso no 68959/01. Neste caso, a Corte Europeia entendeu que o art. 11 da CEDH havia sido violado pela Turquia mediante um recurso do sindicato turco de funcionários públicos do setor de energia. Segundo a Corte, uma circular do presidente do conselho de ministros turco, em 1996, inibia, sob pena de aplicação de sanções disciplinares, a realização de greve para o reconhecimento do direito de negociação coletiva. Cf.: MAGNANI, 2015, p. 93.

849 PERULLI, 2011, p. 33.

850 PERULLI, 2011, p. 33.

851 CARUSO, 2008, p. 41.

gem para evitar que o processo de integração do mercado interno determine uma limitação dos espaços de exercício da ação sindical, o que fragiliza o papel da autonomia coletiva como instrumento contra o *dumping* social.[852]

O risco de redução da amplitude do direito de greve verificado na análise dos casos Viking e Laval, que abre caminho para fenômenos de *dumping* social, também pode ser reproduzido na limitação dos interesses a serem tutelados por tal direito. Voltemos à Itália e veremos a seguir os interesses concebidos como legítimos para serem tutelados pelo direito de greve.

INTERESSES TUTELADOS PELO DIREITO DE GREVE

A tradicional classificação dos interesses que podem ser tutelados pela greve os divide entre aqueles com: fins lícitos, que remetem àqueles estritamente econômico-profissionais; fins ilícitos, que são ligados a interesses políticos – como os tutelados pelas greves de solidariedade –, que encontrava respaldo nas disposições do Código Penal (art. 502 e seguintes), nas quais o delito de greve era diversamente punido em razão da finalidade tutelada. Conforme o Código Penal, o crime de greve era menos grave quando se tratava de fins econômicos-contratuais e mais grave quando consistia em reivindicação de interesses políticos, de protesto e de solidariedade.[853] O mérito da extensão dos interesses coletivos que a greve poderia tutelar legitimamente, que conseguiu superar a classificação herdada do Direito corporativista, é da Corte Constitucional, que cancelou boa parte dos dispositivos do referido Código Penal.

Como já foi mencionado na seção "O conceito do direito de greve na Itália: construção jurisprudencial e doutrinária" deste capítulo, com a promulgação da Constituição italiana e a proteção da greve como direito fundamental, superando as perspectivas anteriores de greve-delito e de greve-liberdade, as normas de Direito Penal deveriam ter ser sido imediatamente revogadas. Entretanto, a Corte Constitucional rejeitou,

---

[852] No original: "Una volta ritenute applicabili le regole del mercato interno all'azione sindacale non si vede come sia possibile configurare una relazione tra quest'ultima e le libertà economiche che non ne comporti un certo grado di ridimensionamento rispetto al modo in cui esso è riconosciuto e regolato negli ordinamenti nazionali [...]. Accettando il giudizio di bilanciamento tra diritto di sciopero e libertà economiche, non c'è margine per evitare che il processo di integrazione del mercato interno determini una limitazione degli spazi di praticabilità dell'azione sindacale tale da indebolire il ruolo dell'autonomia collettiva come strumento del contrasto al *dumping* sociale." Cf.: ORLANDINI 2013, p. 52. (tradução nossa)

[853] BALLESTRERO, 2012, p. 383.

na sentença nº 26 de 1960, a tese de súbita revogação do complexo normativo de normas penais de origem corporativa, o que provocou, por muitos anos, grave contradição no ordenamento jurídico italiano: estavam concomitantemente em vigor a norma constitucional que reconhecia a legitimidade do conflito coletivo e, neste âmbito, o direito fundamental de greve, e as normas penais que negavam essa legitimidade.[854]

Na sentença nº 29 de 1960,[855] a Corte revogou completamente apenas o artigo 502 do Código Penal, que previa o crime de greve de fins contratuais e o locaute. Os artigos 503, em que estava previsto o crime de greve de fins não contratuais, ou seja, definia o crime das greves de fins políticos, e o art. 505, que previa punições para a greve de solidariedade, foram deixados incólumes por muito tempo. A exclusiva revogação do crime de locaute e da greve com fins contratuais foi justificada pela Corte para que fosse estabelecido indissolúvel binômio equilibrado na nova sistemática democrática: a permanência do locaute como ilícito contratual e a proteção jurídica da greve de fins contratuais, de modo que a vedação no plano civil das greves com outros fins era compatível com a nova ordem constitucional.

Assim, nos primeiros anos de atuação, a Corte Constitucional, em conceito explicitado pela sentença nº 123/1962, estabeleceu o direito de greve como abstenção laboral realizada por trabalhadores subordinados, para a defesa de seus *interesses econômicos*.[856] Para a Corte, interesses econômicos não se restringiam a interesses salariais, abarcando melhores condições de trabalho ligadas ao contrato profissional. Além disso, a Corte entendeu que o artigo 505 do Código Penal, que previa o delito da greve de solidariedade, não contrastava totalmente com a Constituição, de modo que se reconheceu a legitimidade dessa greve *para apoio a reivindicações de caráter econômico*, na qual é veri-

---

854 GIUGNI, 2008, p. 239.

855 "Finalmente, a Corte considera que, nos termos do art. 27 da lei n. 87, de 1953, a ilegitimidade constitucional também do parágrafo segundo do art. 502 do Código Penal, que trata da proibição penal da greve, por não ser compatível com os artigos 39 e 40 da Constituição."

No original: "Ritiene infine la Corte che, a norma dell'art. 27 della legge n. 87 del 1953, deve essere dichiarata la illegittimità costituzionale anche del secondo comma dell'art. 502 Cod. pen., che riguarda il divieto penale dello sciopero, a più forte ragione non compatibile con gli artt. 39 e 40 della Costituzione". Cf.: CORTE CONSTITUCIONAL, 1960. (tradução nossa)

856 PERONE, 1978, p. 388.

ficada a *afinidade de exigências* que motivam ambos os movimentos. Entretanto, esse entendimento, segundo a Corte, não era suficiente para declarar a inconstitucionalidade do referido artigo, que permaneceu no ordenamento jurídico italiano, bem como o artigo 503, que previa o crime de greves de fins políticos. Conforme a sentença:

> A esse respeito, deve-se lembrar que, conforme observado acima, a greve a que se refere o art. 40 só é legítima quando se destina a fins de natureza econômica, o que se pode inferir, entre outras razões, de sua inserção no título terceiro da primeira parte da Constituição, que dá direito, de fato, às relações econômicas. No entanto, há que se esclarecer que a proteção conferida a tais relações não pode se limitar apenas a reivindicações de natureza puramente salarial, mas se estende a todas aquelas relativas ao conjunto de interesses dos trabalhadores que encontram disciplina nas regras contidas no próprio título [...] Para quanto à questão da constitucionalidade do art. 505, que pune a greve denominada "somente" em solidariedade aos demais trabalhadores, a Corte considera improcedente as alegações da Advocacia Geral da União, segundo as quais a greve só seria considerada legítima se tratasse de conflito determinado por razões contratuais e, conseqüentemente, quando estas são direcionadas em face do empregador com o qual existe a relação contratual, de modo que apenas este poderia atender as reivindicações grevistas. De fato, não se pode contestar a existência de interesses comuns a categorias inteiras de trabalhadores [...] Portanto, a suspensão do trabalho realizado em apoio de reivindicações econômicas às quais se dirige uma greve já em curso, pelos trabalhadores que pertencem à mesma categoria dos primeiros grevistas, não pode deixar de encontrar justificativa onde se verifique a afinidade das necessidades que motivam a mobilidade de um e de outro, de forma a acreditar razoavelmente que, sem a associação de todos em um esforço comum, tais reivindicações correm o risco de permanecerem insatisfeitas.[857]

---

[857] No original: "In proposito è da ricordare che, come si è prima rilevato, lo sciopero di cui all'art. 40 è legittimo solo quando sia rivolto a conseguire fini di carattere economico, secondo si può desumere, fra l'altro, dalla collocazione del medesimo sotto il titolo terzo della prima parte della Costituzione, che si intitola, appunto, ai rapporti economici. È tuttavia da chiarire che la tutela concessa a tali rapporti non può rimanere circoscritta alle sole rivendicazioni di indole meramente salariale, ma si estende a tutte quelle riguardanti il complesso degli interessi dei lavoratori che trovano disciplina nelle norme racchiuse sotto il titolo stesso [...] Per quanto poi riguarda la questione di costituzionalità dell'art. 505, che punisce lo sciopero indetto "soltanto" per solidarietà con altri lavoratori, la Corte ritiene non fondate le deduzioni dell'Avvocatura dello Stato, secondo cui lo sciopero sarebbe da considerare legittimo solo nel caso che si inserisca in un conflitto determinato da motivi contrattuali, e conseguentemente quando questi siano fatti valere in confronto del datore di lavoro con il quale sussiste il rapporto, dal quale solamente può

Parte da doutrina estava de acordo com o conceito de greve elaborado pela Corte Constitucional à época, que restringia sua legitimidade a interesses econômicos. Nessa linha manifestou-se Santoro-Passarelli, entendendo que os fins legítimos que poderiam ser tutelados pelo direito de greve seriam aqueles que têm relação com o contrato de trabalho subordinado, de modo que as greves políticas e as de simples solidariedade são vedadas civilmente pelo ordenamento italiano.[858] No mesmo sentido se posicionaram, entre outros, Riva Sanseverino[859] e Pergolesi, que entendeu que os meios de participação política na vida pública são determinados de forma expressa pela Constituição e não incluem o direito de greve:

> As greves políticas certamente não podem ser consideradas "direitos", porque estão evidentemente em contraste com todo o sistema constitucional, que determina os órgãos do poder público, com suas respectivas competências, e também determina as formas de participação popular na vida pública (como eleições políticas, petições, reuniões, associações, referendos, etc.) que não incluem greves.[860]

Entretanto, parcela da doutrina criticou a posição da Corte Constitucional. Pera desconsiderava essa classificação de finalidades legítimas que podem ser tuteladas pelo direito de greve, uma vez que ela teria caráter restritivo e não diferenciava o problema da conceitualização do interesse econômico-profissional da possibilidade de satisfação dos interesses da greve pelo empregador.[861]

---

ottenere soddisfazione la pretesa posta ad oggetto dello sciopero stesso. Infatti, non è contestabile la sussistenza di interessi comuni a intere categorie di lavoratori [...] Pertanto, la sospensione del lavoro la quale venga effettuata in appoggio a rivendicazioni di carattere economico cui si rivolge uno sciopero già in via di svolgimento, ad opera di lavoratori appartenenti alla stessa categoria dei primi scioperanti, non può non trovare giustificazione ove sia accertata l'affinità delle esigenze che motivano l'agitazione degli uni e degli altri, tale da fare fondatamente ritenere che senza l'associazione di tutti in uno sforzo comune esse rischiano di rimanere insoddisfatte." Cf.: CORTE COSTITUZIONALE, 1962. (tradução nossa)

858 SANTORO-PASSARELLI, 1973, p. 38.

859 SANSEVERINO, 1964, p. 460.

860 No original: "Scioperi politici non possono certamente considerarsi "diritti" perché evidentemente in contrasto con tutto il sistema costituzionale, che determina gli organi del potere pubblico e delle relative competenze e determina anche i modi di partecipazione popolare alla vita pubblica (come elezione politiche, petizioni, riunioni, associazioni, referendum ecc.) tra i quali non rientrano gli scioperi." Cf.: PERGOLESI, 1962, p. 282. (tradução nossa)

861 PERA, 1969, p. 65.

Para Ghera, o conceito jurídico de interesse coletivo profissional não foi determinado de forma precisa pela Corte e pela doutrina, consistindo em uma abstração da realidade, dotada de formalismo, longe da prática sindical e insuficiente no plano hermenêutico.[862] Conforme o autor, a solidariedade dos interesses do grupo possui uma natureza dinâmica e não estática, como foi definido pela Corte Constitucional: ela se exprime mediante a própria atividade social de coalizão e não por meio de identificação abstrata de uma série de interesses individuais e econômicos.[863] Para o jurista, há inversão de métodos, pois procura-se restringir com a dogmática a dinâmica sociológica do conflito coletivo industrial, sem critérios precisos. Nas palavras de Ghera:

> Ao contrário, é necessário observar que se, pela sua natureza genérica e abstração, a noção de interesse coletivo profissional recebida pela jurisprudência não pode ser inserida na base do conceito de greve legítima, porque não oferece um critério interpretativo unívoco de qualificação, mas, inversamente, é provável que, partindo de uma reconstrução concreta do fenômeno da greve no contexto dinâmico da actividade sindical e, portanto, de acordo com a tipologia da sua realidade efetiva, seja possível contribuir [...] para uma configuração mais realista e precisa em termos de legislação do mesmo interesse coletivo.[864]

Para Mengoni,[865] é necessário distinguir a greve meramente política, em sentido estrito, ou seja, aquela atinente à escolha de propostas acerca de problemas políticos gerais, da greve econômico-política, que consiste no direito de obter ou questionar interventos de autoridade pública que concernem às condições socioeconômicas dos trabalhadores. Essa distinção foi adotada pela Corte Constitucional nas sentenças posteriores.

---

862 GHERA, 1974, p. 342

863 GHERA, 1974, p. 347.

864 No original: "È anzi il caso di osservare che se, per la sua genericità ed astrattezza, la nozione di interesse collettivo professionale ricevuta dalla giurisprudenza non può essere posta alla base di concetto di sciopero legittimo, rispetto a quale non offre un univoco criterio interpretativo di qualificazione, per converso è probabile che, proprio muovendo da una concreta ricostruzione del fenomeno dello sciopero nel contesto dinamico dell'attività sindacale, e perciò in aderenza alla tipologia della sua realtà effettuale, sia possibile contribuire [...] a una più realistica e precisa configurazione sul piano della normativa dello stesso interesse collettivo." Cf.: GHERA, 1974, p. 349. (tradução nossa)

865 MENGONI, 1964, p. 34.

Na sentença nº 31 de 1969,[866] a Corte definiu a greve como "[...] instrumento para o alcance de bens econômicos-sociais que o sistema constitucional relaciona às exigências de proteção e desenvolvimento da personalidade dos trabalhadores."[867] Perone ressalta a importância dessa sentença, que conduziu à dilatação do conceito de greve econômica, aproximando o entendimento da Corte da tese da interdependência entre fenômenos econômicos, sociais e políticos e da impossibilidade de separação nítida entre interesses econômicos e políticos na luta dos obreiros, à luz dos princípios da justiça social e participação política dos trabalhadores, estabelecidos pelo art. 3º, parágrafo 2º[868] da Constituição italiana. Conforme o autor, o referido artigo sustenta a legitimidade da greve independentemente da natureza do interesse tutelado ou pelo menos reduz a ilegitimidade ao âmbito restrito das greves puramente políticas.[869]

Em sentenças sucessivas, a Corte Constitucional não mencionou o precedente nº 31 de 1969, demonstrando que o desenvolvimento do raciocínio em matéria de conflito coletivo não foi linear, apesar de não

---

[866] "A Corte Constitucional declara a inconstitucionalidade do art. 330, parágrafos primeiro e segundo, do Código Penal, limitada à aplicabilidade da greve econômica que não comprometa funções ou serviços públicos essenciais, com características de interesse geral preeminente nos termos da Constituição."
No original: "La Corte Costituzionale dichiara l'illegittimità costituzionale dell'art. 330, primo e secondo comma, del Codice penale, limitatamente all'applicabilità allo sciopero economico che non comprometta funzioni o servizi pubblici essenziali, aventi caratteri di preminente interesse generale ai sensi della Costituzione". Cf.: CORTE COSTITUZIONALE, 1969. (tradução nossa)

[867] PERONE, 1978, p. 390.

[868] "Art. 3º Todos os cidadãos têm igual dignidade social e são iguais perante a lei, sem distinção de sexo, raça, língua, religião, opinião política, condições pessoais e sociais. É dever da República remover os obstáculos de ordem econômica e social, que, ao limitar a liberdade e a igualdade dos cidadãos, impedem o pleno desenvolvimento da pessoa humana e a participação efetiva de todos os trabalhadores na organização política, econômica e social do País."
No original: Art. 3º Tutti i cittadini hanno pari dignità sociale e sono eguali davanti alla legge, senza distinzione di sesso, di razza, di lingua, di religione, di opinioni politiche, di condizioni personali e sociali. È compito della Repubblica rimuovere gli ostacoli di ordine economico e sociale, che, limitando di fatto la libertà e l'eguaglianza dei cittadini, impediscono il pieno sviluppo della persona umana e l'effettiva partecipazione di tutti i lavoratori all'organizzazione politica, economica e sociale del Paese. Cf.: ITÁLIA, 1947. (tradução nossa)

[869] PERONE, 1978, p. 391.

ter sido contraditório.[870] A sentença nº 1 de 1974,[871] citando os precedentes nº 123/1962 e 141/1967 – que tratavam do locaute por protesto punido pelo art. 505 do Código Penal –, afirmou que a greve é legítima não somente quando busca finalidades retributivas, mas também quando vem proclamada por motivos concernentes ao complexo de interesses dos trabalhadores que encontram proteção na disciplina de relações econômicas da Constituição, tutelada pelos artigos 35 a 47.

Desse modo, de acordo com a sentença nº 1 de 1974, apenas a greve meramente política seria ilegítima. Contudo, a concepção de greve política é diferente da estabelecida na sentença nº 123/1962, pois não consiste naquela que incide em interesses dirigidos a autoridades públicas, mas, em consonância com a classificação supracitada de Mengoni, seriam ilegítimas somente as greves puramente de protesto que não atingem as condições socioeconômicas dos trabalhadores.[872]

O passo decisivo vem somente com a sentença nº 290/1974, influenciada pela consolidação do Estatuto dos Trabalhadores promulgado em 1970, em que a Corte Constitucional decidiu explicitamente que o crime de greve política previsto pelo art. 503 do Código Penal era incompatível com o art. 40 da Constituição que garante o direito de greve, *com exceção das greves que buscam subverter o ordenamento constitucional ou criar obstáculos ao regular funcionamento das instituições democráticas, ultrapassando os limites de uma legítima forma de pressão, pois buscam impedir o livre exercício de direitos pelos quais se exprimem a soberania popular.*[873]

---

870 PERONE, 1978, p. 393.

871 No original: "La Corte ha altresì chiarito che lo sciopero è legittimo non solo quando sia volto a finalità retributive ma anche quando, più in generale, esso venga proclamato 'in funzione di tutte le rivendicazioni riguardanti il complesso degli interessi dei lavoratori che trovano disciplina nelle norme sotto il titolo terzo della parte prima della Costituzione' (sentenza n. 123 del 1962 e n. 141 del 1967), restando escluso dalla tutela costituzionale quello sciopero che, senza alcun collegamento con i suddetti interessi, venga effettuato allo scopo di incidere 'sull'indirizzo generale del Governo': il che significa che il diritto di sciopero, mentre da un canto non può comprendere astensioni dal lavoro proclamate in funzione meramente politica, legittimamente viene esercitato quando, pur non inerendo strettamente a rivendicazioni contrattuali, sia attuato in funzione dell'interesse dei lavoratori alla realizzazione di quel vario complesso di beni che trovino riconoscimento e tutela nella disciplina costituzionale dei 'rapporti economici'." Cf.: CORTE COSTITUZIONALE, 1974. (tradução nossa)

872 PERONE, 1978, p. 394.

873 BALLESTRERO, 2012, p. 384.

Na motivação da sentença, a Corte distingue as reivindicações econômico-profissionais, entendidas em sentido amplo, que estão protegidas pelo art. 40 da Constituição, e reivindicações políticas em sentido estrito, que, mesmo constituindo exercício legítimo da liberdade de expressão, não estão sob a proteção do direito de greve, e, portanto, para a Corte, não conduzem à suspensão dos efeitos do contrato de trabalho. A categoria jurídica dos interesses econômico-profissionais, segundo a Corte, alcançaria greves em face da política econômica e social do governo. O próprio tribunal constitucional afirmou na referida sentença que não é possível traçar distinção nítida entre greve econômico-profissional e greve política, uma vez que as reivindicações econômico-profissionais dos trabalhadores são muitas vezes em face do governo e não do empregador.[874] Nos termos da sentença nº 290/74:

> De modo geral, observa-se que parece difícil, senão impossível, distinguir entre uma greve com fins econômicos e uma greve com fins políticos, dada a estreita conexão entre as duas formas, tanto que deve ser considerada greve econômica mesmo aquela que essencialmente se resolve através de uma pressão política em face dos poderes públicos, a fim de estimulá-los a aceitar certas reivindicações de categoria ou classe [...]. Segundo o juízo *a quo*, a conclusão que se deve chegar é que, no atual momento histórico da sociedade italiana, o conceito de greve deve ter um significado e um alcance muito mais amplos do que a simples abstenção de trabalho para fins contratuais e que podem abranger não apenas o contexto dos artigos que precedem ou seguem o mesmo título do art. 40 da Constituição, mas também os princípios fundamentais da própria Constituição. Em particular, em relação aos objetivos de proteção econômica e social próprios do direito de greve, aqueles de conteúdo político não podem ser excluídos, visto que toda expressão política corresponde inevitavelmente a uma orientação política normativa específica, que pode se traduzir em uma condição de progresso ou de retrocesso da classe trabalhadora [...]. Com base no que já foi dito, o que importa aqui é a conclusão de que o art. 503 c.p. – ditado para proteger o regime da época – só pode sobreviver aquela parte que pode ser destinada à defesa da estrutura prevista pela Constituição vigente. Neste contexto, a punição da greve deve ser considerada legítima se tiver por objetivo subverter a ordem constitucional, e precisamente porque se deve reconhecer que, neste caso, a finalidade política colide com a própria Constituição, que não só permite, mas impõe aquelas medidas indispensáveis para preservar, contra qualquer subversão, os princípios fundamentais que a caracterizam.[875]

---

[874] BALLESTRERO, 2012, p. 385.

[875] No original: "In via generale si osserva che appare difficile, se non impossibile, distinguere tra sciopero per fini economici e sciopero per fini politici, attesa la stretta connessione esistente tra le due forme, tanto da doversi considerare sciopero econo-

Conforme Perone, a Corte Constitucional reconheceu na sentença nº 290/1974 a distinção entre *liberdade* de greve e *direito* de greve, ou seja, além do direito de greve garantido pelo art. 40 da Constituição, existem greves puramente políticas que não estão protegidas como direito e, portanto, *são uma mera liberdade* e não ensejam a suspensão contratual,[876] deixando os trabalhadores suscetíveis a sanções disciplinares e civis, quando utilizam a violência ou geram riscos a bens sociais tutelados pela Constituição.[877] No entanto, as greves puramente políticas não são, por si só, crime, configurando apenas ilícitos contratuais. Assim, para a Corte Constitucional, *não é o caráter meramente político que traduz o delito da greve*, e sim seu resultado, quando consiste em subversão do sistema constitucional ou cause risco às instituições democráticas.

Para Suppiej, a Corte fez distinção entre o direito de greve econômico-político, capaz de suspender o contrato de trabalho, e a liberdade de greve meramente política, que tem natureza subjetiva pública, mas não é capaz de afastar sanções disciplinares e civis.

Apesar de haver consolidado a jurisprudência, a doutrina italiana criticou vários pontos da sentença nº 290/1974. Primeiramente, no tocante

---

mico anche quello che sostanzialmente si risolve in una pressione politica nei riguardi dei pubblici poteri al fine di stimolarli all'accoglimento di determinate rivendicazioni di categoria o di classe [...]. Il rilievo porterebbe, a parere del giudice a quo, a dover concludere che, nel presente momento storico della società italiana, al concetto di sciopero dovrebbe attribuirsi un significato ed una portata molto più ampi di quella di semplice astensione dal lavoro per fini contrattuali e tali da abbracciare non solo il contesto degli articoli che precedono o seguono nello stesso titolo della Costituzione l'art. 40, ma anche i principi fondamentali della stessa Costituzione. In particolare l'ordinanza precisa che tra i fini di tutela economico-sociale propri del diritto di sciopero, non potrebbero non essere inclusi anche quelli a contenuto politico, dato che ad ogni espressione politica corrisponde ineluttabilmente un determinato indirizzo politico normativo che può tradursi in una condizione o di progresso o di regresso della classe lavoratrice [...] In base a quanto già si è detto, qui rileva è la conclusione che dell'art. 503 c.p. – dettato a tutela del regime dell'epoca – non può sopravvivere se non quella parte che possa essere volta a difesa dell'assetto previsto dalla vigente Costituzione. In questo quadro deve essere considerata legittima la punizione dello sciopero ove questo sia diretto a sovvertire l'ordinamento costituzionale, e proprio perché si deve riconoscere che in questo caso il fine politico si scontra con la stessa Costituzione, la quale non solo consente, ma impone quelle misure che siano indispensabili a preservare, contro ogni sovvertimento, i principi fondamentali che la caratterizzano." Cf.: CORTE COSTITUZIONALE, 1974. (tradução nossa)

876 SUPPIEJ, 1989, p. 25.

877 PERONE, 1978, p. 397.

às hipóteses traçadas pela Corte para o *delito de greve*, previsto pelo art. 503 do Código Penal. Segundo Ballestrero, a primeira hipótese – subversão da ordem constitucional – poderia ser verificada somente na situação de gravíssima crise do regime democrático, sendo improvável que tal sanção penal fosse aplicada.[878] No mesmo sentido se manifesta Perone:

> [...] como pensar que quem pretende subverter as instituições com uma greve revolucionária se preocupe em usar, para tanto, um instrumento em que a legalidade seja garantida pelo ordenamento que tais pessoas querem combater e substituir?[879]

Para Ballestrero, a segunda hipótese – impedir ou criar obstáculos para o funcionamento das instituições democráticas – dá margem a diversas interpretações, estabelecendo limite incerto entre o crime de greve e a forma legítima de greve puramente política, que, segundo a autora, é tutelada pela liberdade constitucional de expressão; e limites incertos não podem existir no Direito Penal.[880]

Na mesma linha, Giugni critica a falta de precisão da expressão "impedir o livre exercício de direitos pelos quais se exprimem a soberania popular" utilizada pela Corte Constitucional para caracterizar o crime de greve na segunda hipótese do art. 503 do Código Penal, pois não seria suficiente que a ação coletiva tivesse essa finalidade, sendo necessário para a configuração do tipo penal um dolo específico.[881] Além disso, conforme Pera, deve-se detalhar em quais hipóteses a greve "ultrapassaria os limites de uma legítima forma de pressão", pois se for considerado que seria no caso de a greve turbar o processo de formação da vontade pública, não deveriam também ser tutelados como interesses legítimos aqueles de natureza econômico-política, uma vez que estes são hábeis a pressionar a autoridade e opinião pública da mesma forma.[882]

A *ilicitude no plano contratual da greve puramente política*, entendida como mera liberdade, também gerou perplexidade da doutrina italiana.[883] Segundo Vallebona, o caráter exclusivamente formal de uma liberdade que deixa exposto o trabalhador às sanções do empregador no âmbito do contrato de trabalho é questionável. Isso porque as tutelas do art.

---

878 BALLESTRERO, 2012, p. 384.
879 PERONE; BOSON, 2015, p. 17.
880 BALLESTRERO 2012, p. 384.
881 GIUGNI, 2008, p. 242.
882 PERA, 1974, p. 397.
883 VALLEBONA, 2008, p. 255.

15 – contra atos discriminatórios do empregador concernentes à liberdade sindical – e do art. 28 – contra condutas antissindicais decorrentes do exercício do direito de greve –, previstas pelo Estatuto dos Trabalhadores, exigem, para sua aplicação, *que a greve seja declarada legítima à luz dos critérios determinados pela Corte Constitucional*, pois o Estatuto não acrescenta nem retira nada no tocante à enunciação de tais critérios.[884] Assim, uma greve puramente política efetuada pelos trabalhadores, segundo os critérios de legitimidade elaborados pela Corte Constitucional, pode ensejar atos discriminatórios e condutas antissindicais por parte do empregador, deixando o trabalhador desprotegido no plano contratual, na medida em que tal tipo de greve não constitui direito, e sim mera liberdade. Ressalte-se que tal perspectiva viola o artigo 1º da Convenção nº 111 da OIT, "sobre discriminação em matéria de emprego e ocupação," ratificada pela Itália e pelo Brasil, pois permite condutas discriminatórias do empregador por opiniões políticas do empregado.

Onida aduziu que a Corte Constitucional atuou com excessiva regulamentação, de modo que não é coerente dizer que a proteção da greve puramente política como direito concede aos trabalhadores posição privilegiada, pois seu reconhecimento na qualidade de direito importa sustentar somente o que a Constituição, em seu art. 3º, já estabelece: a greve é um meio utilizado pelos grupos de pressão para que seja obtida a igualdade material.[885] Na mesma linha, já antecipava Branca: "[...] com o art. 40 a luta de classes está legalizada: não mais pela conquista do poder político, mas pela conquista de posições econômicas e sociais mais justas."[886]

Conforme Onida, a atitude da Corte Constitucional demonstra inconsistência ao tentar retornar à técnica definitória do direito de greve, superada pela sentença nº 711/1980 da Corte de Cassação, que definiu o direito de greve como uma "[...] abstenção coletiva do trabalho, realizada por uma pluralidade de trabalhadores, para atingir um fim comum." O autor destaca o perigo de se enquadrar a greve puramente política no campo da liberdade, abrindo caminho para sanções disciplinares e dispensa por "justa causa" pelo empregador.[887]

---

[884] VALLEBONA, 2008, p. 255.

[885] ONIDA, 1974, p. 3388.

[886] No original: "con l'art. 40 si è legalizzata la lotta di classe: non più per la conquista del potere politico, ma per la conquista di più giuste posizione economici-sociali." Cf.: BRANCA, 1968, p. 158. (tradução nossa)

[887] ONIDA, 1974, p. 3388.

Carlo Esposito distingue o problema da qualificação da greve puramente política das finalidades que podem ser legitimamente perseguidas pelo sindicato, nos termos do art. 39 da Constituição. Para o autor, um sistema constitucional que consagra formalmente a possibilidade de cada cidadão propor ao Parlamento medidas de caráter geral; que formaliza a participação contínua e ativa dos cidadãos em relação aos bens públicos e por isso declara a obrigatoriedade de participação nas eleições, e reconhece a complexa função dos partidos no Estado, não pode considerar ilícita – no plano contratual ou criminal – a ativa participação na vida política nacional de cidadãos reunidos por intermédio de sindicatos, que estão protegidos pelo art. 18[888] da Constituição, que assegura a liberdade de associação para qualquer fim, inclusive político. Além disso, a própria liberdade sindical estabelecida no art. 39 da Constituição protege juridicamente atividades extracontratuais de natureza política.[889] No mesmo sentido, Sergio Fois:

> E é a partir dessa sobreposição que o tema das atividades extracontratuais do sindicato já parecia irredutível à dimensão estritamente associativa e que se abriu a perspectiva de investigar a assunção pelo próprio sindicato do poder político no sentido próprio.[890]

Apesar de a sentença nº 290/1974 nunca ter convencido plenamente a doutrina italiana, sua motivação foi confirmada posteriormente pela Corte Constitucional com a sentença nº 165/1983[891], em que foi decla-

---

[888] Os cidadãos têm o direito de se associarem livremente, sem autorização, para fins que não são proibidos às pessoas físicas pelo direito penal [19, 20, 39, 49]. São proibidas as associações secretas e aquelas que busquem, ainda que indiretamente, fins políticos por meio de organizações de caráter militar.

No original: "Art. 18. I cittadini hanno diritto di associarsi liberamente, senza autorizzazione, per fini che non sono vietati ai singoli dalla legge penale [19, 20, 39, 49]. Sono proibite le associazioni segrete e quelle che perseguono, anche indirettamente, scopi politici mediante organizzazioni di carattere militare." Cf.: ITÁLIA, 1948. (tradução nossa)

[889] ESPOSITO, 1954, p. 176.

[890] No original: "Ed è a partire dalla questa sovrapposizione che il tema della attività extra-contrattuali del sindacato è sembrato ormai irriducibile alla dimensione strettamente associativa e che si è aperta la prospettiva di indagine della assunzione da parte del sindacato stesso di potere politico in senso proprio."Cf.: FOIS, 1977, p. 25. (tradução nossa)

[891] "Declara a ilegitimidade constitucional do art. 504 do Código Penal na parte em que pune a greve que tenha por objetivo forçar a autoridade pública a prover ou omitir uma disposição ou a fim de influenciar suas resoluções, a menos que tenha por objetivo subverter a ordem constitucional ou impedir o livre exercício de poderes legítimos em que é expressa a soberania popular."

rada a ilegitimidade do art. 504[892] do Código Penal na parte que punia a greve com o intuito de pressionar a autoridade pública, mantendo-se as exceções de subversão do ordenamento constitucional e de impedimento ao livre exercício dos poderes que exprimem a soberania popular.[893]

Em 1990 foi editada a Lei n° 146, que regulamenta a greve nos serviços públicos essenciais, que, em seu art. 2°, parágrafo 7°,[894] exclui a obrigatoriedade do pré-aviso e da indicação da duração para as greves que visam à defesa da ordem constitucional ou visam a protestos em face de graves eventos lesivos à incolumidade e segurança dos trabalhadores. Para Ballestrero e para parte da doutrina italiana, apoiada pelos sindicatos, o referido artigo foi a confirmação indireta da legitimidade dos fins políticos da greve.[895] Consequentemente, os sindicatos começaram a requerer a proteção da greve política como direito.

Entretanto, a Corte Constitucional manteve seu entendimento com a sentença n° 276/1993, em que continuava com a distinção entre liberdade de greve meramente política e direito de greve econômico-políti-

---

No original: "Dichiara l'illegittimità costituzionale dell'art. 504 cod. penale nella parte in cui punisce lo sciopero il quale ha lo scopo di costringere l'autorità a dare o ad omettere un provvedimento o lo scopo di influire sulle deliberazioni di essa, a meno che non sia diretto a sovvertire l'ordinamento costituzionale ovvero ad impedire o ostacolare il libero esercizio dei poteri legittimi nei quali si esprime la sovranità popolare." Cf.: CORTE COSTITUZIONALE, 1983. (tradução nossa)

[892] "Art. 504. Coação à autoridade pública por locaute ou greve: Quando algum dos fatos previstos no artigo 502 for cometido com o objetivo de obrigar a autoridade a prover ou omitir uma disposição, ou com o objetivo de influenciar suas deliberações, se aplica a pena de reclusão até dois anos."
No original: "Art. 504. Coazione alla pubblica autorità mediante serrata o sciopero: Quando alcuno dei fatti preveduti dall'articolo 502 è commesso con lo scopo di costringere l'autorità a dare o ad omettere un provvedimento, ovvero con lo scopo di influire sulle deliberazioni di essa, si applica la pena della reclusione fino a due anni." Cf.: CODICE PENALE, 1930. (tradução nossa)

[893] GIUGNI, 2008, p. 242.

[894] "Art. 2°, parágrafo 7°: O disposto neste artigo sobre pré-aviso mínimo e indicação de duração não se aplica nos casos de abstenção do trabalho em defesa da ordem constitucional, ou de protesto por fatos graves que prejudicam a segurança dos trabalhadores."
No original: "Art. 2°, parágrafo 7°: Le disposizioni del presente articolo in tema di preavviso minimo e di indicazione della durata non si applicano nei casi di astensione dal lavoro in difesa dell'ordine costituzionale, o di protesta per gravi eventi lesivi dell'incolumità e della sicurezza dei lavoratori." Cf.: ITÁLIA, 1990. (tradução nossa)

[895] BALLESTRERO, 2012, p. 385

co, e resistiu à pressão sindical para obter imunidade contratual para todas as greves que objetivassem fins diversos daqueles contratuais.[896] Nos termos da referida sentença:

> As organizações sindicais visam que a greve econômico-política seja um instrumento de participação dos trabalhadores na formação das decisões de política econômica que afetam seus interesses específicos e, como tal, não pode ser regulada da mesma forma que uma greve para fins contratuais. Deve-se responder que, de acordo com a jurisprudência desta Corte (sentença n° 290 de 1974), a avaliação como "meio idôneo para favorecer a perseguição dos fins a que se refere o artigo 3°, segundo parágrafo, da Constituição" é em si um critério para reconhecer a greve política como uma liberdade, não como um direito subjetivo. Na categoria greve política, a greve econômico-política foi identificada como uma espécie pertencente à área regulatória do art. 40 da Constituição, e, portanto qualificado como direito subjetivo, não em relação ao art. 3°, segundo parágrafo, da Constituição, mas pela homogeneidade da natureza das reivindicações dos grevistas com aquelas sustentadas pela greve econômico-contratual, sendo ambas funcionais "à realização daquele conjunto de bens diversos que encontram reconhecimento e proteção na disciplina constitucional das relações econômicas.[897]

Contudo, quando as greves ultrapassam o âmbito contratual, a regulamentação desse fenômeno se esvanece em seus contornos, causando grande dificuldade no caso concreto para a distinção entre direito de greve econômico-político e liberdade de greve puramente política. Tal dificuldade continuou a se manifestar em decisões jurisprudenciais su-

---

896 VALENTINI, 2008, p. 92.

897 No original: "Le organizzazioni sindacali obiettano che lo sciopero economico-politico è uno strumento di partecipazione dei lavoratori alla formazione delle decisioni di politica economica che toccano loro specifici interessi, e come tale non può essere disciplinato alla medesima stregua dello sciopero per fini contrattuali. Va replicato che, secondo la giurisprudenza di questa Corte (sent. n. 290 del 1974), la valutazione quale "mezzo idoneo a favorire il perseguimento dei fini di cui all'art. 3, secondo comma, Cost." è per sé sola un criterio di riconoscimento dello sciopero politico come libertà, non come diritto soggettivo. Dalla categoria dello sciopero politico lo sciopero economico- politico è stato enucleato come specie appartenente all'area normativa dell'art. 40 Cost., e quindi qualificato come diritto soggettivo, non in relazione all'art. 3, secondo comma, Cost., ma in ragione dell'omogeneità di natura delle rivendicazioni degli scioperanti con quelle sostenute dallo sciopero economico-contrattuale, le une e le altre essendo funzionali "alla realizzazione di quel vario complesso di beni che trovano riconoscimento e tutela nella disciplina costituzionale dei rapporti economici."CORTE COSTITUZIONALE, 1993. (tradução nossa)

cessivas, como é o caso de uma sentença de 29 de maio de 2000[898] do Tribunal de Milão, que considerou que o parágrafo 7º do art. 2º da Lei nº 146/1990 alçou a greve política ao mesmo plano em que se desenvolvem outros tipos de greve, inclusive no tocante à dinâmica da suspensão do contrato de trabalho, qualificando-a como verdadeiro direito.[899] Conforme Pera, esse é um exemplo simbólico do que a classificação da Corte Constitucional gerou no caso concreto, levando o magistrado a vaguear na decisão, perguntando-se em angústia em que consiste na realidade essa liberdade de greve política. Para o autor, há constante confusão da Corte e dos magistrados relativa à conexão entre a despenalização do direito de greve na seara criminal e aquela no plano civil.[900]

Para a Corte Constitucional, a escolha do legislador na lei sobre a greve de serviços públicos essenciais em isentar um tipo específico de greve política – aquela em defesa do ordenamento constitucional – da observação de algumas regras, não significa reconhecer como direito pleno toda forma de greve política, pois aquela norma representa a tentativa de legitimar a isenção das regras de pré-aviso e duração somente no tocante à modalidade específica de greve geral.[901] Contudo, para Valentini, o conceito de greve geral não coincide sempre com o de greve meramente política, pois aquela pode possuir reivindicações de natureza econômica-política e não se confunde, por exemplo, com uma greve contra uma guerra, que seria meramente política. No entanto, o autor reconhece que há pontos de contato e tênue limite entre as duas formas de greve.[902]

Justamente na análise de um caso que envolvia uma guerra, a Corte de Cassação reconheceu a proteção dos trabalhadores no plano contratual em razão da greve puramente política, ou seja, a reconheceu como direito. Na sentença nº 16.515 de 2004, a referida Corte entendeu como legítima – no plano penal e no plano civil – greve contra o envio de um contingente militar italiano na região de Kosovo, que vivia guerra civil à época. Na decisão, foi afirmado que a greve com

---

[898] A sentença analisava a legitimidade de uma greve puramente política que contestava o intervento da Organização Militar do Tratado do Atlântico Norte (OTAN), da qual a Itália faz parte, na guerra de Kosovo. A Corte de Cassação interveio sobre as premissas desta sentença com a decisão no 16.515 de 2004, que será analisada a seguir. Cf.: AMOROSO; DI CERBO; AMARESCA, 2009, p. 376.

[899] VALENTINI, 2008, p. 94.

[900] PERA, 2000, p. 605.

[901] VALENTINI, 2008, p. 95.

[902] VALENTINI, 2008, p. 89.

fins meramente políticos, como era aquela do caso em análise, mesmo se fosse considerada liberdade fundamental, conforme o entendimento da Corte Constitucional, não poderia gerar consequências desvantajosas para os trabalhadores no plano contratual, como a possibilidade de aplicação de sanções disciplinares pelo empregador, que deveriam ser consideradas condutas antissindicais, previstas pelos art. 28 do Estatuto dos Trabalhadores.[903] Além disso, segundo a Corte de Cassação, a greve contra uma guerra, além de ser direito protegido constitucionalmente e puramente política, encontra respaldo jurídico no art. 2º, parágrafo 7º da Lei nº 146/1990, pois é movimento que busca a defesa da ordem constitucional, nos termos do art. 11[904] da Constituição italiana.

Nos termos da sentença: "A greve por motivos exclusivamente políticos é um direito subjetivo pleno e como tal não pode causar qualquer prejuízo ao trabalhador que a exerce, nem mesmo a nível disciplinar."[905]

Para Valentini, a distinção entre greve econômico-política como direito e greve puramente política como liberdade não encontra mais – e talvez nunca tenha encontrado – real substrato jurídico ou sociológico, causando obstáculo ao intérprete que não pode ser ignorado.[906] O próprio reconhecimento do direito de greve pela Corte Constitucional fora da relação de emprego[907] em algumas hipóteses, ou seja, com finalidades que não se resumem ao contrato de trabalho, torna difícil

---

[903] GIUGNI, 2008, p. 242.

[904] "Art. 11. A Itália rejeita a guerra como instrumento de ofensa à liberdade dos outros povos e como meio de resolução de litígios internacionais; permite, em condições de paridade com os outros Estados, as limitações de soberania necessárias a uma ordem que garanta a paz e a justiça entre as Nações; promove e favorece organizações internacionais voltadas a este objetivo."

No original: "Art. 11. L'Italia ripudia la guerra come strumento di offesa alla libertà degli altri popoli e come mezzo di risoluzione delle controversie internazionali; consente, in condizioni di parità con gli altri Stati, alle limitazioni di sovranità necessarie ad un ordinamento che assicuri la pace e la giustizia fra le Nazioni; promuove e favorisce le organizzazioni internazionali rivolte a tale scopo." Cf.: ITÁLIA, 1948. (tradução nossa)

[905] No original: "Lo sciopero per motivi esclusivamente politici è un diritto soggettivo pieno e come tale non può comportare alcun pregiudizio al lavoratore che lo eserciti, neppure sul piano disciplinare." Cf.: CORTE DI CASSAZIONE apud VALENTINI, 2008, p. 96. (tradução nossa)

[906] VALENTINI, 2008, p. 106.

[907] Direito reconhecido pela sentença no 222 de 1975 da Corte Constitucional. Esta matéria será tratada na seção sobre titularidade do direito de greve neste capítulo.

não reconhecer a politização do conflito.[908] Para Martone, a Corte Constitucional não teve coragem de admitir que a greve política é sempre um direito e parou na metade do caminho, criando a figura da liberdade de greve meramente política, de modo que tal distinção existe somente no papel, pois até mesmo vários empregadores deixaram de aplicar sanções disciplinares durante greves puramente políticas.[909] Conforme Mancini, a Corte Constitucional hesitou, em 1974, em qualificar a greve puramente política como direito, pois seria admitir que os mecanismos da democracia representativa não seriam suficientes para traduzir no plano político as demandas de classes subalternas, de modo que, na concepção da Corte, isso consistiria na inserção de uma contradição explosiva no núcleo do sistema democrático.[910]

No entanto, devemos superar a posição positivista de que os meios de participação política do cidadão-trabalhador se resumem àqueles estabelecidos pelo sistema representativo, uma vez que os instrumentos dessa participação em uma democracia plural não podem ser enumerados exaustivamente e não se reduzem ao voto.

Portanto, coerente a decisão n° 16.515 de 2004 da Corte de Cassação, que entendeu que devem ser tuteladas como direito todas as formas de greve que não são vedadas pelo Código Penal, sendo que a distinção entre greve puramente política como liberdade e direito de greve econômico-político nunca teve apoio nas normas constitucionais italianas. Na verdade, a distinção entre direito de greve política e liberdade de greve meramente política, além de apresentar incongruências no plano teórico e sistemático e não ser dotada de realismo, é contraditória no plano da tutela, de modo que teria feito mais sentido a Corte Constitucional qualificar a greve puramente política como manifestação de uma liberdade estranha ao direito de greve, pois a proteção do art. 40 invoca direito social constitucional[911] obviamente capaz de tutelar o trabalhador no plano contratual: tal qualificação vai além da

---

908 VALENTINI, 2008, p. 106.

909 MARTONE, 2006, p. 244.

910 MANCINI, 1976, p. 171.

911 Sobre a natureza do direito de greve, foram propostas inúmeras teses na doutrina italiana: direito público de liberdade (CALAMANDREI, 1952, p. 12); direito subjetivo potestativo (SANTORO-PASSARELLI, 1973, p. 198); direito absoluto da pessoa (MENGONI, 1964, p. 40); direito público de liberdade no âmbito da teoria geral do direito ao conflito (GIUGNI, 2008, p. 217); direito da personalidade, como atributo do cidadão trabalhador (SMURAGLIA, 1960, p. 464).

tese de greve como direito subjetivo potestativo e garante tutela superior àquela concedida pela Corte na qualificação de mera liberdade.

Veremos, a seguir, a posição da doutrina e jurisprudência italiana no tocante aos efeitos contratuais decorrentes do exercício do direito constitucional de greve.

EFEITOS CONTRATUAIS DECORRENTES DO EXERCÍCIO DO DIREITO DE GREVE E A RESPONSABILIDADE CONEXA

Para a doutrina dominante italiana, na qual podemos citar Prosperetti,[912] Ballestrero,[913] Luisa Galantino,[914] Giugni,[915] entre tantos outros, o exercício do direito de greve leva à *suspensão parcial* do contrato de trabalho, não constituindo inadimplemento contratual.

A doutrina italiana, diversamente da brasileira, não diferencia suspensão e interrupção contratual, utilizando-se unicamente do termo *suspensão*. Conforme a classificação doutrinária italiana, entre as causas de suspensão estão aquelas que se verificam na esfera do trabalhador; as que são relativas à esfera do empregador e as que são acordadas por ambas as partes. A suspensão contratual relativa à *esfera do trabalhador* é configurada quando não se realiza a principal obrigação do empregado, qual seja, a efetiva prestação da atividade laborativa. No tocante às causas de suspensão que concernem ao trabalhador, as hipóteses mais relevantes estão nos artigos 2.110[916]

---

[912] PROSPERETTI, 2011, p. 41.

[913] BALLESTRERO, 2012, p. 391.

[914] GALANTINO, 2009, p. 209.

[915] GIUGNI, 2008, p. 228.

[916] "Art. 2110. Acidente, doença, gravidez, período pós-natal. Em caso de acidente, doença, gravidez ou parto, se a lei [ou os regulamentos societários] não estabelecerem formas equivalentes de previdência ou assistência social, é devido ao empregado remuneração ou indenização equivalente para o tempo determinado por leis especiais [das normas corporativas], por costumes ou de acordo com a equidade. Nos casos indicados no número anterior, o empregador tem o direito de rescindir o contrato nos termos do artigo 2118, após o prazo estabelecido na lei [pelo regime corporativo], pelos usos ou pela equidade. O período de afastamento do trabalho por uma das causas mencionadas deve ser contado na antiguidade de serviço. (As regras corporativas foram revogadas com o Régio Decreto Real de 9 de agosto de 1943, n. 721)."

No original: "Art. 2110. Infortunio, malattia, gravidanza, puerperio. In caso di infortunio, di malattia, di gravidanza o di puerperio, se la legge [o le norme corporative] non stabiliscono forme equivalenti di previdenza o di assistenza, è dovuta al prestatore di lavoro la retribuzione o un'indennità nella misura e per il tempo determinati

e 2.111[917] do Código Civil Italiano, que regulamentam os efeitos do contrato de trabalho, complementadas por normas autônomas coletivas, relativas à retribuição, contagem de tempo de serviço e garantia do retorno ao cargo. Entre os tipos de suspensão contratual relativas ao empregado, existem a suspensão total, que implica a ausência da prestação laboral e de todas as outras obrigações do contrato de trabalho, e a parcial, que envolve a ausência da prestação laboral, mas outras obrigações do contrato continuam em vigor.[918] Ressalte-se que nem sempre na suspensão parcial a obrigação de pagamento do salário prevalece.[919]

Observada tal distinção, durante o exercício do direito de greve que envolve a *total* abstenção laboral, a doutrina e jurisprudência prevalentes italianas, já consolidadas, entendem que a suspensão do contrato de trabalho não é absoluta, ou seja, continuam em vigor alguns efeitos, mas entre eles não está incluída a obrigação de pagamento de retribuição pelo empregador.

Nesse sentido, manifesta-se Luisa Galantino, que afirma que a abstenção laboral efetuada durante o exercício do direito de greve não pode ser considerada como inadimplemento contratual; nem mesmo a negativa de um trabalhador em cumprir ordem emanada pelo empre-

---

dalle leggi speciali [dalle norme corporative], dagli usi o secondo equità. Nei casi indicati nel comma precedente, l'imprenditore ha diritto di recedere dal contratto a norma dell'articolo 2118, decorso il periodo stabilito dalla legge [dalle norme corporative], dagli usi o secondo equità. Il periodo di assenza dal lavoro per una delle cause anzidette deve essere computato nell'anzianità di servizio. (Le norme corporative sono state abrogate con R.D.L. 9 agosto 1943, n. 721)." Cf.: ITÁLIA, 1942. (tradução nossa)

917 "Art. 2111. Serviço militar. A convocação ao exército para cumprir as obrigações do serviço militar encerra o contrato de trabalho [a menos que especificado de outra forma nas regras corporativas]. (1) No caso de uma chamada de volta ao exército, aplicam-se as disposições do primeiro e terceiro parágrafos do artigo anterior. (1) (As regras corporativas foram revogadas com o Régio Decreto Real de 9 de agosto de 1943, n.721)."
No original: "Art. 2111. Servizio militare. La chiamata alle armi per adempiere agli obblighi di leva risolve il contratto di lavoro [salvo diverse disposizioni delle norme corporative]. (1) In caso di richiamo alle armi, si applicano le disposizioni del primo e del terzo comma dell'articolo precedente. (1) Le norme corporative sono state abrogate con R.D.L. 9 agosto 1943, n. 721." Cf.: ITÁLIA, 1942. (tradução nossa)

918 SANSEVERINO, 1976, p. 278.

919 Diferentemente do conceito da doutrina minoritária brasileira, que acredita que na suspensão parcial necessariamente o obreiro faz jus ao salário: "Dá-se, totalmente quando as duas obrigações fundamentais, a de prestar o serviço e a de pagar o salário, se tornam reciprocamente inexigíveis. Há suspensão parcial quando o empregado não trabalha e, não obstante, faz jus ao salário." Cf.: GOMES, GOTTSCHALK, 1990, p. 454.

gador imediatamente antes, durante ou subitamente depois da execução de uma greve. Durante a greve em que há a *total* abstenção laboral, segundo a autora, o trabalhador perde o direito à retribuição, pois não presta nenhuma atividade, o que configura suspensão parcial do contrato de trabalho. Por ser apenas suspensão parcial, Galantino entende que outros efeitos continuam a ser produzidos, como a contagem de tempo de serviço para fins de antiguidade, que influi no aviso-prévio, nas promoções, indenização por tempo de serviço, bem como é garantido o retorno do trabalhador ao posto de trabalho.[920]

Para a autora – e para a doutrina e jurisprudência majoritária[921] – a suspensão parcial contratual também *impede sanções disciplinares por parte do empregador*, entendidas como atos discriminatórios e condutas antissindicais, que são coibidos pelos artigos 15, 16[922] e 28 do Estatuto dos Trabalhadores, bem como pelo art. 4º[923] da Lei nº 604/1966, sobre normas de dispensas individuais, que declara nula a dispensa do trabalhador feita em razão de participação em atividades sindicais, como o exercício do direito de greve.[924]

---

[920] GALANTINO, 2009, p. 210.

[921] Nesse sentido, sentença no 8021/1990 e sentença 23552/2004 da Corte de Cassação.

[922] "Art. 16. "Tratamentos econômico coletivo discriminatório. É vedada a concessão de tratamento econômico mais favorável e de natureza discriminatória nos termos do artigo 15.º. O magistrado, a requerimento dos trabalhadores contra os quais tenha sido praticada a discriminação a que se refere o número anterior, ou das associações sindicais as quais lhe representam, após a apuração dos fatos, deve condenar o empregador a pagar, em favor do fundo de regularização de pensões, a importância igual ao valor do tratamento econômico mais favorável indevidamente realizado, durante o prazo máximo de um ano."

No original: "Art. 16. Trattamenti economici collettivi discriminatori. È vietata la concessione di trattamenti economici di maggior favore aventi carattere discriminatorio a mente dell'articolo 15. Il pretore, su domanda dei lavoratori nei cui confronti è stata attuata la discriminazione di cui al comma precedente o delle associazioni sindacali alle quali questi hanno dato mandato, accertati i fatti, condanna il datore di lavoro al pagamento, a favore del fondo adeguamento pensioni, di una somma pari all'importo dei trattamenti economici di maggior favore illegittimamente corrisposti nel periodo massimo di un anno." Cf.: ITÁLIA, 1970. (tradução nossa)

[923] "Art. 4. É nula a dispensa por motivos de crença política ou religiosa, de filiação a sindicato e de participação em atividades sindicais, independentemente da motivação adotada."

No original: "Art. 4. Il licenziamento determinato da ragioni di credo politico o fede religiosa, dall'appartenenza ad un sindacato e dalla partecipazione ad attività sindacali è nullo, indipendentemente dalla motivazione adottata." Cf.: ITÁLIA, 1966. (tradução nossa)

[924] GALANTINO, 2009, p. 210.

Na mesma linha da jurisprudência e doutrina dominante, Giugni afirma que o reconhecimento da greve como um direito constitucional consiste na superação dos princípios do Estado Liberal, que estabelecia a greve-liberdade, conceito que implica unicamente a exclusão da responsabilidade penal. O direito de greve leva à eliminação da responsabilidade penal e da contratual, prevalecendo o interesse coletivo de autotutela dos trabalhadores sobre o interesse individual do empregador de obter a prestação laboral.[925] Além disso, conforme o autor, o exercício do direito de greve que envolve a total abstenção laboral enseja a suspensão das duas principais obrigações do contrato de trabalho: o trabalhador não realiza atividade laborativa e, em virtude do princípio sinalagmático, o empregador não tem a respectiva obrigação de pagamento da retribuição.[926]

Conforme Ballestrero, o exercício do direito de greve leva à suspensão parcial do contrato de trabalho, pois continuam em vigor todos os direitos e obrigações que não estão estritamente conexos à execução da prestação laboral, inclusive direitos sindicais, como o de assembleia.[927] Para a autora, a greve que implica *total* abstenção laboral leva à perda da retribuição, que corresponde, a grosso modo, à duração da ausência da prestação de serviços.

No mesmo sentido, manifesta-se a jurisprudência da Corte de Cassação, que na sentença nº 11352/1995 e em sentenças posteriores[928] declarou explicitamente que o exercício do direito de greve que envolve a *total* abstenção laboral ocasiona a suspensão parcial do contrato de trabalho, levando à perda de retribuição do trabalhador, mas mantendo em vigor outros direitos, em especial o de assembleia garantido pelo art. 20[929]

---

[925] GIUGNI, 2008, p. 228.

[926] GIUGNI, 2008, p. 228.

[927] BALLESTRERO, 2012, p. 391

[928] Sentença no 23683/2010 da Corte de Cassação.

[929] "Art. 20. Assembleia. Os trabalhadores têm direito a reunir-se, na unidade de produção em que trabalham, fora do horário de trabalho, bem como durante o horário de trabalho, no limite de dez horas por ano, pelas quais será pago o salário normal. Melhores condições podem ser estabelecidas pela negociação coletiva. As reuniões – que podem dizer respeito à generalidade dos trabalhadores ou grupos destes – são convocadas, individual ou conjuntamente, pelos representantes sindicais da empresa na unidade de produção, com pauta sobre assuntos de interesse sindical e laboral e segundo a ordem de precedência das convocações e intimação, comunicada ao empregador. As reuniões poderão ser assistidas, com prévio aviso ao empregador, por dirigentes externos ao sindicato que constituiu a representação sindical da empresa. As

do Estatuto dos Trabalhadores, que possui nexo imediato com a tutela dos interesses coletivos dos trabalhadores em situações de conflito.[930]

A Corte de Cassação, na sentença nº 7196/2001, afirmou ainda que a suspensão parcial contratual, que leva à perda de retribuição, deve englobar todas as suas parcelas, inclusive os elementos acessórios que possuem caráter retributivo, bem como parcelas indiretas ou diferidas, embora não possibilite a detração dos dias da contagem do tempo de serviço. A Corte declarou que a perda da retribuição inclui parcelas do 13º salário referentes ao tempo de duração da greve; a completa retribuição referente aos feriados em que o trabalhador está em greve e deveria trabalhar;[931] e a retribuição do período de férias, proporcional ao tempo que durou a abstenção laboral. A argumentação utilizada pela Corte sobre a perda proporcional da retribuição das férias é que esse direito tem o intuito de repor as energias do trabalhador despendidas durante o ano de trabalho, no entanto, não havendo prestação laboral efetiva, perde-se a *ratio* da norma protetiva.[932] Entendemos que esse último argumento é muito frágil, pois as férias representam um instrumento para repor as energias físicas e psicológicas do trabalhador e, quando ele está em greve, está em luta, o que gera confrontos físicos e psicológicos, não se confundindo com a abstenção laboral com caráter de lazer das férias.

Essa orientação sobre as férias e da gratificação natalina não foi recebida de forma unívoca. Luisa Galantino entende como coerente a

---

demais modalidades para o exercício do direito de reunião poderão ser estabelecidas em convenções coletivas de trabalho, inclusive em acordos coletivos com a empresa."

No original: "Art. 20. Assemblea. I lavoratori hanno diritto di riunirsi, nella unità produttiva in cui prestano la loro opera, fuori dell'orario di lavoro, nonché durante l'orario di lavoro, nei limiti di dieci ore annue, per le quali verrà corrisposta la normale retribuzione. Migliori condizioni possono essere stabilite dalla contrattazione collettiva. Le riunioni – che possono riguardare la generalità dei lavoratori o gruppi di essi – sono indette, singolarmente o congiuntamente, dalle rappresentanze sindacali aziendali nell'unità produttiva, con ordine del giorno su materie di interesse sindacale e del lavoro e secondo l'ordine di precedenza delle convocazioni, comunicate al datore di lavoro. Alle riunioni possono partecipare, previo preavviso al datore di lavoro, dirigenti esterni del sindacato che ha costituito la rappresentanza sindacale aziendale. Ulteriori modalità per l'esercizio del diritto di assemblea possono essere stabilite dai contratti collettivi di lavoro, anche aziendali." Cf.: ITÁLIA, 1970. (tradução nossa)

930 CORTE DI CASSAZIONE *apud* GIUGNI, 2008, p. 232.

931 Nesse sentido, decisão do Tribunal de Florença em 30.01.2004 e sentença no 8327/1992 da Corte de Cassação.

932 CORTE DI CASSAZIONE *apud* GIUGNI, 2008, p. 233.

posição da Corte de Cassação,[933] enquanto outros autores concebem que tais prestações são independentes e dissociadas dos efeitos do direito de greve, pois são parcelas ligadas a outros fins do contrato de trabalho, e o exercício do direito de greve apenas ocasiona a suspensão de efeitos conexos.[934] [935] Para Giugni, tais problematizações devem ser resolvidas por normas estabelecidas por negociação coletiva, que individualizam como esses direitos devem ser aplicados em cada caso.[936]

Contudo, existe parte minoritária da doutrina italiana que entende que o exercício do direito de greve não motiva a suspensão do pagamento da correspondente retribuição ao trabalhador grevista. Como já ressaltamos na seção "Da restrição normativa da luta coletiva ao direito de greve: reflexos do paradigma racional-moderno na qualificação jurídica do conflito coletivo" do segundo capítulo deste livro, Calamandrei, por entender que a greve consiste em direito público de liberdade, norma que ultrapassa o âmbito das relações privadas, operando na relação entre Estado e cidadão, o que impede qualquer provimento legislativo, administrativo ou jurisdicional contrastante com sua atuação, acredita que é devida a retribuição para o grevista,[937] pois tal direito é assegurado por norma constitucional de eficácia vertical e horizontal. No mesmo sentido se expressa Enrico Guicciardi.[938]

No entanto, a questão mais polêmica enfrentada pela jurisprudência e doutrina italiana em relação à retribuição dos trabalhadores concentra-se nas greves atípicas que não envolvem a *total* abstenção laboral.

Como já foi analisado na seção "Elemento central: suspensão da prestação pessoal de serviços" deste capítulo, as greves atípicas que não possibilitam a completa ausência da prestação laboral eram consideradas pela jurisprudência e por parte da doutrina como ilegítimas, porque causavam dano desproporcional ao empregador, rompendo com a correspondência de sacrifícios entre as partes contratantes. Consequentemente, parte da jurisprudência negava auto-

---

[933] GALANTINO, 2009, p. 210.

[934] GHEZZI; ROMAGNOLI, 1997, p. 209.

[935] Nessa perspectiva, decisão do Tribunal de Pádua, 27 de setembro de 1974.

[936] GIUGNI, 2008, p. 233.

[937] CALAMANDREI, 1952, p. 20.

[938] GUICCIARDI, 1950, p. 521. Sobre a nossa posição em relação à retribuição, ver "Efeitos contratuais decorrentes do exercício do direito de greve e a responsabilidade conexa" deste capítulo.

maticamente o pagamento da retribuição ao trabalhador, remetendo-se aos princípios obrigacionais civilistas, alegando que nas greves atípicas há inadimplemento parcial, pois executa-se irregularmente a prestação laboral pactuada no contrato de trabalho, nos termos do art. 1.181[939] e 1.197[940] do Código Civil, com a finalidade de causar dano mais grave ao empregador. Dessa forma, era entendida como legítima a recusa de adimplemento pelo empregador de prestações irregulares dos grevistas. Assim afirma o Tribunal de Milão em sentença em 20 de novembro em 1964:

> Nestes casos [...] temos a oferta de uma prestação de trabalho executada de forma irregular, não se trata de exercício do direito de greve, de acordo com os requisitos essenciais que a sua própria definição postula [...] Dito isto, deve-se concluir que foi legítima a recusa oposta pela I.M.M.I. à oferta de um serviço diverso daquele devido (artigos 1181° e 1197° do Código Civil) e igualmente legítimas foram as medidas destinadas a limitar a entrada de trabalhadores no estabelecimento.[941]

---

939 "Art. 1181. Execução parcial. O credor pode recusar a execução parcial mesmo que a execução seja divisível, salvo disposição em contrário da lei ou dos costumes."

No original: "Art. 1181. Adempimento parziale. Il creditore può rifiutare un adempimento parziale anche se la prestazione è divisibile, salvo che la legge o gli usi dispongano diversamente." Cf.: ITÁLIA, 1942. (tradução nossa)

940 "Art. 1197. Prestação em substituição ao adimplemento. O devedor não pode libertar-se com uma prestação diferente daquela devida, ainda que de valor igual ou superior, a não ser que o credor concorde. Neste caso, a obrigação extingue-se quando o serviço diferente for executado. Se a execução consistir na transmissão da propriedade ou de outro direito, o devedor é obrigado a garantir o despejo e os defeitos da coisa segundo as regras da venda, a menos que o credor prefira exigir a execução original e a indenização por danos. Em qualquer caso, as garantias prestadas por terceiros não se repristinam."

No original: "Art. 1197. Prestazione in luogo dell'adempimento. Il debitore non può liberarsi eseguendo una prestazione diversa da quella dovuta, anche se di valore uguale o maggiore, salvo che il creditore consenta. In questo caso l'obbligazione si estingue quando la diversa prestazione è eseguita. Se la prestazione consiste nel trasferimento della proprietà o di un altro diritto, il debitore è tenuto alla garanzia per l'evizione e per i vizi della cosa secondo le norme della vendita salvo che il creditore preferisca esigere la prestazione originaria e il risarcimento del danno. In ogni caso non rivivono le garanzie prestate dai terzi." Cf.: ITÁLIA, 1942. (tradução nossa)

941 No original: "In tali ipotesi [...] si ha l'offerta di una prestazione di lavoro irregolarmente eseguita, non già esercizio del diritto di sciopero, secondo quei requisiti essenziali che la sua stessa definizione postula [...] Ciò premesso deve concludersi che legittimo è stato il rifiuto opposto dalla I.M.M.I. all'offerta di una prestazione difforme da quella dovuta (articoli 1181 e 1197 c.c.) e del pari legittimi sono stati

Por outro lado, parte da jurisprudência italiana acreditava que a recusa de pagamento da retribuição em greves atípicas configurava mora do empregador, exceto se não fosse provada a impossibilidade objetiva em receber aquela prestação laboral, que não pode consistir em mera onerosidade, devendo ser fato "[...] insuperavelmente obstativo da funcionalidade da fábrica."[942] [943] Esse foi o entendimento seguido pela Corte de Cassação na sentença nº 3000/1968.

A evolução jurisprudencial individualizou critério para avaliar a legitimidade da recusa de pagamento pelo empregador das prestações laborais efetuadas durante as greves atípicas, baseado na utilidade produtiva das prestações. Esse critério foi adotado primeiramente pela sentença nº 2.433/1974 da Corte de Cassação, que julgou procedente o pedido de não pagamento da retribuição durante os intervalos sem trabalho em uma greve soluço (*singhiozzo*), em razão da violação das obrigações de colaboração, diligência, lealdade e boa-fé.[944] Conforme a Corte de Cassação, para o cumprimento desses deveres civilistas, não bastava que o trabalhador ficasse formalmente à disposição do empregador, mas era necessário e indispensável que ele possibilitasse o uso efetivo de suas energias. Caso as prestações não fossem efetivas ou utilizáveis, o empregador poderia legitimamente opor exceção de contrato não cumprido, previsto pelo art. 1460[945] do Código Civil Italiano.[946]

---

quei provvedimenti diretti a limitare l'ingresso dei prestatori di lavoro nello stabilimento." Cf.: AP. MILANO *apud* CANGEMI, 2011, p. 91. (tradução nossa)

942 CANGEMI, 2011, p. 92.

943 Decisão monocrática em Milão, 12 de junho de 1962.

944 CANGEMI, 2011, p. 92.

945 "Art. 1460. Exceção de inadimplemento. Nos contratos com prestações correspondentes, cada uma das partes contratantes pode recusar-se a cumprir a sua obrigação, se a outra não cumprir ou não se oferecer para cumprir a sua obrigação ao mesmo tempo, a menos que diferentes termos de cumprimento tenham sido estabelecidos pelas partes ou resultem da natureza do contrato. Entretanto, a execução não pode ser recusada se, tendo em vista as circunstâncias, a recusa for contrária à boa fé."

No original: "Art. 1460. Eccezione di inadempimento. Nei contratti con prestazioni corrispettive, ciascuno dei contraenti può rifiutarsi di adempiere la sua obbligazione, se l'altro non adempie o non offre di adempiere contemporaneamente la propria, salvo che termini diversi per l'adempimento siano stati stabiliti dalle parti o risultino dalla natura del contratto. Tuttavia non può rifiutarsi l'esecuzione se, avuto riguardo alle circostanze, il rifiuto è contrario alla buona fede." Cf.: ITÁLIA, 1942. (tradução nossa)

946 CORTE DI CASSAZIONE *apud* CANGEMI, 2011, p. 93.

A noção de utilidade estabelecida pela Corte de Cassação consiste na possibilidade de coordenar a prestação laboral oferecida em greves como a de soluço (*singhiozzo*) e rotativas (*scacchiera*) com a produção interna da empresa, em consonância com o dever de colaboração do empregado, nos termos do art. 2094[947] do Código Civil.

O mesmo entendimento foi adotado pela Corte de Cassação em sentenças sucessivas, a exemplo das sentenças n° 688/1978, 4757/1982 e 3290/1983. Em algumas sentenças dos anos 1980, um frequente – e antigo – argumento da Corte de Cassação para legitimar a recusa das prestações laborais foi a identificação da greve atípica como evento excepcional e imprevisível que permite que o empregador se libere da obrigação retributiva, por impossibilidade superveniente, nos termos do art. 1256[948] do Código Civil.

Para a Corte, o conceito de impossibilidade superveniente previsto pelo referido artigo deve ser relativo: não obstante seja entendido como impossibilidade objetiva, não é sinônimo de impossibilidade material, pois devem também ser averiguados no caso concreto aspectos econômicos. A medida da utilidade da prestação laboral efetuada em greves breves,[949] de

---

947 "Art. 2094. Prestador de trabalho subordinado. Empregado é a pessoa que se compromete mediante remuneração a colaborar na empresa, realizando seu trabalho intelectual ou manual para e sob a direção do empresário."

No original: "Art. 2094. Prestatore di lavoro subordinato. È prestatore di lavoro subordinato chi si obbliga mediante retribuzione a collaborare nell'impresa, prestando il proprio lavoro intellettuale o manuale alle dipendenze e sotto la direzione dell'imprenditore." Cf.: ITÁLIA, 1942. (tradução nossa)

948 "Art. 1256. Impossibilidade definitiva e impossibilidade temporária. A obrigação extingue-se quando, por causa não imputável ao devedor, a execução se torne impossível. Se a impossibilidade for apenas temporária, o devedor, enquanto persistir, não é responsável pelo atraso na execução. No entanto, a obrigação extingue-se se a impossibilidade persistir até que, em relação ao título da obrigação ou à natureza do objeto, o devedor não possa mais ser considerado obrigado a prestar o serviço ou o credor não tenha mais interesse em obtê-lo."

No original: "Art. 1256. Impossibilità definitiva e impossibilità temporanea. L'obbligazione si estingue quando, per una causa non imputabile al debitore, la prestazione diventa impossibile. Se l'impossibilità è solo temporanea, il debitore, finché essa perdura, non è responsabile del ritardo nell'adempimento. Tuttavia l'obbligazione si estingue se l'impossibilità perdura fino a quando, in relazione al titolo dell'obbligazione o alla natura dell'oggetto il debitore non può più essere ritenuto obbligato a eseguire la prestazione ovvero il creditore non ha più interesse a conseguirla."Cf.: ITÁLIA, 1942. (tradução nossa)

949 A questão da retribuição no caso de greves breves foi regulamentada legalmente no setor público, no art. 171, parágrafos 1° e 2° da lei no 312/1980. A regra é a cor-

soluço, rotativas, entre outras greves atípicas, depende do tipo de organização produtiva da empresa, bem como da natureza da atividade desempenhada. Assim, a Corte de Cassação decidiu na sentença nº 1492/1986 – que discorre sobre a retribuição em uma greve breve – que é correto reconhecer que o trabalhador perderá a retribuição somente quando a prestação for aquém do nível de normalidade técnica, isto é, quando perde sua identidade originária, e não somente quando a prestação é entendida como pouco proveitosa.[950] A Corte afirma que é possível determinar uma *unidade técnico-temporal infracionável*, sendo que qualquer prestação laboral abaixo desta é inutilizável, de modo que a utilidade do resultado deve ser medida não em relação ao resultado final que almeja o empregador, mas sim em relação à natureza da prestação individualizada.[951]

Nesse sentido a sentença no 7092/1986 da Corte de Cassação: "A recusa de prestação parcial do trabalhador é ilícita se a mesma for adequada para atender às exigências de uma parte da clientela e, portanto, parcialmente lucrativa para a empresa sem que se necessite introduzir modificações substanciais na organização do trabalho."[952]

A mesma orientação foi adotada pela Corte de Cassação nos anos 1990 e 2000. Conjugando sua orientação sobre a *legitimidade das greves atípicas* (analisada em "Elemento central: suspensão da prestação pessoal de serviços" deste capítulo), limitada pelo dano à produtividade, e a *legitimidade da recusa de retribuição pelo empregador*, temos que: em regra, greves atípicas, como a de soluço e as rotativas, quando não geram dano à produtividade da empresa, impedem que o empregador recuse a prestação laboral entre uma suspensão e outra, pois tais prestações não podem ser consideradas diversas daquelas pactuadas no contrato; bem como não é consentido ao empregador recusar prestações laborais oferecidas por trabalhadores não grevistas. Assim, a *recusa nesses casos é ilegítima* e os trabalhadores – grevistas e não

---

respondência entre a duração da abstenção e a dedução da retribuição, mas a dedução não pode ser prorrogada quando a greve for mais curta que um dia de trabalho e gere efeitos ultrativos na organização da Administração. Cf.: BALLESTRERO, 2012, p. 391.

950 CORTE DI CASSAZIONE *apud* GIUGNI, 2008, p. 234.

951 GIUGNI, 2008, p. 234.

952 No original: "Non è lecito il rifiuto della prestazione parziale dei lavoratori se essa è almeno idonea a soddisfare le esigenze di una parte sola della clientela e quindi è parzialmente redditizia per l'azienda senza nel contempo richiedere modifiche consistenti dell'organizzazione del lavoro." Cf.: CORTE DI CASSAZIONE *apud* CANGEMI, 2011, p. 93. (tradução nossa)

grevistas – têm direito à retribuição, ainda que aquela prestação laboral não tenha sido utilizada pelo empregador.[953]

Em consonância com a teoria da legitimidade das greves atípicas, mas não se confundindo com ela, a Corte de Cassação entende *como legítima a recusa das prestações laborais* realizadas entre uma suspensão laboral e outra, assim como das prestações efetuadas por trabalhadores não grevistas, *quando, relativamente à estrutura e à organização da empresa, as prestações laborais não são utilizáveis*. O que prevalece, segundo a Corte, para determinar a inutilidade da prestação laboral e a recusa da retribuição, não é o dano à produtividade e sim a impossibilidade superveniente de utilização da prestação (art. 1256 do Código Civil), que não é mera dificuldade ou conveniência em aproveitá-la.[954] Nos termos da Corte de Cassação na sentença n° 8.273/1997:

> Essa impossibilidade ocorre quando a necessidade de alterações no ciclo produtivo envolve a possibilidade de danos às instalações, ou despesas que tornam o desempenho totalmente antieconômico para a empresa, e não simplesmente inconveniente, o que anularia a margem de lucro que a empresa poderia obter dos serviços recusados.[955]

Essa orientação da Corte de Cassação em relação à retribuição das greves atípicas gerou inúmeras críticas da doutrina italiana. Primeiramente, foi afirmado que a Corte parecia ter retornado à teoria da correspondência de sacrifícios e do dano injusto, já superada pela sentença n° 711/1980, pois são utilizados os mesmos princípios civilistas e a greve é concebida como problema prejudicial ao contrato individual de trabalho. No caso concreto, o que se observava, por exemplo, é que, se a greve durasse uma hora, mas a produção permanecesse menos rentável por quatro horas, o empregador negava a retribuição referente às quatro horas.[956] Para Alleva, quando a Corte de Cassação sustenta que o empregador pode legitimamente recusar prestações laborais que não sejam utilizáveis, se confirma o reconhecimento da legitimidade ci-

---

[953] BALLESTRERO, 2012, p. 392.

[954] BALLESTRERO, 2012, p. 392.

[955] No original: "Tale impossibilità se verifica quando la necessità di operare variazione al ciclo produttivo comporti o la possibilità di danni per gli impianti, ovvero spese tali da rendere la prestazione del tutto antieconomica per l'azienda, e non semplicemente non conveniente, ciò tale da annullare il margine di profitto che l'azienda potrebbe trarre dalle prestazioni rifiutate." CORTE DI CASSAZIONE *apud* BALLESTRERO, 2012, p. 392. (tradução nossa)

[956] ALLEVA, 1976, p. 389.

vilista do locaute[957] como reação à greve, não obstante essa seja um direito protegido constitucionalmente e o locaute um ilícito contratual.[958]

Além disso, parte da doutrina criticou a teoria elaborada pela Corte de Cassação para justificar a recusa das prestações laborais, porque essa tem natureza civilista, de modo que, se a greve atípica for considerada como evento imprevisível, o princípio que deveria ser aplicado na seara trabalhista é o da alteridade, ou seja: é o empregador que assume os riscos do empreendimento e não pode redistribuí-los aos empregados. Cabe ressaltar ainda que a própria empresa determina sua estrutura organizativa e o trabalhador não pode ser responsabilizado por impacto na organização produtiva da empresa por exercer o legítimo direito de greve.[959]

Outra crítica da doutrina italiana concerne ao próprio *critério de utilidade* da prestação laboral, pois esse é externo à própria natureza obrigacional prevista no contrato de trabalho e é apurado pela ótica exclusiva do empregador, considerando a estrutura de organização também escolhida por este.[960] Conforme Liso, os elementos utilizados para avaliar a utilidade da prestação laboral modificam a própria natureza da obrigação do obreiro no contrato de trabalho, transformando-a em uma obrigação de resultado.[961] O contrato de trabalho é um contrato de atividade, de execução continuada, que prevê somente a disponibilidade da força de trabalho, e não um contrato de resultado, que deve garantir o resultado final previsto pela organização produtiva.

A doutrina italiana também criticou o conceito de impossibilidade superveniente elaborado pela Corte baseado no art. 1256 do Código Civil, pois utiliza interpretação extensiva, que abarca aspectos econômicos e não se restringe ao conceito material. Nesse sentido, foi alegado que a Corte efetuou "interpretação forçada", pois, em outras matérias, a impossibilidade superveniente é avaliada de forma restrita, se realizando somente em hipóteses de caso fortuito, força maior ou fato de terceiro. Se essa interpretação rigorosa fosse adotada em matéria de greve, nunca teria sido admitida a legitimidade de recusa pelo empregador das prestações laborais efetuadas em greves atípicas, baseada no art. 1256 do Código Civil. Verifica-se, portanto, que a Corte adotou conceito elástico de im-

---

[957] Inclusive, a doutrina italiana refere-se a esta conduta como *serrata di ritorsione* – locaute de retaliação.

[958] ALLEVA, 1976, p. 389.

[959] SMURAGLIA, 1960, p. 58.

[960] LISO, 1976, p. 977.

[961] LISO, 1976, p. 977.

possibilidade superveniente que possibilita que o empregador limite os danos causados sua empresa em razão do exercício do direito de greve.[962]

Além disso, conforme salienta Cangemi,[963] deve ser observado que o tema da retribuição nas greves atípicas é tratado sob a ótica civilista, ignorando que, em alguns casos, poderiam ser aplicadas algumas normas específicas: o art. 6º, último parágrafo[964], do Decreto Real nº 1825/1924, sobre disposições relativas ao contrato de emprego no setor privado, prevê o direito de o trabalhador receber remuneração normal durante a suspensão contratual em razão de fato dependente do empregador; acordos interconfederativos de 30 de março de 1946 (para o norte) e 23 de maio de 1946 (para o centro e sul), que têm efeitos *erga omnes*, nos termos do Decreto Presidencial nº 1097 e 1098 de 28 de julho de 1960, estabelecem o direito do trabalhador ao salário mensal total, em caso de suspensão ou redução de horas organizadas pela empresa ou pelas autoridades competentes. Ressalta Cangemi que, apesar de tais normas serem importantes, porque introduzem estrita responsabilidade por parte do empregador, não admitindo exceções, elas são raramente utilizadas pela Corte.[965]

Ainda *na seara da responsabilidade do empregador*,[966] a Corte de Cassação entende que, em relação a obrigações perante terceiros por greves declaradas ilegítimas – típicas ou atípicas – a empresa não pode ser responsabilizada por inadimplemento contratual (sentença nº 9534/2009). Além disso, em alguns casos, a Corte de Cassação entendeu que a greve pode ser considerada causa de força maior, analisando-se o

---

[962] ORLANDINI, 1998, p. 179.

[963] CANGEMI, 2011, p. 105.

[964] "Art. 6º, parágrafo 9º: Em caso de suspensão do trabalho por causa devida ao empregado pelo titular, o empregado tem direito à remuneração normal ou, em caso de recusa do titular, à indenização por rescisão sem justa causa prevista no art. 10."

No original: "Art. 6º, parágrafo 9º: In caso di sospensione di lavoro per fatto dipendente dal principale, l'impiegato ha diritto alla retribuzione normale o in caso di rifiuto del principale, alle indennità di licenziamento di cui all'art. 10". Cf.: ITÁLIA, 1924. (tradução nossa)

[965] CANGEMI, 2011, p. 105.

[966] Sobre a responsabilidade do empregado, como já foi ressaltado neste item e neste capítulo, o reconhecimento da greve como direito, para doutrina e jurisprudência consolidadas, exclui a responsabilidade penal e contratual do trabalhador, vedando-se sanções disciplinares. No tocante à responsabilidade extracontratual do empregado, remetemos o leitor a subseção "Elemento central: suspensão da prestação pessoal de serviços"deste capítulo, que discute a teoria dos limites externos do direito de greve, discorrendo sobre o dano à produtividade.

caso concreto, exonerando a responsabilidade do empregador em face de terceiros.[967] No entanto, a greve por si só não constitui causa excludente do adimplemento de obrigações perante terceiros, devendo ser cada situação avaliada no caso concreto pelo magistrado.[968]

Para Galantino e a doutrina prevalente, se a reivindicação dos grevistas não entra na esfera de disponibilidade do empregador, como nas greves políticas e político-econômicas, a greve é considerada como hipótese de impossibilidade superveniente da prestação do empregador perante obrigações com terceiros, porque a causa do inadimplemento não lhe é imputável.[969]

Entretanto, no tocante à greve econômica, o problema é mais complexo e divide a doutrina. Parte dos autores acredita que o empregador não é obrigado a atender as reivindicações dos grevistas, mesmo que estas entrem em sua esfera de disponibilidade. Desse modo, somente uma greve derivada de fato injusto do empregador poderia ensejar a responsabilidade deste perante obrigações com terceiros.[970] Por outro lado, para parte da doutrina, *a exclusão* da responsabilidade do empregador relativa a obrigações contratuais perante terceiros *somente* seria possível se as reivindicações dos grevistas fossem excessivas e injustificadas;[971] posição que nos parece mais coerente.

Por fim, devemos *tratar da responsabilidade decorrente das cláusulas de paz*. No ordenamento italiano, não há nenhuma lei[972] positivada, exceto em relação à greve em serviços públicos essenciais,[973] que es-

---

[967] BALLESTRERO, 2012, p. 391.

[968] GALANTINO, 2009, p. 213.

[969] GALANTINO, 2009, p. 213.

[970] GALANTINO, 2009, p. 213.

[971] GALANTINO, 2009, p. 213.

[972] Cláusulas de procedimentalização do conflito, incluindo a trégua sindical, são previstas nas convenções e acordos coletivos. É discutida a validade de tais cláusulas, em relação à previsão constitucional do art. 40 que determina que lei deve regulamentar o exercício da greve. A renovação de tais instrumentos coletivos também é submetida a regras de conciliação, disciplinadas pelo Protocolo Interconfederativo de julho de 1993, pelo Acordo Interconfederativo de 22 de janeiro de 2002 e por acordos sucessivos, lembrando que o Acordo de 28 de junho de 2011 não se ocupa desta matéria. Cf.: BALLESTRERO, 2012, p. 395.

[973] "A lei no 146/1990 que disciplina a greve nos serviços públicos essenciais, com o objetivo de evitar, quando possível, sua proclamação, prescreve que os acordos e convenções coletivas, aos quais a própria lei impõe o dever de regulamentar o exercício da greve, incluam previsões atinentes aos procedimentos de "resfriamento" e de

tabeleça obrigação prévia de negociação, conciliação e pré-aviso – as greves-surpresas são legítimas – antes da deflagração.

Nos anos 1960, a doutrina prevalente entendia que as cláusulas de paz faziam obrigatoriamente parte dos acordos e convenções coletivas e que o caráter vinculante era relativo somente às partes que estipularam a norma autônoma. Dessa forma, uma greve proclamada por entidade sindical que estipulou tal acordo/convenção coletiva gerava responsabilidade contratual do sindicato em face da outra parte pactuante. Contudo, o efeito normativo não era considerado estendido àqueles trabalhadores individualmente considerados e seus respectivos contratos, que, segundo a doutrina, seriam titulares absolutos do direito de greve, indisponível para a renúncia efetuada pela entidade sindical.[974]

Para a atual doutrina e jurisprudência[975] majoritária, a cláusula de paz não é obrigatória e deve ser estabelecida de forma expressa, desde que vincule somente os sindicatos signatários, não estendendo seus efeitos aos trabalhadores individualmente considerados, que não podem ser responsabilizados por inadimplemento contratual.[976] Consequentemente, a greve proclamada durante a vigência de um acordo ou convenção coletiva, na ausência de cláusula de trégua sindical explícita, é legítima.[977] Cláusulas de paz expressas foram recen-

---

conciliação do conflito, que devem ser realizados antes da proclamação (art. 2º, parágrafo 2º). A omissão de tais procedimentos nos acordos coletivos determina sua inidoneidade em exercer a função que a lei lhes determina; com a consequência de que a regulamentação provisória da greve, nos setores nos quais deveriam ser aplicadas as disciplinas provenientes dos acordos, é remetida à Comissão de Garantia instituída pela lei. As organizações dos trabalhadores, a administração pública e as empresas prestadoras de serviços são obrigadas a executar tais procedimentos preventivos, salvo nos casos em que a lei estabeleça procedimentos sindicais específicos (dispensa coletiva, transferência de empresa, concessão de indenização previdenciária relativamente ao trabalhador suspenso integralmente ou em parte da atividade laboral) ou também quando a reivindicação dos grevistas não está ao alcance do empregador (greve política e greve política-econômica). A lei (art. 4º, parágrafos 2º e 4º) prevê expressamente sanções nas hipóteses de violação da obrigação dos referidos procedimentos preventivos, que contribuem para a determinação do conceito de greve legítima no setor dos serviços públicos essenciais." Cf.: PERONE; BOSON, 2015, p. 202.

974 BALLESTRERO, 2012, p. 394.

975 Tribunal de Pádua – decisão de 4 de julho de 1973; Tribunal de Roma – decisão de 26 de julho de 1987.

976 BALLESTRERO, 2012, p. 393.

977 BALLESTRERO, 2012, p. 393.

temente inseridas em acordos coletivos com a FIAT,[978] mas sua redação foi criticada, por ter sido feita de forma ambígua, para que a abstenção do recurso ao direito de greve vinculasse também os trabalhadores singulares, não somente durante o período de negociações, mas durante toda a vigência do instrumento coletivo.[979]

Vallebona, em posição contrária, entende que seja possível o dever implícito e relativo (isto é, concernente apenas à matéria negociada nos instrumentos coletivos) da trégua sindical. Assim, o conflito coletivo en-

---

[978] Sobre o acordo coletivo: "Acordo Coletivo Específico de trabalho de primeiro nível – estabelecido entre a FIAT nos estabelecimentos em Pomigliano d'Arco e Mirafiori: "Como novidade inédita na prática da negociação está sobretudo a cláusula referida no ponto 15 do Acordo, denominada de cláusula integrativa do contrato individual: a violação pelo trabalhador de uma das cláusulas de função normativa leva à abertura do procedimento disciplinar. Na falta de especificação, esta cláusula incluiria a conduta do trabalhador em violação a cada uma das cláusulas contratuais relacionadas ao vínculo da indissociabilidade, como infrações suscetíveis de ocasionar a aplicação de medidas disciplinares. A partir de uma interpretação sistemática que foi fornecida, o escopo desta cláusula excluiria uma responsabilidade decorrente do exercício do direito de greve, mas não de conduta individual que pode consistir em práticas de obstrução ou de inadimplemento contratual que estão fora da proteção do art. 40 constitucional. Isto significa, portanto, que o ponto 15 não pretende limitar o exercício do direito de greve. No entanto, aquelas orientações que informam uma ambigüidade 'deliberada' da provisão não parecem totalmente fora de lugar, ambiguidade, de qualquer forma, destinada a limitar o conflito pelo menos em um nível psicológico."

No original: "Contratto Collettivo Specifico di lavoro di primo livello – estabelecido entre a FIAT nos estabelecimentos em Pomigliano d'Arco e Mirafiori: "Come novità inedita nella prassi della contrattazione, v'è però soprattutto la clausola di cui al punto 15 dell'Accordo, rubricata clausole integrative del contratto individuale: la violazione da parte del singolo lavoratore d'una delle clausole d'intesa con funzione normativa costituisce apertura del procedimento disciplinare. In assenza di specificazione alcuna, rientrerebbero, in tale clausola, i comportamenti tenuti dal singolo lavoratore in violazione di ciascuna delle clausole contrattuali legate dal vincolo di inscindibilità, quali infrazioni suscettibili di provocare l'applicazione di provvedimenti disciplinari. Da un'interpretazione sistematica che è stata fornita, ambito di applicazione di questa clausola escluderebbe una responsabilità derivante dall'esercizio del diritto di sciopero, ma non da condotte individuali consistenti in pratiche di ostruzionismo o inadempimento non riferibili all'alveo protettivo di cui all'art. 40 cost. Ciò a voler dire quindi che il punto 15 non viene inteso in termini di limite all'esercizio del diritto di sciopero. Tuttavia non sembrano del tutto fuori luogo quegli orientamenti che hanno misurato una 'voluta' ambiguità della disposizione, ambiguità diretta a condizionare comunque il conflitto almeno sul piano psicologico." Cf.: ROTA, 2013, p. 98. (tradução nossa)

[979] BALLESTRERO, 2012, p. 393.

contraria obstáculo para os trabalhadores e para a entidade signatária no correspondente nível da organização no sistema sindical. O autor defende que a cláusula também impede o recurso do direito de greve ao trabalhador individualmente considerado em relação ao conteúdo pactuado no acordo ou convenção coletiva, ensejando responsabilidade civil e disciplinar perante o empregador por ausência de adimplemento de prestação devida.[980]

Ballestrero – em posição à qual nos filiamos – afirma que a natureza das cláusulas de paz deveria ser questionada, pois a greve – um direito constitucional – desencadeada pelo agravamento das condições de trabalho não pode ser impedida pelo princípio civilista *pacta sunt servanda*. Além disso, como veremos a seguir, a doutrina majoritária italiana concebe a titularidade individual do direito de greve, o que gera sua indisponibilidade para renúncia pelo sindicato.[981] Sua titularidade será abordada a seguir.

TITULARIDADE DO DIREITO DE GREVE

O primeiro ponto a ser tratado concernente à titularidade do direito de greve, que se relaciona com a possibilidade da renúncia desse direito por cláusulas de paz, é se ele pertence aos trabalhadores individuais ou ao sindicato.

Calamandrei defendia que a titularidade era dúplice,[982] pertencente a ambos, pois a proclamação da greve concerne ao sindicato e a execução aos trabalhadores individualizados, de modo que a proclamação legitima a suspensão laboral e a adesão dos trabalhadores daria eficácia à proclamação. Mazzoni rebate essa teoria,[983] afirmando que a proclamação, por si só, não é juridicamente relevante para a titularidade do direito de greve e a respectiva proteção do art. 40 da Constituição, porque o que importa é que o movimento seja efetuado de forma concertada e coletiva. Smuraglia, por outro lado, defende a tese de que o direito de greve pertence ao sindicato.[984]

---

[980] VALLEBONA, 2008, p. 241.
[981] BALLESTRERO, 2012, p. 395.
[982] CALAMANDREI, 1952, p. 18.
[983] MAZZONI, 1988, p. 1296.
[984] SMURAGLIA 1960, p. 246.

No entanto, doutrina[985] e jurisprudência[986] prevalentes entendem que o direito de greve, enquanto direito fundamental de liberdade e absoluto da pessoa, é *direito individual de exercício coletivo*, ou seja: pertence ao trabalhador individual, mas seu exercício é conexo à tutela dos interesses coletivos, que são efetivados por uma pluralidade de trabalhadores e não necessariamente pelo sindicato. Assim, a própria proclamação da greve não é prerrogativa unicamente sindical, permitindo-se as greves selvagens.

Mazzoni acredita que remeter a titularidade do direito de greve ao sindicato criaria a obrigação jurídica de cada trabalhador acatar a greve, violando a liberdade sindical, manifestada na liberdade de trabalhar.[987] No mesmo sentido, Mengoni:

> A proclamação da greve, de fato, quando vem do sindicato, nada mais é do que um ato de autogoverno das relações coletivas, que incita – e não exclui – a adesão à mesma greve, até os trabalhadores não associados, e que soa, para todos, como um convite ao exercício de um direito que lhes pertence.[988]

Para Giugni, a teoria que remete à entidade sindical a titularidade do direito de greve – a sindicalização do direito de greve – deve ser rejeitada, pois a greve pode ser legitimamente praticada por grupos de trabalhadores não organizados em sindicatos e seria arbitrário excluir essa possibilidade da proteção do art. 40 da Constituição. Segundo o autor, a exclusão da titularidade sindical do direito de greve é corroborada pela redação da Lei nº 146/1990, que trata da greve nos serviços públicos essenciais, que sempre utiliza a expressão "organizações de trabalhadores que proclamam a greve" ou "sujeitos que promovem a greve" e nunca sindicato (art. 2º, parágrafo 3º; art. 4º, parágrafo 2º; art. 8º, parágrafo 2º; art. 10, parágrafo 1º).[989] A sindicalização do direito de greve não permitiria a válvula de segurança representada pelas ações de luta espontâneas.[990]

---

985 Nesse sentido: Santoro-Passarelli (1973, p. 51), Riva Sanseverino (1964, p. 426), Pera (1969, p. 598), Simi (1956, p. 95), entre outros.

986 Nessa perspectiva, sentenças no 8234/1991, 8574/1992 e 23552/2004 da Corte de Cassação.

987 MAZZONI, 1988, p. 1297.

988 No original: "La proclamazione dello sciopero, in effetti, quando proviene dal sindacato, non è altro che un atto di autogoverno dei rapporti collettivi, che sollecita – e non esclude – ad aderire lo sciopero stesso anche i prestatori di lavoro non iscritti, e che suona, nei confronti di tutti, come un invito ad esercitare un diritto che loro è proprio." Cf.: MENGONI, 1964, p. 41. (tradução nossa)

989 GIUGNI, 2008, p. 229

990 PERONE; BOSON, 2015, p. 226.

Bruno Veneziani ressalta como o princípio de sindicalidade da greve se afirma em países dotados de um sindicalismo escassamente avesso a estratégias conflituais,[991] contrário a estratégias de relações industriais e dirigidas à composição das tensões por meio do controle preventivo dos protagonistas da luta. Em oposição, em lugares em que por muitos anos os sistemas sindicais nacionais, sob a bandeira do corporativismo – como é o caso da Itália – ou do socialismo real, reprimiram a liberdade sindical e autotutela coletiva dos trabalhadores, é compreensível que, em reação à formalização jurídica da organização e da ação sindical, também coletividades de trabalhadores diversas das associações sindicais oficiais tenham permissão para declarar greves.[992]

Devemos ainda salientar que na Itália a *teoria da sindicalização do direito de greve* encontra obstáculo – menos grave em termos de violação da liberdade sindical do que aquele identificado no ordenamento brasileiro – na questão da determinação da representatividade do sindicato, em razão de seu específico pluralismo sindical. A dificuldade exegética em determinar quais sindicatos representam de forma mais acentuada os interesses dos trabalhadores gera uma insegurança no tocante à atribuição da titularidade do direito de greve a uma entidade sindical que, em consonância com a teoria da sindicalização, poderia renunciar sua deflagração mediante cláusulas de paz.

O critério utilizado antigamente pela jurisprudência italiana era aquele dos sindicatos "mais representativos", que não tinha número fechado pré-definido, nem categoria determinada, correspondendo a sindicatos de várias categorias em nível nacional, privilegiando as grandes confederações. Assim, esses sindicatos eram mais representativos em relação aos menores presentes em uma categoria,[993] em critério que Giugni denomina de histórico, apoiado na antiga redação do art. 19, "a", do Estatuto dos Trabalhadores.[994] Nas palavras de Giugni:

> O critério resumido nas fórmulas "confederações mais representativas" e outros critério análogos (a partir da regracontida na letra *a* do artigo 19.º do Estatuto dos Trabalhadores, revogada pelo referendo de 11 de Junho de 1995) implica um juízo de representatividade que foi definida como histórica, porque se baseia no dado histórico da eficácia da ação sindical realizada pelas grandes confederações: na época da aprovação do Estatuto dos Trabalhadores,

---

991 VENEZIANI, 1992, p. 214.

992 PERONE; BOSON, 2015, p. 226.

993 PROSPERETTI, 2011, p. 28.

994 GIUGNI, 2008, p. 64.

que foi um dos pivôs desta noção, restavam poucas dúvidas de que a história do sindicalismo italiano fosse uma história e uma realidade de confederação.[995]

O critério histórico, por não ter sua natureza formulada em bases de índices quantitativos, foi entendido como critério de representatividade presumida, favorecendo as confederações, em coerência com a tradição do sindicalismo italiano.[996]

No entanto, a generalidade da expressão "sindicatos mais representativos" provocou problemas para individualizar critérios que identificassem tais organizações. Para evitar esse efeito, a jurisprudência começou a apurar a maior representatividade por fatores numéricos (consistência de números de inscritos); pela equilibrada presença em um amplo arco de setores produtivos; pelo desenvolvimento de uma atividade de negociação e de autotutela com caráter de efetividade, continuidade e sistematicidade.[997] Tais critérios acabam por reconhecer como "sindicatos mais representativos" sempre e somente a CGIL, a CISL e a UIL, únicas organizações aptas a se enquadrar nesse parâmetro.[998]

Entretanto, com as transformações do processo produtivo capitalista no final dos anos 1980, que desarticularam o modelo taylorista-fordista, houve a crise desse método de seleção dos sujeitos sindicais, em razão da segmentação da força de trabalho em grupos com interesses diversos e conflitantes, que culminou com o surgimento de organizações sindicais autônomas.[999] Assim, entendeu-se que a capacidade representativa das confederações não poderia mais ser presumida, mas deveria ser verificada, principalmente porque a maior representatividade é o que define sujeitos legitimados a estipular contratos coletivos que podem derrogar, substituir ou integrar a norma legal.[1000]

---

995 No original: "Il criterio riassunto nelle formule "confederazioni maggiormente rappresentative" ed analoghe (a partire da quella contenuta nella lett. *a* dell'art. 19 dello Statuto dei Lavoratori, abrogata dal referendum dell'11 giugno 1995) implica un giudizio di rappresentatività che è stata definita storica, perché basata sul dato storico dell'effettività dell'azione sindacale svolta dalle grande confederazioni: al momento dell'approvazione dello Statuto dei Lavoratori, che in tale nozione aveva uno dei suoi perni, vi erano pochi dubbi sul fatto che la storia del sindacalismo italiano fossero una storia ed una realtà di confederazione." Cf.: GIUGNI, 2008, p. 64. (tradução nossa)

996 GIUGNI, 2008, p. 65.

997 GIUGNI, 2008, p. 65.

998 PROSPERETTI, 2011, p. 28.

999 GIUGNI, 2008, p. 66.

1000 RUSCIANO, 1987, p. 243.

Por tais motivos, a Corte Constitucional evidenciou na sentença nº 30/1990 que o critério de representatividade presumida, estabelecido no art. 19, "a", do Estatuto dos Trabalhadores, não era o mais idôneo para determinar a representatividade dos sindicatos. Posteriormente, o referendo de 5 de abril de 1995 ab-rogou a alínea "a" do art. 19 do Estatuto dos Trabalhadores.[1001]

O paradigma da "maior representatividade" foi substituído pela noção de sindicato "comparativamente mais representativo". Com a falta de elementos textuais sistematizados, a comparação continuou sendo feita mediante critérios como número de inscritos, difusão no território e presença em diversas categorias.[1002] Prosperetti, contudo, diferencia os dois critérios, uma vez que o critério do sindicato "comparativamente mais representativo" não considera somente o número de sujeitos, mas efetua paralelo entre sindicatos da mesma categoria, comparando convenções coletivas estipuladas pela mesma categoria, mas por sindicatos diversos:

> Se a noção de sindicato *mais representativo* indica a participação de um número considerável de sujeitos, a noção de sindicato *comparativamente* representativo refere-se, por outro lado, ao sindicato de categoria, onde é necessária uma comparação entre convenções coletivas estipuladas para uma mesma categoria por sindicatos diferentes, com conteúdos diferentes. Em suma, foi necessário recorrer à noção comparativamente mais representativa, para voltar à necessidade originária de selecionar os sindicatos aos quais se fazer referência, por lei, para certas atribuições, tendo a jurisprudência estendido a antiga noção de sindicato mais representativo, e isso para restringir o reenvio legal àquelas convenções coletivas estipuladas pelas principais organizações sindicais.[1003]

No entanto, o critério de sindicato "comparativamente mais representativo", após o referendo de 1995, pode gerar incertezas e brechas para a legiti-

---

1001 PROSPERETTI, 2011, p. 30.

1002 GIUGNI, 2008, p. 74.

1003 No original: "Se la nozione di sindacato *maggiormente* rappresentativo sta ad indicare la partecipazione di un numero considerevole di soggetti, la nozione di sindacato *comparativamente* rappresentativo si riferisce, invece, al sindacato di categoria, laddove risulta necessaria una comparazione tra contratti collettivi stipulati per la stessa categoria da sindacati diversi, con diversi contenuti. Insomma, si è dovuto ricorrere alla nozione comparativamente più rappresentativo, per tornare all'originaria necessità di selezionare i sindacati cui riferire, da parte della legge, determinate attribuzioni, avendo la giurisprudenza allargato la vecchia nozione di sindacato maggiormente rappresentativo, e ciò al fine di restringere il rinvio legale a quei contratti stipulati dalle principali centrali sindacali." Cf.: PROSPERETTI, 2011, p. 30-31. (tradução nossa)

mação de processos de precarização, que expulsam o conflito coletivo das relações de trabalho, como ocorreu no acordo coletivo estabelecido na FIAT em Pomigliano d'Arco.[1004] Conforme Zoppoli, ao abandonar a representatividade historicamente presumida, a redação do art. 19, após o referendo de 1995, tende a acentuar os conflitos e a fragmentação sindical, transformando uma postura que deveria ser de resistência em complacente.[1005]

Sobre *a pluralidade dos trabalhadores* exigida para o exercício coletivo do direito de greve, não foi quantificado previamente pela jurisprudência ou pela doutrina – e não existe em nenhuma lei – o número de trabalhadores requeridos para sua proclamação. Conforme Ballestrero, a qualificação de "coletivo" para o exercício do direito de greve não considera o número de grevistas, pois o que importa é que a ação não se destine a tutelar interesses individuais, mas interesses comuns dos trabalhadores.[1006] Para Mazzoni, interessa que o interesse seja coletivo e haja um acordo preliminar para determiná-lo.[1007]

Perone ressalta que a generalidade dos ordenamentos europeus – incluindo aquele italiano – considera a concertação da greve como elemento essencial, que define precisamente o perfil coletivo. Em toda a União Europeia acredita-se que a greve apresente estrutura dicotômica, em que se distingue um momento (e um poder) coletivo de avaliação dos interesses em conflito

---

1004 A questão da representatividade é crucial no caso Fiat-Pomigliano. A FIOM – Federazione Impiegati Operai Metallurgici – filiada a CGIL (signatária do Protocolo de 1993) era a entidade sindical mais representativa e atuante dos trabalhadores na empresa em Pomigliano, inclusive já titular de RSU no sítio industrial. No entanto, a federação foi privada da representação sindical empresarial (RSA), porque não havia firmado o último instrumento coletivo, nos termos do art. 19, "b" do Estatuto dos Trabalhadores, com redação após o referendo de 1995. A Corte Constitucional declarou inconstitucional esta interpretação do art. 19 na sentença 231/2013 "Na parte em que não dispõe que a representação sindical da empresa também pode ser constituída no âmbito de associações sindicais que, embora não sejam signatárias dos acordos coletivos aplicados na unidade produtiva, tenham em qualquer caso participado da negociação relativa aos mesmos acordos como representantes dos trabalhadores da empresa".

No original: "[...] nella parte in cui non prevede che la rappresentanza sindacale aziendale possa essere costituita anche nell'ambito di associazioni sindacali che, pur non firmatarie dei contratti collettivi applicati nell'unità produttiva, abbiano comunque partecipato alla negoziazione relativa agli stessi contratti quali rappresentanti dei lavoratori dell'azienda." Cf.: CORTE COSTITUZIONALE, 2013. (tradução nossa)

1005 ZOPPOLI, 2011, p. 29.

1006 BALLESTRERO, 2012, p. 378.

1007 MAZZONI, 1988, p. 1296

e da decisão de entrar na luta; e um momento (e um direito) individual, à luz do qual o trabalhador executa, livremente, a greve deliberada pelo organismo portador do interesse coletivo. Sem dúvida, o aspecto de prévia concertação coletiva não diz respeito às modalidades de execução da greve, mas sim ao seu conceito, pois consiste em elemento estrutural.[1008]

Logo, a abstenção laboral realizada por um único trabalhador não poderia, em regra, ser considerada greve, pois o elemento volitivo coletivo concertado faz parte da essência do próprio direito estabelecido no art. 40 da Constituição italiana, conforme teoria corroborada pela doutrina e jurisprudência[1009] majoritárias. No entanto, alguns autores entendem que seja possível, hipoteticamente, greve realizada por um único trabalhador, desde que seja na defesa de interesse coletivo.[1010] Porém, como ressalta Vallebona, trata-se de caso marginal, porque a greve é intrinsecamente um fenômeno coletivo.[1011]

Nesse sentido, segue trecho da sentença n° 122/1975 da Corte Constitucional, que estabelece a obrigatoriedade de existência de uma pluralidade de trabalhadores que lutam por interesse em comum para o exercício do direito de greve, diferenciando-o da configuração do locaute, que pode ser realizado por um único empregador:

> O ponto firme de distinção entre essas duas formas de autotutela, que pode ser deduzido das fontes do direito positivo, que, embora não forneçam uma definição, no entanto especificam seu conteúdo, é que o comportamento, mesmo de uma única pessoa, é suficiente para integrar a noção típica de locaute, desde que seja o empregador e que de sua conduta resulte a suspensão do trabalho subordinado dento da empresa; em contrapartida, para que ocorra uma greve,

---

1008 PERONE; BOSON, 2015, p. 221.

1009 Ver também sentença no 123/1962 da Corte Constitucional.

1010 Nesse sentido, Giugni: "Pode até ser que o número de trabalhadores em greve seja pequeno, mas, para determinar se a suspensão operada por poucos empregados – no caso, apenas um – para se qualificar como greve ou não, é decisivo apenas o caráter coletivo e não individual do interesse perseguido. Ao contrário, uma pluralidade, mesmo numerosa, de trabalhadores – que se unem em uma abstenção originada por motivos individuais sem conexão entre eles – não se configura como greve."
No original: "Può ben darsi il caso che il numero dei lavoratori in sciopero sia esiguo ma, per determinare se la sospensione operata da pochi dipendenti – al limite, uno solo – sia o meno qualificabile come sciopero, è decisiva solo la natura collettiva e non individuale dell'interesse perseguito. Al contrario una pluralità, anche numerosa, di lavoratori – che si uniscono in un'astensione originata da ragioni individuali senza connessione tra loro – non fa sciopero." Cf.: GIUGNI, 2008, p. 229. (tradução nossa)

1011 VALLEBONA, 2008, p. 237.

é necessária a suspensão do trabalho por uma pluralidade de trabalhadores que agem de comum acordo para alcançar um interesse comum.[1012]

Recorda ainda Luisa Galantino que o acordo obtido pelos trabalhadores é uma concertação prévia coletiva no sentido material, não exigindo formalização.[1013] [1014] Perone afirma que, no âmbito das modalidades que regem a deliberação para entrar em greve, assume particular importância a previsão de que a deliberação em questão seja precedida por um referendo por meio do qual todos os trabalhadores interessados manifestem sua vontade sobre o assunto. Assim, o referendo atua como meio de prevenção em relação aos arriscados recursos a ações de luta.[1015]

A *titularidade individual do direito de greve* leva a outra questão polêmica: a figura do fura-greve, relacionada com eventuais condutas antissindicais do empregador – que utiliza tais trabalhadores para continuar sua produção – e com os limites das medidas lícitas que este pode adotar para conter efeitos danosos sua empresa.

A Corte Constitucional, na sentença nº 125/80, decidiu que são legítimas as medidas do empregador que, sem coibir a liberdade do trabalhador para entrar em greve, e, portanto, sem intervir propriamente no direito de greve, são utilizadas para conter efeitos danosos, especialmente nos serviços públicos.[1016] Na sentença nº 10624/06, a Corte de Cassação afirmou que apesar de gerar ilicitude o comportamento que impeça o exercício do direito de greve, não pode ser excluída a possibilidade de reação do empregador, que é livre para adotar medidas necessárias para diminuir seus danos.[1017]

1012 No original: "Il punto fermo di distinzione tra queste due forme di autotutela, desumibile dalle fonti del diritto positivo, le quali, pur non dandone una definizione ne precisano tuttavia il contenuto, è che ad integrare la nozione tipica di serrata è sufficiente il comportamento anche di un singolo soggetto, purché sia datore di lavoro e dalla sua condotta consegua la sospensione del lavoro subordinato nell'ambito dell'azienda; perché si abbia sciopero, invece, è necessaria una sospensione del lavoro da parte di una pluralità di lavoratori che agiscano d'accordo per il perseguimento di un comune interesse." Cf.: CORTE COSTITUZIONALE, 1975. (tradução nossa)

1013 GALANTINO, 2009, p. 207.

1014 Corte de Cassação, sentença no 23552 de 17 de dezembro de 2004.

1015 PERONE; BOSON, 2015, p. 223.

1016 BALLESTRERO, 2012, p. 426.

1017 BALLESTRERO, 2012, p. 426.

As medidas adotadas pelo empregador para diminuir os danos de sua empresa se relacionam com a problemática dos fura-greves, que são aceitos pela doutrina e jurisprudência majoritárias, tendo em vista a teoria da titularidade individual. Os empregadores frequentemente se utilizam dos fura-greves da empresa para a substituição da função dos grevistas. A doutrina italiana classifica essa situação em *crumiraggio* interno, que se difere do externo, em que o empregador, para reduzir a eficácia da greve, contrata trabalhadores captados no mercado de trabalho para substituir os grevistas da empresa.

Em relação ao *externo*, é necessário ressaltar que leis vigentes relativas ao contrato a tempo determinado (art. 3º, "a",[1018] Decreto-Lei 368/2001); à administração do trabalho (art. 20, parágrafo 5º, "a"[1019] do Decreto Legislativo 276/2003) e do trabalho em jornada intermitente (art. 34, parágrafo 3º, "a"[1020] do Decreto Legislativo 276/2003) vedam expressamente a contratação para substituição de grevistas.

[1018] "Aplicação da Diretiva 1999/70/CE relativa ao acordo coletivo sobre o trabalho a termo celebrado pela UNICE, CEEP e CES – Art. 3. Proibições: 1. Fixação de prazo à duração de um contrato de trabalho subordinado não é permitida: a) para substituição de trabalhadores em exercício do direito à greve."

No original: "Attuazione della direttiva 1999/70/CE relativa all'accordo quadro sul lavoro a tempo determinato concluso dall'UNICE, dal CEEP e dal CES – Art. 3. Divieti: 1. L'apposizione di un termine alla durata di un contratto di lavoro subordinato non e' ammessa: a) per la sostituzione di lavoratori che esercitano il diritto di sciopero." Cf.: ITÁLIA, 2001. (tradução nossa)

[1019] "Implementação das delegações na área do emprego e do mercado de trabalho, nos termos da Lei n.º 30 de 14 de fevereiro de 2003 – Art. 20. Condições de licitude [...] 5. O contrato de trabalho é vedado: a) para substituição de trabalhadores em exercício do direito de greve."

No original: "Attuazione delle deleghe in materia di occupazione e mercato del lavoro, di cui alla legge 14 febbraio 2003, n. 30 – Art. 20. Condizioni di liceità [...]5. Il contratto di somministrazione di lavoro e' vietato: a) per la sostituzione di lavoratori che esercitano il diritto di sciopero." Cf.: ITÁLIA, 2003. (tradução nossa)

[1020] "Execução das delegações na área do emprego e do mercado de trabalho, nos termos da Lei n.º 30 de 14 de fevereiro de 2003 – Art. 34. Casos de recurso ao trabalho intermitente [...] 3. É vedado o recurso ao trabalho intermitente: a) para substituição dos trabalhadores em exercício do direito de greve."

No original: "Attuazione delle deleghe in materia di occupazione e mercato del lavoro, di cui alla legge 14 febbraio 2003, n.30 – Art. 34. Casi di ricorso al lavoro intermittente [...] 3. E' vietato il ricorso al lavoro intermittente: a) per la sostituzione di lavoratori che esercitano il diritto di sciopero." Cf.: ITÁLIA, 2003. (tradução nossa)

Doutrina[1021] e jurisprudência ordinária[1022] adotam a mesma posição. Já a Corte de Cassação, na sentença nº 1701 de 1986, havia considerado o *crumiraggio externo* como comportamento legítimo. Entretanto, esse posicionamento se encontra superado em decisões mais recentes, em razão da legislação supracitada, posteriormente emanada, como pode ser observado na sentença nº 10624 de 2006, em que a Corte declarou a ilegitimidade da utilização de pessoal externo, contratados a tempo parcial, para substituir os trabalhadores.

No tocante ao *crumiraggio interno*, a Corte de Cassação entende que é conduta legítima do empregador, desde que sejam respeitadas as disposições legais e contratuais relativas à sua contratação e utilização. Apesar de o art. 13[1023] do Estatuto dos Trabalhadores e o artigo 2.103[1024] do Código

---

1021 Nesse sentido, Ghezzi e Romagnoli (1997, p. 235); Ballestrero (2012, p. 426).

1022 Pretório de Bolonha, 2 de abril de 1987.

1023 "Art. 13. Deveres do trabalhador. O trabalhador deve ser destinado às funções para que foi contratado ou correspondentes à categoria superior que posteriormente adquiriu ou a funções equivalentes às últimas efetivamente exercidas, sem alguma redução da remuneração. No caso de destinação para funções superiores, o prestador tem direito ao tratamento correspondente à atividade exercida, sendo tal alocação definitiva se a mesma não tiver ocorrido por substituição de trabalhador ausente com direito à retenção do posto de trabalho, após prazo determinado por acordos coletivos e, em qualquer caso, não superior a três meses. O trabalhador não pode ser transferido de uma unidade de produção para outra a não ser por comprovados motivos técnicos, organizacionais e de produção. Qualquer acordo contrário a estas disposições é nulo."
No original: "Art. 13. Mansioni del lavoratore. Il prestatore di lavoro deve essere adibito alle mansioni per le quali è stato assunto o a quelle corrispondenti alla categoria superiore che abbia successivamente acquisito ovvero a mansioni equivalenti alle ultime effettivamente svolte, senza alcuna diminuzione della retribuzione. Nel caso di assegnazione a mansioni superiori il prestatore ha diritto al trattamento corrispondente all'attività svolta, e l'assegnazione stessa diviene definitiva, ove la medesima non abbia avuto luogo per sostituzione di lavoratore assente con diritto alla conservazione del posto, dopo un periodo fissato dai contratti collettivi, e comunque non superiore a tre mesi. Egli non può essere trasferito da una unità produttiva ad un'altra se non per comprovate ragioni tecniche, organizzative e produttive. Ogni patto contrario è nullo. Cf.: ITÁLIA, 1970. (tradução nossa)

1024 "Art. 2103. Execução do trabalho. O trabalhador deve ser destinadoo às funções para que foi contratado ou às correspondentes à classificação superior que posteriormente adquiriu ou às funções atribuíveis ao mesmo nível e categoria de classificação legal que as últimas efetivamente exercidas. Em caso de alteração da estrutura organizacional societária que afete a posição do trabalhador, o mesmo pode ser atribuído a tarefas pertencentes ao nível inferior desde que se enquadrem na mesma categoria legal. A

Civil determinarem que ao trabalhador somente devem ser atribuídas mudança de funções é acompanhada, se necessário, pelo desempenho do obrigação de formação, cuja falta de cumprimento não determina, em caso algum, a nulidade do ato de atribuição das novas funções. Outras hipóteses de atribuição de tarefas pertencentes ao nível inferior de classificação, desde que pertençam à mesma categoria jurídica, podem ser previstas por convenções coletivas. Nos casos referidos no segundo e quarto parágrafos, a mudança de funções é comunicada por escrito, sob pena de nulidade, tendo o trabalhador o direito à manutenção do nível de categoria de emprego e do tratamento remuneratório em gozo, salvo os elementos remuneratórios ligados a modalidades particulares de exercício da anterior prestação de trabalho. Nos cargos a que se refere o artigo 2113, quarto parágrafo, ou perante as comissões de certificação, podem ser estipulados acordos individuais para modificar as funções, a categoria jurídica e o nível de emprego e a remuneração relativa, no interesse do trabalhador em manter o emprego, adquirir uma outra profissionalização ou melhorar as condições de vida. O trabalhador pode ser assistido por representante da associação sindical à qual faz parte ou pode delegar mandato para advogado ou consultor laboral. Em caso de destinação a funções superiores, o trabalhador tem direito ao tratamento correspondente à atividade desenvolvida e a transferência torna-se definitiva, salvo disposição do trabalhador em contrário, se a mesma não tiver ocorrido por motivos de substituição de outro trabalhador em serviço, após o prazo previsto nas convenções coletivas ou, na sua falta, após seis meses consecutivos. O trabalhador não pode ser transferido de uma unidade de produção a outra, salvo por comprovados motivos de ordem técnica, organizacional e de produção. Salvo se estiverem reunidas as condições referidas nos segundo e quarto parágrafos e sem prejuízo do disposto no sexto parágrafo, qualquer acordo contrário é nulo."

No original: "Art. 2103. Prestazione del lavoro. Il lavoratore deve essere adibito alle mansioni per le quali è stato assunto o a quelle corrispondenti all'inquadramento superiore che abbia successivamente acquisito ovvero a mansioni riconducibili allo stesso livello e categoria legale di inquadramento delle ultime effettivamente svolte. In caso di modifica degli assetti organizzativi aziendali che incide sulla posizione del lavoratore, lo stesso può essere assegnato a mansioni appartenenti al livello di inquadramento inferiore purché rientranti nella medesima categoria legale. Il mutamento di mansioni è accompagnato, ove necessario, dall'assolvimento dell'obbligo formativo, il cui mancato adempimento non determina comunque la nullità dell'atto di assegnazione delle nuove mansioni. Ulteriori ipotesi di assegnazione di mansioni appartenenti al livello di inquadramento inferiore, purché rientranti nella medesima categoria legale, possono essere previste dai contratti collettivi. Nelle ipotesi di cui al secondo e al quarto comma, il mutamento di mansioni è comunicato per iscritto, a pena di nullità, e il lavoratore ha diritto alla conservazione del livello di inquadramento e del trattamento retributivo in godimento, fatta eccezione per gli elementi retributivi collegati a particolari modalità di svolgimento della precedente prestazione lavorativa. Nelle sedi di cui all'articolo 2113, quarto comma, o avanti alle commissioni di certificazione, possono essere stipulati accordi individuali di modifica delle mansioni, della categoria legale e del livello di inquadramento e della relativa retribuzione, nell'interesse del lavoratore alla conservazione dell'occupazione, all'acquisizione di una diversa professionalità o al miglioramento delle condizioni di vita. Il lavoratore può farsi assistere da un rappresentante dell'associazione

tarefas pelas quais ele foi contratado ou tarefas equivalentes, a jurisprudência da Corte de Cassação[1025] e da Corte Constitucional[1026] afirmou ser possível a utilização de trabalhadores internos para a substituição dos grevistas, mesmo que em tarefas inferiores, pois é desempenho de atividade temporária e marginal para evitar maior dano à empresa.

A base jurídica a legitimidade do *crumiraggio interno*, inicialmente, foi remetida à liberdade de trabalho prevista pelo art. 4º[1027] da Constituição italiana. Entretanto, esse argumento não se demonstrou coerente, pois a *ratio* do artigo era a implementação da garantia social das condições de trabalho ideais e não a legitimação do fura-greve. Entendeu-se, posteriormente, que a proteção jurídica do fura-greve era baseada no art. 39 da Constituição, que trata da liberdade sindical também em seu aspecto negativo, protegendo a liberdade do trabalhador de não entrar em greve.

---

sindacale cui aderisce o conferisce mandato o da un avvocato o da un consulente del lavoro. Nel caso di assegnazione a mansioni superiori il lavoratore ha diritto al trattamento corrispondente all'attività svolta e l'assegnazione diviene definitiva, salvo diversa volontà del lavoratore, ove la medesima non abbia avuto luogo per ragioni sostitutive di altro lavoratore in servizio, dopo il periodo fissato dai contratti collettivi o, in mancanza, dopo sei mesi continuativi. Il lavoratore non può essere trasferito da un'unità produttiva ad un'altra se non per comprovate ragioni tecniche, organizzative e produttive. Salvo che ricorrano le condizioni di cui al secondo e al quarto comma e fermo quanto disposto al sesto comma, ogni patto contrario è nullo. Cf.: ITÁLIA, 1942. (tradução nossa)

[1025] Sentença 2045/98: "Pode muito bem ser inerente ao desempenho da atividade laboral dos trabalhadores de qualquer categoria o exercício de funções inferiores, quando isto ocorre de forma marginal e apenas para a conclusão e necessária definição do trabalho principal e nuclear."

No original: "Sentença 2045/98: Ben può inerire allo svolgimento del lavoro di dipendenti di qualsiasi categoria, lo svolgimento anche di mansioni inferiori, quando ciò avvenga in modo marginale e solo per completamento e doverosa definizione del lavoro principale ed assorbente". Cf.: CORTE DI CASSAZIONE *apud* CANGEMI, 2011, p. 132.

[1026] Sentença 113/2004.

[1027] "Art. 4. A República reconhece o direito ao trabalho de todos os cidadãos e promove as condições que tornam esse direito efetivo. Todo cidadão tem o dever de exercer, de acordo com suas possibilidades e sua escolha, uma atividade ou função que contribua para o progresso material ou espiritual da sociedade."

"No original: Art. 4. La Repubblica riconosce a tutti i cittadini il diritto al lavoro e promuove le condizioni che rendano effettivo questo diritto. Ogni cittadino ha il dovere di svolgere, secondo le proprie possibilità e la propria scelta, una attività o una funzione che concorra al progresso materiale o spirituale della società." Cf.: ITÁLIA, 1948. (tradução nossa)

No entanto, para parte da doutrina, o *crumiraggio interno* é ilegítimo, pois, segundo Santulli, entre o exercício negativo e exercício positivo da liberdade sindical, que inclui a proteção do exercício da autotutela dos grevistas, esse último aspecto deve receber proteção mais efetiva, como é demonstrado pelas normas do Estatuto dos Trabalhadores: arts. 15 e 16, que vedam o tratamento discriminatório em razão do exercício do direito de greve, e o art. 28, que reprime condutas antissindicais aos grevistas.[1028]

Devido às críticas da doutrina, a jurisprudência começou a utilizar como base jurídica para legitimar o *crumiraggio interno* o parágrafo 1º do art. 41[1029] da Constituição, efetuando o equilíbrio entre liberdade de iniciativa econômica e direito de greve, como pode ser observado na sentença nº 20164/2007 da Corte de Cassação:

> Na lógica de equilibrar o direito de greve e o direito do empresário à livre iniciativa econômica, ambos garantidos pelas normas constitucionais, não se pode dizer que o primeiro seja prejudicado quando o segundo for exercido para limitar os efeitos negativos da abstenção do trabalho sobre a atividade econômica da empresa, delegando a outros empregados as tarefas daqueles aderentes à mobilização, na medida em que isso não representa violação das regras estabelecidas para proteger as situações subjetivas dos trabalhadores.[1030]

Parte da doutrina também questionou esse argumento, uma vez que o parágrafo 2º do mesmo art. 41 prevê que a liberdade econômica privada não deve ser desenvolvida em contraste com a utilidade social, acusando a Corte de realizar cotejamento entre princípios constitu-

---

1028 SANTULLI, 1999, p. 336.

1029 "Art. 41. A iniciativa econômica privada é livre. Não pode entrar em conflito com a utilidade social ou prejudicar a segurança, a liberdade, a dignidade humana. A lei determina os programas e controles adequados para que a atividade econômica pública e privada sejam dirigidas e coordenadas para fins sociais."

No original: "Art. 41. L'iniziativa economica privata è libera. Non può svolgersi in contrasto con l'utilità sociale o in modo da recare danno alla sicurezza, alla libertà, alla dignità umana. La legge determina i programmi e i controlli opportuni perché l'attività economica pubblica e privata possa essere indirizzata e coordinata a fini sociali." Cf.: ITÁLIA, 1948. (tradução nossa)

1030 No original: "Nella logica del bilanciamento del diritto di sciopero e del diritto di libera iniziativa economica dell'imprenditore, entrambi garantiti da norme costituzionali, il primo non può dirsi leso quando il secondo sia esercitato, per limitare gli effetti negativi dell'astensione dal lavoro sull'attività economica dell'azienda, affidando ad altri dipendenti i compiti degli addetti aderenti all'agitazione, senza che risultino violate norme poste a tutela di situazioni soggettive dei lavoratori." Cf.: CORTE DI CASSAZIONE *apud* CANGEMI, 2007. (tradução nossa)

cionais de forma tendenciosa, dando sempre preferência à liberdade de iniciativa econômica. Destaca Natoli que o raciocínio deveria ser justamente o oposto, pois para que se almeje a igualdade material e a justiça social, a proteção das garantias dos trabalhadores deve ter prevalência sobre outras, na medida em que os obreiros já se encontram em relação de assimetria com o empregador:

> Talvez tenha sido eliminada a constituição material, porque todos os dias ainda se questiona, para poder inserir no mesmo plano as garantias que a Constituição – formal e, gostemos ou não, até agora, em vigor sozinha– asseguradas aos trabalhadores, por um lado, e para os empresários, do outro lado, mas não colocando-os no mesmo nível, mas equilibrando-as e, certamente, dando prioridade às primeiras.[1031]

Sob esse aspecto, nos parece que a jurisprudência italiana efetua balanceamento desequilibrado, pois a atribuição de outras tarefas – de caráter equivalente e, em situação mais grave, de natureza inferior – a trabalhadores não grevistas é conduta claramente antissindical, em âmbito individual e coletivo. Isso porque tal conduta visa obstar o livre exercício do direito de greve, com o intuito de dividir o interesse dos trabalhadores, criando um conflito intraclasse e desarmando o movimento paredista. A Corte de Cassação utiliza duvidoso argumento de legítima reação para conter danos, em razão da *liberdade* de iniciativa econômica do empregador, que, apesar de não ser um *direito* e representar um interesse individual (que deve respeitar a utilidade social), se sobrepõe ao direito constitucional de greve, que tutela interesses coletivos.

Além disso, a própria legalidade da figura do fura-greve em geral deve ser questionada. Se a doutrina e a jurisprudência majoritárias italianas concordam que o elemento volitivo coletivo concertativo constitui a essência do direito de greve, que consiste em um direito que deve tutelar interesses coletivos, a legitimidade da atuação dos fura-greves não se coaduna com o próprio conceito e conteúdo desse direito, colocando-se em questão também a teoria de sua titularidade individual, que é marcada por ambiguidades.

1031 No original: "Forse è stato inghiottito da quella costituzione materiale, che si va quotidianamente chiamando in ballo, in modo da poter mettere sullo stesso piano le garanzie che la Costituzione – quella formale e, piaccia o no, tuttora sola in vigore – prevede per i lavoratori, da una parte, e per gli imprenditori dall'altra, ma non ponendole sullo stesso piano, bensì graduandole e dando sicuramente prevalenza alle prime." Cf.: NATOLI, 1988, p. 64. (tradução nossa)

Desse modo, alguns autores, como Giovanni Pino,[1032] Rusciano[1033] e Romei,[1034] questionam o dogma da titularidade individual. Tais autores – em posição à qual nos filiamos – defendem a titularidade coletiva, não necessariamente sindical do direito de greve, mediante a conexão equilibrada entre liberdade coletiva de negociação e liberdade igualmente coletiva de greve.

Por fim, sobre a titularidade, deve ser analisado quais trabalhadores estão sob a proteção do direito de greve. Inicialmente, esse direito era atribuído, pela jurisprudência e doutrina dominantes, apenas aos trabalhadores subordinados, incluindo os do setor público, com exclusão legal dos militares (art. 8° lei n° 382/1978)[1035] e daqueles que pertencem à Polícia Estatal[1036] (art. 84 da Lei n° 121/1981). No entanto, foi questionado se os titulares desse direito seriam somente os trabalhadores subordinados ou aqueles que possuíssem outro tipo de contrato.

Scognamiglio,[1037] em posição coerente, apoiada por doutrina majoritária, explica que o direito de greve é reconhecido pela Constituição como instrumento para a realização da participação política dos trabalhadores, visando à igualdade material, de modo que não é relevante o dado formal de enquadramento desses trabalhadores, mas sim o de vulnerabilidade em termos de proteção social.

Essa leitura foi feita pela Corte Constitucional na sentença n° 122/1975, que declarou a inconstitucionalidade da norma do art. 506 do Código Penal, que incriminava o locaute, em face do art. 40 da Constituição, ao analisar caso de abstenção laboral efetuada por pequenos empreendedores e autônomos do comércio, que não possuíam outros trabalhadores em suas

---

1032 PINO, 2005, p. 224.

1033 RUSCIANO, 2002, p. 167.

1034 ROMEI, 1999, p. 221.

1035 Não obstante o foco desse livro ser o direito de greve no setor privado, ressaltamos que a Corte Constitucional na sentença no 126/85 declarou a legitimidade de reunião dos militares para uma pacífica manifestação coletiva de dissenso. Apesar de não ser propriamente um direito de greve, tal reconhecimento do direito de reunião, que é corroborado pela liberdade de expressão, efetuou a descriminalização das manifestações coletivas dos militares; crime que era previsto pelo art. 180 do Código Penal militar, declarado, portanto, ilegítimo pela Corte. Cf.: GALANTINO, 2009, p. 208.

1036 A *ratio* desta proibição foi baseada na essencialidade dos interesses tutelados por tal categoria: a defesa nacional, a tutela da vida e liberdade de todos os cidadãos. Cf.: GALANTINO, 2009, p. 208.

1037 SCOGNAMIGLIO, 1978, p. 440.

dependências. Conforme a Corte, é incorreto qualificar como locaute essa conduta, porque não se trata de comportamento que influa sobre outra relação de emprego, uma vez que tais pessoas, ao desenvolver sua própria atividade utilizando-se somente de seu labor, não podem ser qualificadas como empregadores, pois também se encontram em situação econômica de subproteção, ou seja, de subordinação econômica.[1038] Essa conduta, segundo a Corte, é instrumento legítimo de pressão, enquadrado no art. 40:

> Deve ser considerada lícita a suspensão dos trabalhos por parte de pequenas empresas para protestar contra fatos ou medidas que afetem o conteúdo econômico da sua atividade empresarial, uma vez que, no caso em discussão de empreendedores sem trabalhadores subordinados, se identifica e coincide inteiramente com o atividade subjetiva e pessoal dessa categoria especial de trabalhadores por conta própria, cujos interesses encontram ampla proteção nas normas constantes do título terceiro, primeira parte, da Constituição. O Art. 506 do Código Penal, que em relação ao art. 505 do mesmo código reprime esta forma legítima de autotutela, deve, portanto, ser declarado inconstitucional, porque viola o art. 40 da Constituição que reconhece o direito de greve.[1039]

Sucessivamente, a Corte de Cassação, na sentença nº 3278/1978, reconheceu a titularidade do direito de greve aos trabalhadores parassubordinados, em um caso que tratava de médicos conveniados que, com a abstenção laboral, pretendiam pressionar o serviço de saúde público nacional para a concessão de melhores condições de trabalho:

> O direito de greve pode ser exercido não só no âmbito da relação laboral subordinada no sentido técnico-jurídico, mas também sempre que ocorra uma posição de parassubordinação, ou seja, uma posição de fragilidade do trabalhador perante a contraparte, da qual deriva a predisposição do conflito que dá origem a esse direito ao conflito constituindo o próprio fundamento da organização sindical e, portanto, do direito de greve.[1040]

1038 GIUGNI, 2008, p. 230.

1039 No original: "[...] Deve ritenersi lecita la sospensione del lavoro attuata dai piccoli esercenti per protesta contro fatti o provvedimenti incidenti sul contenuto economico della loro attività aziendale, poiché questa, nel caso qui in discussione di esercenti senza lavoratori subordinati, si identifica e coincide interamente con l'attività soggettiva e personale di questa speciale categoria di lavoratori autonomi i cui interessi trovano ampia protezione nelle norme racchiuse nel titolo terzo, parte prima, della Costituzione. L'art. 506 del codice penale, che in relazione all'art. 505 dello stesso codice reprime questa legittima forma di autotutela, va quindi dichiarato costituzionalmente illegittimo per contrasto con l'art. 40 della Costituzione che riconosce il diritto di sciopero." Cf.: CORTE COSTITUZIONALE, 1975. (tradução nossa)

1040 No original: "Il diritto di sciopero può essere esercitato non solo nell'ambito del rapporto di lavoro subordinato in senso tecnico-giuridico, ma anche tutte le

Contudo, a extensão efetuada pela jurisprudência italiana não acolheu todos os trabalhadores. Conforme a Corte de Cassação, o reconhecimento do direito de greve aos parassubordinados fundamenta-se na necessidade de reequilibrar a desigualdade entre as partes no plano contratual, que não existe no caso de alguns trabalhadores autônomos. Assim, se a desigualdade entre as partes não existe, a conduta dos trabalhadores não pode ser enquadrada no direito de greve, previsto no art. 40 da Constituição. Inspirada nesse princípio, a Corte Constitucional, com a sentença nº 53 de 1986,[1041] não estendeu o direito de greve aos profissionais liberais "fortes", que tinham em sua dependência um ou dois empregados, qualificando essa conduta como locaute.

Com a edição da Lei nº 146/90, que regulamenta a greve nos serviços públicos essenciais,[1042] não faltavam elementos que indicassem a vontade do legislador em estender o direito de greve para além do trabalho subor-

---

volte che si verifichi una posizione di parasubordinazione e, cioè, una posizione di debolezza del prestatore d'opera nei confronti della controparte, dalla quale deriva la predisposizione del conflitto che da luogo a quel diritto al conflitto costituente il fondamento stesso dell'organizzazione sindacale e quindi del diritto di sciopero." Cf.: CORTE DI CASSAZIONE *apud* ROTA, 2013, p. 39. (tradução nossa)

1041 "Mas o ponto central da citada decisão anterior desta Corte diz respeito precisamente ao momento consequente à conduta do empregador que, ao suspender a atividade da empresa, determina também a suspensão do trabalho subordinado. Só quando esse efeito for impossível, pois se trata de um sujeito que "dirige pessoalmente a empresa" e "não tendo empregados" não pode nem mesmo ser considerado "empregador nos termos desta expressão", só então a norma que define locaute não será aplicada. Mas se o empresário – como no caso presente – tem um ou dois empregados, os efeitos temidos ocorrem e, portanto, não pode haver uma solução intermediária ou mínima."

No original: "Ma il punto focale della citata precedente decisione di questa Corte investe proprio il momento conseguente al comportamento del datore di lavoro che, sospendendo l'attività aziendale, determina altresl' la sospensione del lavoro subordinato. Solo quando tale effetto è impossibile, perché si tratta di soggetto che "personalmente gestisce l'azienda" e "non avendo persone alle proprie dipendenze" non può nemmeno essere considerato "datore di lavoro nei termini propri di questa espressione", solo allora la norma che, ciononostante definisce serrata una siffatta situazione, incontra la censura già espressa. Ma se l'imprenditore – come nella specie – ha alle sue dipendenze uno o due lavoratori, gli effetti temuti comunque si verificano, e non può esservi, perciò, una soluzione intermedia o minimale." Cf.: CORTE COSTITUZIONALE, 1986. (tradução nossa)

1042 Apesar de o foco desta tese ser a pesquisa do direito de greve no setor privado, entendemos como relevante a expansão subjetiva do direito de greve no âmbito dos serviços públicos essenciais, principalmente porque a Lei nº 146/1990 não abrange somente servidores públicos estatutários: a lei define em seu art. 1º os serviços públicos

dinado e parassubordinado. No entanto, a Corte Constitucional, na sentença nº 171 de 1996, não reconheceu como direito de greve a abstenção dos advogados em audiências judiciais, o que é considerado serviço público essencial de administração da justiça (art. 2º "a" da Lei nº 146/90). Para a Corte Constitucional, essas formas de luta coletiva, apesar de não estarem protegidas pelo art. 40, gozam de tutela constitucional baseada no art. 18[1043] da Constituição, que trata da liberdade de associação.[1044]

Segundo a Corte, o objetivo da Lei nº 146/1990 era a garantia dos serviços públicos essenciais e, ao focar exclusivamente na proteção em face do abuso do direito de greve do art. 40 da Constituição, não apresentou disciplina coerente ao incluir outras formas de luta capazes de comprimir os valores fundamentais tutelados por esses serviços, sem impor limites para seu exercício. Para a Corte, era irracional que a lei impusesse limites ao direito de greve, como pré-aviso e prestações mínimas indispensáveis, e não aplicasse tais dispositivos à abstenção laboral de trabalhadores autônomos. A Lei nº 83/2000, que modificou a Lei nº 146/1990, seguiu a orientação da Corte Constitucional, estendendo os limites aplicáveis ao direito de greve às abstenções coletivas laborais aos trabalhadores autônomos, pequenos e microempresários, que incidissem na funcionalidade dos serviços públicos essenciais.

Conforme Rota,[1045] apesar de tecnicamente a Corte Constitucional não reconhecer propriamente o direito de greve a esses trabalhadores autônomos nos serviços públicos essenciais – utilizando-se na lei a expressão "abstenção laboral coletiva"[1046] –, o âmbito de aplicação

---

essenciais como aqueles que têm a finalidade de garantir direitos fundamentais, independentemente da *natureza da relação jurídica de trabalho* da qual advém tais serviços.

1043 "Art. 18. O cidadão tem o direito de se associar livremente, sem autorização, para fins que não lhe sejam vedados pelo direito penal. São proibidas as associações secretas e aquelas que busquem, ainda que indiretamente, fins políticos por meio de organizações de caráter militar."
No original: "Art. 18. I cittadini hanno diritto di associarsi liberamente, senza autorizzazione, per fini che non sono vietati ai singoli dalla legge penale. Sono proibite le associazioni segrete e quelle che perseguono, anche indirettamente, scopi politici mediante organizzazioni di carattere militare." Cf.: ITÁLIA, 1948. (tradução nossa)

1044 GIUGNI, 2008, p. 230.

1045 ROTA, 2013, p. 44.

1046 "Art. 2º-A da Lei nº 146/90: "Art. 2 -bis. 1. A abstenção coletiva de prestações de serviços, para efeito de protesto ou reclamação categorial por parte dos trabalhadores independentes, profissionais ou pequenos empresários, que afete a funcionalidade dos

prática da Lei nº 146/1990 é estendido a todas as formas de abstenção laboral, com necessárias adaptações, confirmando a expansão da titularidade do direito de greve para aqueles autônomos que se encontram em situação de vulnerabilidade social no âmbito dos serviços públicos essenciais; ou seja, que são subordinados de forma estrutural e econômica, e, portanto, não podem ser classificados como empregadores.

Contudo, devemos ressaltar que a transição da noção de subordinação técnica e jurídica para um conceito compatível com a realidade socioeconômica desses trabalhadores demonstra uma tensão de forças centrífugas da jurisprudência italiana, que por um lado tenta restringir o conceito legal de greve – como já foi analisado na seção "Elemento central: suspensão da prestação pessoal de serviços" deste capítulo, com a teoria do dano à produtividade – e que, por outro, tenta alargar seu âmbito subjetivo a diferentes categorias. Nesse sentido, Pera afirma que essa extensão subjetiva do direito de greve efetuada pela jurisprudência foi uma tentativa de estabelecer a acomodação dogmática, que quer se demonstrar satisfatória e abrangente, apesar da existência de realidade social multiforme e inesgotável.[1047]

Tendo em vista essa tensão entre o papel expansivo e restritivo que pode ser efetuado pela jurisprudência, é crucial analisarmos o conceito de greve traçado pela jurisprudência no Brasil, apesar de existir no país lei ordinária que disciplina o direito de greve no setor privado. A existência da Lei nº 7.783/89 não exclui o fato de que a jurisprudência possa concorrer, na qualidade de fonte atécnica, com o legislador ordinário, para que seja realizada delimitação mais precisa dos instrumentos de luta nos conflitos coletivos de trabalho.[1048]

A jurisprudência, para alguns autores,[1049] consiste na principal fonte de disciplina da greve em todos os ordenamentos dos países industrializados, atuando com papel proeminente também nos casos em que

---

serviços públicos a que se refere o artigo 1.º, deve ser exercida em cumprimento de medidas que permitem a prestação dos serviços essenciais referidos no mesmo artigo."

No original: "Art. 2º-A da Lei nº 146/90: "Art. 2 -bis. 1. L'astensione collettiva dalle prestazioni, a fini di protesta o di rivendicazione di categoria, da parte di lavoratori autonomi, professionisti o piccoli imprenditori, che incida sulla funzionalita' dei servizi pubblici di cui all'articolo 1, e' esercitata nel rispetto di misure dirette a consentire l'erogazione delle prestazioni indispensabili di cui al medesimo articolo". Cf.: ITÁLIA, 1990. (tradução nossa)

1047 PERA, 2000, p. 167.

1048 PERONE; BOSON, 2015, p. 192.

1049 Entre eles, Rolf Birk (1991, p. 405).

as leis regulamentam com riqueza de detalhes os vários aspectos da greve. Entretanto, devemos ressaltar que o papel desempenhado pelos magistrados pode ser capaz de aproximar o plano sociológico do conflito industrial do plano dogmático, ampliando a proteção jurídica da greve, ou, em sentido contrário, pode transformar o direito de greve em um mecanismo vazio e ineficaz: a excessiva discricionariedade do magistrado, pautada em uma cultura de anticonflito, é capaz de gerar decisões arbitrárias, contaminadas por antissindicalidades.

O CONCEITO JURISPRUDENCIAL DO DIREITO DE GREVE NO BRASIL

A escassez de disposições legislativas relativas à greve, causada pela dificuldade de sua regulamentação por critérios fixos e formais, fez com que, também nos ordenamentos de *civil law*, como o brasileiro e o italiano, o trabalho da jurisprudência atuasse em sentido substitutivo e complementar, como fonte atécnica e dinâmica, capaz de estabelecer fios de ligação entre o campo sociológico do conflito e o campo dogmático. Segundo Perone, a greve, a partir do momento em que é reconhecida como direito, submete-se às condições de exercício que, se não forem estabelecidas com completude pela lei, são determinadas pela jurisprudência; única fonte potencialmente apta para efetuar o balanceamento equilibrado e dialético com outros valores constitucionais.[1050]

No entanto, devemos enfatizar que, pelo fato de a função do juiz não ser apenas declaratória do Direito vigente, pois também possui caráter criativo ao interpretar as orientações difusas na consciência social, as decisões jurisprudenciais nem sempre seguem um raciocínio linear e abrangente. Exemplo disso é o caso do Brasil, em que a jurisprudência se demonstra contraditória e, na maioria das vezes, incapaz de estabelecer sistemática coerente e protetiva do direito de greve.

Passemos então à *breve* análise da jurisprudência do Tribunal Superior do Trabalho[1051] (TST) em relação a cada um dos elementos do direito de greve.

1050 PERONE; BOSON, 2015, p. 19.

1051 No Brasil, diferentemente da Itália, a organização judiciária relativa à jurisdição especial envolve a Justiça do Trabalho. Desse modo, o sistema judiciário brasileiro trabalhista possui órgãos julgadores específicos, sendo que o Tribunal Superior do Trabalho é aquele que se encontra no vértice da jurisdição especial. A pesquisa foi realizada mediante palavras-chave no sítio do TST, focando-se nos acórdãos mais recentes.

ELEMENTO CENTRAL: SUSPENSÃO LABORAL DE SERVIÇOS

Sobre as greves atípicas que não envolvem a *total* abstenção da atividade produtiva – como é o caso das greves parciais, intermitentes, rotativas, relâmpago, operações-tartarugas –, a jurisprudência dominante do Tribunal Superior do Trabalho (TST) entende que estas são legais, mesmo que não se enquadrem no conceito literal da Lei nº 7.783/89, que remete à suspensão da prestação pessoal de serviços. A legalidade do movimento paredista não é apurada pela existência da *total* abstenção da atividade laboral e sim pelo cumprimento de requisitos previstos na lei de greve, tais como notificação ao empregador com antecedência mínima de 48 horas da deflagração do movimento (72 horas, no caso serviços ou atividades essenciais, nos termos do art. 13), tentativa de negociação prévia (art. 3º) e aprovação pela respectiva assembleia de trabalhadores (art. 4º).

Maurício Godinho Delgado, ministro do TST, em decisão do Recurso Ordinário 1533-35.2012.5.15.0000 da Seção Especializada em Dissídios Coletivos, ressalta que a Constituição reconhece a greve como direito fundamental de caráter coletivo, resultante da autonomia privada coletiva inerente às sociedades democráticas. Portanto, embora se reconheça que ele se submete às condições estabelecidas pela Lei nº 7.783/1989, torna-se indubitável, em casos concretos, revestidos de peculiaridades, que não é possível interpretar a lei com rigor exagerado, compreendendo um preceito legal de forma isolada, sem integrá-lo ao sistema jurídico. Logo, para o ministro, a regulamentação do instituto da greve não pode traduzir estreitamente ao direito de deflagração do movimento, sobretudo porque a Constituição Federal – que implementou o mais relevante avanço democrático no Direito Coletivo brasileiro – em seu art. 9º, *caput*, conferiu larga amplitude a esse direito e as *suas formas de atuação*.[1052]

Nesse sentido, manifesta-se o TST no acórdão abaixo – confirmando a decisão do tribunal de origem – no qual admitiu a legalidade da *greve parcial* e declarou a antissindicalidade da conduta do empregador que, ao não conseguir coagir os grevistas a retomarem o serviço, aplicou-lhes a pena de dispensa por justa causa:

> Ao movimento de paralisação do trabalho do qual participou o reclamante deve-se atribuir a natureza de greve parcial, e como tal deve ser tratado, aplicando-se as normas legais pertinentes, como a vedação da dispensa durante a paralisação, já que o contrato estava suspenso (art. 7º). [...]. Diante dos elementos dos autos, a reclamada não aceitou negociar com os grevistas, impondo-lhes o

---

[1052] TRIBUNAL SUPERIOR DO TRABALHO, 2014.

retorno ao trabalho e, logo em seguida, a demissão por justa causa. Assim, não houve qualquer abuso por parte dos empregados da recorrente que a ele aderiram, entre eles o reclamante, pois era lícito o movimento, decorrendo do direito de greve assegurado na Constituição, e que foi realizado dentro dos limites legais, de forma pacífica, sem constrangimento aos direitos fundamentais de outrem. A recorrente, ao tentar obrigar os grevistas a retornar ao serviço e isso não ocorrendo, ao aplicar-lhes a pena de demissão, violou a regra do § 2º do art. 6º da Lei de Greve, constrangendo os empregados, que estavam no exercício de seu direito de greve. Estando os empregados no exercício de direito assegurado constitucionalmente, não havia insubordinação ou indisciplina, de modo que a recorrente não deveria ter aplicado qualquer punição ao reclamante, já que não houve qualquer violação ao contrato de trabalho. Destaque-se ainda o entendimento já pacificado no STF, na forma da Súmula 316, pelo qual a simples adesão à greve não constitui falta grave [...]. A conduta empresarial atentou, ainda, contra o disposto na Convenção n.º 98 da Organização Internacional do Trabalho, ratificada pelo Brasil em 18/11/1952 e, portanto, incorporada ao ordenamento jurídico pátrio. Tal instrumento veda a prática de atos anti-sindicais pelos empregadores (RR – 85400-91.2002.5.15.0026 Data de Julgamento: 03/05/2006, Relator Ministro: João Batista Brito Pereira, 5ª Turma, Data de Publicação: DJ 19/05/2006).

Na mesma direção dos ensinamentos do ministro Maurício Godinho Delgado, parcela *minoritária* da jurisprudência do TST – em oposição aos Tribunais Regionais do Trabalho[1053] – vem, inclusive, relativizando o registro formal da assembleia geral como requisito para a legalidade da greve, se os elementos dos autos permitirem a convicção de ter havido aprovação da greve pela parcela de empregados envolvidos, considerando-se atendido substancialmente o critério estabelecido pelo art. 4º da Lei nº 7.783/89. Assim discorre um acórdão do TST que, ao analisar uma *greve atípica "operação-tartaruga"*, admite sua legitimidade e relativiza a existência de prova formal da assembleia dos trabalhadores para sua deflagração:

[1053] Em sentido contrário e restritivo, acórdão do TRT da 3ª Região: "GREVE ABUSIVA. LEI Nº 7.783/89. VIOLAÇÃO. Embora garantido ao trabalhador pela própria Constituição Federal, o direito de greve deve ser implementado em harmonia com os interesses da coletividade, não se admitindo que os interesses de um grupo específico se sobreponham ao direito coletivo indistinto, relativo a toda a comunidade. Deste modo, o desrespeito às exigências contidas na Lei nº 7.783/89 para deflagração do movimento paredista caracteriza o abuso do direito de greve [...]. Todavia, como bem pontuou a Ilma. Procuradora do Ministério Público do Trabalho no bem fundamentado parecer de id 40b3492, *não há qualquer prova nos autos* ou sequer alegação de que foram despendidos esforços relacionados à negociação coletiva (art. 3º da Lei nº 7.783/1989) *ou que tenha ocorrido regular realização de assembleia geral pelo Sindicato (art. 4º da Lei nº 7.783/1989)*. (Processo: 0001493-41.2015.5.03.0078 RO; Data de Publicação: 19/11/2015; Relator: Paula Oliveira Cantelli; Revisor: Heriberto de Castro, grifo meu).

ABUSIVIDADE DA GREVE. *Ensina a doutrina que do ponto de vista conceitual o movimento denominado de – operação tartaruga- enquadra-se na definição jurídica de greve e, como tal, deve ser examinado. A declaração da abusividade do movimento paredista implica a verificação da observância ou não dos requisitos estabelecidos na lei. A jurisprudência tem mitigado a exigência de comprovação de realização de assembleia autorizadora da greve, desde que outros elementos demonstrem que realmente a categoria profissional concordou com a paralisação do trabalho. No caso, apesar de não ter sido possível localizar nos autos elemento formal da autorização da categoria para o movimento de retardamento da produção, é incontroverso que efetivamente ocorreu. Portanto, se comprovadamente os trabalhadores reduziram a atividade de produção laboral, significa que anuíram ao movimento.* Acrescente-se que ficou comprovado que houve tentativa de negociação. Quanto ao envio da notificação prévia, na própria exordial da representação, o suscitante afirma que -nem comunicação da greve em tempo hábil, houve-. Analisando essa afirmação, a par do argumento do suscitante de que a atividade portuária teria natureza essencial, já afastado nessa assentada, podemos concluir que o recorrente foi notificado que haveria o movimento de greve, porém, não no prazo de 72 horas fixado na lei para os serviços de natureza essencial. No caso, como não se trata de atividade dessa espécie, suficiente que a notificação da contraparte tenha ocorrido no prazo de 48 horas, nos termos da lei. Portanto, satisfeitos os aspectos legais, não há como se declarar a abusividade do movimento (RO – 11414-67.2010.5.02.0000, Relatora Ministra: Kátia Magalhães Arruda, Data de Julgamento: 08/04/2014, Seção Especializada em Dissídios Coletivos, Data de Publicação: DEJT 15/04/2014, grifo meu).

No entanto, analisando a jurisprudência brasileira, fica evidente *a ausência de variabilidade de formas de luta coletiva* nas decisões dos tribunais trabalhistas. As modalidades atípicas de exercício do direito de greve no setor privado se concentram em poucas formas, principalmente na denominada *operação-tartaruga*[1054] e em ocupações.[1055]

A própria estrutura processual em relação ao tratamento dissídio coletivo pode ser obstáculo para a existência de decisões que analisem a legalidade de novas configurações do direito de greve.

1054 A modalidade atípica de greve efetuada no setor de transportes denominada "linguição" ou "comboio", em que os motoristas de ônibus dirigem, um atrás do outro, circulando em baixa velocidade, causando engarrafamentos no trânsito, é considerada pela jurisprudência do TST uma modalidade da operação tartaruga e, portanto, legítima, desde que cumpridos os requisitos da Lei nº 7.783/89. Nesse sentido, Processo: RO – 10192-32.2013.5.03.0000 Data de Julgamento: 10/11/2014, Relatora Ministra: Kátia Magalhães Arruda, Seção Especializada em Dissídios Coletivos, Data de Publicação: DEJT 21/11/2014.

1055 A ocupação como forma de luta será analisada no próximo capítulo deste livro.

A Emenda Constitucional nº 45/04 alterou o parágrafo 2º do art. 114 da Constituição, estabelecendo *a exigência de comum acordo* para ajuizamento de dissídio coletivo de *natureza econômica*, que, conforme o Regimento Interno[1056] do TST e a doutrina majoritária,[1057] não inclui o direito de greve,[1058] pois tal exigência seria violação ao direito de acesso das partes ao Judiciário.

Segundo Sayonara Grillo, tal interpretação tem demonstrado que os juristas estão analisando o tema apenas sob a ótica do acesso à jurisdição, sem entender que há a necessidade de atribuir coerência sistêmica ao tratamento constitucional dado às relações coletivas. Conforme a autora, interpretar as regras constitucionais de modo a tornar impossível aos sindicatos de trabalhadores requerer unilateralmente a

---

[1056] O Tribunal Superior do Trabalho dispõe a respeito no artigo 220 do seu Regimento Interno: "Os dissídios coletivos podem ser: I – de natureza econômica, para a instituição de normas e condições de trabalho; II – de natureza jurídica, para interpretação de cláusulas de sentenças normativas, de instrumentos de negociação coletiva, acordos e convenções coletivas, de disposições legais particulares de categoria profissional ou econômica e de atos normativos; III – originários, quando inexistentes ou em vigor normas e condições especiais de trabalho, decretadas em sentença normativa; IV – de revisão, quando destinados a reavaliar normas e condições coletivas de trabalho preexistentes, que se hajam tornado injustas ou ineficazes pela modificação das circunstâncias que as ditaram; e V – de declaração sobre a paralisação do trabalho decorrente de greve." Cf.: TRIBUNAL SUPERIOR DO TRABALHO, 2008.

[1057] Nesse sentido, entre outros autores, Raimundo Simão de Melo (2006, p. 97), Márcio Ribeiro do Valle (2004, p. 122).

[1058] Mediante reclamação ao Comitê de Liberdade Sindical da OIT (CLS), a Federação Única dos Petroleiros impugnou a intervenção do Poder Judiciário em greve realizada em 1995, alegando que o Tribunal Superior do Trabalho havia interferido no movimento, apenas mediante provocação de uma das partes, a saber, a empresa empregadora. O Comitê reconheceu expressamente a inconveniência de se permitir que apenas umas das partes acione a intervenção da autoridade Judiciária, em razão da greve ou do impasse nas negociações coletivas. O sumário do julgamento do caso que recebeu o número 1839 no digesto de jurisprudência do CLS: "Uma disposição que permite a uma das partes do conflito, unilateralmente, solicitar a intervenção da autoridade do trabalho para que se imiscua na sua solução apresenta um risco contra o direito dos trabalhadores de declarar a greve e é contrária ao incentivo à negociação coletiva". Esta última decisão gerou recomendação do próprio Comitê ao governo brasileiro, visando a retirar do sistema normativo pátrio qualquer possibilidade de requisição para intervenção das autoridades administrativas ou judiciais do trabalho nos casos de conflitos coletivos (Processo: RO – 3535-38.2012.5.02.0000 Data de Julgamento: 13/10/2014, Relator Ministro: Mauricio Godinho Delgado, Seção Especializada em Dissídios Coletivos, Data de Publicação: DEJT 17/10/2014).

instauração da instância coletiva para prover sentença normativa, ao mesmo tempo em que se admite às empresas e aos sindicatos patronais ajuizar unilateralmente o dissídio coletivo para declarar a abusividade da greve e *obter ordem do encerramento do movimento*, parece reforçar aspectos repressivos de um sistema que poderia rumar para o modelo de ampliação da liberdade sindical.[1059] Nas palavras de Sayonara Grillo:

> Após a Emenda Constitucional 45, os dissídios coletivos não podem ser utilizados por uma parte contra a outra para esvaziar a greve e impedir o prosseguimento do conflito, ou para obstar os efeitos dessa medida. O Judiciário só poderá se imiscuir na greve e julgar o conflito se as partes, de comum acordo e expressamente, quiserem e postularem a atuação "arbitral" do poder normativo [...]. Admitir que esse dissídio possa ser proposto por uma das partes corresponde a dizer que apenas o empregador terá essa prerrogativa, em grave atentado ao princípio da igualdade, e não há razoabilidade em atribuir ao empregador mais recursos de poder do que já tem [...]. Será necessária uma "revolução copernicana" para que a Justiça do Trabalho Brasileira construa sua história na equalização democrática dos conflitos coletivos do trabalho. A Emenda nº 45 fornece os materiais e os elementos constitucionais para tanto.[1060]

Dessa forma, os argumentos da autora em relação à interposição do dissídio coletivo de greve demonstram que o próprio Judiciário e seu respectivo sistema processual podem restringir a análise – e existência – de modalidades atípicas de greve no Brasil. Isso porque, subitamente após a deflagração do movimento, o sindicato patronal pode unilateralmente ajuizar dissídio coletivo de greve, impedindo a difusão do conflito, bem como o desenvolvimento de sua configuração em outras formas de atuação.

Além disso, a autora ressalta que a judicialização obstativa da greve não se limita ao dissídio coletivo, pois foram criadas outras ações, como o interdito proibitório[1061], para impedir piquetes, afastar carros de sons das portas das empresas, com multas diárias por "esbulho possessório", sob o argumento de absoluta garantia da propriedade e da liberdade de locomoção nas empresas em greve, bem como ações de indenização para reparação de danos causados por paralisações, que são instrumentos utilizados pelo empresariado para dificultar o surgimento de novas formas de atuação dos grevistas. Souto Maior ressalta esse papel restritivo da ju-

---

1059 SILVA, 2008, p. 482.

1060 SILVA, 2008, p. 483. (grifo nosso)

1061 O interdito proibitório será analisado no próximo capítulo deste livro.

dicialização do conflito[1062], que pode ser até preventivo, citando o exemplo da greve dos metroviários de São Paulo realizada em 2014:

> Diante do anúncio da greve, deflagrada com respeito aos termos da legalidade estrita, ou seja, por meio do sindicato, mediante assembleia e comunicação prévia, de 72 (setenta e duas) horas, a entidade empregadora, Companhia do Metropolitano de São Paulo – Metrô, em vez de iniciar negociação, como determina a lei, *se socorreu da via judicial, por meio de ação cautelar, para impedir a ocorrência da greve.*[1063]

Essa estratégia processual funciona, porque a jurisprudência *majoritária* do TST – como será demonstrado nos itens a seguir – possui um padrão repressivo de julgamento, que pode não se manifestar especificamente em relação às *modalidades de exercício da greve*, mas se concentra em outros aspectos: extremo formalismo no cumprimento de alguns dos requisitos da Lei nº 7.783/89, assim como em relação aos interesses a serem tutelados e à obrigatoriedade de sindicalização do movimento paredista. Há uma tensão na jurisprudência entre a ampliação conceitual do direito de greve em relação a suas formas de atuação e a limitação quanto à obrigatoriedade da presença do sindicato e aos interesses a serem protegidos, coibindo a greve selvagem e a possibilidade de tutela de interesses políticos nos casos concretos.

Sayonara Grillo explica que embora tenha havido profunda mudança nas normas constitucionais relativas às greves com a Constituição de 1988, nos julgados trabalhistas não foi observado um giro paradigmático de compreensão do instituto, ocorrendo apenas o deslocamento semântico de expressão: onde se lia greve ilegal, passa-se a ler greve abusiva.[1064] O binômio abusivo/não abusivo concentrou-se como sistema de julgamento do movimento paredista em relação ao cumprimento exageradamente formal das regras disciplinadas pela Lei nº 7.783/89, *sem focar nas modalidades de exercício da greve*, pois essas sequer são expressivas e podem ser sufocadas prematuramente pelo sistema judiciário mediante tal leitura positivista da lei.

Nesta sistemática, segundo Sayonara Grillo, é possível concluir pela existência de um padrão de julgamentos que tende a declarar a *abusividade* do movimento paredista, em razão de raciocínio formalista referente

---

1062 Sobre esta greve específica, na linha das ilegalidades cometidas contra o direito, houve um grave ataque da Polícia Militar aos trabalhadores que realizavam um piquete pacífico na estação Ana Rosa do metrô de São Paulo MAIOR, 2014a, p. 2.

1063 MAIOR , 2014a, p. 2. (grifo nosso)

1064 SILVA, 2008, p. 487.

ao cumprimento dos requisitos da Lei nº 7.783/89, como ocorreu em 76% dos casos examinados pela autora, nos anos entre 2001 e 2005,[1065] em que o TST julgou originariamente o dissídio de greve.[1066] Nesse sentido, em oposição à jurisprudência minoritária supracitada, segue decisão que faz leitura formalista das exigências do art. 3º e 4º da Lei nº 7.783/89:

> GREVE. 1. ABUSIVIDADE. INOBSERVÂNCIA DOS ARTS. 3º E 4º DA LEI Nº 7.783/1989. A Lei nº 7.783/1989, em seu art. 4º, exige que o sindicato, de acordo com seu Estatuto, cumpra as formalidades acerca da convocação e quórum para deliberação dos trabalhadores, quanto à paralisação coletiva da prestação de serviços, de modo a garantir a legitimação do movimento. No caso em tela, o Sindicato profissional não juntou aos autos seu Estatuto Social, de forma a comprovar que a vontade de dezenove empregados da Instrumenti do Brasil Controles Elétricos Ltda. realmente representou o desejo de toda a categoria que labora na referida empresa. Ainda que assim não fosse, não se constata o cumprimento do requisito exigido no parágrafo único do art. 3º da Lei. A deflagração da greve, mencionada no único comunicado juntado aos autos e datado de 14/8/2015, estava condicionada à ausência de manifestação por parte da empresa. E, uma vez que ela se manifestou, conforme se observa da ata da assembleia realizada no dia 27/8/2015, aquela comunicação não pode ser aproveitada para a greve iniciada, de forma repentina, no dia 28/8/2015. Ademais, conquanto o art. 3º estabeleça que o empregador seja comunicado com uma antecedência mínima de 48 horas, o aviso, feito com tamanha antecedência – mais de doze dias –, e sem dados precisos sobre a data da deflagração da greve, revelou-se ineficaz aos fins pretendidos na Lei, pois não possibilitou ao empregador adotar as medidas necessárias, em face da ausência de seus empregados ao serviço. Mantém-se, pois, a decisão regional que declarou a abusividade da greve [...]. (TRIBUNAL SUPERIOR DO TRABALHO. RO – 1001425-44.2015.5.02.0000 Data de Julgamento: 09/05/2016, Relatora Ministra: Dora Maria da Costa, Seção Especializada em Dissídios Coletivos, Data de Publicação: DEJT 13/05/2016)

A expansão do reconhecimento da legalidade das formas atípicas de greve efetuada pelo TST também pode ser explicada pelo fato de que tais modalidades de greve não representam, sociologicamente, um alto número, em razão da própria inércia do sistema sindical brasileiro: ou seja, permite-se algo que não acontece com frequência na realidade, ao mesmo tempo em que são restringidas as explosivas e contínuas "greves selvagens", que questionam a falta de representatividade e atuação efetiva do sindicato.

1065 Dados extraídos dos Relatórios Gerais da Justiça do Trabalho nos anos de 2001 e 2005, mediante estudo das decisões realizado pelo Setor de Acompanhamento Estatístico do TST. Cf.: SILVA, 2008, p. 479.

1066 SILVA, 2008, p. 487.

Essa é outra razão para explicar a ausência de decisões jurisprudenciais que contêm modalidade atípicas de greve: a falta de iniciativa e criatividade do sindicato, alimentada pelo modelo de unicidade sindical e o então existente financiamento compulsório, que pauta a atuação, muitas vezes, em estratégias tradicionais e defensivas. Conforme dados do Departamento Intersindical de Estatística e Estudo Socioeconômico (DIEESE), apesar do surpreendente aumento do número de greves no Brasil, no período de 2011 a 2013, que se desenvolveu a uma taxa de 270% (de 554 ocorrências, no primeiro ano do período considerado, para 2.050, no último), a diversificação das formas de atuação não cresceu no mesmo ritmo e o caráter das pautas é predominantemente defensivo.[1067]

Pelos dados aferidos na pesquisa, verifica-se que houve uma expansão das mobilizações grevistas em categorias diversas daquelas já tradicionalmente mobilizadas, sem que, no entanto, categorias já habituadas à paralisação de suas atividades tenham deixado de cruzar os braços. Conforme Linhares, é possível tratar desse movimento como uma espécie de *desbordamento*, uma expansão do centro para a periferia; um movimento em duas etapas em que o reforço da agitação do núcleo – isto é, o incremento das greves deflagradas por metalúrgicos, por trabalhadores da construção, por bancários e por servidores das redes de Educação e Saúde; categorias usualmente dispostas à mobilização –, depois de breve intervalo, passa a dirigir-se para áreas mais periféricas – trabalhadores da indústria da alimentação, da limpeza urbana, vigilantes privados e funcionários das redes municipais de Segurança Pública –, difundindo-se para categorias em que as mobilizações eram, até então, mais raras, ou mais difíceis de serem empreendidas.[1068]

Contudo, observa-se que a expansão sociológica *categorial* das greves não ocorreu no mesmo ritmo de propagação *das formas de luta que utilizam a lógica do processo produtivo no local da empresa*. Segundo Boito e Marcelino,[1069] a utilização de modalidades atípicas de greve no local de trabalho tem experimentado incremento em suas ocorrências, mas a maioria delas ainda utiliza métodos de luta tradicionais, quais sejam, suspensão *total* da atividade laboral acompanhada por atos públicos e passeatas.

Ressalte-se, no entanto, que o espaço das ruas está sendo progressivamente aproveitado para o diálogo com formas de lutas mais inovadoras e interseccionais derivadas dos movimentos sociais, transformando

---

[1067] LINHARES, 2015, p. 97.

[1068] LINHARES, 2015, p. 111.

[1069] BOITO; MARCELINO, 2010, p. 12.

outros aspectos da greve – na tentativa de libertar a luta coletiva da apatia oficial do sindicato fruto da modernidade – que se manifestam na formação de bases transclassistas e na deflagração de greves selvagens.

INTERESSES TUTELADOS PELO DIREITO DE GREVE

Apesar de parcela significativa da doutrina brasileira – como já analisado neste capítulo – defender a legalidade das greves político-econômicas e das greves políticas, incluindo aquelas de solidariedade, a jurisprudência do TST tem se demonstrado excessivamente restritiva no caso concreto. Mesmo que haja a teórica admissão de sua realização – o que ainda é uma posição minoritária –, na prática, o TST trata de esvaziar seu conteúdo.

Abaixo, destacamos trecho de acórdão do TST, relativo à greve do dia 15 de agosto de 2006 dos empregados da Companhia do Metropolitano de São Paulo (METRÔ), que paralisaram suas atividades por 24 horas, em protesto contra o descumprimento de decisão judicial por seu empregador.[1070] A referida decisão, em sede de ação popular ajuizada pelo sindicato dos metroviários de São Paulo e outras entidades, determinou a suspensão do processo de licitação da futura Linha 4 do metrô à iniciativa privada.

Os empregados grevistas alegavam que a implantação da parceria público-privada ensejaria o início de amplo processo de privatização do sistema metroviário de São Paulo, o que conduziria à precarização das condições de trabalho da categoria profissional, já que a empresa que poderia operar a Linha 4 não seria obrigada a seguir os acordos coletivos já celebrados. Os grevistas asseveravam que o edital de licitação facultava à empresa vencedora operar os trens daquela linha sem reconhecer o vínculo de empre-

---

1070 Apesar de ser uma greve que envolve o serviço público de transporte, ela é relevante para esta tese, tendo em vista que os trabalhadores grevistas possuem relação de emprego, ou seja, não estão em relação estatutária, o que envolvia sempre a competência da Justiça do Trabalho. Tal competência foi modificada no RE 846854, em 1 de agosto de 2017, com a seguinte tese: "a justiça comum, federal ou estadual, é competente para julgar a abusividade de greve de servidores públicos celetistas da Administração pública direta, autarquias e fundações públicas, de modo que apenas as greves de empregados de sociedade de economias mistas e empresas públicas serão de competência da Justiça do Trabalho." Esta alteração contrariou jurisprudência histórica do TST e do próprio STF, sob o superficial e tautológico argumento de que qualquer atividade desenvolvida pela Administração Pública direta e indireta fornecida por autarquias e fundações públicas é inadiável e, portanto, dever prevalecer a proteção do interesse público na Justiça comum e não das relações laborais na Justiça do Trabalho: o que importa para o STF é atividade prestada e não a relação jurídica dos trabalhadores grevistas para a determinação de competência.

go dos trabalhadores, e que permitia, de forma irresponsável, que as estações da linha fossem operadas por intermédio de um único trabalhador. Nesse contexto, os grevistas argumentaram que o movimento paredista não possuía caráter exclusivamente político, pois buscava-se o cumprimento de ordem judicial desrespeitada, assim como a manutenção das atuais condições de trabalho dos metroviários de São Paulo.

No caso exposto, o TST, apesar de reconhecer que *não há literal vedação de greves políticas* na Constituição e na Lei nº 7.783/89, contraditoriamente, julgou abusivo o movimento paredista por entender que este possuía "caráter de simples retaliação", desprovido de qualquer interesse profissional. O Tribunal entendeu que o movimento não tinha caráter político-econômico e que a *intenção* da Constituição era proteger somente greves mistas, que possuíssem algum tipo de reivindicação relacionada às condições de trabalho em geral. Para o TST, *greves puramente políticas são de caráter insurrecional* e buscariam apenas retaliação, o que não poderia ser abarcado pelo direito estabelecido no art. 9º da Constituição:

> METROVIÁRIOS. GREVE. ABUSIVIDADE. É abusiva, diante do ordenamento constitucional e infraconstitucional vigente, *a greve política insurrecional ou de simples retaliação, destituída de conteúdo profissional* [...]. De outro lado, observa-se que, ao contrário do sistema jurídico vigente no período anterior à promulgação da atual Constituição Federal, em que se chegou a proibir a greve política (Lei nº 4.330/1964), *no atual texto constitucional e na Lei nº 7.783/1989, em que se regulamentou o exercício do direito de greve, não há literal vedação à greve política*. Todavia, tem-se que a amplitude conferida ao direito de greve na legislação constitucional e infraconstitucional citada autoriza, em princípio, as greves mistas ou decorrentes de conflitos político-econômicos, dirigidas, por exemplo, contra a política econômica do governo (política de emprego), as greves políticosindicais (garantias de atuação sindical), as greves motivadas pela luta por reformas sociais (habitações adequadas, transportes coletivos suficientes, saúde eficiente, etc.), que, embora não sejam solucionáveis diretamente pelo empregador, dependendo de atos legislativos ou governamentais, detêm conteúdo profissional, repercutindo na vida e trabalho da coletividade dos empregados grevistas. *O mesmo não ocorre, porém, em relação à greve política insurrecional ou de simples retaliação, destituída de qualquer conteúdo profissional*. Nestas hipóteses, exsurge o caráter abusivo do exercício do direito de greve. (TRIBUNAL SUPERIOR DO TRABALHO. RODC – 2025800-10.2006.5.02.0000 Data de Julgamento: 10/10/2011, Relator Ministro: Fernando Eizo Ono, Seção Especializada em Dissídios Coletivos, Data de Publicação: DEJT 04/11/2011, grifo meu)

O que se verifica nessa decisão é que o TST alterou sua forma de classificar os movimentos paredistas no tocante aos interesses tutelados – criando a incompreensível modalidade de "greve política de simples retaliação" – para que tais movimentos não se encaixem no amplo conceito constitucional de greve que, segundo o próprio TST, *não impõe nenhuma vedação em relação à defesa de objetivos políticos*. Na decisão supracitada, é inclusive afirmado – para justificar a abusividade da greve – que "transparece o desejo pessoal da liderança sindical" em retaliar o empregador, o que é juridicamente irrelevante para a análise imparcial dos interesses tutelados pelos grevistas.[1071]

Paradoxalmente, o TST, na mesma decisão, apontou, remetendo-se à amplitude do direito de greve estabelecido no art. 9º da Constituição, que aos trabalhadores "toca o direito de decidir os interesses que, por meio dela, serão objeto de defesa", mas, na prática, coube ao próprio Tribunal dizer qual foi o interesse defendido pela greve, apesar da existência de pauta objetiva que dizia respeito a toda a categoria e envolvia diretamente interesses profissionais. Assim, mesmo se o TST não admitisse a legitimidade de greves puramente políticas, nesse caso, a greve tinha claramente caráter político-econômico, pois os interesses defendidos estão intimamente ligados às condições laborais de futuros empregados, que podem ser precarizadas pela privatização da Linha 4 do metrô, dificultando a articulação da luta coletiva dos trabalhadores em geral.

Baboin ressalta que análises subjetivas,[1072] como a do caso exemplificado, efetuadas pelos tribunais sobre a motivação da greve, retiram dos trabalhadores a possibilidade de decidir as finalidades do movimento, eis que essas poderiam sempre ser revistas *a posteriori* pelo Judiciário. Diante de tal raciocínio, a palavra final sobre a motivação da greve seria sempre do julgador e nunca dos grevistas, o que é evidentemente inconstitucional; e, acrescentamos, consiste em potencial conduta antissindical, uma vez que constitui prévio intento de declaração de abusividade do movimento a qualquer custo, impregnado por convicções pessoais, revestidas de rasos e manipuláveis argumentos jurídicos. E tal antissindicalidade no Judiciário é ainda reproduzida por instrumentos da mídia que, inclusive, manipulam parte dos consumidores para que estes não se enxerguem como trabalhadores, reforçando a marginalização sociojurídica do conflito coletivo.

Sayonara Grillo alerta para o perigo da alta discricionariedade do magistrado, pois nenhum processo de construção de sentidos é fruto de "tendência natural", que pressupõe aceitar a ilusão de que o Direito é texto de lei e, portanto, que o juiz é sujeito asséptico, que apenas aplicaria a regra sem ser

---

1071 BABOIN, 2013, p. 111.
1072 BABOIN, 2013, p. 111.

agente de produção de sentidos da própria norma.[1073] Não existe racionalidade abstrata que suprime o sujeito na mediação entre a lei e sua interpretação, fazendo com que o magistrado seja isento da construção das relações de poder: o jurista intervém na produção de seu objeto e o constrói.[1074] A crença na isenção do discurso contribui para manter e ocultar as relações entre poder e Direito, reforçando a legitimação deste vínculo.[1075] Nas palavras de Sayonara Grillo: "[...] os processos decisórios e configurações normativas por meio da atuação judicial podem contribuir para a legitimação de uma dada ordem, bem como para bloquear impulsos de mudança."[1076]

Assim, percebe-se que o TST buscou alterar de forma *aparente* seu posicionamento sobre o exercício da greve com finalidade política para adequar-se ao texto constitucional, admitindo hipoteticamente que são legítimos todos os tipos de greve: reivindicatórias, de solidariedade,[1077] políticas, de protesto.[1078] Contudo, como ressalta Baboin,[1079] o TST tratou, na prática, de manter sua tradição jurisprudencial repressiva, declarando greves polí-

---

1073 SILVA, 2008, p. 488.

1074 RUIZ, 2001, p. 5.

1075 RUIZ, 2001, p. 5.

1076 SILVA, 2008, p. 488.

1077 Nesse sentido, acórdão do TST que admite a possibilidade de greves de solidariedade, mas seguindo sua tradição repressiva, a declara abusiva por outros motivos: DISSÍDIO COLETIVO. GREVE DE SOLIDARIEDADE. PROTESTO CONTRA ATO DE DEMISSÃO DE ATIVISTA SINDICAL. ABUSIVIDADE. A teor do art. 14 da Lei nº 7.783/89, a inobservância dos requisitos previstos nessa lei constitui fator que caracteriza o abuso do direito de greve. Tal preceito, aplica-se a qualquer movimento grevista, independentemente da sua motivação, uma vez que não excetua nenhuma situação. Em consequência, a constatação, ou não, quanto à abusividade da greve prende-se à avaliação, em cada hipótese, da observância dos requisitos mínimos para o exercício desse direito, previstos na Lei nº 7.783/89, independentemente dos motivos ensejadores da eclosão do movimento. A falta de qualquer um deles conduz inexoravelmente à declaração de abusividade do movimento grevista. Hipótese em que se constata o descumprimento dos requisitos insertos nos arts. 3º, caput, e parágrafo único, e 4º, caput, e § 1º, da Lei nº 7.783/89. Greve abusiva, sob o aspecto formal. Recurso ordinário a que se dá provimento, a fim de se declarar a abusividade da greve, patrocinada pelo Sindicato dos Trabalhadores nas Indústrias Metalúrgicas, Mecânicas e de Material Elétrico de Salto, no período de 03/11/2009 a 08/11/2009 (Processo: RO – 212400-11.2009.5.15.0000 Data de Julgamento: 11/12/2012, Relator Ministro: Fernando Eizo Ono, Seção Especializada em Dissídios Coletivos, Data de Publicação: DEJT 15/02/2013).

1078 BABOIN, 2013, p. 114.

1079 BABOIN, 2013, p. 115.

ticas abusivas por outros motivos, ou seja, utilizando formalismos e argumentos jurídicos altamente questionáveis.

Em decisão mais recente – e de teor ainda mais restritivo – o tribunal analisou um caso de greve de professores, auxiliares administrativos e estudantes da Pontifícia Universidade Católica de São Paulo (PUC-SP) que, em um movimento de base transclassista, se opuseram à nomeação do candidato menos votado para ocupar o cargo de reitor da universidade. Conforme o regulamento da empresa, para a escolha do reitor, era exigida a formação de lista tríplice pela Comunidade Acadêmica mediante votação livre. Desde 1980, quando o Cardeal Dom Evaristo Arns assumiu o compromisso público de nomear para o cargo de reitor o candidato vencedor do pleito, o reitor da universidade é eleito pelo voto majoritário da Comunidade Acadêmica. Entretanto, na eleição de 2012, o Grão Chanceler da Fundação São Paulo, ignorando o compromisso firmado há 32 anos, nomeou como reitora a candidata Ana Cintra, que obteve o menor número de votos entre os três candidatos à reitoria.

Em protesto por entenderem se tratar de uma arbitrariedade, os estudantes da PUC-SP paralisaram suas atividades estudantis, deixando de comparecer às aulas e de realizar provas. Ao invés disso, organizaram uma série de debates e palestras para discutir a crise instalada na Universidade. Participaram do dissídio coletivo o Sindicato dos Professores de São Paulo, que representa os professores da Universidade, e o Sindicato dos Auxiliares de Administração Escolar de São Paulo, entidade representativa dos demais trabalhadores. Em 14 de novembro de 2012, estes deliberaram pela realização de greve, reivindicando a observância do resultado da democrática eleição realizada.

O TST decidiu que a *greve deflagrada era puramente política e, portanto, necessariamente abusiva,* pois a escolha do candidato menos votado observou as normas formais regulamentares da universidade, de modo que a greve não teve por objeto a criação de normas ou condições contratuais de trabalho, tratando-se de movimento de protesto, extrapolando o âmbito laboral delineado pela Lei nº 7.783/89:

> RECURSO ORDINÁRIO. DISSÍDIO DE GREVE. NOMEAÇÃO PARA REITOR DA PONTIFÍCIA UNIVERSIDADE CATÓLICA DE SÃO PAULO – PUC. CANDIDATA MENOS VOTADA EM LISTA TRÍPLICE. OBSERVÂNCIA DO REGULAMENTO. PROTESTO COM MOTIVAÇÃO POLÍTICA. ABUSIVIDADE DA PARALISAÇÃO.1. A Constituição da República de 1988, em seu art. 9º, assegura o direito de greve, competindo aos trabalhadores decidir sobre a oportunidade de exercê-lo e os interesses que devam por meio dele defender.2. Todavia, embora o direito de greve não seja condicionado à previsão em lei, a própria Constituição (art. 114, § 1º) e a Lei nº 7.783/1989 (art. 3º) fixaram

requisitos para o exercício do direito de greve (formais e materiais), sendo que a inobservância de tais requisitos constitui abuso do direito de greve (art. 14 da Lei nº 7.783).3. Em um tal contexto, os interesses suscetíveis de serem defendidos por meio da greve dizem respeito a condições contratuais e ambientais de trabalho, ainda que já estipuladas, mas não cumpridas; em outras palavras, o objeto da greve está limitado a postulações capazes de serem atendidas por convenção ou acordo coletivo, laudo arbitral ou sentença normativa da Justiça do Trabalho, conforme lição do saudoso Ministro Arnaldo Süssekind, em conhecida obra.4. Na hipótese vertente, os professores e os auxiliares administrativos da PUC se utilizaram da greve como meio de protesto pela não nomeação para o cargo de reitor do candidato que figurou no topo da lista tríplice, embora admitam que a escolha do candidato menos votado observou as normas regulamentares. Portanto, a greve não teve por objeto a criação de normas ou condições contratuais ou ambientais de trabalho, *mas se tratou de movimento de protesto, com caráter político, extrapolando o âmbito laboral e denotando a abusividade material da paralisação* (TRIBUNAL SUPERIOR DO TRABALHO. RO – 51534-84.2012.5.02.0000 Data de Julgamento: 09/06/2014, Relator Ministro: Walmir Oliveira da Costa, Seção Especializada em Dissídios Coletivos, Data de Publicação: DEJT 20/06/2014, grifo meu).

O retrocesso jurídico dessa decisão demonstra como a jurisprudência do TST é contraditória e não segue uma evolução linear, na medida em que, no acórdão dos metroviários anteriormente citado, julgado em 2011, o tribunal havia mencionado a *inexistência de qualquer vedação literal na Constituição e na Lei nº 7.783/89 em relação à legalidade das greves políticas*. Entretanto, no acórdão posterior, o movimento paredista realizado na Pontifícia Universidade Católica foi entendido *a priori* como abusivo, por ser qualificado equivocadamente como de caráter de protesto. A greve realizada contra a nomeação de um reitor para um ambiente universitário é uma greve político-econômica, pois, obviamente, o poder de direção desse profissional influi nas condições de trabalho e de estudo da comunidade acadêmica. Ademais, conforme alegou o ministro Maurício Godinho Delgado em voto divergente, trata-se da participação dos trabalhadores na gestão da empresa empregadora, conforme garantido pelos arts. 7º, XI,[1080]

1080 "Art. 7º São direitos dos trabalhadores urbanos e rurais, além de outros que visem à melhoria de sua condição social: [...] XI – participação nos lucros, ou resultados, desvinculada da remuneração, e, excepcionalmente, participação na gestão da empresa, conforme definido em lei." Cf.: BRASIL, 1988.

10[1081] e 11[1082] da Constituição Federal de 1988. Além disso, o ministro ainda afirmou que práticas repetidas ao longo do tempo – como a prática adotada por Dom Paulo Evaristo Arns há mais de 30 anos, de escolha do nome mais votado da lista – incorporam-se ao regulamento da empresa. Por fim, mesmo se a greve fosse concebida como puramente política, encontraria proteção jurídica no art. 9º da Constituição.

Entretanto, o TST continua adotando decisões atécnicas, contraditórias e autoritárias em relação ao exercício do direito de greve política, a exemplo da recente decisão monocrática do Ministro Ives Gandra em face da greve deflagrada pelos petroleiros da Petrobrás (DC – 1000087-16.2020.5.00.0000). Cerca de 21 mil petroleiros estão paralisados em todo o país desde o dia 1 de fevereiro de 2020 contra as dispensas em massa na Fábrica de Fertilizantes Nitrogenados (Fafen-PR), o descumprimento de cláusulas do acordo coletivo de trabalho mediado pelo próprio TST e o desmonte da empresa pelo atual governo de Jair Bolsonaro que não esconde intenções privatistas.[1083]

A decisão em sede de tutela de urgência apontou o exercício abusivo do direito de greve, porque esta possui motivação política e desrespeita as ordens judiciais de atendimento às necessidades inadiáveis da população em seus percentuais mínimos, que foram estabelecidos no patamar de 90% das entidades operacionais, inviabilizando o exercício do movimento paredista.[1084] Ives Gandra também estipulou a cobrança de multas diárias de R$ 250 mil a R$ 500 mil aos sindicatos envolvidos na paralisação – valores exorbitantes especialmente em um momento em que as entidades sindicais estão fragilizadas pela extinção abrupta do imposto sindical – e ainda decidiu que a Petrobrás poderia aplicar sanções disciplinares aos trabalhadores grevistas, transformado o *direito* de greve em mera *liberdade* passível de sanções contratuais.[1085]

Deve-se destacar que, em dezembro de 2019, a Seção Especializada em Dissídios Coletivos (SDC) decidiu, por maioria de votos, que o

---

1081 "Art. 10. É assegurada a participação dos trabalhadores e empregadores nos colegiados dos órgãos públicos em que seus interesses profissionais ou previdenciários sejam objeto de discussão e deliberação." Cf.: BRASIL, 1988.

1082 "Art. 11. Nas empresas de mais de duzentos empregados, é assegurada a eleição de um representante destes com a finalidade exclusiva de promover-lhes o entendimento direto com os empregadores." Cf.: BRASIL, 1988.

1083 PAIXÃO, 2020, s. p.

1084 PAIXÃO, 2010, s. p.

1085 PAIXÃO, 2010, s. p.

tribunal não poderia declarar, em tutela de urgência, sem mínima produção de provas, a abusividade do movimento paredista e, por consequência, não poderia impor multas de natureza cautelar (TutCautAnt 1000961-35.2019.5.00.0000),[1086] o que demonstra a incoerência do TST ao tratar de conflitos coletivos laborais.

O reconhecimento efetivo do direito de greve política pelo TST é urgente e crucial na consolidação dos canais democráticos, para que seja alcançada uma justiça que não só respeite a autonomia dos atores em conflito, mas que possibilite interlocução real e representativa.[1087] Contudo, o comprometimento atual do TST é com a "solução" dos conflitos e a "paz social", mais do que com a ideia de justiça e autonomia,[1088] o que provoca o estrangulamento do poder político transformador do direito de greve. A garantia do exercício do *animus* político inerente ao direito de greve é uma das formas democráticas capazes de quebrar a dialética do poder econômico que muitas vezes funda o Direito e o conserva, o que faz com que subalternidades históricas continuem sendo perpetuadas.

EFEITOS CONTRATUAIS DECORRENTES DO EXERCÍCIO DO DIREITO DE GREVE E A RESPONSABILIDADE CONEXA

Sobre os efeitos contratuais decorrentes do exercício do direito greve, conforme doutrina prevalente, à qual nos filiamos, a proteção jurídica da greve como *direito* impede, em regra, qualquer tipo de sanção disciplinar do empregador em face do trabalhador grevista, mesmo que o movimento paredista seja declarado abusivo pelo Tribunal, em razão do não cumprimento dos requisitos materiais e formais estabelecidos na Lei nº 7.783/89. Entretanto, o TST possui entendimento divergente e fragmentado.

Parte da jurisprudência segue a compreensão prevalente da doutrina, impedindo que haja responsabilização do grevista na seara laboral, o que coíbe a aplicação de sanções disciplinares em razão do exercício do direito de greve, mesmo que essa seja declarada abusiva por descumprimento de requisitos estabelecidos na Lei nº 7.783/89, tais como a ausência de prévia notificação ao empregador, da tentativa negociação coletiva ou de aprovação do movimento por assembleia. A responsabilidade trabalhista do grevista somente seria possível em situações excepcionais de excessos periféricos que ocorreram durante a greve, como, por exemplo, quando há uso de violência contra o empregador. Segue abaixo trecho de acórdão

---

1086 PAIXÃO, 2010, s. p.

1087 PAOLI, 1994, p. 113.

1088 PAOLI, 1994, p. 113.

do TST, que confirmou a decisão do Tribunal Regional, no sentido de vedar a punição dos grevistas, mesmo que a greve seja declarada abusiva:

> Logo, tendo em vista que a competência funcional para declarar a abusividade da greve é dos Tribunais do Trabalho e não havendo nos autos qualquer decisão, tampouco notícia, de que houve pronúncia judicial pelo Regional acerca da abusividade da greve deflagrada pelo sindicato profissional é ilegal a dispensa do trabalhador durante o decurso do movimento paredista [...] E mais, o exercício regular de um direito não pode acarretar punição ao seu titular, ainda que a greve venha a ser declarada abusiva. No mesmo sentido é escólio do eminente Raimundo Simão de Melo (A Greve no Direito Brasileiro, p. 84, 2002, LTr) para quem: como decorre de princípio basilar de Direito, ninguém pode ser punido por exercitar regularmente um direito. Por isso, conforme jurisprudência pacífica dos Tribunais, consubstanciada na Súmula n. 316 do STF, 'a simples adesão à greve não constitui falta grave', **mesmo que essa venha a ser declarada abusiva**. Isso porque o que configura a falta grave do grevista é o ato por ele praticado individualmente, o qual será devidamente apurado, quase sempre, em um processo judicial, mediante o devido processo legal. **Não teria mesmo cabimento acolher a dispensa do trabalhador porque aderiu a uma greve considerada abusiva, mesmo que por decisão judicial, por exemplo, por descumprimento, pelo sindicato profissional, de um mero requisito formal.** Entendimento contrário levaria ao absurdo de se admitir que todos os trabalhadores que participaram do movimento paredista pudessem ser dispensados por justa causa quando a autoridade judiciária competente declarasse a abusividade da greve, quer por motivos substanciais (ausência de prestação de serviços indispensáveis ao atendimento das necessidades inadiáveis da comunidade, previsto no art. 11 da Lei de Greve), quer por motivos formais (realização de assembleia geral para deliberar sobre as reivindicações da categoria e fixação do *quorum* para deliberação, estabelecidas no art. 40, *caput* e § 1º, da Lei de Greve). (TRIBUNAL SUPERIOR DO TRABALHO. AIRR – 76240-94.2008.5.24.0086. Data de Julgamento: 16/06/2010, Relatora Ministra: Dora Maria da Costa, 8ª Turma, Data de Publicação: DEJT 18/06/2010)

Entretanto, parte da jurisprudência, em raso raciocínio jurídico, entende que se a greve for declarada *abusiva* pelo tribunal, é possível a utilização do poder disciplinar pelo empregador. Existem decisões do TST que, em leitura literal e superficial da Súmula 316 do STF, vedam somente a *dispensa por justa causa* em razão de adesão à greve. No entanto, outras formas de punição decorrentes do poder disciplinar são permitidas no âmbito da relação de emprego, em interpretação extremamente pobre do conteúdo da súmula, pois se a Corte Constitucional vedou a pena mais grave do ordenamento juslaboral – a dispensa por justa causa por mera adesão à greve, independentemente de sua abusividade, pois trata-se de direito constitucional – outras penas mais brandas também não podem ser aplicadas pelo empregador. Trata-se de questão de atipicidade da conduta obreira em relação ao poder disciplinar do empregador, na medida em que, no ramo justrabalhista, o critério penalista da prévia tipificação legal da conduta censurada é aplicado à tipicidade da conduta faltosa do empregado.[1089] Portanto, não se pode enquadrar como infração laboral ato ou omissão que escape efetivamente à previsão contida na lei trabalhista.[1090]

Apesar disso, segue ementa de decisão que permite a utilização do poder disciplinar durante o exercício do direito de greve:

> AGRAVO DE INSTRUMENTO. JUSTA CAUSA. AFIRMAÇÃO DE AFRONTA AO DISPOSTO NO ARTIGO 131 DO CPC. O Tribunal Regional, ao decidir a lide, fundamentou-se no conjunto probatório, o qual foi apreciado de acordo com o livre convencimento preconizado no art. 131 do CPC, para concluir que, *"ainda que a conduta dos auxiliares e técnicos de enfermagem que aderiram à paralisação do dia 13/11/2012 seja passível de reprimenda sob o aspecto disciplinar, a aplicação da dispensa por justa causa afigura-se por demais severa e desproporcional diante dos fatos e circunstâncias apurados, uma vez que o reclamado também contribuiu, com sua intransigência, para os desdobramentos ocorridos"*. Nesse contexto, não há falar em vulneração, muito menos literal, ao disposto no referido dispositivo legal. Agravo de instrumento não provido (TRIBUNAL SUPERIOR DO TRABALHO. AIRR – 72-14.2013.5.10.0103 Data de Julgamento: 08/04/2015, Relator Desembargador Convocado: Alexandre Teixeira de Freitas Bastos Cunha, 1ª Turma, Data de Publicação: DEJT 10/04/2015, grifos meu)

A utilização do poder disciplinar imediatamente após o encerramento da greve também é permitida pelo TST, o que faz com que o tribunal seja conivente com dispensas de trabalhadores que participaram do movimento.

A Seção Especializada em Dissídios Coletivos (SDC) do TST estabeleceu espécie de "garantia provisória", mediante o Precedente Normativo nº 82,[1091] que assegura os salários e consectários ao empregado dispensado sem justa causa desde a data do julgamento do dissídio coletivo de greve até 90 dias após a publicação do acórdão, limitado o período total a 120 dias, a fim de conferir a esses trabalhadores proteção contra dispensa que visa impedir a fruição das vantagens concedidas via sentença normativa, bem como para assegurar efetividade às decisões proferidas pelos tribunais. Entretanto, tal "garantia provisória" somente prevaleceria no caso de greves

---

1089 DELGADO, 2009, p. 635.

1090 DELGADO, 2009, p. 635.

1091 PRECEDENTE NORMATIVO Nº 82 DISSÍDIO COLETIVO. GARANTIA DE SALÁRIOS E CONSECTÁRIOS: Defere-se a garantia de salários e consectários ao empregado despedido sem justa causa, desde a data do julgamento do dissídio coletivo até 90 dias após a publicação do acórdão, limitado o período total a 120 dias.

declaradas não abusivas pelo TST, em razão da Orientação Jurisprudencial nº 10 da SDC, que impõe que é "[...] incompatível com a declaração de abusividade de movimento grevista o estabelecimento de quaisquer vantagens ou garantias a seus partícipes, que assumiram os riscos inerentes à utilização do instrumento de pressão máximo."[1092] Desse modo, se a greve for declarada abusiva pelo TST – o que ocorre frequentemente – em razão do não cumprimento extremamente rígido dos requisitos formais da Lei nº 7.783/89, que são de responsabilidade do sindicato, o grevista pode ser imediatamente dispensado após tal decisão do tribunal, o que representa indevida atuação do poder disciplinar em face do exercício do *direito* constitucional de greve. Na verdade, nesses casos, o TST, em raciocínio retrógrado, ignora que a proteção jurídica da greve como *direito* impõe a exclusão de qualquer forma de punição do grevista na seara laboral.

Nesse sentido, segue ementa de acórdão do TST que, mesmo admitindo que a abusividade da greve foi desencadeada por culpa recíproca dos trabalhadores e do empregador, não reconhece a "garantia provisória" estabelecida no Precedente Normativo nº 82, deixando o trabalhador grevista desprotegido, o que demonstra conivência com prováveis dispensas dotadas de antissindicalidade que ocorrem imediatamente após a greve:

> RECURSO ORDINÁRIO. DISSÍDIO COLETIVO DE GREVE. NÃO PAGAMENTO DO REAJUSTE PREVISTO EM INSTRUMENTO COLETIVO. ILEGITIMIDADE DO SINDICATO. CULPA RECÍPROCA. ESTABILIDADE PROVISÓRIA AFASTADA. Conquanto grave a falta de pagamento dos salários, na forma reajustada em Convenção Coletiva de Trabalho, entre outros motivos que deram ensejo à greve, não houve comprovação da legitimidade do Sindicato profissional para a deflagração da greve, tampouco da adesão expressiva dos trabalhadores ao movimento. À míngua de documentos que comprovem a ocorrência de convocação da assembleia, com observância de forma e prazo, e a própria realização do evento, em que deveria ser autorizada a deflagração do movimento grevista, entre outros aspectos, conclui-se pela culpa recíproca. *Declarada a culpa recíproca quanto à greve, afasta-se a garantia de emprego aos trabalhadores que a ela aderiram.* [...]. (TRIBUNAL SUPERIOR DO TRABALHO. RO – 9011-91.2011.5.02.0000, Data de Julgamento: 10/06/2013, Relatora Ministra Maria de Assis Calsing, Seção Especializada em Dissídios Coletivos, Data de Publicação: DEJT 02/08/2013, grifo meu).

Há também *divergências sobre a obrigatoriedade da retribuição do trabalhador* durante o exercício do direito de greve, ou seja, nos termos utilizados pela doutrina majoritária brasileira, se o exercício desse direito provoca a *suspensão* ou *interrupção contratual*.

[1092] TRIBUNAL SUPERIOR DO TRABALHO, 2016.

Segundo a jurisprudência majoritária do TST, em regra, a duração do movimento paredista leva à suspensão do contrato de trabalho, isto é, durante os dias em que perdura a greve, não há retribuição e não se computa para fins contratuais o mesmo período, o que demonstra uma confusão entre o conceito tradicional de greve e seu efeito, como já foi comentado na seção "Efeitos contratuais decorrentes do exercício do direito de greve e a responsabilidade conexa" deste capítulo.

Entretanto, esse não é considerado pela jurisprudência como o único efeito contratual possível durante o exercício do direito de greve: caso se trate de greve em função do não cumprimento de cláusulas contratuais relevantes e regras legais pela empresa – como no caso de não pagamento ou atrasos reiterados de salários – e no caso de existência de más condições ambientais, com risco à higidez dos obreiros – situação que parte da doutrina e da jurisprudência denomina como greve ambiental – aplica-se a regra da exceção do contrato não cumprido e a greve deixa de produzir o efeito de mera suspensão. Nesses casos, mesmo se a greve for declarada abusiva em razão de descumprimento de requisitos da Lei nº 7.783/89, a jurisprudência dominante entende que o período de duração do movimento paredista compreende *interrupção contratual*, descabendo o desconto do salário e do tempo de serviço:

> PAGAMENTO DOS SALÁRIOS DOS DIAS DE PARALISAÇÃO. CABIMENTO. Segundo a jurisprudência predominante na Corte, a greve configura a suspensão do contrato de trabalho, e, por isso, como regra geral, não é devido o pagamento dos dias de paralisação. Exceto quando a questão é negociada entre as partes ou em situações excepcionais, como na paralisação motivada por descumprimento de instrumento normativo coletivo vigente, não pagamento de salários e más-condições de trabalho. No caso, a greve foi motivada por reivindicação de melhores condições de trabalho na busca de benefícios diretamente atrelados à saúde do trabalhador, situação excepcional admitida pela jurisprudência, que, se motivadora da paralisação dos serviços, justifica a decretação do pagamento dos dias parados. Recurso ordinário não provido. (TRIBUNAL SUPERIOR DO TRABALHO. RO 6250-87.2011.5.02.0000 Data de Julgamento: 17/02/2014, Relatora Ministra: Kátia Magalhães Arruda, Seção Especializada em Dissídios Coletivos, Data de Publicação: DEJT 21/02/2014)

Do mesmo modo, não há mera suspensão contratual quando o direito constitucional de greve é exercido para tentar regulamentar a dispensa massiva ou quando o movimento paredista, mesmo se for considerado abusivo, for de longa duração, caso em que há a negociação de pagamento dos dias parados, sendo permitida a compensação de horas. Assim dispõe o acórdão abaixo:

RECURSO ORDINÁRIO. DISSÍDIO COLETIVO. GREVE. QUALIFICAÇÃO JURÍDICA. CULPA CONCORRENTE. [...] Greve deflagrada sem a observância do requisito previsto no art. 3º, parágrafo único, da Lei nº 7.783/89. Exercício irregular do direito de greve. Reforma da decisão regional, a fim de se afastar a atribuição de culpa concorrente na deflagração do movimento grevista e se declarar a abusividade da greve. PAGAMENTO DOS SALÁRIOS CORRESPONDENTES AO PERÍODO DE GREVE. A jurisprudência dessa Seção Normativa firmou-se no sentido de que a paralisação dos serviços em decorrência de greve importa na suspensão do contrato de trabalho, nos termos do disposto no art. 7º da Lei nº 7.783/89, razão por que, não havendo trabalho, independentemente da qualificação jurídica da greve, o empregador não está obrigado a efetuar o pagamento dos valores correspondentes ao período não trabalhado, salvo situações excepcionais, não configuradas no caso concreto. Contudo, nas situações de paralisação coletiva de longa duração, hipótese vertente (trinta dias), prevalece nesta Seção Especializada o juízo de que cabível a adoção de medidas capazes de minimizar o impacto da determinação de não pagamento dos salários desse período, de modo a evitar prejuízo à sobrevivência do trabalhador e de sua família, como a compensação de 50% dos dias não trabalhados em virtude da greve e o desconto salarial apenas dos 50% (cinquenta por cento) restantes. (TRIBUNAL SUPERIOR DO TRABALHO. RO 396-18.2012.5.15.0000 Data de Julgamento: 08/06/2015, Relator Ministro: Fernando Eizo Ono, Seção Especializada em Dissídios Coletivos, Data de Publicação: DEJT 19/06/2015)

Logo, a jurisprudência dominante do TST demonstra-se surpreendentemente mais ampliativa em relação aos critérios de garantia de retribuição do trabalhador grevista do que grande parte da doutrina, que reduz em um único e absoluto efeito contratual as consequências jurídicas decorrentes do exercício do direito de greve. A permissão excepcional de auferimento de salários nas decisões do TST pode representar progressiva mudança de posicionamento no tratamento do conflito coletivo. No entanto, esse crescente ponto protetivo trata de medida *pós-conflito e não de fomento do livre conflito coletivo*, ou seja, consiste em tutela que evita perdas salariais após o movimento coletivo, mas não é apta a garantir novos direitos e melhores condições de trabalho que podem ser obtidos pelo livre exercício do direito de greve. Os trabalhadores conseguem – em situações excepcionais – manter o padrão salarial anterior, mas, como na maioria das vezes a greve é declarada abusiva, não há horizonte para transformações coletivas significativas.

Além disso, entendemos que tal solução ainda é insatisfatória se considerarmos a amplitude do direito de greve estabelecido na Constituição, de modo que – como já demonstramos na seção "Efeitos contratuais decorrentes do exercício do direito de greve e a responsabilidade conexa" deste capítulo – a interrupção contratual deveria ser considerada, em regra, efeito decorrente do exercício do direito de greve, uma vez que a impossibilidade de obter salários, que constituem verbas alimentares, é impedimento intransponível para o livre exercício desse direito constitucional.

No tocante à responsabilidade civil, a jurisprudência majoritária do TST coaduna com o entendimento dominante da doutrina, no sentido de estabelecer, em regra, a responsabilidade exclusiva da entidade sindical relativamente aos danos decorrentes de greve declarada abusiva. Tal posição decorre da própria estrutura sindical brasileira, que promove a *sindicalização* do direito de greve, vedando de forma antidemocrática o reconhecimento da legitimidade de greves deflagradas por grupos fora do âmbito sindical oficial. Assim, toda a responsabilidade por danos causados na greve e em razão dela é atribuída ao sindicato, que na prática usurpa a titularidade de tal direito dos trabalhadores.

Abaixo, segue ementa de acórdão no qual o TST estabeleceu *multa* diária ao sindicato dos trabalhadores[1093] em empresas de transportes terrestres de passageiros urbanos, interestaduais, especiais, escolares, de turismo e de transporte de carga do Distrito Federal por descumprimento dos requisitos da Lei nº 7.783/89 no exercício do direito de greve, responsabilizando-o por conduta omissiva em relação a danos por depredação dos ônibus causados por grupos de trabalhadores grevistas. Apesar de o sindicato ter afirmado que a paralisação ocorreu de forma espontânea por parte da coletividade dos empregados, e que o movimento paredista não aconteceu por organização e incentivo do sindicato, segundo o tribunal não há como eximir o ente sindical da responsabilidade por omissão no tocante à abusividade da paralisação:

> RECURSO ORDINÁRIO EM DISSÍDIO COLETIVO. GREVE. TRANSPORTE COLETIVO. SERVIÇO ESSENCIAL. 1. ABUSIVIDADE DO MOVIMENTO. REQUISITOS FORMAIS DA LEI Nº 7.783/1989. A Lei nº 7.783/89, diante da necessidade de proteger direitos e interesses do empregador e da própria comunidade, estipulou condições para o exercício da greve deflagrada em atividades essenciais (art. 10), exigindo que o movimento transcorra de forma pacífica (arts. 2º e 6º) e que o empregador seja avisado com a antecedência mínima de 72 horas do início do movimento (art. 13). No caso em tela, a greve dos motoristas e cobradores no transporte público coletivo do Distrito Federal foi deflagrada, sem que os mencionados requisitos fossem observados. Ademais, a atitude da empresa de efetuar descontos dos salários dos trabalhadores – notadamente quando tais descontos estavam respaldados por norma coletiva –,

---

[1093] Apesar de ser uma greve que envolve o serviço público de transporte, ela é relevante para esta tese, tendo em vista que os trabalhadores grevistas possuem relação de emprego, e não estatutária, o que sempre envolvia, antes do já mencionado RE 846854, a competência da Justiça do Trabalho.

embora pudesse legitimar, sob o aspecto material, a opção dos empregados pela paralisação, não se enquadra nas hipóteses consagradas na jurisprudência da SDC como exceção à regra da observância dos requisitos formais exigidos pela Lei de Greve. *Acrescenta-se que, embora não se possa atribuir a culpa ao sindicato profissional pelas ilegalidades ocorridas durante o movimento, pertinentes a atos de vandalismo, não há como desconsiderar sua conduta omissiva, ao não alertar a categoria de que deveria observar os ditames legais, para que não se imprimisse o caráter abusivo ao movimento paredista deflagrado.* Mantém-se, portanto, a decisão regional que declarou a abusividade da greve (TRIBUNAL SUPERIOR DO TRABALHO. RO – 374-27.2014.5.10.0000 Data de Julgamento: 19/10/2015, Relatora Ministra: Dora Maria da Costa, Seção Especializada em Dissídios Coletivos, Data de Publicação: DEJT 29/10/2015).

No que concerne à responsabilidade civil do sindicato profissional, o estabelecimento de altas multas[1094] cominatórias pelo TST é outro instrumento processual utilizado como forma de eliminação do conflito coletivo trabalhista. Como já foi mencionado, o dissídio coletivo de greve pode ser ajuizado unilateralmente pelo empregador e sempre que a greve é declarada abusiva (o que ocorre na maioria dos casos) são esta-

---

1094 Episódio decisivo em relação a multas abusivas impostas pelo TST ocorreu com a greve dos petroleiros, em 1995. Conforme o Relatório de Direitos Humanos no Brasil: "A greve, além de pautar melhores salários, se opôs politicamente à iminente quebra do monopólio estatal do petróleo. Durou 32 dias e polarizou toda a sociedade. Para derrotá-la, o governo Fernando Henrique Cardoso demitiu 73 lideranças sindicais e ordenou a punição geral dos trabalhadores envolvidos – foram mais de mil advertidos e suspensos por até 29 dias. A mídia tentou jogar a população contra os petroleiros, acusando-os pela falta de gás de cozinha, cujos distribuidores especulavam com os estoques cheios – assim o reconheceu o Tribunal de Contas da União em novembro do mesmo ano. E o Tribunal Superior do Trabalho declarou "abusiva" a greve, impondo aos sindicatos e à Federação Única dos Petroleiros (FUP) multas de R$ 100 mil para cada dia parado, penhorando-lhes as contas bancárias. O valor total das penalidades chegou a R$ 2,1 milhões. Por fim, o movimento paredista sofreu a intervenção do Exército nos locais de trabalho para a retomada da produção." Cf.: GEBRIM, BARISON, 2010, p. 133.

Ao julgar o referido caso, que recebeu o no 1889, o Comitê de Liberdade Sindical da OIT assentou que: "As multas que equivalem a um montante máximo de 500 a 1.000 salários mínimos por dia de greve abusiva são suscetíveis de exercer efeito intimidatório sobre os sindicatos e inibir suas ações sindicais reivindicatórias legítimas, e mais ainda quando o cancelamento da multa esteja subordinado à realização de outra greve, que seja, também, considerada abusiva". Em razão da recomendação formal do Conselho de Administração da OIT ao Brasil, as multas, cuja execução já importara na penhora de todos os prédios da FUP no país, foram canceladas por decreto do Senado Federal. (TRIBUNAL SUPERIOR DO TRABALHO. RO 3535-38.2012.5.02.0000 Data de Julgamento: 13/10/2014, Relator Ministro: Mauricio Godinho Delgado, Seção Especializada em Dissídios Coletivos, Data de Publicação: DEJT 17/10/2014)

belecidas multas extremamente altas, que podem levar inclusive ao aniquilamento das atividades da entidade sindical. Importante ressaltar que tais multas, que deveriam ter caráter reparatório, tornam-se mecanismos "pedagógicos" de repressão social, fato que pode ser comprovado pela imposição de altos valores *exclusivamente aos sindicatos profissionais*. Tais multas representam a *monetização* da cultura do anticonflito e são justificadas juridicamente por meio da deturpação do conceito de princípios como proporcionalidade e razoabilidade, que podem consistir em condutas antissindicais ocultadas pelo mito da imparcialidade do juiz.

Segue abaixo trecho de ementa que, visando atuar de forma "pedagógica" e "razoável", estabelece multa diária *unilateral ao sindicato profissional* no valor de R$ 50.000,00 reais pelo descumprimento de ordem de manutenção dos serviços e do disposto no art. 11 da Lei de Greve, pelo qual sindicatos, empregadores e trabalhadores *são corresponsáveis* na obrigação de prestação dos serviços essenciais indispensáveis ao atendimento das necessidades inadiáveis da comunidade:

> MULTA POR DESCUMPRIMENTO DO ART. 11 DA LEI Nº 7783/89. REDUÇÃO. PRINCÍPIO DA RAZOABILIDADE. A lei ampara a cominação de multa diária, independentemente de pedido, a fim de induzir e compelir ao cumprimento da obrigação e, assim, dar efetividade à ordem judicial (arts. 461, § § 4º e 5º, do CPC e 12 da Lei nº 7.783/89). O valor estabelecido para a multa deve, além de conduzir ao efetivo cumprimento da obrigação imposta, *atuar também de forma pedagógica, para evitar nova conduta desrespeitosa do sindicato no caso de outras paralisações que ocorram no futuro*. Porém, o valor da "astreintes" não pode ser excessivo, sob pena de inviabilizar a manutenção da entidade sindical. *No caso dos autos, embora tenha faltado razoabilidade na ordem judicial, pela qual foram impostos parâmetros de serviço do metrô evidentemente incompatíveis com o exercício do direito de greve, constata-se que não houve iniciativa do sindicato profissional no sentido de apresentar alternativas para atendimento mínimo das necessidades inadiáveis da comunidade, conforme estabelece previamente o art. 11 da Lei nº 7783/89, como obrigação de todos os envolvidos na greve em atividades classificadas como essenciais. Portanto, cabe a cominação de multa ao sindicato profissional. No entanto, considerada as circunstâncias e com amparo no princípio da razoabilidade, entendo ser possível acolher a pretensão do recorrente, a fim de reduzir o valor da multa diária, por descumprimento da ordem judicial, para R$ 50.000,00 (cinquenta mil reais) e, também, reduzir o valor da "astreintes", para R$ 100.000,00 (cem mil reais), por dia, na hipótese de ter ocorrido manutenção da greve após o julgamento deste dissídio coletivo*. Recurso ordinário parcialmente provido. (TRIBUNAL SUPERIOR DO TRABALHO. RO 1000801-29.2014.5.02.0000 Data de Julgamento: 22/02/2016, Relatora Ministra: Kátia Magalhães Arruda, Seção Especializada em Dissídios Coletivos, Data de Publicação: DEJT 22/03/2016, grifo meu)

O preconceito em face do conflito coletivo, que insiste em considerá-lo como algo anormal para o Direito e para a sociedade, também se manifesta pela constante aplicação de matrizes civilistas na seara coletiva laboral pelo TST. Isso é claramente observado em relação à obrigatoriedade automática das cláusulas de paz, justificada mediante a maleabilidade de princípios civilistas como boa-fé e lealdade contratuais.

A jurisprudência majoritária do tribunal considera, nos termos do art. 14 da Lei nº 7.783/89, como abuso do direito de greve a paralisação ocorrida após a celebração de acordo ou convenção, independentemente se existe expressamente a cláusula de paz no instrumento coletivo, ou seja, considera legítima a cláusula de trégua sindical implícita. A greve deflagrada durante a vigência do instrumento coletivo só não é considerada abusiva pelo TST em casos nos quais a paralisação tenha como objetivo exigir o cumprimento de cláusula; ou quando é motivada pela superveniência de fatos novos ou imprevistos que modifiquem substancialmente a relação de trabalho. Além disso, parte da jurisprudência do TST permite que o "dever de trégua" sindical inclua não somente o conteúdo das cláusulas estabelecidas no instrumento coletivo, o que impede qualquer greve durante a vigência deste, legitimando o engessamento político das relações coletivas de trabalho no Brasil.

Segue abaixo acórdão do TST que declarou abusiva a greve deflagrada pelo Sindicato dos Trabalhadores nas Indústrias da Construção de Estradas, Pavimentação e Obras de Terraplanagens em Geral, Construções de Pontes, Portos, Viadutos, Túneis, Ferrovias, Barragens, Aeroportos, Hidrelétricas, Canais, Metrôs e Obras de Saneamento em face do Consórcio Maracanã, criado para a reforma do estádio para a Copa do Mundo de 2014, constituído pela empresas Odebrecht, Andrade Gutierrez e Delta, que atualmente são alvos de investigação por crimes ligados a esquemas de corrupção. A greve foi declarada abusiva pelo TST em razão da mera existência de acordo coletivo vigente – ou seja, não havia cláusula de paz expressa – e porque, segundo o tribunal, o movimento paredista foi deflagrado sem que houvesse nenhum acontecimento que modificasse a relação de trabalho, bem como não tinha como objetivo a exigência de cumprimento de cláusula de instrumento coletivo, como estabelece o art. 14 da Lei nº 7.783/89:

> RECURSO ORDINÁRIO. DISSÍDIO COLETIVO. GREVE. ABUSIVIDADE. AUSÊNCIA DE ASSEMBLEIA E DE COMUNICAÇÃO PRÉVIA AOS EMPREGADOS. PARALISAÇÃO NA VIGÊNCIA DE ACORDO COLETIVO DE TRABALHO. 1. Configurada a abusividade da greve, porquanto incontroversa a ausência de deliberação da assembleia e de prévia comunicação da paralisação aos empregadores, conforme exigem os arts. 1º, 3º, parágrafo único, e 4º da

Lei nº 7.783/89.2. *Não bastasse o óbice formal, é inegável o abuso do direito de greve, uma vez que a paralisação ocorreu na vigência de acordo coletivo, conforme taxativamente previsto no "caput" do art. 14 da Lei de Greve, sendo certo que não ocorreu nenhuma das exceções previstas nos itens I e II desse dispositivo. Além de não haver indicação expressa de descumprimento de cláusula de Convenção Coletiva de Trabalho ou do Acordo Coletivo, então vigentes, as justificativas apresentadas pelo sindicato profissional, e a natureza das reivindicações apresentadas – melhoria da alimentação e das condições do refeitório e do vestiário, disposição de empregado do RH e de enfermeiro/ médico no canteiro de obras à noite, acesso ao registro de ponto e aos contracheques – evidenciam não se tratar de fato novo ou de acontecimento imprevisto superveniente às normas coletivas existentes.* (TRIBUNAL SUPERIOR DO TRABALHO. RO 11988-83.2011.5.01.0000 Data de Julgamento: 11/12/2012, Relator Ministro: Walmir Oliveira da Costa, Seção Especializada em Dissídios Coletivos, Data de Publicação: DEJT 15/02/2013, grifo meu).

Entretanto, o que não foi considerado pelo Tribunal é que a referida greve foi declarada em razão de grave acidente envolvendo operário nas obras do estádio, causado pela explosão de um galão de combustível: o operário foi arremessado a uma distância de aproximadamente dois metros, sofreu fratura no joelho e queimaduras pelo corpo. A demora no atendimento do colega ferido foi o estopim para a proclamação da greve, que exigia melhores condições de segurança e saúde no trabalho.

Todo o processo de construção de estádios para a Copa do Mundo no Brasil foi marcado pela urgência no cumprimento de cronogramas exíguos, que culminaram na gentrificação das cidades, envolvendo o notório superfaturamento de obras, desvios de verbas, irregularidades para a concessão de licenciamento ambiental e, principalmente, em condições de trabalho degradantes nos canteiros de obras, análogas às de escravo, que resultaram em mortes[1095] de operários por negligência das empre-

---

[1095] "O ajudante de carpinteiro José Afonso de Oliveira Rodrigues, de apenas 21 anos, morreu após cair de uma altura de 30 metros enquanto trabalhava no anel de compressão do estádio Mané Garrincha, obra da copa do mundo da FIFA de 2014. José Afonso, que trabalhava na construção desde março, foi designado para trabalhar em um dos locais mais perigosos da obra e provavelmente não teve o treinamento necessário para trabalhar nessa situação nem o local tinha o cabo guia para prender o cinto de segurança [...]. A previsão dos gastos com a construção do Estádio Mané Garrincha, em Brasília, em 26 de outubro de 2011, era de R$ 671 milhões. Em fevereiro de 2012, a conta já chegava a R$ 907 milhões, um acréscimo de R$ 236 milhões. Só com isso, a obra já seria a segunda obra de arena mais cara da Copa, ficando atrás apenas da reforma do Maracanã (R$ 931 milhões) [...]. Desses milhões, nada foi revertido para a melhoria salarial dos trabalhadores, por condições dignas de trabalho e pela segurança dos mesmos no canteiro de obra. Segundo a convenção coletiva

sas construtoras em relação às normas de saúde e segurança. Conforme Grijalbo Coutinho,[1096] nas obras para a Copa do Mundo de 2014 e nas arenas esportivas construídas na mesma época, dos doze trabalhadores mortos no exercício de suas funções laborais, onze deles eram terceirizados. Segundo dados do DIEESE, de 2011 a 2013 ocorreram 26 greves nos estádios da Copa – com o equivalente a 1.197 horas de trabalho –, o que comprova a presença do movimento paredista em todas as obras.[1097]

O Brasil instituiu verdadeiro Estado de Exceção por meio da Lei Geral da Copa. A Federation Internationale de Football Association (FIFA) – que se autonomeia como entidade sem fins lucrativos, e atualmente é alvo de investigações internacionais ligadas a crimes de corrupção – impôs a elaboração da Lei nº 12.663/2012, aprovada pelo Congresso Nacional, denominada como Lei Geral da Copa, que foi objeto da Ação Direta de Inconstitucionalidade nº 4976. No entanto, a lei foi declarada constitucional pelo STF, o que contribuiu para o enfraquecimento da democracia e para a configuração de um Estado de Exceção no Brasil. Entre os vários dispositivos inconstitucionais que flexibilizam a soberania do país, estão os relativos à desoneração tributária da FIFA, de empresas parceiras, prestadores de serviços (contratadas direta e indiretamente pela organização) e da emissora autorizada a transmitir os eventos no país e exterior; artigos que violam o Código de Defesa do Consumidor (CDC, Lei nº 8.078/90); dispositivos que inserem tipos criminais desconhecidos e restringem a liberdade de ir e vir dos cidadãos nas denominadas "zonas de segurança", além do controle de quem entra e sai do país pela entidade.

Na área trabalhista, a Lei Geral da Copa institucionalizou o trabalho voluntário para serviços ligados a atividades econômicas; a Recomendação nº 3/2013, do Conselho Nacional de Justiça (CNJ), permitiu a exploração do trabalho infantil em atividades ligadas aos jogos, incluindo as de gandula;[1098] os empregos gerados foram precários e

---

2011/2013, o salário de um servente/ajudante em Brasília é de apenas R$649,00. [...]. Na obra do Mineirão também foram verificadas as mesmas precaríssimas condições de trabalho e até trabalho escravo e aliciamento de pessoas, especialmente da Bahia. Em outras obras de estádios da Copa acontece essa mesma situação de precarização das condições de trabalho e superexploração, como no Maracanã, no estádio do Grêmio, em Porto Alegre, em Manaus e por todo país." Cf.: LIGA OPERÁRIA, 2012.

1096 COUTINHO, 2015, p. 1.

1097 DIEESE, 2013.

1098 A Convenção 182 da OIT, que estabelece a Lista TIP – Lista das piores formas de trabalho infantil, regulamentada no Brasil pelo Decreto 6.481/2008, enquadra a atividade de gandula e, portanto, a torna proibida para menores de 18 anos, espe-

inseridos nas obras de estádios, aeroportos e vias públicas sob a lógica prejudicial da terceirização; a Justiça do Trabalho instituiu sistema de plantão para julgar, com a máxima celeridade (literalmente, de um dia para o outro e em feriados) as greves que ocorridas no período.[1099]

Especificamente na jurisprudência e no contexto da Copa do Mundo supracitado, observamos que, mais uma vez, o invólucro processual, representado nesse caso pelas cláusulas de paz implícitas aceitas pelo TST, viabilizou situações degradantes de trabalho, culminando na renúncia do direito de greve e em uma *violência mítico-jurídica*, que se tornou regra na modernidade quando se fala do tratamento do Estado para com os oprimidos.

A filosofia do Estado Liberal, de base contratualista, corroborada pelo positivismo jurídico, pressupõe a não existência de conflito, visto que o Estado é compreendido como fruto da vontade geral homogênea, ou seja, do poder constituinte, fundamentando a crença na norma como vontade geral e absoluta – poder constituído – de modo que a exceção seria um estado do Direito desencadeado pela necessidade: não há lugar para o caso excepcional sem que haja risco ou ameaça ao Estado.[1100]

Agamben denuncia tal concepção de Estado de Exceção que tenta se vincular ao Direito, traduzida na teoria da necessidade como fonte jurídica originária, que concebe tal excepcionalidade como direito do Estado à própria defesa ou mecanismo para a restauração dos "plenos poderes" do Direito.[1101] Para o autor italiano, o Estado de Exceção é a possibilidade de suspender o Direito, manifestando-se em uma zona de anomia em que *todas as determinações jurídicas estão desativadas*. Nas palavras de Agamben:

> O estado de exceção é um espaço anômico onde o que está em jogo é uma força de lei sem lei (que deveria, portanto, ser escrita: força de lei). Tal força de lei, em que potência e ato estão separados de modo radical, é certamente algo como um elemento místico, ou melhor, uma *fictio* por meio da qual o direito busca se atribuir sua própria anomia.[1102]

---

cialmente na atmosfera do esporte de alto rendimento, que é exatamente o caso da Copa do Mundo. Além disso, a Coca-Cola, patrocinadora oficial da Fifa, selecionou mais de 450 jovens de 13 a 16 anos para o trabalho de gandula, após realizar uma promoção com a venda de seus produtos, fazendo com que tais crianças e adolescentes atuassem trajados com uniformes do patrocinador.

1099 BIAS, 2014, p. 2.
1100 SCHMITT, 2006, p. 8.
1101 AGAMBEN, 2004, p. 79.
1102 AGAMBEN, 2004, p. 61.

Também criticando a concepção liberal, Walter Benjamin, no ensaio *Crítica da Violência – Crítica do Poder*,[1103] não usa propriamente o conceito de Estado de Exceção, mas ao analisar a relação intrínseca que se desenvolve entre Direito, poder e violência, dá elementos para que este seja compreendido como catástrofe.[1104] Para Benjamin, o Estado de Exceção não aparece mais como o limiar que garante a articulação entre um dentro e um fora; entre a anomia e o contexto jurídico em virtude de uma lei que está em vigor em sua suspensão, pois ele consiste *em zona de absoluta indeterminação entre anomia e Direito*, em que a esfera de criação e a ordem jurídica são arrastadas em uma mesma catástrofe.[1105] Conforme Benjamin,[1106] o *"Estado de emergência" em que vivemos tornou-se regra,* excluída qualquer possibilidade de distinção entre exceção e normalidade no tempo e no espaço: a tentativa do poder Estatal de anexar-se à anomia por meio do Estado de Exceção é denunciada pelo autor, por ser uma ficção por excelência, que pretende manter o Direito em sua própria suspensão como força de lei.[1107]

Benjamin detecta uma antinomia entre a esfera jurídica – que quer integrar toda a sociedade em um sistema de fins jurídicos – e os fins naturais dos indivíduos: estes não têm direito a recorrer à violência para concretizar seus fins. Por outro lado, o sistema jurídico, com seu monopólio do poder-violência (*Gewalt*),[1108] parece querer apenas perpetuar a si mesmo, o que representaria um "Estado de exceção" dentro da aparente normalidade do Estado de Direito.[1109] Assim, para Benjamin, há uma máxima geral da legislação que pode ser formulada nestes termos: todos os fins naturais[1110]

[1103] O famoso ensaio de Walter Benjamin *lur Kritik der Gewalt* tem um título intraduzível. Em português, visando dar conta da ambiguidade do termo *Gewalt*, encontramos uma tradução duplicadora: "Crítica da violência – Crítica do poder": a "indecidibilidade" que está no coração do termo alemão *Gewalt*, que significa tanto poder como violência (e afirma que um não existe sem o outro), já contém o centro da argumentação benjaminiana. Cf.: SELIGMANN-SILVA, 2005, p. 25.

[1104] HILLANI; MALDANER; AZEVEDO; 2013, p. 15.

[1105] AGAMBEN, 2004, p. 89.

[1106] BENJAMIN, 1942, p. 697.

[1107] AGAMBEN, 2004, p. 92.

[1108] SELIGMANN-SILVA, 2005, p. 26.

[1109] SELIGMANN-SILVA, 2005, p. 26.

[1110] Conforme Seligmann-Silva (2005, p. 25), o ponto central do argumento de Benjamin em seu ensaio sobre a *Gewalt* é apresentado no início do seu texto: "A

das pessoas individuais entram em colisão com fins jurídicos, quando perseguidos com maior ou menor violência. Nas palavras do autor:

> O corolário dessa máxima é que o direito considera o poder na mão do indivíduo um perigo de subversão da ordem judiciária [...]. Poder-se-ia dizer que um sistema de fins jurídicos é insustentável quando, em algum lugar, fins naturais ainda podem ser perseguidos pelo meio da violência. Mas isso, por enquanto, é um simples dogma. Por outro lado, talvez deva se levar em consideração a surpreendente possibilidade de que o interesse do direito em monopolizar o poder diante do indivíduo não se explica pela intenção de garantir os fins jurídicos, mas de garantir o próprio direito. Possibilidade de que o poder, quando não está nas mãos do respectivo direito, o ameaça, não pelos fins que possa almejar, mas pela sua própria existência fora da alçada do direito.[1111]

Portanto, para Benjamin, o poder/violência – que o Direito atual procura retirar do indivíduo em todas as áreas de atuação – é apresentado como ameaça e, mesmo sendo subjugado, ainda assim suscita a antipatia da multidão contra aquele direito que admite o uso controlado desse poder.[1112] Conforme o autor, isso se mostra por excelência no direito de greve, em que o uso da violência ainda é admitido, de modo que o operariado organizado é o único sujeito jurídico – além do Estado – a quem cabe um

---

tarefa de uma crítica da violência pode ser definida como a apresentação de suas relações com o direito [Recht] e a justiça [Gerechtigkeit]. Pois, qualquer que seja o efeito de uma determinada causa, ela só se transforma em violência, no sentido forte da palavra, quando interfere em relações éticas". Cf.: BENJAMIN, 2008, p. 160. No campo do Direito – Benjamin recorda – é possível criticar os meios em função dos fins, se justos ou não. Cf.: SELIGMANN-SILVA, 2005, p. 25. No entanto, segundo Seligmann-Silva (2005, p. 26), Benjamin busca uma crítica mais radical, que permita refletir sobre a violência em si, ou seja, analisar se ela é ética mesmo servindo a fins justos e, para responder a esta questão, o autor propõe adotarmos provisoriamente o ponto de vista do Direito natural, que "não vê problema nenhum no uso de meios violentos para fins justos". Cf.: BENJAMIN, 2008, p. 160.

Oposta a esta perspectiva, Benjamin ressalta a tese do Direito positivo, que ao invés de justificar os meios pelos fins, julga o Direito pelos meios. "Se a justiça é o critério dos fins", assevera Benjamin, "a legitimidade é o critério dos meios." Cf.:BENJAMIN, 2008, p. 161.

Contudo, segundo Seligmann-Silva (2005, p. 26), ambas perspectivas ficam presas à ideia segundo a qual existe uma adequação entre meios e fins, já que meios justos devem gerar fins justos; estes são obtidos por aqueles. A lógica a que esta equação remonta reduz a justiça ora como legitimadora dos meios (no caso do direito natural), ora a algo garantido pelos meios legítimos (no caso do direito positivo). Cf.: SELIGMANN-SILVA, 2005, p. 25.

1111 BENJAMIN, 2008, p. 162.
1112 BENJAMIN, 2008, p. 163.

direito ao poder.[1113] Para Benjamin, a partir do momento em que a greve modifica os limites concedidos pelo próprio Direito e se impõe contra o Estado, o direito de greve torna-se o direito de usar a violência para alcançar determinados objetivos:[1114] o conflito dessas duas concepções, para ele, é externalizado diante da greve geral revolucionária, pois, nesse caso, o operariado vai reivindicar toda vez seu direito de greve, e o Estado chamará tal reivindicação de abuso e baixará decretos especiais,[1115] gerando um "Estado de Exceção" permanente.

Assim, com o pretexto de utilizar a poder/violência por "questões de segurança", o Estado pode controlar seus cidadãos, criminalizando a greve e os movimentos sociais por decretos especiais, como é o caso da Lei Geral da Copa. Tal legislação é utilizada como mecanismo de controle jurídico, aliado à jurisprudência conservadora do TST, para reprimir greves antes, durante e depois do evento, pois os movimentos paredistas são apresentados como uso inadequado do poder atribuído aos trabalhadores, capaz de desestabilizar a própria ordem jurídica.

Segundo Borges Bias, é sob a lógica de exceção permanente que se nega, sem qualquer constrangimento, eficácia aos dispositivos legais de proteção do trabalho: direitos históricos, como o direito à greve, extraídos da luta de classes, são transformados em preceitos burocráticos, cujo descumprimento não implica agressão jurídica.[1116] Por outro lado, ressalta o autor, quando se trata do direito de propriedade e de preservação do patrimônio, sua eficácia não é abalada e o poder do Estado funciona imediatamente.[1117] Para a preservação dessa ordem de exceção permanente é importante que tais contradições não sejam reveladas.[1118]

Nesse sentido, mesmo que o Estado de Exceção permanente represente – nas palavras de Benjamin – a figura do "grande" bandido, muitas vezes sua atuação suscita a admiração do povo, por mais repugnantes que tenham sido seus fins.[1119] Para o autor, isso é possível não por causa de seus feitos, mas apenas por causa do poder que se manifesta

---

1113 BENJAMIN, 2008, p. 163.

1114 BENJAMIN, 2008, p. 163.

1115 BENJAMIN, 2008, p. 163.

1116 BIAS, 2014, p. 5.

1117 BIAS, 2014, p. 2.

1118 BIAS, 2014, p. 2.

1119 BENJAMIN, 2008, p. 162.

nesses feitos.[1120] Desse modo, o Estado de Exceção permanente, que impõe a repressão do direito de greve e se manifesta em obstáculos judiciais burocráticos e monetizados, continua forte no TST, pois é apoiado e admirado por outros setores da sociedade, como a grande mídia e grupos econômicos. Tais setores, mediante condutas antissindicais, que retratam a greve como um abuso violento que deve ser controlado pelo Estado, se utilizam do trabalhador-consumidor como instrumento de massa para integrar a "população prejudicada" pela greve, fragmentando o conceito de classe. Nas palavras de Souto Maior:

> No Brasil, toda vez que uma greve de trabalhadores se anuncia, a grande mídia, se adianta para falar dos prejuízos que a greve pode gerar. Realiza-se uma forte campanha para construir uma avaliação negativa do movimento e de seus líderes. A população é tomada como massa, ou seja, é deslocada de seu sentido de classe, e é utilizada para reproduzir o "sentimento" construído midiaticamente, de modo, inclusive, a se perder a noção de que a greve traduz um conflito entre trabalhadores e empregadores, os quais, portanto, têm também participação no fato da greve, sendo que, na maioria das vezes, são os maiores culpados pela sua ocorrência [...]. Em certo sentido, há um sentimento contraditório entre os diversos trabalhadores, que, diante das greves de outros trabalhadores, tendem a ver a situação com os olhos do empregador, experimentando, no mínimo, a sensação de se sentirem ou integrados à proteção da grande mídia ou de não serem atacados por ela. Aparecer na televisão, falando aquilo que a televisão quer ouvir, para se sentir reconhecido por esta, é um sentimento indisfarçável que acaba atingindo os próprios trabalhadores.[1121]

Assim, a seletividade ótica dada pela jurisprudência às partes do conflito – trabalhadores e empregadores – dentro do fenômeno da judicialização do movimento paredista, estremece as finalidades declaradas como justas pelo Direito, pois, a partir da atuação das instituições do Estado, apoiada por setores da mídia e da população, o *direito constitucional de greve* transforma-se em uma exceção, sendo constantemente considerado "abusivo" e "ilegal" pelos tribunais.[1122]

TITULARIDADE DO DIREITO DE GREVE

Por fim, analisaremos o entendimento jurisprudencial do TST em relação ao último elemento do direito de greve: a titularidade. O primeiro aspecto a ser abordado é se o exercício do direito de greve é somente atribuído aos *empregados* ou aos *trabalhadores em geral*.

[1120] BENJAMIN, 2008, p. 162.
[1121] MAIOR, 2011, p. 1.
[1122] BIAS, 2014, p. 2

A jurisprudência minoritária do TST[1123] vem progressivamente reconhecendo a titularidade do direito de greve para além da relação de emprego. Entretanto, mediante outros mecanismos jurídicos, o Poder Judiciário,[1124] aliado ao Executivo, consegue restringir o exercício do movimento paredista deflagrado por trabalhadores que não sejam empregados, como, por exemplo, os transportadores autônomos. Nesses casos, é possível encontrar decisões na Justiça Federal, em razão de ações possessórias ajuizadas pela Advocacia Geral da União (AGU), que, em sede de liminar, impõem a retomada da posse dos locais obstruídos pelos grevistas, sob pena de incorrerem nas penalidades do art. 174[1125] do Código de Trânsito Brasileiro (CTB), bem como de sujeitar cada trabalhador identificado a multas processuais que podem chegar até de R$ 5.000,00 *por hora* de permanência não autorizada.[1126]

[1123] Nesse sentido: "O Texto Constitucional firma, sem dúvida, extensão bastante larga para o direito de greve no segmento privado. Diz a Constituição que *compete aos trabalhadores* decidir sobre a oportunidade de exercer o direito e sobre os interesses que devam por meio dele defender (art. 9º, *caput*)." (TRIBUNAL SUPERIOR DO TRABALHO. RO1000895-40.2015.5.02.0000 Data de Julgamento: 19/10/2015, Relator Ministro: Mauricio Godinho Delgado, Seção Especializada em Dissídios Coletivos, Data de Publicação: DEJT 06/11/2015, grifo meu)

[1124] Além disso, o Poder Executivo editou Medida Provisória 699/15, que altera o CTB, para coibir as manifestações dos caminhoneiros. O texto traz pesadas sanções contra os transportadores, com multas que variam entre R$ 5.746,00 a R$ 19.154,00, além da perda da carteira da habilitação e a impossibilidade de obter financiamento por até dez anos.

[1125] Art. 174 da Lei nº 9.503/1997: "Promover, na via, competição, eventos organizados, exibição e demonstração de perícia em manobra de veículo, ou deles participar, como condutor, sem permissão da autoridade de trânsito com circunscrição sobre a via: Infração – gravíssima; Penalidade – multa (dez vezes), suspensão do direito de dirigir e apreensão do veículo; Medida administrativa – recolhimento do documento de habilitação e remoção do veículo. § 1o As penalidades são aplicáveis aos promotores e aos condutores participantes. § 2o Aplica-se em dobro a multa prevista no caput em caso de reincidência no período de 12 (doze) meses da infração anterior." Cf.: BRASIL, 1997.

[1126] Nesse sentido: "Defiro parcialmente o pedido de liminar, para determinar que sejam desocupados ou desobstruídos os acostamentos e leitos das estradas federais para viabilizar a passagem de todos os veículos, no prazo de 01 (uma) hora, contada da chegada ao local do(a) Oficial(a) de Justiça com os mandados, sob pena de incorrerem nas penalidades do art. 174 do CTB, bem como sujeitar-se cada condutor-infrator identificado à multa processual de R$ 5.000,00 por hora de permanência não autorizada, em qualquer dos trechos das rodovias federais BR293, BR116 e BR 392 situados sob a jurisdição da Subseção Judiciária de Pelotas. Para fiel cumprimento, deve o Oficial de Justiça identificar (colhendo os dados pessoais e endereços residencial e profissional) e, ato contínuo, notificar todos (cada um) aqueles motoristas que insistirem em permanecer na

Caso emblemático foi a repressão policial e do exército em face da greve dos caminhoneiros em abril de 2018, que culminou em uma crise nacional de abastecimento, que interditando milhares de trechos de rodovias.

Nessa ocasião, os caminhoneiros basicamente reivindicavam a queda dos preços do frete e do diesel.[1127] O governo Temer baseava-se nas variações do dólar e do preço do petróleo no mercado internacional para taxar os combustíveis no país, resultando em uma variação diária dos valores.[1128] O movimento foi iniciado pelas entidades representativas dos caminhoneiros, mas que perdeu a liderança quando os acordos coletivos firmados entre algumas entidades e o governo federal não foram respeitados nas rodovias.[1129] Após esse episódio, foi nítido que o movimento passou a ser hegemonizado por líderes isolados, passando por intervencionistas militares e agentes empresariais infiltrados, impulsionado por mensagens reais e falsas de WhatsApp.[1130] Conforme Yasodara Córdova, pesquisadora da Escola de Governo de Harvard, nos Estados Unidos, que estuda como os governos lidam com a Internet, e Fabrício Benevenuto, professor de Ciência da Computação da Universidade Federal de Minas Gerais (UFMG), a greve dos caminhoneiros de 2018 foi a maior mobilização mundial já feita pelo WhatsApp.[1131]

A intervenção militar veio, mas pelas mãos do próprio governo federal, que anunciou o exército para conter as mobilizações nas estradas brasileiras. Ainda assim, o movimento não parou e continuou a pedir a intervenção daqueles mesmos que os reprimiam. Mesmo ainda tendo sido a greve considerada ilegal, ela continuou. O que representa um claro enfrentamento (não organizado) contra o governo e a legalidade,

---

rodovia federal, depois de decorrida a primeira hora, seja estacionados nos acostamentos ou margens das rodovias, seja formando grupos de três pessoas ou mais, seja através de manifestações que de alguma forma coloquem em risco os demais ou obstruam total ou parcialmente o trânsito. Por sua vez, à Autoridade Policial (Polícia Rodoviária Federal) incumbe a atuação institucional de fiscaliza e autuar eventuais condutores que incorram nas penalidades do art. 174 do CTB. Autorizo, desde logo, que seja acionada a Força de Segurança Nacional, pelo Oficial de Justiça, AGU ou pela PRF, se houver estrita necessidade." (Seção Judiciária do Rio Grande do Sul, Justiça Federal. Processo nº 5001037-13.2015.4.04.7110/RS. Juíza Dulce Helena Dias Brasil. Data: 24/02/2015).

1127 EUZÉBIOS FILHO, 2019, p. 190.

1128 EUZÉBIOS FILHO, 2019, p. 190.

1129 EUZÉBIOS FILHO, 2019, p. 190.

1130 EUZÉBIOS FILHO, 2019, p. 190.

1131 EUZÉBIOS FILHO, 2019, p. 190.

mas não às forças repressivas do Estado, sem o protagonismo do movimento sindical.[1132]

A crise de legitimidade das entidades representativas tornou-se explícita na greve dos caminhoneiros, considerando que houve um descolamento da base em relação às lideranças sindicais.[1133]

Nesse sentido, há ainda divergência na jurisprudência brasileira sobre *quem* detém a titularidade do direito de greve: o trabalhador individualmente considerado, o sindicato ou os grupos de trabalhadores.

A jurisprudência prevalente do TST entende que o direito de greve é de *titularidade individual*, permitindo-se a figura do "fura-greve", pois, segundo o tribunal, cabe ao trabalhador singularmente, considerada a liberdade sindical, decidir se quer ou não aderir ao movimento paredista. Sobre a temática, segue abaixo trecho de decisão do TST que condenou o Sindicato dos Petroleiros do Norte Fluminense ao pagamento de indenização por danos morais no valor de R$15.000,00 a um trabalhador que se recusou a entrar em greve e foi exposto pelos colegas grevistas em lista nominal. Segundo o Tribunal, a conduta do sindicato incita a divergência dentro da própria classe profissional, negligenciando estruturas democráticas de votação da deflagração da greve, o que torna questionável sua legitimidade representativa:

> Os documentos apresentados pelo autor indicam que o sindicato fez e divulgou lista de trabalhadores que não aderiram ao movimento paredista, intitulando-os de 'pelegos' e 'fura greve', o que, por si só, indica ofensa ao direito de trabalhar dos trabalhadores que resolvem não aderir à greve. [...] Conforme lições do professor Marcelo Ricardo Grünwald, as entidades sindicais, por serem instituições criadas na base da pirâmide social, como tradução dos anseios das classes categorizadas, 'devem obrigatoriamente seguir ritos de estrita índole democrática, elaborando os estatutos, dando publicidade sua atuação, a fim de permitir a participação de todos os membros em sua gestão, implementando processos eleitorais idôneos e tratando com igualdade a todos os membros. 'Nesse contexto, é desconfortável constatar que, ao transferir o foco da manifestação grevista e as críticas direcionadas à Petrobras – direito que é legítimo dos sindicatos – para as pessoas de outros trabalhadores plataforma, como se estes fossem os reais empregadores, o réu incidiu em grave ato ilícito contra o autor e contra a própria representação sindical. Isto porque, ao incitar os colegas de trabalho e subordinados a enxergarem o autor como um adversário e não como membro da categoria profissional. Ao criar essa distinção interna, tratando de maneira diferenciada trabalhadores da mesma categoria profissional, o sindicato perde a legitimi-

---

1132 EUZÉBIOS FILHO, 2019, p. 190.
1133 EUZÉBIOS FILHO, 2019, p. 190.

dade representativa e a unidade de interesse entre seus representados, contribuindo assim para criar rachas' na categoria, causando severos prejuízos para a representação coletiva [...]. Quanto ao direito de greve, cumpre esclarecer que a adesão ao movimento grevista é de livre convicção individual (TRIBUNAL SUPERIOR DO TRABALHO. AIRR 1200-48.2013.5.01.0482 Data de Julgamento: 16/12/2015, Relatora Desembargadora Convocada: Jane Granzoto Torres da Silva, 8ª Turma, Data de Publicação: DEJT 18/12/2015)

O TST afirmar – para legitimar a recusa individual do trabalhador em entrar em greve – que o sindicato agiu de forma antidemocrática constitui, no mínimo, é uma inversão de papéis. O valor da democracia política é incessantemente proclamado pelos tribunais e a regra da maioria é sempre enaltecida pelo Estado diante dos operários, mas o cenário muda quando se trata de democracia operária.[1134] Conforme Edelman, não há "democracia trabalhista": há de um lado a liberdade de trabalho e, de outro, a luta de classes, de modo que a liberdade de trabalho é a expressão do direito de propriedade *no* próprio trabalho.[1135]

Na mesma linha, Nildo Viana critica a concepção da greve como direito individual[1136] tendo em vista a liberdade de trabalho.[1137] Para o autor, esse conceito fundamenta-se na dicotomia entre direito estatal e direito individual, entre coação e opção, que remete ao Estado e ao indivíduo e não às classes sociais ou categorias profissionais.[1138] Conforme Viana, há uma hierarquia na qual o Estado tem a primazia, depois o indivíduo e por último os interesses coletivos, o que pode ser ilustrado pela gre-

---

1134 EDELMAN, 2016, p. 117.

1135 O autor explica: "O que quer a burguesia? Reinar na classe trabalhadora. Para tanto ela pode subverter a organização sindical, fazê-la participar de seu equilíbrio de poderes, e ela não se priva disso. Mas ela pode, ao mesmo tempo, dividir a classe operária, quebrar sua homogeneidade, suas lutas. Em seu projeto global de integração, ela sempre guarda para si os meios de ação interna. É por isso que ela oscila entre dois polos: de um lado, o canto de sereia da colaboração de classes – pela integração, por exemplo – de outro lado, a luta no interior dos sindicatos." Cf.: EDELMAN, 2016, p. 117-118.

1136 Nildo Viana parte da definição de direito objetivo como o direito positivo (formal, abstrato, manifesto nas leis) e de direito subjetivo como direito individual (justificado pelo apelo ao interesse individual, ou vontade individual): "Assim, o direito objetivo constitui uma obrigação e o direito subjetivo constitui uma decisão individual dentro das possibilidades permitidas pelo primeiro. O direito estatal ("objetivo") é coação e o direito individual ("subjetivo") é uma opção (dentro dessa coação)." Cf.: VIANA, 2012, p. 1.

1137 Posição à qual nos filiamos, pois, como já nos manifestamos no item 3.1.2.4 deste capítulo, acreditamos que a essência do direito de greve é o elemento volitivo de concertação coletiva. Logo, a greve é por excelência um direito coletivo de exercício coletivo.

1138 VIANA, 2012, p. 3.

ve. Isso porque quem decide pela greve é o coletivo – a assembleia dos trabalhadores – mas esse direito coletivo não tem prevalência sobre os indivíduos, pois só é exercido pelo indivíduo que quiser.[1139]

Desse modo, tal concepção da greve como direito individual tem visível contraste com a atual democracia representativa, pois, para esta, o voto da maioria eleitoral elege governos que os indivíduos e os coletivos devem acatar.[1140] Ninguém tem o "direito subjetivo" de não aceitar o presidente eleito e seus atos.[1141] Da mesma forma, ninguém tem o direito de recusar o ato de votar, a não ser que isso seja permitido pelo Estado em sua legislação.[1142] Portanto, nessa instância, a decisão da maioria eleitoral é obrigatória, o que não ocorre no caso da greve: a decisão estabelecida pela maioria da assembleia de trabalhadores pode ser desrespeitada em nome do direito subjetivo do trabalhador.[1143] O *movimento contrário, no entanto, é impossível,* pois se a assembleia decide pela não realização da greve, ou seja, a decisão da maioria é contra a greve, o indivíduo não pode alegar seu "direito subjetivo de trabalhador" e paralisar suas atividades, sob pena de ser dispensado por justa causa.[1144] Conforme Viana, "[...] a decisão da maioria vale quando ela está de acordo com os interesses dos governos ou dos capitalistas, tendo poder coativo, mas quando está contra, é apenas 'direito subjetivo'."[1145]

Em continuidade a esse entendimento antidemocrático perante as relações coletivas, o TST ainda impõe que o exercício do direito de greve seja uma prerrogativa exclusiva dos sindicatos, vedando a realização de greves fora da estrutura corporativista oficial brasileira. Nesse sentido, trecho de acórdão que, confirmando a decisão do TRT de origem, declara a ilegalidade de uma greve selvagem:

> Eventuais divergências existentes dentro da categoria profissional devem ser discutidas democraticamente pelos trabalhadores em assembleia ou em outros momentos pertinentes, não podendo um grupo de dissidentes, ao arrepio da legislação vigente, paralisar o serviço de transporte de passageiros por ônibus na cidade de São Paulo e causar enorme tumulto e transtorno à

1139 VIANA, 2012, p. 3.
1140 VIANA, 2012, p. 4.
1141 VIANA, 2012, p. 4
1142 VIANA, 2012, p. 4.
1143 VIANA, 2012, p. 4.
1144 VIANA, 2012, p. 5.
1145 VIANA, 2012, p. 5.

população paulista Veja-se que até mesmo na falta de entidade sindical, a greve deve ser precedida de uma assembleia geral dos trabalhadores interessados, que definirão as reivindicações da categoria e constituirão comissão de negociação (art. 4º, § 2º, da Lei nº 7.783/1989). Não houve qualquer respeito por esse grupo de dissidentes à decisão assemblear que consentiu com o acordo celebrado entre as partes. O Estado Democrático de Direito (art. 1º da CF/88) têm reflexos em toda a sociedade brasileira, incluindo as entidades civis. Nesse aspecto, tem-se a democracia interna sindical, prevalecendo a vontade da maioria. Do exposto, conclui-se pela abusividade da paralisação, por violação aos artigos 1º da CF/88, art. 4º e seu § 2º, 10, V, 11, 13 e 14, da Lei nº 7.783/1989 [...]. Competia-lhes respeitar e fazer cumprir o acordado entre os sindicatos, resolvendo internamente eventuais questionamentos e discordâncias, valendo-se do princípio da democracia interna sindical, conforme já exposto acima (TRIBUNAL SUPERIOR DO TRABALHO. RO 1000713-88.2014.5.02.0000 Data de Julgamento: 21/09/2015, Relator Ministro: Mauricio Godinho Delgado, Seção Especializada em Dissídios Coletivos, Data de Publicação: DEJT 25/09/2015).

As greves, além dos excessivos limites legais, também passam a ser vítimas das decisões dos tribunais que buscam atrelar seu direito e sua legitimidade a organizações burocráticas, como os sindicatos, especialmente em um sistema como o brasileiro, em que vigora a unicidade sindical e o critério ontológico de categoria. O Estado produziu uma legislação, efetivada pelos tribunais, voltada para conceder o direito de greve, mas em um *espaço controlado*, no qual sindicatos burocráticos não representam os interesses dos trabalhadores e sim interesses econômicos e dos próprios governos: "onde a classe operária fala, senão pela voz de seus representantes 'autorizados', nas instâncias autorizadas, num espaço autorizado?"[1146] Edelman ilustra esse raciocínio de controle que seduz os tribunais:

> Podemos ver toda a vantagem dessa análise: de um lado, a greve é vista como uma simples modalidade de discussão; de outro, os grevistas são assimilados naturalmente a uma "comunidade de trabalho", ou de empresa, e naturalmente também se encontram, a partir desse fato, "representados" pelos dirigentes. Assim, à dupla face do trabalhador – assalariado ou grevista – corresponde uma dupla organização – a da empresa e a dos sindicatos, e uma subordinação alternativa.[1147]

Desse modo, greves selvagens surgem devido ao fato de alguns sindicatos se opõem sistematicamente aos movimentos grevistas e por desejarem evitá-los de qualquer forma. Como a legalidade e o financiamento estão atrelados aos sindicatos, as greves são constantemente impedidas pelos

---

1146 EDELMAN, 2016, p. 111.

1147 EDELMAN, 2016, p. 129.

próprios "representantes dos trabalhadores", mas o processo de exploração e as péssimas condições de trabalho criam uma situação de insatisfação que não é contemplada pelas organizações oficiais:[1148] os trabalhadores vão para as ruas, sem líderes, superando, em concreto, a forma jurídica.[1149]

Exemplo simbólico dessa ascensão de greves selvagens no Brasil foi a greve dos garis no Rio de Janeiro, deflagrada em março de 2014, às vésperas do carnaval e da Copa do Mundo. Anunciada a intenção dos garis em fazer greve, para auferir aumentos salariais, o sindicato profissional e o empregador – a Companhia Municipal de Limpeza Urbana (COMLURB) – se anteciparam e fizeram um acordo coletivo,[1150] em 3 de março, que, conforme os garis, foi bem aquém das pretensões da categoria. Os garis resolveram, então, deliberar pela greve e tiveram que fazê-lo sem a presença do sindicato. Mais de 70% deles aderiram à paralisação que, durante oito dias, deixou quase 20.000 toneladas de lixo acumuladas nas ruas do Rio, o que "incomodou" a paisagem carnavalesca de alguns que ignoram a busca pela dignidade no trabalho por outros. Nesse sentido, o que se viu foi a utilização de todo o aparato Estatal para destruir os trabalhadores, até o ponto de alguns deles terem sido chamados de "marginais e delinquentes" pelo prefeito da cidade do Rio de Janeiro.[1151] Nas palavras de Souto Maior:

> Ora, enquanto os garis se submetem a trabalhar, realizando uma atividade extremamente dura, durante várias horas por dia, ganhando R$803,00 por mês, chacoalhando nos trens da Central, são considerados cidadãos ordeiros, pacíficos, virtuosos. Alguns desses, inclusive, como se anunciou, trabalham como gari há 30 (trinta) anos. Mas, se resolvem se valer da ocasião do advento do Carnaval para pressionar o empregador, visando mudar um

---

1148 VIANA, 2012, p. 6.

1149 MAIOR, 2014b, p. 1.

1150 Souto Maior ressalta a ilegalidade deste acordo coletivo efetuado pelo sindicato profissional: "O acordo, para ter validade jurídica precisava ter sido submetido à assembleia dos trabalhadores, já que o preceito democrático é o que rege, fundamentalmente, nosso Estado de Direito. Essa, ademais, é a previsão expressa do artigo 612, da CLT: 'Os sindicatos só poderão celebrar Convenções ou Acordos Coletivos de Trabalho, por deliberação de Assembleia Geral especialmente convocada para esse fim, consoante o disposto nos respectivos Estatutos, dependendo a validade da mesma do comparecimento e votação, em primeira convocação, de 2/3 dos associados da entidade, se se tratar de Convenção, e dos interessados, no caso de Acordo, e, em segunda, de 1/3 dos mesmos'. O acordo feito pela direção do sindicato não vincula, portanto, a categoria." Cf.: MAIOR, 2014b, p. 3.

1151 MAIOR, 2014b, p. 3.

pouco sua "sorte" na vida, são espertalhões, "chantagistas", como afirmou o presidente da COMLURB.[1152]

Naturalizando a invisibilidade dos garis no espetáculo do carnaval, bem como a falta de representatividade que os sindicatos possuem na nossa estrutura organizativa coletiva antidemocrática, o TRT do Estado do Rio de Janeiro declarou a ilegalidade da greve, determinando a imediata suspensão do movimento, sob pena de multa diária no valor 25 mil reais. O Estado se recusou a conversar e impôs aos garis, por efeito da decisão do tribunal, a volta ao trabalho. Com a recusa, tratou imediatamente de dispensar por justa causa os garis, fazendo-o por meio de mensagem de celular.

A virtualidade das negociações coletivas estabelecidas por um sindicato não representativo e a chancela do Judiciário ao reprimir as greves selvagens concede ao patronato dois intentos: de um lado, ele terá demonstrado a "boa vontade" em "negociar" e, de outro, irá semear a fragmentação entre os grevistas e os não grevistas, sob a proteção o arcabouço corporativista do Direito Sindical brasileiro.

Por fim, ainda sobre a *titularidade do direito de greve* e a subjugação dos direitos coletivos, o TST reconhece a existência de uma modalidade individual de exercício desse direito: as denominadas greves ambientais. Conforme o tribunal, a greve ambiental, em razão de seu específico objeto tutelado – a finalidade de preservar a segurança, a saúde e a integridade física e psíquica dos trabalhadores – é admitida na modalidade individual. Além disso, para o TST, a Lei nº 7.783/89 não exige qualquer formalidade para o exercício da greve ambiental, mas apenas a configuração do grave e iminente risco – desde que este seja o único fim tutelado –, ao contrário da greve comum, cuja lei requer uma série de exigências formais e materiais e não exige exclusividade do objeto.

Nesse sentido, segue um trecho de acórdão do TST que, apesar de reconhecer a existência dessa modalidade individual do direito, que se declara abusiva a greve decorrente das más condições de trabalho dos motoristas que pernoitavam dentro dos baús dos caminhões, ao lado das mercadorias, em face da insuficiência do valor pago para custeio de pensão ou hotel, *por essa situação não se apresentar como grave risco à saúde e a segurança dos trabalhadores*. Ainda segundo o TST, o movimento paredista não se restringiu apenas à discussão das condições ambientais de trabalho, mas se voltava também para a alteração do plano de saúde e dos valores de diárias, que já estavam fixadas coletivamente:

1152 MAIOR, 2014b, p. 3.

ALEGAÇÃO DE GREVE AMBIENTAL. REQUISITOS DA LEI N° 7.783/1989. AUSÊNCIA DAS FORMALIDADES LEGAIS. Ainda que se possa considerar que a paralisação dos trabalhadores em transportes rodoviários de cargas de Pouso Alegre e Região buscava preservar a saúde do trabalhador, o fato alegado pelo Sindicato profissional como elemento desencadeador do movimento – o pernoite dos motoristas em colchões, dentro dos baús dos caminhões – não pode ser reputado como de extremo perigo, a ponto de justificar a deflagração da greve sem a inobservância das formalidades exigidas pela Lei n° 7.783/1989. De um lado, a forma de pernoite descrita não era a única alternativa dos motoristas, em face do que dispõe a Convenção Coletiva de Trabalho em vigor. Por outro lado, a documentação constante dos autos dá conta de que o pernoite em colchões nos baús dos caminhões não foi o motivo único e determinante para a eclosão do movimento, havendo outras reivindicações, inclusive em relação ao plano de saúde. Assim, conquanto pudesse ser justa a tentativa dos trabalhadores de obter melhores condições de trabalho, não se pode considerar justificável que o Sindicato tenha deixado de observar ou de nortear os atos de seus representados, permitindo que o movimento de greve fosse iniciado sem o cumprimento das exigências previstas na Lei de Greve (negociações prévias, realização de assembleia de trabalhadores e comunicação prévia ao empregador). Acrescenta-se que a greve foi deflagrada na vigência da Convenção Coletiva de Trabalho 2014/2015, não sendo constatadas as exceções que poderiam afastar a abusividade do movimento, nos termos do parágrafo único do art. 14 da Lei de Greve. Mantém-se, portanto, a abusividade da greve declarada pelo Regional. (TRIBUNAL SUPERIOR DO TRABALHO. RO 10178-77.2015.5.03.0000. Data de Julgamento: 14/12/2015, Relatora Ministra: Dora Maria da Costa, Seção Especializada em Dissídios Coletivos, Data de Publicação: DEJT 18/12/2015)

Apesar de não concordarmos com a existência dessa modalidade de exercício individual do direito de greve – como já foi mencionado na seção "Titularidade do direito de greve" deste capítulo –, devemos ressaltar que, nesse caso, mais uma vez, a greve deixa de ser um direito e se torna uma modalidade de discussão na jurisprudência: embora teoricamente a greve ambiental seja considerada pelos magistrados a única forma de greve passível de ser deflagrada individualmente, sem o cumprimento das excessivas formalidades da Lei n° 7.783/89, coube ao tribunal declará-la abusiva sob outros pretextos.

Primeiramente, a exigência da exclusividade do objeto para a legitimidade da greve ambiental é impossível de ser realizada faticamente, uma vez que questões de segurança e saúde do trabalhador são consequências das próprias condições profissionais estabelecidas no contrato de trabalho e nos instrumentos coletivos. O fato da greve tratar de outras reivindicações não significa que ela deixe de ser uma greve ambiental.

Além disso, uma greve que trata da saúde e segurança dos trabalhadores não deveria se submeter a requisitos formais excessivos criados pela doutrina e jurisprudência: não existe em nenhum instrumento normativo a exigência de exclusividade do objeto da greve a questões meramente ambientais para que essa seja considerada legítima.

Ademais, o argumento formalista é sempre reforçado pela existência implícita das cláusulas de paz. Assim, para o tribunal, pernoites de motoristas dentro dos baús dos caminhões, ao lado das mercadorias, em face da insuficiência do valor pago para custeio de pensão, não consiste em grave risco à saúde e segurança do trabalhador ou em um fato relevante que modifique substancialmente a relação de trabalho, porque o raciocínio jurídico é restrito às situações de enquadramento formal ao art. 14 da Lei nº 7.783/89 e não à dignidade do trabalhador, que é um conceito expansivo que incomoda, pois pode viabilizar a democratização das formas decentes de convivência social.

Por fim, não podemos deixar de notar que o aspecto inclusivo em relação ao *sujeito* defendido pelo TST mediante o conceito de greve ambiental enfatiza a *individualização* do direito de greve, ou seja: é um ponto que reforça a teoria da greve como direito individual, que legitima a figura do fura-greve e que fragmenta a própria essência do movimento paredista: o elemento volitivo coletivo concertado.

Dito isso, diante da análise da jurisprudência do TST em relação a todos os elementos da greve, observamos que o tribunal restringe tal direito nos pontos que podem viabilizar mudanças significativas e, em oposição, expande – mesmo que seja aparentemente – aspectos que fortalecem direitos individuais em detrimento de direitos coletivos. Além disso, favorece o reconhecimento da legitimidade de formas de greve que não são faticamente recorrentes, porque são sufocadas pela própria estrutura sindical corporativista e pelo aparato processual repressivo, que, por sua vez, se utiliza de matrizes civilistas para revestir de juridicidade argumentos contra o conflito coletivo do trabalho.

Assim, devido ao entendimento jurisprudencial que *juridifica*[1153] e *judicializa* a *descoletivização* de direitos, as greves ambientais *individuais* são

---

1153 Utilizamos o termo no sentido amplo elaborado por Rodriguez e Nobre que corresponde à "tradução para o código do Direito." Cf.: RODRIGUEZ; NOBRE, 2011, p. 18. Rodriguez e Nobre indicam que quando mencionam "código do Direito" e suas transformações estão se referindo ao Direito racional e formal weberiano, concepção que domina a visão mais corrente sobre o Direito até os dias de hoje. Os autores ressaltam que quando mencionam "gramática" ou "gramáticas do Direito", referem-se

legais, assim como a figura do fura-greve, mesmo que isso implique violação da democracia trabalhista, para que haja a continuidade da governabilidade e do jogo partidário-sindical. As greves atípicas são legítimas para o TST, porque não chegam a ser numerosas em razão da estrutura sindical e judiciária. As greves políticas são legais em teoria para o tribunal, mas na prática há mecanismos processuais e formalistas que tratam de declará-las abusivas. Há concessão virtual do espaço jurídico para a existência do direito de greve como manifestação do pluralismo político inerente à democracia, mas ele é sempre espaço controlado e simulado. As formas de luta que se adaptam e tentam reverter novas condições de exploração do capitalismo contemporâneo e podem ensejar transformações metabólicas são taxadas de selvagens e ilegais, como é o caso das greves deflagradas fora da estrutura oficial sindical e que são continuamente declaradas abusivas pelos tribunais trabalhistas brasileiros.

Nildo Viana descreve o potencial transformador da greve quando essa é desvinculada das amarras jurídicas de natureza liberal-individual, que podem estar imbricadas na norma, na doutrina e são efetivadas pela jurisprudência:

> Por fim, é fundamental entender que a greve não pode ser compreendida através de uma concepção legalista e nem como "direito subjetivo do trabalhador" e sim como direito coletivo dos trabalhadores e um imperativo categórico que produz a principal forma de luta emancipadora na sociedade moderna, sendo um esboço de novas relações sociais, abrindo espaço para a solidariedade dos trabalhadores em lugar da competição cotidiana, novas ideias e novas formas de auto-organização (do comitê de greve até os conselhos operários). Dessa forma, o vínculo entre greve e processo de transformação radical da sociedade está explícito não apenas nos objetivos (que se manifesta plenamente nas greves gerais e greves revolucionárias), mas nela mesma, pois ela esboça novas relações sociais, formas de auto-organização, desenvolvimento de novos valores e da consciência revolucionária e substitui o trabalho alienado (heterogerido) por uma atividade autogerida.[1154]

---

aos desenhos institucionais em que tal código se encontra configurado a cada vez. Segundo os autores tais desenhos podem ser modificados por dentro em função da dinâmica dos conflitos sociais, a ponto de alterar o código do Direito, como ocorreu na passagem do Estado liberal para o Estado social por ação da classe operária. Ao naturalizar a ligação entre código do Direito e gramáticas institucionais, o jurista deixa de perceber uma tensão fundamental para o processo de institucionalização e transformação do Direito. Cf.: RODRIGUEZ; NOBRE, 2011, p. 6.

1154 VIANA, 2012, p. 8.

É por essa razão que a greve é temida: ela deveria representar ruptura, pois é plataforma na qual as forças desiguais se tornam menos desiguais.[1155] E é por isso que, da forma como foram legalizadas no Brasil, as greves passaram a ter que cumprir excessivas exigências normativas – efetivadas pela jurisprudência e corroboradas por parte da doutrina – que visam, de fato, inviabilizá-las.[1156]

Por isso, outras redes jurídicas de proteção talvez se mostrem necessárias, conforme abordaremos na sequência.

A PERMANÊNCIA DE RESQUÍCIOS DA CLIVAGEM MODERNA ÍTALO-BRASILEIRA NO DIREITO DE GREVE: NECESSIDADE DE OUTRAS REDES JURÍDICAS DE PROTEÇÃO DA LUTA COLETIVA NO CAPITALISMO CONTEMPORÂNEO

Na modernidade, foi imposto aos trabalhadores um *direito* de greve submetido à lógica liberal econômico-individual da propriedade, que é manifestada, em diferentes níveis, na norma, na doutrina e na jurisprudência, de modo que a classe operária teve que aceitar organizações burocráticas de representação sob pena de ficar fora da lei.[1157] Assim, a classe operária foi legalizada na empresa, no sindicato, no Estado, nas entidades políticas partidárias, e obrigada a falar uma língua que não é sua: a língua de um *direito* serviente a uma democracia que pertence a poucos.[1158] Verifica-se que o direito de greve ainda está enclausurado nesses aparelhos; ele se desenvolve nessas estruturas e elas geram efeitos sobre o combate da politização da classe-que-vive-do-trabalho.

A regulamentação ítalo-brasileira que foi aqui exposta do direito de greve, atuou também, em diferentes medidas, como mecanismo comprometedor de sua eficácia, acabando por justificar legalmente, em alguns aspectos, sua repressão – financeira, policial, processual –, fazendo com que não seja alterada a correlação de forças desiguais.[1159]

Sob a ótica do confronto das fontes jurídicas oficiais, verificamos que o direito de greve, no Brasil, só atinge a legalidade em certas condições, que são exatamente aquelas que permitem a reprodução do capital e a manutenção de marginalizações sociais consolidadas. Observamos que

---

1155 VIANA, 2012, p. 7.

1156 VIANA, 2012, p. 7.

1157 EDELMAN, 2016, p. 111.

1158 EDELMAN, 2016, p. 111.

1159 VIANA, 2012, p. 7.

há reforço da *individualização* da greve mediante o reconhecimento da licitude de figuras como a greve ambiental individual; dos fura-greves, decorrentes da teoria da titularidade individual; do corte de salários de quem a ela adere, para enfatizar a perda singular salarial em detrimento da ideia de luta por um *interesse comum*.

Ocorre também a *despolitização e burocratização* do direito de greve: a tentativa de reduzi-la aos sindicatos e aos interesses profissionais, em um esforço das instituições jurídicas brasileiras em provar que a luta dos trabalhadores, assim como o conceito de classe, é algo *meramente econômico, industrial, sindical e homogêneo, relegado ao espaço de produção*, pautado nos restritos moldes de conhecimento herdados da modernidade.

Ainda que em menor medida, este fluxo de *individualização e despolitização* do direito de greve também está presente na concepção italiana. O reforço das liberdades individuais em detrimento de direitos coletivos, que compromete o próprio conceito de democracia, é também manifestado na Itália na figura do fura-greve e na teoria da titularidade individual do direito.

Contudo, na Itália, o reconhecimento da legitimidade das greves selvagens liberta a luta coletiva do aparelho burocrata sindical, permitindo o surgimento de maior número de greves atípicas. Entretanto, na prática, o espaço jurídico destas greves anômalas é controlável por meio de outros mecanismos, quais sejam, teorias de matrizes civilistas, como é o caso da teoria do dano à produtividade e da aferição da utilidade de prestações parciais, o que confina o movimento paredista à perspectiva econômico-empresarial: a licitude do direito constitucional de greve é medida no *modus operandi* do direito de propriedade. Talvez, por esse motivo, assim como no Brasil, exista resistência da jurisprudência constitucional em consolidar o *direito* de greve puramente político, na tentativa de forjar o trabalho como ambiente exclusivamente privado e econômico.

A resistência de ambos os países em reconhecer a plenitude política e coletiva do direito de greve é também reflexo da jurisprudência do Comitê da Liberdade Sindical da OIT. Apesar de ele consagrar amplamente em alguns aspectos[1160] o direito humano à greve, afirmando que não pode haver definição jurídica que permita, *a priori*, tirar conclusões sobre a legitimidade das diferentes modalidades de seu exercício, existe também sua tendência a resistir à plena politização e coletivização desse direito.

1160 "As modalidades do direito de greve, como greve de braços cruzados, as greves de zelo, o trabalho em ritmo lento ou a ocupação da empresa ou local de trabalho só poderiam ser limitadas nos casos em que a greve deixasse de ser pacífica, posição que se entende igualmente aos piquetes." Cf.: GRAVEL; DUPLESSIS; GERNIGON, 2001, p. 81. A greve de braços cruzados e sua relação com a ocupação do local de trabalho serão discutidas no próximo capítulo.

Conforme prescreve transcendentalmente a Convenção nº 87, no conceito de organização do art. 10,[1161] a aplicação de direitos decorrentes da liberdade sindical deve ocorrer à medida que realizem ou tendam a realizar o mencionado objetivo de "promover e defender os interesses dos trabalhadores",[1162] em redação similar ao art. 9º da Constituição brasileira. De acordo com o próprio Comitê,[1163] o direito de greve é corolário intrínseco do direito de organização protegido pela Convenção nº 87. No entanto, a plenitude política desse direito ainda é negada pela OIT, como pode ser evidenciado pelos parágrafos 528 e 529[1164] do Digesto de decisões do Comitê de Liberdade Sindical, que afirmam que não recaem no âmbito do princípio da liberdade sindical as greves de caráter puramente político, mas somente as que têm como finalidade alcançar soluções para questões de política econômica social, o que leva à classificação que torna impossível distinguir na prática os aspectos políticos da greve dos econômicos.[1165]

E por que existe essa resistência de ambos os países, assim como da OIT, em admitir a *plena politização* da greve como direito de titularidade *coletiva*? A permissão da politização e da concreta coletivização desse direito abre caminho para que sejam discutidas estruturas de

---

1161 "Art. 10: Na presente Convenção, o termo 'organização' significa qualquer organização de trabalhadores ou de empregadores que tenha por fim promover e defender os interesses dos trabalhadores ou dos empregadores." Cf.: ORGANIZAÇÃO INTERNACIONAL DO TRABALHO, 1987.

1162 URIARTE *et al.*, 2002, p. 20.

1163 Parágrafo 523 do Digesto do Comitê de Liberdade Sindical: The Right to Strike is an Intrinsic Corollary to the Right to Organize Protected by Convention Nº. 87. Cf.: ORGANIZAÇÃO INTERNACIONAL DO TRABALHO, 2006, p. 109.

1164 "528: As greves de natureza puramente política e as decididas sistematicamente muito antes das negociações não se enquadram no âmbito dos princípios da liberdade de associação. 529: Embora greves puramente políticas não estejam no âmbito dos princípios da liberdade de associação, os sindicatos devem poder recorrer a greves de protesto, em particular quando destinadas a criticar as políticas econômicas e sociais de um governo."

No original: "528. Strikes of a purely political nature and strikes decided systematically long before negotiations take place do not fall within the scope of the principles of freedom of association"."529. While purely political strikes do not fall within the scope of the principles of freedom of association, trade unions should be able to have recourse to protest strikes, in particular where aimed at criticizing a government's economic and social policies." Cf.: ORGANIZAÇÃO INTERNACIONAL DO TRABALHO, 2006, p. 110. (tradução nossa)

1165 URIARTE *et al.*, 2002, p. 20.

poder – seja do sindicato, do governo, da empresa ou do Direito. Há, portanto, justamente uma questão de poder de classes na politização do direito coletivo de greve; uma questão de luta de classes, que toma a forma jurídica de conflito entre o Direito e o fato.[1166]

Em razão da forma pela qual a greve foi captada juridicamente, os trabalhadores não podem vincular sua luta por transformações verdadeiramente emancipatórias. E aqui se encontra o motivo para a declaração sistemática da *abusividade* da greve, efetuada, principalmente, pela jurisprudência brasileira: a declaração do "abuso" aparece diante da verificação do funcionamento *político real* da greve, isto é, um dano de classes, feito por classes, dentro das obrigações contratuais.[1167]

Conceber o direito de greve nos moldes do direito de propriedade forja a concepção de política vigente que não se traduz em ruptura e transformação, e sim em consenso e ordem impostos por certos segmentos sociais. A política, nesse sentido, é representada pela "harmonia perfeita" das instituições como elas são e sempre deverão ser, o que exclui os trabalhadores e outras margens como classes que deveriam ter a palavra, transformando-os em soma de cidadãos afônicos. É exatamente nesse ponto que percebemos o que esconde a distinção derivada da classificação jurídica dos objetivos do direito de greve em interesses econômico-políticos e interesses meramente políticos: uma proibição legal aos trabalhadores em considerar a luta "econômica" como o que ela realmente é: uma luta *verdadeiramente política* e, portanto, de potencial transformador.[1168]

Nesse aspecto surge outro questionamento: por que a real politização dos meios de luta coletiva dos trabalhadores incomoda, é temida e expulsa do direito de greve? Talvez porque, em uma concepção emancipadora de política, seja possível romper com padrões históricos de subalternidade, no trabalho e fora dele, ligados pelos fios – não tão mais invisíveis assim – de exploração do capitalismo cognitivo-cultural, que ultrapassa o âmbito de produção.

Para a concepção de política de ruptura de ordens naturalizadas de dominação, utilizaremos o conceito do filósofo e professor francês Jacques Rancière. A relevância desse conceito se impõe pela radicalidade de seu pensamento frente à filosofia política, ao rejeitar duas noções de política já esgotadas no pensamento social ocidental: a política entendida como administração governamental do poder e a política

---

1166 EDELMAN, 2016, p. 57.

1167 EDELMAN, 2016, p. 47.

1168 EDELMAN, 2016, p. 47.

entendida como processo de transformação no qual as estratégias dos oprimidos são decididas por um grupo de experts.[1169]

Como bem ressalta Machado,[1170] o aporte de Rancière mantém a radicalidade do projeto democrático sem simplificar os conflitos políticos, isto é, sem reduzi-los a sua dimensão econômica ou às particularidades identitárias que tendem ao isolamento dos diferentes atores políticos. Entre os determinismos do marxismo e os relativismos pós-modernos, a obra de Jacques Rancière revela-se como contribuição fundamental para encararmos diversos impasses contemporâneos relativos à política e à luta coletiva.[1171]

Rancière começa a explicar seu conceito de política retomando os ensinamentos do Livro I da Política de Aristóteles, que distingue o homem dos outros animais, em razão daquele ter a posse do *logos*, ou seja, da *palavra*. Enquanto a voz – *phonè* –, que todos os animais possuem, indica apenas a dor e o prazer, a palavra manifesta o útil e o nocivo e, por consequência, o justo e o injusto: a palavra *manifesta*, enquanto a voz apenas *indica*.[1172]

Contudo, conforme o filósofo, a simples oposição entre os animais lógicos e os animais fônicos não é o dado sobre o qual se funda a política, pois entre o útil e o justo há o incomensurável do *dano* que institui a comunidade política *como antagonismo de partes da comunidade que não são verdadeiras partes do corpo social*.[1173]

Isso porque, nos termos da teoria de Rancière, existe uma distribuição simbólica dos corpos na sociedade – à qual o autor denomina de *divisão (ou partilha) do sensível* – que separa as pessoas em duas categorias: aqueles a quem se vê e a quem não se vê; os de quem há um *logos* e aqueles acerca dos quais não há *logos*; os que são "parcela" e os "sem-parcela".[1174]

Para o autor, há política porque o *logos* nunca é apenas a palavra, é também a *contagem que é feita dessa palavra*, pela qual uma emissão sonora é apta a enunciar o justo, enquanto outra é apenas percebida como barulho, que designa prazer ou dor.[1175] Portanto, para Rancière, antes do início de qualquer discussão, o litígio refere-se à *existência das partes como partes*, bem como ao duplo sentido do *logos, como palavra*

1169 GALENDE, 2012, p. 265.
1170 MACHADO, 2013, p. 1.
1171 MACHADO, 2013, p. 2.
1172 RANCIÈRE, 1996, p. 17.
1173 RANCIÈRE, 1996, p. 32,
1174 RANCIÈRE, 1996, p. 36.
1175 RANCIÈRE, 1996, p. 36.

e como contagem: "[...] a palavra por meio da qual existe política é a que mede o afastamento mesmo da palavra e de sua contagem."[1176]

De acordo com o filósofo francês, existe um conflito entre as duas lógicas na qual se instaura a política: de um lado, há a lógica da divisão do sensível, que distribui os corpos no espaço de sua visibilidade ou de sua invisibilidade e põe em concordância os modos do ser, os do fazer e os do dizer que convêm a cada um.[1177] Por outro lado, existe a lógica oposta, que suspende e rompe com essa "harmonia" para buscar atualizar a contingência da igualdade dos seres falantes.[1178] Para o autor, nesse conflito primário que põe em litígio a dedução entre a capacidade do ser falante e a comunidade do justo e do injusto, deve-se reconhecer as duas lógicas do estar-junto humano, que geralmente são confundidas e colocadas sob o mesmo nome de *política,* quando, na verdade, *a atividade política é a atividade que as divide*.[1179]

Assim, Rancière conclui que é recorrente chamarmos pelo nome de *política* o conjunto dos processos pelos quais se operam a agregação e o consentimento das coletividades, a organização dos poderes, a distribuição dos lugares e funções e os sistemas de legitimação dessa distribuição.[1180] No entanto, o filósofo propõe darmos outro nome a essa distribuição da divisão do sensível e ao sistema dessas legitimações de posições hierárquicas, qual seja: *polícia*.

A polícia é, em sua essência, a lei, geralmente implícita, que define a *parcela* ou *a ausência de parcela* das partes.[1181] Para Rancière, ela estabelece a ordem dos corpos; faz com que uma atividade seja visível e outra não; *que uma palavra seja entendida como discurso e outra como ruído*.[1182] Há a polícia menos boa e a melhor, não sendo a melhor, por exemplo, a que segue a ordem supostamente natural imposta pela ciência dos legisladores, baseada em argumentos de garantia de segurança do Estado e da população; o que não significa que inexista lugar para a intervenção transversal da *política*.[1183]

1176 RANCIÈRE, 1996, p. 39.
1177 RANCIÈRE, 1996, p. 40.
1178 RANCIÈRE, 1996, p. 41.
1179 RANCIÈRE, 1996, p. 41.
1180 RANCIÈRE, 1996, p. 41.
1181 RANCIÈRE, 1996, p. 42.
1182 RANCIÈRE, 1996, p. 42.
1183 RANCIÈRE, 1996, p. 43.

Já *política*, para Rancière, *é uma atividade antagônica à polícia*: é a que rompe essa configuração sensível na qual se definem as parcelas ou sua ausência.[1184] A atividade política é a que desfaz as divisões sensíveis da ordem policial, deslocando um corpo do lugar que lhe era designado; faz ver o que não cabia ser visto; *faz ouvir como discurso o que só era ouvido como barulho.*[1185] Rancière explica:

> A atividade política é sempre um modo de manifestação que desfaz as divisões sensíveis da ordem policial ao atualizar uma pressuposição que lhe é heterogênea por princípio, a de uma parcela dos sem-parcela que manifesta ela mesma, em última instância, a pura contingência da ordem, a igualdade de qualquer ser falante com qualquer outro ser falante.[1186]

Para o filósofo, o lugar da política existe no encontro, no conflito entre dois processos heterogêneos: o processo policial, conforme acima descrito, e o processo da igualdade, que constitui o conjunto aberto das práticas guiadas pela suposição da igualdade de qualquer ser falante com qualquer outro ser falante e pela preocupação em averiguar essa igualdade.[1187]

Portanto, a política emprega lógica totalmente heterogênea à da polícia, mas são atividades sempre conexas, pois a primeira não tem objetos que lhe sejam próprios: seu único princípio – a igualdade – não lhe é próprio e não tem nada de político em si mesmo.[1188] O que constitui o caráter político de uma ação, segundo o filósofo, não é seu objeto ou o lugar onde é exercida, mas unicamente *sua forma*, que inscreve a *averiguação da igualdade na instituição de um litígio, de um conflito, de um dano*.[1189]

A forma pela qual a política atua perante a ordem policial para a verificação da igualdade das partes falantes é por meio da provocação de dano nas ocupações, das funções e dos lugares pré-configurados e distribuídos na divisão do sensível. Conforme explica Machado, a política, na concepção de Rancière, questiona "[...] a naturalidade da distribuição hierárquica das partes. Isto implica em desconstruir, a partir da manifestação de um dissenso, a correspondência policial que naturaliza determinadas categorias sociais e suas funções correspondentes."[1190]

1184 RANCIÈRE, 1996, p. 42.
1185 RANCIÈRE, 1996, p. 42.
1186 RANCIÈRE, 1996, p. 46.
1187 RANCIÈRE, 1996, p. 43.
1188 RANCIÈRE, 1996, p. 43.
1189 RANCIÈRE, 1996, p. 44.
1190 RANCIÈRE, 2012, p. 268.

Desse modo, política, para Rancière, é primeiramente ruptura, conflito em torno da possibilidade de todos os falantes serem contados como parcelas participantes da definição do justo e do injusto. Esse dano político não é uma troca ou um acerto violento entre parceiros constituídos, pois ele diz respeito à própria situação de palavra e a seus atores:

> Não há política porque os homens, pelo privilégio da palavra, põem seus interesses em comum. Existe política porque aqueles que não têm direito de ser contados como seres falantes conseguem ser contados, e instituem uma comunidade pelo fato de colocarem em comum o dano que nada mais é que o próprio enfrentamento, a contradição de dois mundos alojados num só: o mundo em que estão e aquele em que não estão, o mundo onde há algo 'entre' eles e aqueles que não os conhecem como seres falantes e contáveis e o mundo onde não há nada.[1191]

Logo, para Rancière, nenhuma coisa é, então, por si só, política, mas qualquer coisa pode vir a sê-lo se der ocasião ao encontro da lógica policial e da lógica igualitária, manifestada mediante dano na divisão da ordem pré-configurada dos corpos sociais. Segundo o autor, um mesmo conceito – a opinião ou um direito, por exemplo – pode designar uma estrutura do agir político ou uma estrutura da ordem policial.[1192] É assim que o mesmo direito pode designar dois processos opostos: a reprodução das legitimações de Estado e da governabilidade ou a constituição de uma cena em que se arma o litígio desse jogo de legitimações e de sentimentos; traduzindo a invenção de uma questão que ninguém se colocava.[1193]

Nesse sentido, o autor afirma que o direito de greve pode dar ensejo à política ou não dar nenhum ensejo: uma greve não é política quando possui uma pauta meramente defensiva, por exemplo. No entanto, ela será política quando visa reconfigurar as relações que determinam o local de trabalho em sua relação com a comunidade.[1194]

Rancière cita como exemplo de *lei de polícia* o que faz tradicionalmente enxergarmos o local de trabalho como espaço privado não regido pelos modos do ver e dizer próprios do que se chama espaço público; em que o "ter parcela" do trabalhador é estritamente definido por sua dimensão econômica, pela remuneração de sua atividade.[1195] A *atividade política* dos operários do século XIX foi pautar em *relações*

[1191] RANCIÈRE, 1996, p. 40.

[1192] RANCIÈRE, 1996, p. 45.

[1193] RANCIÈRE, 1996, p. 45.

[1194] RANCIÈRE, 1996, p. 45.

[1195] RANCIÈRE, 1996, p. 42.

coletivas as relações de trabalho que só dependiam de uma infinidade de relações individuais concebidas como privadas.[1196]

Entretanto, no contexto de reestruturação produtiva, de desagregação das óticas dos Estados nacionais, de mutabilidade dos sujeitos e de desconstrução de teorias economicistas vistas como absolutas na modernidade, não é possível conceber o direito de greve como instrumento de luta coletiva emancipador se ele é formatado juridicamente em vertente descoletivizada, sindicalizada e apolítica. A greve teve seu conteúdo esvaziado no capitalismo tardio em razão de como foi configurada na qualidade de direito, conforme foi observado pelo confronto das fontes jurídicas ítalo-brasileiras: sua manifestação lícita ficou restrita à perspectiva defensiva; limitada a interesses predominantemente econômico-profissionais; exercida – no caso do Brasil – por um sujeito sindicalizado industrial, homogêneo, pré-constituído; pautada pela cooperação e não pela ruptura. O direito de greve do capitalismo tardio é apenas um ruído de corpos irritados, um barulho, que já faz parte da lógica policial.

Nesse ponto, surge uma questão: é possível reconhecer um conceito de direito de greve, na Itália e no Brasil, que seja apto a fazer política, nos termos emancipadores propostos por Rancière, ou trata-se de algo *dispersivo* que vai além desse direito?

Para Rancière, a política é assunto de modos de subjetivação.[1197] A subjetivação política produz um múltiplo que não era dado na constituição policial da comunidade; um múltiplo cuja contagem se põe como contraditória com a lógica policial.[1198] Ressalta o autor que modos de subjetivação não criam sujeitos do zero: eles os criam transformando identidades pré-configuradas na divisão do sensível em instâncias de experiência de um litígio.[1199]

Como bem explicita, "operários" ou "mulheres" são identidades aparentemente pré-ordenadas na lógica da divisão do sensível, pois todos sabem de quem se trata e qual sua posição no corpo social.[1200] Para o autor, a subjetivação política desloca-os dessa evidência, colocando

---

1196 RANCIÈRE, 1996, p. 42.

1197 Para Rancière, subjetivação é a "produção, por uma série de atos, de uma instância e de uma capacidade de enunciação que não eram identificáveis num campo de experiência dado, cuja identificação portanto caminha a par com a reconfiguração do campo da experiência." Cf.: RANCIÈRE, 1996, p. 48.

1198 RANCIÈRE, 1996, p. 48.

1199 RANCIÈRE, 1996, p. 44.

1200 RANCIÈRE, 1996, p. 48.

a questão da relação entre *um quem* e *um qual* que desfaz as relações entre a ordem das palavras e a ordem dos corpos que determinavam o lugar de cada um. Em suas palavras:

> Uma subjetivação política é o produto dessas linhas de fratura múltiplas pelas quais subjetivam a distância entre sua condição de animais dotados de voz e o encontro violento da igualdade do *logos*. A diferença que a desordem política vem inscrever na ordem policial pode portanto, em primeira análise, exprimir-se como diferença entre uma subjetivação e uma identificação. Ela inscreve um nome de sujeito como diferente de toda parte identificada da comunidade.[1201][1202]

Portanto, a política em geral é feita desses erros de cálculo; é obra de classes que não são propriamente classes, de argumentos "lógicos" que são ao mesmo tempo a renegociação da relação entre a palavra e sua contagem e da configuração sensível que recorta os campos e os poderes do *logos* e da *phoné* – os lugares do visível e do invisível – e articula-os na repartição das partes e das parcelas.[1203] Um sujeito político não é um grupo que cria consciência de si, se dá voz, impõe seu peso na sociedade, e sim um operador capaz de articular e separar as regiões, as identidades, as funções, as capacidades que existem na configuração entre as divisões da ordem policial e o que nelas já se inscreveu como igualdade.[1204]

1201 RANCIÈRE, 1996, p. 49.

1202 Conforme Rancière, "[...] esse ponto pode ser ilustrado por um episódio histórico, uma cena de palavra que é uma das primeiras ocorrências políticas do sujeito proletário moderno. Trata-se de um diálogo exemplar, ocasionado pelo processo movido em 1832 contra o revolucionário Auguste Blanqui. Instado pelo presidente do tribunal a declinar sua profissão, ele responde simplesmente: 'proletário'. A essa resposta o presidente objeta de pronto: 'Isso não é profissão', para logo ouvir o acusado replicar: 'É a profissão de trinta milhões de franceses que vivem de seu trabalho e que são privados de seus direitos políticos'. O que faz o presidente permitir que o escrivão anote essa nova 'profissão' [...]. O nome proletário não define nem um conjunto de propriedades (trabalhador braçal, trabalho industrial, miséria etc.) que seriam igualmente detidas por uma multidão de indivíduos, nem um corpo coletivo, que encarna um princípio, do qual esses indivíduos seriam os membros. Ele pertence a um processo de subjetivação que é idêntico ao processo de exposição de um dano. A subjetivação 'proletária' define, numa sobre-impressão em relação à multidão dos trabalhadores, um sujeito do dano. O que é subjetividade não é nem o trabalho nem a miséria, mas a pura contagem dos incontados, a diferença entre a distribuição desigualitária dos corpos sociais e a igualdade dos seres falantes. Essa é também a razão pela qual o dano exposto no nome de proletário não se identifica de forma alguma à figura historicamente datada da 'vítima universal' e a seu *pathos* específico." Cf.: RANCIÈRE 1996, p. 50.

1203 RANCIÈRE, 1996, p. 52.

1204 RANCIÈRE, 1996, p. 53.

Desse modo, o direito de greve apto a realizar transformações significativas seria aquele capaz de construir a relação entre sujeitos, objetivos e espaços que aparentemente não têm relação entre si. O direito político de greve[1205] é aquele que *desidentifica*, que desloca a greve de uma perspectiva policial – unicamente nacional, economicista, industrial, sindical, patriarcal, descoletivizada e homogênea – ou seja: é o direito que possibilita a articulação de várias identidades em uma luta política coletiva potencialmente transnacional; de titularidade que remete a uma pluralidade de sujeitos não pertencentes apenas a um grupo social; sob vários formatos, em face do antagonismo estrutural entre capital e trabalho, que se irradia para além do espaço produtivo.

No entanto, ao captar o direito de greve, o Direito Brasileiro estabeleceu um conceito de viés policial – nos termos utilizados por Rancière – principalmente mediante a Lei nº 7.783/89 e a atuação da jurisprudência, que visa impedir o verdadeiro funcionamento político do movimento paredista. Mediante a atuação das fontes jurídicas oficiais, auxiliada por grupos econômicos e pela mídia, a política se tornou ausente no direito de greve, para que fossem desenvolvidos processos de legitimação de desigualdades e de governabilidade. A captação da greve como *direito* que permite atos políticos emancipatórios, ou seja, conteúdo que permita sua permanente renegociação e deslocamento, para que a classe-que-vive-do-trabalho não fosse penalizada em âmbito trabalhista, civilista e até mesmo criminal, não ocorreu no Brasil.

Reconhecemos que há resistência de parte minoritária da doutrina brasileira, que se recusa a aceitar um *direito de greve* que expulsa sua politização. Tal doutrina visa formular um conceito que desconstrói a concepção jurídica frequentemente aplicada pelos tribunais, que tenta sufocar movimentos capazes de gerar algum tipo de deslocamento de corpos sociais e declara sistematicamente sua abusividade.

Exemplo do esforço dessa doutrina minoritária é o conceito formulado, em 1996, por Márcio Túlio Viana, que, como já foi mencionado neste capítulo, define a greve como toda e qualquer ruptura com o cotidiano da prestação de serviços.[1206] Tal conceito ampliativo, que permite realizar a ponte entre os canais de representação oficiais de interesses coletivos e o pluralismo normativo das relações sociais, também encontra respaldo na doutrina internacional. Nesse sentido, temos também o conceito elaborado pelo autor francês Hèlène Sinay, que considera que "[...] greve é a ruptura

---

1205 RANCIÈRE, 1996, p. 54.
1206 VIANA, 2009, p. 115.

com o cotidiano de uma forma coletiva e concertada."[1207] Tais conceitos doutrinários são hábeis a realizar um diálogo interseccional com as novas formas de prestação laboral, bem como com os novos movimentos sociais, ressignificando a categoria classe social e o próprio direito de greve.

Ressaltamos, portanto, que o admirável conceito elaborado por Márcio Túlio Viana supera a concepção restrita – e, a nosso ver, inconstitucional – da Lei nº 7.783/89, que, se interpretada em sua literalidade, é estritamente econômica-profissional, pois reduz a titularidade e o exercício do direito de greve aos sindicatos e à relação empregatícia; restringe sua forma de atuação à suspensão laboral; e seu efeito exclusivamente à suspensão contratual. Entretanto, apesar do esforço dessa doutrina em desconstruir essa interpretação literal reducionista, para que haja a abertura do conteúdo do direito de greve aos novos formatos de luta coletiva, a jurisprudência dominante dos tribunais brasileiros optou por seguir a concepção legalista: assim, muitas vezes, como foi observado, nos termos da doutrina de Calamandrei, o *direito* de greve é tratado pelos tribunais como *mera liberdade*, às vezes como delito e só é expandido na qualidade de *direito* relativamente a aspectos individualizados e econômicos.

Portanto, lamentavelmente, o que podemos constatar é que o conceito de direito de greve como ruptura do ritmo ordinário de serviços, que corresponde à perspectiva de política nos termos de Rancière, apesar de ter sido criado e difundido – inclusive internacionalmente – há mais de 20 anos, não é efetivo ou eficaz no Brasil. Não é efetivo, pois os tribunais, que determinam na prática o conteúdo do direito de greve, optam pela mentalidade positivista já cimentada em relação a ele, mediante argumentos patrimonialistas e por meio da aplicação formalista da Lei nº 7.783/89, até o ponto de unir um e outro em uma definição de democracia e cidadania vazia. Tal conceito infelizmente não é eficaz, pois o direito de greve, no formato que foi firmado pela lei no Brasil, é questionado constantemente pelas relações sociais e, na prática, corrobora juridicamente a repressão aos movimentos de luta coletiva, o que mantém a desigualdade policialesca dos seres falantes, nos termos de Rancière.

Desse modo, a política, no sentido elaborado por Rancière, não está presente no conceito de direito de greve pré-configurado e sedimentado no Brasil. Além disso, nos parece extremamente difícil, diante do contexto formalista incorporado pelos tribunais na aplicação da Lei nº 7.783/89, já analisado neste capítulo, *reconhecer outro lugar para o direito de greve,* ou seja, um conceito de direito de greve no Brasil que seja efetivamente apto a fazer política.

[1207] SINAY, 1966, p. 173.

Primeiramente, porque esse direito já foi *capturado e consolidado* na configuração de um direito policial – nos termos de Rancière –, que não visa à ruptura. A legalização e a aplicação do direito de greve no Brasil foram construídas e engessadas sob a ótica de submissão ao direito da propriedade, à liberdade individual de trabalho, à regulamentação excessiva e ao sindicalismo corporativista, para que os lugares dos corpos sociais fossem mantidos onde estão. Assim, acreditamos que as energias emancipatórias das novas configurações de luta coletiva não poderão ser protegidas juridicamente por um *direito de greve* já confinado e estabilizado em uma lei que está tão arraigada na cultura jurídica brasileira.

Paradoxalmente, considerando essa cultura positivista e formalista que ainda perdura na nossa jurisprudência, acreditamos que a tentativa de proteção jurídica dessas novas formas de luta no Brasil não será aplicada pelos tribunais se não for feita por meio da linguagem legalista a qual eles respondem: a captação jurídica socialmente protetiva da luta coletiva não virá exclusivamente da doutrina – que já tenta resistir à redução do conflito coletivo – até porque, para muitos magistrados, doutrina não é sequer fonte jurídica. Isso faz com que esse debate no Brasil deva necessariamente passar pela discussão da dogmática jurídica, que, por um lado, pode nos fazer cair em outra concepção jurídica de luta coletiva restrita, mas, por outro, pode ser algo potencialmente interessante, para que não haja transformação exclusivamente no campo doutrinário, sem a pretensão de atuação prática.

Por fim, devemos salientar que a proteção da luta coletiva mediante a *desjuridificação, ou seja, fora das margens do Direito,* nos parece oferecer mais desvantagens do que vantagens, porque é impossível negar que a *juridificação* das relações sociais também representa avanços em termos institucionais e de cultura política democrática.[1208] Isso é palpável no tocante à greve, que foi considerada um delito, depois foi concebida como liberdade e hoje é um direito. No entanto, a forma de *juridificação* da greve na modernidade, e que insiste em perdurar com seu tradicionalismo, exclui, de forma excessiva, demandas que podem encontrar respaldo no código jurídico vigente.[1209]

Desse modo, a proteção eficaz de movimentos coletivos da classe-que-vive-do-trabalho deve ter seu centro de ação localizado em forças macro ou microssociológicas, mas também dentro do código sistêmico do Direito. Logo, no caso do Brasil, a resposta, para ser efetiva,

---

1208 RODRIGUEZ; NOBRE, 2011, p. 12.

1209 RODRIGUEZ; NOBRE, 2011, p. 12.

deve ser reconhecida em outros dispositivos legais ou constitucionais, mas que talvez não perpasse necessariamente pelo direito de greve já cimentado pelas fontes jurídicas oficiais brasileiras.

Devemos destacar que isso não significa que nos filiamos ao limitado conceito de direito de greve restrito à legalidade ou que nos contentamos com a aplicação formalista da Lei nº 7.783/89. Não significa proclamar o fim do direito de greve, o fim das classes ou da luta operária. Entretanto, devemos também ser pragmáticos e buscar outras estratégias jurídicas complementares que promovam uma proteção mais efetiva de formas de luta coletiva contemporânea, que se desenvolveram em razão da própria diversificação dos modos de exploração capitalista.

Além disso, cumulativamente, há realmente algo *dispersivo* nesses novos movimentos, que escapa ao direito de greve e principalmente ao sindicato. No Brasil, vivemos atualmente uma realidade efervescente de movimentos de luta coletiva, que tentam dar visibilidade pública à classe-que-vive-do-trabalho, superando a distância entre conceitos estanques de categorias de classe, raça e gênero, que podem esconder formas de violência articulada que recaem sobre aqueles que se encontram nas margens do capitalismo tardio e têm sua subalternidade reforçada por tal sistema. Tais movimentos – como as explosivas jornadas de junho de 2013 ou a ocupação das escolas pelos estudantes e professores na rede estadual de São Paulo em 2015 – mesclam ações sindicais, populares urbanos, estudantis e de luta contra a opressão a homossexuais, negros e mulheres, buscando exteriorizar sua interseccionalidade, para evitar o retorno a categorias pré-constituídas e ao próprio pensamento categorial, baseado no consenso e na homogeneização, que naturaliza identidades e legitima a ordem policial, nos termos de Rancière. Essa "impureza" das ações desses movimentos possibilita a ruptura de formas organizativas hegemônicas, ou seja, seria a política agindo sobre a polícia, conforme Rancière.

Entretanto, esses outros atores sociais resistem ao retorno de procedimentos de agregação provenientes da modernidade, deixando-os subordinados ao comando hierárquico do movimento operário, que, inclusive, passou a ser hegemônico no plano internacional após a criação da OIT.[1210] Obviamente, como já mencionamos no segundo capítulo, a luta pelos direitos, pelas ideias de justiça social e equidade só adquire sentido emancipatório se estiver em sintonia com a luta por um projeto de superação dessas novas feições de exploração do capitalismo. No entanto, apesar de estarem ligadas por essa marginalização provocada pelo capitalismo cognitivo-cultural, vários são os sujeitos de lutas de classes

---

[1210] WATERMAN, 2002, p. 1.

e múltiplas são as lutas por reconhecimento, redistribuição e emancipação: não existe uma liderança preestabelecida entre eles. E o formato moderno do direito de greve – que foi cristalizado no Brasil pela Lei nº 7.783/89 – remete ao lugar pré-configurado de resistência historicamente sindical, patriarcal, industrial e econômica, que, traduzindo o pensamento operário, presumiu – e, em alguns aspectos, ainda presume – que todas as instituições não-tradicionais da sociedade civil são instrumentos que podem enfraquecer ou confundir a luta de classes.[1211]

Também na Itália podem ser observados alguns movimentos políticos contemporâneos que escapam ao conceito sedimentado do direito de greve, principalmente na perspectiva transnacional da comunidade europeia. Tais formas de conflito, pautadas pelo viés político – nos termos de Rancière –, buscam coletivamente direitos sociais que ultrapassam as experiências nacionais de luta coletiva e que vão além dos limites da relação de emprego e dos grandes sindicatos, envolvendo cada vez mais novos sujeitos e subjetividades, representados por desempregados, informais, pequenos produtores, imigrantes, estudantes e outros setores da sociedade civil.[1212] Exemplo disso, foi o surgimento das Câmeras de Trabalho Autônomo e Precário em Roma (CLAP), em 2013, que buscam formas de luta nacional e transnacional denominadas "greves sociais", que visam articular todos os sujeitos marginalizados pelo capitalismo tardio, que nem sequer possuem direito de greve, mediante ocupação, autogestão, piquetes, bloqueios e mobilizações em mídias sociais.

Conforme ressalta precisamente Orlandini, essas dinâmicas de mercado global colocam em evidência o fato de que, para recuperar a eficácia perdida, o conflito coletivo na era pós-industrial deve necessariamente passar por novas solidariedades e alianças entre quem está dentro e quem está fora da empresa.[1213] Salienta o autor que não há dúvidas que outras formas de luta, que envolvem outros atores sociais, são modalidades de ação muito mais eficazes perante as estratégias de precarização das empresas multinacionais, que se mostram vulneráveis no momento em que o conflito coletivo tradicional organizado por trabalhadores, internamente na empresa, é também apoiado por mobilizações da sociedade civil e incide na escolha coletiva dos consumidores.[1214]

[1211] WATERMAN, 2002, p. 10.
[1212] ORLANDINI, 2006, p. 47.
[1213] ORLANDINI, 2006, p. 48.
[1214] ORLANDINI, 2006, p. 48.

Tais modalidades de luta coletiva não são abarcadas pelo conceito de direito de greve elaborado na Itália, pois este envolve titularidade individual, limitações de índole civilista em relação às greves atípicas e interesses que não podem ser puramente políticos. No entanto, os novos elementos dispersivos podem sinalizar a construção da nova base jurídica de um direito de ação coletiva, que pode encontrar respaldo no direito comunitário, superando limites impostos pelas tradicionais concepções nacionais dos Estados sobre o direito de greve, inclusive a italiana, que já está cristalizada em uma racionalidade econômica.

Parte reduzida da doutrina da Itália, na mesma direção da doutrina minoritária brasileira, questiona a *ausência da política no conceito de direito de greve*, criticando a posição da Corte Constitucional, que não reconheceu a greve política como um direito, o que levou o tribunal a criar a figura intermediária da *liberdade de greve meramente política*, fazendo distinção irreal, mas que é ainda presente na jurisprudência italiana.

Por que a politização do direito de greve não foi reconhecida no conceito elaborado nas fontes jurídicas italianas? A Itália, ao contrário do Brasil, não possui conceito de greve estritamente econômico-profissional enclausurado em lei ordinária. O obstáculo de reconhecimento da política na greve não se trata de apego à concepção imposta por uma lei, pois essa não existe. Podemos salientar inclusive que, diante da ausência da atuação do legislador ordinário, a Corte Constitucional e a Corte de Cassação traçaram teoricamente um conceito de direito de greve amplo em alguns aspectos, mas, contraditoriamente, a Corte Constitucional negou o que atribui poder transformador a esse direito: a possibilidade de alçá-lo a instrumento jurídico de participação política.

Por isso, talvez seja necessário criar outras redes de proteção jurídica da luta coletiva em sua vertente política, em outros lugares do Direito, porque, além de existirem novos atores, identidades e interesses sociais que não serão articulados pelo conceito vigente de direito de greve na Itália, podemos observar, assim como no Brasil, certo conformismo e a sedimentação do conceito desse direito, que podem ser verificados não só na jurisprudência, mas também em parte da doutrina italiana, que se contenta com a concepção traçada pelos tribunais, minimizando a importância de outras formas de luta emergentes.

A tradição jurídica e sindical italiana tem grande papel na cimentação econômica do direito de greve e na resistência de abertura para a politização desse direito. Isso porque foi o direito de greve que representou o conflito de uma sociedade pluralista na modernidade, e que, junto ao direito de negociação coletiva e à liberdade sindical, construiu a identidade do Direito Coletivo do Trabalho moderno italiano, que foi base – em maior ou menor grau – para vários sistemas jurídicos no mundo, inclusive o brasileiro. A abertura para a politização do conceito do direito de greve na Itália encontra dificuldades até na doutrina, pois percebe-se a insegurança daqueles que criaram as bases desse direito em perder sua essência, o que poderia ocorrer com o contato de outros atores e outros anseios. Entretanto, como ressalta Supiot, é necessário reposicionamento para uma nova filosofia da história do Direito do Trabalho, em reconsideração sistemática do direito de autotutela coletiva, que deve ser libertado do binômio empregador/empregado da sociedade industrial.[1215]

Exemplo desse apego jurídico à concepção de direito de greve da modernidade – e da necessidade de encontrar proteção da luta coletiva em *outros direitos* – é a decisão da Corte Constitucional que, com incerteza terminológica, declarou lícita as novas tipologias de conflito coletivo de trabalhadores, que não são empregados, nos serviços públicos essenciais: tal decisão não reconheceu essa proteção jurídica no *direito de greve* e sim na *mera liberdade de associação*.[1216]

Por que a expansão subjetiva da proteção jurídica da luta coletiva não ocorreu dentro do direito de greve? Porque, assim como na tutela

---

[1215] Completa o autor: "Por outro lado, a greve facilmente ocupou seu lugar na renovação das categorias jurídicas que acompanharam o surgimento desse modelo industrial. Corresponde, em particular, à análise contratual da relação de trabalho tal como ela se afirmava à época. Surgido na virada do século 20, o contrato de trabalho gradualmente se tornará a forma "normal" da relação de trabalho. Inserindo um status protetivo em um contrato, se transcende a diversidade de profissões e cimenta a identidade profissional dos trabalhadores assalariados. Caracterizado pela subordinação, esse contrato ordena todo o mundo do trabalho em torno da dupla "empregador / empregado."

No original: "La grève prenait d'autre part facilement place dans le renouveau des catégories juridiques qui ont accompagné l'émergence de ce modèle industriel. Elle correspond en particulier à l' analyse contractuelle de la relation de travail telle qu'elle s'affirme à cette époque. Apparu au tournant du XXème siècle, le contrat de travail va progressivement devenir la forme 'normale' de relation de travail. Insérant un statut protecteur dans un contrat, il transcende la diversité des métiers et cimente l'identité professionnelle des travailleurs salariés. Caracterise par la subordination, ce contrat ordonne toutle monde du travail autour du binome "employeur/salarié." Cf.: SUPIOT, 2001, p. 5. (tradução nossa)

[1216] CARUSO, 2002, p. 102.

de interesses políticos, há inércia e receio da jurisprudência, e de parte da doutrina italiana, em fazer um salto de atualização do conceito de direito de greve para o contexto do capitalismo contemporâneo.

A necessidade de reconhecer a proteção como *direito* – e não mera liberdade, nos termos de Calamandrei – dessas novas formas de luta política é evidente. Contudo, podemos afirmar, em um viés pragmático, que tal proteção abrangente e efetiva não ocorrerá no âmbito do direito de greve na Itália, que, assim como o Brasil, já possui conceito de direito de greve pré-configurado e tendencialmente estático, aplicado pela jurisprudência, que desconsidera o esforço de mudança da doutrina minoritária e não consegue abarcar outros movimentos sociais.

A passagem de uma proteção jurídica da luta coletiva que não esteja alocada dentro do direito de greve, no Brasil e na Itália, se justifica, portanto, não pela impossibilidade de ressignificar semanticamente o conceito jurídico elaborado em ambos os países, o que já é feito pela doutrina minoritária. Ela tem razão de ser por dois principais motivos: a busca pela efetividade e eficácia de uma proteção jurídica da luta coletiva política, no contexto do capitalismo contemporâneo, necessita se desvincular do conteúdo do direito de greve, herdado da modernidade, que foi sedimentado pela fontes jurídicas ítalo-brasileiras; e, além disso, o conflito coletivo na contemporaneidade, em muitas de suas expressões, se destaca do conteúdo do direito de greve, pois envolve outros sujeitos, subjetividades e espaços, que são uma resposta política – nos termos de Rancière – mais adequada às novas formas de organização reticular, plural e transnacional do capitalismo cognitivo-cultural.

Assim, em ambos os países, é necessário libertar a luta coletiva política das clivagens jurídicas herdadas do conceito de direito de greve da modernidade. No contexto ítalo-brasileiro, visando à efetividade e à eficácia, podemos afirmar que a proteção jurídica das novas formas de luta política não se dará dentro dos termos do direito de greve, mas em um direito de ação coletiva, de coalizão, de autotutela, em que o direito de greve representa apenas uma das modalidades possíveis de luta.

Contudo, como e em qual lugar jurídico é possível viabilizar a proteção dessas outras formas de luta política coletiva, para que não sejam repetidas as mesmas limitações dadas ao conceito de direito de greve ítalo-brasileiro?

O problema ainda reside na devida compreensão dos diferentes processos de juridificação das relações sociais.[1217] A correta compreensão do Direito e de sua função estruturante na dinâmica institucional pode permitir o acesso àquele que é o núcleo social mais profundo da lógica jurídica: seu papel transformador.[1218]

Por um lado, o Direito formata de maneira decisiva demandas sociais de transformação, obrigando diferentes indivíduos, grupos e movimentos sociais a traduzir suas aspirações em termos jurídicos, o que pode resultar na renovação da gramática institucional[1219] e, até mesmo, na transformação do código do Direito.[1220] De outro lado, essa lógica estruturante do Direito pode excluir alternativas e demandas que realmente não podem ter proteção na tradução para o código jurídico vigente.[1221] O papel social do Direito que esteja à altura da complexidade do fenômeno tem de ser capaz de manter essas duas perspectivas simultaneamente, pois, de uma forma, permite examinar a juridificação em sua especificidade e lógica próprias, mostrando a ligação íntima entre o peso do Direito no mundo contemporâneo e o código que lhe é próprio.[1222] Em contrapartida, sob outra perspectiva, permite delinear os limites do Direito e de seu código, apontando para os processos sociais que são excluídos pela juridificação nos termos do código vigente.[1223]

1217 RODRIGUEZ; NOBRE, 2011, p. 15.

1218 RODRIGUEZ, NOBRE, 2011, p. 15.

1219 Utilizamos o termo no sentido amplo elaborado por Rodriguez e Nobre (2011, p. 18) que corresponde à "tradução para o código do Direito". Rodriguez e Nobre indicam que quando mencionam "código do Direito" e suas transformações estão se referindo ao Direito racional e formal weberiano, concepção que domina a visão mais corrente sobre o Direito até os dias de hoje. Os autores ressaltam que quando mencionam "gramática" ou "gramáticas do Direito", referem-se aos desenhos institucionais em que tal código se encontra configurado a cada vez. Segundo os autores tais desenhos podem ser modificados por dentro em função da dinâmica dos conflitos sociais, a ponto de alterar o código do Direito, como ocorreu na passagem do Estado liberal para o Estado social por ação da classe operária. Ao naturalizar a ligação entre código do Direito e gramáticas institucionais, o jurista deixa de perceber uma tensão fundamental para o processo de institucionalização e transformação do Direito. Cf.: RODRIGUEZ, NOBRE, 2011, p. 6.

1220 RODRIGUEZ; NOBRE, 2011, p. 16.

1221 RODRIGUEZ; NOBRE, 2011, p. 16.

1222 RODRIGUEZ; NOBRE, 2011, p. 16.

1223 RODRIGUEZ; NOBRE, 2011, p. 16.

O que não pode acontecer, considerando o que ocorreu com o conceito de direito de greve elaborado na Itália e no Brasil, é o bloqueio da disputa pelas regras que definem gramáticas institucionais, sob pena de naturalizar posições de poder político, econômico e social. As regras de juridificação do conflito coletivo devem estar sempre abertas à renegociação, para que haja espaço jurídico para a participação dos sujeitos heterogêneos que compõem as forças sociais do trabalho, no intuito de concretizar conceito dinâmico de cidadania.

Pretendemos, então, encontrar uma forma de juridificar o conflito coletivo que permita a permanência da política nos meios de luta, sem utilizar a linguagem tradicional de "direitos e deveres". A visão de uma cidadania estática – direito a ter direitos –, consolidada com a despolitização do direito de greve, nos parece inadequada para a definição desse novo lugar jurídico, porque buscamos um direito de luta coletiva que seja instrumento ativo no processo de definição da gramática institucional. Para possibilitarmos o papel político desse direito de luta coletiva e localizá-lo no universo do Direito, devemos primeiramente diferenciá-lo do direito de greve, analisando os novos fenômenos e sujeitos sociais que estão construindo seu conteúdo.

OUTROS MEIOS DE LUTA COLETIVA E SUAS NOVAS FACETAS NO CAPITALISMO CONTEMPORÂNEO

Nesta seção pretende-se realizar uma pesquisa jurídico-sociológica sincrônica sobre outras formas de luta coletiva diversas da greve, que surgiram ou se transformaram em resposta às mudanças desencadeadas pelo capitalismo contemporâneo.

As formas de luta coletiva selecionadas para análise neste capítulo não constituem, certamente, rol exaustivo. Os conflitos coletivos são extremamente variados e estão em permanente transformação, de modo que toda enumeração que se procure fazer será inevitavelmente incompleta e provisória.[1224] Pretendeu-se destacar as formas de luta mais inovativas e as que sofreram maior alteração em razão do contexto transnacional do capitalismo cognitivo-cultural.

A investigação, assim como no capítulo anterior, será do tipo jurídico-comparativo horizontal, em que os objetos comparados são contemporâneos, porém pertencentes a ordenamentos jurídicos distintos.[1225]

ZONA DE TRANSIÇÃO: A OCUPAÇÃO COMO FORMA DE LUTA COLETIVA

As ocupações do local de trabalho[1226] são forma característica das lutas sociais contemporâneas, mas não compreendem fenômeno unívoco. Conforme Sinay,[1227] esse processo de luta de trabalho é marcado por grande ambivalência, pois a ocupação é ao mesmo tempo processo de pressão e modo de expressão. Processo de pressão, porque a ocupação dos locais de trabalho tem particularmente o fim de evitar o recurso do empregador à mão de obra reserva: em vez de se usar piquetes para convencer outros trabalhadores dos motivos da luta, ocupa-se o local de trabalho. Além disso, é meio capaz de pesar em eventual negociação, impedindo soluções

---

1224 URIARTE, 2000, p. 88.

1225 GUSTIN; DIAS, 2013, p. 28.

1226 Esta pesquisa será concentrada nas ocupações urbanas, tendo em vista que todo o trabalho da tese é focado nas transformações produtivas do capitalismo e suas consequências nas formas de luta coletiva exercidas essencialmente em plexos urbanos.

1227 SINAY, 1966, p. 39.

que implicam o fechamento da empresa.[1228] Também é modo de expressão cultural e político, pois a ocupação pode permitir aos trabalhadores a condução democrática dos processos de luta escolhidos e de controle de negociação de fim do conflito, pois estes estão livres no local de trabalho sem a autoridade do empregador.[1229]

Diante de tal complexidade, as ocupações geram problemas jurídicos desafiadores, entre os quais podemos destacar o questionamento central para a nossa pesquisa: se todas as ocupações de locais de trabalho enquadram-se no direito de greve elaborado na Itália e no Brasil; se nenhuma delas pode ter essa qualificação ou se somente alguma delas podem ser incluídas nesse conceito jurídico.

A doutrina ítalo-brasileira classifica essa forma de luta basicamente em duas espécies: ocupação passiva e ocupação ativa.

As ocupações *passivas* – o *lock-in* – são aquelas em que os trabalhadores permanecem, *mesmo após a jornada de trabalho*, no recinto da empresa sem prestar serviços, como meio de pressão para a obtenção de suas reivindicações.[1230] Possuem relação direta com a manutenção do emprego: ocupa-se a empresa sem trabalhar, para, paradoxalmente, expressar a vontade de continuar produzindo.[1231]

Conforme parcela da doutrina brasileira,[1232] a ocupação passiva do local de trabalho é um desdobramento do direito de greve, mesmo em seu conceito mais rigoroso, pois os trabalhadores se abstêm da atividade laboral e geralmente possuem reivindicações restritas ao campo econômico-político.

Nesse sentido, Delgado destaca que a precedente lei de greve – 4.330/64 – oriunda do período autoritário no Brasil, explicitamente subordinava o tipo legal da greve à *desocupação* dos locais de trabalho; exigência que desapareceu na nova ordem jurídica constitucional (art. 9º) e na Lei nº 7.783/89.[1233] Assim, conforme o autor,[1234] o *lock-in*

1228 SINAY, 1966, p. 40.

1229 SINAY, 1966, p. 40.

1230 SILVA, 1998, p. 164.

1231 SINAY, 1966, p. 40.

1232 Em sentido contrário, Segadas Vianna (1972, p. 226) e Ari Possidonio Beltran (2001, p. 169), que consideram que a ocupação passiva excede o exercício do direito de greve, gerando, em regra, ilícitos no plano civil e penal.

1233 DELGADO, 2009, p. 1301.

1234 DELGADO, 2009, p. 1301.

é essencialmente um método de realização do movimento paredista e enquadra-se no conceito legal dessa figura:

> O silêncio da nova ordem jurídica resulta do fato de não haver real comprometimento do instituto paredista em face da adoção da estratégia ocupacional, uma vez que essa mantém-se subordinada à função primária da figura grevista, que é abstenção coletiva de atividades contratuais pelos trabalhadores.[1235]

Pinho Pedreira da Silva afirma que a ocupação passiva de locais de trabalho faz parte do direito de greve e o reforça de maneira acessória, aumentando a pressão exercida sobre o empregador, traduzindo-se em forma de apoio ao movimento paredista ou em parte de seu prosseguimento.[1236] Márcio Túlio Viana ressalta que a ocupação passiva é inerente a algumas modalidades de greves atípicas, como no caso das intermitentes, com paradas curtas, de poucos minutos, realizadas dentro do local de trabalho.[1237]

Inclusive, segundo Pinho Pedreira, *uma das modalidades de ocupação passiva de local de trabalho* é classificada como greve atípica, a denominada *greve de braços caídos* – também intitulada como de braços cruzados, trabalho indolente, greve branca, *sciopero bianco* –, na qual os trabalhadores se abstêm do serviço e permanecem temporariamente no recinto da empresa, nos seus postos de trabalho, dos quais não se afastam, *durante sua jornada*.[1238] Segundo o autor, este tipo de greve dura geralmente poucas horas.[1239]

Logo, conforme Pinho Pedreira, as ocupações passivas constituem um tipo de greve ou uma consequência abrangida por esse direito, e deixam de ser lícitas quando envolvem violência.[1240] Assim, as greves com ocupações passivas não são ontologicamente diversas das outras; o que há é a mera diferença de grau.[1241]

Portanto, como salienta Márcio Túlio Viana,[1242] não há motivo jurídico para enquadrar, *a priori*, as ocupações passivas em ilícitos no plano penal ou civil, pois falta aos trabalhadores o *animus spoliandi*, ou seja: não existe a intenção de apropriar-se da empresa definitivamente ou de ter sua posse permanente, como se ela pertencesse aos trabalhadores, sem o in-

---

1235 DELGADO, 2009, p. 1301.
1236 SILVA, 1998, p. 164.
1237 VIANA, 1996, p. 310.
1238 PEDREIRA, 1998, p. 165.
1239 PEDREIRA, 1998, p. 165.
1240 PEDREIRA, 1998, p. 170.
1241 PEDREIRA, 1998, p. 169.
1242 VIANA, 1996, p. 309.

tuito de restituí-la ao empregador. Além disso, segundo Pinho Pedreira, o direito de propriedade não é absoluto e a ocupação passiva configura desdobramento do exercício regular do direito constitucional de greve, não se justificando, de antemão, a prevalência de um direito sobre o outro.[1243]

Por outro lado, a doutrina prevalente[1244] italiana, apoiada pela jurisprudência da Corte Constitucional, entende que somente a greve de braços caídos – *sciopero bianco* – está abrangida pelo conceito do direito de greve e, portanto, é lícita no plano penal e contratual, desde que a atividade de gestão empresarial não seja dificultada e que os trabalhadores não se recusem a cumprir a ordem do empregador para desocupar a empresa (o que nos parece contraditório, pois o direito de greve abrange em sua essência a recusa do poder empregatício pelos trabalhadores). Nesse último caso, segundo Luisa Galantino, se os trabalhadores se recusam a desocupar a empresa, *a greve de braços caídos se transforma exclusivamente em ocupação passiva* da empresa, pois os obreiros permanecem *além da jornada de trabalho*, o que consiste em conduta duradoura que enfrenta problemas de legitimidade na doutrina e jurisprudência italiana, sob o perfil penal e civil.[1245]

No tocante ao plano criminal, o parágrafo 1º do art. 508[1246] do Código Penal Italiano prevê a punição com reclusão de até três anos para quem, *com o único intuito* de impedir ou turbar o normal desenvolvimento da atividade empresarial, invade ou ocupa empresa e dispõe de instrumentos e máquinas de trabalho. A Corte Constitucional, na sentença nº 220 de 1975, sustentou a legitimidade do referido artigo, pois, segundo o tribunal, o dispositivo visa à proteção da liberdade ao trabalho, garantida pelo art. 4º[1247] da Constituição italiana.

1243 SILVA, 1998, p. 167.

1244 Nesse sentido, Riva Sanseverino (1964, p. 384) e Luisa Galantino (2009, p. 237).

1245 GALANTINO, 2009, p. 238.

1246 Art. 508, parágrafo 1º: "Qualquer pessoa que, com a finalidade única de impedir ou perturbar o normal desempenho do trabalho, invada ou ocupe empresa agrícola ou industrial de outrem, ou turbe a posse de máquinas, estoques, aparelhos ou ferramentas de terceiros destinados à produção agrícola ou industrial, é punido com pena de prisão até três anos e multa não inferior a 103 euros."
No original: "Art. 508, parágrafo 1º: Chiunque, col solo scopo d'impedire o turbare il normale svolgimento del lavoro, invade od occupa l'altrui azienda agricola o industriale, ovvero dispone di altrui macchine, scorte, apparecchi o strumenti destinati alla produzione agricola o industriale, è punito con la reclusione fino a tre anni e con la multa non inferiore a euro 103." Cf.: ITÁLIA, 1930. (tradução nossa)

1247 "A República reconhece o direito de todos os cidadãos ao trabalho e promove as condições que tornam esse direito efetivo. Cada cidadão tem o dever de exercer,

No entanto, a Corte entendeu como lícita no plano penal a ocupação passiva da empresa quando ela ocorre no curso de uma greve, ou quando a atividade da empresa já esteja suspensa, porque, nesses casos, não há dolo específico de turbação do desenvolvimento da atividade laboral.[1248] Na mesma sentença, a Corte estabeleceu que o dolo específico exigido para a configuração do delito deveria ser exclusivo, nos termos da redação do art. 508 do Código Penal.[1249] Entretanto, isso não impediu que decisões posteriores da Corte de Cassação[1250] reconhecessem a configuração do referido crime mesmo que houvessem outros elementos intencionais de caráter sindical, negligenciando a exigência da exclusividade do dolo específico, nos termos da norma do Código Penal,[1251] talvez pela evidente dificuldade prática de aplicação dessa teoria elaborada pela Corte Constitucional.

Contudo, a licitude penal, nos termos expostos, não resolve a questão da ilicitude no plano civil. Perone[1252] ressalta que, com a sentença nº 220 de 1975, abriu-se a possibilidade para uma nova orientação, de que a ocupação da fábrica pudesse ser incluída nas formas de exercício do direito de greve, pois, ao considerar somente como delito a modalidade de ocupação que envolve o dolo específico de turbação da atividade laboral, a Corte assumiu, implicitamente, que outros tipos de ocupação estão sob a proteção jurídica do art. 40 da Constituição.

---

segundo as próprias possibilidades e a própria escolha, uma atividade ou uma função que contribui ao o progresso material ou espiritual da sociedade."

"Art. 4º: La Repubblica riconosce a tutti i cittadini il diritto al lavoro e promuove le condizioni che rendano effettivo questo diritto. Ogni cittadino ha il dovere di svolgere, secondo le proprie possibilità e la propria scelta, un'attività o una funzione che concorra al progresso materiale o spirituale della società." Cf.: ITÁLIA, 1948. (tradução nossa)

1248 GIUGNI, 2008, p. 270.

1249 GALANTINO, 2009, p. 237.

1250 Corte de Cassação – Penal – decisão de 9 de junho de 1978 e 19 de junho de 1979.

1251 Em algumas decisões foram aplicadas outras normas penais como o art. 633, que pune a invasão arbitrária de terrenos ou edifícios, e o art. 614, que prevê o crime de violação de domicílio. Como salienta Giugni, tal aplicação não é coerente, pois para a configuração do crime do art. 633 é necessário um *animus spoliandi*, que é inexistente na temporária ocupação da fábrica, assim como inexiste o crime do art. 614, porque a empresa não é um domicílio privado. Cf.: GIUGNI, 2008, p. 271.

1252 PERONE, 1978, p. 456.

Entretanto, doutrina[1253] e jurisprudência[1254] dominantes na Itália entendem que *a ocupação passiva da empresa, ou seja, aquela que implica necessariamente a permanência dos trabalhadores além da jornada de trabalho*, diversamente da greve de braços caídos, viola a posse do empregador, o que torna legítimo o recurso a ações que almejam a defesa da posse.

A utilização de instrumentos possessórios em face da ocupação passiva decorrente da greve também é perpetuada pelos tribunais trabalhistas brasileiros, que, depois da Emenda Constitucional nº 45/2004 – que alterou o art. 114 para ampliar a competência da Justiça do Trabalho – e, após decisão do Supremo Tribunal Federal,[1255] consubstanciada na Súmula Vinculante nº 23, tornaram-se competentes para processar e julgar ações possessórias ajuizadas em decorrência do exercício do direito de greve pelos trabalhadores da iniciativa privada.

Conforme a jurisprudência[1256] brasileira trabalhista dominante, os atos de ocupação passiva, incluindo modalidades de piquetes que im-

---

1253 Nesse sentido: Luisa Galantino (2009, p. 237), Mattia Persiani (2005, p. 197).

1254 Assim dispõem as decisões: Pretório Ficarolo de 29 de junho de 1983, Pretório de Brindisi de 9 de abril de 1982 e Pretório de Prato de 27 de novembro de 1975.

1255 "Ementa: Constitucional. Competência jurisdicional. Justiça do Trabalho x Justiça Comum. Ação de interdito proibitório. Movimento grevista. Acesso de funcionários e clientes à agência bancária: 'Piquete'. Art. 114, inciso II, da Constituição da República. Jurisprudência do Supremo Tribunal Federal. Competência da Justiça do Trabalho. 1. 'A determinação da competência da Justiça do Trabalho não importa que dependa a solução da lide de questões de direito civil' (Conflito de Jurisdição n. 6.959), bastando que a questão submetida à apreciação judicial decorra da relação de emprego. 2. Ação de interdito proibitório cuja causa de pedir decorre de movimento grevista, ainda que de forma preventiva. 3. O exercício do direito de greve respeita a relação de emprego, pelo que a Emenda Constitucional n. 45/2003 incluiu, expressamente, na competência da Justiça do Trabalho conhecer e julgar as ações dele decorrentes (art. 114, inciso II, da Constituição da República). 4. Recurso extraordinário conhecido e provido para fixar a competência da Justiça do Trabalho." (SUPREMO TRIBUNAL FEDERAL. RE 579648, Ministra Relatora Cármen Lúcia, Tribunal Pleno, julgamento em 10.9.2008)

1256 Conforme esse entendimento, trecho de acórdão do TST: "Doutro lado, claro se me afigura que práticas adotadas, tais como piquetes, para impedir o acesso de empregados e clientes às agências do banco requerente, ferem o direito de exercício pleno de posse, o que abrange o direito da casa bancária de explorar a sua atividade, o direito dos clientes de utilizarem os serviços prestados pela casa bancária, e o labor dos empregados que não aderiram ao movimento grevista. A prática de atos em excesso e abusivos configura atos ilícitos [...]. Com o intuito de por cobro a abusos praticados por grevistas, e assim garantir o funcionamento das agências e dos departamentos, o Juízo a quo deferiu em parte a medida liminar requerida, consoante

pedem os trabalhadores e clientes de entrar na empresa, configuram atos de violência, pois, segundo os tribunais, ainda que não haja agressão física, há a intimidação, que viola o direito de ir e vir, a liberdade de trabalho,[1257] bem como o direito de gozo da propriedade do empregador e, principalmente, seu pleno exercício do direito de posse.

Sobre o último aspecto, devemos destacar a concessão sistemática pela Justiça do Trabalho brasileira de interditos proibitórios,[1258] sob pena de multas excessivas aos sindicatos, o que demonstra a confusão jurisprudencial entre perturbação da atividade empresarial – inerente ao direito de greve – e perturbação da posse, que evidentemente não ocorre nesses casos de luta coletiva, em razão da ausência do *animus* de possuidores por parte dos trabalhadores.

Além disso, conforme ressalta Humberto Theodoro Júnior, não se pode utilizar interditos proibitórios com a pretensão de tutela de direitos pessoais ou obrigacionais.[1259] O desvirtuamento de tal instituto processual é corroborado por argumentos de índole privatística, que dispõem que os trabalhadores só possuem título para ingressar na empresa enquanto estão trabalhando. Salienta Márcio Túlio Viana que a ocupação passiva, como parte do direito de greve, também outorga um título, que pode ser oposto ao direito de propriedade e de posse.[1260] O raciocínio incoerente da jurisprudência brasileira levaria à conclusão absurda de que o direito de greve só poderia ser exercido fora da fábrica, negando que os trabalhadores também fazem parte dela, permitindo espécie de locaute por parte do empregador.

---

já registrado, tendo o Sindicato recorrente, apesar de devidamente notificado, insistido em descumprir a ordem judicial, conforme certificado às fls. 248 e 252, restando, portanto, devida a multa" (Processo: AIRR – 608-54.2011.5.09.0028 Data de Julgamento: 18/03/2015, Relator Ministro: Alberto Luiz Bresciani de Fontan Pereira, 3ª Turma, Data de Publicação: DEJT 20/03/2015).

1257 Sobre a questão da liberdade individual do trabalho, que legitima a figura dos fura-greves, remetemos o leitor ao capítulo anterior quando criticamos a teoria da titularidade individual do direito de greve.

1258 Do Interdito Proibitório – Art. 567 do Novo Código de Processo Civil (antigo art. 932). "O possuidor direto ou indireto que tenha justo receio de ser molestado na posse poderá requerer ao juiz que o segure da turbação ou esbulho iminente, mediante mandado proibitório em que se comine ao réu determinada pena pecuniária caso transgrida o preceito." Cf.: BRASIL, 2015.

1259 THEODORO JÚNIOR, 2006, p. 131.

1260 VIANA, 1996, p. 310.

Ronaldo Lima dos Santos ressalta a aplicação atécnica do interdito proibitório pela Justiça trabalhista brasileira, que o transforma em mecanismo de obstrução do pleno exercício do direito de greve, podendo se converter em típico instrumento antissindical:[1261]

> As situações de realização de assembleias na frente das empresas, piquetes pacíficos ou violentos, greve de ocupação e obstacularização da entrada de clientes e empregados nos estabelecimentos dos empregados são questões inerentes à própria qualificação do movimento paredista [...]. O que se verifica nas hipóteses de propositura de determinados interditos proibitórios na Justiça do Trabalho é a pretensão da tutela do interesse imediato do empregador na continuidade de sua atividade empresarial, sem nenhuma correlação com o instituto da posse. [...] A concessão de interditos proibitórios nas situações de greve repousa uma visão notavelmente patrimonialista e policialesca das relações de trabalho, em detrimento da visão social do direito de greve [...].[1262]

Diante do contexto ítalo-brasileiro analisado, entendemos que, ontologicamente, é impossível excluir a modalidade denominada greve de braços caídos (*sciopero bianco*) da proteção jurídica do direito de greve, tanto na Itália, quanto no Brasil, *porque ela significa a abstenção da atividade laboral durante a jornada de trabalho*, enquadrando-se, inclusive, no conceito restritivo da lei de greve brasileira. A greve de braços caídos não possui novos elementos dispersivos do conceito do direito paredista que justifiquem seu deslocamento jurídico. Além disso, tal modalidade de greve, ao contrário da ocupação passiva propriamente dita, encontra relativa proteção na doutrina e jurisprudência ítalo-brasileira,[1263] talvez por ser um método de luta geralmente de curta duração.

1261 SANTOS, 2011, p. 5.970.

1262 SANTOS, 2011, p. 5.970-5.971.

1263 Na Itália, como já foi exposto, a greve de braços caídos é considerada sob a proteção jurídica do art. 40 da Constituição por doutrina e jurisprudência dominante. No Brasil, doutrina prevalente também entende a greve de braços caídos como um legítimo exercício do direito de greve. Em relação à jurisprudência brasileira, destacamos, a título exemplificativo, trecho de acórdão do TRT da 3ª Região, que descaracteriza uma dispensa por justa causa em razão de greve de braços caídos (também denominada de greve branca): EMENTA: JUSTA CAUSA – NÃO ATENDIMENTO AOS REQUISITOS NECESSÁRIOS À SUA APLICAÇÃO DESCARACTERIZAÇÃO. A justa causa é a pena mais grave que o empregador pode aplicar ao empregado, e, por isso, demanda comprovação firme da falta praticada por este, além de inequívoca demonstração do nexo de causalidade entre esta mesma falta e a penalidade aplicada, conforme regra da chamada determinância. Ausente essa demonstração no caso, merece ser afastada a sanção em comento. [...] Pode tal movimento ser considerado uma espécie de greve branca. Todavia, foi realizado inegavelmente de modo coletivo e de maneira pacífica,

A situação muda quando observamos o tratamento jurisprudencial dominante ítalo-brasileiro e o doutrinário majoritário italiano em relação à *ocupação passiva propriamente dita*, ou seja, quando os trabalhadores permanecem na fábrica *além da jornada de trabalho*, de forma duradoura, pois, nesse caso, há a sistemática supressão dessa modalidade de luta coletiva mediante a atécnica aplicação de instrumentos civilistas possessórios.

No Brasil, um cenário ainda mais restritivo se apresenta com a *ocupação ativa* – também denominada greve ativa, greve às avessas ou *sciopero alla rovescia* –, representada por aquelas ocupações em que, independentemente da vontade do empregador, os trabalhadores continuam a prestar serviços, assumindo a gestão da empresa, com o objetivo de impedir o encerramento dessa ou a redução de suas atividades, para garantir a conservação dos empregos.[1264] Para Márcio Túlio Viana, nesse caso, não há recusa ao trabalho, mas negativa ao trabalho *subordinado*, que pode culminar na *venda selvagem* de produtos, como meio de alimentar as caixas de resistência ou para mostrar a viabilidade econômica da empresa.[1265]

Parte prevalente da doutrina brasileira,[1266] apoiada pela jurisprudência trabalhista dominante – que continuou a aplicar o entendimento anteriormente consolidado pela justiça comum[1267] – considera tal modalidade de

---

configurando, quando muito, certa indisciplina do grupo mais diretamente envolvido. [...] A simples adesão do empregado a movimento paredista, ainda que ilegal, aliás, não pode ser considerada justa causa, a teor da Súmula 316 do STF. Além disso, a reclamada sequer buscou valer-se de medida disciplinar de cunho corretivo, conforme as circunstâncias de cada qual dos participantes do movimento, mas, na verdade, usou do ocorrido para dispensar todos aqueles empregados que julgou conveniente, tratando de forma discriminatória aqueles que reivindicavam o cumprimento do que entendiam prometido (TRT da 3.ª Região; Processo: 0000868-35.2013.5.03.0156 RO; Data de Publicação: 13/10/2015; Órgão Julgador: Sexta Turma; Relator: Jorge Berg de Mendonca; Revisor: Fernando Antonio Viegas Peixoto)

1264 SILVA, 1998, p. 162.

1265 VIANA, 1996, p. 312

1266 Nesse sentido, Ronald Amorim e Souza (2007, p. 74), Ari Possidonio Beltran (2001, p. 169), Segadas Vianna (1972, p. 226).

1267 A título de exemplo, liminar concedida pela juíza estadual da Comarca de Itapevi, para que a Polícia Militar efetivasse a reintegração de posse da ocupação ativa da fábrica Flakepet Tecnologia em Reciclagem Ltda., em 2004: "Trabalhadores da Flakepet, fábrica ocupada em Itapevi (Grande São Paulo), receberam, ontem (quinta-feira, dia 27) pela segunda vez, a visita de um Oficial de Justiça, que acompanhado da advogada do patrão Maurício Nogutte, chegou para executar a liminar de reintegração de posse da fábrica, concedida pela juíza substituta Carolina Conti Reed, do Fórum de Itapevi e mantida pela juíza titular da 2ª Vara Cível, Carla Themis [...]. A

luta fora da proteção jurídica do direito de greve, por não se manifestar em suspensão da prestação laboral, conforme a redação limitativa do art. 2º da Lei nº 7.783/89, e, inclusive, alguns autores[1268] consideram tal conduta como um delito. Na Itália, o tratamento doutrinário e jurisprudencial prevalente é o mesmo dado à ocupação passiva propriamente dita, ou seja, há a aplicação da teoria de apuração do dolo específico de turbação da atividade laboral, com a utilização de instrumentos processuais possessórios.[1269]

Logo, as ocupações passivas e ativas, *diversamente da greve de braços caídos*, são marginalizadas na proteção jurídica ítalo-brasileira, apesar de parcela da doutrina de ambos os países entender que tais condutas representam modalidades do direito de greve.

Entendemos que a ocupação – seja passiva ou ativa – não pode ser reconhecida como modalidade do direito de greve, pois isso significaria impor o mesmo estatuto jurídico limitativo. Mais uma vez, ressaltamos que isso não significa que defendemos uma leitura restritiva das formas de exercício do movimento paredista, mas queremos que a ocupação não se sujeite às mesmas restrições do direito de greve. Frequentemente, ela é vinculada ao direito de greve, como algo acessório, reduzindo seu tratamento doutrinário e jurisprudencial, caindo-se na tentação de identificação das figuras jurídicas, o que encerra seu conteúdo político transformador: o acessório segue o principal; o "fenômeno" não pode exceder a essência.[1270]

Além disso, ontologicamente, as figuras da ocupação passiva, ou seja, aquelas que ocorrem mesmo *após a jornada de trabalho*, com viés de permanência – diferentemente da greve de braços caídos – e a ocupação ativa, não se confundem com a greve. Evidentemente, tais meios de luta coletiva possuem vários pontos em comum, embora, na realidade, sejam fenômenos distintos: tanto pode ocorrer uma greve sem ocupação como uma ocupação sem greve.[1271] Assim, as ocupações do

---

ação policial despejou os trabalhadores da Flakepet às 6 horas da manhã, duas horas antes de uma reunião marcada entre o Conselho de Fábrica e os representantes patronais. Os trabalhadores e trabalhadoras vinham ocupando a fábrica desde dezembro de 2003, depois que a patronal abandonou a Flakepet com mais de 30 milhões de reais em dívidas, e deixando o conjunto dos trabalhadores com meses de salários e encargos trabalhistas atrasados." Cf.: CENTRO DE MÍDIA INDEPENDENTE, 2004.

1268 Assim dispõem Segadas Vianna (1972, p. 226) e Ari Possidonio Beltran (2001, p. 169).

1269 GIUGNI, 2008, p. 270.

1270 EDELMAN, 2016, p. 134.

1271 AVILÉS, 1990, p. 364.

local de trabalho, também por sua natureza, são atos que merecem qualificação jurídica autônoma enquanto medidas de conflito.

Isso fica mais claro quando verificamos que, nas ocupações passivas – que ocorrem após a jornada de trabalho e perduram no tempo –, e principalmente nas ativas, há elemento de *gestão democrática*[1272] no âmbito da empresa que escapa à natureza do direito de greve.

No Brasil, caso emblemático que representa esse elemento diferenciador é a *ocupação ativa da Flaskô*, uma empresa de transformação plástica. A fábrica é ligada à Companhia Holding Brasil (CHB), antiga integrante da Companhia Hansen Industrial S. A., proprietária da Tubos e Conexões Tigre, que era líder em tubos de PVC com cerca de 60% desse mercado.[1273] Pioneira no Brasil nesse setor, a Companhia Hansen Industrial S. A sofreu uma divisão em 1992, quando a CHB, à qual a Flaskô é ligada, desvinculou-se do grupo, perdendo assim a massa de capital.[1274] Com a separação, a CHB passou a controlar cinco marcas: Cipla, Interfibra, Profiplast, Brakofix, todas de Joinville, em Santa Catarina, e a Flaskô,[1275] em Sumaré, São Paulo.[1276]

Desde junho de 2003 os operários da Flaskô ocupam a planta da fábrica. Em outubro de 2002, cerca de mil trabalhadores da Cipla e Interfibra entraram em greve, ocupando os locais de trabalho para reivindicar o imediato pagamento de salários atrasados e a regularização dos direitos trabalhistas como férias, 13º salário, depósitos do Fundo de Garantia do Tempo de Serviço (FGTS) e outros direitos não cumpridos pelos proprietários. Desde o começo de 2002, os operários recebiam salários em parcelas de 30 reais por semana, sendo que a média salarial deveria ser de 500 reais mensais. No final do mês de janeiro de 2002, mesmo sem o respaldo do

---

[1272] Segundo pesquisa publicada pelo Instituto de Pesquisa Econômica Aplicada (IPEA) realizada em 52 empresas ocupadas ativamente, durante sete meses, nas cinco regiões brasileiras, 88% dos trabalhadores afirmam como principais mudanças a descentralização de poder e nível hierárquico; o aumento da colaboração, comprometimento e motivação; melhoria do diálogo e relacionamento; autonomia e liberdade e acesso à informação. Conforme os autores da pesquisa, parece haver um mito sobre o que seria a autoexploração dos trabalhadores em tais empresas, pois, mesmo quando há uma extensão da jornada de trabalho, é inegável que o ritmo de trabalho é distinto, definido nesses casos pelos próprios trabalhadores. Cf.: HENRIQUES *et al*, 2013, p. 59-62.

[1273] RASLAN, 2007, p. 10.

[1274] RASLAN, 2007, p. 10.

[1275] Cipla, Interfibra e Flaskô formavam o Movimento das Fábricas Ocupadas (MFO). A Flaskô é a única empresa que continua autogerida pelos trabalhadores.

[1276] RASLAN, 2007, p. 11.

sindicato, houve uma paralisação de 24 horas nas fábricas Cipla/Interfibra contra os atrasos salariais constantes e o não pagamento do 13º. O resultado dessa mobilização foi a demissão de 140 trabalhadores e uma nova constatação: não havia a realização do depósito do FGTS há dez anos.[1277]

Em setembro de 2002, depois da demissão de mais um trabalhador sem justificativas, foi iniciada articulação para mobilizar os operários nas fábricas. Em outubro desse mesmo ano, depois de algumas campanhas realizadas na cidade de Joinville, os trabalhadores da Cipla e da Interfibra conseguiram realizar assembleia que deliberou pelo início da greve com ocupação das fábricas no dia 24 de outubro.[1278]

A reação patronal contra os trabalhadores foi imediata. De notas distribuídas à imprensa local, passando pelo uso da polícia para "garantir o direito de ir e vir", até intimidações por meio de ligações telefônicas dos próprios irmãos Batschauer (proprietários das fábricas) aos trabalhadores foram efetuadas para dar fim ao movimento.[1279]

Os representantes dos trabalhadores da Cipla/Interfibra negociaram por oito dias, reivindicando o imediato pagamento salarial e a regularização das dívidas trabalhistas para que as fábricas fossem desocupadas. Nas reuniões, mediadas pelo Ministério Público Federal, pelo Ministério Público Estadual e pela Delegacia Regional do Trabalho (DRT), além de deputados e vereadores de Joinville, os irmãos Batschauer, que sempre alegavam ilegalidade do movimento, reconheceram que não havia como pagar as dívidas trabalhistas, previdenciárias e fiscais. Assim, firmaram acordo para transferir o controle das duas fábricas a quem os trabalhadores determinassem, além de serem afastados da direção administrativa e operacional. Para tanto, foi constituída uma Comissão de Transição para avaliar o montante da dívida da Cipla e Interfibra, que foi acompanhada semanalmente pela DRT. A Comissão de Transição foi substituída por um Conselho Administrativo Unificado, também reunindo trabalhadores das duas empresas.[1280]

Depois de muitas tentativas de marcar uma audiência com então Presidente da República, Luiz Inácio Lula da Silva, o Conselho Administrativo Unificado da Cipla/Interfibra conseguiu agendar um encontro em 11 de junho de 2003. Na ida à Brasília, uma comitiva dos trabalhadores de Joinville passou em Sumaré para acompanhar uma reunião dos

---

1277 RASLAN, 2007, p. 11.
1278 RASLAN, 2007, p. 12.
1279 RASLAN, 2007, p. 13.
1280 RASLAN, 2007, p. 13.

trabalhadores da Flaskô com representantes do Sindicato dos Químicos de Campinas e Região. Durante a reunião, a postura do sindicato era fazer o embate pela via burocrática, mediante a penhora do terreno para ter uma garantia formal, o que poderia levar uma década e não garantiria nenhum emprego. A posição da comitiva da Cipla/Interfibra foi completamente oposta à do sindicato, defendendo que a fábrica deveria continuar funcionando para preservar o emprego dos trabalhadores e, para isso, os trabalhadores da Cipla/Interfibra dariam toda a ajuda. A fala da comitiva durou poucos minutos e foi unânime a aprovação por todos os trabalhadores da Flaskô. Na volta de Brasília, depois da audiência com Lula, seguiram três ônibus com os trabalhadores da Cipla/Interfibra para a Flaskô. A assembleia, que foi feita dia 12 de junho de 2003, decidiu ocupar a fábrica e retomar a produção, elegendo um Conselho de Fábrica para conduzir o processo. Foi redigido um protocolo, assinado por quase todos os trabalhadores e entregue aos proprietários da empresa, enunciando que os operários assumiriam, a partir daquele momento, o controle da fábrica para defender os empregos, somando-se aos trabalhadores da Cipla e da Interfibra.[1281]

Em relação ao elemento de *gestão democrática* presente diariamente na empresa ocupada, Filipe Raslan destaca que as discussões na Flaskô envolveram a participação dos trabalhadores nas lutas cotidianas, tanto na produção do chão de fábrica, passando pelas assembleias sindicais até as marchas da campanha pela estatização.[1282] O autor reporta que a opinião do coordenador do Conselho de Fábrica é a de parar a produção para deixar os trabalhadores participarem, por exemplo, de assembleia do Sindicato dos Químicos ou de manifestação contra o leilão de uma máquina no fórum de Sumaré,[1283] ou seja: o Conselho de Fábrica assume a luta política além dos limites econômicos de caráter defensivo propostos por outros movimentos, como é o caso das cooperativas e do tradicional movimento paredista:

1281 RASLAN, 2007, p. 18-20.

1282 RASLAN, 2007, p. 24. Conferir também: "A justificativa para a estatização das empresas é a responsabilidade do governo para com as dívidas, atestada pela ausência de fiscalização efetiva, o que permitiu que as mesmas chegassem a montantes extranumerários. De acordo com Nascimento (2004, p. 55), cerca de 75% da dívida é com o governo federal, 12% com o governo estadual e 1 % com o municipal e 5% do total é com os trabalhadores. Ainda segundo a mesma autora, a direção indicada pelos trabalhadores recusa-se a receber o passivo da empresa, justificando que a dívida foi feita pelo antigo patrão e não por eles, pois, além de boa parte dos bens estarem penhorados, caso haja formação de uma cooperativa, a possibilidade de sucessão de dívida é bem grande." RASLAN, 2007, p. 15.

1283 RASLAN, 2007, p. 24.

Se um trabalhador daquele turno quiser ir lá, mesmo que se tire um delegado, é tem que ser um só, ele tem que sair e a produção vai ter que ser prejudicada naquele momento. Porque é mais importante o desenvolvimento da luta política, do que em um dia duas, três horas de trabalho.[1284]

Outro elemento, relacionado com o anterior, que evade do conceito ítalo-brasileiro elaborado para o direito de greve e marca a politização da luta coletiva, é *a utilização da ocupação passiva/ativa em articulação com outros sujeitos*. Tais agentes, no entanto, não deixam de ser frutos diretos ou indiretos de um capitalismo de viés global-financeiro e de caráter cognitivo-cultural, que tende a aprofundar as tensões entre a prometida democracia e a dimensão autoritária de seu conteúdo econômico.[1285]

O próprio caso da Flaskô contém essa heterogeneidade de sujeitos, em nível nacional e internacional, o que indica a persistência de uma interação – direta ou diferida – que transcende a esfera produtiva *stricto sensu*, abrangendo outras realidades e anseios gerados por diretrizes neoliberais. As mobilizações trabalhistas, neste contexto, se unem aos grandes temas da sociedade em função de uma dupla evolução, sem que o movimento operário deixe de ser ator necessário.[1286]

Assim, em 2006, em Joinville, houve o Encontro Pan-americano em defesa dos Empregos, dos Direitos, da Reforma Agrária e do Parque Fabril, convocado pela Coordenação dos Conselhos de Fábrica da Flaskô e da Cipla/Interfibra, com participação do Movimento Sem Terra (MST), da Central Única dos Trabalhadores de Santa Catarina (CUT-SC), do Centro de Direitos Humanos (CDH) de Joinville, do Movimento Nacional de Empresas Recuperadas (MNER) da Argentina, da Frente Revolucionária de Empresas em Co-gestão e Ocupadas (FRETECO) da Venezuela e da Plenario Intersindical de Trabajadores-Convención Nacional de Trabajadores (PIT-CNT) do Uruguai e dois convidados da Central Obrera Boliviana (COB).[1287]

Nos preparativos para esse encontro em Joinville, os trabalhadores da Flaskô fizeram um encontro regional, produzindo documento no qual delineavam alguns elementos que poderiam contribuir com as linhas gerais do encontro em Santa Catarina. Neste documento, o que mais se destaca é a luta por moradia encampada também pelos trabalhadores da Flaskô:

1284 Entrevista com Coordenador do Conselho de Fábrica – Campinas/SP, 21/05/2006 *apud* RASLAN, 2007, p. 24.

1285 BRAGA; SANTANA, 2015, p. 532.

1286 VAKALOULIS, 2005, p. 134.

1287 RASLAN, 2007, p. 46.

os operários da fábrica promoveram, juntamente com um grupo de trabalhadores sem teto, a ocupação do terreno adjacente à empresa e passaram a problematizar a questão da moradia como mais uma situação a ser resolvida pelo poder público. Também o Movimento dos Trabalhadores Rurais Sem Terra tem se juntado às fábricas ocupadas nas campanhas de solidariedade, na tentativa de acabar com seu isolamento dos operários.[1288]

Na Itália, também podem ser observados movimentos horizontais de ocupação que envolvem outros atores em um eixo de conflitividade contemporânea, como é o caso da ocupação ativa das oficinas "OZ-Officine Zero" (antigas oficinas Lits de manutenção de trens noturnos) em Roma.

Em 2008, as oficinas Lits foram compradas pela empresa Barletta Srl, que não tinha interesse em manter a atividade de produção a longo prazo, pois o intuito era apenas lucrar com a especulação imobiliária.[1289] Com o fechamento da empresa e a demissão dos empregados em 2012, as oficinas foram ocupadas pelos trabalhadores com a colaboração ativa do centro social *Strike*, tornando-se um símbolo dos paradoxos da crise socioeconômica italiana. Em setembro do mesmo ano, o local tornou-se um "laboratório de reconversão" com a contribuição de arquitetos, economistas, especialistas e ativistas.[1290] Por meses foram realizadas reuniões públicas para discutir e planejar uma alternativa real para a especulação, com o objetivo de regenerar a produção com outras vertentes (artesanais, sustentáveis e intelectuais) e construir conhecimentos e habilidades dos trabalhadores, em um projeto no qual se entrelaçassem formação, produção, autotutela, mutualismo e cooperação.[1291]

Fazem parte desse laboratório, além dos trabalhadores dispensados, novas organizações de trabalhadores precários (informais, parassubordinados, *pejotizados*, a tempo parcial) e autônomos, assim como um projeto estudantil de moradia e autogestão denominado *Mushrooms*. A ideia foi criar um espaço de *co-working*, que é, ao mesmo tempo, uma Câmera de Trabalho e de Bem-Estar Social: um lugar no qual se produz de forma comunitária, conectando-se saberes, como instrumento de resistência contra a precarização, que também possui articulações internacionais com movimentos similares em Frankfurt, Madri, Lisboa e Londres.[1292]

[1288] RASLAN, 2007, p. 46 e 54.

[1289] RAPARELLI, 2013, p. 1.

[1290] RAPARELLI, 2013, p. 1.

[1291] RAPARELLI, 2013, p. 2.

[1292] RAPARELLI, 2013, p. 2.

Interessante ressaltar que, além da *heterogeneidade de sujeitos* que escapa ao conceito ítalo-brasileiro de direito de greve, as lutas por meio das ocupações em ambos os países envolvem *outros territórios para além da fábrica*. Esse é o caso das ocupações pelos estudantes e professores da rede estadual de São Paulo de 2015 em protesto contra um plano que, em nome da "reorganização escolar", fecharia – sem nenhum diálogo com os interessados – mais de 90 escolas e remanejaria mais de 300.000 alunos. O governador Geraldo Alckmin reprimiu tais ocupações com a atuação da Polícia Militar, que utilizou para tal bombas de gás, golpes de cassetete e agressões físicas e psicológicas. Em 4 de dezembro, o governador foi obrigado a recuar, suspendendo a "reorganização escolar". Geraldo Alckmin e parte da imprensa brasileira, que tentou criminalizar o movimento de resistência, receberam uma lição de política, nos termos de Rancière, dada por crianças e adolescentes herdeiros de um processo de redemocratização lento e precário.[1293]

Tais fenômenos possuem representações similares redor do mundo, como resposta a medidas de austeridade, a exemplo do "Occupy Wall Street"[1294] nos Estados Unidos e o "15-M"[1295] na Espanha, que convocam pessoas por redes sociais para ocupar espaços da cidade como arma para sua própria retomada. Atualmente, o tema ocupação, no sentido de controle de espaço, mesmo que por um breve momento, tem forte ressonância no sentimento de alheamento em relação os processos decisórios da democracia e expressa a falta de participação de parte significativa da população. Como ressalta Raquel Rolnik, ocupando espaços e reapropriando suas formas, aqueles que são alijados do poder de decisão

---

1293 BRUM, 2015, p. 5 e 10.

1294 O movimento Occupy Wall Street, iniciado em 17 de setembro de 2011, agregou centenas de pessoas no Parque Zuccotti, em Manhattan, próximo ao coração do capital financeiro do país e do mundo, com o slogan "injustiças perpetradas por 1% da população – elites políticas e econômicas afetam os outros 99%, nós – Ocupem Wall Street". O *slogan* criou uma identidade entre os adeptos, que consistia em ser contra ou criticar o capitalismo financeiro. Cf.: GOHN, 2014b, p. 125.

1295 O movimento 15M na Espanha – nome dado em referência à data de seu início, 15 de maio de 2011 – foi construído mediante uma convocatória feita por redes sociais e reuniu milhares de pessoas em sessenta cidades espanholas, que ocuparam praças públicas. Desde o início, o movimento fez uma crítica radical a todas as instituições de *establishment* – parlamentos, partidos, sindicatos, empresas, igrejas e monarquia. Cf.: GOHN, 2014b, p. 109.

sobre seu futuro (os sem parcela, nos termos de Rancière) retomam seu destino com seu próprio corpo, por meio da ação direta.[1296]

Tais movimentos são resultado das cartografias das cidades do capitalismo tardio, que são globalmente divididas entre as elites financeiras e as grandes porções de trabalhadores de baixa renda, que se fundem aos marginalizados e desempregados.[1297] Como ressalta Žižek, é particularmente difícil determinar um objetivo único e fechado perseguido por tais manifestantes,[1298] mas a maioria deles compartilha um sentimento de descontentamento e desconforto que sustenta e, principalmente, *une* demandas particulares. É muito fácil observar como a particularização excessiva de movimentos de resistência ajuda os defensores da ordem mundial existente, que insistem em dizer que não há nenhuma ameaça contra a ordem global como tal, e sim problemas locais específicos.[1299] Destaca o autor que o que unifica tantas resistências em suas multiplicidades, seja em termos espaciais ou em relação ao conteúdo, é que todas são facetas contra a globalização capitalista, que impõe como tendência geral a expansão do reino do mercado, a diminuição dos serviços públicos, combinada com o enclausuramento do espaço público e com o funcionamento autoritário do Estado, o que gera demandas pela democracia.[1300] Nas palavras do autor:

> O que une esses protestos é o fato de que nenhum deles pode ser reduzido a uma única questão, pois todos lidam com uma combinação específica de (pelo menos) duas questões: uma econômica, de maior ou menor radicalidade, e outra político-ideológica, que inclui desde demandas pela democracia até exigências para a superação da democracia multipartidária usual.[1301]

Os movimentos de ocupação contemporâneos são sustentados pela sobreposição de diferentes níveis e é essa combinação de propostas que representa sua força: eles lutam contra regimes autoritários; contra o racismo e o sexismo; pelo Estado de Bem-Estar Social, contra o neoliberalismo; contra a corrupção na política, mas também na economia (empresas que poluem o meio ambiente, por exemplo); e por novas formas de democracia que avancem além dos rituais multipartidários.[1302]

1296 ROLNIK, 2013, p. 10.

1297 HARVEY, 2013, p. 32.

1298 ŽIŽEK, 2013, p. 103.

1299 ŽIŽEK, 2013, p. 104.

1300 ŽIŽEK, 2013, p. 104.

1301 ŽIŽEK, 2013, p. 104.

1302 ŽIŽEK, 2013, p. 105.

Desse modo, as ocupações – passivas ou ativas – do local de trabalho e em espaços fora da fábrica não são apenas meios de luta de um conflito produtivo *stricto sensu*; também representam instrumentos políticos para a coletividade transformar pré-configurações impostas pelo capitalismo financeiro na organização da empresa, do emprego, da cidade e de modos de convivência social. A prática da ocupação não compromete o direito de propriedade do empregador: trata-se, no contexto da *ótica participacionista e de cidadania dinâmica*, da emergência de um direito novo, que os trabalhadores podem exercer além do direito de greve.

No entanto, é possível definir *um* direito de luta política que seja capaz de proteger juridicamente tais movimentos de ocupação? Isto é: do ponto de vista da análise concreta, é possível unificar a proteção das distintas manifestações de ocupação mediante um único lugar jurídico?

POSSIBILIDADES DE PROTEÇÃO JURÍDICA NO SISTEMA ÍTALO-BRASILEIRO

Segundo João Diogo Urias dos Santos Filho, no contexto *da ocupação ativa* de empresas,[1303] o embate se dá fundamentalmente entre três interesses: de um lado, o dos *trabalhadores*, que dependem do trabalho para seu sustento e que, por isso, não querem que a empresa encerre suas atividades; de outro, o interesse do *proprietário da empresa* em crise, que calcula o acontecimento em termos de lucro-prejuízo, quer perder o menos possível e, por isso, procura transformar o patrimônio (em especial, o maquinário da empresa) em algo lucrativo; e, por último, o interesse dos *credores* – principalmente governos e bancos – que querem receber o pagamento de suas dívidas. Assim, segundo o autor, todos os conflitos concretos da trajetória de uma empresa ocupada de forma ativa podem ser traduzidos como tentativas,[1304] pelos envolvidos, de fazer prevalecer um desses valores sobre os outros, que são representados juridicamente por três princípios constitucionais: *o princípio do direito ao trabalho* (artigo 6º da CF/88),[1305] *o princípio do valor social do*

[1303] SANTOS FILHO, 2014, p. 74.

[1304] SANTOS FILHO, 2014, p. 74.

[1305] "Art. 6º São direitos sociais a educação, a saúde, a alimentação, o trabalho, a moradia, o transporte, o lazer, a segurança, a previdência social, a proteção à maternidade e à infância, a assistência aos desamparados, na forma desta Constituição." Cf.: BRASIL, 1988.

trabalho e da livre iniciativa (artigo 1º, IV,[1306] e 170,[1307] *caput* da CF/88) e o *princípio da função social da propriedade dos bens de produção* (artigo 170, III, da CF/88). Na Constituição italiana temos os mesmos princípios representados respectivamente pelos artigos 4º,[1308] 41[1309] e 42.[1310]

[1306] Art. 1º A República Federativa do Brasil, formada pela união indissolúvel dos Estados e Municípios e do Distrito Federal, constitui-se em Estado Democrático de Direito e tem como fundamentos: I – a soberania; II – a cidadania; III – a dignidade da pessoa humana; IV – os valores sociais do trabalho e da livre iniciativa. Cf.: BRASIL, 1988.

[1307] Art. 170. A ordem econômica, fundada na valorização do trabalho humano e na livre iniciativa, tem por fim assegurar a todos existência digna, conforme os ditames da justiça social, observados os seguintes princípios: I – soberania nacional; II – propriedade privada; III – função social da propriedade; IV – livre concorrência; V – defesa do consumidor; VI – defesa do meio ambiente, inclusive mediante tratamento diferenciado conforme o impacto ambiental dos produtos e serviços e de seus processos de elaboração e prestação; VII – redução das desigualdades regionais e sociais; VIII – busca do pleno emprego; IX – tratamento favorecido para as empresas brasileiras de capital nacional de pequeno porte. IX – tratamento favorecido para as empresas de pequeno porte constituídas sob as leis brasileiras e que tenham sua sede e administração no País. Parágrafo único. É assegurado a todos o livre exercício de qualquer atividade econômica, independentemente de autorização de órgãos públicos, salvo nos casos previstos em lei. Cf.: BRASIL, 1988.

[1308] Princípio do direito ao trabalho: "A República reconhece o direito de todos os cidadãos ao trabalho e promove as condições que tornam esse direito efetivo. Cada cidadão tem o dever de exercer, segundo as próprias possibilidades e a própria escolha, uma atividade ou uma função que contribui ao o progresso material ou espiritual da sociedade."
No original: "Art. 4. La Repubblica riconosce a tutti i cittadini il diritto al lavoro e promuove le condizioni che rendano effettivo questo diritto. Ogni cittadino ha il dovere di svolgere, secondo le proprie possibilità e la propria scelta, una attività o una funzione che concorra al progresso materiale o spirituale della società." Cf.: ITÁLIA, 1948. (tradução nossa)

[1309] Princípio do valor social do trabalho e da livre iniciativa: "A iniciativa econômica privada é livre. Não pode ocorrer em conflito com a utilidade social ou que possa prejudicar a segurança, à liberdade, à dignidade humana. A lei determina os programas e controles apropriados para que a atividade econômica pública e privada seja dirigida e coordenada para fins sociais."
No original: "Art. 41. L'iniziativa economica privata è libera. Non può svolgersi in contrasto con l'utilità sociale o in modo da recare danno alla sicurezza, alla libertà, alla dignità umana. La legge determina i programmi e i controlli opportuni perché l'attività economica pubblica e privata possa essere indirizzata e coordinata a fini sociali." Cf.: ITÁLIA, 1948. (tradução nossa)
Tal princípio também é representado pelo já mencionado art. 4º da Constituição Italiana.

[1310] "A propriedade é pública ou privada. Os bens econômicos pertencem ao Estado, a entidades ou a particulares. A propriedade privada é reconhecida e garantida pela

Conforme João Diogo Urias dos Santos Filho,[1311] pela centralidade e potencialidade, esses princípios devem ser explorados ao máximo como bases jurídicas positivadas no sistema constitucional brasileiro – e, acrescentamos, também no italiano –, nos enfrentamentos jurídicos do processo de ocupação ativa das empresas. Para o autor,[1312] a utilização de tais princípios, à luz do núcleo axiológico constitucional, que visa ao valor humano da dignidade, poderia contribuir para conquistas importantes nos embates judiciais e na consolidação de um microssistema constitucional das recuperações operárias.[1313]

---

lei, que determina as formas de aquisição, fruição e limites de forma a assegurar a sua função social e torná-la acessível a todos. A propriedade privada pode ser, nos casos previstos na lei e passível de indenização, expropriada por motivos de interesse geral. A lei estabelece as normas e os limites da sucessão legítima e testamentária e os direitos do Estado sobre as heranças. Também tem reflexos do princípio da função social da propriedade no art. 43, que permite a expropriação da propriedade privada na seara dos serviços públicos essenciais para fins de interesse geral, como limite ao monopólio privado: Art. 43. Para fins de utilidade geral, a lei pode originalmente reservar ou transferir, por expropriação e sujeito a indenização, ao Estado, aos organismos públicos ou às comunidades de trabalhadores ou utilizadores de determinadas empresas ou categorias de empresas, que se refiram a serviços públicos essenciais ou fontes de energia ou situações de monopólio e que sejam de *interesse geral.*"

No original: "Princípio da função social da propriedade dos bens de produção Art. 42. La proprieta è pubblica o privata. I beni economici appartengono allo Stato, ad enti o a privati. La proprietà privata è riconosciuta e garantita dalla legge, che ne determina i modi di acquisto, di godimento e i limiti allo scopo di assicurarne la funzione sociale e di renderla accessibile a tutti. La proprietà privata può essere, nei casi preveduti dalla legge, e salvo indennizzo, espropriata per motivi d'interesse generale. La legge stabilisce le norme ed i limiti della successione legittima e testamentaria e i diritti dello Stato sulle eredità. Também há reflexos do princípio da função social da propriedade no art. 43, que permite a expropriação da propriedade privada na seara dos serviços públicos essenciais para fins de interesse geral, como limite ao monopólio privado: Art. 43. A fini di utilità generale la legge può riservare originariamente o trasferire, mediante espropriazione e salvo indennizzo, allo Stato, ad enti pubblici o comunità di lavoratori o di utenti determinate imprese o categorie di imprese, che si riferiscano a servizi pubblici essenziali o a fonti di energia o a situazioni di monopolio ed abbiano carattere di preminente *interesse generale.*" Cf.: ITÁLIA, 1948. (tradução nossa)

1311 SANTOS FILHO, 2014, p. 74.

1312 SANTOS FILHO 2014, p. 74.

1313 Ruggeri (2009, p. 18) define a *recuperação de empresas* como um processo social e econômico que pressupõe a existência de uma empresa capitalista anterior cuja falência ou inviabilidade econômica resultou na luta dos trabalhadores para a sua autogestão. Da articulação das primeiras fábricas recuperadas na década de

Na direção neoconstitucionalista[1314] de afirmação da força normativa da Constituição e da efetividade dos princípios constitucionais na condição de vetores axiológicos do sistema jurídico, supera-se a dicotomia positivista entre público e privado, relativizando a autonomia da vontade forjada pelo modelo formal-burguês na leitura de categorias que foram tradicionalmente apropriadas pelo Direito Civil, como é o caso da propriedade e do contrato. O centro gravitacional do sistema jurídico torna-se a Constituição, que tem como valor-fonte a dignidade humana, o que promove a *despatrimonialização* do Direito Civil, do Direito do Trabalho e de outros ramos jurídicos, que compartilham entre si tais categorias, dando ênfase a valores existenciais e do espírito, bem como ao fortalecimento de relações coletivas e de sociabilidade. Nas palavras de Daniela Muradas:

> Os valores estruturantes da ordem constitucional, em especial os valores da dignidade humana, valorização do trabalho e justiça social, nessa nova e instigante perspectiva, hão de ser considerados vetores necessários do sistema, indisponíveis ao arbítrio de oportunidade e de conveniência das autoridades legislativas para ecoá-los nas demais normas jurídicas. Portanto, diante da força vinculante da Constituição, o plexo de valores consagrados ilumina todo e qualquer ato de criação, aplicação, interpretação ou execução de normas jurídicas.[1315]

Desse modo, pode-se afirmar que os sistemas constitucionais ítalo-brasileiro vigentes, nos termos do *princípio do valor social do trabalho e da livre iniciativa*, claramente não aderiram ao modelo econômico unidimensional pró-mercado, na medida em que ambos possuem como fundamento da democracia o trabalho digno (art. 1º da Constituição italiana[1316] e art. 1º, IV da Constituição Brasileira).

1990, e motivada pela necessidade de estruturação e fortalecimento do movimento, surgiu a Associação Nacional dos Trabalhadores de Empresas de Autogestão e Participação Acionária (ANTEAG), em 1994, criada para reunir e assessorar tais experiências. Cf.: HENRIQUES et al, 2013, p. 56.

1314 A expressão neoconstitucionalismo, conforme Daniela Muradas Reis "[...] trata-se, em verdade, de um centro gravitacional em construção, que congrega ao redor de si vertentes teóricas, abordagens institucionais e práticas jurídicas de grande protagonismo na contemporaneidade, passando, também, a influenciar largamente muitos dos ramos tradicionais do direito." Cf.: REIS, 2015, p. 16.

1315 MURADAS, 2015, p. 19.

1316 "A Itália é uma república democrática, baseada no trabalho".

No original: "Art. 1. L'Italia è una Repubblica democratica, fondata sul lavoro." Cf.: ITÁLIA, 1948. (tradução nossa)

Logo, a ideologia constitucionalmente adotada[1317] por ambos os países é aquela em que coexiste de forma equilibrada a pluralidade de concepções axiológicas no que tange aos principais fatores: terra, trabalho e capital,[1318] no sentido de efetivar o valor-fonte da dignidade humana.

No mesmo sentido, sob a ótica do *princípio da função social da propriedade dos bens de produção*, consolidou-se o entendimento de que todo direito subjetivo deverá necessariamente corresponder a uma função social, ou seja, para que haja a satisfação de um interesse próprio, tal satisfação individual nunca poderá lesar as expectativas coletivas que lhe rodeiam.[1319] Maria Cecília Bodin de Moraes assevera que o dever de solidariedade social não pode mais ser reputado como o sentimento genérico de fraternidade que o indivíduo praticará na sua autonomia, mas como verdadeiro princípio que se torna passível de exigibilidade.[1320] Assim, todo poder de agir é concedido a uma pessoa com a condição de que seja realizada uma finalidade social; caso contrário, a atividade individual perderá legitimidade e o intuito do titular do direito será refutado pelo ordenamento jurídico.[1321] Na mesma direção, Pietro Perlingieri também afirma que a ausência de atuação da função social faz com que falte a razão da garantia e do reconhecimento do direito de propriedade.[1322]

Conforme ressalta João Diogo Urias dos Santos Filho tal conduta é frequente no contexto da ocupação ativa das empresas,[1323] pois os empresários tendem a cometer atos gravemente antissociais – e, recorrentemente, ilegais – para evitar prejuízos ao seu próprio patrimônio, tais como ações fraudulentas, venda oculta de maquinário, transferência acionária para sócios "laranjas", nomeação de administradores especializados em falências fraudulentas, sonegação de impostos, calote em salários e outros benefícios, como o FGTS, que são fatores desencadeadores das ocupações operárias e, sem dúvida, consistem em violação da função social da propriedade.

1317 Expressão adotada por Washington Peluso Albino de Souza para retratar a dimensão dos princípios constitucionais na representação da pluralidade das escolas acadêmicas, linhas teóricas, aspirações e influxos sociais que definem o pensamento econômico constitucional. Cf.: SOUZA, 2011, p. 21.

1318 CLARK; CORRÊA, 2011, p. 39.

1319 ROSENVALD; FARIAS, 2009, p. 30.

1320 MORAES, 2001, p. 172.

1321 ROSENVALD; FARIAS, 2009, p. 30.

1322 PERLINGIERI, 2002, p. 229.

1323 SANTOS FILHO, 2014, p. 69.

Por fim, no contexto de empresas recuperadas, *o princípio do direito ao trabalho* refere-se principalmente à proteção jurídica de um trabalho não estranhado, ou seja, a articulação entre o trabalho como humanização do homem – sua constituição ontológica – e a liberdade como possibilidade concreta de uma decisão entre diferentes potencialidades, combinada com o desejo de alterar a realidade: o trabalho na condição de *protoforma do ser social*, que se opõe ao direito ao trabalho uniformizado, universalizado, recepcionado pela teoria majoritária jurídico-trabalhista e seu corpo de doutrinas.[1324] Destaca Everaldo Gaspar Lopes de Andrade que essa uniformização/universalização legitimou o aparecimento de legislação trabalhista destinada a disciplinar um tipo de relação jurídica especial – a do trabalho livre/ subordinado –, que considera como válido o trabalho estranhado e reificado,[1325] e que não consegue superar uma contradição que se encontra no centro de seus próprios argumentos:

> Como eliminar a assimetria, a desigualdade entre aqueles dois sujeitos – empregador e empregado –, quando, de um lado, encontra-se aquele que admite, assalaria, dirige e disciplina a prestação pessoal de serviços – o empregador – e, do outro, aquele que fica jurídica, econômica e psicologicamente subordinado ao empregador – o empregado?[1326]

Com o objetivo de deslocar seu objeto – trabalho livre/subordinado –, Everaldo Gaspar Lopes de Andrade busca inverter a perspectiva do conhecimento jurídico justrabalhista,[1327] para considerar como prioritárias as relações sindicais[1328] sobre as relações individuais, estabelecendo como primeiro princípio do Direito do Trabalho o da Prevalência das Relações Sindicais sobre as Relações Individuais, em um giro gnosiológico que começa a partir da redescoberta democrática do trabalho.[1329]

Portanto, em decorrência de tais princípios constitucionais, sempre que um empresário em crise houver praticado atos ilegais que prejudiquem interesses coletivos em favorecimento de interesses individua-

---

1324 ANDRADE, 2012, p. 38.

1325 ANDRADE, 2012, p. 38.

1326 ANDRADE, 2012, p. 40.

1327 ANDRADE, 2012, p. 42.

1328 Tal perspectiva não se confunde com a prevalência do negociado sobre o legislado, pois a valorização das relações coletivas visa ampliar os direitos sociais dos trabalhadores, em busca da concretização do valor humano do trabalho, não se tratando de medida que flexibiliza *in pejus* os direitos positivados dos obreiros.

1329 ANDRADE, 2012, p. 43.

listas, a proteção jurídica de sua propriedade ficaria mitigada, o que concretiza a legitimidade dos trabalhadores para desafiarem o controle efetivo da atividade produtiva.[1330] Destaca João Diogo Urias dos Santos Filho[1331] que a prática de atos empresariais ilegais ou antissociais abre, para o coletivo operário, o caminho para a assunção juridicamente legítima[1332] da atividade e da propriedade empresarial, por meio das ocupações ativas e, acrescentamos, passivas das empresas.

Além disso, em razão das mutações do capitalismo, as ocupações urbanas – dentro da fábrica e fora dela – evidenciam um *direito à cidade* que não pode mais ser alcançado mediante o retorno aos métodos de luta tradicionais, que restam confinados juridicamente no direito de greve.

Para Lefebvre, o *direito à cidade* deve ser construído pelas lutas populares contra a lógica capitalista de produção do espaço urbano, que mercantiliza seus territórios e a transforma em engrenagem a serviço do capital.[1333] Lefebvre afirma que a segregação dos trabalhadores em Paris no século XIX[1334] atuou como estratégia da burguesia francesa para frear a democracia urbana impulsionada pelas lutas populares,[1335] uma vez que essa ordem política embrionária representava ameaça real aos interesses das classes dominantes. Logo, o direito à cidade, para Lefebvre, refere-se, sobretudo, ao direito de experimentar e usufruir

---

1330 SANTOS FILHO, 2013, p. 71.

1331 SANTOS FILHO, 2014, p. 72.

1332 Concordamos com João Diogo Urias dos Santos Filho quando ressalta que a questão da proteção jurídica da propriedade antissocial só ganha relevância em contextos de conflitos concretos nos quais ela é questionada. Assim como o autor, não entendemos que a prática de atos empresariais ilegais ou antissociais devam implicar necessariamente qualquer reação de iniciativa unilateral de órgãos de Estado no sentido de materializar o desaparecimento da proteção da propriedade em favor de trabalhadores que nem sequer se auto-organizaram e não demonstraram intenção alguma de assumir a atividade produtiva. Cf.: SANTOS FILHO, 2014, p. 71.

1333 LEFEBVRE, 2008, p. 117.

1334 Conforme ressalta Trindade, a discussão proposta por Henri Lefebvre nos remete à reforma urbanística promovida em Paris entre 1853 e 1870 pelo Barão Georges Haussmann, que remodelou radicalmente o espaço urbano e expulsou para os subúrbios os trabalhadores, destituindo-os da vida urbana, isto é, da possibilidade de vivenciar e experimentar a cidade. Esse remanejamento do tecido espacial parisiense foi uma resposta da classe dominante às jornadas operárias de junho de 1848. Cf.: TRINDADE, 2012, p. 2.

1335 LEFEBVRE, 2008, p. 22.

da centralidade urbana no ritmo do valor de uso em oposição ao valor de troca: o direito à vida urbana, à centralidade renovada, aos locais de encontro e de trocas, aos ritmos de vida e empregos do tempo que permitem o uso pleno e inteiro desses momentos e locais.[1336]

Em um contexto contemporâneo, David Harvey ressalta o papel do capitalismo cognitivo-cultural nos desenhos excludentes dos espaços urbanos e a necessidade de reafirmação do direito inalienável à cidade. Segundo o autor, desde o início, as cidades emergiram da concentração social e geográfica do produto excedente. Portanto, a urbanização é também um fenômeno de classe, já que o excedente é extraído de algum lugar e de alguém, enquanto o controle sobre sua distribuição repousa em algumas poucas mãos. Para ele, essa situação geral persiste no capitalismo, mas como a urbanização depende da mobilização de excedente, emerge uma conexão estreita entre ela e o desenvolvimento do capitalismo.[1337]

Salienta Harvey que essa expansão do capitalismo cognitivo-cultural no processo urbano transformou a qualidade de vida nas cidades em mercadoria, assim como a própria cidade em um mundo no qual o consumismo, o turismo e a indústria da cultura e do conhecimento se tornaram os principais aspectos da economia política urbana: "[...] a tendência pós-moderna de encorajar a formação de nichos de mercado – tanto hábitos de consumo quanto formas culturais – envolve a experiência urbana contemporânea com uma aura de liberdade de escolha, desde que se tenha dinheiro."[1338]

1336 LEFEBVRE, 2008, p. 139.

1337 HARVEY, 2012, p. 81.

1338 HARVEY, 2012, p. 81.

O direito à cidade é positivado na Constituição brasileira de 1988 nos artigos 182[1339] e 183[1340] e, na Constituição italiana, pelo já mencionado art. 42, que trata da função social da propriedade e no artigo 44,[1341] que estabelece limites sociais equitativos para a ocupação do solo.

No Brasil, os artigos 182 e 183 da Constituição de 1988 são regulamentados pela Lei nº 10.257/2001, o Estatuto da Cidade, que representou

---

1339 Art. 182. A política de desenvolvimento urbano, executada pelo Poder Público municipal, conforme diretrizes gerais fixadas em lei, tem por objetivo ordenar o pleno desenvolvimento das funções sociais da cidade e garantir o bem-estar de seus habitantes. § 1º O plano diretor, aprovado pela Câmara Municipal, obrigatório para cidades com mais de vinte mil habitantes, é o instrumento básico da política de desenvolvimento e de expansão urbana. § 2º A propriedade urbana cumpre sua função social quando atende às exigências fundamentais de ordenação da cidade expressas no plano diretor. § 3º As desapropriações de imóveis urbanos serão feitas com prévia e justa indenização em dinheiro. § 4º É facultado ao Poder Público municipal, mediante lei específica para área incluída no plano diretor, exigir, nos termos da lei federal, do proprietário do solo urbano não edificado, subutilizado ou não utilizado, que promova seu adequado aproveitamento, sob pena, sucessivamente, de: I – parcelamento ou edificação compulsórios; II – imposto sobre a propriedade predial e territorial urbana progressivo no tempo; III – desapropriação com pagamento mediante títulos da dívida pública de emissão previamente aprovada pelo Senado Federal, com prazo de resgate de até dez anos, em parcelas anuais, iguais e sucessivas, assegurados o valor real da indenização e os juros legais. Cf.: BRASIL, 1988.

1340 Art. 183. Aquele que possuir como sua área urbana de até duzentos e cinqüenta metros quadrados, por cinco anos, ininterruptamente e sem oposição, utilizando-a para sua moradia ou de sua família, adquirir-lhe-á o domínio, desde que não seja proprietário de outro imóvel urbano ou rural. § 1º O título de domínio e a concessão de uso serão conferidos ao homem ou à mulher, ou a ambos, independentemente do estado civil. § 2º Esse direito não será reconhecido ao mesmo possuidor mais de uma vez. § 3º Os imóveis públicos não serão adquiridos por usucapião. Cf.: BRASIL, 1988.

1341 "Art. 44. A fim de obter a exploração racional do solo e estabelecer relações sociais eqüitativas, a lei impõe obrigações e restrições à propriedade privada da terra, estabelece limites para sua extensão de acordo com as regiões e áreas agrícolas, promove e impõe a recuperação das terras, a transformação das grandes propriedades e a reconstituição das unidades produtivas; atende propriedades de pequeno e médio porte. A lei prevê disposições em favor das áreas de montanha."
No original: "Art. 44. Al fine di conseguire il razionale sfruttamento del suolo e di stabilire equi rapporti sociali, la legge impone obblighi e vincoli alla proprietà terriera privata, fissa limiti alla sua estensione secondo le regioni e le zone agrarie, promuove ed impone la bonifica delle terre, la trasformazione del latifondo e la ricostituzione delle unità produttive; aiuta la piccola e la media proprietà. La legge dispone provvedimenti a favore delle zone montane." Cf.: ITÁLIA, 1948. (tradução nossa)

conquista histórica de um conjunto de movimentos e organizações populares,[1342] alinhados ao tema da reforma urbana.[1343] Segundo Fernandes,[1344] essa lei representou desenvolvimento importante da materialização do direito à cidade em termos jurídicos, uma vez que o ordenamento legal brasileiro desempenhou historicamente ação decisiva na produção e reprodução das desigualdades sociais no país, cujos efeitos gerais são bem conhecidos: segregação socioespacial, exclusão territorial e degradação urbanístico-ambiental, punindo em especial as camadas empobrecidas da sociedade.[1345] A Lei nº 10.257/01, nos termos do art. 1º, parágrafo único, estabelece normas de ordem pública e interesse social que regulam o uso da propriedade urbana em prol do bem coletivo, da segurança e do bem-estar dos cidadãos, bem como do equilíbrio ambiental.[1346]

Como ressalta Trindade, o direito à cidade positivado na Lei nº 10.257/01 não se traduz apenas no princípio da função social da propriedade.[1347] O capítulo IV do Estatuto, que abrange os artigos 43 a 45,[1348]

1342 Aponta Trindade (2012, p. 135) que, durante a elaboração da Constituinte de 1988, os setores ligados ao ideário da reforma urbana rearticularam suas forças, criando o Movimento Nacional pela Reforma Urbana (MNRU), que reuniu movimentos populares de moradia, transporte, saneamento, associações e entidades profissionais (arquitetos, sanitaristas, assistentes sociais), entidades sindicais, acadêmicas e integrantes da igreja católica vinculados à teologia da libertação. O MNRU apresentou uma emenda constitucional de iniciativa popular, que resultou nos artigos 182 e 183, os quais continham o princípio da função social da cidade e da propriedade urbana. Ainda assim, naquele momento, parte significativa dos segmentos reformistas avaliou que seria necessário lutar pela regulamentação desses artigos constitucionais com o intuito de avançar na construção de uma legislação mais específica para a política urbana – o que só aconteceria cerca de treze anos depois com a aprovação do Estatuto da Cidade, em 2001. Cf.: TRINDADE, 2012, p. 145-146.

1343 FERNANDES, 2007. p. 204.

1344 FERNANDES, 2007, p. 204.

1345 FERNANDES, 2007, p. 208.

1346 BRASIL, 2001.

1347 TRINDADE, 2012, p. 151.

1348 Art. 43. Para garantir a gestão democrática da cidade, deverão ser utilizados, entre outros, os seguintes instrumentos: I – órgãos colegiados de política urbana, nos níveis nacional, estadual e municipal; II – debates, audiências e consultas públicas; III – conferências sobre assuntos de interesse urbano, nos níveis nacional, estadual e municipal; IV – iniciativa popular de projeto de lei e de planos, programas e projetos de desenvolvimento urbano. Art. 44. No âmbito municipal, a gestão orçamentária participativa de que trata a alínea *f* do inciso III do art. 4o desta Lei incluirá a realização de debates, audiências e consultas públicas sobre as propos-

trata da *gestão democrática da cidade*, impondo a participação obrigatória da sociedade organizada na formulação e estabelecimento da ocupação e planejamento urbano, sob pena de o prefeito municipal incorrer em improbidade administrativa, nos termos do art. 52.[1349] Logo, o direito à cidade inclui obrigatoriamente o direito à participação da sociedade organizada na gestão e na administração municipal, o que significa que é inviável avançar na construção de um modelo mais justo de cidade sem democratizar o aparelho burocrático Estatal que toma as decisões referentes aos investimentos e à alocação de recursos no território urbano.[1350]

Nesse sentido, as ocupações da fábrica e de outros territórios urbanos, quando tais espaços não cumprem sua função social, além de serem abarcados pelo direito à cidade, são instrumentos coletivos políticos que fortalecem a real democracia pluralista. O direito de luta de transformação e participação dos espaços da cidade não é abstrato ou individual: ele demanda um esforço coletivo ao redor de solidariedades sociais.[1351] Nas palavras de Harvey:

> O direito à cidade está muito longe da liberdade individual de acesso a recursos urbanos: é o direito de mudar a nós mesmos pela mudança da cidade. Além disso, é um direito comum antes de individual já que essa transformação depende inevitavelmente do exercício de um poder coletivo de moldar o processo de urbanização. A liberdade de construir e reconstruir a cidade e a nós mesmos é, como procuro argumentar, um dos mais preciosos e negligenciados direitos humanos.[1352]

Conforme salienta o mesmo autor, essa é uma luta política coletiva que deve ser articulada também em âmbito global, pois essa é a escala na qual o processo de urbanização do capital financeiro opera agora.[1353] Concordamos com o autor que um passo na direção de unificar essas lutas é adotar o direito à cidade tanto como lema operacional quanto direito político, justamente porque ele enfoca a questão de quem co-

---

tas do plano plurianual, da lei de diretrizes orçamentárias e do orçamento anual, como condição obrigatória para sua aprovação pela Câmara Municipal. Art. 45. Os organismos gestores das regiões metropolitanas e aglomerações urbanas incluirão obrigatória e significativa participação da população e de associações representativas dos vários segmentos da comunidade, de modo a garantir o controle direto de suas atividades e o pleno exercício da cidadania. Cf.: BRASIL, 2001.

1349 TRINDADE, 2012, p. 151.
1350 TRINDADE, 2012, p. 151.
1351 HARVEY, 2013, p. 32.
1352 HARVEY 2012, p. 74.
1353 HARVEY 2012, p. 88.

manda a conexão necessária entre a urbanização e a utilização do produto excedente.[1354] A retomada de espaços urbanos comuns e da esfera de participação democrática exige desfazer a onda de mecanismos de privatização e especulação que transformaram os territórios urbanos em cidades-negócio controlados por uma democracia direta do capital.[1355] No entanto, essa retomada da cidadania em espaços urbanos também perpassa outras formas de luta, diversas da ocupação, que extravasam contradições resultantes de uma democracia excludente.

ANTAGONISMO SOCIAL E AÇÃO COLETIVA:[1356] PERFORMANCES DE LUTAS INTERSECCIONAIS

HETEROGENEIDADE DE SUJEITOS COMO MECANISMO DE LUTA: MANIFESTAÇÕES DAS FORÇAS SOCIAIS DO TRABALHO

A cidade não é apenas a organização funcional do espaço: é expressão das relações sociais de produção capitalista, ou seja, sua materialização territorial e política (ou policial, nos termos de Rancière) está na base da produção e reprodução do capital. A cidade é a forma reificada dessas relações, mas também do amadurecimento das contradições que lhe são próprias. Tais contradições explodem cotidianamente, mas, quase sempre, de formas invisibilizadas: pobreza, violência, poluição, machismo, exploração, mercado de coisas e corpos transformados em coisas. Submetidos à sociabilidade do capital, interiorizamos as relações sociais nas formas de uma representação que as aceita como naturais e imutáveis. A ordem e a inquietação formam uma unidade de contrários na cidade, mediada por mecanismos de adaptação, de modo que a luta visível não é a regra.[1357]

No entanto, não foi isso o que ocorreu nas cidades brasileiras em junho de 2013 – assim como em várias partes do mundo – com a explosão das contradições cotidianas mediante massivas manifestações que (re)tomaram as ruas das cidades, determinando, diretamente, seus usos e fluxos. No Brasil, o teor explosivo das manifestações, denominadas Jornadas de Junho, que reuniram mais de dois milhões de pes-

---

1354 HARVEY, 2012, p. 88.

1355 VAINER, 2013, p. 38.

1356 Título inspirado no artigo de Michel Vakaloulis: *Antagonismo social e ação coletiva*. Cf.: VAKALOULIS, 2005, p. 126.

1357 IASI, 2013, p. 41-42.

soas em 483 cidades[1358] do país, apontava, inicialmente, para o ponto nodal da estrutura social urbana: o transporte coletivo.

O acesso do trabalhador à riqueza do espaço urbano, que é produto de seu próprio labor, está necessariamente condicionado ao uso do transporte coletivo. Para a maior parte da população que é usuária dos ônibus, o dinheiro para a condução não é suficiente para pagar mais do que viagens entre a casa, na periferia, e o trabalho, no centro: a circulação do trabalhador é limitada à sua condição de mercadoria, de força de trabalho. Portanto, altas tarifas que impõem catracas no transporte público são barreiras que discriminam, conforme critério de concentração de renda, aqueles que podem circular pela cidade, daqueles condenados à exclusão urbana.[1359] No momento em que se fortalecem as catracas com o aumento das tarifas do transporte público em São Paulo em 2013, no país que era palco-espetáculo para a Copa das Confederações e para a Copa do Mundo, as contradições do sistema tornaram-se mais evidentes, suscitando processos de resistência, desencadeados, inicialmente, pela luta organizada pelo Movimento Passe Livre (MPL).

O MPL se define como um movimento horizontal, autônomo, independente e apartidário – mas não antipartidário –, cujos coletivos locais, federados, não se submetem a qualquer organização central, inclusive a ONGs, sindicatos, instituições religiosas ou financeiras.[1360] A luta dos trabalhadores pela reapropriação do espaço urbano supera a bandeira inicial do movimento, que era o passe livre estudantil, uma vez que o transporte foi estabelecido como questão transversal a diversas outras pautas urbanas. Tal constatação ampliou o foco do MPL, que deixou de se limitar às escolas e universidades, para adentrar em fábricas, comunidades, ocupações, em uma estratégia de aliança com outros movimentos que lutam por trabalho, cultura e moradia.[1361]

Quando foi feito o anúncio do aumento da tarifa dos transportes públicos em São Paulo, o MPL-SP começou a realizar tímidos protestos no dia 6 de junho, sofrendo desqualificação e descaso pela grande mídia brasileira, que retratava o ato como relacionado ao vandalismo, buscando descaracterizar as reivindicações e gerar repúdio no público receptor das imagens do conflito.[1362] O governador de São Paulo, Geraldo Alckmin,

---

1358 Dados fornecidos pela pesquisa de Maria da Glória Gohn (2014b, p. 8).

1359 MOVIMENTO PASSE LIVRE – SÃO PAULO, 2013, p. 15.

1360 IASI, 2013, p. 15.

1361 MOVIMENTO PASSE LIVRE – SÃO PAULO, 2013, p. 15.

1362 GOHN, 2014b, p. 22.

instaurou nas ruas o freio de segurança para quando as mediações cotidianas de ordem não funcionam: a tropa de choque da Polícia Militar.[1363]

Em 13 de junho, no 4º ato contra o aumento das tarifas, houve ação truculenta da polícia que culminou em dezenas de feridos e 192 detenções. Os impactos das imagens brutais contra os manifestantes rodaram o mundo e marcaram a virada da opinião pública em relação às manifestações, provocando a adesão de milhares de pessoas que passaram ir às ruas nos atos seguintes.[1364] O ápice das manifestações, como pode ser observado nos gráficos a seguir,[1365] ocorreu no dia 20 de junho, transformando a Copa das Confederações em grande palco para protestos, o que deslocou o foco central dos acontecimentos de São Paulo: as movimentações espalharam-se por mais de 140 cidades do país, integrando outros atores sociais e outros movimentos, principalmente grupos organizados no Facebook, com grande destaque para o ativismo digital do grupo "Anonymous".[1366]

Gráfico 2 – Número de manifestantes no Brasil em junho de 2013

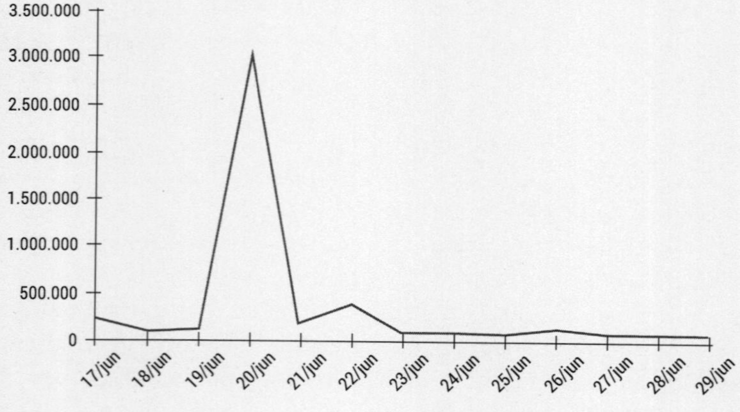

Fonte: GOHN, 2014b, p. 24.

1363 IASI, 2013, p. 45.

1364 GOHN, 2014b, p. 22-23.

1365 Os dados expostos em ambas as tabelas foram obtidos por Lincoln Secco. Cf.: SECCO, 2013, p. 72.

1366 O "Anonymous" é um grupo formado por centenas de coletivos, criados nos Estados Unidos na primeira década deste século, no qual a maioria dos integrantes esconde a identidade, ao contrário das lideranças dos denominados novos movimentos sociais Posteriormente, ampliou-se de forma global, utilizando-se das redes para viabilizar e convocar participações diretas, apoiando movimentos como Occupy Wall Street, Primavera Árabe e o combate internacional à censura na internet. Cf.: GOHN, 2014b, p. 52.

Gráfico 3 – Número de cidades em que houve protestos entre 17 e 29 de junho de 2013

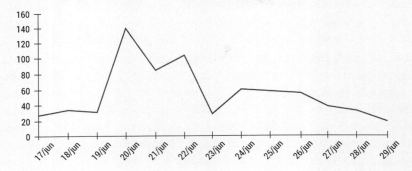

Fonte: GOHN, 2014b, p. 24.

Rodrigo Nunes resume o objetivo do MPL nas Jornadas de Junho e explica como sua pauta transborda para outros sujeitos sociais:

> A riqueza dessa luta, que lhe permitiu assumir ressonância tão ampla, está em partir de um objetivo claro, imediato e amplamente consensual (redução de tarifas) para uma discussão mais ampla (lucro das empresas, qualidade dos transportes) e objetivos a médio prazo (abertura das planilhas, passe livre para alguns setores, etc.), apontando sempre para uma transformação radical das relações entre capital e trabalho, população e estado (transporte de qualidade gratuito, financiado pela redução do lucro das empresas e impostos progressivos).[1367]

As manifestações de junho de 2013 refletiram a forma de organização do MPL: foram construídas horizontalmente, conectadas por e em redes sociais,[1368] criticando as formas tradicionais de política, representadas pelos partidos e sindicatos, traduzindo-se em coletivos heterogêneos de variados grupos de pertencimento, que rejeitavam lideranças centralizadoras hierárquicas. Houve uma estética particular nessas manifestações: elas não exibiram bandeiras de organizações, nem usaram faixas pré-confeccionadas, e muitos dos integrantes das manifestações estão na fase do batismo na política. Como não houve lideranças verticalizadas, também não houve hegemonia em relação aos seus participantes e suas reivindicações: o que motivou os manifestantes foi um sentimento de descontentamento e indignação contra a conjuntura

---

1367 NUNES, 2014, p. 44.

1368 Segundo pesquisa do Instituto Brasileiro de Opinião Pública e Estatística (IBOPE), 62% dos entrevistados nas manifestações do dia 20 de junho de 2013 obtiveram informações via Facebook. Outros 29% obtiveram informe via on-line (Twitter e outras plataformas da internet). A maioria dos participantes – 75% dos entrevistados – convocou outros participantes por meio de redes sociais. Cf.: GOHN, 2014b, p. 39.

dos dirigentes e representantes civis eleitos nas estruturas do poder estatal; as prioridades selecionadas pelas administrações públicas – no caso, a Copa do Mundo e a Copa das Confederações – e os efeitos de um discurso econômico neoliberal que reforça desigualdades.[1369]

Da mesma forma explosiva e interseccional, ocorreram as manifestações na cidade italiana de Gênova, entre 19 e 22 de julho de 2001, contra a realização do Fórum Econômico Mundial[1370] do G8[1371] – grupo internacional que reúne os oito países mais industrializados do mundo – geradas pelo Fórum Social Mundial de Gênova. O Fórum Social Mundial é um encontro proposto como contraponto ao Fórum Econômico Mundial e tornou-se referência para grande diversidade de organizações e movimentos, a partir de elemento central convergente: a oposição à visão do neoliberalismo como forma totalizante e intransponível de organização econômica e política de um sistema de relações em escala mundial.[1372] Mais do que um projeto convergente e alternativo, o Fórum Social cumpre o papel de certificar, no plano intelectual, a emergência de uma "onda" de contestação que já se manifestava nas ruas.[1373] O Fórum Social de 2001 em Gênova foi reflexo do primeiro Fórum Social Mundial realizado na cidade de Porto Alegre, no Brasil, naquele mesmo ano.

1369 GOHN, 2014b, p. 10-13.

1370 Fórum Econômico Mundial é uma conferência internacional promovida por uma fundação suíça com status de consultora das Nações Unidas. O Fórum reúne líderes da economia mundial, como empresários, ministros da Economia, presidentes de Banco Centrais, diretores do Fundo Monetário Internacional e do Banco Mundial, entre outros organismos internacionais. O Fórum foi criado em 1971 pelo professor alemão Klaus Schwab e, inicialmente, promovia somente encontros anuais na cidade de Davos, na Suíça. No começo dos anos 80, já patrocinava encontros regionais em outras partes do mundo. O encontro tornou-se um evento que os países mais ricos do mundo debatem questões relativas não só à economia, mas também aos conflitos internacionais, combate à pobreza e problemas ambientais. Cf.: ALBERICI, 2006, p. 96.

1371 Na época, faziam parte do G8 Estados Unidos, Alemanha, Canadá, França, Itália, Japão, Reino Unido e Rússia. Em março de 2014, a Rússia foi excluída do grupo, passando a ter sete integrantes (G7) novamente. O G7 é muito criticado por um grande número de movimentos sociais, normalmente integrados ao movimento antiglobalização, que acusam o grupo de decidir uma grande parte das políticas globais, que são social e ecologicamente destrutivas, sem qualquer participação da população. Cf.: ALBERICI, 2006, p. 96.

1372 ALVES, 2007, p. 25.

1373 ALVES, 2007, p. 26.

As manifestações em Gênova foram compostas por inúmeras associações italianas, como a Rete Lilliput,[1374] a Legambiente[1375] e outras estrangeiras como a Ação pela Taxação das Transações financeiras em Apoio aos Cidadãos (ATTAC)[1376] e a Confédération Paysanne,[1377] com o intuito de construir bloco de grande alcance capaz de desenvolver

---

[1374] "A Rede Lilliput é uma rede italiana de associações e cidadãos individuais nascida em 1999 sob o impulso de um manifesto de intenções desenvolvido por um grupo de coordenação formado pelas principais associações nacionais e campanhas sociais (a chamada Mesa das Campanhas). Tendo no Padre Alex Zanotelli um dos grandes promotores, a Rede propõe como principal objetivo aquele de fazer interagir e colaborar as inúmeras experiências locais que procuram lutar contra as desigualdades no mundo."
No original: "La Rete Lilliput è una rete italiana di associazioni e singoli cittadini nata nel 1999 sulla spinta di un manifesto di intenti elaborato da un gruppo di coordinamento formato dalle principali associazioni e campagne nazionali di stampo sociale (il cosiddetto Tavolo delle Campagne). Avendo in Padre Alex Zanotelli uno dei maggiori promotori, la Rete si propone come obiettivo principale quello di far interagire e collaborare le miriadi di esperienze locali che cercano di lottare contro le disuguaglianze nel mondo." Cf.: ALBERICI, 2006, p. 100. (tradução nossa)

[1375] "Legambiente nasceu em 1980, herdeira dos primeiros núcleos ecológicos e do movimento antinuclear que se desenvolveu na Itália e em todo o mundo ocidental na segunda metade dos anos 1970. Uma característica distintiva da associação tem sido o ambientalismo científico desde o início, ou seja, a opção de fundamentar cada projeto em defesa do meio ambiente sobre uma base sólida de dados científicos. A Legambiente é uma associação sem fins lucrativos, as atividades são fruto do empenho voluntário de milhares de cidadãos."
No original: "Legambiente è nata nel 1980, erede dei primi nuclei ecologisti e del movimento antinucleare che si sviluppò in Italia e in tutto il mondo occidentale nella seconda metà degli anni '70. Tratto distintivo dell'associazione è stato fin dall'inizio l'ambientalismo scientifico, ovvero la scelta di fondare ogni progetto in difesa dell'ambiente su una solida base di dati scientifici. Legambiente è un'associazione senza fini di lucro, le attività sono frutto dell'impegno volontario di migliaia di cittadini." Cf.: LEGAMBIENTE, 2016. (tradução nossa)

[1376] "As prioridades do movimento são a revisão da tributação internacional, o cancelamento da dívida dos Países pobres e a reforma do Banco Mundial, do Fundo Monetário Internacional e da Organização Mundial do Comércio."
No original: "Le priorità del movimento sono la revisione della tassazione internazionale, la cancellazione del debito dei paesi poveri e la riforma della Banca Mondiale, del Fondo Monetario Internazionale e dell'Organizzazione Mondiale del Commercio." Cf.: ALBERICI, 2006, p. 99. (tradução nossa)

[1377] "A Confédération Paysanne é uma rede de sindicatos de camponeses franceses."
No original: "Confédération Paysanne è un network do organizzazioni sindacali dei contadini francesi." Cf.: ALBERICI, 2006, p. 99. (tradução nossa)

funções de coordenação entre as iniciativas de contestação, em uma espécie de "protoparlamento" que luta para impor a crescente democratização da economia mundial.[1378] Da mesma forma das Jornadas de Junho, as manifestações de Gênova não possuíam liderança clara, sendo caracterizadas pela estrutura flexível sustentada por redes construídas por meio da internet, em que o elemento de coalizão era dado pela convicção de que a raiz da luta de cada um é a mesma da luta dos outros, ou seja: o objetivo comum era resistir à escolha de políticas econômicas realizadas exclusivamente pela cúpula das grandes potências mundiais e de instituições econômicas internacionais, que impõem medidas de austeridade sem a participação da população.[1379] Della Porta descreve a heterogeneidade de atores sociais presentes nas manifestações em Gênova desencadeadas pelo Fórum Social Mundial:

> Os ativistas do movimento do movimento estão enraizados em uma densa rede de associações, daquelas ecológicas àquelas voluntárias, da defesa dos direitos humanos à libertação das mulheres, dos sindicatos aos grupos de almas católicas. As associações são frequentemente múltiplas e plurais, mas essa heterogeneidade de origens está entrelaçada com uma cultura que enfatiza a subjetividade e a diversidade, buscando explicitamente a cooperação em vez da homogeneização.[1380]

Especificamente em relação aos *sujeitos* integrantes das Jornadas de Junho e dos protestos em Gênova, assim como outras manifestações interseccionais de rua na contemporaneidade, é realmente difícil definir o público participante, pois tais movimentos fogem dos padrões de luta tradicionais – como é o caso da greve –, com bandeiras pré-determinadas por sindicatos, partidos políticos ou movimentos identitários.[1381]

Apesar disso, no Brasil, circulou na grande mídia a notícia de que as Jornadas de Junho eram um fenômeno essencialmente estudantil, o que, consequentemente, rotulou de forma restritiva tais movimentos à seara universitária. No entanto, uma pesquisa nacional realizada pelo

---

1378 MARRADI; BISSO, 2001, p. 47.

1379 ALBERICI, 2006, p. 99.

1380 No original: "Gli attivisti del movimento del movimento sono radicati in un densissimo reticolo di associazioni, da quelle ecologiste a quelle di volontariato, dalla difesa dei diritti umani alla liberazione della donna, dai sindacati ai raggruppamenti di anima cattolica. Le appartenenze sono spesso multiple e plurali, ma questa eterogeneità delle provenienze si intreccia con una cultura che enfatizza la soggettività e la diversità, cercando esplicitamente la cooperazione invece che omogeneizzazione." DELLA PORTA, 2003, p. 94. (tradução nossa)

1381 GOHN, 2014b, p. 13.

Instituto Brasileiro de Opinião Pública e Estatística (IBOPE) no dia 20 de junho de 2013, com 2.002 pessoas, sendo 483 delas em São Paulo, com amostra composta de 50% homens e 50% mulheres, revelou que a maioria dos manifestantes era constituída por trabalhadores: 76% trabalhavam enquanto 52% estudavam, o que revela maior complexidade na estrutura social brasileira, uma vez que grande parte dos que estudam, trabalham, e vice-versa.[1382] A imagem de uma sequência linear de vida estudo-trabalho-aposentadoria já não faz parte da realidade.[1383] Nas palavras de Ruy Braga e Marco Aurélio:

> Vários levantamentos indicaram que, em sua larga maioria, aqueles que estão nas ruas são jovens, universitários, têm emprego e ganham entre um e três salários mínimos (renda média familiar mensal). Assim, são jovens trabalhadores universitários que, parte do dia, trabalham e, parte do dia, estudam. Que, *independentemente da formalização de seu trabalho, têm, em termos de entrada no mercado e em termos de rendimento, o que poderia se chamar de uma entrada subalterna neste mercado*. São eles, não só, mas também, que questionam o preço dos transportes, cujos gastos drenam seus rendimentos, serviços públicos de saúde, porque têm de gastar com planos de saúde privados, gastos com a educação, já que a maioria está em universidade privada, e por aí poderíamos seguir.[1384]

Não foi surpresa o resultado das pesquisas sobre as Jornadas de Junho revelar que a maioria dos manifestantes era formada por uma massa de jovens[1385] trabalhadores relativamente escolarizados,[1386] porém sub-remunerados.[1387] Logo, as *forças sociais do trabalho* eram centrais nas Jornadas de Junho, assim como foram perceptíveis nos protestos de Gênova,[1388] de modo que ambos representam lutas que têm conteú-

---

1382 GOHN, 2014b, p. 40.

1383 GOHN, 2014b, p. 40.

1384 SANTANA, 2015, p. 537. (grifo nosso)

1385 Segundo a pesquisa IBOPE, 63% dos manifestantes das Jornadas de Junho haviam entre 14 e 29 anos de idade. Cf.: GOHN, 2014b, p. 40.

1386 Conforme pesquisa IBOPE, 43% dos manifestantes possuía curso superior e 49% ensino médio completo e superior incompleto. Cf.: GOHN, 2014b, p. 40.

1387 BRAGA, 2015, p. 156.

1388 Pesquisa realizada por Alberici sobre o perfil dos manifestantes integrantes da Rete Lilliput, uma das principais organizações que atuaram em Gênova, com 80 pessoas – 48 homens e 32 mulheres – revela que apenas 19% dos participantes eram estudantes. O restante era composto por desempregados e trabalhadores, sejam autônomos, empregados, parassubordinados. A pesquisa ainda não revela se estes 19% que se declararam estudantes exercem algum tipo de trabalho concomitantemente

dos polissêmicos, mas que também expressam claras conexões entre os eixos do trabalho, da precarização, do desemprego, aflorando as ricas interseccionalidades existentes entre classes, gêneros, raça e etnias.[1389] Diferentemente do que se previa em horizontes individualistas/apáticos/fragmentados, uma *classe-que-vive-do-trabalho* foi para as ruas assumir e lutar pelas suas demandas, que também possuem pautas transversais.[1390]

De acordo André Singer, baseando-se em dados de pesquisa do Instituto Plus Marketing, 88% dos manifestantes na cidade do Rio de Janeiro em 20 de junho de 2013 possuíam faixa de renda familiar mensal de até cinco salários mínimos.[1391] Pochmann ainda ressalta que, apesar de o Brasil ter criado entre 2003 e 2010 cerca de 2,1 milhões de empregos formais, 94% deles pagam baixíssimos salários (até 430 dólares).[1392] Salienta o autor que, não obstante o relativo aumento do nível educacional e de uma limitada experiência profissional,[1393] que permitem a ascensão social pela inserção do consumo, as novas ocupações de serviços, absorvedoras de enormes massas humanas resgatadas da condição de pobreza, *ainda estão distantes de proporcionar qualquer configuração que não a da classe trabalhadora*: seja pelo nível de rendimento, seja pelo tipo de ocupação, seja pelo perfil e atributos pessoais, o grosso da população emergente não se encaixa em critérios sérios e objetivos que possam ser claramente identificados como uma *nova classe média*.[1394]

Pelo contrário, tais trabalhadores associam-se às características gerais das classes populares, que, por elevarem o rendimento, ampliam imediatamente o padrão de consumo. Nesse sentido, Pochmann aponta o fortalecimento dos planos privados de saúde, educação, assistência e previdência, como consequência da reorientação das políticas públicas para a perspectiva fundamentalmente *mercantil*, baseada na interpretação equivocada de uma "nova classe média".[1395] Com isso, recoloca-se a necessidade de construir serviços públicos eficientes e de estruturar o

---

aos estudos. A média de idade era de 34 anos e 73% deles possuíam ensino médio completo e 18% possuía ensino superior completo. ALBERICI, 2006, p. 116-117.

1389 BRAGA, 2015, p. 114.
1390 BRAGA; SANTANA, 2015, p. 538.
1391 SINGER, 2015, p. 10.
1392 POCHMANN, 2014, p. 87.
1393 POCHMANN, 2014, p. 20.
1394 POCHMANN, 2014, p. 87.
1395 POCHMANN, 2014, p. 85.

mercado de trabalho no Brasil – com emprego de qualidade e protegido –, aspectos decisivos para enfrentar a precariedade no setor.[1396]

Acrescenta ainda Jessé de Souza que as variáveis econômicas e ocupacionais não são as únicas que importam para o conceito de classe, o que consistiria no retorno à visão economicista herdada da modernidade.[1397] Segundo o autor, o ponto de partida de classe envolve pelo menos três capitais: o econômico, o social e o cultural.[1398] Desse modo, mesmo que haja nova sociabilidade de tais jovens trabalhadores, participantes das Jornadas de Junho, traduzida pelo consumo e pela inserção precária no mercado de trabalho, isso não é suficiente para qualificá-los como classe autônoma da classe trabalhadora. Isso porque o déficit do capital cultural e social, como condições prévias psíquicas e afetivas, permanece perpetuando a produção de seres humanos diferencialmente aparelhados pela herança familiar, que também é uma herança de classe.[1399] A luta de classes não é somente a greve sindical ou as manifestações das ruas que todos percebem; ela é, antes de tudo, o exercício silencioso da exploração construída e consentida socialmente.[1400]

Reconhecemos, no entanto, que apesar de existirem eixos de conexão em torno da precarização do trabalho entre os manifestantes, também são perceptíveis atritos para canalizar uma luta comum para a classe trabalhadora ampliada, bem como para articular movimentos sociais que resistem ao capitalismo cognitivo-cultural contemporâneo. As instituições de representação do trabalho, em seus termos tradicionais – sindicatos e partidos[1401] – têm muita dificuldade em lidar com a mercantilização laboral em suas múltiplas formas: entrada subalterna no mercado, baixos rendimentos, discriminações imbricadas, políticas de remoção, mercado imobiliário

---

[1396] POCHMANN, 2014, p. 85.

[1397] SOUZA, 2015, p. 226.

[1398] SOUZA, 2015, p. 226.

[1399] SOUZA, 2015, p. 230.

[1400] SOUZA, 2015, p. 230.

[1401] Conforme Ruy Braga (2015, p. 93), a hegemonia do poder do Partido dos Trabalhadores (PT) fundiu o movimento sindical com o aparelho de Estado: o governo preencheu milhares de cargos de direção com líderes sindicais, oficializou as centrais brasileiras, aumentou o imposto sindical, burocratizando e pacificando o sindicalismo. Desde 2008, estudos etnográficos ocupacionais do Centros de Estudos dos Direitos da Cidadania (CENEDIC – USP) apontam que o modelo de desenvolvimento do governo do PT alimentava um estado de inquietação social entre os trabalhadores precarizados, capaz de transformar-se em indignação popular, que foi o que aconteceu nas Jornadas de Junho de 2013. Cf.: BRAGA, 2015, p. 151.

estratosférico, serviços ruins e repressão policial.[1402] Essa pulsão plebeia[1403] decorrente das Jornadas de Junho e dos protestos de Gênova, com a massa fortemente horizontalizada pela via das redes sociais, questionou tais formas de representação tradicionais, expondo essa fratura manifestada pela burocratização dos partidos e dos sindicatos, para lembrá-las que, para além do aspecto institucional, um aspecto mais participativo, de conflito, precisa ser acionado, sob o risco de enrijecimento da democracia.[1404]

Contudo, como ressalta Harvey, também é necessário lembrar que é limitada a visão que contrapõe pura e simplesmente a organização horizontal à organização vertical como realidades inconciliáveis.[1405] Nesse sentido, é preciso pensar formas de articulá-las, sociológica e juridicamente, ao invés de falarmos e partirmos sempre das impossibilidades dessa articulação. Devemos buscar caminhos para a criação de vínculos entre tais perspectivas, que sejam capazes de produzir uma luta política, nos termos de Rancière. Afinal, conforme o filósofo francês, toda subjetivação política é primeiramente uma *desidentificação*, ou seja, consiste em arrancar sujeitos da naturalidade de um lugar, do relacionamento pré-configurado entre uma parcela e uma ausência de parcela.[1406]

Uma das formas de articulação entre essa classe trabalhadora ampliada, sindicatos e movimentos sociais foi desencadeada pelos protestos em Gênova e, anteriormente, pelos protestos em Seattle,[1407] e se trata dos denominados novos estudos do trabalho global (Global Labour Studies), que deslocam o foco das estratégias sindicais balizadas exclusivamente

---

1402 BRAGA; SANTANA, 2015, p. 538.

1403 Termo elaborado por Ruy Braga, para alargar a análise social a fim de englobar todos aqueles diretamente atingidos e aprisionados no redemoinho de precarização do trabalho contemporâneo. Cf.: BRAGA, 2015, p. 10.

1404 BRAGA; SANTANA, 2015, p. 538.

1405 HARVEY, 2012, P. 75.

1406 RANCIÈRE, 1996, p. 49.

1407 Dois anos antes de Gênova, os protestos antiglobalização apareceram nas manifestações em Seattle (EUA), em razão de uma reunião da Organização Mundial do Comércio (OMC). Entre sindicalistas, trabalhadores precarizados, estudantes e intelectuais, cerca de 50 mil manifestantes enfrentaram a polícia no episódio que ficou conhecido como "Batalha de Seattle". A iniciativa de realizar a manifestação partiu de uma rede de organizações não governamentais (ONGs) e contou com a participação significativa de representantes do mundo do trabalho a nível internacional. A internacionalização do movimento foi proporcionada pela internet, por meio da *Direct Action Network* (Rede de Ação Direta), na qual as pessoas receberam informações e se articularam de forma flexível. Cf.: WATERMAN, 2002, p. 47.

pelo *Estado-nação* para as mudanças na ação coletiva das *forças sociais do trabalho*, tendo em vista processos emergentes de *solidariedade global*.[1408] Esses novos estudos do trabalho global estão principalmente concentrados nas coalizões entre o sindicalismo e os novos movimentos sociais em escala transnacional, agregando os trabalhadores informais e os precarizados, bem como em estratégias transnacionais do movimento sindical.[1409]

Peter Waterman propõe articulação em termos de *solidariedade global*,[1410] que consiste na reconceitualização do internacionalismo operário,[1411] que seja adequada para o período de capitalismo globalizado/conectado em rede/informatizado, mediante a crítica ao internacionalismo sindical tradicional,[1412] que, conforme o autor, reflete o período na-

---

1408 BRAGA; SANTANA, 2015, p. 530.

1409 EVANS, 2015, p. 457.

1410 Solidariedade no sentido elaborado por David Featherstone: "[...] uma relação forjada através da luta política que visa desafiar formas de opressão."
No original: " [...] a relationship forged through political struggle which seeks to challenge forms of oppression." Cf.: FEATHERSTONE, 2012, p. 5. (tradução nossa)

1411 Waterman distingue os conceitos de "internacionalismo", "internacionalismo operário", e "internacionalismo sindical". Para o autor (2002, p. 49), no discurso dos movimentos sociais, o *internacionalismo* é normalmente associado ao mundo operário do século XIX, ao socialismo e ao marxismo, de modo que devemos fazê-lo avançar no tempo, de maneira a incluir outras lutas, como as feministas e raciais, as forças anticoloniais e a luta em prol dos direitos humanos. O autor explica (2002, p. 49): "Dado tratar-se destes dois últimos séculos, e de um 'mundo de Estados-nação', precisamos de uma palavra nova para referir a era da globalização. Alguns autores falam de *transnacionalismo*. Eu prefiro a expressão *solidariedade global*, por traduzir não apenas a globalização mas também o mal-estar que provoca e as alternativas que nos coloca. Quanto ao *internacionalismo operário*, refere-se a um vasto leque de ideias, estratégias e práticas, passadas e presentes, relacionadas com a realidade da esfera do trabalho, e que vão desde a actividade das cooperativas e dos partidos operários e socialistas até ao papel dos intelectuais socialistas e à cultura, passando pelos meios de comunicação e, inclusivamente, pelo desporto". Quanto ao *internacionalismo sindical*, restringe-se à forma preferencial de auto-articulação dos trabalhadores durante o período nacional/industrial/colonial. Conforme Waterman, na parte final do século XX, o *internacionalismo sindical desalojou ou sobrepujou o internacionalismo operário* a tal ponto que os dois termos acabaram, em grande parte, por se tornar sinônimos. Cf.: WATERMAN, 2002, p. 49.

1412 O autor critica particularmente a International Confederation of Free Trade Unions (ICFTU – Confederação Internacional dos Sindicatos Livres – CISL), a World Federation of Trade Unions (WFTU – Federação Sindical Mundial – FSM) e a ITF, International Transportworkers Federation (Federação Internacional dos Trabalhadores dos Transportes – FITT), um dos grandes Secretariados Profissionais

cional/industrial/colonial.[1413] Para Waterman, o novo internacionalismo operário contém necessariamente algumas características: alteração do modelo de organização internacional em forma de pirâmide – centralizado, burocrático e rígido – estimulando um modelo dinâmico, descentralizado, horizontal, democrático, plural e flexível, que caracteriza as redes de informação e tecnologia internacionais; deve reconhecer que a esfera do trabalho é essencial, articulando-se com outros internacionalismos democráticos, para reforçar as lutas transversais e ir além do mero internacionalismo obreirista, em uma espécie de novo sindicalismo social; deve manter relação estreita com os movimentos de outras classes ou categorias não sindicalizadas ou não passíveis de sindicalização; bem como com outros movimentos democráticos (feministas, de moradia, culturais, ambientalistas, de direitos humanos); deve reconhecer que não existe um lugar ou nível exclusivo para o combate internacional, e que, embora o ponto de partida para esse combate possa ser o local de trabalho, as organizações de base ou a comunidade, as instâncias formais de tipo tradicional, podem ser igualmente utilizadas.[1414]

Internacionais (SPIs, atuais GUFs ou FSGs Federações Sindicais Globais) ligados à área da indústria. Segundo o autor (2002, p. 36), a ideologia e os procedimentos destas organizações foram associados à ideia de "parceria social" e passaram a ser hegemônicos depois da criação, em 1919, da OIT, debaixo de uma considerável pressão do movimento operário. A CISL, inclusive, interiorizou a natureza tripartide da OIT. Para Waterman (2002, p. 50), ainda que o debate de tais organizações tenha contribuído para conquistas no passado, ele foi centralizado excessivamente nas próprias organizações e tem esquecido algumas questões verdadeiramente importantes para o internacionalismo operário, como as discussões em torno das noções de solidariedade internacional ou do significado da própria expressão internacionalismo, reforçando, nesse sentido, discursos e práticas sindicais compostas por protagonistas típicos do centro: brancos, anglo-saxônicos e homens. No mesmo sentido, manifestam-se Costa e Boaventura (2005, p. 34), ao afirmarem que as confederações sindicais mundiais que surgiram na segunda metade do século XX, FSM, CISL e Confederação Mundial do Trabalho (CMT), apesar de portadoras de distintas orientações e concepções, apresentaram problemas comuns: distanciamento entre lideranças e bases sindicais; persistência das influências decorrentes do contexto de Guerra Fria; tendência para a reprodução da estrutura e comportamento do Estado-nação e das agências interestatais; dependência dos princípios de um sindicalismo sediado no Norte; inspiração nas estratégias e ideologias europeias e norte-americanas vindas do século XIX e da primeira metade do século XX – social-democracia, comunismo, sindicalismo de negócios e cristianismo social; redução da complexa realidade da população trabalhadora mundial ao modelo do trabalhador sindicalizado e masculino.

1413 WATERMAN, 2002, p. 33.

1414 WATERMAN, 2002, p. 50.

Conforme Hermes Augusto Costa e Boaventura de Sousa Santos, o novo internacionalismo operário é, em si mesmo, uma realidade cada vez mais plural, de modo que é mais correto falar em *internacionalismos*. O simples fato de o novo internacionalismo admitir e/ou estimular a coligação e atuação conjunta com outras forças da sociedade civil constitui, por si só, sinal da pluralidade que perpassa seu registro organizacional.[1415]

No entanto, os próprios integrantes do Global Labour Studies apontam para distintas visões sobre o novo internacionalismo operário e, consequentemente, para modalidades organizacionais diversificadas desses atores. Assim, em quaisquer dos níveis organizacionais nos quais se movem os diversos protagonistas do internacionalismo operário, não devem ser excluídas as organizações sindicais locais e nacionais, uma vez que o internacionalismo operário em ação pode também derivar simplesmente de constantes e recíprocas ações de luta solidária entre centrais sindicais e sindicatos de dois ou mais países, pertencentes ou não ao mesmo bloco regional. Entre o velho e o novo internacionalismo operário há rupturas, mas há também continuidades.[1416]

Portanto, apesar de Waterman enfatizar a *esfera global* como modo de articulação entre tais *sujeitos heterogêneos*, é necessário ressaltar que tal perspectiva não deve ser efetivada em detrimento de contextos regionais ou locais, que também canalizam tensões do capitalismo contemporâneo, como pode ser evidenciado pelo fenômeno de lutas interseccionais em cidades globais, a exemplo das capitais brasileiras nas Jornadas de Junho e de Gênova, bem como nas cidades espanholas e nas ruas de Nova York, que ilustram tais pontos de convergência.[1417]

Boaventura de Sousa Santos e Hermes Augusto Costa apontam para tal perspectiva de *conjugação do local e global*, pois embora o trabalho tenha se convertido em um recurso mundial, não está claramente formado o mercado de trabalho global, já que os mercados são hoje mais segmentados do que nunca, em decorrência de processos de informalidade, terceirização, financeirização e mobilidade de grupos empresariais.[1418] Portanto, o novo internacionalismo operário não se restringe às formas de articulação operária exclusivamente de âmbito transnacional. Nas palavras dos autores:

> O novo internacionalismo operário não acontece apenas globalmente. Acontece também regional, nacional e localmente. O movimento operário

---

1415 SANTOS, 2005, p. 46.

1416 COSTA; SANTOS, 2005, p. 23.

1417 WATERMAN, 2002, p. 42.

1418 COSTA, 2005, p. 18.

deve ser capaz de articular as diferentes escalas em que ocorrem as suas lutas de resistência. Não havendo um *locus* de afirmação exclusivo do novo internacionalismo operário, as iniciativas operárias internacionais podem depender, por exemplo, de uma boa troca de informações entre as organizações sindicais locais e nacionais vítimas de discriminações e ilegalidades e as federações sindicais internacionais (actuais FSGs). Estas, pela sua capacidade de actuação internacional, ajudam a denunciar as mais variadas formas de opressão que emergem a partir do local de trabalho, da empresa ou do país.[1419]

O esforço deve ser o de agregar o fortalecimento da ação local ao sentido universal de uma proteção humana.[1420] Como salienta Ronaldo Munck, já não basta "[...] pensar globalmente, agir localmente [...]"; é igualmente necessário "[...] pensar localmente, agir globalmente."[1421]

Desse modo, diversas modalidades de interação mediante o novo internacionalismo operário podem ser mencionadas: ações conjuntas entre organizações não governamentais e as confederações sindicais mundiais visando ao cumprimento dos padrões laborais mínimos estabelecidos pela OIT; redes regionais e internacionais de sindicatos e de outros atores sociais em defesa dos direitos laborais; as negociações coletivas entre empresas transnacionais e Federações Sindicais Globais, envolvendo, por exemplo, acordos-marco globais[1422] destinados a respeitar direitos laborais; a organização de greves e outras formas de protesto público em escala transnacional de trabalhadores de diversos países vinculados à mesma empresa multinacional.[1423]

1419 COSTA, 2005, p. 42.

1420 REIS; NICOLI, 2015, p. 123.

1421 MUNCK, 2000, p. 100.

1422 Os acordos-marco internacionais têm como principal objetivo garantir o cumprimento das normas internacionais do trabalho em todas as unidades de uma mesma empresa multinacional. Na maioria dos casos os acordos são negociados entre as empresas e as Federações Sindicais Globais e permitem que os signatários desenvolvam em conjunto o conteúdo e as formas de monitoramento. Embora existam variações nos conteúdos dos acordos, todos eles são baseados, direta ou indiretamente, nas normas fundamentais do trabalho da OIT. Muitos sindicatos globais já têm seu próprio modelo de acordo-marco internacional, como é o caso da FITIM – Federação Internacional dos Trabalhadores das Indústrias Metalúrgicas. Os acordos-marco se diferem dos códigos de conduta, que representam a padronização de políticas empresariais, mas são propostas unilaterais e não têm a participação de trabalhadores e sindicatos. Cf.: CUTMULTI, 2009, p. 54.

1423 COSTA; SANTOS, 2005, p. 23. Aliás, tal modalidade de interação será abordada com maior profundidade neste capítulo quando for estudado o sindicalismo em rede e seus métodos de luta transnacionais.

Podemos citar experiências concretas brasileiras que relacionam *sujeitos heterogêneos* em lutas interseccionais em *planos nacional, regional e internacional*, que não se restringem à fugacidade das manifestações das Jornadas de Junho de 2013, extravasando o processo de *desidentificação* da titularidade dos meios de luta coletiva como forma de exercício de política, nos termos de Rancière.

A criação da Rede Internacional Sindical de Solidariedade e Lutas[1424] pela Central Sindical e Popular (CSP-Conlutas) no Brasil permite aferir essa afirmação, da qual também participam as seguintes entidades italianas: Unione Sindacale Italiana (USI), Sindacato Intercategoriale Cobas (SI COBAS), Sindacato Autorganizzato Lavoratori COBAS (SIAL-COBAS); Organizzazione Sindicati Autonomi e di Base Ferrovie (ORSA Ferrovie), Confederazione Unitaria di Base Scuola Università Ricerca (CUB SUR), Confederazione Unitaria di Base Immigrazione (CUB Immigrazione), Coordinamento Autorganizzato Trasporti (CAT), Confederazione Unitaria di Base Credito e Assicurazioni (CUB SALLCA), Confederazione Unitaria di Base Trasporti (CUB Trasporti), Sindacato Territoriale Autorganizzato (ORMA), No Austerity – Coordinamento delle lotte, Resistenza Operaia.[1425] A CSP-CONLUTAS reúne transversalmente movimentos sindicais, populares urbanos e rurais, estudantil e de luta contra a opressão aos homossexuais, negros e mulheres, como o Movimento Mulheres em Luta, Movimento dos Trabalhadores Sem Teto (MTST), Movimento Urbano dos Sem Teto (MUST), Movimento Terra, Trabalho e Liberdade (MTL), Assembleia Nacional de Estudantes Livre (Anel), o Movimento Quilombo Raça e Classe, entre outros.

Outra experiência destacada por Ruy Braga é aquela realizada pelo sindicato dos Trabalhadores em Telemarketing em São Paulo (SINTRATEL).[1426] O sindicato mapeou as características de gênero, raça, idade e orientação sexual dos operadores de *call center* para reconfigurar sua agenda, com iniciativas junto ao Ministério Público do Trabalho para coibir assédio sexual e discriminação racial nas empresas; participando da Parada do Orgulho LGBT (lésbicas, gays, bisse-

---

[1424] "Nosso sindicalismo alia a defesa dos interesses imediatos dos trabalhadores e trabalhadoras, e a vontade de mudança social profunda. Ele não se limita ao campo de reivindicações econômicas, ele engloba assuntos como o direito à moradia, à terra, igualdade entre homens e mulheres, conta o racismo, pela ecologia, contra o colonialismo." Cf.: REDE INTERNACIONAL SINDICAL DE SOLIDARIEDADE E LUTAS, 2013.

[1425] REDE INTERNACIONAL SINDICAL DE SOLIDARIEDADE E LUTAS, 2013.

[1426] BRAGA, 2015, p. 36.

xuais, travestis, transexuais e transgêneros) de São Paulo e organizando campanhas internacionais de solidariedade em países nos quais a Atento – a maior empresa de telemarketing do mundo – mantém operações. O sucesso desse esforço pode ser medido pelo aumento do número de greves e manifestações de teleoperadores em São Paulo, que eram praticamente inexistentes há dez anos. Entre 2008 e 2012, ocorreram quatro greves nacionais dos trabalhadores bancários com efetiva participação dos teleoperadores.[1427]

No entanto, como já foi ressaltado, apesar de os esforços em favor de coalizões heterogêneas antiausteridade ganharem corpo nos últimos anos, com flagrante sucesso em termos de coordenação do calendário de protestos locais e globais, não podemos ignorar que a articulação entre as *forças sociais do trabalho* possui diferenças problemáticas em termos sociológicos, o que torna mais complicada a captação jurídica deste fenômeno. Tais diferenças vão desde as orientações táticas existentes entre o sindicalismo e os novos movimentos sociais, passando pelas tensões associadas às rotinas burocráticas sindicais, até chegarmos aos estranhamentos ligados à diferença geracional, de gênero e raça.[1428]

Isso também foi observado nas Jornadas de Junho de 2013. Em meio aos protestos daquela conjuntura, foi marcada uma *greve geral*, pelas redes sociais, por cima e para além de sindicatos e centrais sindicais, em um verdadeiro desafio às formas de organização e representação existentes no mundo do trabalho. Somente a partir desse momento que os sindicatos e as centrais sindicais decidiram de forma explícita tomar as ruas, em um dia nacional de luta – 11 de julho de 2013 – que buscava esvaziar, em seu chamado, a greve geral convocada sem as organizações tradicionais. Esse dia nacional de luta, quando comparado às manifestações do período, ficou muito aquém numericamente, não conseguindo agregar as novas forças sociais do trabalho que mobilizaram as outras manifestações.[1429]

Diante da complexidade e das contradições presentes em tais manifestações de atores heterogêneos, devemos analisar como funciona concretamente a relação interseccional entre trabalhadores precarizados, sindicatos e movimentos sociais no contexto jurídico ítalo-brasileiro, e, verificar em que medida pode ser reivindicada uma proteção jurídica em torno de uma luta comum.

[1427] BRAGA, 2015, p. 36.

[1428] BRAGA; SANTANA, 2015, p. 532.

[1429] BRAGA; SANTANA, 2015, p. 538.

POSSIBILIDADES DE PROTEÇÃO JURÍDICA
NO SISTEMA ÍTALO-BRASILEIRO

A proteção jurídica de tais manifestações interseccionais mediante o direito de greve geral[1430] ou mesmo por meio do direito de greve política significa retornar a pontos problemáticos e restritivos da autotutela coletiva no sistema ítalo-brasileiro relativos à eficácia e efetividade do direito de greve, já abordados no capítulo anterior.

Nesse sentido, segue, em caráter exemplificativo, decisão do TST que entendeu como razoável a multa no valor de R$ 50.000,00 por dia de paralisação do Sindicato dos Trabalhadores em Empresas de Transportes Coletivos Urbanos de Passageiros de Porto Alegre, que participou da greve geral do dia nacional de luta em julho de 2013, julgando a greve como abusiva, por, entre outros motivos, ser de motivação política:

> O caso concreto reporta-se à data de 11/7/2013, denominado Dia Nacional de Luta, marcado pelas centrais sindicais para que houvesse uma greve geral em todo o país. A mobilização teve motivação exclusivamente política, voltada para dar maior visibilidade à pauta trabalhista submetida ao Poder Executivo, ainda no impulso dos movimentos sociais de protestos ocorridos em junho daquele ano [...]. É correto supor, contudo, que o Dia Nacional de Luta seria de potenciais animosidades, por se tratar de um protesto, em meio a onda de tantos outros que ocorreram no país a partir, sobretudo, de junho daquele ano. E, sob a ótica da segurança pública, é possível ultrapassar a mera presunção. [...] Ressalte-se, por fim, que a mobilização se deu por prazo ínfimo e determinado e não teve por escopo pressionar o segmento econômico. Esse, tanto quanto a sociedade, foi afetado pelo ânimo dos trabalhadores de dar visibilidade às suas demandas, num contexto amplo, de abrangência nacional. Conquanto salutar do ponto de vista democrático, a mobilização de entidades de classe perde seu valor na exata medida em que desafia a lei e a sociedade, deixando que as categorias profissionais

---

1430 Na definição de Ojeda Avilés, greve geral é uma modalidade de greve que abrange um extenso âmbito produtivo, seja de uma localidade, de um setor de produção ou mesmo de todo o país (1990, p. 192). Para Ronald Amorim e Souza (2007, p. 79) a greve geral consiste em ação generalizada com o intento de pressionar o governo ou para atrair a atenção patronal para pautas político-econômicas. A Comissão de Garantia Italiana, órgão responsável pela apuração da licitude das greves nos serviços públicos essenciais na Itália, define como greve geral aquela que envolve todas as categorias de trabalho no setor público e privado em todo território nacional. Cf.: VALLEBONA, 2007, p. 74. Tendo em vista tal definição, Vallebona conclui que, na Itália, tal tipo de greve se submete a todas regras da Lei no146/1990 que trata do direito de greve nos serviços públicos essenciais, entre os quais os procedimentos de pré-aviso e prestações mínimas indispensáveis. Cf.: VALLEBONA, 2007, p. 74.

que representam se abstenham de prestar os serviços tidos como essenciais à comunidade, ao menos de forma razoável. (TRIBUNAL SUPERIOR DO TRABALHO. RO 21045-73.2013.5.04.0000 Data de Julgamento: 14/12/2015, Relatora Ministra: Maria de Assis Calsing, Seção Especializada em Dissídios Coletivos, Data de Publicação: DEJT 18/12/2015)

Além disso, como já foi ressaltado neste capítulo, tais manifestações articulam uma variabilidade de sujeitos que escapam ao conceito ítalo-brasileiro do direito de greve. Nos termos de Negri e Hardt, tal *multidão, ao trabalhar,* produz a si mesma como singularidade,[1431] estabelecendo um novo lugar no não-lugar do capitalismo contemporâneo, desenvolvido por movimentos de hibridização:

> No contexto biopolítico do Império, porém, a produção de capital converge progressivamente com a produção e a reprodução da vida social; dessa maneira, torna-se cada vez mais difícil manter distinções entre trabalho produtivo, reprodutivo e improdutivo. O trabalho – material ou intelectual, intelectual ou físico – produz e reproduz a vida social, e durante o processo é explorado pelo capital.[1432]

Segundo os autores, as ações dessa multidão se tornam políticas sobretudo quando começam a usar diretamente instrumentos comuns de resistência para subverter as segmentações impostas à nova força coletiva do trabalho, representada pelo operário social, que abrange todos aqueles cujos trabalhos são explorados pelo capital. A demanda política, no entanto, exige o reconhecimento jurídico dessa produção capitalista e, consequentemente, deve vincular Direito e trabalho, contemplando com cidadania o trabalhador que cria o capital.[1433]

Logo, tais manifestações exigem a reorganização do espaço jurídico para que certos segmentos sociais participem livre e diretamente das decisões que os envolvem, sem repressão por meio de violências simbólicas ou físicas. Nos protestos em Gênova e nas Jornadas de Junho, a multidão se reapropriou de espaços e constituiu-se como sujeito ativo, na tentativa de ampliar liberdades jurídicas.

Assim, além do já mencionado direito à cidade, tais mobilizações nos remetem à análise de outro possível lugar jurídico para a proteção dessa luta interseccional: o *direito constitucional de manifestação,* que pode ser desdobrado na liberdade de manifestação do pensamento e

---

[1431] NEGRI; HARDT, 2014, p. 419.

[1432] NEGRI; HARDT, 2014, p. 426.

[1433] NEGRI; HARDT, 2014, p. 423-424.

de expressão (art. 5° IV[1434], IX[1435] da CF/88 e art. 21[1436] da Constituição italiana) e na liberdade de reunião (art. 5°, XVI[1437], da CF/88 e art. 17[1438] da Constituição italiana) e de associação (art. 5°, XVII[1439] da CF/88 e art. 18[1440] da Constituição italiana).

[1434] "Art. 5°: Todos são iguais perante a lei, sem distinção de qualquer natureza, garantindo-se aos brasileiros e aos estrangeiros residentes no País a inviolabilidade do direito à vida, à liberdade, à igualdade, à segurança e à propriedade, nos termos seguintes: [...] IV – é livre a manifestação do pensamento, sendo vedado o anonimato." BRASIL, 1988.

[1435] "Art. 5°: IX – É livre a expressão da atividade intelectual, artística, científica e de comunicação, independentemente de censura ou licença." Cf.: BRASIL, 1988.

[1436] "Toda pessoa tem o direito de expressar livremente seus pensamentos por meio da palavra, da escrita e de qualquer outro meio de divulgação."
No original: "Art. 21. Tutti hanno diritto di manifestare liberamente il proprio pensiero con la parola, lo scritto e ogni altro mezzo di diffusione." Cf.: ITÁLIA, 1948. (tradução nossa)

[1437] "Art. 5°, XVI: Todos podem reunir-se pacificamente, sem armas, em locais abertos ao público, independentemente de autorização, desde que não frustrem outra reunião anteriormente convocada para o mesmo local, sendo apenas exigido prévio aviso à autoridade competente." Cf.: BRASIL, 1988.

[1438] "Art. 17 Os cidadãos têm o direito de se reunir pacificamente e sem armas. Para as reuniões, mesmo em locais abertos ao público, não é necessário aviso prévio. As reuniões em locais públicos devem ser comunicadas às autoridades, que só podem proibi-las por comprovados motivos de segurança ou proteção pública".
No original: "Art. 17. I cittadini hanno diritto di riunirsi pacificamente e senz'armi. Per le riunioni, anche in luogo aperto al pubblico, non è richiesto preavviso. Delle riunioni in luogo pubblico deve essere dato preavviso alle autorità, che possono vietarle soltanto per comprovati motivi di sicurezza o di incolumità pubblica." Cf.: ITÁLIA, 1948. (tradução nossa)

[1439] "Art. 5°, XVII: É plena a liberdade de associação para fins lícitos, vedada a de caráter paramilitar." Cf.: BRASIL, 1988.

[1440] "Art. 17: Os cidadãos têm o direito de se associar livremente, sem autorização, para fins que não sejam proibidos às pessoas físicas pelo direito penal [19, 20, 39, 49]. São proibidas as associações secretas e aquelas que buscam, mesmo que indiretamente, fins políticos por meio de organizações de caráter militar." No original: "Art. 18. I cittadini hanno diritto di associarsi liberamente, senza autorizzazione, per fini che non sono vietati ai singoli dalla legge penale [19, 20, 39, 49]. Sono proibite le associazioni segrete e quelle che perseguono, anche indirettamente, scopi politici mediante organizzazioni di carattere militare." (tradução nossa)

A Corte Europeia de Direitos Humanos[1441] estabelece estreita relação[1442] entre o direito à liberdade de expressão e o direito de associação e o de reunião, assim como a Corte Interamericana de Direitos Humanos, que entende que a liberdade de expressão constitui elemento primário e básico da sociedade democrática, o que não é concebível sem o livre debate e a possibilidade de vozes dissidentes serem plenamente ouvidas.[1443]

No Relatório de 2005 da Comissão Interamericana de Direitos Humanos sobre "Manifestações Públicas como um Exercício da Liberdade de Expressão e Liberdade de Reunião", enfatizou-se que tais direitos, assim como o direito dos cidadãos de realizarem manifestações, são pressupostos para o intercâmbio de ideias e demandas sociais

---

1441 Obviamente, quando tratamos neste capítulo de possibilidades de proteção no sistema ítalo-brasileiro, não estamos ignorando outros lugares jurídicos de proteção representados por instrumentos internacionais, que são complementares aos sistemas nacionais. O direito de manifestação é previsto em vários instrumentos internacionais de Direitos Humanos, entre os quais podemos citar alguns dos mais importantes: Declaração Internacional de Direitos Humanos (art. 19); Pacto Internacional de Direitos Civis e Políticos (art. 19, 21, 22); Convenção Interamericana de Direitos Humanos (art. 15, 16); Declaração Americana de Direitos e Deveres do Homem; Convenção Europeia de Direitos Humanos (art. 10, 11); Carta de Direitos Fundamentais da União Europeia (art. 11, 12).

1442 Nesse sentido: "Os cidadãos têm o direito de se associar livremente, sem autorização, para fins que não sejam proibidos às pessoas físicas pelo direito penal [19, 20, 39, 49]. São proibidas as associações secretas e aquelas que buscam, mesmo que indiretamente, fins políticos por meio de organizações de caráter militar."
Ver: "Case of Vogt v. Germany, Judgment of September 26, 1995, Series A, No. 323, para. 64; Case of Rekvényi v. Hungary, Judgment of May 20, 1999, Reports of Judgments and Decisions 1999-III, para. 58; Case of Young, James and Webster v. the United Kingdom, Judgment of August 13, 1981, Series A, No. 44, para. 57; Case of Refah Partisi (The Welfare Party) and others v. Turkey, Judgment of July 31, 2001, para. 44; Case of United Communist Party of Turkey and others v. Turkey, Judgment of January 30, 1998, Report 1998-I, para. 42. Cf.: CORTE EUROPEIA DOS DIREITOS HUMANOS, 2016." (tradução nossa)

1443 "Opinião consultiva OC-5/85 de 13 de novembro de 1985 filiação obrigatória a uma associação prevista em lei para o exercício do jornalismo (artigos 13 e 29 da Convenção Americana sobre Direitos Humanos) solicitada pelo governo da Costa Rica, parágrafo 69."
No original: "Advisory opinion OC-5/85 of November 13, 1985 compulsory membership in an association prescribed by law for the practice of journalism (arts. 13 and 29 American Convention on Human Rights) requested by the government of Costa Rica, paragraph 69." Cf.: INTER-AMERICAN COURT OF HUMAN RIGHTS, 1985. (tradução nossa)

como forma de expressão. Esses direitos, conforme a Comissão, constituem elementos vitais necessários ao funcionamento adequado de um sistema democrático que inclua todos os setores da sociedade.[1444]

O Relator Especial da ONU para o direito à liberdade de reunião pacífica e associação, Maina Kiai, em relatório do ano 2012 para a vigésima sessão do Comitê de Direitos Humanos, afirmou que os direitos à liberdade de reunião pacífica e associação servem como um veículo para o exercício de muitos outros direitos civis, culturais, econômicos, políticos e sociais.[1445] Maina Kiai asseverou que os direitos à liberdade de reunião pacífica e de associação são pontos centrais no empoderamento de indivíduos pertencentes a grupos marginalizados, de modo que tais direitos devem não ser apenas garantidos, mas facilitados.[1446]

No Relatório Anual de 2013 do Comitê de Direitos Humanos da ONU afirma-se que a democracia envolve mais do que o mero exercício do direito ao voto, de modo que deve-se garantir às pessoas todo o espectro de direitos e liberdades fundamentais, incluindo o direito à liberdade de expressão e associação, como meios de influenciar as políticas públicas do Estado.[1447]

Nesse sentido, para considerar a possibilidade de proteção jurídica sobre o *direito de manifestação* que seja efetiva e eficaz, capaz de manter o viés político dessas novas lutas interseccionais, devemos mudar a chave de leitura de tais liberdades constitucionais, indo além da classificação histórica de *liberdade*, relacionada com a concepção liberal de Estado, abordada no conteúdo jurídico da greve, na teoria de Piero Calamandrei, destacada no segundo capítulo desta tese (*sciopero-delitto, sciopero-libertà e sciopero-diritto*).

Conforme a teoria de direitos fundamentais elaborada por Luigi Ferrajoli, no qual estes estão inseridos no paradigma da democracia constitucional,[1448] é necessário criticar a uniformização de categorias promovida pelo

---

1444 COMISSÃO INTERAMERICANA DE DIREITOS HUMANOS, 2005.

1445 KIAI, 2012, p. 5.

1446 KIAI, 2012, p. 5.

1447 COMITÊ DE DIREITOS HUMANOS DA ORGANIZAÇÃO DAS NAÇÕES UNIDAS, 2013, p. 6.

1448 Conforme Sayonara Grillo, Luigi Ferrajoli discorre sobre os direitos fundamentais por meio de quatro eixos de análise: o autor diferencia os direitos fundamentais e os patrimoniais; afirma que os direitos fundamentais estabelecem a dimensão substancial da democracia; ressalta que os titulares dos direitos são as pessoas, para além da concepção restrita de direitos da cidadania, o que permite aos direitos se tornarem cada vez mais

Direito Civil, de modo que, segundo o autor, devem ser distinguidas três classes de direitos, com estruturas diversas: de liberdade, na qual se incluem, entre outros, os direitos decorrentes da liberdade de manifestação de pensamento, de reunião e de associação; direitos de autonomia privada, que se referem à teoria dos contratos e os direitos de propriedade.[1449]

A unificação desses direitos em uma categoria de *direitos civis* remete ao Código Civil de Napoleão, que introduziu essa expressão para abarcar todos os direitos que não estavam no âmbito político.[1450] Conforme ressalta Ferrajoli, a *despolitização* dessas liberdades (nas quais se incluem a de manifestação e a de reunião) também é de responsabilidade da doutrina marxista, que fez crítica homogênea a todos os direitos que surgiram no Estado Liberal, sem diferenciá-los. Em suas palavras:

> Fue, como he sostenido otras veces, una operación política de la cultura jurídica liberal acríticamente avalada por la cultura marxista, que ha permitido a la primera acreditar a la propiedad con el mismo valor que ella asociaba a la libertad, y a la segunda desacreditar las libertades con el mismo desvalor que atribuía a la propiedad. [1451]

Ferrajoli, primeiramente, nega o atributo de fundamentalidade aos direitos reais da propriedade, separando-a dos tipos diversos de direi-

---

supranacionais, servindo de base normativa para a formulação de uma democracia internacional; salienta que direitos e garantias não se confundem, sendo certo que a ausência de garantias não nega a existência de um direito fundamental. Cf.: SILVA, 2005, p. 250.

1449 FERRAJOLI, 2004, p. 101.

1450 FERRAJOLI, 2004, p. 102.

1451 No original: "Foi, como já argumentei em outras ocasiões, uma operação política da cultura jurídica liberal endossada acriticamente pela cultura marxista, que permitiu à primeira creditar a propriedade com o mesmo valor que associava à liberdade, e à última descreditar as liberdades com a mesma desvalorização que atribuiu à propriedade." FERRAJOLI, 2004, p. 102. (tradução nossa)

Aliás, também Ferrajoli explica "Como se pode ver facilmente, uma confusão que, além de ser fonte de um grave erro teórico, foi responsável por dois mal-entendidos opostos e duas consequentes operações políticas: a valorização da propriedade no pensamento liberal como um direito do mesmo tipo que a liberdade e, inversamente, a desvalorização das liberdades no pensamento marxista, descreditadas como direitos 'burgueses' em igualdade com a propriedade."

No original: "Como se advierte fácilmente, una confusión que, además de ser fuente de un grave equívoco teórico, ha sido responsable de dos opuestas incomprensiones y de dos consiguientes operaciones políticas: la valorización de la propiedad en el pensamiento liberal como derecho del mismo tipo que la libertad y, a la inversa, la desvalorización de las libertades en el pensamiento marxista, desacreditadas como derechos 'burgueses' a la par de la propiedad." Cf.: FERRAJOLI, 2004, 45. (tradução nossa)

tos de liberdade e de autonomia privada, pois a propriedade, como os demais direitos patrimoniais, não é universal no mesmo sentido de que são e devem ser os direitos da personalidade e de cidadania, sejam eles civis ou sociais, vez que sua titularidade necessariamente exclui a de outros.[1452] Além disso, o direito de propriedade – diferentemente daqueles da personalidade e da cidadania – é alienável, negociável, passível de transação.[1453] Os direitos fundamentais que tradicionalmente são uniformizados na categoria de direitos civis são traduzidos somente naqueles que podem ser reconhecidos a todos ao mesmo tempo, e estão relacionados à capacidade jurídica e de ação, e, portanto, não se confundem com os direitos de fruição do proprietário.[1454][1455]

Assim, somente os direitos de autonomia privada e os de liberdade são fundamentais, e, por isso, capazes de estabelecer limites aos poderes públicos, à representação política, ao mercado e aos poderes privados.

O autor ressalta que direitos de liberdade não devem ser confundidos com o mercado, que pode atuar tranquilamente sem tais direitos fundamentais, como pode ser comprovado historicamente em regimes autoritários e fascistas. Os direitos fundamentais de liberdade, inclusive, não estão só em conflito com o Estado, mas também com o mercado. Conforme essa diferenciação, constatamos que existem limites e vínculos impostos pelos direitos de liberdade e pelos direitos sociais à representação política, ao mercado e à autodeterminação privada.[1456]

Da mesma forma, os direitos de liberdade não podem ser igualados àqueles de autonomia privada. Primeiramente, segundo Ferrajoli, a distinção entre direitos de liberdade e de autonomia privada foi obscurecida por outra diferenciação, entre liberdade negativa e liberdade positiva. Norberto Bobbio, ao fazer tal divisão, define liberdade negativa como "não impedimento" ou "não constrição", que consiste em

---

1452 FERRAJOLI, 2004, p. 102.

1453 FERRAJOLI, 2004, p. 102.

1454 FERRAJOLI, 2004, p. 123.

1455 Sayonara Grillo ressalta que o rigor analítico que distingue a *capacidade para adquirir a propriedade* da fruição dos direitos reais do proprietário, recusando nesta segunda hipótese os atributos de fundamentalidade, permite demonstrar a fragilidade de inúmeros julgados tribunais brasileiros, que – como nós já tratamos neste capítulo – a pretexto de resguardar o "direito fundamental de propriedade", deferem interditos proibitórios impedindo manifestações coletivas em frente às empresas, a partir de uma classificação hierárquica na qual a proteção dos direitos reais e dos bens adquiridos pelos proprietários se igualaria a um direito fundamental. Cf.: SILVA, 2005, p. 252.

1456 FERRAJOLI, 2009, p. 304.

predicado da ação, e liberdade positiva como autodeterminação ou autonomia, que é predicado da vontade.[1457]

No entanto, Ferrajoli entende que a tutela jurídica da liberdade negativa implica a proteção da liberdade positiva e vice-versa: para ou autor, tais liberdades coincidem em termos jurídicos, de modo que um direito fundamental não pode existir somente perante a ausência de impedimentos.[1458] Ressalta Sayonara Grillo que tal perspectiva de liberdade negativa, como não interferência, advém dos teóricos liberais da modernidade e não pode ser aplicada de forma abstrata e sem concretude na seara trabalhista: "É necessário acrescentar uma dimensão positiva, um conteúdo concreto de uma liberdade que além *de*, signifique liberdade *para*."[1459] Para Ferrajoli, todos os direitos fundamentais incluem ambas as modalidades de obrigações, existindo apenas uma *diferença de grau*, o que relativiza a dicotomia das ações positivas/negativas necessárias para sua efetividade.[1460]

Seguindo essa leitura que questiona as classificações tradicionais, Ferrajoli realiza uma diferenciação específica entre os direitos de liberdade (quando gozam de *status c*onstitucional) e direitos de autonomia privada.[1461] Para o autor, direitos de autonomia privada, referentes à teoria dos contratos, seriam de natureza secundária,[1462] e, portanto,

---

1457 FERRAJOLI, 1995, p. 50.

1458 FERRAJOLI, 2009, p. 305.

1459 SILVA, 2008, p. 95.

1460 FERRAJOLI, 2009, p. 39.

1461 FERRAJOLI, 2009, p. 307.

1462 "Das nossas duas distinções – entre direitos da pessoa e do cidadão, e entre direitos primários e secundários – a segunda é, sem dúvida, a mais importante para a análise da fenomenologia do poder no Estado de Direito e da teoria da democracia [...] Vou distinguir, precisamente a partir de sua natureza de expectativas negativas (de não lesões) ou positivas (de prestações), os direitos primários, pertencentes a todos independentemente da capacidade de agir, em direitos de liberdade e direitos sociais . Os primeiros consistirão em direitos negativos ou de imunidade, ou seja, na expectativa de omissão de interferências de outrem, distinguíveis por sua vez em liberdades simples, como o direito à vida e à liberdade pessoal, e as liberdades para (além de liberdades de) como a liberdade de imprensa, de associação e de reunião. Os segundos, por outro lado, consistirão em direitos positivos, ou seja, expectativas de prestações de outrem, como o direito à saúde, educação, seguridade social e semelhantes. Em função do tipo de poderes em que consistem, identificarei os direitos de autonomia com os direitos secundários, pertencentes a todos na medida em que sejam capazes de agir e, divisíveis, por sua vez, em direitos civis e direitos políticos. Os primeiros consistirão em direitos de autonomia privada exercidos

devem necessariamente se submeter positivamente a limites e obrigações impostos por lei, sob pena de entrar em conflito com os direitos de liberdade, que são primários. Nas palavras de Ferrajoli:

> Entendidos neste sentido, (direitos de) liberdade e (direitos de) autonomia são figuras jurídicas diferentes, não redutíveis entre si e capazes de subsistir independentemente uma da outra. É perfeitamente possível que uma ordem seja liberal, mas politicamente antidemocrática, assim como é possível que seja politicamente democrática e não liberal. Na realidade, a estrutura dessas duas classes de direitos é diferente. Os direitos (primários) de liberdade, sejam essas simples imunidades contra lesão ou constrições (ou "liberdades de") ou também poderes de comportamento não legal igualmente imunes a impedimentos (ou "liberdades para", além de "de"), tendem a coexistir sem interferências recíprocas. Os direitos (secundários) de autonomia, sejam eles direitos civis (ou de autonomia privada) ou direitos políticos (ou de autonomia política), como poderes cujo exercício produz efeitos nas liberdades genéricas negativas e positivas, estão, ao contrario, destinados a entrar em conflito no caso de não serem legalmente limitados e disciplinados.[1463]

---

fundamentalmente por meio de atos de negociação de disposição sobre direitos patrimoniais. Os outros consistirão em direitos de autonomia política, exercidos por meio de atos públicos, dos quais o voto é o mais característico."

No original: "De nuestras dos distinciones — entre derechos de la persona y del ciudadano, y entre derechos primarios y secundarios— la segunda es, sin duda, la más importante para el análisis de la fenomenología del poder en el estado de derecho y de la teoría de la democracia [...] Distinguiré, precisamente a partir de su naturaleza de expectativas negativas (de no lesiones) o positivas (de prestación), los derechos primarios, pertenecientes a todos con independencia de la capacidad dé obrar, en derechos de libertad y derechos sociales. Los primeros consistirán en derechos negativos o de inmunidad, es decir, en la expectativa de omisión de interferencias de los demás, distinguible a su vez en simples libertades de, como el derecho a la vida y la libertad personal, y libertades para (además de libertades de) como la libertad de prensa, de asociación y de reunión. Los segundos, en cambio, consistirán en derechos positivos, esto es, en expectativas de prestaciones por parte de otros, como es el caso del derecho a la salud, educación, seguridad social y similares. En función del tipo de poderes en que consisten, identificaré, en cambio, los derechos de autonomía con los derechos secundarios, pertenecientes a todos en tanto capaces de obrar y divisibles, a su vez, en derechos civiles y derechos políticos. Los primeros consistirán en derechos de autonomía privada ejercidos fundamentalmente a través de actos negocíales de disposición sobre derechos patrimoniales. Los otros consistirán en derechos de. autonomía política, ejercitados a través de actos públicos, de los que el voto es el más característico." Cf.: FERRAJOLI, 2009, p. 295. (tradução nossa)

1463 No original: "Entendidos en este sentido, (derechos de) libertad y (derechos de) autonomía son figuras jurídicas distintas, no reducibles entre sí y susceptibles de subsistir con independencia unas de otras. Resulta perfectamente posible que un

A tradição liberal ignorou essa distinção essencial do ponto de vista dos direitos fundamentais, confundindo direitos de autonomia privada com direitos de liberdade, sobrepondo os conceitos de liberalismo e democracia. Os direitos de liberdade, assim como os direitos sociais, limitam os direitos de autonomia privada, formando a base de uma democracia substancial.[1464] Por isso, segundo Ferrajoli, é impróprio discorrer sobre conflitos ou incompatibilidades de direitos em vez de simplesmente mencionar a sujeição à lei quando tratamos de direitos de autonomia privada e seus limites impostos por direitos constitucionalmente estabelecidos:

> A autonomia política e a autonomia civil – ou seja, os direitos políticos e os direitos civis sobre os quais se fundam a representação e o mercado, e não a liberdade positiva genérica, que nem mesmo é em si um direito au-

---

ordenamiento sea liberal pero políticamente no democrático, al igual que resulta posible que sea políticamente democrático y no liberal. En realidad, la estructura de estas dos clases de derechos es distinta. Los derechos (primarios) de libertad, ya sean estos simples inmunidades frente a lesiones o constricciones (o «libertades de») o también facultades de comportamientos no jurídicos igualmente inmunes frente a impedimentos (o «libertades para», además de «de») conviven tendencialmente sin interferencias recíprocas. Los derechos (secundarios) de autonomía, ya sean derechos civiles (o de autonomía privada) o derechos políticos (o de autonomía política), en tanto que poderes cuyo ejercicio produce efectos sobre las genéricas libertades negativas y positivas, están en cambio destinados a entrar en conflicto en el caso de que no sean jurídicamente limitados y disciplinados." Cf.: FERRAJOLI, 2009, p. 308. (tradução nossa)

[1464] "Daí a possibilidade de enunciar e distinguir, a partir da nossa tipologia, as diferentes dimensões da democracia constitucional: por um lado, a democracia formal, gerada pelos direitos secundários ou de autonomia e articulada nas duas formas, que se referem a «quem» e ao « como» da decisão, da democracia civil e da democracia política, fundadas, uma sobre os direitos civis e outra sobre os direitos políticos; de outro lado, a democracia substancial, determinada por direitos primários ou substanciais e articulada nas duas dimensões, relativas ao «quê» das decisões, da democracia liberal (ou liberal-democracia) e da democracia-social (ou social-democracia), uma baseada nos direitos de liberdade e outra nos direitos sociais."

No original: "De aquí la posibilidad de enunciar y distinguir, a partir de nuestra tipología, las distintas dimensiones de la democracia constitucional: por un lado, la democracia formal, generada por los derechos secundarios o de autonomía y articulada en las dos formas, referidas al «quién» y al «cómo» de la decisión, de la democracia civil y de la democracia política, fundadas, una sobre los derechos civiles, y la otra sobre los derechos políticos; por otro lado, la democracia sustancial, determinada por los derechos primarios o sustanciales y articulada en las dos dimensiones, relativas al «qué» de las decisiones, de la democracia liberal (o liberal-democracia) y de la democracia social (o social-democracia), basadas una en los derechos de libertad, y la otra en los derechos sociales." Cf.: FERRAJOLI, 2009, p. 339. (tradução nossa)

tônomo – são limitadas, por um lado, (não em razão da liberdade negativa genérica, mas) por liberdades negativas específicas erigidas nos direitos fundamentais de liberdade e, por outro lado, pelos direitos sociais e trabalhistas que, em virtude da posição constitucional dos primeiros, e mesmo apenas legislativa destes últimos, são normativamente subordinados à legislação e à negociação contratual, respectivamente.[1465]

A partir da distinção entre direitos de liberdade e de autonomia privada efetuada por Ferrajoli, sob a ótica constitucionalização dos direitos, é possível estabelecer vínculos substanciais limitadores das decisões da maioria e do mercado.[1466] Ferrajoli destaca como tal distinção é especificamente importante na seara laboral, que, atualmente ignorada, permite a subversão dos princípios constitucionais, em que a iniciativa econômica desenvolve-se contra a dignidade humana, como ocorre com a constitucionalização do mercado e do Produto Interno Bruto (PIB) e com a subordinação da esfera pública ao mercado e da política à economia, algo que proporciona a sobreposição dos direitos de autonomia privada sobre os direitos de liberdade e os direitos sociais, promovendo a dissolução do Direito do Trabalho.[1467]

Essa leitura das liberdades constitucionais agregada aos direitos sociais – e distinta daqueles direitos de autonomia privada – é uma alternativa possível para a proteção jurídica das manifestações interseccionais analisadas, aproximando os diversos catálogos de direitos fundamentais.

As liberdades constitucionais, portanto, também produzem e requerem obrigações positivas para sua efetividade e, sob este aspecto, poderiam ser consideradas como plataforma de proteção jurídica para a interseccional classe-que-vive-do-trabalho, que foi protagonista das manifestações analisadas, evitando que tais trabalhadores sejam punidos no plano criminal e civil, por exercerem um direito de manifestação constitucionalmente e internacionalmente assegurado, com o intuito de concretizar direitos sociais.

1465 No original: "La autonomía política y la autonomía civil — esto es, los derechos políticos y los derechos civiles sobre los que se fundan la representación y el mercado, y no la genérica libertad positiva, que ni siquiera es de por sí un derecho autónomo— están limitadas, de un lado, (no ya por la genérica libertad negativa sino) por esas específicas libertades negativas erigidas en derechos fundamentales de libertad y, por otro lado, por los derechos sociales y del trabajo que, en virtud del rango constitucional de los primeros y aun sólo legislativo de los segundos, están normativamente supraordenados a la legislación y a la contratación respectivamente." FERRAJOLI, 2009, p. 308. (tradução nossa)

1466 SILVA, 2005, p. 253.

1467 FERRAJOLI, 2008, p. 425.

Nessa esteira de ideias, Van Hoof propõe estabelecer os diversos níveis de obrigações estatais em todos os tipos de direito, nos quais seria possível discernir as obrigações de respeitar, proteger, garantir e promover todos os direitos fundamentais – sejam aqueles referentes às liberdades constitucionais ou sociais –, o que permitiria reforçar a unidade dos direitos econômicos, sociais, culturais, políticos e civis.[1468]

Conforme o autor, a obrigação de *respeitar* exige – para todos os tipos de direito – que o Estado não se intrometa, nem impeça ou obstaculize o acesso dos titulares do direito ao seu gozo. Para *proteger* um direito, o Estado deve agir com vistas a impedir que particulares intervenham ou se contraponham à sua realização. *Garantir* um direito supõe assegurar que seu titular tenha acesso ao bem, inclusive promovendo-o quando não o alcança por meios exclusivos.[1469] E, por fim, as obrigações relativas à *promoção* do direito instituem o dever de desenvolver e criar condições para a aquisição dos bens tutelados.[1470]

No campo do Direito Internacional, essa distinção foi assumida – com modificações, com a enumeração reduzida a três categorias: obrigações de respeito, obrigações de proteção e obrigações de garantia, satisfação ou cumprimento – nos principais documentos interpretativos do Pacto Internacional sobre os Direitos Econômicos, Sociais e Culturais,[1471] ratificado pelo Brasil e pela Itália. No mesmo sentido, a

---

[1468] VAN HOOF, 1984, p. 99.

[1469] VAN HOOF 1984, p. 99.

[1470] VAN HOOF, 1984, p. 100.

[1471] Nesse sentido, Observações Gerais (OG) do Comitê de Direitos Econômicos, Sociais e Culturais: (OG) n. 3 (1990): "A Natureza das Obrigações dos Estados Partes – parágrafo 1 do artigo 2 do Pacto"; OG n. 4 (1991) "O Direito à Moradia Adequada – parágrafo 1º do art. 11 do Pacto"; OG n. 5 (1994) "Pessoas com Deficiências", OG n. 6 (1995) "Os Direitos Econômicos, Sociais e Culturais das Pessoas de Idade"; "Princípios de Limburgo" (1986); "Princípios de Maastricht" (1997); CIJ, "Declaração e Plano de Ação de Bangalore" (1995) Encontro Latino-Americano de Organizações de Direitos Econômicos, Sociais e Culturais: "Declaração de Quito (1998)."
No original: "La Índole de las Obligaciones de los Estados Partes – párrafo 1 del art. 2 del Pacto"; OG n. 4 (1991) " El Derecho a la Vivienda Adecuada – párrafo 1 del art. 11 del Pacto"; OG n. 5 (1994) "Personas con Discapacidad"; OG n. 6 (1995) "Los Derechos Económicos, Sociales y Culturales de las Personas de Edad"; "Principios de Limburgo" (1986); " Principios de Maastricht" (1997); CIJ, " Declaración y Plan de Acción de Bangalore" (1995). Encontro Latino Americano de Organizações de Direitos Econômicos, Sociais e Culturais: "Declaração de Quito (1998)." Cf.: ABRAMOVICH, 2005, p. 215. (tradução nossa)

Corte Europeia de Direitos Humanos já se manifestou afirmando que uma liberdade de reunião efetiva não pode ser reduzida ao mero dever de não-intervenção por parte do Estado, de modo que os participantes devem ser capazes de, com a assistência do Estado, manter as manifestações sem receio de sujeição a violência física.[1472]

Assim, as liberdades constitucionais não se limitam à postura de não interferência, mas requerem também a obrigação Estatal para criar condições favoráveis para o exercício do direito de manifestação, mediante a proteção contra a violência policial nos protestos; por meio da garantia do real pluralismo de ideias e de imprensa; por meio do combate de fórmulas jurídicas opressoras, como interditos proibitórios impetrados em face de trabalhadores que, articulados com outros movimentos sociais, protestam em vias públicas; mediante a coibição de altas multas aplicadas pelos tribunais aos sindicatos obreiros durante manifestações plurais, como foi o caso das Jornadas de Junho; pelo combate de prisões[1473] abusivas de manifestantes; pela elaboração de leis que protejam e não criminalizem movimentos sociais (como é o caso da Lei Antiterrorismo – Lei nº 13.260/16)[1474] e que assegurem a liberdade de

---

[1472] Fourth section case of Identoba and others v. Georgia application no. 73235/1. Cf.: CORTE EUROPEIA DE DIREITOS HUMANOS, 2016.

[1473] No dia 13 de junho de 2013, agentes da Polícia Militar do Estado de São Paulo, atuando nas Jornadas de Junho, prenderam mais de 60 manifestantes por estarem portando vinagre. O vinagre seria utilizado como meio de proteção ao gás lacrimogêneo e spray de pimenta nas movimentações que ocorreriam mais tarde naquele dia, que partiram do Theatro Municipal com destino à Avenida Paulista. O jornalista Piero Locatelli da revista Carta Capital chegou a ser detido e levado para a Polícia Civil por carregar uma garrafa de vinagre. Cf.: ASSOCIAÇÃO BRASILEIRA DE JORNALISMO INVESTIGATIVO, 2013.

[1474] O Congresso Nacional aprovou, em fevereiro de 2016, o Projeto de Lei n. 2016/2015, criando a Lei 13.260/16, de iniciativa do Poder Executivo, que pretende regulamentar o crime de terrorismo, previsto no inciso XLIII do art. 5º da Constituição Federal Brasileira, que dispõe: "A lei considerará crimes inafiançáveis e insuscetíveis de graça ou anistia a prática da tortura, o tráfico ilícito de entorpecentes e drogas afins, o terrorismo e os definidos como crimes hediondos, por eles respondendo os mandantes, os executores e os que, podendo evitá-los se omitirem." Cf.: BRASIL, 1988. A tramitação do projeto teve celeridade incomum, devido à pressão internacional de grupos de interesse na iminência das Olimpíadas de 2016. A proposição tinha o apoio oficial do G20 e extraoficial do Comitê Olímpico Internacional. A lei pretende uma verdadeira criminalização dos protestos e manifestações coletivas no país ao prever como especial fim de agir o "terror social ou generalizado" e elencar um enorme rol de condutas alternativas, às quais, embora variem em gravidade, é indistintamente atribuída a pena de 12 a 30 anos de reclusão. A ambiguidade e

pensamento sem penalização dos profissionais do ensino nas escolas e universidades;[1475] pela proteção jurídica de estudantes-trabalhadores de escolas e universidades públicas que participem de manifestações interseccionais;[1476] pela garantia de que os trabalhadores beneficiados por poucas conquistas sociais alcançadas nos últimos anos possam se manifestar nos estádios dos Jogos Olímpicos[1477] contra um processo juridicamente questionável de *impeachment*[1478] instaurado no Brasil.

---

vagueza do texto legal e a severidade das penas cominadas, tem o potencial de agravar de modo dramático o quadro de restrição a direitos fundamentais e de censura à expressão ideológica e política no Brasil. Cf.: ARTICLE 19, 2015, p. 2.

1475 O Programa "Escola sem Partido", representando pelo Projeto de Lei do Senado 193/2016 e pelo Projeto de Lei 867/2015, inclui entre as diretrizes e bases da educação nacional, de que trata a Lei nº 9.394, de 20 de dezembro de 1996, o "princípio da neutralidade política", que visa eliminar a discussão ideológica no ambiente escolar, restringir os conteúdos de ensino a partir de uma pretensa ideia de neutralidade do conhecimento. Existe ainda em tramitação o Projeto de Lei 1411/2015, que tipifica o crime de assédio ideológico. Cf.: CARTA CAPITAL, 2016.

1476 Alunos da Universidade Estadual de Campinas (Unicamp) ocuparam a reitoria e realizaram protestos em face do corte de verba da instituição e pela implantação de cotas étnico-raciais, juntando-se à greve dos professores e dos servidores técnicos-administrativos. Os estudantes que participaram dos protestos tiveram as notas relativas ao primeiro semestre zeradas pelos docentes não-grevistas. Os estudantes das instituições que não participaram dos movimentos não tiveram as notas zeradas. Cf.: RIBEIRO, 2016, p. 2.

1477 O Comitê dos Jogos Olímpicos Rio-2016 e do Comitê Olímpico Internacional proibiram protestos políticos durante a Olimpíada, como cartazes com os dizeres "Fora Temer", retirando torcedores que se manifestavam pacificamente nos estádios. Em agosto de 2016, João Augusto Carneiro Araújo, juiz substituto da 12ª Vara Federal do Rio de Janeiro, acolheu um pedido do Ministério Público Federal para que União, Estado do Rio de Janeiro e Comitê Organizador dos Jogos Olímpicos se abstenham de impedir a manifestação pacífica de cunho político mediante a exibição de cartazes, uso de camisetas e de outros meios lícitos nos locais oficiais. A medida de retirar os torcedores dos estádios está prevista na Lei 13.284, de 2016, que trata apenas da Olimpíada e da Paralimpíada do Rio. Segundo o artigo 28, X do texto são proibidas bandeiras para outros fins que não o da manifestação festiva e amigável, em uma clara violação ao direito de manifestação estabelecido na Constituição Federal de 1988.

1478 Na nossa opinião, o processo de *impeachment* instaurado no Brasil em face da presidenta Dilma Rousseff é juridicamente infundado, tratando-se de um golpe de Estado orquestrado por parlamentares envolvidos em casos de corrupção, entre eles, o ex-presidente da Câmara dos Deputados, Eduardo Cunha, que, para obstruir investigações contra ele em curso no Supremo Tribunal Federal e no Conselho de Ética da Câmara dos Deputados relacionadas à corrupção (Operação Lava-Jato), aceitou o pedido de *impeachment* na Câmara, o que, por si só, já tornaria o processo nulo por vício de iniciativa

Obviamente, como ressalta Sayonara Grillo, que as medidas positivas

consubstanciado em desvio de finalidade. Além disso, entendemos que não foi configurado o crime de responsabilidade em face da lei orçamentária ou conduta eivada de improbidade administrativa para instauração do processo, nos termos dos artigos 85, IV, V da Constituição Federal de 1988, da lei nº 1079/50 (lei que define os crimes de responsabilidade e o procedimento do processo de *impeachment*), da lei complementar nº 101/2000 (lei de responsabilidade fiscal) e da lei nº 8.429/92 (lei que trata da improbidade administrativa). De forma breve, podemos afirmar que os dois pontos centrais do processo de *impeachment* são a acusação da gestão da presidência da república de uso de "pedaladas fiscais" e de emissão de seis decretos de crédito suplementar em 2015. As "pedaladas fiscais" tratam de atrasos nos repasses do Tesouro Nacional para bancos públicos que financiam políticas públicas, como o Plano Safra. As pedaladas fiscais são, simplesmente, atrasos em pagamentos, e não configuram empréstimos. Portanto, não há que se confundir entre violação do orçamento e violação das regras de sua execução financeira. Estas últimas estão vinculadas às normas de administração financeira e não à lei orçamentária. Assim, uma vez que não são normas orçamentárias, a sua violação não pode ser objeto de crime de responsabilidade. Tal prática, inclusive, é recorrente entre governadores e prefeitos no Brasil. Pelo menos 17 governadores já realizaram a mesma conduta, inclusive o Relator da Comissão Especial que analisou o processo de *impeachment* no Senado – Senador Antonio Anastasia – adotou tal conduta 972 vezes durante seu mandato de governador no Estado de Minas Gerais. Ademais, tais condutas não foram de responsabilidade exclusiva da presidenta Dilma Rousseff. Durante suas viagens oficiais, seu vice, Michel Temer, atual presidente do Brasil, também assinou tais "pedaladas fiscais". O segundo ponto central trata-se de assinatura de seis decretos de suplementação orçamentária em 2015, que ocorreram sem a autorização do Congresso Nacional e foram emitidos depois de julho, quando o Governo já havia admitido que não conseguiria cumprir a meta fiscal do ano. Entretanto, tais decretos não ampliaram, apenas remanejaram gastos. Dilma Rousseff assinou os decretos por solicitação de órgãos do Judiciário, assim como do Tribunal de Contas da União (TCU), e apenas após avaliação do corpo técnico, o que exime a má-fé da presidenta necessária para a configuração do crime de responsabilidade. Em junho de 2016, laudo realizado por peritos do Senado para a Comissão Especial que analisa o processo de *impeachment* concluiu que de fato houve atraso no repasse do Tesouro ao Banco do Brasil, mas "não foi identificado ato comissivo" de Dilma Rousseff que "tenha contribuído direta ou indiretamente para que ocorressem os atrasos nos pagamentos". Sobre os decretos de crédito suplementares, concluiu-se que Dilma Rousseff não foi alertada pela Secretaria de Orçamento Federal do Ministério do Planejamento a respeito "de incompatibilidade com a meta fiscal" ao emitir os decretos e que, ainda que os decretos fossem incompatíveis com a meta fiscal vigente à época, a meta considerada pelo governo era a constante no Projeto de Lei do Congresso Nacional no 5/2015, que foi aprovado pelo próprio Congresso em dezembro de 2015. Assim, para os peritos do Senado, os parlamentares referendaram os atos da presidência. Em julho de 2016, Tribunal Internacional sobre a Democracia no Brasil, constituído por nove especialistas estrangeiros em direitos humanos, declarou que o processo *de impeachment* da presidenta Dilma Rousseff se caracteriza como um golpe ao Estado democrático de direito e deve ser declarado nulo em todos os seus efeitos. Cf.: REDE BRASIL ATUAL, 2016.

e negativas que podem ser adotadas pelo Estado não funcionarão se não forem articuladas com a responsabilidade em relação a obrigações de sujeitos privados, no intuito de concretizar tais liberdades constitucionais. Assim, o reconhecimento constitucional do direito de manifestação se explica como direito subjetivo público de liberdade que vincula atuações estatais, mas que também se estende às relações intersubjetivas de caráter privado. Conforme salienta a autora, na economia de mercado a vinculação dos particulares aos direitos fundamentais, no âmbito dos direitos laborais e sociais, é a única forma de fazê-los efetivos.[1479]

Dessa forma, sob essa perspectiva que integra as liberdades constitucionais aos direitos sociais, impõe-se a necessidade da efetivação de *um direito fundamental de manifestação da classe-que-vive-do-trabalho* que também reflita no plano contratual, ou seja: um direito que imponha que os empregadores sejam penalizados no caso de dispensa discriminatória ou por punição disciplinar dos empregados que participarem de manifestações interseccionais; especificamente no caso dos professores, que ao tentar mobilizar criticamente os alunos são hostilizados[1480] ou dispensados arbitrariamente nas escolas e universidades privadas; que os estudantes-trabalhadores – como aqueles das Jornadas de Junho – não sejam reprovados no âmbito de escolas e universidades privadas por participarem de protestos; que os empregadores não explorem politicamente seus empregados, obrigando-os a vestir e participar de protestos a favor ou contra o processo de *impeachment*.

Evidentemente que essa leitura das liberdades constitucionais, que permite verdadeiro direito de manifestação àqueles que vivem da força de trabalho, se submete a limites jurídicos. Os limites mais polêmicos surgem quando há focos de violência nessa luta interseccional.

A participação dos denominados *black blocs* nas Jornadas de Junho e nos protestos de Gênova toca nesse ponto de tensão. Os *black blocs*

1479 SILVA, 2005, p. 260.

1480 Em março de 2016, uma professora de História do Colégio Privado Jesuíta Medianeira, em Curitiba, criticou em suas redes sociais uma manifestação pró-impeachment feita por alguns estudantes em sua escola. Na sequência, foi hostilizada por pais de alunos nas redes sociais, que a chamaram de "comunista burra", "porca vermelha" e "petista vagabunda" e exigiam sua dispensa da instituição. A escola, por sua vez, se recusou a dispensar a profissional, mas a intensa hostilidade dos pais fez com que a professora pedisse demissão. Posteriormente, parte dos alunos protestaram, com cartazes contendo frases como "Opinar não é doutrinar". Outra parte fez protestos contra a professora, contra a presidenta Dilma Rousseff, contra o PT e contra o ex-presidente Lula. Cf.: REVISTA FÓRUM, 2016, p. 2.

surgiram do movimento autonomista[1481] criado na Alemanha no início dos anos 1980, com origem na experiência da autonomia operária na Itália.[1482] A tática se difundiu pelo resto da Europa e, no fim dos anos 1980, chegou aos Estados Unidos, onde o primeiro bloco negro foi organizado em 1988, para protestar contra os esquadrões da morte que o governo americano financiava em El Salvador.[1483] O grupo de militantes possui estética diversa, se vestindo de preto e cobrindo o rosto com máscaras da mesma cor para evitar identificação e perseguição pelas forças de repressão policial.[1484] O grupo alega que utiliza a violência como tática defensiva, que, segundo os militantes, significa reação à violência empregada pela polícia contra os manifestantes, bem como estratégia que não visa atingir pessoas, mas intervir simbolicamente atingindo o cerne do capitalismo: a propriedade privada.[1485]

Os *black blocs* ganharam visibilidade mundial quando participaram das manifestações em Seattle em novembro de 1999 e, a partir daí, passaram a realizar ataques seletivos contra símbolos do capitalismo global. A mudança se explica pelas circunstâncias em que se formou o *black bloc* de Seattle: a década de 1990 foi caracterizada pelas marcas globais, quando os logos das grandes empresas se transformaram na verdadeira língua franca da globalização.[1486] Ressalta Bruno Fiuza que, nesse contexto, o ataque a uma loja do McDonald's ou da Gap tinha efeito simbólico importante, de mostrar que aqueles ícones não eram tão poderosos e onipresentes assim; de que por trás da fachada divertida e amigável da publicidade corporativa havia um mundo de exploração e violência materializado naqueles logos.[1487] Daquele momento em diante, os *black blocs*, antes instrumento basicamente de defesa contra a repressão policial, tornaram-se também forma de ataque contra os significados ocultos

---

1481 "Fiel ao espírito revolucionário original do marxismo, mas renegando o fetiche pelo poder das burocracias sindicais e partidárias, o autonomismo se desenvolveu como um conjunto de experimentos sociais organizados por setores que optaram por se manter à margem do modo de vida dominante imposto pelo capitalismo e criar focos de sociabilidade alternativos no seio das próprias sociedades capitalistas, mas pautados por valores e práticas opostos aos dominantes." Cf.: FIUZA, 2013, p. 2.

1482 GOHN, 2014b, p. 56.

1483 FIUZA, 2013, p. 2.

1484 FIUZA, 2013, p. 3.

1485 GOHN, 2014b, p. 58.

1486 FIUZA, 2013, p. 3.

1487 FIUZA, 2013, p. 4.

dos símbolos do capitalismo e foi nessa vertente que a tática chegou ao Brasil nas Jornadas de Junho e nos protestos de Gênova.[1488]

Como o grupo denuncia a falência das formas de democracia representativa, adota a ação direta como tática de luta e de contestação política, que inclui a violência performática: quebrar vidraças, janelas, portas de vidros de bancos e multinacionais. Para o grupo, a violência à propriedade privada é resposta e ataque a outro tipo de violência, oculta e arraigada nas bases de nosso sistema econômico, de modo que os participantes não se consideram vândalos.[1489]

Analisar a violência como forma de luta juridicamente legítima é algo extremamente complexo. Por outro lado, a simples criminalização imediata pela mídia e pelo Estado de protestos que contêm parcela de violência consiste em diagnóstico superficial.

Wladimir Safatle, professor de Filosofia da Universidade de São Paulo (USP), levantou uma hipótese interessante ao localizar na política brasileira a arte de silenciar as demandas sociais, de modo que a violência aparece como revolta contra a impotência política e como reação à primeira.[1490] No mesmo sentido, Esther Solano, Doutora em Ciências Sociais, professora de Relações Internacionais da Universidade Federal de São Paulo (Unifesp), que desenvolve pesquisa sobre os *black blocs*, afirma que a violência funciona para eles como uma forma de se expressar socialmente, de ser ouvido. A professora caracteriza o grupo, apesar de heterogêneo, como pertencente a segmentos sociais pobres, na maioria composto por trabalhadores que concomitantemente estudam em universidades privadas: "[...] é o típico perfil de jovem que você encontra às 19 horas saindo do trabalho, pegando ônibus e indo para a faculdade estudar. E a maioria deles tem uma vida mais de periferia, são usuários do SUS,[1491] da escola pública e têm contato com as mazelas do País":[1492]

> Muitos *black blocs* já me disseram que, para eles, a violência é a única forma de expressão pela qual, de fato, são ouvidos. É difícil contestar esse

---

1488 FIUZA, 2013, p. 4.

1489 GOHN, 2014b, p. 59.

1490 SAFATLE, 2013, p. 2.

1491 "O Sistema Único de Saúde (SUS) é a denominação do sistema público de saúde no Brasil. Trata-se de um sistema exemplar que visa efetivar o direito constitucional à saúde para todos os cidadãos e cidadãs, mas encontra-se em situação precária em razão de problemáticas de gestão Estatal."

1492 SOLANO, 2016, p. 2.

raciocínio. Se a imprensa só dá voz às formas de protesto violentas, se o governo reage com mais força diante do fator violência, como impedir que a violência se torne uma forma de protesto generalizada? A violência como forma de protesto não estaria sendo legitimada e reforçada por toda a sociedade que joga o jogo da espetacularização?[1493]

Slavoj Žižek também faz reflexão peculiar e profunda sobre o tema, recusando as leituras superficiais e os mecanismos de defesa artificiais – psicológicos, intelectuais e políticos – sempre acionados quando nos defrontamos com a forma e o conteúdo da violência que marca nossa contemporaneidade.[1494] Ao refletir sobre os matizes da violência, Žižek aponta formas de violência cotidianas disfarçadas de "tolerância", seja diretamente, como na forma brutal do racismo; seja indiretamente, nos efeitos da sociabilidade do capital nas relações de trabalho, na educação, nas formas de constituição de família, nas relações entre homens e mulheres. Para o autor, a violência simbólica social na sua forma mais pura manifesta-se de forma naturalizada, como o ar que respiramos.[1495] No mesmo sentido de Žižek, Iasi descreve essa inversão e naturalização dos matizes da violência no Brasil e sua relação com a violência presente nas Jornadas de Junho:

> Jovens das periferias, dos bairros pobres, das áreas para onde se expulsou os restos incômodos dessa ordem de acumulação e concentração de riqueza, que são cotidianamente agredidos e violentados, estigmatizados, explorados e aviltados, que agora, aproveitando-se do mar revolto das manifestações expressam seu legítimo ódio contra essa sociedade hipócrita e de sua ordem de cemitérios. Sua forma violenta em saques e depredações assustam, é verdade, mas a consciência cínica de nossa época passou a assumir como normal as chacinas, a violência policial. Pseudointelectuais chegaram a justificar como normal que a polícia entre nas favelas e invada casas sem mandato, prenda, torture e mate em nome da "ordem"; ou seja, a violência só é aceitável contra pobres, contra bandidos, contra marginais, mas é inadmissível contra lixeiras, pontos de ônibus, bancos e vitrines.[1496]

Ressalta Iasi que, nos *black blocs* das Jornadas de Junho, foram encontrados os simbolismos e as formas adequadas para justificar a tru-

---

1493 SOLANO, 2016, p. 3.
1494 IASI, 2014, p. 171.
1495 ŽIŽEK, 2014, p. 91.
1496 IASI, 2014, p. 177.

culenta ação policial[1497] ordenada pelo Executivo, que já se manifestara antes de o grupo integrar as manifestações, mas, agora, reforçada por prisões e inquéritos abusivos chancelados pelo Poder Judiciário[1498] e por projetos de lei criminalizadores da liberdade de expressão provenientes do Legislativo, como a Lei Antiterrorismo, violando o direito de manifestação de *todos* aqueles que foram às ruas.[1499]

O resultado foi que, após a violência passar a ser constante nas Jornadas de Junho e nos protestos de Gênova, ofuscaram-se as legitimidades das ações, o que afastou a população das ruas e contribuiu para a fragmentação dos grupos e, tragicamente, culminou em mortes[1500] entre os manifestantes.

No entanto, juridicamente, focos não generalizados de violência em um protesto não deveriam ensejar mecanismos institucionalizados que restringem o direito de manifestação daqueles que participam pacificamente. As ações realizadas pelo Estado para reestabelecer a ordem

---

1497 Interessante ressaltar que a "criminalização" de manifestações pela mídia, pelo Judiciário, bem como a repressão policial do Estado no Brasil varia conforme as pautas de protesto e o público participante. Conforme pesquisa do Grupo de Opinião Pública da UFMG realizada com 434 pessoas, no dia 18 de agosto de 2015, durante as manifestações favoráveis ao *impeachment* da presidenta Dilma Rousseff, a maioria dos participantes era de cor branca, com renda acima de cinco salários mínimos, com curso superior, a favor do porte de arma e da redução da maioridade penal, contra o aborto, cotas raciais e programas como o Mais Médicos e o Bolsa Família. Cf.: TELLES, 2015, p. 1. Durante tal manifestação, ao contrário da Jornadas de Junho, não houve nenhuma repressão por parte da Polícia Militar.

1498 "Um dos mais emblemáticos processos judiciais relacionados aos protestos é o da Ação Penal movida pelo Ministério Público do Rio de Janeiro contra 23 ativistas desde julho de 2014. O processo se originou a partir de um inquérito aberto pela Delegacia de Repressão aos Crimes de Informática (DCRI) em julho de 2013, pouco tempo após o início das manifestações da Jornada de Junho daquele ano. O inquérito, sob a justificativa de buscar responsáveis por crimes cometidos nas manifestações – como dano ao patrimônio, associação criminosa, incitação ao crime, entre outros – possui um caráter fortemente político, investigando pessoas por ligações a movimentos sociais, partidos políticos, ativismo político e social, o que é incompatível com um Estado Democrático de Direito." Cf.: ARTICLE 19, 2015, p. 120.

1499 IASI, 2014, p. 177.

1500 Em Gênova, o grau de confronto com a polícia atingiu um novo patamar e um jovem italiano que fazia parte daquele *black bloc*, chamado Carlo Giuliani, foi morto por um policial com um tiro na cabeça. Cf.: FIUZA, 2013, p. 4. No Brasil, no período compreendido entre janeiro de 2014 e o mês de junho de 2015, apurou-se a ocorrência de sete mortes durante protestos pelo país inteiro. Cf.: ARTICLE 19, 2015a, p. 61.

e segurança públicas quando há pontos de violência devem ser sempre *proporcionais*[1501] às ações dos manifestantes. Além disso, a violência efetuada por parcela dos manifestantes pode ser efeito colateral responsivo à violência sistemática de um Estado que reprime de forma desproporcional direitos fundamentais, como o direito à manifestação. O Relatório de 2011 da ONU sobre Execuções Sumárias, Arbitrárias ou Extrajudiciais comprova essa relação, afirmando que, em países em que o direito à liberdade de reunião pacífica é suprimido, há maior probabilidade de que as manifestações se tornem violentas.[1502] Nas Jornadas de Junho, denúncias de diferentes pesquisadores, organizações da sociedade civil, comunicadores e de movimentos sociais apontam que o uso da força policial de forma desproporcional em manifestações não foi exceção, sendo muitas vezes o principal fator de distúrbio da ordem.[1503]

Devemos salientar ainda que, conforme o Relatório do Alto Comissariado da ONU para Direitos Humanos, a liberdade de realizar e participar de protestos deve ser considerada a *regra* e as limitações a exceção.[1504] Nesse sentido, o Relator Especial da ONU para o direito à liberdade de reunião pacífica e associação, Maina Kiai, assevera que a obstrução de vias públicas durante manifestações, por exemplo, não é motivo juridicamente viável para restringir o direito de manifestação, pois o exercício desse direito inevitavel-

---

[1501] Proporcionalidade não no sentido de uma matriz civilista, muitas vezes utilizado nos tribunais italianos e brasileiros como pretextos para restringir excessivamente o direito de greve. Adotamos aqui o procedimento elaborado pelo o jurista alemão Robert Alexy. Conforme Alexy, neste caso, estaríamos diante de uma típica colisão entre princípios fundamentais, a qual deverá ser solucionada por meio da proporcionalidade, cujo instrumento aplicativo se revela por meio da técnica da ponderação de interesses. Em casos de colisão, um princípio fundamental deverá ser cotejado com aquele com o qual colida de forma a que se dê a exata aplicação de cada um em face do caso concreto. Na maioria das vezes, diante das colisões, um princípio deverá preponderar sobre outro após a realização da atividade do sopesamento, fruto da ponderação de interesses em face do caso concreto. Nas palavras de Alexy: "Segundo a lei da ponderação, a ponderação deve realizar-se em três graus. No primeiro grau dever ser determinada a intensidade da intervenção. No segundo grau trata-se, então, da importância dos fundamentos que justificam a intervenção. Somente no terceiro grau realiza-se, então, a ponderação em sentido restrito e verdadeiro [...]. Extrai-se da lei da ponderação que o exame da proporcionalidade caracteriza-se como um núcleo essencial para a ocorrência da otimização diante dos conflitos entre princípios no caso concreto, sendo, portanto, um próprio mandamento de ponderação." Cf.: ALEXY, 2008, p. 68.

[1502] HEYNS, 2011, p. 15.

[1503] ARTICLE 19, 2015a, p. 97.

[1504] UNITED NATIONS, 2014, p. 9.

mente causa distúrbios à vida comum e um de seus objetivos é justamente mobilizar a população que circula diariamente pelas ruas das cidades. Kiai, mencionando decisão do Tribunal Constitucional Espanhol, afirma que em uma democracia o espaço urbano não é somente para circulação, mas também consiste em plataforma para a participação dos cidadãos.[1505]

A Corte Europeia de Direitos Humanos também reflete esse entendimento. A título de exemplo, no caso "Kudrevičius e outros vs. Lituânia",[1506] julgado em 26 de novembro de 2013, ao analisar protestos que geraram obstruções de vias públicas, a Corte entendeu que eventuais medidas penais impostas contra os protestantes por essa conduta seriam desproporcionais, pois uma manifestação pode causar distúrbios, desde que não sejam violentos.[1507] Durante o julgamento, a Corte Europeia de Direitos Humanos ressaltou que a liberdade de expressão e o direito de reunião são essenciais à democracia e não devem ser interpretados restritivamente.[1508] O Tribunal entendeu que esses são direitos de tal importância que ninguém poderia ser punido – nem pela menor das sanções – por participar de um protesto, conquanto essa pessoa não tenha cometido atos repreensíveis.[1509]

Kiai, em seu relatório, ainda salienta que um *pedido de autorização prévia* para a realização de reuniões direcionado à autoridade pública viola o direito de manifestação.[1510] Esse também é o entendimento da Corte Interamericana de Direitos Humanos: "[...] a exigência da notificação prévia não deve ser confundida com a exigência da autorização prévia concedida a título discricionário, que não deve estar prevista na lei ou na prática das autoridades administrativas, mesmo quando se trata de espaços públicos."[1511]

1505 KIAI, 2012, p. 11.

1506 Caso no 37553/05: Os autores da ação são fazendeiros e foram condenados criminalmente após realizarem um protesto contra a queda dos preços de produtos agrícolas, notadamente do leite, realizando um bloqueio de uma das principais estradas da Lituânia com tratores e equipamentos agrícolas. Cf.: ARTICLE 19, 2015a, p. 190.

1507 ARTICLE 19, 2015, p. 190.

1508 ARTICLE 19, 2015, p. 191.

1509 ARTICLE 19, 2015, p. 191.

1510 KIAI, 2012, p. 8.

1511 No original: "[...] the requirement of prior notification must not be confused with the requirement of prior authorization granted as a matter of discretion, which must not be established in the law or practice of the administrative authorities, even when it comes to public spaces." INTER-AMERICAN COURT OF HUMAN RIGHTS, 2011, p. 53. (tradução nossa)

Kiai também questiona a necessidade de aviso prévio para todo tipo de mobilização, por ser muitas vezes um procedimento burocrático, de modo que sua exigência deveria ser permitida apenas para reuniões de grande escala que possam afetar a total circulação nas vias públicas.[1512]

No Brasil, o STF irá definir o alcance do artigo 5º, inciso XVI, da Constituição de 1988, no tocante à exigência de aviso prévio à autoridade competente como pressuposto para o legítimo exercício da liberdade de reunião. O tema será discutido no julgamento do Recurso Extraordinário nº 806.339, que teve repercussão geral reconhecida. No caso em questão, a União ajuizou ação de interdito proibitório para inviabilizar, em sede de liminar, manifestação na BR-101, no Município de Propriá (SE), realizada por trabalhadores do Sindicato Unificado dos Trabalhadores Petroleiros, Petroquímicos e Plásticos nos Estados de Alagoas e Sergipe (SINDIPETRO) e do Sindicato dos Trabalhadores em Sindicatos, Confederações, Associações, Centrais Sindicais e o Órgãos Classistas e Entidades Afins do Sergipe (SINTES), articulada de forma interseccional com a Coordenação Nacional de Lutas (Conlutas), com o Partido Socialista dos Trabalhadores Unificado (PSTU) e com a Comissão Pastoral da Terra (CPT).

Em primeira instância, o pedido da União foi julgado procedente e as entidades foram condenadas ao pagamento de multa diária no valor de R$20.000,00 (por entidade), cumulada com multa diária no importe de R$1.000,00 por pessoa física, por terem desobedecido liminar que proibia o manifesto. Também foi fixada a mesma multa para o caso de nova manifestação no local. A decisão foi confirmada em recurso ao Tribunal Regional Federal. No RE nº 806.339, as entidades ressaltaram a importância de assegurar a efetivação de direitos ligados à liberdade de expressão, de modo que não seria possível impor, para o exercício de liberdade de reunião, intimação formal e pessoal da autoridade pública competente, e que a manifestação foi noticiada em outros meios de comunicação, tanto que a Polícia Rodoviária Federal esteve presente no evento. Além disso, as entidades alegaram que não compete ao Executivo qualquer forma de avaliação da conveniência da associação de pessoas em locais públicos.[1513] O Recurso Extraordinário ainda aguarda decisão.

Desse modo, apesar de todas as violações operadas em relação ao direito de manifestação nas Jornadas de Junho no Brasil e nos protestos de Gênova na Itália, podemos concluir que há ainda mais espaço para

---

1512 KIAI, 2012, p. 8.
1513 SUPREMO TRIBUNAL FEDERAL, 2015.

fluxos de proteção jurídica efetiva das lutas interseccionais no âmbito direito de manifestação do que na seara do direito de greve.

Isso porque, no Brasil, não existe lei restritiva que regulamenta o direito à manifestação, sedimentando o conceito rígido e *apolítico* de luta coletiva, como ocorre com o direito de greve, que é corroborado pela jurisprudência.

Como exemplo desses possíveis fluxos protetivos no Brasil, citamos decisão emanada pela Justiça do Trabalho em Campinas. Trata-se de um caso ocorrido em março de 2016, quando a empresa de *fast food* Habib's obrigou seus empregados a vestir broches e camisas verde e amarelas – símbolo dos protestos favoráveis ao processo de *impeachment* da Presidenta Dilma Rousseff – e a distribuir, durante o horário de trabalho, folhetos, fitas e bandanas para a campanha "Fome de Mudança", que apoiava o processo de *impeachment*. Em sede de liminar, o juiz Flávio Landi proibiu o grupo de empresários de explorar politicamente seus trabalhadores, sob pena de multa de R$10.000,00 por unidade franqueada. Segue trecho da decisão:

> Determino que reclamada se abstenha de obrigar seus empregados a participarem do evento político, isto é, de trabalharem em qualquer tarefa atinente à campanha "Fome de Mudança", e em qualquer outra atividade de cunho ideológico/político, hoje ou em qualquer outra data, bem como não obrigue, ponha à disposição ou permita que seus empregados portem que seus empregados portem em seus uniformes e/ou em seus corpos qualquer insígnia e/ou adereço de cunho político/ideológico, nos locais e horários de trabalho. (Tribunal Regional do Trabalho da 15ª Região. Processo nº 0010460-31.2016.5.15-0038. Data de Julgamento: 14/12/2015, Juiz de plantão judicial de primeira instância: Flávio Landi)

Em relação à Itália, verifica-se também papel menos limitativo dos Tribunais Europeus – no caso, a Corte Europeia de Direitos Humanos – em relação à efetividade das *liberdades de manifestação* se compararmos com a atuação no tocante *ao direito de greve* – realizada pela Corte de Justiça Europeia,[1514] já analisada no terceiro capítulo deste livro –, que pode complementar de forma positiva a atuação dos tribunais italianos.

1514 Lembrando que também a Corte de Justiça, quando teve que efetuar um balanceamento entre *liberdade de manifestação e liberdade econômica*, realizou um cotejamento mais equilibrado do que aquele realizado com o direito de greve. Isso ocorreu em setembro de 2003 na sentença Schmidberger – C-112/00 – em que a liberdade de expressão e de reunião, enquanto bens jurídicos relativos à dignidade humana, foram admitidos como parâmetros restritivos da liberdade de livre circulação de mercadorias. Cf.: ROTA, 2013, p. 151.

Além disso, para ambos os países, a proteção jurídica em instrumentos internacionais em relação ao direito de manifestação é muito mais extensa, em comparação ao direito de greve, que não tem positivação expressa no âmbito de Recomendações e Convenções da OIT, o que colabora para atentados ao referido direito, como aqueles efetuados pelo Grupo de Empregadores no âmbito da organização.

PERFORMANCES ARTÍSTICAS DAS FORÇAS SOCIAIS DO TRABALHO COMO DIMENSÃO ESTÉTICA DA LUTA POLÍTICA

Ainda sob o *locus* de proteção jurídica do direito à manifestação desdobrado nas liberdades constitucionais, destacamos outro mecanismo de luta que se relaciona com a heterogeneidade dos sujeitos das forças sociais do trabalho, mas se caracteriza, principalmente, pelo método utilizado: a arte canalizada em performances que traduzem uma dimensão estética da política.

Para Rancière – como já foi analisado no terceiro capítulo deste livro – a ação política é caracterizada pela racionalidade do dissenso, que rompe com a configuração comum (partilha ou divisão do sensível) dada ao estado de coisas, frequentemente naturalizada, para mudar os destinos e lugares ali definidos.[1515]

Conforme o filósofo francês, a arte não é política pelas mensagens e pelos sentimentos que transmite. Ela também não é política pelo seu modo de representar as estruturas da sociedade, os conflitos ou as identidades dos grupos sociais. Ela é política pela distância que toma em relação a essas funções e posições naturalizadas, pelo tipo de tempo e de espaço que institui, pelo modo como recorta esse tempo e povoa esse espaço: o atributo da arte é operar um novo recorte do espaço material e simbólico.[1516]

Nesse ponto a arte encontra a política. O trabalho de criação do dissenso e a reconfiguração de posições pré-determinadas constitui uma dimensão estética da política.[1517] Para Rancière, a base estética da política consiste em lutas para transpor a barreira entre linguagens e mundos, para reivindicar acesso à linguagem comum e ao discurso na comunida-

---

[1515] PALLAMIN, 2010, p. 8.

[1516] RANCIÈRE, 2010, p. 20.

[1517] Tal conceito não se confunde com as formas de encenação do poder e de mobilização das massas designadas por Walter Benjamin como "estetização da política" em *A obra de arte na época de sua reprodutibilidade técnica*, no qual a arte se coloca a serviço da política e estetiza-se o poder bruto para fins de mobilização autoritária, como se viu ocorrer nos regimes de natureza fascista. Cf.: PALLAMIN, 2010, p. 6.

de, provocando a ruptura das leis naturais de distribuição dos corpos sociais.[1518] Assim, a arte, para o autor, é uma das formas de resistir à partilha do sensível que estabelece uma ordem hierárquica, que consiste em relação desigual entre os modos do fazer, os modos do ser e os do dizer entre a distribuição dos corpos de acordo com suas atribuições e finalidades.[1519]

Rancière indica como a arte traduzida em metáforas, na linguagem poética,[1520] nas performances e no teatro ajuda a perceber e a intervir nessas fraturas entre os sujeitos e seus mundos, com potencialidade de constituir uma dimensão estética da política que coloca em comunicação regimes separados de expressão.[1521] Assim, o autor destaca as práticas artísticas como instrumentos de dimensão política quando se traduzem em mecanismos desarticuladores das formas intramundanas de argumentação e validação.[1522]

Portanto, para o filósofo francês, a relação entre estética e política é o modo pelo qual as próprias práticas e formas de visibilidade da arte intervêm na partilha do sensível e em sua reconfiguração, pelo qual recortam espaços e tempos, sujeitos e objetos.[1523] Logo, para Rancière, a arte pode traduzir uma dimensão estética da política quando se manifesta em crítica e resistência capaz de romper com a partilha do sensível pré-estabelecida de forma desigual. As práticas artísticas, quando consistem na dimensão estética da política, efetuam a verificação da igualdade e de distribuição do comum, traduzindo-se em "[...] maneiras de fazer que intervêm na distribuição geral das maneiras de fazer e nas relações com maneiras de ser e formas de visibilidade."[1524]

Conforme ressalta Ângela Marques, é justamente esse entendimento do mundo comum como cenário e espaço de "partilha" e resistência – ao mesmo tempo fratura e união dos sujeitos –,[1525] no qual os aspectos estéticos das interações comunicativas e das experiências dos sujeitos configuram o cerne de uma atividade política: uma política baseada na constante tensão entre o dissenso e o consenso; entre a racionalidade normativa e a racionalidade estético-expressiva. Nas palavras da autora:

1518 RANCIÈRE, 2009, p. 13.

1519 RANCIÈRE, 1996, p. 67.

1520 RANCIÈRE, 2009, p. 26.

1521 RANCIÈRE, 1996, p. 67.

1522 RANCIÈRE, 1996, p. 67

1523 RANCIÈRE, 2010, p. 21.

1524 RANCIÈRE, 2009, p. 17.

1525 MARQUES, 2011, p. 27.

Uma comunidade política requer, portanto, ações comunicativas, estéticas e políticas que permitam a constituição de situações enunciativas nas quais os sujeitos possam questionar uma forma consensual de registro e imposição de um "comum" e, ao mesmo tempo, ter a possibilidade de criar oposições e justaposições entre as experiências que, por estarem presentes nas fronteiras que dividem e conectam os sujeitos, permitem tanto aproximar quanto separar um mundo comum de outro.[1526]

Assim, podemos afirmar que, conforme Rancière, a expressão artística como método de luta coletiva da classe-que-vive-do-trabalho é uma forma de materialização da dimensão estética da política, quando torna o que era banal e anônimo em objeto de arte para ganhar visibilidade efetiva, reconfigurando as distribuições dos corpos sociais.

Nesse sentido, Rancière afirma que práticas artísticas políticas, ao propor a partilha democrática do sensível, deslocam a visibilidade de caráter privado do trabalho e permitem aos sujeitos estarem no espaço das discussões públicas: "[...] a partilha democrática do sensível faz do trabalhador um ser duplo: ela tira o artesão de seu 'lugar', o espaço doméstico do trabalho, e lhe dá 'tempo' de estar no espaço das discussões públicas e na identidade do cidadão deliberante."[1527] O regime estético da arte, portanto, transforma radicalmente essa repartição de espaços; faz vir à tona a partilha das ocupações que sustenta a divisão dos domínios de atividade.[1528]

Rancière ainda assevera que a relação entre trabalho, política e arte é capaz de realizar a reconfiguração democrática da partilha do sensível, pois a oposição estabelecida pelo culto estético da "arte pela arte" à potência da classe-que-vive-do-trabalho é falaciosa, já que é no trabalho que a arte também se torna uma atividade exclusiva e transformadora.[1529] Nas palavras de Rancière:

> A arte, assim, torna-se outra vez um símbolo do trabalho. Ela antecipa o fim – da supressão das oposições – que o trabalho ainda não está em condições de conquistar por e para si mesmo. Mas o faz na medida em que é *produção*, identidade de um processo de efetuação material e de uma apresentação a si do sentido da comunidade. A produção se afirma como o princípio de uma nova partilha do sensível, na medida em que une num mesmo conceito os termos tradicionalmente opostos da atividade fabricante e da visibilidade. Fabricar queria dizer habitar o espaço-tempo privado e obscuro do trabalho alimentício. Produzir une ao ato de fabricar o de

---

1526 MARQUES, 2011, p. 35.
1527 RANCIÈRE, 2009, p. 65.
1528 RANCIÈRE, 2009, p. 66.
1529 RANCIÈRE, 2009, p. 68.

tornar visível, define uma nova relação entre o *fazer* e o *ver*. A arte antecipa o trabalho porque ela realiza o princípio dele: a transformação da matéria sensível em apresentação a si da comunidade.[1530]

Desse modo, a atividade política por meio da linguagem estética é um instrumento de luta que confronta o fluxo padrão da ordem policial – nos termos de Rancière – que cria e mantém subalternidades. Portanto, o teor político da luta coletiva daqueles que vivem da força de trabalho pode transparecer por meio de literatura, teatro, música, dança, intervenções urbanas e performances artísticas.

Exemplo desse entrelaçamento entre arte e luta política no Brasil, que pode ser considerado como uma das modalidades de exercício das liberdades constitucionais resultantes do direito à manifestação, ou um reflexo do direito à cidade, é o carnaval realizado nas ruas da cidade de Belo Horizonte.

Em 2009, o prefeito da cidade, Márcio Lacerda, impôs o Decreto nº 13.798, sem debate com a população, que proibia qualquer tipo de evento cultural na Praça da Estação, uma das maiores e mais importantes praças da região central de Belo Horizonte, sob a alegação de que havia dificuldade da Prefeitura em limitar o número de pessoas nos eventos para garantir a segurança pública. No entanto, após o referido decreto, a prefeitura concedeu alvarás a empresas privadas para fecharem a praça para eventos com cobrança de ingressos, com o aluguel do espaço no valor mínimo de dez mil reais.[1531]

Em resposta à conduta do prefeito, trabalhadores da arte e da cultura da cidade iniciaram, articulados por redes sociais, blocos de carnaval independentes, com letras de músicas críticas e de teor político, chamando a população para ocupar as ruas da cidade. Diferentemente de outras cidades brasileiras, como Salvador, onde há separação entre aqueles que pagam para entrar no camarote com preços exorbitantes e aqueles que não pagam, o carnaval de Belo Horizonte não possui cordas que segregam as pessoas. Todos os foliões são obrigados a compartilharem juntos – se desejarem participar – o carnaval.[1532]

No carnaval de 2011, blocos de resistência começaram a se multiplicar e se juntaram a outros movimentos sociais, utilizando o *slogan* "Carnaval de rua e de luta". O foco do movimento foi ampliado a temas de gentrificação, despejos e ocupações, o que gerou a mobilização da

---

1530 RANCIÈRE, 2009, p. 67.

1531 CENTRO DE MÍDIA INDEPENDENTE, 2010, p. 1.

1532 SIQUEIRA; VASQUES, 2015, p. 145.

população para audiências públicas que tratavam dos fluxos do espaço urbano da cidade de Belo Horizonte e para além dela, com apoio a outros movimentos no Brasil, como o dos estudantes e trabalhadores na cidade Florianópolis, que lutavam por transporte público gratuito.[1533]

Nos anos de 2011, 2012 e 2013, a prefeitura enviou tropas da Polícia Militar com bombas de gás lacrimogênio e balas de borracha para reprimir os blocos carnavalescos. No entanto, o carnaval como mecanismo de luta política persistiu.

Em 2014, o embate ganhou novo capítulo quando a prefeitura lançou um edital para encontrar patrocinador oficial para o carnaval. A cervejaria Skol – que pertence[1534] ao grupo AMBEV, a maior empresa da América Latina e uma das que mais respondem a processos trabalhistas no Brasil, conforme dados do Ministério Público do Trabalho[1535] – foi escolhida como patrocinadora.[1536] O grupo de 51 blocos que realiza o carnaval de Belo Horizonte lançou nota de repúdio condenando o que eles classificaram ser "uma esdrúxula tentativa de apropriação financeira da festa", acusando a cervejaria de utilizar imagens e conteúdos produzidos pelos blocos para divulgar sua marca no Facebook.[1537] Segue abaixo trecho da nota:

> Nosso Carnaval tem se tornado um sublime momento do ano em que, em meio à ocupação festiva do espaço público, buscamos ressignificar a relação com a cidade e com o outro, bem como contestar políticas danosas ao bem-estar social. Contra tudo o que afirma hoje o prefeito dessa capital, queremos sim um carnaval sem cordões, sectarismo e moralismo, lutando pelas liberdades individuais, pelo direito à moradia e ao transporte gratuito, pela desmilitarização da polícia, por uma política de drogas mais humana, contra o racismo, o machismo, a homofobia, a higienização e a privatização do espaço público [...]. Manifestamos repúdio com relação à brusca tentativa de usurpação do caráter independente e autogestionado do Carnaval de Belo Horizonte [...]. O

1533 PRAÇA LIVRE BH, 2010, p. 1.

1534 CARTA CAPITAL, 2015, p. 2.

1535 Um dos casos mais notórios foi o da Ação Civil Pública ajuizada pelo Ministério Público do Trabalho (MPT) do Rio Grande do Norte na qual a empresa foi condenada a pagar uma indenização no valor de R$ 1 milhão por impor situações vexatórias aos trabalhadores que não alcançavam os objetivos definidos, como o impedimento de sentar durante as reuniões, a obrigação de dançar na frente dos outros e de usar camisas com dizeres ofensivos. Em acordo extrajudicial firmado com o MPT em 2008, a cervejaria reverteu parte da indenização em uma campanha contra o assédio moral veiculada nos meios de comunicação do estado. Cf.: MINISTÉRIO PÚBLICO DO TRABALHO, 2008.

1536 CARTA CAPITAL, 2015, p. 2.

1537 CARTA CAPITAL, 2015, p. 3.

Carnaval de BH não cederá a lobbys de megaempresas nem de órgãos públicos que colocam em risco uma festa tão plural e espontânea.[1538]

Na Itália, podemos citar como exemplo de performances artísticas e forma de luta política a realização de *flashmobs* pelos trabalhadores, apoiados por outros atores sociais. Em inglês, Flash Mob é a abreviação de *flash mobilization*, que significa "mobilização rápida", "relâmpago". Trata-se de uma aglomeração instantânea de pessoas em um local para realizar ação organizada, que envolve dança e perturbação, geralmente planejada nas redes sociais. Para efeitos de impacto, a dispersão normalmente é feita com a mesma instantaneidade.[1539]

Em abril de 2016, foi realizado um *flashmob* pelas trabalhadoras da empresa do setor de vestuário e moda feminina Guess, com cerca de 200 pessoas, em Florença. Além das trabalhadoras da empresa, participaram trabalhadores de outras empresas do setor, bem como outros consumidores-trabalhadores que moram na cidade. O *flashmob,* acompanhado da greve proclamada pela Rappresentanze Sindacali Unitarie (RSU)[1540] e

---

1538 CARTA CAPITAL. Foliões e prefeitura disputam pelo carnaval de Belo Horizonte. Carta Capital, 27 fev. 2015. Disponível em: http://www.cartacapital.com.br/sociedade/folioes-e-prefeitura-disputam-pelo-carnaval-em-belo-horizonte-7733.html. Acesso em: 18 ago. 2020.

1539 GOHN, 2014b, p. 88.

1540 A redação original do art. 19 do Estatuto dos Trabalhadores era: Art. 19 – Art. 19 – Constituição de representantes sindicais de empresas: Os representantes sindicais de empresas podem ser constituídos por iniciativa dos trabalhadores de cada unidade produtiva, dentro: a) das associações pertencentes às confederações mais representativas a nível nacional; b) das associações sindicais signatárias de acordos coletivos de trabalho aplicados na unidade produtiva. No contexto de empresas com várias unidades produtivas, os representantes sindicais podem constituir órgãos de coordenação.

No original: "Costituzione delle rappresentanze sindacali aziendali: Rappresentanze sindacali aziendali possono essere costituite ad iniziativa dei lavoratori in ogni unità produttiva, nell'ambito: a) delle associazioni aderenti alle confederazione maggiormente rappresentative sul piano nazionale; b) delle associazioni sindacali che siano firmatarie di contratti collettivi di lavoro applicati nell'unità produttiva. Nell'ambito di aziende con più unità produttive le rappresentanze sindacali possono istituire organi di coordinamento. Cf.: ITÁLIA, 1970. (tradução nossa)

Com o art. 19 do Estatuto dos Trabalhadores criaram-se as Rappresentanze Sindacali Aziendali (RSA), que são formas de representação sindical dos trabalhadores no local de trabalho, que não se confundem com as Rappresentanze Sindacali Unitarie (RSU), que compreendem um sistema de eleição passiva e ativa referente a todos os trabalhadores, independente de filiação sindical. Cf.: PROSPERETTI, 2011, p. 82. O Protocolo de 13 de julho de 1993 positivou a figura da RSU e, posteriormente, houve a sua regulamen-

pela Federazione Italiana Lavoratori Chimica Tessile Energia Manifatture (Fictelm-CGIL), foi uma resposta à decisão unilateral da empresa de transferir o setor de estilo para a Suíça, colocando em risco noventa postos de trabalho. Além disso, as trabalhadoras exigiam um plano industrial da Guess, pois temiam que essa seria a primeira transferência de várias, culminando com o fechamento da empresa em Florença.[1541]

As trabalhadoras alegavam que a multinacional estadunidense chegou em Florença apenas com produtos de baixa faixa econômica, de modo que somente conseguiu atingir um mercado de luxo em razão do *know how* das mulheres italianas. Assim, conforme as trabalhadoras, depois de terem sua técnica e habilidade usurpadas, elas seriam descartadas pela multinacional. Com o *slogan* "No people, no value",[1542] além do *flashmob*, foi organizada uma performance na praça da República, no centro de Florença, em que as trabalhadoras da Guess juntaram-se às trabalhadoras da Braccialini (outra empresa italiana do setor de moda feminina que sofria uma reestruturação) e começaram a fabricar bolsas e vestidos ao vivo, que logo depois foram utilizados por modelos em um desfile. A performance era para demonstrar ao público que, com as empresas multinacionais sediadas na Itália, ainda era possível controlar a origem da mercadoria e suas etapas produção, o que não ocorreria se tais empresas começassem a se pulverizar pela Europa e pelo mundo, o que geraria cadeias produtivas predatórias.

Em situação similar, diante de um *flashmob* realizado por trabalhadores e consumidores em um supermercado na cidade de Berlim, o

---

tação por um acordo estipulado entre a CGIL, CISL e UIL e a Confindustria e Intersind em 20 de dezembro de 1993, que vincula somente empresas aderentes a estas associações empresariais. Cf.: GIUGNI, 2008, p. 83. Este acordo prevê que as organizações sindicais signatárias – e aquelas que aderiram sucessivamente – adquiram o direito, nas unidades produtivas que possuam mais de 15 trabalhadores, de promover a formação da RSU e a participar das respectivas eleições. Prosperetti explica a importância do reconhecimento das RSU "A transição dos Conselhos de fábrica para as r.s.u. marca uma mudança importante, que é a passagem de um modelo de relações laborais centrado nas relações de poder de fato, para uma representatividade baseada em procedimentos de reconhecimento de sindicatos que estão legitimados a negociar."

No original: "Il passaggio dai Consigli di fabbrica alle r.s.u. segna un importante cambiamento e cioè il passaggio da un modello di relazioni industriali incentrato sui rapporti di forza di fatto, ad una rappresentatività basata su procedure di riconoscimento dei sindacati legittimati alle trattative." Cf.: GIUGNI, 2011, p. 84. (tradução nossa)

1541 CGIL-TOSCANA, 2016, p. 1.

1542 "Sem pessoas, sem valor", em tradução literal.

Tribunal Federal Alemão, em decisão de 2009, considerou tal conduta como legítima forma de luta coletiva dos trabalhadores. A decisão foi confirmada pela Corte Constitucional alemã em março de 2014.

A ação de *flashmob*, organizada pelo sindicato Verdi,[1543] durou cerca de uma hora e envolveu quarenta pessoas, que foram convidadas a dançar e perturbar o ritmo de trabalho em um supermercado – ou seja, não envolvia somente os trabalhadores da empresa –, retirando os artigos de venda de seu devido lugar, enchendo os carrinhos de compra para depois abandoná-los nas lojas, para que melhores salários fossem estabelecidos nas convenções coletivas.

A opção pela performance de *flashmob* foi explicada por Erika Ritter, responsável pela direção do sindicato Verdi em Berlim-Bradenburgo. Segundo Ritter, greves tradicionais foram ignoradas pelos empregadores, pelo público e pela mídia, razão pela qual os trabalhadores optaram por um meio de luta mais inovador, que teve efeito imediato nas negociações.[1544]

A ação foi considerada legítima pelo Tribunal Federal Alemão, pois, apesar de não ser protegida pelo direito de greve, é abrangida pela *liberdade sindical*, garantida pelo art. 9º pela Constituição (parágrafo 3º).[1545] Em trecho da decisão, o Tribunal Federal ressalta que tal artigo deve ser interpretado de forma ampla para que seja capaz de comportar as novas modalidades de luta coletiva trabalhista, que renovam permanentemente suas formas de manifestação:

1543 "Ver.di" é a abreviação de "Vereinte Dienstleistungsgewerkschaft", que significa sindicato unificado de serviços.

1544 RITTER, 2009, p. 2.

1545 "Artigo 9: Liberdade de Associação: Todos os alemães têm o direito de formar associações e sociedades. (2) São proibidas as associações cujos objetos ou atividades conflitem com as leis penais ou que se oponham à ordem constitucional ou ao conceito de ordem internacional. (3) O direito de constituir associações para salvaguardar e melhorar as condições de trabalho e econômicas é garantido a a todas as profissões. Os acordos que restringem ou procuram dificultar este direito são nulos e sem efeito; as medidas dirigidas a este fim são ilegais."

No original: "Article 9 (Freedom of association). (1) All Germans have the right to form associations and societies. (2) Associations, the objects or activities of which conflict with the criminal laws or which are directed against the constitutional order or the concept of international understanding, are prohibited. (3) The right to form associations to safeguard and improve working and economic conditions is guaranteed to everyone and to all trades and professions. Agreements which restrict or seek to hinder this right are null and void; measures directed to this end are illegal." Cf.: BASIC LAW FOR THE FEDERAL REPUBLIC OF GERMANY, 1949. (tradução minha)

Posteriormente, nos cabe analisar o enquadramento de ações flashmob organizadas por sindicatos que buscam melhores condições salariais. É uma atividade específica de coalizão profissional. Isto não significa que tais ações de flashmob até agora atípicas não devam ser reconhecidas por não estarem presentes na história de luta do trabalho, pois representam mais uma nova arma trabalhista. A proteção do artigo 9, parágrafo 3º da Constituição abrange não somente meios de lutas históricos, uma vez que não se trata de uma descrição numerus clausus. Pelo contrário, é parte da liberdade de coalizão constitucional proteger novas formas de luta para ajustar suas armas às novas circunstâncias, a fim de manter uma correspondência de forças com o empregador, para alcançar acordos salariais equilibrados.[1546]

No mesmo sentido, a Corte Constitucional Alemã, em decisão de 26 de março de 2014 (1BvR 3185/09), em resposta ao recurso interposto pela Association of German Retailers (HDE), asseverou que o art. 9º, parágrafo 3º da Constituição Federal concede às associações profissionais a escolha dos meios de luta que serão utilizados para atingir os seus objetivos. A Corte ressaltou que um *flashmob* não pode ser entendido como um bloqueio do local de trabalho, de modo que o direito de ação coletiva não pode ser restringido ao direito de greve tradicional.[1547] Na esteira da interpretação neoconstitucional do princípio da proporcionalidade, o Tribunal Constitucional salienta que a ação coletiva dos trabalhadores não deve ser eivada de violência, o que exclui da proteção jurídica da liberdade sindical somente condutas deliberadamente destrutivas, como a sabotagem.[1548] [1549]

1546 No original: Hiernach unterfallen streik begleitende "Flashmob-Aktionen" der Gewerkschaften, die der Verfolgung tariflicher Ziele dienen, dem Schutzbereich des Art. 9 Abs. 3 GG. Es handelt sich dabei um eine koalitionsspezifische Betätigung der Gewerkschaft. Dem steht nicht entgegen, dass derartige "Flashmob-Aktionen" bislang kein typisches, in der Geschichte des Arbeitskampfs schon seit längerem bekanntes und anerkanntes, sondern ein neues Arbeitskampfmittel sind. Dem Schutz des Art. 9 Abs. 3 GG unterfällt nicht nur ein historisch gewachsener, abschließender numerus clausus von Arbeitskampfmitteln. Vielmehr gehört es zur verfassungsrechtlich geschützten Freiheit der Koalitionen, ihre Kampfmittel an die sich wandelnden Umstände anzupassen, um dem Gegner gewachsen zu bleiben und ausgewogene Tarifabschlüsse zu erzielen. Cf.: TRIBUNAL FEDERAL DO TRABALHO, acórdão Az: 1 AZR 972/08, 22.06.2009. (tradução nossa)

1547 JORDAN; MORITZ, 2014, p. 3.

1548 JORDAN; MORITZ, 2014, p. 3.

1549 A sabotagem consiste na destruição de utensílios, máquinas e matérias primas da empresa, de forma intencional, como consequência de um conflito coletivo trabalhista, visando-se um fim social. O vocábulo deriva do francês *sabots*, que significa tamancos, que eram lançados pelos trabalhadores nas máquinas para destruí-las. Cf.: RUPRECHT, 1995, p. 235.

Observa-se, nessa decisão, que a estética da dança e da perturbação foram utilizadas como forma de comunicação entre regimes separados de expressão: o Direito, a arte e a luta coletiva foram entrelaçados, assim como dois grupos improváveis – trabalhadores-consumidores e consumidores-trabalhadores – que foram articulados como um novo sujeito não definido, reunindo o comum e o não-comum, reforçando a solidariedade entre aqueles que de alguma forma vivem da venda de sua força de trabalho. A performance artística como novo nó entre a ordem do *logos* e a partilha do sensível faz parte da configuração estética da política, nos termos de Rancière.[1550]

Contudo, verifica-se que a Corte Constitucional Alemã utiliza como *locus* de proteção jurídica a *liberdade sindical* e não a liberdade de associação de forma geral, prevista no art. 9º, parágrafos 1º e 2º da Constituição Federal. Isso porque a Corte entendeu que o risco de o *flashmob* tomar proporções destrutivas pode aumentar com a participação desenfreada de terceiros, em razão do menor controle que os sindicatos exercem sobre as outras partes. Assim, o Tribunal Constitucional também impôs limites à participação de outros atores sociais, aduzindo que a ação de *flashmob deve ser atribuível e apoiada por um sindicato*, o que também é fundamental para fins de responsabilidade civil em eventuais ações de reparação que os empregadores ajuizarem.[1551]

Tendo em vista a decisão exposta, não podemos deixar de discutir se o sindicato, no papel de núcleo vinculante de ações coletivas, é componente fundamental para a construção do direito de luta política no sistema ítalo-brasileiro, sob a proteção jurídica da liberdade sindical. No entanto, uma ação sindical, para ser efetiva e superar entraves traçados na modernidade, deve necessariamente avaliar conexões entre movimentos nacionais de trabalhadores e a nova infraestrutura organizacional financeira global que emergiu no capitalismo tardio, proporcionada por interações em redes.

AS REDES SINDICAIS INTERNACIONAIS PODEM SER PLATAFORMAS DE VIABILIZAÇÃO DA LUTA POLÍTICA?

Conforme Castells, a estrutura social de uma sociedade em rede resulta da interação entre o paradigma da nova tecnologia e a organização social em um plano geral. A sociedade reticular, para o autor, é uma estrutura social operada por redes de tecnologias que geram, processam e distribuem informação a partir do conhecimento acumulado nos nós dessas redes. Para Castells, a rede é a estrutura formal, é um sistema de

---

1550 RANCIÈRE, 1996, p. 68.
1551 JORDAN; MORITZ, 2014, p. 3.

nós interligados; e esses são, em linguagem formal, os pontos nos quais a curva intersecta a si própria. Logo, segundo o autor, as redes são estruturas abertas e horizontais, que evoluem acrescentando ou removendo nós de acordo com as mudanças dos programas que visam atingir os objetivos de performance para a rede. Esses programas são decididos socialmente fora da rede, mas a partir do momento em que são inscritos na lógica reticular, as redes seguem eficientemente essas instruções, acrescentando, apagando e reconfigurando, até que um novo programa substitua ou modifique os códigos que comandam esse sistema operativo.[1552]

Assim, na sociedade em rede de Castells – em diferentes graus, dependendo dos países e das culturas –, qualquer política, estratégia econômica ou projeto humano pode ser formulado a partir dessa base reticular, o que afeta a estrutura de controle conhecimento, de sociabilidade, dos Estados-nação, da empresa e do trabalho.[1553]

Explica Castells que, nos últimos 25 anos, grandes empresas se descentralizaram em redes de unidades semiautônomas ao redor do mundo, que se tornaram fornecedoras e subcontratadas para uma série de outras grandes empresas, culminando em atividade econômica que é realizada por redes de redes, construídas em torno de projetos de negócio específicos. Nesse sentido, a empresa multinacional continua a ser uma unidade legal e uma unidade para a acumulação de capital, mas a unidade operacional é imaterial: a rede de negócios. Além disso, alega o autor que, na medida em que a acumulação de capital acontece realmente no mercado financeiro global, a empresa é simplesmente o nó de ligação entre as redes de produção construídas em volta de projetos de negócio e as redes de acumulação organizadas em torno das finanças globais.[1554]

Conforme ressalta Chenais, o grande grupo monopoliza o valor criado em outras estruturas que não as suas, bem como produz dentro de seus próprios muros. Desse modo, a organização de conglomerados em "firmas-redes" traduz a perturbação das fronteiras entre o lucro e a renda, na formação dos resultados de exploração de grupos, assim como o peso das operações que dependem da apropriação de valores já criados por meio de levantamento monetário sobre a atividade produtiva e o excedente de outras empresas.[1555]

1552 CASTELLS, 2005, p. 20.

1553 CASTELLS, 2005, p. 25.

1554 CASTELLS, 2005, p. 21.

1555 CHENAIS, 2000, p. 21.

São essas redes financeiras viabilizadas por multinacionais que permitem a exploração do trabalhador de forma dialética em territórios locais e globais. Nesse aspecto, devemos contestar a visão naturalizada das redes proposta por Castells, que oculta conflito local-global mais profundo entre redes empresariais-financeiras e as redes de resistência, ao estipular como imutável a realidade neoliberal mundial como novo tecido social. Salienta José Luiz Aidar Prado que Castells define a sociedade em rede sem especificar seus matizes de constituição e, portanto, define a rede como uma paisagem dada, sem demonstrar o conflito básico entre a produção do discurso neoliberal naturalizador das redes e as redes de resistência, representadas pelo internacionalismo operário.[1556]

No mesmo sentido, Ülrich Beck distingue, ao contrário de Castells, *globalismo*, que são processos globais reduzidos à esfera econômica, conforme interesses neoliberais, de *globalização*, que envolve processos plurais. O globalismo, para Beck, é a concepção de que o mercado mundial substitui a ação política, em ideologia neoliberalista que afasta a tarefa primordial da política na delimitação das condições para os espaços jurídicos, sociais e ecológicos, para subverter tais condições como meros instrumentos a serviço da economia global em sua sede por lucros.[1557] A globalização, por outro lado, remete aos processos de interferência dos atores transnacionais na soberania, identidade, redes de comunicação, orientações de poder dos Estados nacionais, refletindo a necessidade de abertura de espaço para a política, diante da perspectiva da pluridimensionalidade de uma sociedade em rede, para ilidir a ideologia opressora do globalismo.[1558] Burawoy também se manifesta na mesma direção, questionando a naturalização da globalização como uma força inexorável de caráter exclusivamente econômico:

> Também é possível uma política a partir de baixo, uma política que consiga deter ou desviar a maré da globalização, jogar com as suas diferentes tendências e inventar seus novos significados. A globalização não pode ser reduzida a uma força inexorável; também é um processo do qual participamos; é um processo embutido nas imaginações que construímos. Abre oportunidades, assim como as fecha.[1559]

Nesse sentido, as redes podem constituir grande vantagem para as formas de organização mais adaptáveis, em razão de sua capacidade de descentralizar e partilhar a tomada de decisões, o que supera limites históri-

---

1556 PRADO, 2001, p. 113.

1557 BECK, 1994, p. 30.

1558 BECK, 1994, p. 30.

1559 BURAWOY, 2000, p. 349.

cos do mundo da produção e do poder, que sempre esteve ocupado por organizações grandes e verticais, como Estados, partidos, sindicatos, empresas, igrejas, que conseguiram dominar vastos polos de recursos com um objetivo definido por uma autoridade central.[1560] Por outro lado, a mera inserção de redes só por si não garante maior proteção ao desenvolvimento humano. Elas podem também ser seletivas e excludentes, dependendo para qual finalidade e por quais interesses são utilizadas. No entanto, apesar dessa dualidade, concordamos com Castells no sentido de que esse paradigma tecnológico-social tem maior potencialidade de maximizar valores humanos do que os sistemas anteriores.[1561]

Nesse ponto encontram-se as redes sindicais internacionais: dependendo das suas estratégias, os sindicatos podem se tornar obstáculos para o desenvolvimento de novos instrumentos internacionais de luta política ou sujeitos protagonistas de resistência transnacional no novo mundo do trabalho. Atualmente, não podem ser simplesmente os órgãos estáticos da democracia nacional, como na época do capitalismo industrial, e não podem ser politicamente neutros, ou seja, limitarem-se às necessidades cotidianas da classe trabalhadora.[1562] Também não podem ser anarquistas, isto é, não podem ignorar a influência decisiva do Estado na vida dos povos e das classes, assim como não podem ser meramente reformistas, porque as condições objetivas não dão espaço a nenhuma reforma séria e duradoura.[1563] Os sindicatos de nosso tempo podem servir como ferramentas secundárias do capitalismo para subordinar e disciplinar os trabalhadores ou, ao contrário, transformar-se em ferramentas de um movimento verdadeiramente transformador e emancipatório.[1564]

As redes sindicais internacionais podem ser uma alternativa para a viabilização da luta política transnacional que visa à humanização do trabalho para aqueles que vivem dele. Tais redes, conforme Reis *et al*, consistem na:

> [...] congregação de tradicionais e novos atores do mundo do trabalho, representantes dos interesses de categorias amplas e eventualmente transversais, em modelos nacionais variáveis, organizadas em função da troca de informações e estabelecimento conjunto de estratégias, de modo a apreender as relações coletivas de trabalho em escala transnacional, regidas pelos

---

[1560] CASTELLS, 2005, p. 18.

[1561] CASTELLS, 2005, p. 19.

[1562] TROTSKY, 1940, p. 2.

[1563] TROTSKY, 1940, p. 3.

[1564] TROTSKY, 1940, p. 3.

princípios jurídicos de liberdade e autonomia sindicais, com prerrogativas institucionais de mobilização e celebração de acordos-marco.[1565]

As redes sindicais internacionais, de acordo com Boaventura de Sousa Santos e Hermes da Costa,[1566] são uma das múltiplas formas de interação propostas pelo internacionalismo operário nos novos estudos globais. Conforme Braga e Santana, os novos estudos do trabalho global,[1567] apesar de sua acentuada diversidade temática, compartilham a perspectiva comum de ênfase nos novos parâmetros da organização do trabalho e nos novos repertórios de resistência coletiva, capazes de estruturar um "contramovimento polanyiano"[1568] à privatização,

---

1565 REIS *et al* 2014, p. 13.

1566 COSTA, 2005, p. 23.

1567 BRAGA; SANTANA, 2015, p. 539.

1568 Para Polanyi (2000, p. 94) o trabalho, a terra e o dinheiro não são mercadorias, de modo que o postulado de que tudo o que é comprado e vendido tem que ser produzido para venda é irreal no que diz respeito a tais instituições. Assim, para o autor, a descrição do trabalho, da terra e do dinheiro como mercadorias é inteiramente fictícia, mas é com a ajuda desta ficção que são organizados os mercados reais do trabalho, da terra e do dinheiro (2000, p. 164). Para Polanyi (2000, p. 165), a autonomização das relações mercantis de seu contexto social é confrontada pela sociedade por meio de "contramovimentos" à "comodificação" das três mercadorias fictícias. Lembrando que a afirmativa de Marx do caráter fetichista do valor das mercadorias se refere ao valor de troca de mercadorias genuínas e não tem nada em comum com as mercadorias fictícias mencionadas por Polanyi. Entretanto, Burawoy faz um paralelo entre os dois autores em termos de lutas coletivas e seus centros de gravitação: "As lutas do tipo marxiano convidam a alianças baseadas na unificação de uma classe de trabalhadores explorados, ao passo que as lutas do tipo polanyiano convidam a alianças entre comunidades que enfrentam a mercantilização da existência social. Este último incluiria trabalhadores assalariados, mas também incluiria aqueles que não têm acesso a trabalho assalariado e aqueles que enfrentam expulsões de terras, privatização da água e, mais amplamente, degradação do meio ambiente. As lutas do tipo polanyiano são especialmente importantes em países do Sul, onde os trabalhadores assalariados são uma elite em declínio, onde a informalidade e a expropriação definem a experiência da subalternidade. Resta saber se as lutas e comunidades díspares que enfrentam a mercantilização podem encontrar uma linguagem comum para unificar seus protestos. É certo que o sociólogo engajado tem um papel a desempenhar aqui, ligando lutas divergentes em terrenos geográficos e políticos desiguais."
No original: "Marxian-type struggles invite alliances based on the unification of a class of exploited workers, whereas Polanyian-type struggles invite alliances among communities facing commodification of social existence. The latter would include wage laborers but also embrace those who do not have access to wage labor and those who face land expulsions, water privatization, and more broadly, degradation of the environment. Polanyian type struggles are especially important in countries of the South where wage laborers

mercantilização e liberalização do trabalho. Assim, a mercantilização laboral tem se mostrado tanto como fonte de precarização da condição proletária, como de estímulo ao surgimento de contramovimentos em escala nacional e transnacional, que podem se traduzir em diferentes respostas em termos de mobilização dos trabalhadores, entre os quais podemos citar a coalizão de *sujeitos heterogêneos* – movimentos sociais-laborais e sindicais, já abordada no item anterior –, assim como a nova articulação reticular entre *sujeitos sindicais*, quando tratamos de atuação de sindicatos vinculados à mesma multinacional.

Logo, como ressalta Campos, as redes são tarefa exclusivamente sindical, mas que pode contar com o apoio de outras organizações; e são constituídas em níveis nacional e internacional, bilateral ou multilateral, binacional ou multinacional, conforme as situações. Sua criação deve ser iniciada pelos trabalhadores de uma empresa/consórcio e pelas estruturas sindicais responsáveis, com o objetivo de facilitar o caminho para a conquista, defesa e fortalecimento dos direitos dos trabalhadores.[1569]

Salientam Reis *et al* que a utilização da expressão "sindicatos em rede" já é marcada por um sentido etimológico que transpassa o mero significado linguístico das palavras, denotando a resistência operária em face do capitalismo vigente. A atuação das redes de comunicações cibernéticas pode possibilitar a luta transnacional de trabalhadores desencadeada simultaneamente em plantas empresariais de diversos países como forma de pressão às multinacionais.[1570]

Nessa seção analisaremos alguns dos métodos de luta de sindicatos em rede, que envolve *sujeitos sindicais vinculados à mesma multinacional*, que possui filiais em diferentes países, para apurarmos a possibilidade da construção de *um direito de luta política decorrente da liberdade sindical, mas sob a ótica da nova cartografia reticular*. A luta direta de trabalhadores atrelados à mesma multinacional pode adquirir várias formas no âmbito da proteção jurídica da liberdade sindical, entre as

---

are a shrinking elite, where informalization and dispossession define the experience of subalternity. Whether the disparate struggles and communities that face commodification can find a common language to unify their protest remains to be seen. It is certain that the engaged sociologist has a role to play here, linking divergent struggles across uneven geographical and political terrains." Cf.: BURAWOY, 2008, p. 384. (tradução nossa)

1569 CAMPOS, 2011, p. 2.

1570 REIS *et al*, 2014, p. 17.

quais podemos citar os boicotes transnacionais – que podem ser "de trabalho" ou "de consumo"[1571] – e as greves internacionais.[1572]

Foi a partir de greves internacionais envolvendo sindicatos de diversos países filiados à mesma multinacional – como a greve da Bridgestone-Firestone em 1993,[1573] nos EUA e na Libéria – que as Federações Sindicais

---

[1571] O boicote consiste no bloqueio contratual do empresário por seu antagonista coletivo, com finalidade reivindicativa (AVILÉS, 1990, p. 407). Segundo Ruprecht (1995, p. 160), o boicote pode envolver três sujeitos: o sujeito ativo é o incitador do boicote, geralmente representado por um conjunto de trabalhadores ou sindicato da empresa boicotada; sujeito passivo é a pessoa física ou jurídica contra a qual se produz a ação de obstaculização da atividade empresarial; e os terceiros são representados por consumidores ou trabalhadores de outras empresas que fornecem serviços à empresa boicotada. Nesse sentido, para Gomes e Gottschalk, boicote primário/principal/imediato seria aquele realizado pelo sujeito ativo, envolvendo somente trabalhadores da empresa boicotada, e o boicote secundário/indireto/mediato seria aquele que envolve terceiros – sejam trabalhadores de outras empresas que fornecem serviços à empresa boicotada ou consumidores. Cf.: GOMES; GOTTSCHALK, 1990, p. 772.

Hueck e Nipperdey acrescentam que quando o boicote envolve somente trabalhadores é denominado "de trabalho" e quando envolve também a recusa de compra por consumidores, é denominado "de consumo". Cf.: HUECK; NIPPERDEY, 1963, p. 410.

[1572] Acreditamos que tais greves internacionais são uma espécie da greve de solidariedade, já abordada no terceiro capítulo desta tese. As greves internacionais, no sentido aqui proposto, se referem a greves necessariamente vinculadas a uma mesma empresa multinacional, o que não ocorre sempre com as greves de solidariedade. Além disso, temos como elemento caracterizador central da greve internacional a sua capacidade de ultrapassar fronteiras mediante a utilização da mesma planta empresarial, em oposição à greve de solidariedade, que pode ser restrita ao âmbito nacional.

[1573] A luta vitoriosa para formar um sindicato independente na Bridgestone-Firestone nas plantações de seringueiras da Libéria foi resultado de esforços comuns com os trabalhadores da multinacional nos Estados Unidos, que pressionaram as operações estrangeiras da empresa. As condições nas plantações da Libéria eram tão deploráveis que o International Labor Rights Forum (ILRF) processou a Bridgestone-Firestone em 2005 por impor condições de trabalhos análogas às de escravo. O United Steelworkers (USW), que organiza os trabalhadores estadunidenses da Bridgestone-Firestone, teve seus próprios problemas com a companhia e viu uma oportunidade de colocar a Firestone na defensiva. Assim, quando os trabalhadores das plantações da Libéria fizeram uma greve sem o apoio do seu sindicato, os sindicatos da USW Bridgestone-Firestone nos Estados Unidos coletaram fundos de apoio aos trabalhadores grevistas. Depois, quando o recém-formado Firestone Agricultural Worker Union of Liberia (FAWUL) disputou uma eleição contra o sindicato amarelo controlado pela Firestone, o USW, a ICEM (International Federation of Chemical, Energy, Mine and General Workers' Unions) e o AFL-CIO (American Federation of Labor/Congress of Industrial Organizations) forneceram apoio e a FAWUL ganhou a eleição internacionalmente monitorada. Cf.: EVANS, 2015, p. 463.

Internacionais tomaram a decisão de impulsionar a construção de redes sindicais transnacionais para promover a solidariedade entre sindicatos.

No Brasil, não foi diferente, foram as greves que lançaram as bases para a instauração das redes sindicais internacionais. O movimento de trabalhadores brasileiro aprendeu cedo o valor das alianças transnacionais, durante suas lutas contra o regime militar para a construção dos direitos sindicais nos anos 1970.[1574] Exemplo histórico da luta como forma da instituição do sindicalismo em rede no Brasil foi a greve realizada por sindicalistas alemães do IG Metall,[1575] que trabalhavam na Volkswagen na Alemanha, para apoiar os esforços dos trabalhadores da planta brasileira da Volkswagen, em sua luta para conquistar direitos sindicais básicos.[1576] Véras também indica como o novo cenário para a ação sindical emergido a partir do final dos anos 1970 – novo sindicalismo, que esteve na base da contestação da estrutura sindical oficial corporativa – foi movido pelo fenômeno da greve, proporcionando as primeiras articulações internacionais sindicais.[1577]

Foi também nesse contexto histórico que surgiu a Central Única dos Trabalhadores (CUT), que impulsionou as lutas sindicais internacionais no Brasil. Constituída em 1983, com o intuito de romper com os padrões políticos do passado e permitir aos trabalhadores expressarem-se como sujeitos políticos independentes, o objetivo prioritário inicial da CUT consistia na unificação de lutas no Brasil, para a garantia da liberdade e autonomia sindicais, assim como um amplo direito de greve.[1578] Conforme ressaltam Ricardo Antunes e Jair Batista da Silva, o sindicalismo cutista nasceu rejeitando as formas de conciliação de classe, defendendo – especialmente durante o período de sua formação ao longo da década de 1980 – uma ação sindical mais combativa e conflitiva.[1579]

[1574] ANNER, 2011, p. 125.

[1575] La Industriegewerkschaft Metall, conhecido como IG Metall, é a maior federação sindical alemã do setor metalúrgico, representando particularmente os trabalhadores no setor automobilístico.

[1576] ANNER, 2011, p. 125.

[1577] VÉRAS, 2005, p, 256

[1578] GIANNOTTI; LOPES NETO, 1990, p. 55.

[1579] SILVA, 2015, p. 515.

Hermes Augusto da Costa propõe a divisão histórica[1580] da internacionalização da CUT em cinco fases.[1581] A primeira (1983-1988) foi caracterizada pela afirmação nacional da Central e pelo reconhecimento por parte de outras organizações sindicais internacionais. Essa fase foi traduzida na realização de encontros entre trabalhadores latino-americanos para campanhas pelo não pagamento da dívida externa dos países da América Latina e na resistência às imposições do Fundo Monetário Internacional (FMI).[1582] Conforme Hermes da Costa, apesar de já se envolver em estratégias de lutas internacionais do movimento sindical, a CUT ainda conservava sua posição de autonomia sindical relativamente às centrais sindicais internacionais ou regionais, preferindo continuar seus contatos bilaterais com diversas centrais sindicais mundiais, com o intuito de salvaguardar a luta da classe trabalhadora a nível internacional e o respeito por seus princípios de classe.[1583]

Assim, nessa primeira fase da CUT, não houve a formulação clara de uma política internacional ou de uma rede sindical, mas as ações diretas promovidas no cenário brasileiro foram intensas, culminando no maior ciclo de greves da história do Brasil, como já demonstrado no segundo capítulo desta tese. Oportuno ressaltar como marco da formação das redes sindicais no setor metalúrgico brasileiro a criação, em 1984, da Comissão de Fábrica da Mercedes Benz (atual Daimler), após duas greves gerais apoiadas pelo IGMetall. A Comissão foi o embrião que viabilizou um futuro acordo-marco internacional, firmado em 2002, entre a empresa e seus sindicatos mundialmente organizados, extensivo aos fornecedores e clientes da montadora, a fim de evitar a burla às normas por meio da contratação de trabalhadores terceirizados.[1584]

A segunda fase de internacionalização da CUT (1988-1991) foi caracterizada pelo reforço da consolidação da Central e pela elaboração consistente das primeiras diretrizes de atuação internacional. Além de fortalecer as ações de solidariedade internacional da fase anterior, foi criada a Secretaria de Relações Internacionais (SRI/CUT) com estratégia internacional própria, baseada na intensificação de relações bilaterais – com cen-

---

[1580] Hermes da Costa ressalta que a periodização elaborada não propõe necessariamente uma separação estanque entre as fases, de modo que existe, evidentemente, um prolongamento entre fases acompanhado de novas orientações. Cf.: COSTA, 2005, p. 157.

[1581] COSTA, 2005, p. 147.

[1582] COSTA, 2005, p. 148.

[1583] COSTA 2005, p. 148

[1584] REIS *et al*, 2014, p. 20.

trais sindicais latino-americanas, mas também europeias – e na interiorização das relações internacionais junto às diferentes instâncias da CUT.[1585]

De acordo com Hermes da Costa, nessa fase foi mantida a posição de autonomia orgânica em face das principais confederações sindicais mundiais, como a Confederação Internacional dos Sindicatos Livres (CISL), a Federação Sindical Mundial (FSM) e a Confederação Mundial do Trabalho (CMT), principalmente porque o grande desafio histórico do movimento sindical latino-americano era o de construir sua própria unidade de ação e de luta diante da crise internacional e da dívida externa.[1586] Nessa fase, as greves, ainda concentradas no cenário brasileiro, continuavam intensas e faziam parte da essência da estratégia de atuação da CUT.

A terceira fase (1991-1992) foi marcada pela decisão de ligação orgânica ao sindicalismo internacional, com a filiação à CISL e à Organização Regional Interamericana de Trabalhadores (ORIT); e a quarta fase (desde 1992 até ao final da década/início do século XXI) foi marcada pela defesa do MERCOSUL e pelo forte combate à criação da área de Livre Comércio das Américas (ALCA) proposta pelos Estados Unidos.[1587]

Apesar de o número de greves ter diminuído significativamente nessas duas últimas fases, destaca-se que em 1999 houve "um festival de greves" articulado pela Central, que se espalhou pelas plantas das multinacionais Mercedes-Benz, Fiat, Volkswagen, Renault e Volvo. As greves tinham como objetivo a criação de convenção coletiva nacional para o setor metalúrgico, para combater diferenças salariais entre estados, assim como a perda de emprego nas regiões de concentração tradicional da indústria automobilística.[1588] Principalmente na fábrica da Fiat, em Minas Gerais, houve forte repressão policial do movimento paredista, o que resultou em choques que envolveram 27 feridos, dois manifestantes detidos e a suspensão de nove diretores do sindicato local.[1589]

Como ressalta Véras, embora a luta pela referida convenção coletiva ter consistido em atitude de resistência de caráter essencialmente nacional, ela permitiu e estimulou oportunidades inéditas de interação internacional, como o apoio da Federação Internacional dos Trabalhadores das Indústrias Metalúrgicas (FITIM) e dos sindicatos italianos às referidas greves, assim como a celebração do primeiro

---

[1585] COSTA, 2005, p. 151.

[1586] COSTA, 2005, p. 152.

[1587] COSTA, 2015, p. 154.

[1588] VÉRAS, 2005, p. 270.

[1589] VÉRAS, 2005, p. 268.

acordo-marco no âmbito do MERCOSUL em março de 1999.[1590] Ele foi celebrado entre, de um lado, os Sindicatos de Metalúrgicos do ABC, dos Trabalhadores nas Indústrias e Oficinas Metalúrgicas, Mecânicas e de Material Elétrico e Eletrônico, Siderúrgicas e Automobilística e de Autopeças de Taubaté, Tremembé e Distritos, a Confederação Nacional dos Metalúrgicos da CUT e o Sindicato de Mecânicos e Afins de Transporte Automotor da Argentina, representando os trabalhadores das plantas da Volkswagen sediadas nos dois países, e, de outro, as gerências da empresa no Brasil e na Argentina. O acordo-marco foi exemplo de iniciativa internacional visando à constituição de organismos mundiais de representação dos trabalhadores e a realização de acordos mundiais por empresas, em particular no setor automobilístico.[1591]

Por fim, Hermes da Costa caracteriza a quinta fase de internacionalização da CUT, deflagrada em janeiro de 2001, com a realização da 1ª edição do Fórum Social Mundial, como fase do "internacionalismo sindical solidário", que, ainda que esteja longe de romper com a fase anterior, marca período de grande diversificação da atuação transnacional da CUT, caracterizada pela "unidade de setores sociais internacionais amplos", baseada na estratégia de edificação de um sindicato-cidadão local e global, que *represente os trabalhadores e seja ao mesmo tempo movimento social*. Nesse sentido manifestou-se o secretário[1592] de relações internacionais da CUT na 3ª edição do Fórum Social Mundial em janeiro de 2003:

> O objetivo político e o respeito mútuo nas organizações de constituir essa intervenção comum é o que nos orienta e o que nos permite estar na organização desse Fórum Social Mundial desde a primeira edição, como estivemos em Seattle, como estivemos em Genova, como estivemos nas diversas manifestações do mundo. Portanto, nós, da CUT, queremos um movimento sindical absolutamente forte, sintonizado com o nosso tempo e organizado internacionalmente e em aliança com outros movimentos.[1593]

No entanto, apesar do discurso que objetiva a integração de movimentos plurais em âmbito internacional, a CUT não o faz de maneira inteiramente interseccional, de modo que a *luta transnacional é essencialmente sindical*, o que não ocorre, por exemplo, com a atuação da Rede Internacional Sindical de Solidariedade e Lutas pela Central

---

1590 VÉRAS, 2005, p. 277.

1591 VÉRAS, 2005, p. 276.

1592 Depoimento no painel "Sindicalismo e movimento social vs capitalismo neoliberal: necessitamos de novas formas de organização contra novas formas de capitalismo?". Cf.: COSTA, 2005, p. 154.

1593 COSTA, 2005, p. 154.

Sindical e Popular (CSP-Conlutas). Desse modo, a CUT foca na utilização das redes internacionais para fins predominantemente sindicais, por meio da planta industrial das multinacionais.

Nessa perspectiva, foi criado em 2001, o projeto "CUTMulti" de "Ação frente às multinacionais: construindo redes sindicais nas empresas multinacionais", que iniciou com a cooperação entre a CUT e a Federação Holandesa de Sindicatos (FNV). Trata-se de projeto para a constituição de redes sindicais de troca de informação entre trabalhadores das diversas fábricas da mesma multinacional que operam no Brasil, de modo a criar um diálogo com a empresa e fortalecer a posição dos trabalhadores nas negociações com as multinacionais. O fim de promover luta unificada por melhores condições de trabalho e de instauração de representação sindical dentro das empresas também são metas do projeto.[1594]

O CUTMulti já possui o apoio das grandes confederações de ramo brasileiras[1595] para a consolidação das redes sindicais internacionais. São elas que, com o apoio da Secretaria de Relações Internacionais da CUT, indicam as empresas multinacionais do setor mais problemáticas e os sindicatos com maior potencial para a empreitada. A maioria das Confederações e Federações Internacionais também já incorporou as políticas de rede construídas pela CUTMulti, como a FITIM, a Federação Internacional dos Trabalhadores da Química, Energia, Mineração e Indústrias Diversas (ICEM), a União Internacional dos Trabalhadores na Alimentação (UITA), a Union Network International (UITA), entre outras.[1596]

O projeto se apoia nas normas essenciais de proteção à liberdade sindical da OIT – Convenção nº 87, nº 98 e Convenção nº 154, que trata do fomento à negociação coletiva –, assim como na Declaração Tripartite de Princípios sobre as Empresas Multinacionais e a Política Social, de 1977, emendada em 2000, na qual a OIT fomenta o pleno desenvolvimento da sindicalização e dos expedientes de negociação no âmbito das multina-

---

[1594] CUTMULTI, 2009, p. 17.

[1595] Entre elas: Confederação Nacional dos Metalúrgicos (CNM); Confederação Nacional do Ramo Químico (CNQ); Confederação Nacional dos Trabalhadores no Comércio e Serviços (CONTRACS); Confederação Nacional dos Trabalhadores do Ramo Financeiro (CONTRAF); Confederação Nacional dos Trabalhadores do Vestuário (CNTV); Confederação Nacional dos Trabalhadores do Setor Mineral (CNTSM); Confederação Nacional dos Vigilantes e Prestadores de Serviço (CNTV-OS); Confederação Nacional dos Trabalhadores nas Indústrias de Alimentação (CONTAC); Federação Nacional dos Urbanitários (FNU); Confederação Nacional dos Sindicatos de Trabalhadores nas Indústrias da Construção e da Madeira (CONTICOM). Cf.: CUTMULTI, 2009, p. 19.

[1596] CUTMULTI, 2009, p. 49.

cionais. A Declaração, nos termos do art. 45,[1597] afirma a liberdade de os organismos representativos dos trabalhadores das empresas multinacionais filiarem-se às organizações internacionais de trabalhadores que julgarem convenientes, exortando a aplicação, pelos governos, do princípio previsto no artigo 5º[1598] da Convenção nº 87. Além disso, determina que os Estados não criem óbices à entrada de representantes de organizações internacionais que tenham sido convidados para consultas e debates pelas organizações locais e proíbe que os governos, ao criarem incentivos à implantação das empresas multinacionais em seus territórios, limitem, de qualquer forma, a liberdade sindical e a negociação coletiva.[1599]

Entretanto, conforme Reis e Nicoli, a própria OIT, no ano 2000, apontou a tímida prática do expediente da negociação transnacional. Contudo, os autores ressaltam que há posicionamento favorável da Organização no sentido de promover iniciativas negociais e alternativas que atendam de maneira mais efetiva às particularidades da atuação empresarial transnacional, endereçando as demandas de forma a garantir a liberdade sindical e os benefícios sociais que advêm potencialmente de convenções coletivas dessa natureza, apesar de não haver um marco normativo claro de regulamentação.[1600]

Assim, a OIT incentiva o diálogo social[1601] – positivado na Convenção nº 144 da OIT sobre consultas tripartites para promover a aplicação das normas internacionais do trabalho – como instrumento de efetivação dos direitos laborais, estimulando o direito de negociação coletiva e de

---

1597 "Art. 45. Os governos que ainda não o fizeram são exortados a aplicar os princípios contidos no artigo 5º da Convenção 87, tendo em vista a importância, em relação às empresas multinacionais, de permitir que as organizações que representam essas empresas ou seus trabalhadores se filiem a organizações internacionais de empregadores e de trabalhadores que considerem convenientes." Cf.: ORGANIZAÇÃO INTERNACIONAL DO TRABALHO, 1977.

1598 "Art. 5º: As organizações de trabalhadores e de empregadores terão o direito de constituir federações e confederações, bem como o de filiar-se às mesmas, e toda organização, federação ou confederação terá o direito de filiar-se às organizações internacionais de trabalhadores e de empregadores." Cf.: ORGANIZAÇÃO INTERNACIONAL DO TRABALHO, 1948.

1599 REIS *et al*, 2014, p. 16.

1600 REIS; NICOLI, 2015, p. 124.

1601 O diálogo social compreende todo o tipo de negociação e consulta, incluindo o intercâmbio de informações, entre representantes dos governos, empregadores e trabalhadores(as) sobre temas de interesse comum relativos às políticas econômicas e sociais. Cf.: CUTMULTI, 2009, p. 43.

codeterminação (cogestão), bem como o direito de informação, formação e consulta, como formas de exercício de cidadania no local de trabalho.[1602] O diálogo social permite que trabalhadores e empregadores tenham comprometimento mútuo com os objetivos da empresa e com os resultados a atingir, que também são definidos em comum, desde que sejam garantidos dois pressupostos fundamentais: a transparência nas informações da empresa e o reconhecimento pleno da liberdade sindical, a começar pelo próprio local de trabalho.[1603]

Neste ponto, a formação de redes sindicais mediante multinacionais encontra obstáculos para sua constituição no Brasil, uma vez que o país – ao contrário da Itália, que possui a Rappresentanza Sindacale Anziendale (RSA) e a Rappresentanze Sindacali Unitarie (RSU)[1604] –

[1602] CUTMULTI, 2009, p. 44.

[1603] CUTMULTI, 2009, p. 44.

[1604] A redação original do art. 19 do Estatuto dos Trabalhadores era: "Constituição dos representantes sindicais nas empresas: Os representantes sindicais nas empresas podem ser constituídos por iniciativa dos trabalhadores de cada unidade produtiva, no âmbito: a) das associações pertencentes às confederações mais representativas a nível nacional; b) das associações sindicais signatárias de acordos coletivos de trabalho aplicados na unidade produtiva. No contexto de empresas com várias unidades produtivas, os representantes sindicais podem constituir órgãos de coordenação." (RSA), que são formas de representação sindical dos trabalhadores no local de trabalho, que não se confundem com as Rappresentanze Sindacali Unitarie (RSU), que compreendem um sistema de eleição passiva e ativa referente a todos os trabalhadores, independente de filiação sindical. Cf.: PROSPERETTI, 2011, p. 82. O Protocolo de 13 de julho de 1993 positivou a figura da RSU e, posteriormente, houve a sua regulamentação por um acordo estipulado entre a CGIL, CISL e UIL e a Confindustria e Intersind em 20 de dezembro de 1993, que vincula somente empresas aderentes a estas associações empresariais. Cf.: GIUGNI, 2008, p. 83. Este acordo prevê que as organizações sindicais signatárias – e aquelas que aderiram sucessivamente – adquiram o direito, nas unidades produtivas que possuam mais de 15 trabalhadores, de promover a formação da RSU e a participar das respectivas eleições. Prosperetti explica a importância do reconhecimento das RSU "A transição dos Conselhos de fábrica para as r.s.u. marca uma mudança importante que é a passagem de um modelo de relações laborais centrado nas relações de poder de fato, para uma representatividade baseada em procedimentos de reconhecimento de sindicatos com direito à negociação coletiva."

No original, as citações estão escritas, respectivamente: "Art. 19 – Costituzione delle rappresentanze sindacali aziendali: Rappresentanze sindacali aziendali possono essere costituite ad iniziativa dei lavoratori in ogni unità produttiva, nell'ambito: a) delle associazioni aderenti alle confederazione maggiormente rappresentative sul piano nazionale; b) delle associazioni sindacali che siano firmatarie di contratti collettivi di lavoro applicati nell'unità produttiva. Nell'ambito di aziende con più unità produttive le

possui o sistema de unicidade sindical, que proíbe a criação de mais de um sindicato representativo da mesma categoria profissional em uma mesma base territorial mínima municipal, violando a Convenção de nº 87 da OIT. A impossibilidade de agremiação pelo modelo de sindicalismo por empresa representa desestímulo para a efetividade de experiências sindicais internacionais.[1605] Ressaltam Reis *et al* que, apesar dos vários problemas de fragmentação sindical que podem ser acarretados pelo modelo de sindicalismo por empresa – especialmente no que tange a empresas de pequeno porte –, ele é capaz de unir empregados que, embora distantes no espaço, encontram-se interligados pelo mesmo tomador de seu trabalho em uma perspectiva transnacional.[1606]

O projeto CUTMulti também utiliza como parâmetro normativo os princípios da Organização para a Cooperação e Desenvolvimento Econômico (OCDE),[1607] em suas Diretrizes para Empresas Multinacionais,

---

rappresentanze sindacali possono istituire organi di coordinamento. Cf.: ITÁLIA, 1970. Com o art. 19 do Estatuto dos Trabalhadores criaram-se as Rappresentanze Sindacali Aziendali"; "Il passaggio dai Consigli di fabbrica alle r.s.u. segna un importante cambiamento e cioè il passaggio da un modello di relazioni industriali incentrato sui rapporti di forza di fatto, ad una rappresentatività basata su procedure di riconoscimento dei sindacati legittimati alle trattative." Cf.: GIUGNI, 2011, p. 84. (tradução nossa)

1605 REIS *et al*, 2014, p. 7.

1606 REIS *et al* 2014, p. 7.

1607 "A Organização para a Cooperação Econômica Europeia (OEEC) foi criada em 1948 para administrar o Plano Marshall, financiado pelos Estados Unidos, para a reconstrução de um continente devastado pela guerra. Ao fazer com que governos individuais reconhecessem a interdependência de suas economias, abriu-se caminho para uma nova era de cooperação que mudaria a face da Europa. Encorajado por seu sucesso e pela perspectiva de levar seu trabalho adiante em um cenário global, o Canadá e os EUA juntaram-se aos membros da OECD na assinatura da nova Convenção da OCDE em 14 de dezembro de 1960. A Organização para Cooperação e Desenvolvimento Econômico (OCDE) nasceu oficialmente em 30 de setembro de 1961, data da entrada em vigor da Convenção. Outros países aderiram, começando com o Japão em 1964. Hoje, 35 países membros da OCDE em todo o mundo procuram regularmente uns aos outros para identificar problemas, discuti-los e analisá-los e promover políticas para resolvê-los."

No original: "The Organisation for European Economic Cooperation (OEEC) was established in 1948 to run the US-financed Marshall Plan for reconstruction of a continent ravaged by war. By making individual governments recognise the interdependence of their economies, it paved the way for a new era of cooperation that was to change the face of Europe. Encouraged by its success and the prospect of carrying its work forward on a global stage, Canada and the US joined OEEC members in signing the new OECD Convention on 14 December 1960. The Organisation for Economic Co-operation and

de 2000.[1608] As Diretrizes são recomendações que impõem comportamento corporativo responsável às empresas transnacionais que atuam nos 35 países membros da OCDE, entre os quais a Itália, assim como naqueles países que não são membros, mas que participam de programas de cooperação da Organização, como é o caso do Brasil. Para aderir à ferramenta, os governos devem criar em suas estruturas um Ponto de Contato Nacional (PCN), que, além de trabalhar de forma construtiva com os sindicatos e ser um canal de concentração de denúncias contra as empresas que descumprirem as recomendações, deve também assumir um papel de fiscalização junto às multinacionais. Como as normas contidas nas Diretrizes são endossadas pelos governos aderentes à OCDE, estas podem ser utilizadas como instrumento de pressão, assim como para subsidiar denúncias junto aos PCN's.[1609]

Além das Diretrizes da OCDE e da normativa da OIT, a CUTMulti utiliza os princípios estabelecidos na Declaração[1610] do Global Compact,[1611]

Development (OECD) was officially born on 30 September 1961, when the Convention entered into force. Other countries joined in, starting with Japan in 1964. Today, 35 OECD member countries worldwide regularly turn to one another to identify problems, discuss and analyse them, and promote policies to solve them." Cf.: ORGANISATION FOR ECONOMIC CO-OPERATION AND DEVELOPMENT, 2016. (tradução nossa)

1608 As diretrizes da OCDE incorporam em seu texto os quatro princípios fundamentais da OIT, consagrando a liberdade sindical plena ao impor que as multinacionais devem abster-se de "[…] ameaçar transferir toda ou parte de uma unidade operacional do país em questão para outro país […]" e de, efetivamente "[…] transferir os trabalhadores das entidades da empresa em países estrangeiros para exercer influência desleal nessas negociações ou dificultar a aplicação do direito à organização." Cf.: REIS *et al*, 2014, p. 17.

1609 CUTMULTI, 2009, p. 53.

1610 "Os Dez Princípios do Pacto Global das Nações Unidas – Princípio três: As empresas devem apoiar a liberdade de associação e o reconhecimento efetivo do direito à negociação coletiva."

No original: "The Ten Principles of the UN Global Compact – Principle three: Businesses should uphold the freedom of association and the effective recognition of the right to collective bargaining." Cf.: GLOBALCOMPACT, 2016. (tradução nossa)

1611 "O Pacto Global da ONU apoia as empresas a: fazer negócios com responsabilidade, alinhando suas estratégias e operações com os Dez Princípios sobre Direitos Humanos, trabalho, meio ambiente e anticorrupção; e tomar ações estratégicas para promover objetivos sociais mais amplos, como os Objetivos de Desenvolvimento Sustentável da ONU, com ênfase na colaboração e inovação."

"The UN Global Compact supports companies to: Do business responsibly by aligning their strategies and operations with Ten Principles on human rights, labour, environment and anti-corruption; and Take strategic actions to advance broader

pacto elaborado pela ONU no ano de 2000, que visa à mobilização da comunidade empresarial internacional para a promoção de valores fundamentais nas áreas do trabalho, anticorrupção, direitos humanos e meio ambiente.[1612] Fazem parte do Global Compact mais de 8.000 empresas de 166 países, incluindo Brasil e Itália, além de sindicatos e organizações não-governamentais.[1613] O Global Compact não é um instrumento regulatório legal, mas uma iniciativa voluntária para a disseminação do crescimento sustentável e da cidadania, que utiliza como um de seus mecanismos de atuação as plantas das multinacionais.[1614] Além disso, ainda no âmbito da ONU, a Resolução da Assembleia Geral de 2014 sinaliza para a elaboração de um instrumento internacional juridicamente vinculante para regular, na legislação internacional dos direitos humanos, as atividades de corporações transnacionais.[1615]

A CUT, mediante seu Observatório Social, fiscaliza o cumprimento de tais normas internacionais. O Instituto Observatório Social é uma organização que reúne conjuntamente sindicatos, centros de investigação, departamentos de estatística do trabalho e redes universitárias, que analisam e pesquisam o comportamento de empresas multinacionais, nacionais e Estatais em relação aos direitos fundamentais dos trabalhadores.[1616]

A partir da criação da CutMulti, as redes sindicais internacionais no Brasil atingiram novo patamar. Os líderes dos sindicatos brasileiros, através da troca de informações com os sindicatos alemães, principalmente no setor automobilístico – Volkswagen e Daimler – se tornaram participantes ativos nos conselhos de trabalho globais das companhias automobilísticas alemãs. As alianças Alemanha-Brasil produziram ações solidárias alemãs para impedir que a Volkswagen compensasse perdas de produção por conta das greves com o aumento de horas extras no Brasil.[1617]

A CUT também participa da Southern Initiative on Globalisation and Trade Union Rights (SIGTUR), a Iniciativa do Sul sobre a Globalização e Direitos Sindicais. Trata-se de uma rede de sindicatos democráticos do Sul em termos políticos e não geográficos. Explicam Webster

---

societal goals, such as the UN Sustainable Development Goals, with an emphasis on collaboration and innovation." Cf.: GLOBALCOMPACT, 2016. (tradução nossa)

1612 CUTMULTI, 2009, p. 55.
1613 GLOBALCOMPACT, 2016.
1614 GLOBALCOMPACT, 2016
1615 REIS *et al*, 2014, p. 17.
1616 CUTMULTI, 2009, p. 30.
1617 ANNER, 2011, p. 131.

e Lambert que a SIGTUR é iniciativa que procura juntar algumas das classes trabalhadoras mais exploradas do mundo, muitas das quais têm seus direitos sindicais básicos negados e se encontram em situações políticas repressivas.[1618] O SIGTUR envolve vários países – Austrália, África do Sul, Índia, Paquistão, Sri Lanka, Indonésia, Malásia, Coreia do Sul e Brasil – e propõe a edificação de novas oportunidades e resistências para o novo internacionalismo operário, mesmo com condições adversas impostas pela globalização neoliberal.[1619]

No entanto, apesar do desenvolvimento das redes sindicais internacionais no Brasil, podemos constatar, ao analisarmos as fases históricas da atuação internacional da CUT, assim como do sindicalismo brasileiro em geral, profunda mudança em sua estratégia de atuação. A CUT, que historicamente foi caracterizada por um sindicalismo combativo, assumiu a orientação "contratualista", o que se deu sobretudo nos III e IV Congressos Nacionais da Central em 1988 e 1991, respectivamente.[1620] Ricardo Antunes e Jair Batista da Silva descrevem essa mudança de um sindicalismo de confronto para um sindicalismo negocial desencadeada no início dos anos 1990 da seguinte forma:

> É nesta quadra histórica, na virada dos anos 1980 para década de 1990, isto é, na passagem do 3º CONCUT (1988) para o 4º CONCUT (1991), que mudanças substanciais ocorreram no sindicalismo cutista, demarcando a consolidação de uma prática sindical que sempre esteve presente, ainda que em menor escala, no seu interior, mas que, até aquele momento, não tinha se tornado o centro da atividade sindical da CUT. Assim, pouco a pouco, a conduta propositiva e seu corolário, a negociação, passaram ao centro da orientação política da Central. Vale ressaltar, contudo, que a denominada fase movimentista[1621] já trazia embutida a característica que buscava a negociação. Combinavam-se movimentação, confronto e prática negocial na ação sindical, mas a ênfase gradativamente passava da confrontação para aquela que vai se tornar dominante na década de 1990.[1622]

Essa nova práxis sindical define a negociação como seu instrumento de ação principal e procura construir alternativas "propositivas" consideradas mais pragmáticas. Ao rejeitar a estratégia conduzida durante a década de 1980, fomentada por greves e outras formas de ação direta, a CUT pas-

---

1618 WEBSTER; LAMBERT, 2005, p. 81.

1619 WEBSTER; LAMBERT, 2005, p. 81.

1620 VÉRAS, 2005, p. 257.

1621 Fase movimentista refere-se à prática sindical que prioriza os piquetes, greves, caminhadas, manifestações de rua e nas empresas. ANTUNES; SILVA, 2015, p. 516.

1622 ANTUNES; SILVA, 2015, p. 516.

sou a defender um sindicalismo moderado, resultado das diretrizes político-ideológicas da tendência hegemônica em seu interior – a Articulação Sindical[1623] – e corroborado pelo cenário de refluxo da atividade sindical durante esse período, tanto no âmbito internacional quanto no Brasil.[1624]

Conforme ressaltam Ricardo Antunes e Marco Aurélio Santana, as políticas de convênios, apoios financeiros, parcerias com a socialdemocracia sindical, especialmente europeia, levadas a cabo amplamente por duas décadas, também acabaram reorientando o "novo sindicalismo", ajudando a arrefecer sua postura mais combativa, ao valorizar mais os espaços institucionalizados e as máquinas sindicais burocratizadas.[1625]

Nesse sentido, a partir da década de 1990, as greves no Brasil diminuíram drasticamente, voltando a recuperar espaços somente no período entre 2011 e 2013, conforme pesquisa realizada pelo DIEESE relatada no terceiro capítulo desta tese. Foi emblemática a greve dos trabalhadores petroleiros em 1995,[1626] que constituiu o primeiro com-

---

1623 Articulação sindical é o setor interno da CUT representado pelos sindicatos dos metalúrgicos de São Bernardo e Santo André, dos bancários de São Paulo e do Rio Grande do Sul, dos petroleiros de Campinas, que era mais próxima do sindicalismo europeu e possuía uma orientação social democrata. Como oposição, de vertente marxista, as referências eram a Oposição Sindical dos Metalúrgicos de São Paulo e outros sindicatos intermediários, que possuíam um perfil mais radical e defendiam uma verdadeira interação com os movimentos sociais. Cf.: VÉRAS, 2005, p. 257.

1624 ANTUNES; SILVA, 2015, p. 517.

1625 ANTUNES; SANTANA 2014, p. 137.

1626 Episódio decisivo em relação a multas abusivas impostas pelo TST ocorreu com a greve dos petroleiros, em 1995. Conforme o Relatório de Direitos Humanos no Brasil: "A greve, além de pautar melhores salários, se opôs politicamente à iminente quebra do monopólio estatal do petróleo. Durou 32 dias e polarizou toda a sociedade. Para derrotá-la, o governo Fernando Henrique Cardoso demitiu 73 lideranças sindicais e ordenou a punição geral dos trabalhadores envolvidos – foram mais de mil advertidos e suspensos por até 29 dias. A mídia tentou jogar a população contra os petroleiros, acusando-os pela falta de gás de cozinha, cujos distribuidores especulavam com os estoques cheios – assim o reconheceu o Tribunal de Contas da União em novembro do mesmo ano. E o Tribunal Superior do Trabalho declarou "abusiva" a greve, impondo aos sindicatos e à Federação Única dos Petroleiros (FUP) multas de R$ 100 mil para cada dia parado, penhorando-lhes as contas bancárias. O valor total das penalidades chegou a R$ 2,1 milhões. Por fim, o movimento paredista sofreu a intervenção do Exército nos locais de trabalho para a retomada da produção" (GEBRIM, BARISON, 2010, p. 133). Ao julgar o referido caso, que recebeu o no 1889, o Comitê de Liberdade Sindical da OIT assentou que: "As multas que equivalem a um montante máximo de 500 a 1.000 salários mínimos por dia de greve abusiva são suscetíveis de exercer efeito inti-

bate aberto à política neoliberal do ex-presidente Fernando Henrique Cardoso, mas ela demonstrou a nítida divisão no interior da CUT que, mais próxima das políticas de concertação e negociação, não foi capaz de oferecer solidariedade efetiva e profunda aos grevistas.[1627]

O distanciamento do sindicalismo de confronto na CUT e no Brasil se aprofundou no governo Lula, iniciado no ano de 2002, marcado pela reviravolta "transformista" nas relações entre sindicalismo brasileiro e aparelho de Estado. Salienta Ruy Braga que o governo Lula preencheu metade dos cargos superiores de direção e assessoramento, cerca de 1.305 vagas no total, com sindicalistas que passaram a controlar um orçamento anual superior a 200 bilhões de reais. O governo Lula ainda promoveu uma reforma sindical que oficializou as centrais sindicais, aumentando o imposto sindical e transferindo cerca de 100 milhões de reais para essas organizações.[1628] Ressalta Ruy Braga que "[...] o sindicalismo brasileiro elevou-se à condição de um ator estratégico no tocante ao investimento capitalista no país."[1629]

Ricardo Antunes e Jair Batista da Silva alertam que, em termos de ações diretas de luta coletiva, nos últimos anos, o sindicalismo de cidadania da CUT vem se distanciando da estratégia combativa, o que, para além de fetichizar a negociação, transforma os dirigentes sindicais em *novos gestores,* que encontram na estrutura sindical mecanismos e espaços de realização, tais como operar com fundos de pensão, planos de pensão e de saúde, além das inúmeras vantagens intrínsecas ao aparato burocrático típico do *sindicalismo de Estado* vigente no Brasil desde a década de 1930.[1630]

Desse modo, no contexto brasileiro, as redes sindicais internacionais, que foram consolidadas em 2001 com a criação do CUTMulti, e influenciadas pela nova estratégia de sindicalismo moderado negocial da Central, não desempenharam papel significativo nas *estratégias de luta direta transnacional,* ou seja, não houve articulação perene e forte

---

midatório sobre os sindicatos e inibir suas ações sindicais reivindicatórias legítimas, e mais ainda quando o cancelamento da multa esteja subordinado à realização de outra greve, que seja, também, considerada abusiva". Em razão da recomendação formal do Conselho de Administração da OIT ao Brasil, as multas, cuja execução já importara na penhora de todos os prédios da FUP no país, foram canceladas por decreto do Senado Federal. (TRIBUNAL SUPERIOR DO TRABALHO. RO 3535-38.2012.5.02.0000 Data de Julgamento: 13/10/2014, Relator Ministro: Mauricio Godinho Delgado, Seção Especializada em Dissídios Coletivos, Data de Publicação: DEJT 17/10/2014)

1627 ANTUNES; SILVA, 2015, p. 518.

1628 BRAGA, 2012, p. 204.

1629 BRAGA, 2012, p. 204.

1630 ANTUNES; SILVA, 2015, p. 511.

de greves ou boicotes que utilizassem as plantas das multinacionais como forma de resistência e sim a concentração quase exclusiva na negociação coletiva e na formação de acordos-marco.

Podemos citar como um dos poucos casos significativos de articulação reticular sindical, em termos de luta direta, a greve dos mineiros na filial do Canadá da mineradora multinacional brasileira Vale S/A, em 13 de julho de 2009, que durou dois anos.[1631] Nesse período de lutas, os dirigentes canadenses e americanos do sindicato United Steelworkers (USW) estiveram no Brasil para pedir solidariedade aos sindicatos brasileiros. O presidente da CUT na ocasião, Artur Henrique da Silva Santos, esteve presente em manifestações dos trabalhadores no Canadá e, assim como a USW, assinou acordo de solidariedade aos grevistas canadenses.[1632] Além disso, a CUT organizou campanha internacional de apoio aos grevistas canadenses no seu X Congresso Nacional.[1633] No entanto, não houve de fato greves ou boicotes internacionais nas plantas da Vale, somente ações de solidariedade por intermédio das redes sindicais, ou seja: os trabalhadores no Brasil e de outros países em que atuam a Vale se sensibilizaram, mas não se mobilizaram em termos de ação direta.

Observa-se, portanto, que as redes estão sendo utilizadas no Brasil majoritariamente para a pactuação de acordos-marco globais, em detrimento de estratégias de lutas coletivas diretas, refletindo a estratégia de sindicalismo negocial já adotada pela CUT internamente.

1631 "Após meses de negociação, a Vale se nega a renovar cláusulas contratuais de aposentadoria e outros benefícios que faziam parte dos acordos por mais de 20 anos. Os trabalhadores no Canadá rejeitaram as demandas da empresa e entraram em greve em 13 de julho. As duas fábricas canadenses paralisadas são Sudbury e Port Colborne, e empregam cerca de 4.600 trabalhadores. Os trabalhadores brasileiros organizados na Rede Sindicato Vale, parte dos cerca de 150 mil empregados da Vale em 35 países nos cinco continentes, estão extremamente preocupados com o destino das negociações no Canadá, pois o desfecho pode ter impacto imediato na renovação do acordo coletivo no Brasil."

No original: "After months of negotiation, Vale refuses to renew contract provisions covering retirement and other benefits that were part of the agreements for more than 20 years. The workers in Canada rejected the company's demands and went on strike on July 13. The two idled Canadian sites are Sudbury and Port Colborne, and employ some 4,600 workers. The Brazilian workers organized in the Vale Union Network, part of nearly 150,000 Vale employees in 35 countries in five continents, are extremely concerned about the fate of the negotiations in Canada, since the outcome could have an immediate impact in the renewal of the collective agreement in Brazil." Cf.: CNW, 2013. (tradução nossa)

1632 COSTA, 2013, p. 6.

1633 COSTA, 2013, p. 6

Sobre os acordos-marco, apesar de representarem grande conquista, é importante ressaltar que, por serem concebidos em termos muito genéricos, relativos apenas a direitos básicos concernentes às normas da OIT, podem ser frágeis em termos de efetividade. A própria CUT reconhece tal vulnerabilidade jurídica, ao ressaltar que, em muitos casos, as empresas assinam esse tipo de acordo apenas para promover a imagem pública favorável, uma vez que não existem mecanismos legais que garantam seu cumprimento na esfera internacional, o que torna o monitoramento trabalho árduo que deve ser exercitado pelas redes sindicais e pelos sindicatos globais.[1634]

Além disso, na maioria dos casos, os piores abusos dos direitos laborais não estão na empresa que firma o acordo-marco, mas nas fornecedoras e subcontratadas. Por essa razão, o modelo do acordo-marco deve conter cláusula em que se determine que a empresa exigirá de seus contratados, subcontratados, fornecedores principais e titulares de concessão o cumprimento das normas do acordo, ao produzir e distribuir produtos ou componentes para a companhia. Entretanto, mesmo com a existência desse tipo de cláusula, a problemática da efetividade jurídica do acordo permanece, o que significa que toda a observância do conteúdo depende da capacidade e da força dos sindicatos.[1635]

A incipiente utilização das redes internacionais sindicais como plataforma de viabilização de luta direta não ocorre somente no Brasil. Nos EUA, as redes sindicais também são utilizadas majoritariamente para negociações coletivas. Em novembro de 2012, houve uma pontual greve[1636] internacional denominada "Fight for $15", organizada principalmente por redes sociais, em mais de trinta países, inclusive na Itália e no Brasil.[1637] Apesar de envolver plantas de multinacionais relacionadas ao setor de *fast food* como McDonald's, Burger King e KFC, para a rei-

---

1634 CUTMULTI, 2009, p. 54.

1635 ESPÓSITO, 2012, p. 50.

1636 Nos Estados Unidos, a Constituição não trata de greve, nem de nenhum direito dos trabalhadores. Os funcionários públicos são proibidos de fazer greve, caso contrário são dispensados. O Wagner Act e a Lei Taft-Hartley (1947) traçam os contornos gerais da greve, sendo que a última define as responsabilidades dos sindicatos, inclusive em greve em atividades essenciais. A greve é exercitada pelo sindicato que congregar o maior número de trabalhadores da empresa ou de sua atividade. Foram criadas as *injunctions*, que são ordens proibitivas de greves, por meio de pronunciamentos judiciais. Cf.: BARBATO, FINELLI, 2014, p. 4.

1637 No Brasil, o protesto envolveu cinco grandes cidades e os temas debatidos foram jornadas criminosas, trabalhos de crianças e adolescentes, denúncia da falta

vindicação de um salário mínimo de 15 dólares por hora, tal movimento não foi protagonizado por redes sindicais, uma vez que a maioria dos trabalhadores dessas empresas nem sequer possuía representação sindical.[1638] Inclusive, a demanda por um sindicato foi posteriormente acrescentada pelos grevistas norte-americanos às reivindicações do "Fight for $15", uma vez que estes, muitas vezes, são impedidos de se sindicalizar em locais de trabalho devido à oposição feroz de empregadores e por leis que não protegem ativistas sindicais de serem dispensados.[1639]

Ressaltam Gran e Tarleton que o movimento "Fight for $15" possui maior conexão com o movimento Occupy Wall Street do que com os sindicatos e suas redes.[1640] Segundo os autores, o Occupy Wall Street reintroduziu o linguajar sobre as classes no discurso público dos EUA de uma forma que não havia sido feita há décadas, o que impulsionou o movimento "Fight for $15".[1641] Além disso, o Occupy Wall Street também foi capaz de mostrar à atenção midiática o que se poderia obter com as ações de confronto, não realizadas de forma significativa há muito tempo pelos sindicatos norte-americanos.[1642]

Na Itália, as redes internacionais sindicais, ainda escassas, são usadas também prioritariamente para um sindicalismo negocial. Citamos como exemplo a rede sindical da multinacional italiana de tecnologia "Finmecanica", criada em abril de 2016. A multinacional emprega cerca de 70% dos trabalhadores na Itália no setor aeroespacial e de defesa, com centros de produção no Reino Unido, Estados Unidos, França, Espanha, Alemanha, Polônia, Austrália, Canadá, Índia e Brasil (FIM-CISL, 2016). A rede sindical internacional foi organizada pelos sindicatos italia-

---

de ética com as condições de higiene alimentar e a insegurança das condições de trabalho. Cf.: BARBATO, FINELLI, 2014, p. 1.

1638 O sindicato que apoiou o movimento com mais força foi o SEIU, o Sindicato Internacional dos Empregados do Serviço. Este sindicato é o segundo maior do país e forneceu 70 milhões de dólares em recursos para o movimento Fight for $15, incluindo o dinheiro para os organizadores e campanhas midiáticas. Cf.: GRAN, TARLETON, 2016, p. 2. Nesta perspectiva, segundo Meyerson, os sindicatos norte-americanos estão investindo grandes recursos na organização de movimentos mais propensos a produzir novas leis que aumentam o salário mínimo dos trabalhadores do que angariar novos membros, deixando de lado a representação sindical. Cf.: MEYERSON, 2015, p. 2.

1639 MEYERSON, 2015, p. 2.

1640 GRAN; TARLETON, 2016, p. 3.

1641 GRAN; TARLETON 2016, p. 3.

1642 GRAN; TARLETON, 2016, p. 3.

nos filiados ao IndustriALL Global Union:[1643] Federazione Italiana Metalmeccanici (FIM-CISL), Federazione Impiegati Operai Metallurgici (FIOM-CGIL) e Unione italiana lavoratori metalmeccanici (UILM-UIL). A referida rede, no entanto, ainda não organizou nenhuma ação direta nas suas plantas internacionais,[1644] limitando-se a demonstrar solidariedade, por meio de petições, às greves realizadas em outras empresas de várias partes do mundo, como no Egito e na China (FIM-CISL, 2016).

O mesmo acontece no contexto europeu: observam-se poucos exemplos de redes internacionais sindicais sendo utilizadas para a viabilização de lutas diretas transnacionais, que, quando ocorrem, são sufocadas por decisões jurídicas limitativas, como sucedeu nos casos Laval e Viking, já abordados no terceiro capítulo desta tese. A Corte de Justiça, ao discutir em tais casos a legitimidade de *greves internacionais e de boicotes de trabalho realizados por redes sindicais*, não tratou a ação coletiva efetivamente como um direito e sim como uma espécie de obstáculo à liberdade econômica. Nas palavras de Rota:

> Sobre a oportunidade da transição de um equilíbrio bilateral para um desigual, não parece haver, pelo menos à primeira vista, justificativas inspiradas na razoabilidade, nem em uma leitura sistêmica do quadro jurídico vigente. Ter reconhecido a natureza dos direitos fundamentais à ação coletiva dos sindicatos e não ter alcançado a proteção efetiva dos mesmos significa ter produzido precedentes que não parecem ter considerado suficientemente a norma de reconhecimento do direito de greve presente na Carta de Nice.[1645]

1643 IndustriALL Global Union é uma federação global sindical, fundada em 2012. A Federação é resultado da fusão de três federações globais: International Metalworkers' Federation (IMF), International Federation of Chemical, Energy, Mine and General Workers' Unions (ICEM) e International Textile, Garment and Leather Workers' Federation (ITGLWF). Cf.: FIM-CISL, 2016.

1644 Um exemplo recente e *isolado* de ação direta promovida por redes sindicais internacionais na Itália foi a Giornata di Azione Europea, organizada pelos trabalhadores da multinacional General Electric (GE), no dia 8 de abril de 2016, na Itália, França, Espanha, Suíça, por meio de várias formas de luta, como protestos e greves internacionais. A GE, depois que foi adquirida pelo grupo norte-americano Alstom Power, iniciou uma reestruturação produtiva que prevê a dispensa de 6.500 trabalhadores em toda a Europa. Cf.: FIM-CISL, 2016.

1645 No original: "Sull'opportunità del passaggio da un bilanciamento bilaterale ad uno ineguale, non sembrerebbero sussistere, almeno di primo acchito, giustificazioni ispirate a ragionevolezza, né a una lettura sistemica del vigente quadro giuridico. L'aver riconosciuto la natura di diritti fondamentali all'azione collettiva dei sindacati e non aver fatto conseguire una tutela effettiva degli stessi significa aver prodotto dei precedenti che non sembrano aver preso sufficientemente sul serio

Observamos também que a Corte Europeia de Direitos Humanos, quando reconhece proteção jurídica da ação direta, o faz prioritariamente no âmbito das *liberdades de manifestação*, como, a título de exemplo, no caso supracitado "Kudrevičius e outros vs. Lituânia". No tocante à proteção jurídica ampla efetuada no âmbito da *liberdade sindical*, a Corte Europeia de Direitos Humanos, nos casos emblemáticos Demir e Baykara[1646] e Enerji-Yapi Yol Sen,[1647] utilizou tal *locus* jurídico somente *no âmbito nacional e na seara dos serviços públicos*, para proteger direitos de realização de assembleia, de negociação coletiva e de representação sindical e possivelmente para tornar útil eventual direito de greve em um país específico. No entanto, em nenhum desses casos julgados pela Corte Europeia, em oposição ao caso Viking e Laval analisados pela Corte de Justiça, estava em questão *ação direta transnacional propriamente dita*, ou seja, um caso concreto de boicote trabalhista transnacional ou de greve internacional.

As decisões restritivas no casos Laval-Viking da Corte de Justiça nos indicam que, mesmo quando o *locus jurídico da liberdade sindical* se desdobra em ações diretas sindicais para além do direito de greve – como é o caso do boicote de trabalho sob uma perspectiva inovadora reticular – esse não é suficiente para a proteção jurídica efetiva dos meios de luta transnacional como direito. Talvez porque a liberdade sindical, mesmo quando manifestada nas redes sindicais internacionais – seja pela greve ou pelo boicote de trabalho – *ainda ocupa lugar jurídico vinculado essencialmente ao sindicato, o que remete ao conceito de direito de luta coletiva limitado ao direito de greve de fins econômicos e de perspectiva nacional*. A plena eficácia do direito de greve encontra entraves na

---

la norma di riconoscimento del diritto di sciopero presente nella Carta di Nizza." ROTA, 2008, p. 151. (tradução nossa)

1646 Corte EDH, 12 de novembro de 2008, recurso no 34503/97. No caso, a Corte Europeia considerou a violação do art. 11 da CEDH pela Turquia mediante recurso do sindicato dos funcionários públicos. Conforme a Corte, a Turquia havia adotado comportamentos que dificultavam o direito de negociação coletiva, tratando-os de forma diferenciada dos trabalhadores do setor privado. De acordo com a Corte, o art. 11 garante o direito de negociação coletiva, bem como eventuais ações diretas dos trabalhadores para garanti-lo. Cf.: MAGNANI, 2015, p. 92.

1647 Corte EDH, 21 de abril de 2009, recurso no 68959/01. Neste caso, a Corte Europeia entendeu que o art. 11 da CEDH havia sido violado pela Turquia mediante um recurso do sindicato turco de funcionários públicos do setor de energia. Segundo a Corte, uma circular do presidente do conselho de ministros turco, em 1996, inibia, sob pena de aplicação de sanções disciplinares, a realização de greve para o reconhecimento do direito de negociação coletiva. Cf.: MAGNANI, 2015, p. 93.

jurisprudência europeia, assim como na ítalo-brasileira, principalmente no tocante à legitimidade das greves puramente políticas e de solidariedade, que são facetas que permeiam a greve internacional.

Além disso, a atuação transnacional exclusivamente sindical, sob o signo do direito de greve e da liberdade sindical, encontra obstáculos legais no Brasil, uma vez que a Lei de greve (7.783/89) vincula seu exercício a entidades sindicais locais, ao condicionar a legitimidade de sua deflagração *à prévia deliberação por assembleia sindical e tentativa negocial coletiva* (arts. 1º, 3º, 4º e 14, *caput*). O art. 517 da CLT[1648] não abarca formalmente as associações internacionais sindicais como entidades de representação dos trabalhadores, o que gera dificuldades, do ponto procedimental,[1649] no reconhecimento das negociações coletivas trabalhistas efetuadas por tais associações, para que uma greve possa ser deflagrada de forma legítima.[1650] Outro provável entrave decorrente desse artigo celetista é aprofundado pela jurisprudência majoritária brasileira, que veda greves e outras formas de luta coletiva fora do sindicato reconhecido pelo sistema brasileiro, o que inviabilizaria o direito de luta transnacional efetivado por associações sindicais ou outras organizações internacionais, nos termos do *locus jurídico* da greve ou da liberdade sindical.

Como já demonstramos, é necessário, para dar maior efetividade e eficácia à luta política dos trabalhadores, descobrir outros pontos de

---

1648 O retrógrado art. 517 da CLT estipulou, em 1943, que os sindicatos podem ser distritais, municipais, intermunicipais, estaduais e interestaduais, podendo, em caráter de excepcionalidade, haver autorização para o reconhecimento de sindicatos nacionais. A referida regra, ao indiretamente estipular uma base territorial máxima para os sindicatos, veda à associação sindical transcender os limites territoriais internos do Estado Nacional (REIS *et al*, 2014, p. 5). No entanto, conforme Reis *et al* (2014, p. 5), o art. 8º, II da Constituição de 1988, ao fazer referência apenas a uma base territorial mínima para os sindicatos, não recepcionou a regra do art. 517 da CLT, permitindo a articulação de associações sindicais internacionais.

1649 Explica Reis *et al* que as exigências elencadas nos artigos 612 a 614 da CLT, além de poderem importar na incompatibilidade entre instrumentos negociados no âmbito internacional, foram pensadas para um sindicalismo estritamente vinculado aos limites do território brasileiro. Nesse sentido, salientam os autores, que a CLT estipula, por exemplo, o depósito de Convenção ou Acordo Coletivo pelos sindicatos convenentes ou empresas acordantes, "para fins de registro e arquivo, no Departamento Nacional do Trabalho, em se tratando de instrumento de caráter nacional ou interestadual, ou nos órgãos regionais do Ministério do Trabalho e Previdência Social nos demais casos" (art. 614, *caput*, CLT). Cf.: REIS *et al*, 2014, p. 9.

1650 REIS *et al*, 2014, p. 7.

proteção jurídica, *em outros lugares do Direito*, porque, além de existirem *novos atores* diversos do sindicato, outras identidades e interesses sociais que não serão articulados pelo conceito vigente de direito de greve na Itália e no Brasil, podemos observar a sedimentação relativa à aplicação do conceito desse direito, que restringe sua amplitude e suas renováveis formas de manifestação. A liberdade sindical, por estar intimamente ligada ao conceito do direito de greve da modernidade, também não se demonstra unicamente capaz de articular esses novos sujeitos e dar efetividade à luta política dos trabalhadores, mesmo se utilizada em perspectiva inovativa como das redes internacionais, sob a forma do boicote trabalhista transnacional ou greve internacional.

Nesse sentido, Everaldo Gaspar Lopes de Andrade, quando discorre sobre a possibilidade de um direito de luta internacional,[1651] estabelece que este só seria possível a partir do reconhecimento da complexidade e heterogeneidade da classe-que-vive-do-trabalho, como também do reconhecimento da supremacia do setor serviços, da ruptura da velha centralidade do mundo do trabalho formal, e, finalmente, da articulação de redes comunicativas típicas da sociedade da informação, para superar o déficit de representação direta dos líderes sindicais e da representação político-partidária. Segundo o autor, uma vez reconhecidos todos esses setores do mundo do trabalho e recepcionados os métodos e técnicas de comunicação – sobretudo as virtuais –, estariam sedimentados os caminhos para uma nova articulação global, pelos menos em alguns setores da economia dominados pelas empresas multinacionais.[1652]

Assim, acreditamos que a chave de uma proteção efetiva, que pode ser viabilizada pelas redes internacionais proporcionadas por multinacionais, não passa somente pelo sindicato, indo *além da liberdade sindical e do conexo conceito de greve que vigora no sistema ítalo-brasileiro,*

[1651] O autor acredita que este direito de luta internacional perpassa pela ressignificação do direito de greve, que deve assumir um caráter político-revolucionário, articulando novas formas de trabalho precário e movimentos sociais. Apesar de concordarmos com o autor, acreditamos, contudo, que, na prática, para o contexto ítalo-brasileiro, o conceito do direito de greve vigente em ambos os países, aplicado pela jurisprudência, não deixa espaço para este tipo de ressignificação, razão pela qual estamos buscando outros lugares jurídicos que possibilitem um direito de luta política efetivo. Além disso, em termos transnacionais, o direito de greve no Brasil encontra sérios obstáculos, por já ter uma Lei (7.783/89) que vincula o seu exercício a entidades sindicais locais.

[1652] ANDRADE, 2005, p. 264-266.

pois envolve formas de coalizão com outros sujeitos, como é o caso do *boicote transnacional de consumo*. Em sentido semelhante, manifesta-se o jurista italiano Lassandari:

> Na fase já descrita em que a empresa multinacional, segundo a exemplificação proposta, rejeita ou não aplica de fato as (primeiras) regras elaboradas na sede intersindical [...] certamente os "clássicos" instrumentos de autotutela e em particular a greve parecem ser muito difíceis de usar [...]. Nesta fase histórica crucial do hipotético processo de enraizamento supranacional da presença sindical, pareceria então melhor utilizar outros instrumentos de pressão social: e o mais eficaz de todos poderia ser o boicote às mercadorias produzidas.[1653]

O boicote transnacional de consumo consiste na *aliança entre trabalhadores e consumidores de multinacionais*, na medida em que os obreiros instigam terceiros a não comprar mais produtos da empresa boicotada. Tal aliança heterogênea internacional, proporcionada por redes de tecnologia, pode resultar em técnica idônea para contrabalancear o poder econômico de multinacionais dispersas pelo mundo. Nas palavras de Supiot:

> Na nova ordem econômica mundial, esse sentido primário de ação coletiva está retornando e as formas pré-industriais de lutas sociais parecem prometidas a uma nova juventude. O desmoronamento do modelo industrial, a perda de eficácia das greves, a internacionalização das estratégias das empresas, tudo isso leva os trabalhadores a tentarem ganhar o apoio dos consumidores para pesar no calcanhar de Aquiles das grandes empresas: a capacidade de resposta à demanda por seus produtos. A expressão por excelência desta aliança é o boicote. É uma arma formidável que ressurge na atualidade social.[1654]

1653 No original: "Nella fase già descritta in cui la società multinazionale, secondo l'esemplificazione proposta, respinge od in concreto non dà applicazione alle (prime) regole elaborate in sede intersindacale [...] certamente gli strumenti "classici" di autotutela ed in particolare lo sciopero appaiono di ben difficile impiego [...]. In tale cruciale fase storica dell'ipotizzato processo di radicamento sovranazionale della presenza sindacale, apparirebbe allora miglior avviso utilizzare altri strumenti di pressione sociale: ed il più efficace di tutti potrebbe rivelarsi il boicottaggio delle merci prodotte [...]. LASSANDARI, 2005, p. 335. (tradução nossa)

1654 No original: "Dans le nouvel ordre économique mondial ce sens premier de l'action collective fait retour et les formes préindustrielles de luttes sociales semblent promises à une nouvelle jeunesse. L'effritement du modèle industriel, la perte d'efficacité des grèves, l'internationalisation des stratégies des firmes, tout cela conduit les travailleurs à tenter de s'assurer le soutien des consommateurs pour peser sur le talon d'Achille des grandes entreprises: la sensibilité à la demande de leurs produits. L'expression par excellence de cette alliance est le boycott. C'est une arme redoutable qui refait surface dans l'actualité sociale." SUPIOT, 2001, p. 26. (tradução nossa)

No contexto do boicote de consumo, Márcio Túlio Viana destaca que tanto um selo verde[1655] sobre uma mobília de madeira, como a notícia de que a marcenaria do vizinho usou trabalho infantil, podem se tornar traço importante de distinção entre produtos no mercado globalizado, de modo a compor as estratégias de concorrência perante o consumidor.[1656] De fato, pesquisas recentes nos Estados Unidos e na Europa revelam que consumidores estão dispostos a pagar mais por produtos fabricados sob condições de trabalho decente.[1657] Logo, a responsabilidade social da multinacional – mesmo que, muitas vezes, seja artificial – concede maior eficácia ao boicote, por influenciar o valor que a imagem da marca tem para o consumidor: "[…] a imagem da empresa, boa ou má, contamina o produto que ela fabrica e – por extensão – o próprio cidadão que o consome."[1658]

Ressalta Marcio Túlio Viana que essa realidade é mais intensa quanto mais ágeis e penetrantes vão se tornando os meios de comunicação de massa, de modo que a própria globalização nos mostra que os direitos do trabalho, a proteção da atmosfera e a defesa dos nossos rios e matas já não dizem respeito apenas às políticas internas de um ou outro país.[1659] "O que acontece aqui repercute ali, e – do mesmo modo que os direitos individuais interagem com os sociais e os políticos – uma cidadania negada ou uma árvore cortada pode vir a interessar a todas as pessoas do mundo."[1660]

Nesse sentido, consumidores globais, aliados aos trabalhadores de multinacionais, tornaram-se atentos à violação de parâmetros de trabalho decente, conscientes de que podem expor e "sujar" a imagem de empresas transnacionais com o auxílio das redes de comunicação. Seidman explica a estratégia do *naming and shaming* articulada sob a lógica reticular, mediante boicotes de consumo transnacionais:

> Uma das premissas básicas por trás da estratégia de 'nomear e envergonhar' é que os fluxos rápidos de informação tornam o altruísmo de longa distância mais fácil: podemos usar o acesso a relatórios globais por meio da internet e de outras novas mídias para aumentar a consciência do consumidor; os proponentes de esquemas regulatórios voluntários sugerem que o monitoramento exter-

---

1655 Esse caso específico constituiria outra forma de luta coletiva denominada *label* ou marca sindical, que certifica positivamente a mercadoria, tendo em vista as condições trabalhistas respeitadas no momento de produção. Cf.: RUPRECHT, 1995, p. 174.

1656 VIANA, 2009, p. 117.

1657 KIMELDORF *et al*, 2004, p. 58.

1658 VIANA, 2009, p. 118.

1659 VIANA, 2009, p. 119.

1660 VIANA, 2009, p. 119.

no fortalece essa probabilidade, dando aos consumidores acesso a informações confiáveis sobre o que acontece dentro das fábricas. Diante da ameaça de exposição, é argumentado que as empresas trabalharão ativamente para cumprir os códigos externos, apaziguar consumidores éticos e evitar boicotes.[1661]

Tal estratégia que envolve observação e ação externa pode se demonstrar eficaz, pois, para evitar escândalos e perdas nas vendas, as multinacionais começam a fiscalizar seus subcontratados. Assim, com o monitoramento externo, acordos-marco e códigos de conduta podem ser de fato efetivos. Nas palavras de Jill Esbenshade:

> Códigos de conduta criados por empresas são declarações públicas de intenções. Os trabalhadores e seus defensores podem usá-los como uma ferramenta para responsabilizar as empresas. O que é necessário é uma forma mais confiável de certificação [...] O monitoramento independente oferece uma verificação necessária em um sistema que é controlado pelas próprias empresas.[1662]

Foi exatamente o que ocorreu em outubro de 2007, quando uma das subcontratadas da filial indiana da multinacional norte-americana do setor de vestuário – GAP – empregou trabalho infantil em condições análogas às de escravo para aumentar a produção de Natal, que seria enviada para Europa e Estados Unidos.[1663] Depois de boicotes de consumidores em âmbito mundial veiculados pelas redes sociais, a GAP respondeu rapidamente: a multinacional iria apoiar uma rede de certificação independente na Índia, pagando monitores externos para fiscalizar seus subcontratados, para que os consumidores globais pudessem restaurar a confiança nas mercadorias da empresa, que seriam apenas produzidas em fábricas que cumprissem os códigos de conduta e os acordos-marco já estabelecidos.[1664]

1661 No original: "One of the basic assumptions behind the 'naming and shaming' strategy is that rapid flows of information make long-distance altruism easier: we can use access to global reporting, through the internet and other new media, to raise consumer awareness; proponents of voluntary regulatory schemes suggest that outside monitoring strengthens that likelihood, by giving consumers access to reliable information about what happens inside the factory walls. Faced with the threat of exposure, it is argued, companies will work actively to comply with outside codes, to appease ethical consumers and stave off boycotts." SEIDMAN, 2008, p. 998. (tradução nossa)

1662 No original: "Codes of conduct created by companies are a public statement of intent. Workers and their advocates can use these as a tool to hold companies accountable. What is needed is a more credible form of certification [...] Independent monitoring offers a necessary check on a system that is otherwise controlled by the companies themselves." ESBENSHADE, 2003, p. 9. (tradução nossa)

1663 SEIDMAN, 2008, p. 991.

1664 SEIDMAN, 2008, p. 992.

Na Itália, a solidariedade entre consumidores e trabalhadores feita mediante boicotes em redes sociais, que ultrapassaram os limites nacionais, também já ocorreu em 2012. A multinacional italiana do setor de roupas íntimas – Golden Lady S/A – anunciou a dispensa coletiva de 239 empregados de uma de suas empresas – OMSA – com a intenção de transferir a produção para a Sérvia. O fato desencadeou a reação dos trabalhadores via *web*, com a criação de uma página no Facebook, intitulada Mai più OMSA, que chamava os consumidores para boicotar os produtos do grupo e para convidar mais dez amigos para compartilhar a página. Em três dias, o boicote se espalhou também pelo Twitter e já possuía mais de 100 mil participantes.[1665]

No Brasil, situação semelhante ocorreu em relação à multinacional do setor de vestuário Zara. Em 2011, a grife espanhola ganhou as manchetes nos meios de comunicação brasileiros pelo trabalho análogo ao de escravo flagrado por fiscais do Ministério do Trabalho e Emprego (MTE) em sua cadeia produtiva. Em São Paulo, bolivianos ganhavam R$2,00 por peça produzida em oficinas de costura terceirizadas para a AHA, que prestava serviços para a Zara no Brasil. Os executivos da empresa tentaram desfazer o vínculo, mas o episódio obteve destaque nas redes sociais e a marca foi alvo de boicote organizado no Facebook e no Twitter.[1666]

Em 2013, a ONG Repórter Brasil criou o aplicativo de celular intitulado Moda Livre, que avalia os principais grupos de empresas do setor de vestuário em atividade no país, para alertar e incentivar os consumidores a efetuar boicotes às multinacionais nas quais os trabalhadores foram flagrados em condições análogas às de escravo pelos fiscais do MTE.[1667] O MTE, mesmo diante do reduzido grupo de auditores fiscais, que inclusive sofrem perseguições constantes, foi responsável pela criação de algo inédito e celebrado internacionalmente: a Lista Suja do Trabalho Escravo – baseada na Lei de Acesso à Informação, Lei nº 12.527/2012 – que consiste em um cadastro de empregadores que submeteram trabalhadores a condições análogas às de escravo, o que incentiva o boicote de consumo das referidas marcas.[1668]

Assim, conforme salienta Márcio Túlio Viana, o deslizamento *das lutas coletivas do campo de produção para a esfera do consumo* nos sugere nova e instigante utopia: a de um sindicato que não se articula apenas em

---

1665 ROTA, 2013, p. 28.
1666 REPÓRTER BRASIL, 2014.
1667 REPÓRTER BRASIL, 2014.
1668 FINELLI, 2016, p. 109.

volta de categorias ou ofícios, mas em torno da indignação geral contra o sistema, ou pelo menos contra as suas distorções mais fortes – reunindo empregados, desempregados, informais, terceirizados, sem-terra, ativistas dos direitos humanos, ambientalistas e feministas.[1669]

Diante dessa nova forma de luta política, nos cabe discorrer sobre as possibilidades de proteção jurídica no sistema ítalo-brasileiro da utilização dessas redes, que não são exclusivamente sindicais, para o exercício de boicotes de consumo transnacionais em face das multinacionais.

POSSIBILIDADES DE PROTEÇÃO JURÍDICA NO SISTEMA ÍTALO-BRASILEIRO

Como já foi mencionado, o boicote consiste no bloqueio contratual do empresário por seu antagonista coletivo, com finalidade reivindicativa.[1670] Conforme Ojeda Avilés, o boicote pode assumir múltiplas formas, uma vez que o objetivo é dificultar a transação mercantil da empresa. Assim, tal ação coletiva pode se manifestar na conduta de trabalhadores que se demitam da empresa boicotada; na persuasão de outros trabalhadores para não fornecerem serviços para a empresa ou na conduta de consumidores que se recusam a adquirir produtos.[1671] No mesmo sentido, Montoya Melgar define o boicote como obstrução coletiva da cooperação com um ou mais empresários que pode se manifestar por diversos métodos: pela recusa dos trabalhadores da empresa boicotada em utilizar determinados serviços sociais oferecidos pelo empregador, como cooperativas e restaurantes; por outros trabalhadores que não ofertam serviços à empresa boicotada; ou pelo bloqueio de consumo de produtos por terceiros.[1672]

Segundo Ruprecht, o boicote pode envolver três sujeitos: o sujeito ativo, que incita o boicote, geralmente representado por um conjunto de trabalhadores ou sindicato da empresa boicotada; sujeito passivo, a pessoa física ou jurídica contra a qual se produz a ação de obstaculização da atividade empresarial; e os terceiros, representados por consumidores ou trabalhadores de outras empresas que fornecem serviços à empresa boicotada.[1673] Nesse sentido, para Gomes e Gottschalk, boicote primário/principal/imediato seria aquele realizado pelo sujeito ativo, envolvendo somente traba-

---

1669 VIANA, 2009, p. 120.
1670 AVILÉS, 1990, p. 407.
1671 AVILÉS, 1990, p. 407.
1672 MELGAR, 1998, p. 717.
1673 RUPRECHT, 1995, p. 160.

lhadores da empresa boicotada, e o boicote secundário/indireto/mediato seria aquele que envolve terceiros – sejam trabalhadores de outras empresas que fornecem serviços àquela boicotada ou consumidores.[1674] Hueck e Nipperdey acrescentam que, quando o boicote envolve somente trabalhadores, é denominado de "de trabalho", e quando envolve também a recusa de compra por consumidores, é denominado como "de consumo".[1675]

No Brasil e na Itália, o boicote – seja de trabalho ou de consumo – não possui norma trabalhista regulamentadora. A jurisprudência laboral brasileira também é escassa no tratamento jurídico do boicote, o que levou à construção doutrinária dos contornos desse método de luta coletiva.

Por muitas vezes, a doutrina brasileira[1676] classifica o boicote como ato que se justifica somente no âmbito da greve. Entretanto, como salienta Maurício Godinho Delgado, o boicote e a greve não se confundem. Delgado descreve o boicote, na perspectiva de consumo, como a conduta de convencimento da comunidade para que se restrinja ou elimine a aquisição de bens e serviços de determinadas empresas.[1677]

Sobre a licitude dessa forma de luta, para Amauri Mascaro Nascimento são abusivas as ações ou omissões que venham a contrariar o conceito de greve no sentido de abstenção coletiva, incluindo o boicote.[1678] Para Ronald Amorim e Souza, o boicote é meio de luta legítimo apenas quando persegue fins estritamente econômico-profissionais, como método para exercer pressão em busca de resultados em face do empregador. Para o autor, quando excessos se produzem, a ilicitude do boicote transcende a esfera trabalhista, podendo configurar infração penal.[1679]

No entanto, deve-se observar que não há impeditivo algum no sistema jurídico brasileiro quanto à prática do boicote, traduzindo-se como forma de luta válida. O artigo 198[1680] do Código Penal Brasileiro de

---

1674 GOMES; GOTTSCHALK, 1990, p. 772.

1675 HUECK; NIPPERDEY, 1963, p. 410.

1676 SOUZA, 2007, p. 82.

1677 DELGADO, 2009, p. 1320.

1678 NASCIMENTO, 1989, p. 410.

1679 SOUZA, 2007, p. 82.

1680 "Atentado contra a liberdade de contrato de trabalho e boicotagem violenta Art. 198 – Constranger alguém, mediante violência ou grave ameaça, a celebrar contrato de trabalho, ou a não fornecer a outrem ou não adquirir de outrem matéria-prima ou produto industrial ou agrícola: Pena – detenção, de um mês a um ano, e multa, além da pena correspondente à violência." Cf.: BRASIL, 1940.

1940 trata apenas dos casos de *boicotagem violenta*, o que não condiz com a própria essência da figura jurídico-trabalhista do boicote, principalmente o de consumo, que tem como elemento central o convencimento da comunidade por meios pacíficos, que atualmente pode se manifestar por meio das redes de comunicação.

Márcio Túlio Viana aponta o boicote de consumo como método de luta legítima, principalmente sob a perspectiva da solidariedade, como no caso, por exemplo, da recusa de aquisição de produtos de certa empresa como forma de pressão contra a falta de equipamentos de segurança para os trabalhadores.[1681] O autor indica a prática como meio de luta eficaz para superar a precarização sistêmica do mundo do trabalho, diante de sua capacidade de articular valores e tendências contemporâneas, ao envolver a participação de novos atores, que poderão transformar a atuação sindical.[1682]

Portanto, não há que se falar em responsabilidade no âmbito criminal ou trabalhista durante o exercício pacífico do boicote por terceiros – sejam trabalhadores de outra empresa que fornecem serviços à empresa boicotada ou consumidores –, porque inexiste violência para a configuração do tipo penal, assim como não há vínculo laboral entre a empresa boicotada e tais sujeitos. Na mesma direção, podemos afirmar que a conduta de instigar ou convencer outros trabalhadores e consumidores a não fornecer ou comprar bens e serviços, efetuada pelos trabalhadores da própria empresa boicotada, não configura ilícito trabalhista, pois está relacionada com o *direito constitucional de manifestação*, na medida em que este se desdobra na liberdade de manifestação do pensamento, de expressão e de propaganda (art. 5º IV, IX da CF/88 e art. 21 da Constituição italiana).

Em direção semelhante, manifesta-se a jurisprudência italiana. O art. 507[1683] do Código Penal italiano – muito semelhante àquele do Código

---

1681 VIANA, 1996, p. 319.

1682 VIANA, 2009, p. 101.

1683 "Art. 507. Boicote: Aquele que, para um dos fins indicados nos artigos 502, 503, 504 e 505, por meio de propaganda ou valendo-se da força e autoridade de partidos, ligas ou associações, induza uma ou mais pessoas a não celebrar contratos de trabalho ou não fornecer materiais ou ferramentas necessários ao trabalho, ou à não aquisição de produtos agrícolas ou industriais de terceiros, é punido com pena de prisão de até três anos. Se houver atos de violência ou ameaças, aplica-se a pena de reclusão de dois a seis anos."

No original: "Art. 507. Boicottaggio: Chiunque, per uno degli scopi indicati negli articoli 502, 503, 504 e 505, mediante propaganda o valendosi della forza e autorità di partiti, leghe o associazioni, induce una o più persone a non stipulare patti di lavoro o a non somministrare materie o strumenti necessari al lavoro, ovvero a non

Penal brasileiro – incriminava o boicote violento e o boicote mediante propaganda. A Corte Constitucional, na sentença n° 84 de 1969,[1684] em consonância com seu entendimento em relação a outros dispositivos do Código Penal italiano, não declarou a inconstitucionalidade da totalidade do artigo 507, pois, segundo ela, este tutela bens constitucionais, como a liberdade de iniciativa econômica e de organização da empresa. No entanto, em decisão de difícil aplicação, declarou a inconstitucionalidade da referida norma no tocante à vedação do direito de propaganda e de manifestação, protegido pelo art. 21 da Constituição, desde que tais divulgações não atinjam grau de intensidade e eficácia que resulte em condutas profundamente notáveis.[1685]

Apesar da dificuldade em determinar qual comportamento no caso concreto se enquadra nessa distinção, podemos afirmar que a Corte Constitucional declarou o boicote como conduta lícita no âmbito penal quando consiste em atividade de propaganda. No entanto, perdeu a oportunidade de enfatizar de forma clara a validade política do boicote na qualidade de meio de luta no âmbito trabalhista, que, no contexto das multinacionais e do capitalismo global, se torna um dos métodos mais efetivos de ação direta em nível transnacional.[1686]

Sob a perspectiva da teoria de direitos fundamentais de Luigi Ferrajoli, já abordada neste capítulo, acreditamos que o direito de manifestação, desdobrado nas liberdades de expressão, pensamento e de propaganda, pode ser um *locus* jurídico no sistema ítalo-brasileiro capaz de fornecer efetiva proteção aos sujeitos que realizem boicote de consumo internacional, em balanceamento equilibrado com a liberdade de iniciativa econômica e de concorrência.

Nesse sentido, no contexto europeu, conforme Supiot, o boicote transnacional – seja de trabalho ou de consumo – não violaria ne-

---

acquistare gli altrui prodotti agricoli o industriali, è punito con la reclusione fino a tre anni. Se concorrono fatti di violenza o di minaccia, si applica la reclusione da due a sei anni." Cf.: ITÁLIA, 1930. (tradução nossa)

1684 "A Corte Constitucional declara a ilegitimidade constitucional do art. 507 do Código Penal para a parte relativa à hipótese de propaganda e dentro dos limites fixados na motivação."
No original: "La corte costituzionale dichiara l'illegittimità costituzionale dell'art. 507 del Codice penale per la parte relativa all'ipotesi della propaganda e nei limiti di cui alla motivazione." Cf.: CORTE COSTITUZIONALE, 1969. (tradução nossa)

1685 GIUGNI, 2008, p. 274.

1686 BALLESTRERO, 2013, p. 398.

nhuma dessas liberdades de cunho econômico e comercial, nos termos do art. 101[1687] do Tratado de Funcionamento da União Europeia (TFUE).[1688] Segundo o autor, o boicote internacional, tendo em vista as regras do livre comércio, poderia se enquadrar como a ação concertada com o objetivo ou efeito de restringir ou falsear a concorrência, conforme o art. 101. No entanto, qualquer tipo de sanção prevista nesse artigo visa outra empresa e não os trabalhadores ou consumidores, porque as regras do direito da concorrência são destinadas aos agentes econômicos que exerçam atividade relevante no mercado e, portanto, não se aplicam aos trabalhadores, sindicatos ou outros sujeitos sociais que não são operadores no mercado de produtos.[1689]

Supiot afirma que os argumentos jurídicos para coibir o uso do boicote, por este teoricamente representar violação da liberdade econômica, não são convincentes, mas servem para continuar mantendo tal instrumento de luta como algo exclusivamente ligado à cultura anglo-saxônica e alheio à cultura jurídica mundial. Ressalta o autor que há a naturalização da

---

[1687] "Capítulo 1: As regras de concorrência. Secção 1. As regras aplicáveis às empresas. Artigo 101.º (ex-artigo 81.º TCE)1. São incompatíveis com o mercado interno e proibidos todos os acordos entre empresas, todas as decisões de associações de empresas e todas as práticas concertadas que sejam susceptíveis de afectar o comércio entre os Estados-Membros e que tenham por objectivo ou efeito impedir, restringir ou falsear a concorrência no mercado interno, designadamente as que consistam em: a) Fixar, de forma directa ou indirecta, os preços de compra ou de venda, ou quaisquer outras condições de transacção; b) Limitar ou controlar a produção, a distribuição, o desenvolvimento técnico ou os investimentos; c) Repartir os mercados ou as fontes de abastecimento; d) Aplicar, relativamente a parceiros comerciais, condições desiguais no caso de prestações equivalentes colocando-os, por esse facto, em desvantagem na concorrência; e) Subordinar a celebração de contratos à aceitação, por parte dos outros contraentes, de prestações suplementares que, pela sua natureza ou de acordo com os usos comerciais, não têm ligação com o objecto desses contratos. 2. São nulos os acordos ou decisões proibidos pelo presente artigo. 3. As disposições no n.º 1 podem, todavia, ser declaradas inaplicáveis: – a qualquer acordo, ou categoria de acordos, entre empresas, – a qualquer decisão, ou categoria de decisões, de associações de empresas, e – a qualquer prática concertada, ou categoria de práticas concertadas, que contribuam para melhorar a produção ou a distribuição dos produtos ou para promover o progresso técnico ou econômico, contanto que aos utilizadores se reserve uma parte equitativa do lucro daí resultante, e que: a) Não imponham às empresas em causa quaisquer restrições que não sejam indispensáveis à consecução desses objectivos; b) Nem dêem a essas empresas a possibilidade de eliminar a concorrência relativamente a uma parte substancial dos produtos em causa." Cf.: EUROPA, 2012.

[1688] SUPIOT, 2001, p. 26.

[1689] SUPIOT, 2001, p. 26.

atuação internacional reticular das empresas – e seu alinhamento com as regras de governança corporativa – que não caminha no mesmo ritmo da internacionalização das formas de luta coletiva: obviamente que o boicote causa um prejuízo para as empresas em termos de concorrência, porém, esse dano é inerente a todas as formas de luta coletiva e não é por isso que tais instrumentos devem deixar de ser juridicamente legítimos.[1690]

Supiot, baseado em precedentes da jurisprudência francesa,[1691] afirma que, como qualquer direito de ação coletiva, o boicote que envolve consumidores possui limites jurídicos: deve perseguir um objetivo social legítimo e deve ser exercido sem abuso.[1692] Para o jurista francês, em âmbito nacional, o juiz deve apurar e assegurar o respeito dessas condições, de modo que o motivo do boicote deve ter embasamento legal, que possa ser identificado com precisão, e que tal razão deve coincidir com os objetivos da organização que realiza a boicotagem. Internacionalmente, para o autor, a supervisão do boicote poderia ser feita por uma "Autoridade do Mercado Social", que examinaria de forma preliminar eventuais queixas relativas à ofensa da livre concorrência em confronto com o motivo social da boicotagem. Segundo Supiot, tal autoridade, para aferir a juridicidade do boicote, deveria considerar a obrigação de pré-aviso acompanhada pela obrigação prévia de negociação coletiva.[1693]

Supiot salienta que, para se tornar instrumento de luta eficaz no capitalismo globalizado, o boicote deve ser feito também com a participação dos consumidores, superando fronteiras nacionais, com a utilização das redes de tecnologia.[1694] Para o autor, o boicote de consumo transnacional pode ser uma arma adaptada às novas formas de dominação econômica, pois envolve outros sujeitos sociais no âmbito internacional, em oposição ao boicote restrito a espaços nacionais ou a um pequeno grupo local de ativistas, que pode ser banalizado e se tornar ineficaz:

> Por outro lado, podemos ver claramente os motivos do renovado interesse pelo boicote: passível de unir os interesses dos trabalhadores, consumidores e defensores do meio ambiente além fronteiras, colocando o produto do trabalho no centro das disputas coletivas, insensível às estratégias de insegurança no emprego ou relocação, o boicote é adaptado a novas formas de do-

---

1690 SUPIOT, 2001, p. 28.

1691 A informação no livro de Supiot é: "Cour de Appel de Paris, 13 juin 1978, Gaz. Pal. 1979; Cour de Cassation 14 fév. 1989, Gaz.Pal. 1989." Cf.: SUPIOT, 2001, p. 26.

1692 SUPIOT, 2001, p. 27.

1693 SUPIOT, 2001, p. 27.

1694 SUPIOT, 2001, p. 26.

minação econômica. Também podemos ver os riscos específicos desse tipo de ação. O boicote pode ser uma arma ineficaz se se tornar comum ou permanecer limitado a um único país ou a um pequeno círculo de ativistas.[1695]

Para o autor, a globalização em rede da economia impõe a releitura dos meios de ação coletiva para que eles se tornem eficazes. Nesse sentido, para Supiot, o boicote transnacional de consumo faz parte não apenas da liberdade de manifestação, mas *integra um dos direitos de ação coletiva, previsto no art. 28 da Carta de Nice,* que vai além do direito de greve e deve ser efetivado em âmbito do Direito nacional, no Direito Europeu e no Direito internacional.[1696]

Conforme Supiot, o art. 28 da Carta de Direitos Fundamentais da União Europeia possui alguns aspectos fundamentais que devem ser pontuados. Primeiramente, esse artigo está situado no Capítulo 4, intitulado de "Solidariedade", ou seja: os direitos de ação coletiva dos trabalhadores são uma dimensão do princípio da solidariedade – art. 3º, I[1697] da Constituição brasileira e art. 2º[1698] da Constituição italiana – que também se reflete na liberdade de iniciativa econômica ou nos interesses do consumidor. Em segundo lugar, a aplicação do princípio da solidariedade é tão necessária para a criação de um espaço jurídico internacional quanto outros princípios que são objeto da Carta, como os de dignidade, liberdade, igualdade, cidadania e justiça.[1699]

1695 No original: "On voit bien revanche les raisons du regain d'intérêt du boycott: susceptible de fédérer au dessus des frontières les intérêts des travailleurs, des consommateurs et des défenseurs de l'environnement, replaçant le produit du travail au centre des conflits collectifs, insensible aux stratégies de précarisation ou de délocalisation de l'emploi, le boycott est adapté aux nouvelles formes de la domination économique. On voit bien aussi les risques spécifiques de ce type d'action. Le boycott peut être une arme inefficace si il se banalise ou demeure limité à un seul pays ou à un petit cercle de militants." SUPIOT, 2001, p. 27. (tradução nossa)

1696 SUPIOT, 2001, p. 27.

1697 "Art. 3º Constituem objetivos fundamentais da República Federativa do Brasil: I – construir uma sociedade livre, justa e solidária." Cf.: BRASIL, 1988.

1698 "Art. 2. A República reconhece e garante os direitos invioláveis do homem, tanto como indivíduo como nas formações sociais onde desenvolve a sua personalidade, e exige o cumprimento dos deveres obrigatórios de solidariedade política, econômica e social."

No original: "Art. 2. La Repubblica riconosce e garantisce i diritti inviolabili dell'uomo, sia come singolo, sia nelle formazioni sociali ove si svolge la sua personalità, e richiede l'adempimento dei doveri inderogabili di solidarietà politica, economica e sociale." ITÁLIA, 1948. (tradução nossa)

1699 SUPIOT, 2001, p. 29.

Supiot salienta que os direitos de organização, negociação e ação coletivas são aspectos inseparáveis de relações industriais equilibradas. *A negociação coletiva e a ação coletiva não devem ser direitos de monopólio dos sindicatos, porque eles são reconhecidos no art. 28 em termos gerais a todos os trabalhadores e a suas organizações respectivas, ao contrário do art. 12[1700] da Carta, que menciona expressamente a liberdade sindical; e que o direito de ação coletiva não se limita ao direito de greve, que é apenas uma das modalidades de exercício desse direito.* Por fim, o artigo 28, ao mencionar que o direito de ação coletiva deve ser exercido em "nível apropriado", autoriza sua atuação transnacional.[1701]

Sobre a atuação transnacional do boicote de consumo, Andrea Lassandari ainda destaca que essa forma de luta pode utilizar a mesma dinâmica da globalização que concede vantagens às multinacionais, que, ao escolherem em qual país irão contratar seus trabalhadores; para qual país enviarão seus lucros; em qual irão instaurar sua sede, se aproveitam das brechas legais de cada Estado.[1702] Assim, o boicote de consumo deve ser iniciado em organizações localizadas em países em que a juridicidade desse meio de luta não é questionada e, depois, propagado por redes de tecnologia.[1703]

A internacionalização do boicote de consumo demonstra que a linha entre direitos dos trabalhadores locais e direitos humanos, em um capitalismo veiculado por redes, é turva: trabalho infantil ou em condições análogas às de escravo em cadeias das multinacionais são exemplos visíveis de falhas no sistema de proteção universal de direitos humanos, bem como de anomalias no exercício de cidadania local.

A *juridificação* de boicotes de consumo, da mesma forma que a de outros meios de luta política, deve ser entendida mais como o primeiro passo para a proteção da classe-que-vive-do-trabalho, ao invés de fim em si mesma. Assim como no âmbito de direitos humanos Estados verdadeiramente democráticos são vistos como as melhores instituições para proteger direitos de cidadania, no mesmo sentido, o reconhecimento efetivo de um direito de luta política de sujeitos plurais que vivem da venda for-

---

[1700] Artigo 12: Liberdade de reunião e de associação: 1. Todas as pessoas têm direito à liberdade de reunião pacífica e à liberdade de associação a todos os níveis, nomeadamente nos domínios político, sindical e cívico, *o que implica o direito de, com outrem, fundarem sindicatos e de neles se filiarem para a defesa dos seus interesses.* Cf.: EUROPA, 2010. (grifo nosso)

[1701] SUPIOT, 2001, p. 29.

[1702] LASSANDARI, 2005, p. 388.

[1703] LASSANDARI, 2005, p. 390.

ça de trabalho não visa somente à mobilização por si só; pelo contrário: *demonstra que tais sujeitos estão buscando novos métodos que possam ser eficazes na defesa de instituições democráticas locais/globais, para que eles consigam participar politicamente, falar por eles mesmos e, principalmente, serem ouvidos como voz* (e não como ruído), nos termos de Rancière.

O crescente pluralismo de sujeitos e a diversificação das categorias socioeconômicas geraram enormes dificuldades para a construção de percepções coletivamente compartilhadas acerca de prioridades sociais do mundo do trabalho e dos meios adequados para atingi-las. A canalização dessas prioridades é inatingível somente por meio das tradicionais formas de luta, bem como apenas por instituições que contribuíram para cristalizar as grandes clivagens sociais baseadas no mundo do trabalho taylorista-fordista, como partidos e sindicatos, que perderam a capacidade de costurar identidades.[1704]

Os esforços para identificar métodos capazes de moldar os conteúdos produzidos pelas instituições de modo que se tornem mais próximos das necessidades da população têm perfilado distintas agendas de pesquisa atreladas a um núcleo comum: o aprofundamento da democracia,[1705] ou, nas palavras de Boaventura de Sousa Santos, a "democratização da democracia".[1706]

Conforme Lavalle, Houtzager e Castello, tais pesquisas concentram-se sobre uma problemática delimitada por duas grandes balizas: de um lado, o abandono dos delírios revolucionários e a convicção normativa do valor da democracia como marco institucional para processar a mudança social; do outro, a crítica ao domínio das compreensões meramente institucionais da democracia e o empenho em reintroduzir questões substantivas no campo da teoria democrática.[1707]

Nesse sentido, ao tentarmos reconhecer um direito de luta política que renove as conexões entre a democracia e a pluralização dos atores sociais, que viabilize o exercício da cidadania dinâmica, devemos compreender que a democracia não é um regime político com instituições definidas, pelo contrário: ela reside no momento em que suas próprias instituições são contestadas a partir da construção de vontades coletivas, de discursos antagônicos que promovem o dissenso, nos termos

---

[1704] LAVALLE; HOUTZAGER; CASTELLO, 2006, p. 52.

[1705] LAVALLE; HOUTZAGER; CASTELLO, 2006, p. 52.

[1706] SANTOS, 2002, p. 39.

[1707] LAVALLE; HOUTZAGER; CASTELLO, 2006, p. 52.

de Rancière.[1708] Portanto, a democracia não é somente consenso, pois é inevitavelmente constituída pela própria ideia do conflito, e a luta política – em contraposição à polícia, nos termos de Rancière – representa a possibilidade da ampliação dessa democracia.[1709]

A seguir, discutiremos se é possível *juridificar*, de forma coesa, no sistema ítalo-brasileiro, essa demanda comum de revitalização da conexão entre democracia e a pluralização de sujeitos que vivem do trabalho, que alimenta os novos meios de luta política e que se transborda em lugares jurídicos tão diversos.

[1708] MENDONÇA; VIEIRA JÚNIOR, 2014, p. 107.

[1709] MENDONÇA; VIEIRA JÚNIOR, 2014, p. 108.

QUID IURE? PELO DIREITO AO PLURALISMO POLÍTICO DA CLASSE-QUE-VIVE-DO-TRABALHO NO SISTEMA ÍTALO-BRASILEIRO

Mesmo com a ausência de um projeto alternativo consolidado capaz de antagonizar efetivamente a experiência democrático-liberal capitalista,[1710] observamos que esse sistema vem sendo constantemente contestado, seja na Itália, no Brasil ou no mundo. Os movimentos de resistência global e local, como o Occupy Wall Street, os protestos em Seattle, em Gênova e as Jornadas de Junho, com diferentes formas de atuação como ocupações, *flashmobs* e boicotes transnacionais de consumo, demonstram a evidente indignação política da classe-que-vive-do-trabalho diante da formalizada cidadania, que é estática e vazia.

Existe uma contestação crescente em torno da falta de representatividade de organizações tradicionais herdadas da modernidade, como sindicatos e partidos, em relação à vontade daqueles que são interseccionalmente explorados no capitalismo contemporâneo. Isso porque, nesse sistema, é palpável a lógica da manipulação do público pelo privado. Muitas vezes, as casas legislativas, as políticas públicas desenhadas pelo Executivo, assim como as decisões do Poder judiciário, são transformadas em espaços de representação dos interesses das grandes corporações, nos quais há a prática naturalizada de encolhimento da esfera pública, para transformá-la em assunto privado e, assim, utilizar matizes privatísticas para repelir as intervenções e os lugares de intervenções dos atores não-estatais.

Nesse sentido, atualmente, a *pluralidade política* manifestada na experiência democrático-liberal capitalista é extremamente limitada, vis-

---

1710 Explica Martin Wolf que existe uma conexão natural entre a democracia liberal —uma combinação entre sufrágio universal e direitos pessoais e civis firmemente estabelecidos— e capitalismo, o direito de comprar e vender bens, serviços, capital e o próprio trabalho livremente, pois ambos compartilham da crença em que as pessoas deveriam fazer suas próprias escolhas, como indivíduos e cidadãos. Historicamente, a ascensão do capitalismo e a pressão por um sufrágio cada vez mais amplo caminharam juntas. No entanto, ressalta o autor que também é fácil identificar tensões entre a democracia e o capitalismo, uma vez que a democracia – em teoria – deveria ser igualitária e o capitalismo é essencialmente desigual. Desse modo, como exemplifica Wolf, se a economia afunda, a maioria pode optar pelo autoritarismo, como aconteceu nos anos 1930. Se os resultados econômicos se tornam desiguais demais, os ricos podem transformar a democracia em uma plutocracia. Cf.: WOLF, 2016, p. 1-2.

to que a maioria dos espaços legislativos, judiciais ou sindicais são conduzidos como um negócio privado e que a relação umbilical entre os Estados e o sistema econômico internacional tem ditado ações que pressionam os governos a saldarem compromissos com grandes conglomerados industriais e bancos internacionais, em vez de priorizarem o desenvolvimento do ser humano no *locus* do trabalho.

Exemplos recentes desse cenário são as medidas econômicas de austeridade, que foram aplicadas em toda a Europa, incluindo a Itália, as quais nitidamente não têm sido capazes de produzir nada além de mais desigualdade social no próprio centro do capitalismo global;[1711] assim como as medidas adotadas no Brasil no governo Temer – que assumiu a presidência após questionável processo de *impeachment*[1712] –, que

---

1711 MENDONÇA; VIEIRA JÚNIOR, 2014, p. 112.

1712 Na nossa opinião, o processo de *impeachment* instaurado no Brasil em face da presidenta Dilma Rousseff é juridicamente infundado, tratando-se de um golpe de Estado orquestrado por parlamentares envolvidos em casos de corrupção, entre eles, o ex-presidente da Câmara dos Deputados, Eduardo Cunha, que, para obstruir investigações contra ele em curso no Supremo Tribunal Federal e no Conselho de Ética da Câmara dos Deputados relacionadas à corrupção (Operação Lava-Jato), aceitou o pedido de *impeachment* na Câmara, o que, por si só, já tornaria o processo nulo por vício de iniciativa consubstanciado em desvio de finalidade. Além disso, entendemos que não foi configurado o crime de responsabilidade em face da lei orçamentária ou conduta eivada de improbidade administrativa para instauração do processo, nos termos dos artigos 85, IV, V da Constituição Federal de 1988, da lei nº 1079/50 (lei que define os crimes de responsabilidade e o procedimento do processo de *impeachment*), da lei complementar nº 101/2000 (lei de responsabilidade fiscal) e da lei nº 8.429/92 (lei que trata da improbidade administrativa). De forma breve, podemos afirmar que os dois pontos centrais do processo de *impeachment* são a acusação da gestão da presidência da república de uso de "pedaladas fiscais" e de emissão de seis decretos de crédito suplementar em 2015. As "pedaladas fiscais" tratam de atrasos nos repasses do Tesouro Nacional para bancos públicos que financiam políticas públicas, como o Plano Safra. As pedaladas fiscais são, simplesmente, atrasos em pagamentos, e não configuram empréstimos. Portanto, não há que se confundir entre violação do orçamento e violação das regras de sua execução financeira. Estas últimas estão vinculadas às normas de administração financeira e não à lei orçamentária. Assim, uma vez que não são normas orçamentárias, a sua violação não pode ser objeto de crime de responsabilidade. Tal prática, inclusive, é recorrente entre governadores e prefeitos no Brasil. Pelo menos 17 governadores já realizaram a mesma conduta, inclusive o Relator da Comissão Especial que analisou o processo de *impeachment* no Senado – Senador Antonio Anastasia – adotou tal conduta 972 vezes durante seu mandato de governador no Estado de Minas Gerais. Ademais, tais condutas não foram de responsabilidade exclusiva da presidenta Dilma Rousseff. Durante suas viagens oficiais, seu vice, Michel Temer, atual presidente do Brasil, também assinou tais "pedaladas fiscais". O segundo ponto central trata-se de assinatura de seis decretos de suplementação

teve como principal discurso a Reforma Trabalhista, e a Reforma da Previdência aprovada no atual governo Bolsonaro para a "retomada do crescimento econômico". Como resumem Mendonça e Vieira Júnior, "[...] a relação entre os Estados democráticos representativos liberais e as corporações que dominam o ambiente do capitalismo globalizado tem servido aos interesses de poucos em detrimento do contexto mais geral das populações que vivem nesses Estados."[1713]

A naturalização da atual articulação entre a democracia e o liberalismo econômico nos faz acreditar que o *pluralismo político* se reduz a uma democracia representativa conjugada com a ideia da especialização tecnocrática ditada pela "lei dos mercados".[1714] Qualquer tipo de ação direta antagônica que almeje o exercício de uma cidadania mais plural e dinâmica é taxada de vandalismo. Como ressaltam Mendonça e Vieira Júnior, a experiência democrático-liberal capitalista sempre prefere a

---

orçamentária em 2015, que ocorreram sem a autorização do Congresso Nacional e foram emitidos depois de julho, quando o Governo já havia admitido que não conseguiria cumprir a meta fiscal do ano. Entretanto, tais decretos não ampliaram, apenas remanejaram gastos. Dilma Rousseff assinou os decretos por solicitação de órgãos do Judiciário, assim como do Tribunal de Contas da União (TCU), e apenas após avaliação do corpo técnico, o que exime a má-fé da presidenta necessária para a configuração do crime de responsabilidade. Em junho de 2016, laudo realizado por peritos do Senado para a Comissão Especial que analisa o processo de *impeachment* concluiu que de fato houve atraso no repasse do Tesouro ao Banco do Brasil, mas "não foi identificado ato comissivo" de Dilma Rousseff que "tenha contribuído direta ou indiretamente para que ocorressem os atrasos nos pagamentos". Sobre os decretos de crédito suplementares, concluiu-se que Dilma Rousseff não foi alertada pela Secretaria de Orçamento Federal do Ministério do Planejamento a respeito "de incompatibilidade com a meta fiscal" ao emitir os decretos e que, ainda que os decretos fossem incompatíveis com a meta fiscal vigente à época, a meta considerada pelo governo era a constante no Projeto de Lei do Congresso Nacional no 5/2015, que foi aprovado pelo próprio Congresso em dezembro de 2015. Assim, para os peritos do Senado, os parlamentares referendaram os atos da presidência. Em julho de 2016, Tribunal Internacional sobre a Democracia no Brasil, constituído por nove especialistas estrangeiros em direitos humanos, declarou que o processo *de impeachment* da presidenta Dilma Rousseff se caracteriza como um golpe ao Estado democrático de direito e deve ser declarado nulo em todos os seus efeitos. Cf.: REDE BRASIL ATUAL, 2016.

Após as jornadas de junho, setores social e economicamente conservadores retomaram algumas zonas de controle dentro e fora do Estado, pela via eleitoral e com a direita de volta às ruas. Cf.: EUZÉBIOS FILHO, 2019, p. 190. O impeachment de Dilma Rousseff é parte desse processo, que culminou com o resultado das últimas eleições presidenciais.

1713 MENDONÇA; VIEIRA JÚNIOR, 2014, p. 111.

1714 MENDONÇA; VIEIRA JÚNIOR, 2014, p. 112.

segurança procedimental do império do Direito, em detrimento do império substancial da vontade popular, de modo que as democracias existentes na atualidade não fazem a menor questão de que sejam construídas vontades coletivas. Para elas, é suficiente exibir *formalmente* que os parlamentos são lugares em que existe um procedimental *pluralismo político*.[1715] E os juristas tendem a propagar o bordão democrático de que as assembleias representativas são o reflexo da sociedade, em uma ideia minimalista de democracia e apática de cidadania.

Mendonça e Vieira Júnior explicam que, para o espírito liberal capitalista, o regime democrático deve estar "seguro" em relação à vontade popular para ser considerado uma "boa democracia", ou seja: a democracia foi "higienizada"; em que o civilizado é o fiel cumprimento formal da lei. Para os autores,[1716] houve, portanto, a liberalização da democracia, que produziu justamente o contrário daquilo que previa Tocqueville, isto é, não a tirania da maioria, mas a *sobrevalorização do indivíduo em detrimento do coletivo*:

> O indivíduo, ou, melhor dizendo, a ideia e a defesa do individualismo extremo como princípio fundamental, é a prioridade da articulação entre democracia e liberalismo. Curiosamente, parece que estamos testemunhando a defesa de indivíduos que não passam de pequenos tiranos platônicos, solitários, tristes e com medo da multidão que os cerca.[1717]

Assim, os autores concluem que é fundamental para a manutenção da democracia liberal capitalista retirar da cena política – e, acrescentamos, jurídica – a legitimidade de certos tipos de antagonismo coletivo, fundada na falaciosa ideia de que nesse sistema é possível uma vida social sem qualquer tipo de embate ou exclusão. Nessa lógica, tudo pode ser resolvido por meios não conflituais, como a razão, o consenso e, sobretudo, a lei, como se esta fosse imune às condições policiais – nos termos de Rancière – que a forjaram.[1718]

Rancière critica o cinismo político da democracia liberal capitalista, no qual a "sociedade democrática" é apenas uma pintura fantasiosa que sustenta o princípio do "bom governo" e oculta e aprofunda a reprodução de desigualdades históricas. Em oposição a esse conceito minimalista e exclusivamente representativo, para Rancière, a democracia – entendida como princípio e não como regime consolidado – é constituída pela luta política que almeja a inclusão de diferenças excluídas em regimes. Para o

---

1715 MENDONÇA; VIEIRA JÚNIOR, 2014, p. 111-112

1716 MENDONÇA; VIEIRA JÚNIOR, 2014, p. 112.

1717 MENDONÇA; VIEIRA JÚNIOR, 2014, p. 113.

1718 MENDONÇA; VIEIRA JÚNIOR, 2014, p. 113.

autor, *a democracia consiste em formas jurídico-políticas das Constituições e das leis de Estado que jamais repousam sobre uma mesma lógica, ou seja, a democracia nunca se identifica com uma única forma jurídico-política.* Segundo o filósofo francês, isso significa que o *poder do povo está sempre aquém e além dessas formas*, de modo que o conflito coletivo representa fluxos de resistência à lógica liberal capitalista, que expulsa atores não Estatais da democracia, repelindo-os para os moldes da vida privada.[1719]

Rancière explica que a democracia se traduz no processo de *dissenso*, de luta política em face dessa naturalizada indistinção entre a esfera pública e privada, que tende a estreitar a esfera pública e transformá-la em assunto privado e econômico. Ressalta que ampliar a esfera pública não significa – como afirma o discurso liberal – exigir a intervenção crescente do Estado na sociedade: significa lutar contra a divisão entre público e privado que garante a dominação de grupos econômicos no Estado e na sociedade. Essa luta política pretende mudar distribuições hierárquicas de espaços pré-configurados em uma lógica policial que mantém desigualdades, nos termos de Rancière.[1720]

Assim, salienta o autor que, na modernidade, a discussão sobre os salários feita por meio da greve foi a primeira discussão para *desprivatizar* a relação salarial, que não era uma relação entre sujeitos privados e sim uma questão pública, que diz respeito à coletividade e, portanto, depende de formas de luta coletiva, da discussão pública e do reconhecimento jurídico. Rancière salienta que o próprio Direito do Trabalho, fruto da luta política dos operários do século XIX, não reivindica a assistência de um "Estado Providência" à qual se quis assimilar, mas demanda a constituição do trabalho como estrutura da vida coletiva arrancada do reino único de interesses privados, que impõe limites ao processo naturalmente ilimitado de crescimento da riqueza.[1721] Nas palavras do autor:

> O movimento democrático, é assim um duplo movimento de transgressão dos limites, um movimento para estender a igualdade do homem público a outros domínios da vida comum e, em particular, a todos que são governados pela ilimitação capitalista da riqueza, um movimento também para reafirmar o pertencimento dessa esfera pública incessantemente privada a todos e a qualquer um.[1722]

[1719] RANCIÈRE, 2014, p. 68, 71-72.
[1720] RANCIÈRE, 2014, p. 72-73.
[1721] RANCIÈRE, 2014, p. 74.
[1722] RANCIÈRE, 2014, p. 75.

Desse modo, de acordo com Rancière, a experiência da democracia liberal capitalista quer se travestir de consenso, o que faz da palavra "democracia" um operador ideológico que *despolitiza* as questões da vida pública extravasadas nas novas formas de luta coletiva, para transformá-las apenas em ilegítimas "convulsões sociais", ao mesmo tempo em que nega as formas de dominação que impregnam as instituições de representação.[1723]

No entanto, são essas novas formas de luta, realizadas pela heterogênea classe-que-vive-do-trabalho, a nível local e global, que correspondem à ideia fundamental de *pluralismo político*, pois representam manifestação de política que é de todos e de qualquer um. Tais novas formas de luta são políticas, porque, por meio delas, a classe-que-vive-do-trabalho promove a alteração da distribuição normal dos espaços. Existem espaços como as ruas, destinados à circulação de pessoas e bens, e espaços públicos, como parlamentos ou ministérios, destinados à vida pública e ao tratamento de assuntos comuns: as novas formas de luta daqueles que vivem do trabalho são políticas, pois sempre se manifestam por meio da distorção dessa lógica.[1724] Na mesma direção, Negri e Hardt descrevem esse poder constituinte de uma democracia plural efetuada pelos *operários sociais*:

> Hoje, na fase de militância operária que corresponde aos regimes informais de produção pós-fordiano, surge a figura do *operário social*. Na figura do operário social os diversos fios da força de trabalho imaterial são tecidos. Um poder constituinte que conecta a intelectualidade e a autovalorização das massas em todas arenas da flexível e nômade cooperação social produtiva é a ordem do dia. Em outras palavras, o programa do operário social é um projeto de *constituição*. Na matriz produtiva atual, o poder constituinte do trabalho pode ser expresso como autovalorização do humano (o direito igual de cidadania para todos na esfera inteira do mercado mundial); como cooperação (o direito de comunicar-se, construir línguas e controlar as redes de comunicação); e como *poder político*, ou melhor dizendo, como a constituição de uma sociedade na qual a base de poder é definida pela expressão das necessidades de todos. Esta é a organização do operário social e do trabalho imaterial, uma organização de poder produtivo e político como unidade biopolítica administrada pela multidão, organizada pela multidão, dirigida pela multidão – democracia absoluta em ação.[1725]

O direito político de controlar seu próprio movimento é a demanda definitiva daqueles que vivem do trabalho em termos de cidadania local e global.[1726] Em todo o mundo – incluindo-se Itália e Brasil –, os governos,

---

1723 RANCIÈRE, 2014, p. 116.

1724 RANCIÈRE, 2012, p. 2.

1725 NEGRI; HARDT, 2014, p. 434.

1726 NEGRI; HARDT, 2014, p. 424.

tanto de direita como de esquerda, aplicam unilateralmente o mesmo programa de progressiva destruição sistemática dos serviços públicos e de todas as formas de solidariedade e proteção social que garantiam o mínimo de igualdade.[1727] Rancière alerta que nos acostumamos a identificar a democracia com o sistema duplo de instituições representativas e do "livre mercado";[1728] este que se mostra como uma força de constrição ao transformar tais instituições em simples agentes de sua vontade e reduz o direito de escolha dos cidadãos às variantes da mesma lógica fundamental.

Em consequência, por todas as partes revela-se a oposição brutal entre um pequeno grupo de financistas e políticos e a massa do povo submetida à precariedade sistemática, despojada *de seu poder de decisão e de cidadania*. As novas formas de luta política daqueles que vivem do trabalho desejam suprir essa distância entre um poder real do povo e instituições que são de forma falaciosa chamadas de democráticas.

No entanto, para que qualquer efetiva transformação exista, não é suficiente que tais formas de luta fiquem apenas circunscritas ao fenômeno social, desprovidas de juridicidade: é também necessário que elas sejam reconhecidas em termos jurídicos, para que se possa converter essa demonstração em legítima alavanca – imune às repressões policiais, criminais, civis e trabalhistas – capaz de modificar o equilíbrio de forças e reproduções de desigualdades.[1729] Logo, recuperar os valores de uma democracia pluralista é, em primeiro lugar, reafirmar o *direito de participar e decidir politicamente*, que é de todos, frente à monopolização capitalista liberal "democrática". É também reafirmar a necessidade de que esse *direito plural de participação e decisão política* seja exercido por meio de instituições próprias, distintas do Estado.

Em uma verdadeira democracia pluralista política faz-se necessário o reconhecimento do direito de organizações coletivas, apartadas de mecanismos Estatais, de exercer meios de ação direta independentes das agendas dos Estados e agremiações que pretendem ascender ao poder.[1730] Essa independência, conforme Rancière, não é sinônimo de desinteresse ou de uma postura que "finge que essas agendas não existem", compreendendo a busca por construir dinâmica própria, baseada em espaços abertos para a discussão, circulação de informação e novas formas de ação que objeti-

---

1727 RANCIÈRE, 2012, p. 2.
1728 RANCIÈRE, 2012, p. 1.
1729 RANCIÈRE, 2012, p. 2.
1730 RANCIÈRE, 2012, p. 2.

vem o desenvolvimento de um poder autônomo de pensar e de agir.[1731] Orlandini discorre sobre a importância do reconhecimento jurídico de tais meios de luta política em uma democracia plural:

> A escolha de reconhecer espaços de liberdade para os atores sociais e permitir que eles recuperem sua autonomia de ação no que diz respeito às dinâmicas do mercado exige o reconhecimento da legitimidade de novas formas de ação coletiva; de adotar uma noção ampla do direito ao conflito [...]. Uma noção que leva em conta a "função" historicamente desempenhada pela greve (e inserida na base da legitimidade de muitos sistemas jurídicos nacionais): a de ser uma ferramenta necessária para reequilibrar as relações desiguais de poder, para se propor como contrapoder coletivo ao poder econômico das empresas. Como foi observado com autoridade, o reconhecimento desta função deveria levar a reconsiderar o direito à ação coletiva não mais apenas nos termos "formalistas" do direito dos trabalhadores de se absterem do trabalho, mas como o direito de todos os cidadãos de influenciar coletivamente o poder econômico.[1732]

No contexto do capitalismo contemporâneo, essas novas formas de ação surgem em diversas modalidades de luta política, manifestadas em ocupações, *flashmobs* e boicotes transnacionais de consumo, organizadas em rede por uma heterogênea classe-que-vive-do-trabalho. *Tais formas de luta política se traduzem em vários lugares jurídicos para além do direito de greve*: no direito à ocupação – baseado nos princípios do direito ao trabalho, do valor social do trabalho e da livre iniciativa e da função social da propriedade dos bens de produção –, no direito à cidade, no direito de manifestação e em um direito de ação coletiva, no qual uma das modalidades efetivas é o boicote transnacional de consumo.

No entanto, essa variabilidade de lugares jurídicos está intersectada por uma demanda comum: a revitalização da conexão entre democracia e as transformações em curso de participação política; transfor-

---

1731 RANCIÈRE, 2012, p. 2.

1732 No original: "La scelta di riconoscere spazi di libertà agli attori sociali e di far loro riacquistare autonomia d'azione rispetto alle dinamiche di mercato, impone di riconoscere legittimità alle nuove forme di azione collettiva; di adottare una nozione ampia di diritto al conflitto [...]. Una nozione che tenga conto della "funzione" storicamente svolta dallo sciopero (e posta a base della sua legittimazione in molti ordinamenti nazionali): quella di essere strumento necessario per riequilibrare rapporti di potere diseguali, di proporsi come contropotere collettivo al potere economico delle imprese. Come è stato autorevolmente osservato, il riconoscimento di tale funzione dovrebbe portare a riconsiderare il diritto all'azione collettiva non più solamente nei termini "formalistici" di diritto dei lavoratori ad astenersi dal lavoro, ma come diritto di tutti i cittadini di influire collettivamente sul potere economico." ORLANDINI, 2006, p. 48. (tradução nossa)

mações no sentido da pluralização dos atores com investidura para realizá-la e da diversificação dos lugares em que é exercida.[1733]

Assim, esses meios de luta deflagrados por sujeitos plurais, no contexto transnacional do capitalismo cognitivo-cultural, representam novas modalidades democráticas de conexão política, ou seja, um direito a novas formas de cidadania para além da condição estática, representado pela luta política daqueles que trabalham: *um direito ao pluralismo político, que se traduz na proteção jurídica de ações coletivas concertadas dotadas de um animus político, efetuadas por uma interseccional classe-que-vive-do-trabalho, que visa a transformações substanciais democráticas, manifestando-se de formas variáveis e reticulares, articuladas em níveis locais e globais.*[1734]

É um direito caracterizado primeiramente por interseccionalidades inéditas de raça, classe, origem e gênero de sujeitos que vivem do trabalho – desempregados, terceirizados, informais, estudantes-trabalhadores, parassubordinados, consumidores-trabalhadores; que se manifesta em diversos níveis de atuação, pois se desdobra em lutas políticas em âmbito local, auxiliadas por estruturas nacionais, embora almeje resistir ao capitalismo global, via redes transnacionais; que é concretizado por meio de performances coletivas que alteram a habitualidade produtiva da classe que vive-do-trabalho; que ultrapassa interesses econômico-profissionais, com finalidades de protesto, e pretende, mediante o conflito coletivo, proporcionar novas instâncias plurais de participação política em uma democracia substancial.

O *direito ao pluralismo político* está *positivado* no sistema ítalo-brasileiro, constituindo-se um dos fundamentos da República Federativa Brasileira (1º, V da Constituição de 1988),[1735] assim como princípio fundamental da Constituição italiana (art. 2º[1736] e art. 3º, parágrafo

---

1733 LAVALLE; HOUTZAGER; CASTELLO, 2006, p. 52.

1734 Não temos a pretensão de estabelecer um conceito jurídico estático e definitivo, pois todo conceito é provisório e dinâmico. Todo conceito jurídico é produto de um momento preciso do conhecimento, o qual, por sua vez, reflete um momento preciso e efêmero dos fatos. Cf.: SÈVE, 1980, p. 72.

1735 "Dos Princípios Fundamentais: Art. 1º A República Federativa do Brasil, formada pela união indissolúvel dos Estados e Municípios e do Distrito Federal, constitui-se em Estado Democrático de Direito e tem como fundamentos: [...] V – o pluralismo político." Cf.: BRASIL, 1988.

1736 "A República reconhece e garante os direitos invioláveis do homem, tanto como indivíduo como nas formações sociais onde desenvolve a sua personalidade, e exige o cumprimento dos deveres obrigatórios de solidariedade política, econômica e social."

2º[1737]), o que transcende seu viés exclusivamente doutrinário e pode vir a facilitar a aderência da jurisprudência ítalo-brasileira.

Obviamente que o *reconhecimento jurídico* da *existência* do *direito ao pluralismo político da classe-que-vive-do-trabalho* no sistema ítalo-brasileiro precede qualquer tipo de regulamentação, pois a única possibilidade de regulamentar um direito é reconhecê-lo.[1738] No entanto, devemos ressaltar que uma futura regulamentação do *direito ao pluralismo político,* se houver, deve ser aquela orientada a permitir seu pleno exercício, ou seja, capaz de dar efetividade e eficácia ao direito; capaz de manter espaço para diferentes configurações institucionais possíveis no momento da juridificação de demandas sociais do mundo do trabalho. Por isso, é necessário coibir a visão da Ciência do Direito que restringe *a priori* o próprio sentido do que possa ser o "jurídico", fixando de antemão o âmbito para a regulamentação jurídica que impede o acesso às disputas contemporâneas pela pluralização no interior do próprio código do Direito, que deve se desdobrar na criação de novas gramáticas institucionais:

> [...] Pretendemos alcançar aqui o direito entendido como fenômeno social em sentido amplo tanto quanto como disciplina das ciências humanas. Pretendemos entender o direito como fenômeno social não apenas no sentido restrito de suas configurações institucionais fixadas, *mas como um processo aberto de disputa pelo sentido da norma,* algo que de maneira alguma pode ser reduzido à fixação institucional ou pode ser caracterizado como perda de especificidade do direito em relação às demais ordens normativas. Trata-se apenas do abandono de um padrão tecnocrático na atuação judicial em favor de um modelo de racionalidade aberto à deliberação.[1739]

No original: "Art. 2º: La Repubblica riconosce e garantisce i diritti inviolabili dell'uomo, sia come singolo, sia nelle formazioni sociali ove si svolge la sua personalità, e richiede l'adempimento dei doveri inderogabili di solidarietà politica, economica e sociale." Cf.: ITÁLIA, 1948. (tradução nossa)

1737 Art. 3º, parágrafo 2º: "É dever da República remover os obstáculos de ordem econômica e social que, ao limitar a liberdade e a igualdade dos cidadãos, impedem o pleno desenvolvimento da pessoa humana *e a participação efetiva de todos os trabalhadores para a organização política, econômica e social do País.*"

No original: "È compito della Repubblica rimuovere gli ostacoli di ordine economico e sociale, che, limitando di fatto la libertà e l'eguaglianza dei cittadini, *impediscono* il pieno sviluppo della persona umana *e l'effettiva partecipazione di tutti i lavoratori all'organizzazione politica, economica e sociale del Paese.*" Cf.: ITÁLIA, 1948. (tradução e grifo nosso)

1738 ACKERMAN, 2010, p. 88.

1739 NOBRE; RODRIGUEZ, 2011, p. 8. (grifo nosso)

Desse modo, no âmbito do sistema ítalo-brasileiro, o *direito ao pluralismo político da classe-que-vive-do-trabalho* já está positivado constitucionalmente para que haja seu reconhecimento jurídico, no entanto, em nenhum dos dois países, existe lei que o regulamente de forma restritiva – como é o caso do direito de greve no Brasil –, o que representa vantagem inicial para *disputas por um sentido da norma* que seja mais eficaz e efetivo em termos de proteção jurídica da luta política.

O mesmo raciocínio pode ser aplicado à jurisprudência: não há ainda uma construção jurisprudencial – como ocorre com o direito de greve – que diz respeito à regulamentação do *direito ao pluralismo político da classe-que-vive-do-trabalho*. Apesar de termos verificado que a atuação jurisprudencial, em alguns aspectos nos tribunais italianos e, em maior medida, nos tribunais brasileiros, é restritiva em relação ao direito de greve, acreditamos que a *mudança do lugar jurídico concedido à luta política* possa inicialmente desviar as amarras jurisprudenciais históricas que geraram a aplicação de clivagens da modernidade ao direito de greve, relegando-o a um espaço predominantemente nacional, sindical, econômico e de matriz civilista.

Além disso, no Brasil, existem motivos sociológicos, em termos de formação e renovação dos magistrados, para acreditar que o reconhecimento e a regulamentação do *direito ao pluralismo político da classe-que-vive-do-trabalho* será mais efetivo e eficaz que o direito de greve. O perfil atual daqueles que estão se inserindo gradativamente na carreira de magistratura no país é muito diverso daquele que foi responsável pela construção jurisprudencial dos limites excessivos ao direito de greve. A partir da compreensão de que toda criação jurídica reproduz determinado tipo de relações sociais envolvendo necessidades, produção e distribuição, percebe-se que a cultura jurídica da maioria dos magistrados responsáveis pela restrição descabida do direito de greve foi uma materialização das condições histórico-políticas e das contradições socioeconômicas de sua época, traduzida pela hegemonia de certas oligarquias, por valores patrimonialistas, de individualismo liberal, ligados aos interesses externos e à legalidade lógico-formal.[1740]

No entanto, em razão de políticas públicas inéditas de inserção social e redução de desigualdades efetuadas pelo Poder Executivo Federal na última década, como, por exemplo, bolsa-família, cotas de critério econômico-racial para acesso às universidades federais e programas de financiamento estudantil universitário, o perfil socioeconômico

---

1740 WOLKMER, 2001, p. 84.

daqueles que entram na carreira de magistratura não é mais exclusivamente constituído por homens brancos de classes privilegiadas. Progressivamente, mulheres, indígenas, negros, que vêm de classes baixas, estão se inserindo no ambiente judicial como tomadores de decisão. Tais pessoas viveram as mazelas do capitalismo contemporâneo e foram/são parte da classe-que-vive-do-trabalho. Dessa forma, esse novo "*capital humano*"[1741] tem mentalidade diversa da classe de magistrados que esvaziou o direito de greve no Brasil, em termos de cidadania, efetividade de direitos sociais e concepções tradicionais de direito de propriedade e de "livre mercado". Nesse sentido, desenha-se a possibilidade de compreensão do ato de julgar como procedimento que não é meramente técnico, mas que *também* deve sê-lo, com abertura para o conflito social e debates da esfera pública.[1742] E, ao contrário do direito de greve, perante o direito ao pluralismo político, esse novo "*capital humano*" tem espaço jurídico para fluxos mais protetivos, pois não existe nenhuma lei regulamentadora restritiva e não existe jurisprudência limitadora historicamente consolidada.

Sobre os limites jurídicos do *direito ao pluralismo político da classe que-vive-do-trabalho*, entendemos que tal direito deve prescindir da imposição de fins e objetivos pré-definidos, porque tal antecipação jurídica sabotaria qualquer tipo de adaptação da luta política às mudanças flexíveis do processo produtivo do capitalismo contemporâneo. No entanto, os fins de protesto da perturbação coletiva devem ter respaldo no sistema jurídico ítalo-brasileiro e devem ser passíveis de identificação pelos magistrados.

1741 A palavra está destacada, pois apesar de esse ser o termo mais utilizado para se referir a formação de conhecimento, competências e atributos das pessoas, acreditamos que a sua utilização enfatiza a ideia da qualificação do cidadão como adestramento, no sentido de ser mais um fator de produção de capitalista. No lugar da expressão capital humano, talvez seja melhor a utilização da expressão *capacidade humana* utilizada por Amartya Sen, que significa liberdade de alcançar combinações alternativas de funcionamentos, como "uma variedade de estilos de vida" que a pessoa possa escolher. Cada pessoa dispõe de um conjunto de capacidades do qual decorre um vetor de funcionamentos. Sen considera que fatores sociais e econômicos tais como educação, cuidados básicos de saúde e emprego seguro são importantes não tanto por si mesmos quanto por poder oferecer às pessoas a oportunidade de enfrentar o mundo com coragem e liberdade. As capacidades representam "liberdades substantivas" para escolher a vida que a pessoa quer valorizar. Cf.: SEN, 1999, p. 11.

1742 NOBRE; RODRIGUEZ, 2011, p. 13.

Pelo mesmo motivo, as modalidades de exercício – que, no caso do direito de greve, para parte da doutrina e jurisprudência ítalo-brasileira, eram restritas à abstenção coletiva – não podem ser impostas *a priori*, pois isso retiraria a eficácia desse direito, usurpando sua função equilibradora de autotutela. Ressalte-se que os meios de luta empregados devem ser idôneos, sem violência ou destruição de bens de forma dolosa. Porém, isso não exclui o dano inerente ao exercício normal desse direito, de modo que a *desproporcionalidade* entre o dano causado à habitualidade produtiva e os sacrifícios/finalidades daqueles que desencadeiam a luta não é suficiente para causar a ilicitude do direito ao pluralismo político, porque certa desproporção é coerente com a função equilibradora e política inclusiva que busca esse direito. Se houvesse a exata proporcionalidade entre os fins e meios empregados pelos sujeitos-que-vivem-do-trabalho na luta política e o dano causado àqueles que controlam processo produtivo, tal direito teria sua eficácia esterilizada.

Em âmbito transnacional, os espaços para a proteção jurídica de formas de luta que almejam a plural participação política da classe-que-vive-do-trabalho são ainda mais amplos, uma vez que não há leis nacionais que limitem esse direito: é possível construir uma rede transnacional de proteção igualitária da luta política dos trabalhadores, independente da nacionalidade, fugindo do *locus* restritivo do direito de greve e da liberdade sindical de alguns países. Desse modo, o exercício dinâmico da cidadania dos trabalhadores poderá alcançar contornos de universalidade, com o auxílio de lutas que possam proporcionar maior acesso a direitos humanos a todos aqueles que dependem do trabalho para sobreviver, independentemente da nacionalidade. Tal perspectiva proporciona a globalização do equilíbrio de forças, o dever de proteção ampla a trabalhadoras e trabalhadores absorvidos, direta ou indiretamente, nas lógicas produtivas transnacionalizadas do capitalismo flexível:

> A superação dos pertencimentos locais na formulação de uma cidadania também pelo trabalho impõe a indispensável revisão da nacionalidade como parâmetro exaustivo na imposição de deveres e responsabilidades de proteção social. Se o capital é faticamente global, a proteção ao trabalho também deve sê-lo, sob pena de, por debaixo do formal verniz da soberania dos Estados, sustentar-se a prevalência do econômico sobre o ético e o jurídico.[1743]

Como exemplo de limites jurídicos nacionais, podemos citar as excessivas restrições impostas por certos países em relação a lutas que envolvem reivindicações de protesto, como é o caso das greves puramente políticas.

1743 RAMOS; NICOLI, 2016, p. 132.

Tais limites não poderiam ser aplicados no âmbito de um conflito coletivo internacional – como no caso do boicote de consumo transnacional –, pois foram desenhados para o território nacional e para o perímetro de sujeitos/interesses de um já regulamentado o direito de greve; e, portanto, não se aplicam ao novo *locus* jurídico do direito ao pluralismo político.

No caso do Brasil, há espaço para o reconhecimento jurídico do direito ao pluralismo político da classe-que-vive-do-trabalho em alguns instrumentos internacionais, a exemplo do art. 6º da Carta Democrática Interamericana, que impõe que a participação dos cidadãos nas decisões relativas ao seu próprio desenvolvimento é um direito e uma responsabilidade, assim como é condição necessária para o exercício pleno e efetivo da democracia, que deve promover e fomentar diversas formas de participação política.[1744]

Na Itália, encontra-se respaldo jurídico no art. 28 da Carta de Nice, que garante o direito de ação coletiva aos trabalhadores para além do direito de greve; sem restringi-lo ao âmbito empregado/empregador/sindicato ou predeterminar os interesses que devam ser defendidos. Nesse sentido, se for necessário, é possível regulamentar de forma comunitária esse direito de luta política, pois o obstáculo legislativo comunitário do art. 153.5 do TFUE[1745] se remete expressamente ao di-

---

[1744] CARTA DEMOCRÁTICA INTERAMERICANA, 2001.

[1745] "Art. 153 TFUE: 1. A fim de realizar os objetivos enunciados no artigo 151., a União apoiará e completará a ação dos Estados-Membros nos seguintes domínios: a) Melhoria, principalmente, do ambiente de trabalho, a fim de proteger a saúde e a segurança dos trabalhadores; b) Condições de trabalho; c) Segurança social e proteção social dos trabalhadores; d) Proteção dos trabalhadores em caso de rescisão do contrato de trabalho; e) Informação e consulta dos trabalhadores; f) Representação e defesa coletiva dos interesses dos trabalhadores e das entidades patronais, incluindo a cogestão, sem prejuízo do disposto no n.o 5; g) Condições de emprego dos nacionais de países terceiros que residam legalmente no território da União; h) Integração das pessoas excluídas do mercado de trabalho, sem prejuízo do disposto no artigo 166; i) Igualdade entre homens e mulheres quanto às oportunidades no mercado de trabalho e ao tratamento no trabalho; j) Luta contra a exclusão social; k) Modernização dos sistemas de proteção social, sem prejuízo do disposto na alínea c). 2. Para o efeito, o Parlamento Europeu e o Conselho podem: a) Tomar medidas destinadas a fomentar a cooperação entre os Estados-Membros, através de iniciativas que tenham por objetivo melhorar os conhecimentos, desenvolver o intercâmbio de informações e de boas práticas, promover abordagens inovadoras e avaliar a experiência adquirida, com exclusão de qualquer harmonização das disposições legislativas e regulamentares dos Estados-Membros; b) Adotar, nos domínios referidos nas alíneas a) a i) do nº 1, por meio de diretivas, prescrições mínimas progressivamente aplicáveis,

reito de greve e ao direito sindical. Assim, fica aberto o caminho para a disciplina comunitária orgânica capaz de assegurar exercício da solidariedade transnacional que não interfira nos sistemas nacionais, que já possuem regulamentação do direito de greve. Isso impediria que os Estados europeus criassem ou aplicassem normativas internas que tornassem irrealizável a luta política no plano jurídico internacional, como ocorre com o direito de greve em alguns países.

Embora não se trate de processo linear de regulamentação jurídica, ou seja, existem nele marcas de ambiguidade, a tentativa *do reconhecimento jurídico do direito ao pluralismo político da classe-que-vive-do-trabalho* pode construir novos espaços de exercício da cidadania dinâmica, o que pode pressionar o Estado, assim como as comunidades internacionais, a se abrirem à participação política direta dos sujeitos que trabalham, os obrigando a discutir estratégias públicas que estão imbricadas pelo controle econômico de multinacionais, antes apresentadas como "técnicas" e, portanto, "neutras".[1746]

---

tendo em conta as condições e as regulamentações técnicas existentes em cada um dos Estados-Membros. Essas diretivas devem evitar impor disciplinas administrativas, financeiras e jurídicas contrárias à criação e ao desenvolvimento de pequenas e médias empresas. O Parlamento Europeu e o Conselho deliberam de acordo com o processo legislativo ordinário, após consulta ao Comitê Económico e Social e ao Comitê das Regiões. Nos domínios referidos nas alíneas c), d), f) e g) do n° 1, o Conselho delibera de acordo com um processo legislativo especial, por unanimidade, após consulta ao Parlamento Europeu e aos referidos Comitês. O Conselho, deliberando por unanimidade, sob proposta da Comissão e após consulta ao Parlamento Europeu, pode decidir tornar aplicável às alíneas d), f) e g) do n° 1 o processo legislativo ordinário. 3. Qualquer Estado-Membro pode confiar aos parceiros sociais, a pedido conjunto destes, a execução das diretivas adotadas em aplicação do n° 2 ou, se for caso disso, a execução de uma decisão do Conselho adotada nos termos do artigo 155. Nesse caso, assegurará que, o mais tardar na data em que determinada diretiva ou decisão deva ser transposta ou executada, os parceiros sociais tenham introduzido, por acordo, as disposições necessárias, devendo o Estado-Membro em questão tomar as medidas indispensáveis para poder garantir, a todo o tempo, os resultados impostos por essa diretiva ou decisão. 4. As disposições adotadas ao abrigo do presente artigo: – não prejudicam a faculdade de os Estados-Membros definirem os princípios fundamentais dos seus sistemas de segurança social nem devem afetar substancialmente o equilíbrio financeiro desses sistemas, – não obstam a que os Estados-Membros mantenham ou introduzam medidas de proteção mais estritas compatíveis com os Tratados. 5. *O disposto no presente artigo não é aplicável às remunerações, ao direito sindical, ao direito de greve e ao direito de lock-out.*" Cf.: TRATADO SOBRE O FUNCIONAMENTO DA UNIÃO EUROPEIA, 2012. (grifo nosso)

1746 NOBRE, RODRIGUEZ, 2011, p. 8.

A proposta do reconhecimento do direito de luta política na qualidade de manifestação do pluralismo político não se confunde com a ideia da destruição das instituições jurídico-políticas postas, pretendendo apenas ressaltar *novas maneiras de juridificar o conflito coletivo do mundo social do trabalho* sem utilizar linguagem exclusivamente formal e procedimental de cidadania, pois a democracia não é um estado unívoco ou acabado. O direito ao pluralismo político, manifestado por lutas coletivas daqueles que vivem do trabalho, representa a expansão dinâmica da cidadania, pois é a possibilidade de qualquer um tomar parte ativa e direta no processo de definição de gramáticas institucionais, sem temer repressões policiais ou sanções no plano criminal ou civil, especialmente na seara trabalhista, ou seja: é um direito que permite extravasar outras lógicas jurídico-políticas possíveis da Constituição e das leis, que devem estar sempre abertas para a disputa no interior do Direito, para que seu papel transformador como Ciência Social seja efetivo na construção de *outras democracias*.

BREVES – E SEMPRE PROVISÓRIAS – CONCLUSÕES

Durante essa pesquisa tivemos a pretensão de demonstrar que somente um *direito de luta política,* capaz de articular com interseccionalidade as identidades daqueles que vivem do trabalho, pode dar uma resposta efetiva e eficaz às formas de dominação do capitalismo global cognitivo-cultural, de modo que o Direito não pode ignorar a pluralidade de modalidades de ação direta proporcionadas por tais sujeitos heterogêneos propagadas pela sociedade em rede.

A empresa verticalizada taylorista-fordista da modernidade, que concentrava todo o processo produtivo, era vulnerável à interrupção do trabalho, pois tratava-se de instituição hierárquica, que usurpava do empregado qualquer iniciativa no ambiente laboral. Portanto, naquele contexto, a abstenção coletiva concertada promovida pelo sindicato em âmbito nacional era forma eficaz da ação coletiva trabalhista, pois a atividade empresarial estava profundamente enraizada no mercado de emprego pleno, industrial e sindical, corroborado por barreiras proporcionadas pelos Estados-nação e pelas incipientes redes de comunicação.

Como reflexo desse cenário, a greve foi incorporada como *direito* no sistema ítalo-brasileiro conforme tais clivagens da modernidade, nos termos de um modelo de conhecimento das ciências sociais, que, subjugadas ao modelo científico das ciências naturais e exatas, se utilizavam de categorizações positivistas e economicistas. Assim, foi definido um *direito de greve* ligado à unívoca e homogênea classe operária, branca, patriarcal e sindical, restrito à dualidade do empregado em face do empregador industrial, sob a égide de uma lei limitante – no caso do Brasil – e de uma jurisprudência – ítalo-brasileira – que viabiliza o conflito coletivo apenas em âmbito nacional, pautado por interesses predominantemente econômicos.

No entanto, com o toyotismo e suas consequências no mundo social do trabalho, geradas pela instauração do capitalismo cognitivo-cultural, houve mudanças drásticas tanto nos modos de produção quanto nos modos de conhecimento, de distribuição de territórios e de articulação de identidades dos sujeitos do trabalho. Assim, a classe-que-vive-do-trabalho não é mais sindical, empregada, nacional, patriarcal ou homogênea: ela também envolve redes de trabalhadores e trabalhadoras informais, terceirizados, parassubordinados, "autônomos", que tentam sobreviver sobrecarregados por subalternidades interseccionais que vão além das estratificações econômicas, representadas por gênero, raça, origem e por outras categorias que atuam na produção e na reprodução das desigualdades sociais.

Esta classe-que-vive-do-trabalho desencadeou transformações da luta coletiva dos trabalhadores, ampliando seus sujeitos, suas formas de exercício e seus objetivos. As demandas comuns começaram a abarcar uma série de questões sociais que ultrapassam o espaço de produção, com métodos de luta organizados por atores heterogêneos que estão fora do trabalho assalariado ou em suas margens, com o uso de novas tecnologias em rede. O direito de greve, no entanto, ao contrário das relações jurídicas empresariais e comerciais, que se transformaram rapidamente e promoveram o desmantelamento de direitos trabalhistas, ficou em segundo plano em termos de adaptação jurídica, não acompanhando este paradigma emergente "flexível".

Nesse sentido, em razão dessa lacuna jurídica axiológica, se impôs como necessária a ressignificação do conceito de classe social, assim como do direito de greve, para que ele pudesse retomar sua eficácia e efetividade no contexto do capitalismo contemporâneo como *direito de luta daqueles que vivem da venda de sua força de trabalho – e não mera liberdade*, nos termos da classificação de Piero Calamandrei –, incorporando plurais formas de ação direta coletiva.

Entretanto, após a análise do conceito contemporâneo do direito de greve por meio do estudo da doutrina, jurisprudência e legislação no sistema ítalo-brasileiro, observou-se que, em diferentes medidas e aspectos, seu conteúdo ainda corresponde majoritariamente às clivagens da modernidade, sem espaços viáveis em seu interior para fluxos de reconfiguração da luta coletiva que venham a ser efetivos e eficazes juridicamente.

No Brasil, observamos que há um reforço da *individualização* do direito de greve mediante o reconhecimento da licitude de figuras como a greve ambiental individual; os fura-greves, decorrentes da teoria da titularidade individual; do corte de salários de quem adere aos movimentos, para enfatizar a perda singular salarial em detrimento da ideia de luta por um *interesse comum*. Verificamos que há também uma *despolitização e burocratização* do direito de greve: a tentativa de redução da greve aos sindicatos e aos interesses profissionais, em um esforço das instituições jurídicas brasileiras em provar que a luta dos trabalhadores, assim como o conceito de classe, é algo *meramente econômico, industrial, sindical e homogêneo, relegado ao espaço de produção*, pautado nos restritos moldes de conhecimento herdados da modernidade.

Ainda que em menor medida, esse fluxo de *individualização e despolitização* do direito de greve também está presente na concepção italiana. O reforço das liberdades individuais em detrimento de direitos coletivos é também manifestado na Itália na figura do fura-greve e na teoria da titularidade individual do direito.

Não obstante, na Itália, o reconhecimento da legitimidade das greves selvagens liberta a luta coletiva do aparelho burocrata sindical, permitindo o surgimento de maior número de greves atípicas. Entretanto, na prática, o espaço jurídico dessas greves anômalas é controlável por meio de outros mecanismos, quais sejam, teorias de matrizes civilistas, como é o caso do da teoria do dano à produtividade e da aferição da utilidade de prestações parciais, o que confina o movimento paredista na perspectiva econômico-empresarial: a licitude do direito constitucional de greve é medida no *modus operandi* do direito de propriedade. Talvez, por esse motivo, assim como no Brasil, há resistência da jurisprudência constitucional em consolidar o *direito de greve puramente político*, o que limita o trabalho como ambiente exclusivamente privado, profissional, industrial e econômico.

No entanto, a *politização* e a concreta *coletivização* do direito de greve são necessárias para que se discuta as estruturas de poder no capitalismo contemporâneo, seja do sindicato, do governo, da empresa ou do Direito, pois assim os trabalhadores poderiam vincular sua luta a transformações verdadeiramente emancipatórias. Em uma concepção real de política, proporcionada pela luta coletiva, há possibilidades de romper com padrões históricos de subalternidade, no trabalho e fora dele, ligados pelos fios – não tão mais invisíveis assim – de exploração do capitalismo cognitivo-cultural, que ultrapassa o âmbito de produção.

Nesse sentido, nos termos da concepção de política elaborada por Jacques Rancière, que representa a ruptura de ordens naturalizadas de dominação, verificamos que o direito de greve pré-configurado no Brasil está *despolitizado*. Além disso, diante do viés formalista incorporado pelos tribunais na aplicação da Lei de greve (7.783/89), nos parece extremamente difícil *reconhecer outros sentidos para o direito de greve,* ou seja, um conceito de direito de greve no Brasil que seja efetivamente apto a fazer política.

Admitimos que há resistência de parte minoritária da doutrina brasileira, que se recusa a aceitar um *direito de greve* que expulsa a politização da greve. No entanto, apesar do esforço dessa doutrina em desconstruir a interpretação literal e reducionista da Lei nº 7.783/89, a jurisprudência dos tribunais brasileiros, de maneira majoritária, optou por seguir a concepção legalista e formalista: assim, muitas vezes, como foi observado, nos termos da doutrina de Calamandrei, o *direito* de greve é tratado pelos tribunais como *uma mera liberdade*, às vezes como delito e só é expandido como *direito* relativamente a aspectos individualizados e econômicos.

Devemos destacar que isso não significa que nos filiamos a um limitado conceito de direito de greve restrito à legalidade ou que nos contentamos com a aplicação formalista da Lei nº 7.783/89. Entretanto, devemos também ser pragmáticos e buscar outras estratégias jurídicas que promovam a proteção mais efetiva de formas de luta coletiva contemporâneas que se desenvolveram em razão da própria diversificação dos modos de exploração capitalista.

Cumulativamente, há realmente algo *dispersivo* nesses novos movimentos, que escapa ao direito de greve e principalmente ao sindicato. Atualmente, no Brasil, vivemos uma realidade efervescente de movimentos de luta coletiva, que tentam dar visibilidade pública à classe-que-vive-do-trabalho, superando a distância entre conceitos estanques de categorias de classe, raça e gênero, que podem esconder formas de violência articulada que recaem sobre as pessoas que estão às margens do capitalismo tardio.

Também na Itália podem ser observados alguns movimentos políticos contemporâneos que escapam ao conceito do direito de greve, que se expressam por meio de conflitos coletivos que vão além das experiências nacionais de luta, ultrapassando os limites da relação de emprego e dos grandes sindicatos; envolvendo cada vez mais novos sujeitos e subjetividades, representados por desempregados, informais, pequenos produtores, imigrantes e outros setores da sociedade civil. Tais modalidades de luta coletiva não são abarcadas pelo conceito de direito de greve elaborado na Itália, pois este possui limitações de índole civilista em relação às greves atípicas e interesses que não podem ser puramente políticos.

Portanto, concluímos que a criação de outras redes complementares de proteção jurídica da luta coletiva em sua vertente política, em outros lugares do Direito, é necessária. A passagem de uma proteção jurídica da luta coletiva que não esteja exclusivamente alocada dentro do direito de greve, no Brasil e na Itália, se justifica, portanto, não pela impossibilidade de ressignificar semanticamente seu conceito jurídico, o que é já é feito pela doutrina minoritária de ambos os países. A passagem se fundamenta por duas principais razões: a busca pela efetividade e eficácia da proteção jurídica da luta coletiva política, no contexto do capitalismo contemporâneo, necessita se desvincular do conteúdo do direito de greve, herdado da modernidade, que foi sedimentado pelas fontes jurídicas ítalo-brasileiras; e, além disso, o conflito coletivo na contemporaneidade, em muitas de suas expressões, se destaca do conteúdo do direito de greve, pois envolve outros sujeitos, subjetividades e espaços, que são uma resposta política – nos termos de Rancière – mais adequada às novas formas de organização reticular, plural e transnacional do capitalismo cognitivo-cultural.

Assim, outros meios de luta coletiva política, cunhados como resposta às novas formas de exploração do capitalismo contemporâneo, como a ocupação de empresas, assim como de outros territórios; os protestos de Gênova e as Jornadas de Junho; os *flashmobs* de trabalhadores-consumidores; as redes que proporcionam a atuação coletiva internacional de sujeitos heterogêneos, como o boicote de consumo, foram analisados para que pudessem ser *delimitados outros lugares de proteção jurídica no sistema ítalo-brasileiro mais efetivos e eficazes do que o direito de greve*. Esses outros *loci* de proteção devem ser capazes de proporcionar a juridificação dos conflitos coletivos do mundo social do trabalho sem bloquear as disputas pela pluralização no interior do próprio código do Direito, que deve ser sempre um processo aberto de disputa pelo sentido da norma.

O direito à ocupação – baseado no princípio do direito ao trabalho, no princípio do valor social do trabalho e da livre iniciativa e no princípio da função social da propriedade – o direito à cidade, o direito de manifestação – desdobrado na liberdade de manifestação do pensamento e de expressão, na liberdade de reunião e de associação, nos termos da teoria de direitos fundamentais de Luigi Ferrajoli –, o direito de ação coletiva internacional efetuado por redes de alianças entre consumidores e trabalhadores, manifestado no direito ao boicote de consumo transnacional ou abarcado no direito à propaganda como forma de expressão, foram alguns dos possíveis lugares jurídicos analisados para a proteção dessas novas formas de luta política da classe-que-vive-do-trabalho.

No entanto, constatamos que tais formas de luta política dessa heterogênea classe trabalhadora não visam somente à proteção jurídica da mobilização por si só; pelo contrário: demonstram que tais sujeitos estão buscando novos métodos que possam ser eficazes na defesa e criação de instituições verdadeiramente democráticas, para que eles consigam participar de forma direta em termos políticos, em uma ideia de cidadania dinâmica, que supera a linguagem tradicional de "direito a ter direitos". Portanto, é visível que *há uma demanda comum de revitalização da conexão entre democracia e a pluralização de sujeitos que vivem do trabalho, que alimenta os novos meios de luta política*.

Por meio de nossa pesquisa, verificamos que existe uma contestação crescente em torno da falta de representatividade de organizações tradicionais herdadas da modernidade, como sindicatos e partidos, em relação à vontade daqueles que são interseccionalmente explorados no capitalismo contemporâneo. Isso porque, atualmente, a *pluralidade política* manifestada na experiência democrático-liberal capitalista é extremamente limitada, visto que a maioria dos espaços legislativos, judiciais ou sindicais são conduzidos como um negócio privado. Assim, a naturalização da articulação entre a democracia e o liberalismo econômico nos faz acreditar que o *pluralismo político* se reduz a uma democracia representativa conjugada com a ideia da especialização tecnocrata ditada pela "lei dos mercados", de modo que qualquer tipo de ação direta antagônica que almeje o exercício de uma cidadania mais plural e dinâmica é taxada de vandalismo. Nesse sentido, é fundamental para a manutenção da democracia liberal capitalista retirar da cena política – e, acrescentamos, jurídica – a legitimidade de certos tipos de antagonismo coletivo, difundindo a lógica de que tudo pode – e deve – ser resolvido por meios não conflituais, com a razão, o consenso e, sobretudo, a Lei, como se essa fosse imune às condições tecnocratas que permeiam sua produção e aplicação.

Entretanto, a democracia – entendida como princípio e não como regime consolidado, nos termos de Rancière – *é constituída pela luta política que se destina à inclusão de diferenças excluídas em regimes. A democracia consiste em formas jurídico-políticas das Constituições e das leis de Estado que jamais repousam sobre a mesma lógica: a democracia nunca se identifica com uma única forma jurídico-política.*

Embora a democracia liberal capitalista deseje se travestir de consenso, transformando a palavra "democracia" em um operador ideológico que *despolitiza* as questões da vida pública extravasadas nas novas formas de luta coletiva, para qualificá-las como ilegítimas "convulsões sociais", são essas novas ações diretas, realizadas pela heterogênea classe-que-vive-do-trabalho, em nível local e global, que correspondem à ideia fundamental de *pluralismo político*, pois representam uma manifestação de política que é de todos e de qualquer um.

As novas formas de luta política daqueles que vivem do trabalho propõem suprir essa distância entre o poder real do povo e instituições que são de forma falaciosa chamadas de democráticas. Contudo, para que qualquer efetiva transformação exista, não é suficiente que tais formas de luta fiquem apenas circunscritas ao fenômeno social, desprovidas de juridicidade: é também necessário que elas sejam reconhecidas em termos jurídicos, para que se possa converter essa demonstração em legítima alavanca – imune às repressões policiais, criminais, civis e trabalhistas –, capaz de modificar o equilíbrio de forças

e reproduções de desigualdades. Logo, recuperar os valores de uma democracia pluralista é, em primeiro lugar, reafirmar o *direito de participar e decidir politicamente*, que é de todos e que pode ser exercido diretamente, por meio de instituições próprias, distintas do Estado.

Esses meios de luta deflagrados por sujeitos plurais, no contexto transnacional do capitalismo cognitivo-cultural, representam novas modalidades democráticas de conexão política, ou seja, um direito a novas formas de cidadania para além de uma condição estática, representado pela luta política daqueles que trabalham: *um direito ao pluralismo político, que se traduz na proteção jurídica de ações coletivas concertadas dotadas de um animus político, efetuadas por uma interseccional classe-que-vive-do-trabalho, que objetiva transformações substanciais democráticas, manifestando-se de formas variáveis e reticulares, articuladas em níveis locais e globais.*

O *direito ao pluralismo político* está *positivado* no sistema ítalo-brasileiro, constituindo-se em um dos fundamentos da República Federativa Brasileira (1º, V da Constituição Federal), assim como princípio fundamental da Constituição italiana (art. 2º e art. 3º, parágrafo 2º), o que transcende seu viés exclusivamente doutrinário e pode vir a facilitar a aderência da jurisprudência ítalo-brasileira. Além disso, em nenhum dos dois países existe lei que o regulamente de forma restritiva – como é o caso do direito de greve no Brasil –, o que representa vantagem inicial para *disputas por um sentido da norma* que seja mais eficaz e efetivo em termos de proteção jurídica da luta política.

O mesmo raciocínio pode ser aplicado à jurisprudência: não há ainda uma construção jurisprudencial – como ocorre com o direito de greve – que diz respeito à regulamentação do *direito ao pluralismo político da classe-que-vive-do-trabalho*. Apesar de termos verificado que a atuação jurisprudencial, em alguns aspectos nos tribunais italianos e, em maior medida, nos tribunais brasileiros, é restritiva em relação ao direito de greve, acreditamos que a *mudança do lugar jurídico concedido à luta política* possa inicialmente desviar as amarras jurisprudenciais históricas que geraram a aplicação de clivagens da modernidade ao direito de greve, relegando-o a um espaço predominantemente nacional, sindical, econômico e de matriz civilista.

No Brasil, ainda existem motivos sociológicos, em termos de formação e renovação dos magistrados, para acreditar que o reconhecimento e a regulamentação do *direito ao pluralismo político da classe-que-vive-do-trabalho* será mais efetivo e eficaz que o direito de greve. O perfil atual daqueles que estão se inserindo gradativamente na carreira de magistratura no país é muito diverso daquele que foi responsável pela construção jurisprudencial dos limites excessivos ao direito de greve. Esse novo *"capital humano"* tem mentalidade diversa da classe de magistrados que esvaziou o direito de greve no Brasil, em termos de cidadania, efetividade de direitos sociais e concepções tradicionais do direito de propriedade e do "livre mercado". E, ao contrário do direito de greve, perante o direito ao pluralismo político, esse novo "capital humano" tem espaço jurídico para fluxos mais protetivos, pois não existe nenhuma lei regulamentadora restritiva e não existe jurisprudência limitadora historicamente consolidada.

Em âmbito transnacional, os espaços para a proteção jurídica de formas de luta que almejem a plural participação política da classe-que-vive-do-trabalho são ainda mais amplos, uma vez que não há leis nacionais que limitem esse direito: é possível construir uma rede transnacional de proteção igualitária da luta política dos trabalhadores, independente da nacionalidade, fugindo do *locus* restritivo do direito de greve e da liberdade sindical de alguns países. Desse modo, o exercício dinâmico da cidadania dos trabalhadores poderá alcançar contornos de universalidade, por meio de lutas que possam proporcionar maior acesso a direitos humanos a todos aqueles que dependem do trabalho para sobreviver, independentemente da nacionalidade. Tal perspectiva proporciona a globalização do equilíbrio de forças, um dever de proteção ampla a trabalhadoras e trabalhadores absorvidos, direta ou indiretamente, nas lógicas produtivas transnacionalizadas do capitalismo flexível.

A proposta do reconhecimento do direito de luta política como manifestação do pluralismo político não se confunde com a ideia da destruição das instituições jurídico-políticas postas, embora objetive ressaltar *novas maneiras de juridificar o conflito coletivo do mundo social do trabalho* sem utilizar linguagem exclusivamente formal e procedimental de cidadania, pois a democracia não é um estado unívoco ou acabado. O direito ao pluralismo político, manifestado por lutas coletivas daqueles que vivem do trabalho, representa a expansão dinâmica da cidadania, pois é a possibilidade de qualquer um tomar parte ativa e direta no processo de definição de gramáticas institucionais, sem temer repressões policiais ou sanções no plano criminal, civil ou trabalhista, ou seja: é um direito que permite extravasar outras lógicas jurídico-políticas possíveis da Constituição e das leis, que devem estar sempre abertas para disputa no interior do Direito, para que seu papel transformador como Ciência Social seja efetivo na construção de *outras democracias*.

A expectativa gerada pela possibilidade jurídico-política de construção *de outras democracias* consiste na abertura de uma brecha para que se ouçam vozes silenciadas, para que o jogo de poucos seja alterado por muitos. É necessário ter espaço para a disputa de outros regimes democráticos que concedam maior autoridade àqueles que trabalham; que realizem de maneira mais plena o ideal normativo da igualdade política; que demonstrem que há um vínculo visível entre as condições materiais de vida e a possibilidade de ação política efetiva. As práticas democráticas não podem ser restritas aos limites estreitos e formais dos institutos básicos liberais, que são vinculados à permanência de uma sociedade profundamente desigual, que se apoia na precarização sistêmica do *locus* humano do trabalho.

Entender essa construção de novos tempos-espaços da democracia por meio do reconhecimento jurídico de um direito ao pluralismo político é um pequeno (e ambicioso) passo para que a classe-que-vive-do-trabalho transforme suas ações diretas em uma tendência política real. Apesar de existirem vários obstáculos, como todo projeto político de luta emancipatório – principalmente no cenário governamental atual na Itália e no Brasil – o *direito ao pluralismo político da classe-que-vive-do-trabalho* é uma tentativa de iluminar a natureza contraditória do capitalismo contemporâneo e de unir as forças de resistência fragmentadas no interior de sua dinâmica pela subjetividade do trabalho, pois este é o lugar em que o político, o social, o econômico, o jurídico e o vital vivem em comum.

POSFÁCIO

Ir além. Esse é o gesto essencial de *Para além da greve: diálogo ítalo-brasileiro para a construção de um direito de luta*, de Flávia Souza Máximo Pereira. E esse não é um gesto qualquer. É *o* gesto. Vontades coletivas, concreta e politicamente constituídas, de ir além são a substância histórica do direito coletivo do trabalho. Um direito de luta em permanente constituição. Que luta para estar além dos limites materiais, estruturais, institucionais, socioeconômicos e também jurídicos dos mundos do trabalho. No universo do como está, da ordem fixa de coisas, do aqui ou mesmo do aquém que o elemento jurídico traduz, o direito coletivo do trabalho traz em si essa insubordinada movimentação do para além. Quer avançar, se expandir, se mexer. Traduzir em direitos, em conquistas, em processos de luta, as muitas e justificadas insatisfações de trabalhadoras e trabalhadores. Toma, então, a forma jurídica não em suas estabilidades, mas em seus movimentos.

Este livro nos rememora dessa vocação para a impermanência. Aliás, faz muito mais do que rememorar. Expande de modo substancial o que se entende hegemonicamente por direito coletivo do trabalho e sua forma mais transformadora, a da greve. Demonstra como essa potência subjacente dos movimentos ainda sequer foi integralmente representada pelas formas jurídicas. E talvez nunca seja. Nos diz de como o enquadramento da luta no direito é sempre provisório, fragmentado, parcial. Para isso, prova com especial lucidez que as formas jurídicas do direito coletivo do trabalho são elas mesmas conquistas ambíguas. Como tais, são históricas, localizadas, abertas.

Estão, aliás, de muitas maneiras abertas. No tempo presente, o livro considera com bastante cautela como as figuras do direito coletivo do trabalho podem estar, e estão, abertas a ataques. Questionadas e *requestionadas* em sua legitimidade e legalidade. Aí é que, para compreender sua sobrevivência, nos faz voltar os olhos novamente para suas aberturas constitutivas. Demonstra, após análise de particular rigor dos difíceis contornos jurídicos da greve, como a subsistência com vigor social dessa forma jurídica e de suas correlatas só se dá se elas se rearmam e se rearticulam permanentemente com os processos que as produziram. E que as reproduzem na vida diária do trabalho. Ou seja, os ataques contemporâneos aos direitos coletivos avançam quanto mais houver um descolamento entre as formas jurídicas e a vida vivida. E também o contrário. Quanto mais aberto aos processos de luta, mais sólido estará o direito coletivo do trabalho. Por isso a importância da obra.

O livro vai além também geopoliticamente, apostando no diálogo sul-norte. E o faz de maneira muito bem situada e sóbria, sem os encantamentos que podem atravessar comparações jurídicas. Compreende com precisão as angulações das lutas e suas conformações sociopolíticas. Sinaliza, ainda, na direção das formas complexas e plurais das lutas de ontem e de hoje. Lutas feministas, decoloniais, antirracistas, *queer*, modos de contestar que passarão também invariavelmente pelo trabalho. E pelo futuro do direito coletivo.

Nessas reaberturas é que se revela também a incompletude incontornável do direito coletivo do trabalho. E ela não é um defeito. Entendê-la e assumi-la nos faz perceber a real importância desse "para além" que é o ponto de partida do livro. Flávia Souza Máximo Pereira, professora e pesquisadora singular, nos mostra de maneira bastante própria as complexidades dessas fraturas todas. Como diversos processos sociais de lutas plurais compõem o mundo do trabalho, mas não compõem necessariamente as visões jurídicas estritas de greve e de direito coletivo. E nessas aparentes desconexões é que nos faz enxergar esse seu "para além" essencial. Leva-nos a lugares, concretos e teóricos, que são compostos da mesma matéria insubmissa da greve. E aí, onde o direito coletivo do trabalho supostamente não está, Flávia nos faz encontrá-lo mais direito coletivo do trabalho do que nunca.

Pedro Augusto Gravatá Nicoli

Doutor e Mestre em Direito pela Universidade Federal de Minas Gerais, professor da Faculdade de Direito da UFMG, professor visitante na Duke University (2019-2020), co-coordenador do Diverso UFMG, Núcleo Jurídico de Diversidade Sexual e de Gênero

REFERÊNCIAS

ABRAMOVICH, Víctor. Linhas de trabalho em direitos econômicos, sociais e culturais: instrumentos e aliados. *Revista Internacional de Direitos Humanos*, ano 2, n. 2, Buenos Aires, 2005.

ACCORNERO, ARIS. *Il dilemmi del sindacato*. Bologna: Mulino, 1981.

ACCORNERO, ARIS. *Il mondo della produzione:* sociologia del lavoro e dell'industria. Bologna: Mulino, 1981.

ACKERMAN, Mário. O direito à liberdade de associação e de negociação coletiva e sua essencialidade no contexto do trabalho decente. *Revista do Tribunal Superior do Trabalho*, Brasília, v. 76, n. 4, out./dez. 2010.

ACSELRAD, Henri. *O debate sobre cartografia e processos de territorialização – anotações de leitura*. Rio de Janeiro: Instituto de Pesquisa de Planejamento Urbano e Regional, UFRJ, 2015.

AGAMBEN, Giorgio. *Estado de exceção*. São Paulo: Boitempo, 2004.

ALAPANIAN, Silvia. A crítica Marxista do Direito: um olhar sobre as posições de Evgeni Pachukanis. *In:* NAVES, Márcio Bilharinho (Org.). *O discreto charme do direito burguês:* ensaios sobre Pachukanis. Campinas: UNICAMP, 2009.

ALBERICI, Augusta Isabella. *Psicologia sociale dell'azione collettiva: Il* movimento new global in Italia. Milão: Vita e Pensiero, 2006.

ALEMANHA, Tribunal Federal do Trabalho. Acórdão Az: 1 AZR 972/08, 22 de junho 2009. Disponível em: https://openjur.de/u/171938.html. Acesso em: 18 ago. 2020.

ALEMANHA. Basic Law for the Federal Republic of Germany, 1949. Disponível em: http://www.constitution.org/cons/germany.txt. Acesso em: 8 ago. 2016.

ALEXY, Robert. *Teoria dos Direitos Fundamentais*. São Paulo: Malheiros, 2008.

ALLEVA, F. *L'esercizio del diritto di sciopero nelle aziende con impianti a ciclo continuo*. Roma: Riv. giur. lav., 1976.

ALVAREZ, Ricardo Mantero. *Límites al derecho de huelga*. Montevidéu: Ediciones Jurídicas, 1992.

ALVES, Giovanni. *Dimensões da reestruturação produtiva:* ensaios de sociologia do trabalho. Londrina: Praxis, 2007.

ALVES, Giovanni. O que é o precariado? Blog da Boitempo, 2013. Disponível em: http://blogdaboitempo.com.br/2013/07/22/o-que-e-o-precariado. Acesso em: 18 ago. 2020.

ALVES, Giovanni. *Trabalho e mundialização do capital: a* nova degradação do trabalho na era da globalização. Londrina: Praxis, 1999.

ALVES, Giovanni. Trabalho, subjetividade e capitalismo manipulatório: o novo metabolismo social do trabalho e a precarização do homem que trabalha. 2010. Disponível em: http://www.giovannialves.org/Artigo_GIOVANNI%20ALVES_2010.pdf. Acesso em: 18 ago. 2020.

ALVES, Giovanni; ANTUNES, Ricardo. As mutações no mundo do trabalho na era da mundialização do capital. *Educ. Soc.*, Campinas, v. 25, n. 87, p. 335-351, maio/ago. 2004.

AMOROSO, Giovanni; DI CERBO, Vincenzo; MARESCA, Arturo. *Diritto del Lavoro*. Milão: Giuffrè, 2009. v. 1.

ANASTASI, A. *Ostruzionismo (diritto del lavoro)*. Enciclopedia del diritto, XXXI. Milão: Giuffrè, 1988.

ANDRADE, Everaldo Gaspar Lopes de. *Direito do trabalho e pós-modernidade*: fundamentos para uma teoria geral. São Paulo: LTr, 2005.

ANDRADE, Everaldo Gaspar Lopes. *Curso de Direito Sindical*: teoria e prática. São Paulo: LTr, 1991.

ANDRADE, Everaldo Gaspar Lopes. *O Direito do Trabalho na Filosofia e na Teoria Social Crítica*: os sentidos do trabalho subordinado na cultura e no poder das organizações. São Paulo: LTr, 2014.

ANDRADE, Everaldo Gaspar Lopes. *Princípios de Direito do Trabalho e seus fundamentos teórico-filosóficos*: problematizando, refutando e deslocando seu objeto. São Paulo: LTr, 2012.

ANNER, Mark. *Solidarity transformed*: labor responses to globalization and crisis in Latin America. Ithaca: Cornell University-ILR Press, 2011.

ANTUNES, Ricardo. *Os sentidos do trabalho*. São Paulo: Boitempo, 2007.

ANTUNES, Ricardo; SANTANA, Marco Aurélio. Dilemas do "novo sindicalismo" no Brasil: ruptura e conservação. *Latin American Perspectives*, Califórnia, v. 41, n. 5, 2014.

ANTUNES, Ricardo; SILVA, Jair Batista. Para onde foram os sindicatos? Do sindicalismo de confronto ao sindicalismo negocial. *Caderno CRH*, Salvador, v. 28, n. 75, p. 511-528, set./dez. 2015.

ARTICLE 19. As ruas sob ataque: protestos (2014/2015). São Paulo: Metara Comunicação, 2015a. Disponível em: https://2015brasil.protestos.org/Relatorio-final-completo.pdf. Acesso em: 10 ago. 2016.

ARTICLE 19. Carta aberta contra o PL antiterrorismo. São Paulo: Metara Comunicação, 2015b. Disponível em: http://artigo19.org/blog/carta-aberta-contra--o-pl-antiterrorismo/. Acesso em: 18 ago. 2020.

ASSOCIAÇÃO BRASILEIRA DE JORNALISMO INVESTIGATIVO. Abraji condena prisão de jornalista da revista Carta Capital. 2013. Disponível em: http://www.abraji.org.br/?id=90&id_noticia=2505. Acesso em: 8 ago. 2016.

AVILÉS, Antonio Ojeda. *Derecho Sindical*. Madrid: Tecnos, 1990.

BABACE, Héctor. Reflexiones sobre la legitimidad o ilegitimidad de las nuevas formas de huelga (en el derecho positivo uruguayo). *X Jornadas Uruguayas de Derecho del Trabajo y de la Seguridad Social*. Montevidéu, 5-6 de diciembre de 1999.

BABOIN, José Carlos de Carvalho. *O tratamento jurisprudencial da greve política no Brasil*. Dissertação (Mestrado em Direito) – Faculdade de Direito da Universidade de São Paulo, Universidade de São Paulo, São Paulo, 2013.

BALIBAR, Etienne; WALLERSTEIN, Immanuel. *Race, Nation, Class*: Ambiguous Identities. Londres: Verso, 1991.

BALLESTRERO, Maria Vittoria. *Diritto Sindacale*. Torino: G. Giappichelli, 2012.

BALLESTRIN, Luciana. América Latina e o giro decolonial. *Revista Brasileira de Ciência Política*, Brasília, n. 11, p. 89-117, maio/ago. 2013.

BARBATO, Maria Rosaria; FINELLI, Lília. Greve nacional e internacional: perspectivas gerais e problematização na seara das Empresas Multinacionais. *Artigo apresentado no Congresso "Empresas Multinacionais e o Direito do Trabalho – Estudo Comparado entre Brasil e Uruguai"*. Universidade Federal de Minas Gerais, Belo Horizonte, 2014.

BARBATO, Maria Rosaria; PEREIRA; Flávia Souza Máximo. *Proteção em face de condutas antissindicais: a ausência de uma legislação sistemática protetiva e os novos ataques ao direito fundamental à liberdade sindical*. Belo Horizonte: Fórum, 2015.

BARBOSA, Mohana Ribeiro. Alexandre Koyré e a Revolução Científica do século XVII: formulação de um novo conceito para a ciência experimental. *Anais do XXVI Simpósio Nacional de História – ANPUH*, São Paulo: 2011.

BARILE, Paolo. *La libertà nella Costituizione*: lezioni. Pádua: CEDAM, 1966.

BARROSO, Luís Roberto. *Interpretação e Aplicação da Constituição*: fundamentos de uma dogmática Constitucional transformada. São Paulo: Saraiva, 2009.

BAYLOS GRAU, Antonio. Formas nuevas y reglas viejas en el conflicto social. *Revista del Derecho Social*, n. 2, Albacete, 1998.

BECK, Ulrich. Beyond class and nation: reframing social inequalities in a globalizing world. *The British Journal of Sociology*, Londres, v. 58, i. 4, 2007.

BECK, Ulrich. *O que é Globalização?*: equívocos do globalismo: respostas à globalização. São Paulo: Paz e Terra, 1999.

BELTRAN, Ari Possidonio. *A autotutela nas relações de trabalho*. São Paulo: LTr, 2001.

BENJAMIN, Walter. Crítica da violência – Crítica do poder. *In*: BOLLE, Willi (Org.). *Documentos de cultura*: documentos de barbárie. São Paulo: Cultrix, 2008.

BERNARDO, João. Marxismo e nacionalismo (I): O antieslavismo de Engels e de Marx. Lisboa, 2009. Disponível em: http://www.passapalavra.info/2009/05/4140. Acesso em: 18 ago. 2020.

BERNARDO, João. *Reestruturação Capitalista e os Desafios para os Sindicatos*. Lisboa: Mimeo, 1996.

BEUCHOT, Maurice. *El problema de los universales*. Cidade do México: Universidad Autónoma del Estado de México, 2010.

BIAGI, Marco. *Sciopero virtuale*: ipotesi difficile ma non impossibile. Roma: Il Sole 24 ore, 1997.

BIAS, Rafael Borges. A Exceção da Greve no Estado da Copa. 2014. Disponível em: http://ciem.ucr.ac.cr/alas/docs/GT10/A%20exce%C3%A7%C3%A3o%20da%20greve%20no%20estado%20da%20copa.docx. Acesso em: 31 maio 2016.

BIHR, Alain. *Du "Grand Soir" a "L'Alternative"*: le Mouvement Ouvrier Européen en Crise. Paris: Les Éditions Ouvrières, 1991.

BILGE, Sirma. Théorisations féministes de l'intersectionnalité. *Diogène*, Paris, v. 1 n. 225, p. 70-88, 2009.

BIRK, Rolf. Il conflitto industriale: la disciplina giuridica degli scioperi e delle serrate. *In*: BIAGI, Marco; BLANPAIN, Roger (Org.). *Diritto del lavoro e relazioni industriali nei paesi industrializzati ad economia di mercato*. Rimini: Maggioli Editore, 1991.

BOBBIO, Norberto. *Eguaglianza e libertà*. Turim: Einaudi, 1995.

BOBBIO, Norberto. *O positivismo jurídico*. São Paulo. Ícone, 1995.

BODENHEIMER, Edgar. *Ciência do Direito Filosofia e Metodologia Jurídicas*. Rio de Janeiro: Forense, 1966.

BODIN DE MORAES, Maria Celina. O Princípio da Solidariedade. In: PEIXINHO, Manoel Messias; GUERRA, Isabella Franco e NASCIMENTO FILHO, Firly (Orgs.). *Os Princípios da Constituição de 1988*. Rio de Janeiro: Lumen Iuris, 2001.

BOITO JÚNIOR, Armando; MARCELINO, Paula. O Sindicalismo deixou a crise para trás? Um novo ciclo de greves na década de 2000. *Caderno CRH*, Salvador, n. 59, p. 323-338, maio/ago. 2010.

BOLTANSKI, Luc; CHIAPELLO, Ève. *O novo espírito do capitalismo*. São Paulo: Martins Fontes, 2009.

BORDOGNA, Lorenzo; PROVASI, Gian Carlo. La conflitualità. In: TREU, Tiziano; CELLA, Gian Primo (Orgs.). *Le nuove relazioni industriali:* L'esperienza italiana nella prospettiva europea. Bologna: Il Mulino, 1998.

BOURDIEU, Pierre. Capital Simbólico e classes sociais. *Novos estudos CEBRAP*, São Paulo, n. 96, p. 105-115, jul. 2013. Disponível em: http://www.scielo.br/scielo.php?script=sci_arttext&pid=S0101-33002013000200008. Acesso em: 18 ago. 2020.

BRAGA, Ruy. *A política do precariado:* do populismo à hegemonia lulista. São Paulo: Boitempo, 2012.

BRAGA, Ruy. *A pulsão plebeia:* trabalho, precariedade e rebeliões sociais. São Paulo: Alameda, 2015.

BRAGA, Ruy; SANTANA, Marco Aurélio. Dinâmicas da ação coletiva no Brasil contemporâneo: encontros e desencontros entre o sindicalismo e a juventude trabalhadora. *Caderno CRH*, Salvador, v. 28, n. 75, p. 529-544, set./dez. 2015.

BRANCA, Giuseppe. Riflessioni sullo sciopero economico. *Riv. Dir. Civ.*, Roma, 1968.

BRANCATI, B. Il bilanciamento tra diritti sociali e libertà economiche in Europa: Un'analisi di alcuni importanti casi giurisprudenziali. Servizio Studi Corte Costituzionale. Disponível em: www.cortecostituzionale.it/documenti/convegni_seminari/STU_275.pdf. Acesso em: 18 ago. 2020.

BRASIL. Constituição da República Federativa do Brasil de 1988. Diário Oficial da União, 5 out. 1988. Disponível em: http://www.planalto.gov.br/ccivil_03/Constituicao/Constituicao.htm. Acesso em: 18 ago. 2020.

BRASIL. Constituição dos Estados Unidos do Brasil de 1937. Diário Oficial da União, 10 nov. 1937. Disponível em: http://www.planalto.gov.br/ccivil_03/Constituicao/Constituicao37.htm. Acesso em: 18 ago. 2020.

BRASIL. Decreto Lei nº 5.452, de 1º de maio de 1943. Consolidação das Leis do Trabalho. Diário Oficial da União, 9 ago. 1943. Disponível em: http://www.planalto.gov.br/ccivil_03/decreto-lei/Del5452.htm. Acesso em: 18 ago. 2020.

BRASIL. Decreto-lei no 2.848, de 7 de dezembro de 1940. Código Penal. Diário Oficial da União, 31 dez. 1940. Disponível em: http://www.planalto.gov.br/ccivil_03/decreto-lei/Del2848compilado.htm. Acesso em: 18 ago. 2020.

BRASIL. Lei nº 10.257 de 10 de julho de 2001. Regulamenta os arts. 182 e 183 da Constituição Federal, estabelece diretrizes gerais da política urbana e dá outras providências. Diário Oficial da União, 11 jun. 2001. Disponível em: http://www.planalto.gov.br/ccivil_03/leis/LEIS_2001/L10257.htm. Acesso em: 18 ago. 2020.

BRASIL. Lei nº 11.648 de março de 2008. Dispõe sobre o reconhecimento formal das centrais sindicais para os fins que especifica, altera a Consolidação das Leis do Trabalho – CLT, aprovada pelo Decreto-Lei no 5.452, de 1º de maio de 1943, e dá outras providências. Diário Oficial da União, 31 mar. 2008. Disponível em: http://www.planalto.gov.br/ccivil_03/_Ato2007-2010/2008/Lei/L11648.htm. Acesso em: 18 ago. 2020.

BRASIL. Lei nº 13.105, de 16 de março de 2015. Código de Processo Civil. Diário Oficial da União, 17 mar. 2015. Disponível em: http://www.planalto.gov.br/ccivil_03/_ato2015-2018/2015/lei/l13105.htm. Acesso em: 18 ago. 2020.

BRASIL. Lei nº 4.330, de 1º de junho de 1964. Regula o direito de greve, na forma do art. 158, da Constituição Federal. Diário Oficial da União, 3 jun. 1964. Disponível em: http://www.planalto.gov.br/ccivil_03/leis/1950-1969/L4330.htm. Acesso em: 18 ago. 2020.

BRASIL. Lei nº 7.783 de 28 de junho de 1989. Dispõe sobre o exercício do direito de greve, define as atividades essenciais, regula o atendimento das necessidades inadiáveis da comunidade, e dá outras providências. Diário Oficial da União, 29 jun. 1989. Disponível em: http://www.planalto.gov.br/Ccivil_03/LEIS/L7783.htm. Acesso em: 18 ago. 2020.

BRASIL. Ministério do Trabalho e Emprego (MTE). Norma Regulamentadora no 22 sobre Segurança e Saúde Ocupacional na Mineração, 1974. Disponível em: http://www.mte.gov.br/legislacao/normas_regulamentadoras/nr_22.pdf. Acesso em: 18 ago. 2020.

BRASIL. Seção Judiciária do Rio Grande do Sul, Justiça Federal. Processo nº 5001037-13.2015.4.04.7110/RS. Juíza Dulce Helena Dias Brasil. Data de publicação: 24/02/2015. Disponível em: http://s.conjur.com.br/dl/jf-pelotas-rs-manda-desbloquear.pdf. Acesso em: 18 ago. 2020.

BRASIL. Supremo Tribunal Federal. Recurso Extraordinário 579.648, Relatora Min. Cármen Lúcia, Tribunal Pleno, Data de Julgamento em 10.9.2008. Disponível em: http://www.stf.jus.br/portal/inteiroTeor/obterInteiroTeor.asp?numero=579648&classe=RE. Acesso em: 18 ago. 2020.

BRASIL. Supremo Tribunal Federal. Recurso Extraordinário 488.343, Relator Min. Cezar Peluso, Data de Julgamento 05.06.2009. Disponível em: http://www.stf.jus.br/imprensa/pdf/re466343.pdf. Acesso em: 18 ago. 2020.

BRASIL. Supremo Tribunal Federal. Recurso Extraordinário 806.339, Relatora Min. Marco Aurélio. Disponível em: http://www.stf.jus.br/portal/jurisprudenciaRepercussao/verPronunciamento.asp?pronunciamento=5887086. Acesso em: 18 ago. 2020.

BRASIL. Tribunal de Justiça do Estado de Minas Gerais (TJMG). Processo no 1.0183.11.009411-1/001, 7ª Câmara Cível, Des. Oliveira Firmo, Data de julgamento 24.01.2012. Disponível em: http://www4.tjmg.jus.br/juridico/sf/proc_movimentacoes2.jsp?listaProcessos=10183110094111001. Acesso em: 18 ago. 2020.

BRASIL. Tribunal Regional do Trabalho da 15ª Região. Processo 0010460-31.2016.5.15-0038. Data de Julgamento: 14/12/2015, Juiz de plantão judicial de primeira instância: Flávio Landi. Disponível em: http://www.jorgesoutomaior.com/blog/importante-decisao-da-justica-do-trabalho-em-campinas. Acesso em: 18 ago. 2020.

BRASIL. Tribunal Regional do Trabalho da 3ª Região. Processo: 0001493-41.2015.5.03.0078 RO; Relator: Paula Oliveira Cantelli; Revisor: Heriberto de Castro.; Data de Publicação: 19/11/2015. Disponível em: https://as1.trt3.jus.br/juris/consultaBaseCompleta.htm;jsessionid=C6BA1FE0DE9B65EC798E-32C90B7853EB. Acesso em: 18 ago. 2020.

BRASIL. Tribunal Regional do Trabalho da 3ª Região. Processo: 0000868-35.2013.5.03.0156 RO; Data de Publicação: 13/10/2015; Órgão Julgador: Sexta Turma; Relator: Jorge Berg de Mendonca; Revisor: Fernando Antonio Viegas Peixoto. Disponível em: https://as1.trt3.jus.br/juris/detalhe.htm?conversationId=137222. Acesso em: 18 ago. 2020.

BRASIL. Tribunal Superior do Trabalho Processo: RO – 21045-73.2013.5.04.0000 Data de Julgamento: 14/12/2015, Relatora Ministra: Maria de Assis Calsing, Seção Especializada em Dissídios Coletivos, Data de Publicação: DEJT 18/12/2015). Disponível em: http://aplicacao5.tst.jus.br/consultaunificada2/inteiroTeor.do?action=printInteiroTeor&format=html&highlight=true&numeroFormatado=RO%20%202104573.2013.5.04.0000&base=acordao&rowid=AAANGhAAFAAAMznAAS&dataPublicacao=18/12/2015&localPublicacao=DEJT&query=%27greve%20geral%27. Acesso em: 31 jul. 2016.

BRASIL. Tribunal Superior do Trabalho. AIRR – 76240-94.2008.5.24.0086. Relatora Ministra: Dora Maria da Costa, 8ª Turma, Data de Julgamento: 16.06.2010. Disponível em: http://aplicacao5.tst.jus.br/consultaunificada2/inteiroTeor.do?action=printInteiroTeor&format=html&highlight=true&numeroFormatado=RO%20%20100162925.2014.5.02.0000&base=acordao&rowid=AAANGhAAFAAANbDAAG&dataPublicacao=27/11/2015&localPublicacao=DEJT&query=%27greve%20abusiva%27%20and%20%27Dora%27. Acesso em: 5 maio 2016.

BRASIL. Tribunal Superior do Trabalho. Orientação jurisprudencial no 10. Disponível em: http://www3.tst.jus.br/jurisprudencia/OJ_SDC/n_bol_01.html#TEMA10. Acesso em: 18 ago. 2020.

BRASIL. Tribunal Superior do Trabalho. Precedente Normativo no 82. Disponível em: http://www3.tst.jus.br/jurisprudencia/PN_com_indice/PN_completo.html#Tema_PN82. Acesso em: 18 ago. 2020.

BRASIL. Tribunal Superior do Trabalho. Processo: AIRR – 1200-48.2013.5.01.0482 Data de Julgamento: 16/12/2015, Relatora Desembargadora Convocada: Jane Granzoto Torres da Silva, 8ª Turma, Data de Publicação: DEJT 18/12/2015. Disponível em: http://aplicacao5.tst.jus.br/consultaunificada2/inteiroTeor.do?action=printInteiroTeor&form=html&highlight=true&numeroFormatado=AIRR%2048.2013.5.01.0482&base=acordao&rowid=AAANGhAAFAAAM3iAAD&dataPublicacao=18/12/2015&localPublicacao=DEJT&query=%27fura-greve%27. Acesso em: 2 jun. 2016.

BRASIL. Tribunal Superior do Trabalho. Processo: AIRR – 608-54.2011.5.09.0028 Data de Julgamento: 18/03/2015, Relator Ministro: Alberto Luiz Bresciani de Fontan Pereira, 3ª Turma, Data de Publicação: DEJT 20/03/2015. Disponível em: http://aplicacao5.tst.jus.br/consultaunificada2/inteiroTeor.do?action=printInteiroTeor&format=html&highlight=true&numeroFormatado=AIRR%20%20137368.2013.5.06.0018&base=acordao&rowid=AAANGhAAFAAANl+AAV&dataPublicacao=18/12/2015&localPublicacao=DEJT&query=%27interdito%20proibit%-F3rio%27%20and%20%27greve%27. Acesso em: 24 jun. 2016.

BRASIL. Tribunal Superior do Trabalho. Processo: AIRR – 72-14.2013.5.10.0103 Data de Julgamento: 08/04/2015, Relator Desembargador Convocado: Alexandre Teixeira de Freitas Bastos Cunha, 1ª Turma, Data de Publicação: DEJT 10/04/2015. Disponível em: http://aplicacao5.tst.jus.br/consultaunificada2/inteiroTeor.do?action=printInteiroTeor&forma=html&highlight=true&numeroFormatado=AIRR%20 14.2013.5.10.0103&base=acordao&rowid=AAANGhABIAAAHUAAAJ&dataPublicacao=10/04/2015&localPublicacao=DEJT&query=%27greve%20abusiva%27%20and%20 %27responsabilidade%27%20and%20%27dispensa%27. Acesso em: 26 maio 2016.

BRASIL. Tribunal Superior do Trabalho. Processo: RO – 212400-11.2009.5.15.0000 Data de Julgamento: 11/12/2012, Relator Ministro: Fernando Eizo Ono, Seção Especializada em Dissídios Coletivos, Data de Publicação: DEJT 15/02/2013. Disponível em: http://aplicacao5.tst.jus.br/consultaunificada2/inteiroTeor.do?action=printInteiroTeor&format=html&highlight=true&numeroFormatado=RO%20%2021240011.2009.5.15.0000&base=acordao&rowid=AAANGhAAFAAAJ68AAO&dataPublicacao=15/02/2013&localPublicacao=DEJT&query=%27greve%20de%20solidariedade%27. Acesso em: 2 maio 2016.

BRASIL. Tribunal Superior do Trabalho. Processo: RO – 374-27.2014.5.10.0000. Data de Julgamento: 19/10/2015, Relatora Ministra: Dora Maria da Costa, Seção Especializada em Dissídios Coletivos, Data de Publicação: DEJT 29/10/2015. Disponível em: http://aplicacao5.tst.jus.br/consultaunificada2/inteiroTeor.do?action=printInteiroTeor&format=html&highlight=true&numeroFormatado=RO%20 27.2014.5.10.0000&base=acordao&rowid=AAANGhAAFAAAM2+AAU&dataPublicacao=29/10/2015&localPublicacao=DEJT&query=%27greve%20abusiva%27%20 and%20%27multa%27. Acesso em: 26 maio 2016.

BRASIL. Tribunal Superior do Trabalho. Processo: RO – 396-18.2012.5.15.0000 Data de Julgamento: 08/06/2015, Relator Ministro: Fernando Eizo Ono, Seção Especializada em Dissídios Coletivos, Data de Publicação, DEJT 19/06/2015. Disponível em: http://aplicacao5.tst.jus.br/consultaunificada2/inteiroTeor.do?action=printInteiroTeor&format=html&highlight=true&numeroFormatado=RO%20%203918.2012.5.15.0000&base=acordao&rowid=AAANGhAAFAAANz9AAL&dataPublicacao=19/06/2015&localPublicacao=DEJT&query=%27greve%20abusiva%27%20and%20%27m%E1s%20 condi%E7%F5es%20ambientais%27. Acesso em: 26 maio 2016.

BRASIL. Tribunal Superior do Trabalho. Processo: RO 1000895-40.2015.5.02.0000Data de Julgamento: 19/10/2015, Relator Ministro: Mauricio Godinho Delgado, Seção Especializada em Dissídios Coletivos, Data de Publicação: DEJT 6/11/2015. Disponível em: http://aplicacao5.tst.jus.br/consultaunificada2/inteiroTeor.do?action=printInteiroTeor&format=html&highlight=true&numeroFormatado=RO%20-%20 1000895-40.2015.5.02.0000&base=acordao&rowid=AAANGhAAFAAAN+QAAE&dataPublicacao=06/11/2015&localPublicacao=DEJT&query=. Acesso em: 2 maio 2016.

BRASIL. Tribunal Superior do Trabalho. Regimento Interno. Resolução Administrativa n. 1295, de 24 de abril de 2008. Disponível em: http://aplicacao.tst.jus.br/dspace/bitstream/handle/1939/601/2008_ra1295_atualizado.pdf. Acesso em: 3 maio 2016.

BRASIL. Tribunal Superior do Trabalho. RO – 1000713-88.2014.5.02.0000 Data de Julgamento: 21/09/2015, Relator Ministro: Mauricio Godinho Delgado, Seção Especializada em Dissídios Coletivos, Data de Publicação: DEJT 25/09/2015. Disponível em: http://aplicacao5.tst.jus.br/consultaunificada2/inteiroTeor.do?action=printInteiroTeor&format=html&highlight=true&numeroFormatado=RO%20%20100071388.2014.5.02.0000&base=acordao&rowid=AAANGhAAFAAAOFoAAN&dataPublicacao=25/09/2015&localPublicacao=DEJT&query=AC%D3RD%C3O%20and%20N%BA:%20and%20SDC%20and%20%20and%2000156%20and%20/%20and%202007%20and%20-%20and%208. Acesso em: 3 jun. 2016.

BRASIL. Tribunal Superior do Trabalho. RO – 1000801-29.2014.5.02.0000 Data de Julgamento: 22/02/2016, Relatora Ministra: Kátia Magalhães Arruda, Seção Especializada em Dissídios Coletivos, Data de Publicação: DEJT 22/03/2016. Disponível em: http://aplicacao5.tst.jus.br/consultaunificada2/inteiroTeor.do?action=printInteiroTeor&format=html&highlight=true&numeroFormatado=RO%20%201029.2014.5.02.0000&base=acordao&rowid=AAANGhAAFAAAOZkAAQ&dataPublicacao=22/03/2016&localPublicacao=DEJT&query=%27greve%20abusiva%27%20and%20%27multa%27. Acesso em: 27 maio 2016.

BRASIL. Tribunal Superior do Trabalho. RO – 1000801-29.2014.5.02.0000 Data de Julgamento: 22/02/2016, Relatora Ministra: Kátia Magalhães Arruda, Seção Especializada em Dissídios Coletivos, Data de Publicação: DEJT 22/03/2016. Disponível em: http://aplicacao5.tst.jus.br/consultaunificada2/inteiroTeor.do?action=printInteiroTeor&format=html&highlight=true&numeroFormatado=RO%20%201029.2014.5.02.0000&base=acordao&rowid=AAANGhAAFAAAOZkAAQ&dataPublicacao=22/03/2016&localPublicacao=DEJT&query=%27greve%20abusiva%27%20and%20%27multa%27. Acesso em: 27 maio 2016.

BRASIL. Tribunal Superior do Trabalho. RO – 1001425-44.2015.5.02.0000, Relatora Ministra: Dora Maria da Costa, Seção Especializada em Dissídios Coletivos, Data de Julgamento: 09/05/2016. Disponível em: http://aplicacao5.tst.jus.br/consultaunificada2/inteiroTeor.do?action=printInteiroTeor&format=html&highlight=true&numeroFormatado=RO%20%20100142544.2015.5.02.0000&base=acordao&rowid=AAANGhAA+AAAO/EAAC&dataPublicacao=13/05/2016&localPublicacao=DEJT&query=%27abusividade%27%20and%20%27greve%27. Acesso em: 20 maio 2016.

BRASIL. Tribunal Superior do Trabalho. RO – 10178-77.2015.5.03.0000. Data de Julgamento: 14/12/2015, Relatora Ministra: Dora Maria da Costa, Seção Especializada em Dissídios Coletivos, Data de Publicação: DEJT 18/12/2015. Disponível em: http://aplicacao5.tst.jus.br/consultaunificada2/inteiroTeor.do?action=printInteiroTeor&format=html&highlight=true&numeroFormatado=RO%20%201017877.2015.5.03.0000&base=acordao&rowid=AAANGhAAFAAAM8kAAN&dataPublicacao=18/12/2015&localPublicacao=DEJT&query=%27greve%20ambiental%27. Acesso em: 6 jun. 2016.

BRASIL. Tribunal Superior do Trabalho. RO – 11414-67.2010.5.02.0000, Relatora Ministra: Kátia Magalhães Arruda, Seção Especializada em Dissídios Coletivos. Data de Julgamento: 08 abr. 2014. Disponível em: http://www.jusbrasil.com.br/diarios/78410559/tst-judiciario-16-10-2014-pg-198. Acesso em: 18 ago. 2020.

BRASIL. Tribunal Superior do Trabalho. RO – 11988-83.2011.5.01.0000. Data de Julgamento: 11/12/2012, Relator Ministro: Walmir Oliveira da Costa, Seção Especializada em Dissídios Coletivos, Data de Publicação: DEJT 15/02/2013. Disponível em: http://aplicacao5.tst.jus.br/consultaunificada2/inteiroTeor.do?action=printInteiroTeor&format=html&highlight=true&numeroFormatado=RO%20

%201198883.2011.5.01.0000&base=acodao&rowid=AAANGhAAFAAAJw8AAS&dataPublicacao=15/02/2013&localPublicacao=DEJT&query=. Acesso em: 27 maio 2016.

BRASIL. Tribunal Superior do Trabalho. RO – 1533-35.2012.5.15.0000, Relator Ministro: Mauricio Godinho Delgado. Seção Especializada em Dissídios Coletivos, Data de Julgamento: 17.02.2014. Disponível em: http://www.jusbrasil.com.br/diarios/94186871/tst-judiciario-18-06-2015-pg-316. Acesso em: 18 ago. 2020.

BRASIL. Tribunal Superior do Trabalho. RO – 51534-84.2012.5.02.0000. Relator Ministro: Walmir Oliveira da Costa, Seção Especializada em Dissídios Coletivos, Data de Julgamento: 09.06.2014. Disponível em: http://aplicacao5.tst.jus.br/consultaunificada2/inteiroTeor.do?action=printInteiroTeor&format=html&highlight=true&numeroFormatado=RO%20%205153484.2012.5.02.0000&base=acordao&rowid=AAANGhAA+AAAMnYAAO&dataPublicacao=20/06/2014&localPublicacao=DEJT&query=%27Pontif%EDcia%20Universidade%20Cat%F3lica%20de%20S%E3o%20Paulo%27%20and%20%27greve%20pol%EDtica%27. Acesso em: 3 maio 2016.

BRASIL. Tribunal Superior do Trabalho. RODC – 2025800-10.2006.5.02.0000, Relator Ministro Fernando Eizo Ono, Seção Especializada em Dissídios Coletivos, Data de Julgamento: 10.10.2011. Disponível em http://aplicacao5.tst.jus.br/consultaunificada2/inteiroTeor.do?action=printInteiroTeor&format=html&highlight=true&numeroFormatado=RODC%20%2020258010.2006.5.02.0000&base=acordao&rowid=AAANGhABIAAAD8NAAC&dataPublicacao=04/11/2011&localPublicacao=DEJT&query=%27greve%20pol%EDtica%27. Acesso em: 18 ago. 2020.

BRASIL. Tribunal Superior do Trabalho. RR – 85400-91.2002.5.15.0026, Relator Ministro: João Batista Brito Pereira, 5ª Turma. Data de Julgamento: 3 maio 2006. Disponível em: http://aplicacao5.tst.jus.br/consultaunificada2. Acesso em: 18 ago. 2020.

BRAUDEL, Fernand. Histoire et Sciences sociales: la longue durée. *Annales: Économies, Sociétés, Civilisations*, ano 13, n. 4, p. 725-753. Disponível em: http://www.persee.fr/doc/ahess_0395-2649_1958_num_13_4_2781. Acesso em: 18 ago. 2020.

BRUM, Eliane. É política sim, Geraldo. Jornal El País, 7 dez. 2015. Disponível em: http://brasil.elpais.com/brasil/2015/12/07/opinion/1449493768_665059.html. Acesso em: 18 ago. 2020.

BUCKERIDGE, Marcos. Deus fez, Lineu organizou. Revista de Pesquisa FAPESP. Edição Online, 2008. Disponível em: http://revistapesquisa.fapesp.br/2008/03/06/deus-fez-lineu-organizou. Acesso em: 7 jan. 2016.

BURAWOY, Michael. *Global Ethnography:* Forces, Connections, and Imaginations in a Postmodern World. Berkley, University of California Press, 2000.

BURAWOY, Michael. The Public Turn from Labor Process to Labor Movement. *Work and Occupations*, v. 35, n. 4, nov. 2008.

BUTLER, Judith. *Problemas de gênero:* feminismo e subversão da identidade. Rio de Janeiro: Civilização Brasileira, 2003

CABANELLAS, Guillermo; RUSSOMANO; Mozart V. *Conflitos coletivos do Trabalho*. São Paulo: Revista dos Tribunais, 1979.

CACCIAMALI, Maria Cristina. Globalização e processo de informalidade. *Economia e Sociedade*, Campinas, p. 153-174, jun. 2000.

CALAMANDREI, Piero. Importanza costituzionale del diritto di sciopero. *Rivista giuridica del lavoro*, Roma, p. 221-244, 1952.

CAMPANA, Priscila. O impacto do neoliberalismo no Direito do Trabalho: desregulamentação e retrocesso histórico. *Revista de informação legislativa*, Brasília, n. 147, 2000.

CAMPANELLA, Piera. Gli effetti dello sciopero. *In*: CARINCI, F. (Org.). *Commentario di Diritto del lavoro*. Torino: Utet, 2007.

CAMPOS, Manuel. Manuel Campos explica redes sindicais de solidariedade. Confederação Nacional dos Trabalhadores Metalúrgicos, 2011. Disponível em: http://cntm.org.br/portal/materia.asp?id_con=7150. Acesso em: 19 ago. 2016.

CANGEMI, Vincenzo. *Tesi di Laurea Magistrale in Diritto del Lavoro*. Università di Bologna, Bolonha, 2011.

CARDOSO, Isabel Cristina da Costa. O espaço urbano e a re-produção das relações sociais no pensamento de Henri Lefebvre: contribuições à teoria social crítica. *Libertas – Revista da Faculdade de Serviço Social*, Juiz de Fora, v. 11, n. 2, 2012.

CARNELUTTI, Francesco. Sciopero e Giustizia. *Rivista di Diritto Processuale*, Padova, 1949.

CARTA CAPITAL. Escola Sem Partido: estratégia golpista para calar a educação. Carta Capital, 8 ago. 2016a. Disponível em: http://www.cartacapital.com.br/educacao/escola-sem-partido-estrategia-golpista-para-calar-a-educacao. Acesso em: 18 ago. 2020.

CARTA CAPITAL. Foliões e prefeitura disputam pelo carnaval de Belo Horizonte. Carta Capital, 27 fev. 2015. Disponível em: http://www.cartacapital.com.br/sociedade/folioes-e-prefeitura-disputam-pelo-carnaval-em-belo-horizonte-7733.html. Acesso em: 18 ago. 2020.

CARUSO, Bruno. I diritti sociali nello spazio sociale sovranazionale e nazionale: indifferenza, conflitto o integrazione? Facoltà di Giurisprudenza – Università di Catania. Disponível em: http://csdle.lex.unict.it. Acesso em: 20 abr. 2016.

CARUSO, Bruno. Il conflitto collettivo postmoderno: come si adegua il diritto del lavoro. *Giornale di diritto del lavoro e di relazioni industriali*, n. 93, Milão: FrancoAngeli, 2002.

CARVALHO, Augusto César Leite. Direito Fundamental ao ambiente de trabalho ecologicamente equilibrado. *In*: REIS, Daniela Muradas, MELLO, Roberta Dantas, COURA, Solange Barbosa de Castro (Orgs.). *Trabalho e justiça social*: um tributo a Maurício Godinho Delgado. São Paulo: LTr, 2013.

CASTELLS, Manuel, A sociedade em rede: do conhecimento à política. *In*: CASTELLS, Manuel; CARDOSO, Gustavo. *A sociedade em rede: do conhecimento à ação política*. Lisboa: Imprensa Nacional – Casa da Moeda, 2005.

CATHARINO, José Martins. *Tratado Elementar de Direito Sindical*. São Paulo: LTr, 1982.

CENTRO DE MÍDIA INDEPENDENTE. Nota pública de repúdio à reintegração de posse da flakepet pela PM, 2004. Disponível em: https://brasil.indymedia.org/eo/green/2004/03/275387.shtml. Acesso em: 18 jul. 2016.

CENTRO DE MÍDIA INDEPENDENTE. Praia na Praça da Estação de Belo Horizonte contra o decreto do prefeito Marcio Lacerda. 2010. Disponível em: <http://www.midiaindependente.org/pt/blue/2010/01/462799.shtml>. Acesso em: 18 ago. 2016.

CGIL-TOSCANA. Nuovo Flash mob dei lavoratori Guess "No people no value". 2016. Disponível em: http://www.tosc.cgil.it/archivio37_toscana-lavoro-news_0_23517.html. Acesso em: 18 ago. 2016.

CHENAIS, François. Mundialização: o capital financeiro no comando. *Revista Outubro*, São Paulo, n. 7, 2000.

CLARK, Giovani; CORRÊA, Leonardo. Teoria das Normas e o Direito Econômico: um diálogo com a filosofia do Direito. *In*: CLARK, Giovani; SOUZA, Washington Peluso Albino (Org.). *Direito Econômico e ação Estatal na pós-modernidade*. São Paulo: LTr, 2011.

CNW. USW and Brazilian Union CUT Join Forces to Support Vale Workers. 2013. Disponível em: http://www.newswire.ca/news-releases/usw-and-brazilian-union-cut-join-forces-to-support-vale-workers-538098531.html. Acesso em: 18 ago. 2016.

CODARA, Lino. *Rapporto annuale sulle relazione sindicali*. Roma: CESOS, 1997.

COELHO, Luiz Fernando. *Teoria Crítica do Direito*. Curitiba: HDV, 1988.

COMISSÃO INTERAMERICANA DE DIREITOS HUMANOS. Las manifestaciones públicas como ejercicio de la libertad de expresión y la libertad de reunión, 2005. Disponível em: http://www.oas.org/pt/cidh/expressao/relatorios/tematicos.asp. Acesso em: 8 ago. 2016.

COMITÊ DE DIREITOS HUMANOS DA ORGANIZAÇÃO DAS NAÇÕES UNIDAS. Effective measures and best practices to ensure the promotion and protection of human rights in the context of peaceful protests. Report of the United Nations High Commissioner for Human Rights, 2013. Disponível em: http://www.ohchr.org/Documents/HRBodies/HRCouncil/RegularSession/Session22/A.HRC.22.28.pdf 2013. Acesso em: 8 ago. 2016.

COOPER, Flávio Allegretti de Campos. Limites da atuação sindical, 2009. Disponível em: http://portal.trt15.jus.br/documents/124965/125414/Rev20Art4.pdf/05d9ac-77-ab99-4126-856d-650eb170f4f3. Acesso em: 12 ago. 2016.

COORDENADOR DO CONSELHO DE FÁBRICA DA FLASKÔ. Entrevista. *In*: RASLAN, Filipe Oliveira. *Resistindo com classe*: o caso da ocupação da Flaskô. Dissertação (Mestrado) – Faculdade de Filosofia e Ciências do Estado da UNICAMP, Universidade Estadual de Campinas, Campinas, 2007.

CORDEIRO, Antônio Menezes. *Manual de Direito do Trabalho*. Coimbra: Almedina, 1994.

CORIAT, Benjamin. Ohno e a escola japonesa de gestão da produção: um ponto de vista conjunto. *In*: HIRATA, Helena (Org.). *Sobre o modelo Japonês*: automatização, novas formas de organização e Relações de Trabalho. São Paulo: Edusp, 1993.

COSTA, Cláudia Lima. O sujeito no feminismo: revisitando os debates. *Cadernos Pagu*, Campinas, n. 19, p. 59-90, 2002.

COSTA, Hélio. Redes Sindicais de Trabalhadores em Empresas Multinacionais no Brasil: Uma experiência em Construção. *Texto apresentado IV Colóquio de Doutorandos do CES*, Coimbra, 2013. Disponível em: https://cabodostrabalhos.ces.uc.pt/n10/documentos/14.3.3_Helio_da_Costa.pdf. Acesso em: 18 ago. 2020.

COSTA, Hermes Augusto. A política internacional da CGTP e da CUT: Etapas, temas e desafios. *Revista Crítica de Ciências Sociais*, Coimbra, n. 71, 2005.

COSTA, Hermes Augusto; SANTOS, Boaventura de Sousa. Introdução: para ampliar o cânone do internacionalismo operário. In: SANTOS, Boaventura de Sousa (Org.). Trabalhar o mundo: os caminhos do novo internacionalismo operário. Rio de Janeiro: Civilização Brasileira, 2005, p. 21-76.

COSTA, Orlando. Direito Coletivo do Trabalho e Crise Econômica. São Paulo: LTr, 1991.

COSTA, Sérgio. Desprovincializando a Sociologia: a contribuição pós-colonial. Revista Brasileira de Ciências Sociais, Campinas, v. 21, n. 60, fevereiro, 2006.

COTTINO, Gastone. L'impossibilità sopravvenuta della prestazione e la responsabilità del debitore: problemi generali. Milão: Giuffrè, 1955.

COUTO, Grijalbo. Entrevista com o desembargador Grijalbo Coutinho. Intersindical: Central da Classe Trabalhadora, 2015. Disponível em: http://www.intersindicalcentral.com.br/confira-entrevista-com-o-desembargador-grijalbo-coutinho-o-maior-critico-da-terceirizacao/. Acesso em: 18 ago. 2020.

CRENSHAW, Kimberlè. Mapping the margins: intersectionality, identity politics and violence against women of color. In: FINEMAN, Martha Albertson; MYKITIUK, Roxanne (Orgs.). The public nature of private violence. Nova York: Routledge, 1994.

CUTMULTI. Guia para a construção de redes sindicais em empresas multinacionais. 2009. Disponível em: http://library.fes.de/pdf-files/bueros/brasilien/06900.pdf. Acesso em: 18 ago. 2020.

DALLA COSTA, Maria Rosa. Stato, lavoro, rapporti di sesso nel femminismo Marxista. Roma: FrancoAngeli, 1989.

DE LA CUEVA, Mario. Nuevo Derecho Mexicano del Trabajo. t. II. México: Porrúa, 1995

DE MASI, Domenico. O ócio criativo. Entrevista a Maria Serena Palieri. Rio de Janeiro: Sextante, 2000.

DEBORD, Guy. Comentários sobre a sociedade do espetáculo. São Paulo: Ebooks Brasil, 2003.

DELEUZE, Gilles; GUATTARI, Félix. Mil Platôs: capitalismo e esquizofrenia. v. 3, São Paulo: Editora 34, 1996.

DELGADO, Mauricio Godinho. Capitalismo, trabalho e emprego: entre o paradigma da destruição e os caminhos de reconstrução. São Paulo: LTr, 2005.

DELGADO, Maurício Godinho. Curso de Direito do Trabalho. 8. ed. São Paulo: LTr, 2009.

DELLA PORTA, Donatella. I New global. Chi sono e cosa vogliono i critici della globalizzazione. Bolonha: Il Mulino, 2003.

DELLA PORTA, Donatella; DIANI, Mario. I movimenti sociali. Roma: La Nuova Italia Scientifica, 1997.

DI GIOVANNI, Júlia Ruiz. Seattle, Praga, Gênova: política antiglobalização pela experiência da ação de rua. Dissertação (Mestrado) – Faculdade de Filosofia, Letras e Ciências Humanas da Universidade de São Paulo, Universidade de São Paulo, São Paulo, 2007.

DI MAJO, A. Tutela civile e diritto di sciopero, Riv. Giur. Lav., Roma, 1980, n. I, p. 293-312, 1980.

DIANI, Mario. Politica ideologica e politica pragmatica dei movimenti sociali italiani. Roma: Quaderni di Azione Sociali, 1989.

DIAS, Edmundo; BOSI, Antônio. Estado, capital, trabalho e organização sindical: a (re) construção das classes trabalhadoras no Brasil. *Revista Outubro*, São Paulo, n. 12, 2005.

DIAS, Hugo. Do direito de greve na OIT. Brasil de Fato, São Paulo, 2014. Disponível em: http://www.dmtemdebate.com.br/do-direito-de-greve-na-oit/. Acesso em: 18 ago. 2020.

DIEESE, Departamento Intersindical de Estatísticas e Estudos Socioeconômicos. Estudo Setorial da Construção, 2013. Disponível em: https://www.dieese.org.br/estudosetorial/2012/estPesq65setorialConstrucaoCivil2012.pdf. Acesso em: 18 ago. 2020.

DONATO, Messias Pereira. *Curso de Direito do Trabalho*. São Paulo: Saraiva, 1982.

DONATO, Messias Pereira. Liberdade sindical. *In:* MAGANO, Octavio Bueno (Org.). *Curso de Direito do Trabalho em homenagem a Mozart Victor Russomano*. São Paulo: Saraiva, 1985.

DURKHEIM, Émile. *As regras do método sociológico*. São Paulo: Martins Fontes, 2001.

EDELMAN, Bernard. *A legalização da classe operária*. São Paulo: Boitempo, 2016.

EISENSTEIN, Zillah. An Alert: Capital is Intersectional Radicalizing Piketty's Inequality. *The feminist Wire*, Phoenix, 2014.

ESBENSHADE. Jill. Leveraging Neo-Liberal "Reforms": How Garment Workers Capitalize on Monitoring'. Artigo apresentando na American Sociological Association Meeting, Atlanta, GA (August), 2003.

ESPOSITO, Carlo. *Lo Stato e i sindacati nella Costituzione*. Pádua: CEDAM, 1954.

ESPÓSITO, Katiuscia Moreno Galhera. *Transnacionalização das relações de trabalho:* o caso da maquila estadunidense Johnson Controls (plantas FINSA e Interiores) e o papel da Federação Internacional de Trabalhadores das Indústrias Metalúrgicas (FITIM). Dissertação de Mestrado. Programa de pós-graduação em Relações Internacionais – San Tiago Dantas (UNESP/UNICAMP/PUC-SP). São Paulo, 2012.

EUROPA. Carta dos direitos fundamentais da União Europeia, 2010. Disponível em: http://ec.europa.eu/portugal/pdf/informa/publicacoes/carta_direitos_fundamentais_ue_brochura_2010_pt.pdf. Acesso em: 16 fev. 2016.

EUROPA. Convenção Europeia dos direitos do homem, 2010. Disponível em: http://www.echr.coe.int/Documents/Convention_POR.pdf. Acesso em: 18 ago. 2020.

EUROPA. Corte Europeia dos Direitos Humanos. Survey: Forty Years of activity (1959-1998). Disponível em: http://www.echr.coe.int/Documents/Survey_19591998_BIL.pdf. Acesso em: 18 ago. 2020.

EUROPA. Tratado sobre o Funcionamento da União Europeia, 2012. Disponível em: http://eur-lex.europa.eu/legal-content/PT/TXT/?uri=CELEX:12012E/TXT. Acesso em: 18 ago. 2020.

EUZÉBIOS FILHO, Antônio. A crise de representatividade em dois tempos no Brasil atual: um olhar sobre a greve dos garis e dos caminhoneiros. *Psicologia Política*, v. 19, n. 45, p. 186-201, maio/ago. 2019.

EVANS, Peter. Movimentos nacionais de trabalhadores e conexões transnacionais: a evolução da arquitetura das forças sociais do trabalho no neoliberalismo. *Caderno CRH*, Salvador, v. 28, n. 75, p. 457-478, set./dez. 2015.

FARALLI, Carla. *A filosofia contemporânea do direito:* temas e desafios. São Paulo: Martins Fontes. 2002.

FEATHERSTONE, David. *Solidarity*: Hidden Histories and Geographies of Internationalism. Londres: Zed Press, 2012.

FELICIANO, Guilherme Guimarães. Refundando o direito penal do trabalho: primeiras aproximações. *Revista da Faculdade de Direito da Universidade de São Paulo*, v. 104, p. 339-375, jan./dez. 2009.

FERNANDES, Edésio. Constructing the right to the city in Brazil. *Social & Legal Studies*, v. 16, n. 2, p. 201-219, 2007.

FERRAJOLI, Luigi. *Derechos y garantías*: La ley del más débil. Madri: Trotta, 2004.

FERRAJOLI, Luigi. *Los fundamentos de los derechos fundamentales*. Madri: Trotta, 2009.

FERRAJOLI, Luigi. Principia iuris. Una discusión teórica. *DOXA – Cuadernos de Filosofía del Derecho*, Alicante, 2008.

FERRAZ JUNIOR, Tércio Sampaio. *Introdução ao estudo do direito*: técnica, decisão, dominação. São Paulo: Atlas, 1994.

FERRAZ JÚNIOR, Tércio Sampaio. Teoria da norma jurídica: um modelo pragmático. 2011. Disponível em: http://www.terciosampaioferrazjr.com.br/?q=/publicacoes-cientificas/13. Acesso em: 21 jun. 2016.

FIM-CISL. Creata la Rete Sindacale Globale per i lavoratori di Finmeccanica. 2016. Disponível em: http://www.fim-cisl.it/2016/04/23/creata-la-rete-sindacale-globale-per-i-lavoratori-di-finmeccanica/. Acesso em: 18 ago. 2020.

FINELLI, Lília Carvalho. *Construção e desconstrução da lei*: a arena legislativa e o trabalho escravo. Dissertação (Mestrado) – Faculdade de Direito e Ciências do Estado da Universidade do Estado de Minas Gerais, Universidade Federal Minas Gerais, Belo Horizonte, 2016.

FIUZA, Bruno. Black Blocs: A origem da tática que causa polêmica na esquerda. Disponível em: http://www.viomundo.com.br/politica/black-blocs-a-origem-da-tatica-que-causa-polemica-na-esquerda.html. Acesso em: 18 ago. 2020.

FRANCO FILHO, Georgenor de Souza. *Liberdade sindical e direito de greve no direito comparado*: lineamentos. São Paulo: LTr, 1992.

FRANCO FILHO, Georgeonor de Sousa. Greve ambiental trabalhista. *Revista Síntese Direito Ambiental*, São Paulo, v. 4, n. 22, IOB, 2011.

FRASER, Nancy. Da redistribuição ao reconhecimento? Dilemas da justiça numa era sociedade "pós-socialista". *Cadernos de Campo*, São Paulo, n. 14-15, 2006.

FRASER, Nancy. Equality, Difference, and Radical Democracy: The United States Feminist Debates Revisited. In: TREND, David (Ed.). *Radical Democracy*: Identity, Citizenship, and the State. Nova York: Routledge, 1996.

FUNDAÇÃO PERSEU ABRAMO (FPA). Densidade sindical e recomposição da classe trabalhadora no Brasil, 2013. Disponível em http://novo.fpabramo.org.br/sites/default/files/fpa_comunica_3.pdf. Acesso em: 31 jan. 2016.

GAETA, Lorenzo. Lo sciopero come diritto. In: D'ANTONA, Massimo (Org.). *Letture di Diritto sindacale*. Nápoles: [S.l], 1990.

GALANTINO, Luisa. *Diritto Sindacale*. Turim: G. Giappichelli, 2009.

GALENDE, Federico. *Rancière*: una introduccion. Buenos Aires: Quadrata, 2012.

GARCIA, Jesus Ignácio Martinez. Prólogo. *In:* MARTINEZ, M. Olga Sanchez. *La huelga ante el derecho:* conflictos, valores y normas. Madri: Dykinson, 1997.

GAROFALO, Mario Giovanni. *Forme anomale di sciopero.* Turim: UTET, 1989.

GAROFOLI, Gioacchino. *Industrializzazione diffusa e piccola impresa:* Il modello Italiano degli anni 70 e 80. Milão: FrancoAngeli, 1993.

GEBRIM, Ricardo; BARISON, Thiago. As novas formas de repressão a greves. Direitos Humanos no Brasil 2010: Relatório da Rede Social de Justiça e Direitos Humanos, 2010. Disponível em: http://www.social.org.br/Direitos%20humanos10.pdf. Acesso em: 18 ago. 2020.

GENRO, Tarso. *Contribuição à crítica do direito coletivo do trabalho.* São Paulo: LTr, 1988.

GHERA, Edoardo. *Considerazioni sulla giurisprudenza in tema di sciopero.* Milão: Giuffrè, 1974.

GHEZZI, Giorgio. Diritto di sciopero e attività ceatrice dei suoi interpreti. *Riv. trim. dir. e proc. civ.*, Roma, 1968.

GHEZZI, Giorgio; ROMAGNOLI, Umberto. *Il diritto sindacale.* Bolonha: Zanichelli Edittore, 1997.

GIANNOTTI, Vito; LOPES NETO, Sebastião. *CUT, por dentro e por fora.* Petrópolis: Vozes, 1990.

GIDDENS, Anthony. *A estrutura de classes das sociedades avançadas.* Rio de Janeiro: Zahar Editores, 1973.

GIUBBONI, Stefano. *Diritti e solidarietà in Europa.* I modelli sociali nazionali nello spazio giuridico europeo. Bolonha: il Mulino, 2012.

GIUGNI, Gino. *Diritto del lavoro.* Giornale di diritto del lavoro e di relazioni industriali. Milão: FrancoAngeli, 1979.

GIUGNI, Gino. *Diritto Sindacale.* Bari: Cacucci Editore, 2008.

GLOBAL LABOUR INSTITUTE. *Notes on Trade Unions and the Informal Sector,* Genebra, 2007.

GLOBALCOMPACT. Our mission. Disponível em: https://www.unglobalcompact.org/what-is-gc/mission. Acesso em: 22 ago. 2016.

GOHN, Maria da Glória. *Manifestações de junho de 2013 no Brasil e Praças dos Indignados no mundo.* São Paulo: Editora Vozes, 2014b.

GOHN, Maria da Glória. *Novas Teorias dos Movimentos Sociais.* São Paulo: Edições Loyola, 2014a.

GOHN, Maria da Glória. Teorias sobre os movimentos sociais: o debate contemporâneo. Sociedade Brasileira de Sociologia, Campinas, 2011. Disponível em: sbs2011_GT13_Maria_da_Gloria_Gohn%20(3).pdf. Acesso em: 2 fev. 2016.

GOMES, Orlando. Consideraciones sobre el derecho de huelga en el Brasil. *La Huelga,* tomo II, Santa Fé, 1951.

GOMES, Orlando; GOTTSCHALK, Elson. *Curso de Direito do Trabalho.* Rio de Janeiro: Forense Universitária, 1990.

GORZ, André. *Adeus ao proletariado:* para além do socialismo. Rio de Janeiro: Forense Universitária, 1982.

GORZ, André. *Crítica da divisão do trabalho*. São Paulo: Martins Fontes, 2001.

GRAMSCI, Antonio. I quaderni del carcere: Americanismo e Fordismo, 2015. Disponível em: https://quadernidelcarcere.wordpress.com/2015/05/11/indice-quaderno-22/. Acesso em: 18 ago. 2020.

GRAMSCI, Antonio. *Maquiavel, a Política e o Estado Moderno*. Rio de Janeiro: Civilização Brasileira, 1976.

GRAN, Elia; TARLETON, John. Fight for $15 e a Mcdonaldização dos sindicatos nos EUA (I): lutar vale US$15 por hora. 2016. Disponível em: http://www.dmtemdebate.com.br/fight-for-15-e-a-mcdonaldizacao-dos-sindicatos-nos-eua-i-lutar-vale-us-15-por-hora/. Acesso em: 18 ago. 2020.

GRAU, Eros Roberto. *A ordem econômica na Constituição de 1988*: interpretação e crítica. São Paulo: Malheiros, 2003.

GRAVEL, Eric; DUPLESSIS, Isabelle; GERNIGON, *Bernard*: The Committee on Freedom of Association. Its impact over 50 years. Genebra: ORGANIZAÇÃO INTERNACIONAL DO TRABALHO, 2001.

GUICCIARDI, Enrico. *Sciopero di dipendenti pubblici e diritto allo stipendio*. Pádua: CEDAM, 1950.

GUSTIN, Miracy; DIAS, Maria Teresa Fonseca. *(Re)pensando a pesquisa jurídica*: teoria e prática. Belo Horizonte: Del Rey, 2013.

HALL, Stuart. *A identidade cultural na pós-modernidade*. Rio de Janeiro: DP & A, 1992.

HARTMANN, Heidi. *The unhappy marriage of Marxism and feminism towards a more progressive union*. South End Press Political Controversies Series, Boston. Massachusetts: South End Press, p. 1-42.

HARVEY, David. *A condição pós-moderna*: uma pesquisa sobre as origens da mudança cultural. São Paulo: Edições Loyola, 2008.

HARVEY, David. A liberdade da cidade. *In*: VAINER, Carlos *et al* (Orgs.). *Cidades Rebeldes*: Passe Livre e as manifestações que tomaram as ruas do Brasil. São Paulo: Boitempo, 2013.

HARVEY, David. O direito à cidade. *Lutas Sociais*, São Paulo, n. 29, p. 73-89, jul./dez. 2012.

HAZAN, Ellen Mara Ferraz. Os sindicatos e a negociação coletiva – Aperfeiçoando o Direito do Trabalho? *In*: PIMENTA, José Roberto Freire; RENAULT, Luiz Otávio Linhares; VIANA; Márcio Túlio; DELGADO; Maurício Godinho; BORJA; Cristina Pessoa Pereira (Orgs.). *Direito do Trabalho*: Evolução, Crise, Perspectivas. São Paulo: LTr, 2004.

HELLER, Claudia. A Síntese da Teoria Geral do Emprego, dos Juros e da Moeda segundo Roy Harrod em "Mr. Keynes and traditional theory". *Anais do IV Encontro Nacional de Economia Política*, Porto Alegre, 1999. Disponível em: http://economia.unipv.it/harrod/heller.pdf. Acesso em: 28 jan. 2016.

HENRIQUES, Flávio Chedid *et al*. *Empresas recuperadas por trabalhadores no Brasil*: resultados de um levantamento nacional. Rio de Janeiro: Repositório do Instituto de Pesquisa Econômica Aplicada IPEA – mercado de trabalho, 2013.

HESPANHA, António Manuel. *Cultura jurídica européia*: Síntese de um milênio. Florianópolis: Fundação Boiteux, 2005.

HESSE, Konrad. *A força normativa da Constituição*. Porto Alegre: Sergio Antonio Fabris Editor, 1991.

HEYNS, Christof. Report of the Special Rapporteur on extrajudicial, summary or arbitrary executions. 2011. Disponível em: http://www.icnl.org/research/resources/assembly/Report%20of%20the%20Special%20Rapporteur%20on%20extrajudicial%20summary.pdf. Acesso em: 11 ago. 2016.

HILLANI, Allan Mohamad; MALDANER, A. T.; AZEVEDO, F. G. S. Poder constituinte, estado de exceção e violência: as manifestações políticas para além do Direito. *Revista Jurídica Themis*, v. 23, p. 8-21, 2013.

HIRATA, Helena. Gênero, classe e raça: interseccionalidade e consubstancialidade das relações sociais. *Tempo Social, revista de sociologia da USP*, São Paulo, v. 26, n. 1, junho, 2014.

HOBSBAWN, Eric J. *Mundos do Trabalho*: novos estudos sobre a história operária. São Paulo: Paz e Terra, 2007.

HODGES-AEBERHARD, Jane; DIOS, Alberto Odero de. Princípios do Comitê de Liberdade Sindical referentes a greves. 1993. Disponível em http://www.oitbrasil.org.br/sites/default/files/topic/union_freedom/pub/principios_comite_liberdade_sindical_287.pdf. Acesso em: 17 fev. 2016.

HOLLOWAY, John. The Red Rose of Nissan. *Capital & Class*, n. 32, 1987. Disponível em: http://libcom.org/history/red-rose-nissan-john-holloway. Acesso em: 18 ago. 2020.

HONNETH, Axel. Recognition or Redistribution? Changing Perspectives on the Moral Order of Society. *Theory, Culture & Society*, Londres, v. 18, n. 2-3, p. 43-55, June, 2001.

HUECK, Alfred; NIPPERDEY, Hans Carl. *Compendio de derecho del trabajo*. Madrid: Revista de Derecho Privado, 1963.

IASI, Mauro Luis. A rebelião, a cidade e a consciência. *In:* VAINER, Carlos *et al* (Orgs.). *Cidades Rebeldes*: Passe Livre e as manifestações que tomaram as ruas do Brasil. São Paulo: Boitempo, 2013.

IASI, Mauro Luis. Violência, essa velha parteira: um samba-enredo. *In:* ŽIŽEK, Slavoj. Violência. São Paulo: Boitempo, 2014.

IL FATTO QUOTIDIANO. Sciopero generale, scontri a Milano, Torino e Bologna: Decine di feriti. 2014. Disponível em: http://www.ilfattoquotidiano.it/2014/12/12/sciopero-generale-scontri-milano-torino-bologna-decine-feriti/1268916/. Acesso em: 18 ago. 2020.

ILHA, Adayr da Silva; CORONEL; Daniel Arruda; ALVES, Fabiano Dutra. *O modelo italiano de desenvolvimento regional: algumas proposições para a metade sul do Rio Grande do Sul*. Ensaios da Fundação de Economia e Estatística. Porto Alegre: FEE, 2004.

INGRAVALLO, Ivan. La Corte di giustizia tra diritto di sciopero e libertà economiche fondamentali. Quale bilanciamento? *Comunità internazionale*, p. 641-662. Roma: Editoriale Scientifica, 2008.

INTER-AMERICAN COMMISSION ON HUMAN RIGHTS. Second Report on the Situation of Human Rights Defenders In the Americas (OEA/Ser.L/V/II.Doc.66). 2011. Disponível em: https://www.oas.org/en/iachr/defenders/docs/pdf/defenders2011.pdf. Acesso em: 18 ago. 2020.

INTER-AMERICAN COURT OF HUMAN RIGHTS. Advisory opinion OC-5/85, 1985. Disponível em: http://www.corteidh.or.cr/docs/opiniones/seriea_05_ing.pdf. Acesso em: 8 ago. 2016.

ITÁLIA. App. Milano, 20 novembre 1964. In: CANGEMI, Vincenzo. *Tesi di Laurea Magistrale in Diritto del Lavoro*. Università di Bologna, Bolonha, 2011.

ITÁLIA. Carta del Lavoro. 1927. Disponível em: http://www.historia.unimi.it/carta-lavoro.pdf. Acesso em: 27 jan. 2016.

ITÁLIA. Codice Civile Italiano. 1942. Disponível em: http://www.altalex.com. Acesso em: 22 abr. 2016.

ITÁLIA. Codice Penale Italiano. 1930. Disponível em: http://www.altalex.com. Acesso em: 22 fev. 2016.

ITÁLIA. Comissione di Garanzia dell'attuazione della legge sullo sciopero nei servizi pubblici essenziali. 9 novembre 2005, n. 618 Disponível em: www.commissionegaranziasciopero.it. Acesso em: 17 abr. 2016.

ITÁLIA. Comissione di Garanzia dell'attuazione della legge sullo sciopero nei servizi pubblici essenziali. 17 maggio 2007, n. 271. Disponível em: www.commissionegaranziasciopero.it. Acesso em: 17 abr. 2016.

ITÁLIA. Corte Costituzionale. Sentenza no 1/1974. Disponível em: http://www.cortecostituzionale.it/actionPronuncia.do. Acesso em: 22 abr. 2016.

ITÁLIA. Corte Costituzionale. Sentenza no 123/1962. Disponível em: http://www.cortecostituzionale.it/actionPronuncia.do. Acesso em: 14 abr. 2016.

ITÁLIA. Corte Costituzionale. Sentenza no 124/1962. Disponível em: http://www.cortecostituzionale.it/actionPronuncia.do. Acesso em: 14 abr. 2016.

ITÁLIA. Corte Costituzionale. Sentenza no 165/1983. Disponível em: http://www.cortecostituzionale.it/actionPronuncia.do. Acesso em: 24 abr. 2016.

ITÁLIA. Corte Costituzionale. Sentenza no 222/1975. Disponível em: http://www.cortecostituzionale.it/actionPronuncia.do. Acesso em: 29 abr. 2016.

ITÁLIA. Corte Costituzionale. Sentenza no 231/2013. Disponível em: http://www.cortecostituzionale.it/actionPronuncia.do. Acesso em: 15 ago. 2016.

ITÁLIA. Corte Costituzionale. Sentenza no 276/1993. Disponível em: http://www.cortecostituzionale.it/actionPronuncia.do. Acesso em: 24 abr. 2016.

ITÁLIA. Corte Costituzionale. Sentenza no 29/1960. Disponível em: http://www.cortecostituzionale.it/actionPronuncia.do. Acesso em: 21 abr. 2016.

ITÁLIA. Corte Costituzionale. Sentenza no 290/1974. Disponível em: http://www.cortecostituzionale.it/actionPronuncia.do. Acesso em: 22 abr. 2016.

ITÁLIA. Corte Costituzionale. Sentenza no 31/1969. Disponível em: http://www.cortecostituzionale.it/actionPronuncia.do. Acesso em: 14 abr. 2016.

ITÁLIA. Corte Costituzionale. Sentenza no 53/1986. Disponível em: http://www.cortecostituzionale.it/actionPronuncia.do. Acesso em: 02 maio 2016.

ITÁLIA. Corte Costituzionale. Sentenza no 84/1969. Disponível em: http://www.cortecostituzionale.it/actionPronuncia.do. Acesso em: 14 ago. 2016.

ITÁLIA. Corte di Cassazione. Sentenza no 11352/1995. In: GIUGNI, Gino. *Diritto Sindacale*. Bari, Cacucci Editore, 2008.

ITÁLIA. Corte di Cassazione. Sentenza no 1147/1991. *In:* CANGEMI, Vincenzo. *Tesi di Laurea Magistrale in Diritto del Lavoro.* Università di Bologna, Bolonha, 2011.

ITÁLIA. Corte di Cassazione. Sentenza no 1492/1986. *In:* GIUGNI, Gino. Diritto Sindacale. Bari, Cacucci Editore, 2008.

ITÁLIA. Corte di Cassazione. Sentenza no 16.515/04. *In:* VALENTINI, Vincenzo. *Sciopero politico e "diritto di sciopero":* Il difficile equilibrio tra "libertà sociali" categorie giuridiche e regole. AA.VV., Scritti in memoria di Matteo Dell'Olio, Giappichelli, Turim, 2008.

ITÁLIA. Corte di Cassazione. Sentenza no 2.179/1979. *In:* CANGEMI, Vincenzo. *Tesi di Laurea Magistrale in Diritto del Lavoro.* Università di Bologna, Bolonha, 2011.

ITÁLIA. Corte di Cassazione. Sentenza no 2.214/86. *In:* GIUGNI, Gino. *Diritto Sindacale.* Bari, Cacucci Editore, 2008.

ITÁLIA. Corte di Cassazione. Sentenza no 2.433/1974. *In:* CANGEMI, Vincenzo. *Tesi di Laurea Magistrale in Diritto del Lavoro.* Università di Bologna, Bolonha, 2011.

ITÁLIA. Corte di Cassazione. Sentenza no 2.840/1984. *In:* CANGEMI, Vincenzo. *Tesi di Laurea Magistrale in Diritto del Lavoro.* Università di Bologna, Bolonha, 2011.

ITÁLIA. Corte di Cassazione. Sentenza no 20164/2007. *In:* CANGEMI, Vincenzo. *Tesi di Laurea Magistrale in Diritto del Lavoro.* Bolonha: Università di Bologna, 2011.

ITÁLIA. Corte di Cassazione. Sentenza no 2045/1998. *In:* CANGEMI, Vincenzo. *Tesi di Laurea Magistrale in Diritto del Lavoro.* Università di Bologna, Bolonha, 2011.

ITÁLIA. Corte di Cassazione. Sentenza no 4.212/1979. *In:* CANGEMI, Vincenzo. *Tesi di Laurea Magistrale in Diritto del Lavoro.* Università di Bologna, Bolonha, 2011.

ITÁLIA. Corte di Cassazione. Sentenza no 512/1967. *In:* GIUGNI, Gino. *Diritto Sindacale.* Bari, Cacucci Editore, 2008.

ITÁLIA. Corte di Cassazione. Sentenza no 7092/1986. *In:* CANGEMI, Vincenzo. *Tesi di Laurea Magistrale in Diritto del Lavoro.* Università di Bologna, Bolonha, 2011.

ITÁLIA. Corte di Cassazione. Sentenza no 711/1980. *In:* VALLEBONA, Antonio. *Istituzioni di diritto del lavoro.* v. 1: Il diritto sindacale. Pádua, CEDAM, 2008.

ITÁLIA. Corte di Cassazione. Sentenza no 7196/2001. *In:* GIUGNI, Gino. *Diritto Sindacale.* Bari, Cacucci Editore, 2008.

ITÁLIA. Corte di Cassazione. Sentenza no 8273/1997. *In:* BALLESTRERO, Maria Vittoria. *Diritto Sindacale.* Torino, G. Giappichelli, 2012.

ITÁLIA. Costituzione della Repubblica Italiana. Promulgada em 27 de dezembro de 1948. Disponível em: http://www.quirinale.it/qrnw/statico/costituzione/pdf/Costituzione.pdf. Acesso em: 13 fev. 2016.

ITÁLIA. Decreto Legislativo no 276/2003. Attuazione delle deleghe in materia di occupazione e mercato del lavoro, di cui alla legge 14 febbraio 2003, n. 30. Disponível em: http://www.camera.it/parlam/leggi/deleghe/03276dl1.htm. Acesso em: 18 ago. 2020.

ITÁLIA. Decreto Legislativo no 368/2001. Attuazione della direttiva 1999/70/CE relativa all'accordo quadro sul lavoro a tempo determinato concluso dall'UNICE, dal CEEP e dal CES. Disponível em: http://www.camera.it/parlam/leggi/deleghe/01368dl.htm. Acesso em: 18 ago. 2020.

ITÁLIA. Lei nº 146/1990. Lei sobre a greve nos serviços públicos essenciais. Disponível em: http://www.altalex.com/documents/codici-altalex/2014/04/01/sciopero-nei-servizi-pubblici-essenziali. Acesso em: 18 ago. 2020.

ITÁLIA. Lei no 300/1970. Statuto dei Lavoratori. Disponível em: http://www.altalex.com/documents/codici-altalex/2014/10/30/statuto-dei-lavoratori#titolo4. Acesso em: 18 ago. 2020.

ITÁLIA. Lei no 604/1966. Norme sui licenziamenti individuali. Disponível em: http://www.provincia.pistoia.it/LAVORO/NORMATIVA/GestioneRapportoLavoro/Legge_604_66.pdf. Acesso em: 24 abr. 2016.

ITÁLIA. R.D.L. 13 novembre 1924, n. 1825 Convertito in Legge 18.3.1926 n. 562. Disposizioni relative al contratto d'impiego privato. Disponível em: http://guide.supereva.it/diritto/interventi/2001/04/38836.shtml. Acesso em: 18 ago. 2020.

IZZO, Francesca. Le culture del femminismo: dalla liberazione alla differenza al gender *In:* VACCA, Giuseppe. *La crisi del soggetto*: Marxismo e filosofia in Italia negli anni Setanta e Ottanta. Roma: Carocci Editore, 2015.

JORDAN, Christopher; MORITZ; Pauline. German Federal Constitutional Court: trade unions may use flash mobs as means of industrial action. Disponível em: http://www.lexology.com/library/detail.aspx?g=a8a5a3d8-ec88-4207-bc6c-e61ed4d2f937. Acesso em: 18 ago. 2020.

JUSBRASIL. Estado de mobilização: UNAFE amplia protesto e recomenda a recusa de tarefas administrativas aos membros da AGU. Disponível em: https://unafe.jusbrasil.com.br/noticias/222547312/estado-de-mobilizacao-unafe-amplia-protesto-e-recomenda-a-recusa-de-tarefas-administrativas-aos-membros-da-agu. Acesso em: 25 ago. 2020.

KAHN-FREUND, Otto. *Labour relations and the Law*: A comparative Study. Londres: Stevens and Sons, 1965.

KELSEN, Hans. *Teoria Pura do Direito*. Coimbra: Armênio Amado, 1979.

KERGOAT, Danièle. Dinâmica e consubstancialidade das relações sociais. *Novos Estudos Cebrap*, São Paulo, n. 86, 2010.

KIAI, Maina. Report of the Special Rapporteur on the rights to freedom of peaceful assembly and of association, 2012. Disponível em: http://www.ohchr.org/Documents/HRBodies/HRCouncil/RegularSession/Session20/A-HRC-20-27_en.pdf. Acesso em: 18 ago. 2020.

KIMELDORF, Howard; MEYER, Rachel; PRASAD; Monica; ROBINSON, Ian. Consumers of the World Unite: A Market-based Response to Sweatshops. *Labor Studies Journal*, v. 29, n. 3, p. 57–79, 2004.

KRISCHKE, Paulo; SCHERER-WARREN, Ilse. *Uma revolução no cotidiano?* Os novos movimentos sociais na América do Sul. São Paulo: Brasiliense, 1987.

KSHIURA JÚNIOR, Celso Naoto. Dialética e forma jurídica: considerações acerca do método de Pachukanis. *In:* NAVES, Márcio Bilharinho (Org.). *O discreto charme do direito burguês*: ensaios sobre Pachukanis. Campinas: UNICAMP, 2009.

KUHN, Thomas. *A estrutura das revoluções científicas*. São Paulo: Perspectiva, 2006.

LAMBERTUCCI, Pietro. *Il c.d. "sciopero a singhiozzo" nella giurisprudenza della Corte di Cassazione (con particolare riferimento alla sentenza n.711 del 30 gennaio 1980)*. Roma: RGL, 1980.

LASH, Scott. A reflexividade e seus duplos: Estrutura, Estética, Comunidade. *In:* GIDDENS, Anthony; BECK, Ulrich. *Modernização Reflexiva*. São Paulo: Unesp, 1997.

LASSANDARI, Andrea. La tutela collettiva nell'età della competizione economica globale. Bolonha: RGL, 2005.

LAURETIS, Teresa de. *Technologies of Gender:* Essays on Theory, Film, and Fiction. Bloomington: Indiana University Press, 1987.

LAVALLE, Adrián Gurza; HOUTZAGER, Peter; CASTELLO, Graziela. Democracia, pluralização da representação e sociedade civil. *Lua Nova*, São Paulo, n. 67, p. 49-103, 2006.

LAZZARATO, Maurizio. Capitalismo cognitivo e trabalho imaterial. 2006. Disponível em: http://cartamaior.com.br/?/Editoria/Midia/Capitalismo-cognitivo-e-trabalho-imaterial/12/12131. Acesso em: 18 ago. 2020.

LEFEBVRE, Henri. A produção do espaço (Prefácio). *Revista Estudos Avançados*, Coimbra, v. 27, n. 79, 2013.

LEFEBVRE, Henri. *O direito à cidade*. São Paulo: Centauro, 2008.

LEGAMBIENTE. Ambientalismo scientifico, volontariato, solidarietà. Disponível em: http://www.legambiente.it/legambiente. Acesso em: 18 ago. 2020.

LIGA OPERÁRIA. Morte de operário em obra de estádio da copa do mundo em Brasília. 2012. Disponível em: http://www.ligaoperaria.org.br/1/?p=2282. Acesso em: 27 maio 2016.

LINHARES, Rodrigo. As greves de 2011 a 2013. *Revista Ciências do Trabalho*, São Paulo, n. 5, 2015.

LINHART, Danièle. *A desmedida do capital*. São Paulo: Boitempo, 2007.

LIPIETZ, Alain. Fordismo, Fordismo Periférico e Metropolização. *Ensaios FEE*, Porto Alegre, ano 10, n. 2, 1989.

LISO, Francesco. Mora del creditore (Dir. Lav.). *Enciclopedia del diritto XXVI*. Milão: Giuffrè, 1976.

LOJKINE, Jean. *A classe operária em mutação*. Belo Horizonte: Oficina de livros, 1990.

LONZI, Carla. *Sputiamo su Hegel*. Roma: Editoriale Grafica, 1970.

LOPERA, María Teresa; CUERO, John Faber. John Stuart Mill, John Rawls y Amartya Sen: los tres nombres de la equidad. *Lecturas de Economía*, n. 46, p. 97-126, 1997.

LOWY, Ilana. Ciências e gênero. Dicionário crítico do feminismo. São Paulo, Editora da Unesp. *In:* HIRATA, Helena. Gênero, classe e raça: interseccionalidade e consubstancialidade das relações sociais. *Tempo Social*, São Paulo, v. 26, n. 1, junho, 2014.

LUCIFREDI, Enrico. *Tutela della produzione e diritto di sciopero*. Roma: MGL, 1982.

LUKÁCS, Georg. *História e Consciência de Classe*. São Paulo: Martins Fontes, 2003.

LUMIER, Jacob. *Laicidade e dialética*: dois artigos saint-simonianos para a sociologia do conhecimento. Rio de Janeiro: Literatura Digital, 2007.

LYON-CAEN, Gérard; PÉLISSIER, Jean. *Droit du Travail*. Paris: Dalloz, 1996.

MACHADO, Frederico Viana. Subjetivação política e identidade: contribuições de Jacques Rancière para a psicologia política. *Psicologia Política*, São Paulo, v. 13, n. 27, 2013.

MAGANO, Octavio Bueno. *Direito Coletivo do Trabalho*. São Paulo: LTr, 1990.

MAGNANI, Mariella. *Diritto Sindacale Europeo e Comparato*. Turim: G. Giappichelli Editore, 2015.

MAIOR, Jorge Luiz Souto. As ilegalidades cometidas contra o direito de greve: o caso dos metroviários de São Paulo. Blog da Boitempo, 2014a. Disponível em: http://blogdaboitempo.com.br/2014/06/08/as-ilegalidades-cometidas-contra-o-direito-de-greve-o-caso-dos-metroviarios-de-sao-paulo/. Acesso em: 18 ago. 2020.

MAIOR, Jorge Luiz Souto. Ato pelo direito de greve. ANAMATRA – Associação Nacional dos Magistrados da Justiça do Trabalho, 2012. Disponível em: http://www.anamatra.org.br/index.php/artigos/greve/. Acesso em: 23 fev. 2016.

MAIOR, Jorge Luiz Souto. Em defesa do Direito de Greve dos trabalhadores garis: oencontro do carnaval com sua história. Carta Maior, 2014b. Disponível em: http://www.cartamaior.com.br/?/Editoria/Movimentos-Sociais/Em-Defesa-do-Direito-de-Greve-dos-Trabalhadores-Garis-o-encontro-do-Carnaval-com-sua-historia/2/30417. Acesso em: 18 ago. 2020.

MAIOR, Jorge Luiz Souto. Greve e salário. 2010. Disponível em: http://www.migalhas.com.br/dePeso/16, MI109693,81042-Greve+e+salario/. Acesso em: 18 ago. 2020.

MAIOR, Jorge Luiz Souto. Greve. 2011. Disponível em: http://www.jorgesoutomaior.com/uploads/5/3/9/1/53916439/greve.pdf. Acesso em: 18 ago. 2020.

MAIOR, Jorge Luiz Souto. Liminar da Justiça do Trabalho impede o Habib's de explorar politicamente seus empregados. Campinas, 2016. Disponível em http://www.jorgesoutomaior.com/blog/importante-decisao-da-justica-do-trabalho-em-campinas. Acesso em: 18 ago. 2020.

MAIOR, Jorge Luiz Souto. Massacre de trabalhadores nunca mais: o exemplo do Paraná. Blog da Boitempo, 2015. Disponível em: http://blogdaboitempo.com.br/2015/05/12/massacre-de-trabalhadores-nunca-mais-o-exemplo-do-parana/. Acesso em: 18 ago. 2020.

MANCINI, Giuseppe Federico. *Sindacato e Costituzione trent'anni dopo*. Costituzione e movimento operaio. Bolonha, 1976.

MANDEL, Ernest. *Introdução ao marxismo*. Porto Alegre: Movimento, 1982.

MARANHÃO, Délio; SÜSSEKIND, Arnaldo; SEGADAS VIANNA, José. *Instituições de Direito do Trabalho*, v. 2, Rio de Janeiro: Freitas Bastos, 1984.

MARQUES, Ângela. Comunicação, estética e política: a partilha do sensível promovida pelo dissenso, pela resistência e pela comunidade. *Revista Galáxia*, São Paulo, n. 22, p. 25-39, dez. 2011.

MARRADI, Claudio; BISSO, Raffaello. *Le quattro giornate di Genova*. Genova: Fratelli Frilli Editori, 2001.

MARTONE, Michel. *Governo dell'economia e azione sindacale*. Roma: CEDAM, 2006.

MARX, Karl. *Manuscritos Econômico-Filosóficos*. São Paulo: Boitempo, 2008.

MASCARO, Alysson Leandro. Pachukanis e Stutchka: O Direito, entre o poder e o capital. In: NAVES, Márcio Bilharinho (Org.). *O discreto charme do direito burguês*: ensaios sobre Pachukanis. Campinas: UNICAMP, 2009.

MASSONI, Túlio; COLUMBU; Francesca. Por uma concepção democrática de categoria sindical. *Revista de Direito do Trabalho*, São Paulo, ano 40, v. 159, 2014.

MAZZONI, Giuliano. *Manuale di diritto del lavoro*. Milão: Giuffrè, 1988. v. 1.

MELGAR, Alfredo Montoya. *Derecho del Trabajo*. Madri: Tecnos, 1998.

MELO, Raimundo Simão. *A greve no direito brasileiro*. São Paulo: LTr, 2006.

MELO, Raimundo Simão. Ajuizamento de dissídio coletivo de comum acordo. *Revista do Tribunal Superior do Trabalho*, Brasília, v. 72, n. 2, maio/ago. 2006.

MELO, Raimundo Simão. *Direito Ambiental do Trabalho e a Saúde do Trabalhador*. São Paulo: LTr, 2004.

MELO, Rúrion. A teoria crítica dos sistemas da escola de Frankfurt. *Novos estudos – CEBRAP*, n. 86, São Paulo, 2010.

MELUCCI, Alberto. Um objetivo para os movimentos sociais? *Lua Nova*, n. 17, São Paulo, 1989.

MENDES, Marcus Menezes Barberino; CHAVES JÚNIOR, José Eduardo de Resende. Subordinação estrutural-reticular: uma perspectiva sobre a segurança jurídica. *Rev. Trib. Reg. Trab. 3ª Reg.*, Belo Horizonte, v. 46, n. 76, p. 197-218, jul./dez. 2007.

MENDONÇA Daniel; VIEIRA JÚNIOR, Roberto. Rancière e Laclau: democracia além do consenso e da ordem. *Revista Brasileira de Ciência Política*, Brasília, n. 13, jan./abr. 2014.

MENEZES, Cláudio Armando Couce. *O direito fundamental de greve sob uma nova perspectiva*. São Paulo, LTr, 2013.

MENGONI, Luigi. Limiti giuridici del diritto di sciopero. *Riv. Dir. Lav.*, Roma, 1949.

MENGONI, Luigi. *Lo Sciopero nel diritto civile*. Atti del I Convegno di diritto e procedura penale. Giuffrè: Milão, 1964.

MERCOSUL. Mercado Comum do Sul. 2016. Disponível em: <www.mercosul.gov.br>. Acesso em: 20 fev. 2016.

MÉSZÁROS, István. *Produção destrutiva e Estado capitalista*. São Paulo: Ensaio, 1996.

MEYERSON, Harold. O trabalho em uma encruzilhada: mais vitórias pelo salário mínimo, menos representação sindical. 2015. Disponível em: http://www.dmtemdebate.com.br/o-trabalho-em-uma-encruzilhada-mais-vitorias-pelo-salario-minimo--menos-representacao-sindical/. Acesso em: 18 ago. 2020.

MIGNOLO, Walter. Os esplendores e as misérias da ciência: colonialidade, geopolítica do conhecimento e pluri-versalidade epistêmica. *In:* SANTOS, Boaventura de Sousa (Org.). *Conhecimento Prudente para uma Vida Decente*: 'um discurso sobre as ciências' revisitado. São Paulo: Cortez, 2006. p. 667-771.

MINISTÉRIO PÚBLICO DO TRABALHO. Ambev faz acordo para financiar campanha publicitária contra assédio moral, 2008. Disponível em: http://www.pgt.mpt.gov.br/pgtgc/publicacao/engine.wsp?tmp.area=270&tmp.texto=7636. Acesso em: 18 ago. 2020.

MOMEZZO, Marta Casadei. *A greve em serviços essenciais e a atuação do Ministério Público do Trabalho*. Tese (Doutorado) – Pontifícia Universidade Católica, São Paulo, 2007.

MONEDERO, Juan Carlos. *Precariado*: a frustração no capitalismo do desejo. São Paulo: Autêntica, 2013.

MONTANARI, Bruno. *Fenomeni Sociali e Lettura Giuridica*. Turim: Giappichelli, 1989.

MONTAÑO, Carlos; DURIGETTO, Maria Lúcia. *Estado, classe e movimento social*. São Paulo: Cortez, 2011.

MONTUSCHI, Luigi. *Il diritto di sciopero e il c.d. danno ingiusto*. Milão: RTDPC, 1968.

MORAES FILHO, Evaristo. *Introdução ao Direito do Trabalho*. Rio de Janeiro: Revista Forense, 1956.

MORAES FILHO, Evaristo. *Tratado Elementar de Direito do Trabalho*. Rio de Janeiro: Freitas Bastos, 1951.

MOVIMENTO DOS TRABALHADORES RURAIS SEM TERRA (MST). Nossa História. 2016. Disponível em: http://www.mst.org.br/nossa-historia/. Acesso em: 4 fev. 2016.

MOVIMENTO PASSE LIVRE – SÃO PAULO. Não começou em Salvador e Não vai terminar em São Paulo. *In:* VAINER, Carlos et al (Orgs.). *Cidades Rebeldes:* Passe Livre e as manifestações que tomaram as ruas do Brasil. São Paulo: Boitempo, 2013.

MÜLLER, Friedrich. *O Novo Paradigma do Direito:* introdução à teoria e metódica estruturantes do direito. São Paulo: Revista dos Tribunais, 2007.

MUNCK, Ronaldo. Labour in the Global: Challenges and Prospects. *In:* COHEN, R.; RAI, S. M (Orgs.). *Global Social Movements*. Londres: The Athlone Press, 2000.

NASCIMENTO, Amauri Mascaro. *Comentários à Lei de Greve*. São Paulo: LTr, 1990.

NASCIMENTO, Amauri Mascaro. *Direito sindical*. São Paulo, Saraiva, 1989.

NASCIMENTO, Cláudio. Sindicato cidadão e formação para cidadania: Questões atuais sobre sindicalismo e qualificação profissional. *In:* CUT: Educação e Sindicalismo. *Caderno de apoio às atividades de formação do programa nacional de formação de formadores e capacitação de conselheiros*. Florianópolis: CUT, 1998.

NATOLI, Ugo. Ancora a proposito di danno del datore di lavoro e di legittimità dello sciopero. *Riv. giur. lav.*, Roma, 1988.

NATOLI, Ugo. Sciopero e statuto dei diritti dei lavoratori. *Rivista Giuridica del Lavoro e della Previdenza Sociale*, Roma, 1971.

NAVES, Márcio Bilharinho. Observações sobre "O discreto charme do Direito burguês: uma nota sobre Pachukanis". *In:* NAVES, Márcio Bilharinho (Org.). *O discreto charme do direito burguês*: Ensaios sobre Pachukanis. Campinas: UNICAMP, 2009.

NEGRI, Antonio. *Dall'operaio massa all'operaio sociale*: intervista sull'operaismo. Milão: Multhipla Edizione, 1979.

NEGRI, Antonio; HARDT, Michael. *Império*. Rio de Janeiro: Record, 2014.

NICOLI, Pedro Augusto Gravatá. *O sujeito trabalhador e o direito internacional social*: a aplicação ampliada das normas da organização internacional do trabalho. Tese (Doutorado) – Faculdade de Direito e Ciências do Estado da Universidade do Estado de Minas Gerais, Universidade Federal de Minas Gerais, Belo Horizonte, 2015.

NICOLI, Pedro Augusto Gravatá. *O sujeito trabalhador e o direito internacional social*: a aplicação ampliada das normas da organização internacional do trabalho. Tese (Doutorado) – Faculdade de Direito e Ciências do Estado da Universidade do Estado de Minas Gerais, Universidade Federal de Minas Gerais, Belo Horizonte, 2015.

NORONHA, Eduardo. A explosão das greves na década de 80. *In:* BOITO JÚNIOR, Armando (Org.). *O sindicalismo brasileiro nos anos 80*. Rio de Janeiro: Paz e Terra, 1991.

NORONHA, Eduardo. Ciclo de greves, transição política e estabilização: Brasil, 1978-2007. *Lua Nova*, São Paulo, n. 76, p. 119-168, 2009.

NUNES, Rodrigo. *Organisation of the Organisationless*: Collective Action After Networks. Lüneburg: PML Books, 2014.

OFFE, Claus. *Partidos políticos y nuevos movimientos sociales*. Madrid: Sistema, 1987.

OFFE, Claus. Trabalho: A Categoria-Chave da Sociologia? *Revista Brasileira de Ciências Sociais*, Rio de Janeiro, v. 4, n. 10, 1989.

OHNO, Taiichi. *O sistema Toyota de produção*: além da produção em larga escala. Porto Alegre: Bookman, 1997.

OLIVEIRA, Sebastião Geraldo de. *Proteção Jurídica à Saúde do Trabalhador*. São Paulo: LTr, 2002.

ONIDA, Valerio. *Due passi avanti e uno indietro in tema di valutazione costituzionale dello sciopero*. Giurisprudenza Costituzionale. Roma, 1974.

ORGANISATION FOR ECONOMIC CO-OPERATION AND DEVELOPMENT. History. 2016. Disponível em: http://www.oecd.org/about/history/. Acesso em: 22 ago. 2016.

ORGANIZAÇÃO DOS ESTADOS AMERICANOS. Carta Democrática Interamericana, 2001. Disponível em: http://www.oas.org/Democractic_Charter.htm. Acesso em: 05 set. 2016.

ORGANIZAÇÃO INTERNACIONAL DO TRABALHO (ILO). Digest of decisions and principles of the Freedom of Association Committee of the Governing Body of the ILO. 2006. Disponível em http://www.ilo.org/global/standards/applying-and-promoting-international-labour-standards/committee-on-freedom-of-association/WCMS_090632/lang--en/index.htm. Acesso em: 18 fev. 2016.

ORGANIZAÇÃO INTERNACIONAL DO TRABALHO (ILO). World of Work Report 2014: Developing with jobs. Genebra, ILO, 2014. Disponível em: http://www.ilo.org/global/research/global-reports/world-ofwork/2014/WCMS_243961/lang--en/index.htm. Acesso em: 15 fev. 2016.

ORGANIZAÇÃO INTERNACIONAL DO TRABALHO (OIT). Convenção no 155 sobre Segurança e Saúde dos Trabalhadores, 1948. Disponível em: http://www.oit.org.br/node/504. Acesso em: 26 fev. 2016.

ORGANIZAÇÃO INTERNACIONAL DO TRABALHO (OIT). Convenção no 87 sobre Liberdade Sindical e Proteção ao Direito de Sindicalização, 1948. Disponível em http://www.oit.org.br/content/liberdade-sindical-e-prote%C3%A7%C3%A3o-ao-direito-de-sindicaliza%C3%A7%C3%A3o. Acesso em: 17 fev. 2016.

ORGANIZAÇÃO INTERNACIONAL DO TRABALHO (OIT). Convenção no 98 sobre Direito de Sindicalização e de Negociação Coletiva, 1951. Disponível em: http://www.oit.org.br/node/465. Acesso em: 17 fev. 2016.

ORGANIZAÇÃO INTERNACIONAL DO TRABALHO (OIT). Declaração da Organização Internacional do Trabalho sobre os princípios e direitos fundamentais no trabalho, 1998. Disponível em: http://www.ilo.org/public/english/standards/declaration. Acesso em: 17 fev. 2016.

ORGANIZAÇÃO INTERNACIONAL DO TRABALHO (OIT). Declaração tripartite de princípios sobre empresas multinacionais e política social, 1977. Disponível em http://www.ilo.org/wcmsp5/groups/public/ed_emp/emp_ent/multi/documents/publication/wcms_211136.pdf. Acesso em: 22 ago. 2016.

ORGANIZAÇÃO INTERNACIONAL DO TRABALHO (OIT). Material Institucional, 2012. Disponível em: http://www.ilo.org/public//portugue/region/ampro/brasilia/inst/struct/conselho.htm. Acesso em: 17 fev. 2016.

ORGANIZAÇÃO INTERNACIONAL DO TRABALHO. World of Work Report 2008: income inequalities in the age of financial globalization. Genebra, ILO, 2008. http://www.oitbrasil.org.br/sites/default/files/topic/employment/doc/world_work_report_2008_53.pdf. Acesso em: 15 ago. 2016.

ORLANDINI, Giovanni. *Diritto di sciopero, azioni collettive transnazionali e mercato interno dei servizi:* nuovi dilemmi e nuovi scenari per il diritto sociale europeo. Catania, Centro Studi di Diritto del Lavoro Europeo Massimo D'Antona, 2006.

ORLANDINI, Giovanni. *Mercato unico dei servizi e tutela del lavoro.* Milão: FrancoAngeli, 2013.

ORLANDINI, Giovanni. *Sciopero articolato e rifiuto delle prestazioni.* Roma: DLRI, 1998.

PACHUKANIS, Evgeni. *A teoria geral do Direito e o marxismo.* Coimbra: Centelha, 1977.

PACHUKANIS, Evgeni. *Theory of State and law.* Madison: College Printing and Publishing, 1970.

PAIXÃO, Cristiano. Greve e cidadania: entenda a greve dos petroleiros, 2020. Disponível em: cartacapital.com.br/opiniao/greve-e-cidadania-entenda-a-greve-dos-petroleiros/. Acesso em: 18 ago. 2020.

PALLAMIN, Vera. Aspectos da relação entre o estético e o político em Jacques Rancière. *Revista de Pesquisa em Arquitetura e Urbanismo,* RISCO-USP, n. 12, 2010.

PAMPLONA FILHO, Rodolfo. Centrais sindicais e sindicalização por categorias. *In:* PRADO, Ney. PRADO, Ney (Coord.). *Direito sindical brasileiro:* Estudos em homenagem ao Prof. Arion Sayão Romita. São Paulo: LTr, 1998.

PAOLI, Maria Célia. *Os direitos do trabalho e sua justiça:* em busca das referências democráticas. Revista USP, 1994.

PELISSIER, Jean. La liberté du travail. *Droit Social,* Paris, n. esp. 1, p. 19-26, jan. 1990.

PERA, Giuseppe. *La Corte Costituzionale e lo sciopero politico.* Pádua: CEDAM, 1974.

PERA, Giuseppe. Lo sciopero contro la partecipazione italiana. *Orientamenti della giurisprudenza del lavoro,* v. 49, 2000.

PERA, Giuseppe. *Serrata e diritto di sciopero.* Giuffrè: Milano, 1969.

PERGOLESI, Ferrucio. *Diritto Sindacale.* Pádua: CEDAM, 1962.

PERLINGIERI, Pietro. *Perfis do Direito Civil:* introdução ao direito civil constitucional. Rio de Janeiro: Renovar, 2002.

PERONE, Giancarlo. A liberdade sindical na Itália. *In:* FREDIANI, Yone; ZAINAGHI, Domingos Sávio (Coords.). *Relações de Direito Coletivo Brasil-Itália.* São Paulo: LTr, 2004.

PERONE, Giancarlo. La giurisprudenza costituzionale in materia di sciopero e serrata. *In:* SCONAMIGLIO, Renato (Org.). *Il lavoro nella giurisprudenza Costituzionale.* Milão: FrancoAngeli, 1978.

PERONE, Giancarlo. *Lineamenti di Diritto del Lavoro*: Evoluzione e Partizione della Materia Tipologie Lavorative e Fonti. Appendice do Aggiornamento. Turim: G. Giappichelli Editore, 2008.

PERONE, Giancarlo; BOSON, Luís Felipe Lopes. *Sindicatos na União Europeia e no Brasil*: estímulos para uma reflexão comparativa. São Paulo: LTr, 2015.

PERSIANI, Mattia. *Diritto Sindacale*. Pádua: CEDAM, 2005.

PERULLI, Adalberto. Globalizzazione e dumping sociale: Quali rimedi? *Lavoro e Diritto*, ano XXV, n. 1, Roma, 2011.

PINO, Giorgio. Interpretazione cognitiva, interpretazione decisoria, interpretazione creativa. *Rivista di Filosofia del diritto*, Bolonha: Mulino, 2013.

PINO, Giovanni. *Conflitto e autonomia collettiva*. Contributo allo studio della regolamentazione contrattuale del diritto di sciopero. Turim: Giappichelli, 2005.

PIOVESAN, Flávia. *Direitos humanos e o direito constitucional internacional*. São Paulo: Saraiva, 2010.

PIZZORNO, Alessandro. *Identità e interesse*. Turim: Rosemberg, 1983.

POCHMANN, Marcio. *Nova classe média?* O trabalho na base da pirâmide social brasileira. São Paulo: Boitempo, 2012.

POCHMANN, Marcio. *Relações de Trabalho e Padrão de Organização Sindical no Brasil*. São Paulo: LTr, 2003.

POGGI, Gianfranco. *A evolução do Estado Moderno*. Rio de Janeiro: Zahar, 1981.

POLANYI, Karl. *A grande transformação*: as origens da nossa época. São Paulo: Campos, 2000.

POLIDO, Fabrício; BASSO, Maristela. A convenção 87 da OIT sobre liberdade sindical de 1948: recomendações para a adequação do direito interno brasileiro aos princípios e regras internacionais do trabalho. *Revista do Tribunal Superior do Trabalho*, Brasília, v. 78, n. 3, jul/set 2012.

PORTO, Lorena Vasconcelos. *A subordinação no contrato de trabalho*: uma releitura necessária. São Paulo: LTr, 2009.

PRAÇA LIVRE BH. Brasil: Multidões fazem Praia numa Cidade de Montanha. 2010. Disponível em <https://pracalivrebh.wordpress.com/tag/decreto-13-79809/>. Acesso em: 12 ago. 2016.

PRADO, José Luiz Aidar. O enredamento globalizante de Castells. In: PRADO, J. L. A. & SOVIK, L. (Orgs.). *Lugar global e lugar nenhum*: ensaios sobre democracia e globalização. São Paulo: Hacker, 2001.

PROSPERETTI, Giulio. *L'autonomia collettiva e i diritti sindacali*. Milão: UTET, 2011.

QUERIDO, Fabio Mascaro. Crise da modernidade, marxismo e (pós) modernismo. *Caderno CRH*, Salvador, v. 26, n. 67, jan./abr. 2013.

QUIJANO, Aníbal. *Colonialidad del poder y clasificación social*. Cuestiones y horizontes: de la dependencia histórico-estructural a la colonialidad/descolonialidad del poder. Buenos Aires, Argentina: CLACSO 2014.

QUIJANO, Aníbal. Colonialidad del poder, globalización y democracia. *Revista de Ciencias Sociales de la Universidad Autónoma de Nuevo León*, Monterrey, ano 4, n. 7-8, set./abr., 2002.

QUIJANO, Aníbal. Colonialidade do Poder, Eurocentrismo e América Latina. *In:* LANDER, Edgardo (Org.). *A colonialidade do saber*: eurocentrismo e ciências sociais. Perspectivas latino-americanas. Colección Sur Sur, Buenos Aires, Argentina: CLACSO, 2000.

RAMOS, Marcelo Maciel; NICOLI, Pedro Augusto Gravatá. Cidadania cosmopolita e direito social: a nacionalidade como margem na proteção ao trabalho. *In:* VIANA, Márcio Túlio; ROCHA, Cláudio Jannotti. (Orgs.). *Como aplicar a CLT à luz da Constituição*. São Paulo: LTr, 2016.

RANCIÈRE, Jacques. A estética como política. *Devires*, Belo Horizonte, v. 7, n. 2, p. 14-36, jul./dez., 2010.

RANCIÈRE, Jacques. *A partilha do sensível*: estética e política. Paris: Editora 34, 2009.

RANCIÈRE, Jacques. Entrevista com Jacques Rancière sobre os movimentos de ocupação e a democracia. 2012. Disponível em: www.revistaforum.com.br/2012/01/17/entrevista-com-jacques-ranciere-sobre-os-movimentos-de-ocupacao-e-a-democracia/. Acesso em: 18 ago. 2020.

RANCIÈRE, Jacques. *O desentendimento*: política e filosofia. Paris: Editora 34, 1996.

RANCIÈRE, Jacques. *O ódio à democracia*. São Paulo: Boitempo, 2014.

RANCIÈRE, Jacques. Política da arte. *Texto da conferência realizada no SESC*, São Paulo, 2005.

RANGEL, Jesus Antonio de la Torre. *El derecho que nace del pueblo*. México: Cira, 1986.

RAPARELLI, Francesco. Il meraviglioso mondo di Oz: nascono le Officine Zero, 2013. Disponível em: http://www.dinamopress.it/news/il-meraviglioso-mondo-di-oz-nascono-le-officine-zero. Acesso em: 18 ago. 2020.

RASLAN, Filipe Oliveira. Resistindo com classe: o caso da ocupação da Flaskô. Dissertação de Mestrado. Faculdade de Filosofia e Ciências do Estado da UNICAMP, Campinas, 2007.

RECASÉNS SICHES, Luis. *Panorama del pensamiento juridico en el siglo XX*. Cidade do México: Porrúa, 1963. v. 1.

REDE BRASIL ATUAL. Impeachment de Dilma é golpe de Estado, decide Tribunal Internacional. 2016. Disponível em: http://www.redebrasilatual.com.br/politica/2016/07/impeachment-de-dilma-e-golpe-de-estado-decide-tribunal-internacional-2792.html. Acesso em: 8 ago. 2016.

REDE SINDICAL INTERNACIONAL DE SOLIDARIEDADE E DE LUTAS. Encontro Internacional – sindicalismo alternativo. Paris, 2013. Disponível em: http://laboursolidarityandstruggle.org/site_francais/wp-content/uploads/2014/02/2013-6-22-R%C3%A9seau-syndical-inter-solidarit%C3%A9-luttes-Port.pdf. Acesso em: 30 jul. 2016.

REIS, Daniela Muradas. A imposição da contribuição sindical e o princípio da liberdade associativa: reflexões sobre o regime democrático e o financiamento sindical brasileiro. *Revista Síntese Trabalhista e Previdenciária*, v. 23, série 268, 2011.

REIS, Daniela Muradas. Crise do Estado Social e Negociação Coletiva. *In:* PIMENTA, José Roberto Freire *et al* (Orgs.). *Direito do Trabalho*: Evolução, Crise, Perspectivas. São Paulo: LTr, 2004.

REIS, Daniela Muradas. Discriminação nas relações de trabalho e emprego: Reflexões sobre o diálogo das fontes nacionais e internacionais. *In:* REIS, Daniela Muradas;

MELLO, Roberta Dantas; COURA, Solange Barbosa de Castro (Orgs.). *Trabalho e justiça social*. São Paulo: LTr, 2013.

REIS, Daniela Muradas. Neoconstitucionalismo e o Direito do Trabalho: As dinâmicas de interação entre a Constituição e a Legislação Trabalhista. *Revista de Direito do Trabalho*. v. 163, ano 41, p. 15-68, São Paulo, Editora RT, maio/jun. 2015.

REIS, Daniela Muradas. *O princípio da vedação do retrocesso no Direito do Trabalho*. São Paulo: LTr, 2010.

REIS, Daniela Muradas; MIRAGLIA, Lívia Mendes; NICOLI, Pedro Augusto Gravatá; BOSON; Victor Hugo Criscuolo. O sindicalismo e as empresas multinacionais. *Artigo apresentado no Congresso "Empresas Multinacionais e o Direito do Trabalho – Estudo Comparado entre Brasil e Uruguai"*. Universidade Federal de Minas Gerais, Belo Horizonte, 2014.

REIS, Daniela Muradas; NICOLI, Pedro Augusto Gravatá. A negociação coletiva transnacional no novo mundo do trabalho. *Revista Fórum de Direito Sindical*. Belo Horizonte, Editora Fórum, 2015.

REPÓRTER BRASIL. App Moda Livre monitora 45 marcas e varejistas de roupa. 2014. Disponível em: http://reporterbrasil.org.br/2014/08/com-nova-atualizacao-app-moda-livre-monitora-45-marcas-e-varejistas-de-roupa/. Acesso em: 18 ago. 2020.

REVISTA FÓRUM. Após opinar sobre política nas redes sociais, professora é intimidada por pais e alunos e pede demissão do colégio. São Paulo, 2016. Disponível em: http://www.revistaforum.com.br/2016/03/22/apos-opinar-sobre-politica-professora-e-intimidada-por-pais-e-alunos-e-pede-demissao-do-colegio/. Acesso em: 18 ago. 2020.

RIBEIRO, Janaína. Alunos da Unicamp têm notas zeradas depois de greve. Notícia publicada no Jornal Estadão, 2016. Disponível em: http://educacao.estadao.com.br/noticias/geral,alunos-da-unicamp-tem-notas-zeradas-apos-greve,10000063972. Acesso em: 18 ago. 2020.

RIBEIRO, Lélia Guimarães de Carvalho. A Greve como legítimo direito de prejudicar. In: FRANCO FILHO, Georgenor de Sousa (Org.). *Curso de Direito Coletivo do Trabalho*: Estudos em Homenagem ao Ministro Orlando Teixeira da Costa. São Paulo: LTr, 1998.

RITTER, Erika. Innovative Industrial Action: Flash Mobs Bound For Germany's Highest Court. 2009. Disponível em: http://www.spiegel.de/international/germany/innovative-industrial-action-flash-mobs-bound-for-germany-s-highest-court-a-652867.html. Acesso em: 18 ago. 2016.

RODRIGUEZ, José Rodrigo; NOBRE, Marcos. Judicialização da política: déficits explicativos e bloqueios normativistas. *Novos estudos*, CEBRAP, São Paulo, n. 91, nov. 2011.

ROJOT, Jacques. France. In: BLANPAIN, Roger (Org.) *Strikes and Lock-outs in industrialized market economies*. Deventer: Kluwer Law and Taxation, 1994.

ROLNIK, Raquel. As vozes das ruas: as revoltas de junho e suas interpretações. In: VAINER, Carlos et al (Orgs.). *Cidades Rebeldes*: Passe Livre e as manifestações que tomaram as ruas do Brasil. São Paulo: Boitempo, 2013.

ROLNIK, Suely. *Geopolítica da cafetinagem*. Cadernos do núcleo de Estudos da Subjetividade Pós-graduação em psicologia clínica, Pontifícia Universidade Católica de São Paulo, São Paulo, 2006.

ROMAGNOLI, Ugo. *Lavoro e Diritto*. Bolonha: Zanichelli Edittore, 2000.

ROMEI, Roberto. *Di che cosa parliamo quando parliamo di sciopero*. Roma: DLRI, 1999.

ROMITA, Arion Sayão. *Os direitos fundamentais nas relações de trabalho*. São Paulo: LTr, 1991.

ROSENVALD, Nelson; FARIAS, Cristiano Chaves. *Direito Civil:* Teoria Geral. São Paulo: Lumen Juris, 2009.

ROTA, Anna. *L'autotutela collettiva tra ipotesi di revisione della disciplina nazionale e prospettive europee*. Tesi in Diritto Dela Lavoro. Università degli Studi di Bologna, Bolonha, 2013.

ROXIN, Claus. Claus Roxin critica aplicação atual da teoria do domínio do fato, 2014. Disponível em <http://www.conjur.com.br/2014-set-01/claus-roxin-critica--aplicacao-atual-teoria-dominio-fato>. Acesso em: 8 ago. 2016.

RUBIN, Gayle. *Deviations*: A Gayle Rubin Reader. Londres: Duke University Press, 2011.

RUGGERI, Andrés. *Las empresas recuperadas: autogestión obrera em Argentina y América Latina*. Buenos Aires: Editorial de La Facultad de Filosofia y Letras, Universidad de Buenos Aires, 2009.

RUIZ, Alicia E. C. Idas y vueltas. *Por una teoría crítica del derecho*. Buenos Aires, Facultad de Derecho, Universidad de Buenos aires, 2001.

RUPRECHT, Alfredo. *Conflitos Coletivos do Trabalho*. São Paulo: LTr, 1995.

RUSCIANO, Mario. Conflitto collettivo e sciopero tra costituzione e ordinamento intersindacale. *In:* PINO, Giovanni (Org.). *Diritto fondamentali e regole del conflitto collettivo*: Experienze e Prospettive. Milão, Giuffrè, 2015.

RUSCIANO, Mario. *L'inter formativo della legge 83/2000*. Roma: DLRI, 2002.

RUSCIANO, Mario. Sul problema dellarappresentanza sindacale. *Gior. Dir. Lav. Rel. Ind.*, Roma, 1987.

SAAD, Eduardo Gabriel. *Constituição e Direito do Trabalho*. São Paulo: LTr, 1989.

SAFATLE, Vladimir. Violência e silêncio. 2013. Disponível em: <http://www1.folha.uol.com.br/colunas/vladimirsafatle/2013/10/1360075-violencia-e-silencio.shtml>. Acesso em: 8 ago. 2016.

SAINT-JOURS, Yves. *L'occupation des lieux de travail accessoirement à la grève*. Paris: Dalloz, 1974.

SALENTO, Angelo. *Postfordismo e ideologie giuridiche: nuove forme d'impresa e crisi del diritto del lavoro*. Milão: FrancoAngeli, 2003.

SANSEVERINO, Luisa Riva. *Curso de Direito do Trabalho*. São Paulo: LTr, 1976.

SANSEVERINO, Luisa Riva. *Diritto Sindacale*. Turim: UTET, 1964.

SANTORO-PASSARELLI, Francesco. Intervento nel Primo Congresso nazionale dell'UGCI. *Justitia, Roma*, n. 10-12, 1949.

SANTORO-PASSARELLI, Francesco. *Noções de Direito do Trabalho*. São Paulo: Revista dos Tribunais, 1973.

SANTORO-PASSARELLI, Giuseppe. *Diritto Sindacale*. Roma: Laterza, 2007.

SANTOS FILHO, João Diogo Urias. *Direito à ocupação e continuação de empresas via gestão operária*: soluções jurídicas a partir de casos brasileiros. Dissertação

(Mestrado) – Faculdade de Direito da Universidade de São Paulo, Universidade de São Paulo, São Paulo, 2013.

SANTOS, Boaventura de Sousa. *A crítica da razão indolente*: contra o desperdício da experiência. São Paulo: Cortez, 2000.

SANTOS, Boaventura de Sousa. *Democratizar a Democracia*: os Caminhos da Democracia Participativa. Rio de Janeiro: Civilização Brasileira, 2002.

SANTOS, Boaventura de Sousa. Subjetividade, cidadania e emancipação. *Revista Crítica de Ciências Sociais*, Coimbra, n. 32, junho, 1991.

SANTOS, Boaventura de Sousa. Um discurso sobre as Ciências na transição para uma ciências pós-moderna. *Estudos Avançados*, Coimbra, 1988.

SANTOS, Roberto O. A. Uma contribuição sociológica à renovação da teoria jurídica da greve. *Revista da Academia Nacional de Direito do Trabalho*, ano 1, n. 1, São Paulo: LTr, 1993.

SANTOS, Ronaldo Lima. *Interditos proibitórios e direito fundamental de greve*. O Trabalho. Encarte 167, 2011.

SANTULLI, Teresa. Antisindacalità e reazioni datoriali allo sciopero: il crumiraggio. *Riv. Giur. Lav., Roma*, 1999.

SCHMITT, Carl. *Teologia Política*. Belo Horizonte: Del Rey, 2006.

SCHMITTER, Philippe. Still the century of corporatism? *Review of Politics*, n. 1, v. 36, 1974.

SCOGNAMIGLIO, Renato. *Il lavoro nella Costituizone Italiana*. Il lavoro nella giurisprudenza Costituzionale. Milão: FrancoAngeli, 1978.

SECCO, Lincoln. As Jornadas de Junho. *In:* VAINER, Carlos *et al* (Orgs.). *Cidades Rebeldes*: Passe Livre e as manifestações que tomaram as ruas do Brasil. São Paulo: Boitempo, 2013.

SEIDMAN, Gay. Transnational Labour Campaigns: Can the Logic of the Market Be Turned Against Itself? *Development and Change*, v. 39, n. 6, p. 991-1003, 2008.

SELIGMANN-SILVA, Márcio: *Walter Benjamin*: o Estado de exceção: entre o político e estético. Revista Outra Travessia, Universidade Federal de Santa Catarina, Florianópolis, 2005.

SELL, Carlos Eduardo. Racionalidade e racionalização em Max Weber. *Revista Brasileira de Ciências Sociais*. São Paulo, v. 27, n. 79, 2012.

SEN, Amartya. *Development as freedom*. Nova York: Anchor Books, 1999.

SÈVE, Lucien. *La mauvaise abstraction*: une introduction à philosophie marxiste. Paris: Editions Sociales, 1980.

SILVA, Antônio Álvares da. *Flexibilização das relações de trabalho*. São Paulo: LTr, 2002.

SILVA, Antônio Álvares da. *Pluralismo sindical na nova Constituição*. Belo Horizonte: Del Rey, 1990.

SILVA, Antônio Álvares da. Unidade e pluralidade sindical. *In:* PRADO, Ney (Coord.). *Direito sindical brasileiro*. Estudos em Homenagem ao Prof. Arion Sayão Romita. São Paulo: LTr, 2008.

SILVA, Carla Luana; BITENCOURT, Caroline Muller. Positivismo jurídico e suas classificações: compreendendo sua importância para a teoria do direito. XII

Seminário Internacional de Demandas Sociais e Políticas Públicas na Sociedade Contemporânea. Santa Cruz do Sul, 2015. Disponível em: <online.unisc.br/acadnet/anais/index.php/13078>. Acesso em: 10 fev. 2016.

SILVA, José Afonso da. *Aplicabilidade das Normas Constitucionais*. São Paulo: Malheiros Editores, 1998.

SILVA, José Afonso. *Curso de Direito Constitucional positivo*. São Paulo: LTr, 1997.

SILVA, Luiz de Pinho Pedreira da. *A greve com ocupação de locais de trabalho*. São Paulo: LTr, 1993.

SILVA, Luiz de Pinho Pedreira da. *Ensaios de Direito do Trabalho*. São Paulo: LTr, 1998.

SILVA, Sayonara Grillo Coutinho Leonardo. Direitos fundamentais e liberdade sindical no sistema de garantias: um diálogo com Luigi Ferrajoli. *Revista da Faculdade de Direito de Campos*, ano VI, n. 6, jun. 2005.

SILVA, Sayonara Grillo Coutinho Leonardo. O Direito do Trabalho por Evaristo de Moraes Filho: uma contribuição à compreensão da cultura jurídica trabalhista brasileira. *Revista da Faculdade Mineira de Direito*, v. 18, n. 36, 2015.

SILVA, Sayonara Grillo Coutinho Leonardo. *Relações coletivas de trabalho*: Configurações Institucionais no Brasil Contemporâneo. São Paulo: LTr, 2008.

SILVEIRA, Mariana Moraes. De uma República a outra: notas sobre os Códigos Penais de 1890 e de 1940. *Revista do CAAP*, Belo Horizonte, 2010, .

SIMI, Valente. *Il diritto di sciopero*. Milão: Giuffrè, 1956.

SINAY, Hélène. La grève. *In*: CAMERLYINCK, G. H. (Org.). *Traité de Droit du Travail*. Dalloz: Paris, 1966.

SINGER, André. Quatro notas sobre as classes sociais nos dez anos de lulismo. *Revista de Psicologia da USP*, v. 26, n. 1, São Paulo, 2015.

SIQUEIRA, Gustavo Silveira. *História do Direito pelos Movimentos Sociais*: Cidadania, Experiências e Antropofagia Jurídica nas Estradas de Ferro (Brasil, 1906). Tese (Doutorado). Faculdade de Direito da Universidade do Estado de Minas Gerais, Universidade Federal de Minas Gerais, Belo Horizonte, 2011.

SIQUEIRA, Gustavo Silveira; VASQUES, Pedro Henrique Ramos Prado. O carnaval de rua do Rio de Janeiro como uma possibilidade de exercício do direito à cidade. *Revista da Faculdade de Direito da UFPR*, Curitiba, v. 60, n. 1, jan./abr. 2015.

SMURAGLIA, Carlo. Alcune considerazioni generali in tema di diritto di sciopero. *Riv. Giur. Lavoro*, Roma, 1960.

SOLANO, Esther. Por trás da máscara dos black blocs. 2016. Disponível em: http://www.cartaeducacao.com.br/entrevistas/por-tras-da-mascara-dos-black-blocs//. Acesso em: 18 ago. 2020.

SOUTO, Cláudio. *Ciência e ética no Direito*: uma alternativa de modernidade. Porto Alegre: Fabris, 2002.

SOUZA, Charles Benedito Gemaque. A contribuição de Henri Lefebvre para reflexão do espaço urbano da Amazônia. *CONFINS – Revista Franco-Brasileira de Geografia*, São Paulo, n. 5, 2009.

SOUZA, Jessé. *A tolice da inteligência brasileira ou como o país se deixa manipular pela elite*. São Paulo: Leya, 2015.

SOUZA, Jessé. *Os batalhadores brasileiros:* nova classe média ou nova classe trabalhadora? Belo Horizonte: UFMG, 2012.

SOUZA, Ronald Amorim. *Greve e locaute*. São Paulo: LTr, 2007.

SOUZA, Ronald Amorim. Limitação autônoma ao exercício da greve: uma análise da cláusula da paz. 2002. Disponível em: http://bdjur.stj.jus.br/jspui/bitstream/2011/18447/Limita%C3%A7%C3%A3o_aut%C3%B4noma_ao_Exerc%C3%ADcio_da_Greve.pdf. Acesso em: 18 ago. 2020.

SOUZA, Washington Peluso Albino. O conceito e objeto do Direito Econômico. *In:* CLARK, Giovani; SOUZA, Washington Peluso Albino (Org.). *Direito Econômico e ação Estatal na pós-modernidade*. São Paulo: LTr, 2011.

STUTCHKA, Piotr. *Direito de classe e revolução socialista*. São Paulo: Instituto José Luis e Rosa Sundermann, 2001.

SUPIOT, Alain. *Critique du Droit du Travail*. Paris: Quadrige / PUF, 2011.

SUPIOT, Alain. *Le travail, liberté partagée*. Droit social: Paris, 1993.

SUPIOT, Alain. *Revisiter les droits d'action collective*. Droit social: Paris, 2001.

SUPPIEJ, Giuseppe. Trent'anni di giurisprudenza costituzionale sullo sciopero e la serrata. *Riv. it. dir. lav.*, Roma. 1989.

SUSSEKIND, Arnaldo. *Instituições de Direito do Trabalho*. São Paulo: LTr, 2004.

TARROW, Sidney. Struggling to reform: social movements and policy change during cycles of protest. *Western Societies Occasional Papers*, n. 15, Ítaca, Cornell University, 1983.

TAVARES, Maria Augusta. Trabalho informal: os fios (in)visíveis da produção capitalista. *Revista Outubro*, n. 7, São Paulo, 2002.

TELLES, Helcimara (Coord.). Pesquisa perfil ideológico e atitudes políticas dos manifestantes. Grupo de Opinião Pública – UFMG. Belo Horizonte, 2015. Disponível em: https://drive.google.com/file/d/0Bw3seZUv__5uWmdBemhsOGE1SnM/view. Acesso em: 30 jul. 2016.

THEODORO JÚNIOR, Humberto. *Curso de Direito Processual Civil*. Rio de Janeiro: Forense, 2006.

TOLEDO, Enrique de la Garza. *Sindicatos y nuevos movimientos sociales en America Latina*. Buenos Aires: CLACSO, 2005.

TORRENTE, Andrea. *I rapporti di lavoro*. Milão: Giuffrè, 1966.

TOURAINE, Alain. *Crítica da modernidade*. Petrópolis: Vozes, 1994.

TRINDADE, Thiago Aparecido. Direitos e cidadania: reflexões sobre o direito à cidade. *Lua Nova*, São Paulo, n. 87, p. 139-165, 2012.

TRINDADE, Washington Luís. A greve na atual Constituição brasileira. *In:* FRANCO FILHO, Georgenor de Sousa (Org.). *Curso de Direito Coletivo do Trabalho:* Estudos em Homenagem ao Ministro Orlando Teixeira da Costa. São Paulo: LTr, 1998.

TRINDADE, Washington Luís. *Escritos de Direito do Trabalho*. São Paulo: LTr, 1998.

TROTSKY, Leon. Os Sindicatos na Época da Decadência Imperialista. 1940. Disponível em: https://www.marxists.org/portugues/trotsky/1940/mes/sindicato.htm. Acesso em: 19 ago. 2016.

TUMANOV, Vladimir. *O pensamento jurídico burguês contemporâneo*. Lisboa: Caminho, 1985.

UNIONE SINDACALE DI BASE. Sciopero breve di mansione: da domani Sciopero delle prove. Disponível em: http://scuola.usb.it/index.php?id=20&tx_ttnews%5Btt_news%5D=82848&cHash=6b015e33b2&MP=63-1027. Acesso em: 26 ago. 2020.

UNITED NATIONS. Seminar on effective measures and best practices to ensure the promotion and protection of human rights in the context of peaceful protests. Report of the United Nations High Commissioner for Human Rights, 2014. Disponível em: http://www.ohchr.org/EN/Issues/AssemblyAssociation/Pages/Seminar2December2013.asp. Acesso em: 10 mar. 2016.

URIARTE, Ermida; GERNIGON, Bernard; ODERO; Alberto; GUIDO; Horacio. *A greve*: o direito e a flexibilidade. Brasília: Organização Internacional do Trabalho, 2002.

URIARTE, Oscar Ermida. *Apuntes sobre la huelga*. Montevidéu: Fundación de Cultura Universitaria, 2012.

URIARTE, Oscar Ermida. *Flexibilização da greve*. São Paulo: LTr, 2000.

URIARTE, Oscar Ermida. *Sindicatos en Libertad Sindical*. Montevidéu: Fundación de Cultura Universitaria, 2012.

VAINER, Carlos. Quando a cidade vai às ruas. *In*: VAINER, Carlos *et al* (Orgs.). *Cidades Rebeldes*: Passe Livre e as manifestações que tomaram as ruas do Brasil. São Paulo: Boitempo, 2013.

VAKALOULIS, Michel. Antagonismo social e ação coletiva. *In*: LEHER, Roberto; SETÚBAL, Mariana (Org.). *Pensamento Crítico e Movimentos Sociais*: diálogos para uma nova práxis. São Paulo: Editora Cortez, 2005.

VALENTINI, Vincenzo. Sciopero politico e "diritto di sciopero": Il difficile equilibrio tra "libertà sociali" categorie giuridiche e regole. AA.VV., *Scritti in memoria di Matteo Dell'Olio*, Giappichelli, Turim, 2008.

VALLE, Márcio Ribeiro. Dissídio coletivo – EC n. 45/2004 – inexistência de óbice ao exercício do direito de ação. *Rev. Trib. Reg. Trab. 3ª Reg.*, Belo Horizonte, v. 40, n. 70 (supl. esp.), p. 121-123, jul./dez. 2004.

VALLEBONA, Antonio. *Istituzioni di diritto del lavoro*: Il diritto sindacale. Pádua: CEDAM, 2008. v. 1

VAN HOOF, G.H.J. The Legal Nature of Economic, Social and Cultural Rights: A Rebuttal of Some Traditional Views. *In*: ALSTON & TOMASEVSKI (Eds.). *The Right to Food*. Dordrecht: Nijhoff, 1984. p. 97-110.

VENEZIANI. Bruno. *Stato e autonomia collettiva*: diritto sindacale comparato. Bari: Cacucci, 1992.

VÉRAS, Roberto. O sindicalismo metalúrgico, o "festival de greves" e as possibilidades do contrato coletivo nacional. *In*: SANTOS, Boaventura de Sousa (Org.). *Trabalhar o mundo*: os caminhos do novo internacionalismo operário. Rio de Janeiro: Civilização Brasileira, 2005.

VIANA, Márcio Túlio. A proteção social do trabalhador no mundo globalizado: O Direito do Trabalho no limiar do século XXI. *Revista da Faculdade de Direito da Universidade Federal de Minas Gerais – UFMG*, n. 37, Belo Horizonte, 2000.

VIANA, Márcio Túlio. Conflitos coletivos do trabalho. *Revista do Tribunal Superior do Trabalho, Brasília*, v. 66, n. 1, jan./mar. 2000.

VIANA, Márcio Túlio. Da greve ao boicote: os vários significados e as novas possibilidades das lutas operárias. *Rev. Trib. Reg. Trab. 3ª Reg.*, Belo Horizonte, v. 49, n. 79, p. 101-121, jan./jun. 2009.

VIANA, Márcio Túlio. *Direito de resistência*: possibilidades de autodefesa do empregado. São Paulo: LTR, 1996.

VIANA, Márcio Túlio. Quando a livre negociação pode ser um mau negócio (crítica ao projeto que altera o art. 618 da CLT). *Rev. Trib. Reg. Trab. 3ª Reg.*, Belo Horizonte, v. 34 n. 64, p. 155-159, jul./dez. 2001.

VIANA, Nildo. A greve como direito coletivo dos trabalhadores. 2012. Disponível em: http://www.passapalavra.info/2012/06/61127. Acesso em: 18 ago. 2020.

VIANNA, Francisco José de Oliveira. *Problemas de Direito Sindical*. Rio de Janeiro: Max Limonad, 1943.

VIANNA, José Segadas. *Direito Coletivo do Trabalho*. São Paulo: Freitas Bastos, 1972.

VIANNA, José Segadas. *Greve*: direito ou violência? São Paulo: Freitas Bastos, 1959.

VILLANI, Ugo. *Istituzioni di Diritto dell'Unione Europea*. Bari: Cacucci, 2013.

WALLERSTEIN, Immanuel. *The Politics of The World Economy*. Cambridge: Cambridge University Press, 1984.

WATERMAN, Peter. O internacionalismo sindical na era de Seattle. *Revista Crítica de Ciências Sociais*, n. 62, Coimbra, 2002.

WEBER, Max. *A "objetividade" do conhecimento nas Ciências Sociais*. São Paulo: Editora Ática, 2011.

WEBER, Max. *Conceitos sociológicos fundamentais*. Lisboa: Edições 70, 2005.

WEBER, Max. *Economia e sociedade:* fundamentos da sociologia compreensiva. v. 2. Brasília: Editora Universidade de Brasília, 1999.

WEBSTER, Edward; LAMBERT, Rob. "Emancipação social e o novo sindicalismo operário: uma perspectiva do sul". *In:* SANTOS, Boaventura de Sousa. *Trabalhar o mundo:* os caminhos do novo internacionalismo operário. Rio de Janeiro: Civilização Brasileira, 2005.

WOLF, Martin. Casamento entre democracia liberal e capitalismo está sob ameaça. 2016. Disponível em: http://www1.folha.uol.com.br/colunas/martinwolf/2016/08/1808759-casamento-entre-democracia-liberal-e-capitalismo-esta-sob-ameaca.shtml. Acesso em: 18 ago. 2020.

WOLKMER, Antônio Carlos. *Pluralismo Jurídico:* Fundamentos de uma nova cultura no Direito. São Paulo: Alfa Ômega, 2001.

WOOD, Stephen J. Toyotismo e/ou japonização. *In:* HIRATA, Helena (Org.). *Sobre o modelo Japonês – Automatização, novas formas de organização e Relações de Trabalho*. São Paulo, Edusp, 1993.

ZATTI, Vicente. *Autonomia e educação em Immanuel Kant e Paulo Freire*. Porto Alegre: EDIPUCRS, 2007.

ŽIŽEK, Slavoj. Postmodernism or class? Yes, please. In: PENDAKIS, Andrew; DIAMANTI, Jeff; BROWN, Nicolas (Orgs.). *Contemporary Marxist Theory*: a Reader. Londres: Bloomsbury Academic, 2014.

ŽIŽEK, Slavoj. Problemas no paraíso. In: VAINER, Carlos et al (Orgs.). Cidades Rebeldes: Passe Livre e as manifestações que tomaram as ruas do Brasil. São Paulo: Boitempo, 2013.

ŽIŽEK, Slavoj. *Violência*. São Paulo: Boitempo, 2014.

ZOPPOLI, Lorenzo. Il 'caso Fiat e il sistema di relazioni industriali italiano: trasformazioni socio-culturali e politica del diritto. Il caso Fiat, Economia & Lavoro, anno XLV, n. 2, maggio-agosto 2011.

ANEXO A — LEI DE GREVE BRASILEIRA

LEI Nº 7.783, DE 28 DE JUNHO DE 1989.

Conversão da Medida Provisória nº 59, de 1989

Dispõe sobre o exercício do direito de greve, define as atividades essenciais, regula o atendimento das necessidades inadiáveis da comunidade, e dá outras providências.

O PRESIDENTE DA REPÚBLICA, faço saber que o Congresso Nacional decreta e eu sanciono a seguinte Lei:

Art. 1º É assegurado o direito de greve, competindo aos trabalhadores decidir sobre a oportunidade de exercê-lo e sobre os interesses que devam por meio dele defender.

Parágrafo único. O direito de greve será exercido na forma estabelecida nesta Lei.

Art. 2º Para os fins dessa Lei, considera-se legítimo exercício do direito de greve a suspensão coletiva, temporária e pacífica, total ou parcial, de prestação pessoal de serviços a empregador.

Art. 3º Frustrada a negociação ou verificada a impossibilidade de recursos via arbitral, é facultada a cessação coletiva do trabalho.

Parágrafo único. A entidade patronal correspondente ou os empregadores diretamente interessados serão notificados, com antecedência mínima de 48 (quarenta e oito) horas, da paralisação.

Art. 4º Caberá à entidade sindical correspondente convocar, na forma de seu estatuto, assembleia geral que definirá as reivindicações da categoria e deliberará sobre a paralisação coletiva da prestação de serviços.

§ 1º O estatuto da entidade sindical deverá prever as formalidades de convocação e o quorum para a deliberação, tanto da deflagração quanto da cessação da greve.

§ 2º Na falta de entidade sindical, a assembleia geral dos trabalhadores interessados deliberará para os fins previstos no «caput», constituindo comissão de negociação.

Art. 5º A entidade sindical ou comissão especialmente eleita representará os interesses dos trabalhadores nas negociações ou na Justiça do Trabalho.

Art. 6º São assegurados aos grevistas, entre outros direitos:

I – o emprego de meios pacíficos tendentes a persuadir ou aliciar os trabalhadores a aderirem à greve;

II – a arrecadação de fundos e a livre divulgação do movimento.

§ 1º Em nenhuma hipótese, os meios adotados por empregados e empregadores poderão violar ou constranger os direitos e garantias fundamentais de outrem.

§ 2º É vedado às empresas adotar meios para constranger o empregado ao comparecimento ao trabalho, bem como capazes de frustrar a divulgação do movimento.

§ 3º As manifestações e atos de persuasão utilizados pelos grevistas não poderão impedir o acesso ao trabalho nem causar ameaça ou dano à propriedade ou pessoa.

Art. 7º Observadas as condições previstas nesta Lei, a participação em greve suspende o contrato de trabalho, devendo as relações obrigacionais, durante o período, ser regidas pelo acordo, convenção, laudo arbitral ou decisão da Justiça do Trabalho.

Parágrafo único. É vedada a rescisão de contrato de trabalho durante a greve, bem como a contratação de trabalhadores substitutos, exceto na ocorrência das hipóteses previstas nos arts. 9º e 14.

Art. 8º A Justiça do Trabalho, por iniciativa de qualquer das partes ou do Ministério Público do Trabalho, decidirá sobre a procedência, total ou parcial, ou improcedência das reivindicações, cumprindo ao Tribunal publicar, de imediato, o competente acórdão.

Art. 9º Durante a greve, o sindicato ou a comissão de negociação, mediante acordo com a entidade patronal ou diretamente com o empregador, manterá em atividade equipes de empregados com o propósito de assegurar os serviços cuja paralisação resultem em prejuízo irreparável, pela deterioração irreversível de bens, máquinas e equipamentos, bem como a manutenção daqueles essenciais à retomada das atividades da empresa quando da cessação do movimento.

Parágrafo único. Não havendo acordo, é assegurado ao empregador, enquanto perdurar a greve, o direito de contratar diretamente os serviços necessários a que se refere este artigo.

Art. 10 São considerados serviços ou atividades essenciais:

I – tratamento e abastecimento de água; produção e distribuição de energia elétrica, gás e combustíveis;

II – assistência médica e hospitalar;

III – distribuição e comercialização de medicamentos e alimentos;

IV – funerários;

V – transporte coletivo;

VI – captação e tratamento de esgoto e lixo;

VII – telecomunicações;

VIII – guarda, uso e controle de substâncias radioativas, equipamentos e materiais nucleares;

IX – processamento de dados ligados a serviços essenciais;

X – controle de tráfego aéreo;

XI compensação bancária.

XII – atividades médico-periciais relacionadas com o regime geral de previdência social e a assistência social; (Incluído pela Lei nº 13.846, de 2019)

XIII – atividades médico-periciais relacionadas com a caracterização do impedimento físico, mental, intelectual ou sensorial da pessoa com deficiência, por meio da integração de equipes multiprofissionais e interdisciplinares, para fins de reconhecimento de direitos previstos em lei, em especial na Lei nº 13.146, de 6 de julho de 2015 (Estatuto da Pessoa com Deficiência); e (Incluído pela Lei nº 13.846, de 2019)

XIV – outras prestações médico-periciais da carreira de Perito Médico Federal indispensáveis ao atendimento das necessidades inadiáveis da comunidade. (Incluído pela Lei nº 13.846, de 2019)

Art. 11. Nos serviços ou atividades essenciais, os sindicatos, os empregadores e os trabalhadores ficam obrigados, de comum acordo, a garantir, durante a greve, a prestação dos serviços indispensáveis ao atendimento das necessidades inadiáveis da comunidade.

Parágrafo único. São necessidades inadiáveis, da comunidade aquelas que, não atendidas, coloquem em perigo iminente a sobrevivência, a saúde ou a segurança da população.

Art. 12. No caso de inobservância do disposto no artigo anterior, o Poder Público assegurará a prestação dos serviços indispensáveis.

Art. 13 Na greve, em serviços ou atividades essenciais, ficam as entidades sindicais ou os trabalhadores, conforme o caso, obrigados a comunicar a decisão aos empregadores e aos usuários com antecedência mínima de 72 (setenta e duas) horas da paralisação.

Art. 14 Constitui abuso do direito de greve a inobservância das normas contidas na presente Lei, bem como a manutenção da paralisação após a celebração de acordo, convenção ou decisão da Justiça do Trabalho.

Parágrafo único. Na vigência de acordo, convenção ou sentença normativa não constitui abuso do exercício do direito de greve a paralisação que:

I – tenha por objetivo exigir o cumprimento de cláusula ou condição;

II – seja motivada pela superveniência de fatos novo ou acontecimento imprevisto que modifique substancialmente a relação de trabalho.

Art. 15 A responsabilidade pelos atos praticados, ilícitos ou crimes cometidos, no curso da greve, será apurada, conforme o caso, segundo a legislação trabalhista, civil ou penal.

Parágrafo único. Deverá o Ministério Público, de ofício, requisitar a abertura do competente inquérito e oferecer denúncia quando houver indício da prática de delito.

Art. 16. Para os fins previstos no art. 37, inciso VII, da Constituição, lei complementar definirá os termos e os limites em que o direito de greve poderá ser exercido.

Art. 17. Fica vedada a paralisação das atividades, por iniciativa do empregador, com o objetivo de frustrar negociação ou dificultar o atendimento de reivindicações dos respectivos empregados (lockout).

Parágrafo único. A prática referida no caput assegura aos trabalhadores o direito à percepção dos salários durante o período de paralisação.

Art. 18. Ficam revogados a Lei nº 4.330, de 1º de junho de 1964, o Decreto-Lei nº 1.632, de 4 de agosto de 1978, e demais disposições em contrário.

Art. 19 essa Lei entra em vigor na data de sua publicação.

Brasília, 28 de junho de 1989; 168º da Independência e 101º da República.

JOSÉ SARNEY
Oscar Dias Corrêa
Dorothea Werneck

Este texto não substitui o publicado no DOU de 29.6.1989

⊙ editoraletramento	🌐 editoraletramento.com.br
(f) editoraletramento	(in) company/grupoeditorialletramento
(𝕏) grupoletramento	✉ contato@editoraletramento.com.br
🌐 casadodireito.com	(f) casadodireitoed	⊙ casadodireito